OEUVRES

DE

WALTER SCOTT.

TOME XXIV.

IMPRIMERIE DE H. FOURNIER,
RUE DE SEINE, N° 14.

WOODSTOCK.
CH. IV.

Publié par Furne, à Paris.

WOODSTOCK,

ou

LE CAVALIER.

HISTOIRE

DE L'ANNÉE MIL SIX CENT CINQUANTE ET UN.

(𝔚𝔬𝔬𝔡𝔰𝔱𝔬𝔠𝔨, 𝔬𝔯 𝔱𝔥𝔢 𝔠𝔞𝔳𝔞𝔩𝔦𝔢𝔯.)

TRADUCTION
DE M. DEFAUCONPRET,

AVEC DES ÉCLAIRCISSEMENS ET DES NOTES
HISTORIQUES.

PARIS.

FURNE, LIBRAIRE-ÉDITEUR,

QUAI DES AUGUSTINS, N° 39.

M DCCC XXX.

PRÉFACE.

Ce n'est pas mon intention d'apprendre à mes lecteurs comment les manuscrits de ce célèbre antiquaire, le révérend J. A. Rochecliffe, D. D.[1], tombèrent entre mes mains. Ces sortes de choses arrivent de mille manières, et il suffira de dire qu'ils échappèrent à un sort indigne, et que ce fut par des voies honnêtes que j'en devins possesseur. Quant à l'authenticité des anecdotes que j'ai tirées des écrits de ce savant homme, et que j'ai arrangées avec cette facilité sans pareille qui me caractérise, le nom du docteur Rochecliffe sera une garantie suffisante pour tout homme de qui ce nom sera connu.

Toute personne qui a lu connaît parfaitement son histoire; et pour les autres, nous pouvons les envoyer à l'honnête Anthony Wood[2], qui le regardait comme une colonne de l'Eglise, et qui en fait un éloge magnifique dans l'*Athenæ Oxonienses*, quoique le docteur eût été élevé à Cambridge, — le second œil de l'Angleterre[3].

On sait que le docteur Rochecliffe obtint de bonne heure de l'avancement dans l'Eglise, en récompense de la part active qu'il prit à la controverse contre les puritains; et que son ouvrage intitulé *Maleus Hæresis* fut regardé comme un coup décisif par tout le monde, excepté par ceux qui en furent atteints. Ce fut cet ouvrage qui le fit nommer, dès l'âge de trente ans, Recteur[4] de Woodstock, et qui plus tard lui assura une place dans le catalogue du célèbre Century White[5]; — mais ce qui fut bien pis que d'avoir été compris

---

(1) D. D. *divinity doctor*, docteur en théologie. — Ed.
(2) Antiquaire d'Oxford. — Ed.
(3) Allusion à la rivalité des Universités d'Oxford et de Cambridge. — Ed.
(4) Recteur, *curé* bénéficier. — Ed.
(5) Ce White, surnommé *Century White*, était un puritain obscur qui se fit connaître par cette espèce de dénonciation contre *cent* prêtres scandaleux et *malignants*. — Ed.

par ce fanatique dans la liste des prêtres scandaleux et méchans, pourvus de bénéfices par les prélats, ses opinions lui firent perdre son rectorat de Woodstock lorsque les presbytériens eurent le dessus. Pendant la plus grande partie de la guerre civile, il fut aumônier du régiment de sir Henry Lee, levé pour le service du roi Charles, et l'on dit qu'il paya de sa personne dans plus d'une affaire. Ce qui est certain, c'est qu'à plusieurs reprises le docteur Rochecliffe courut de grands dangers, comme on le verra dans plus d'un passage de cette histoire, où il parle de ses exploits, comme César, à la troisième personne. Je soupçonne néanmoins quelque commentateur presbytérien de s'être permis d'interpoler deux ou trois passages; d'autant plus que le manuscrit resta long-temps entre les mains des Everard, célèbre famille presbytérienne.

Pendant l'usurpation, le docteur Rochecliffe prit constamment part à toutes les tentatives qui furent faites pour le rétablissement de la monarchie; et telles étaient son audace, sa présence d'esprit, et la profondeur de ses vues, qu'il était regardé comme l'un des plus intrépides partisans du roi dans ces temps d'agitation. Il n'y avait qu'un léger inconvénient, c'est que les complots dans lesquels il entrait étaient presque constamment découverts. On alla même jusqu'à soupçonner que Cromwell lui suggérait quelquefois les intrigues qu'il tramait, et que par ce moyen le rusé Protecteur mettait à l'épreuve la fidélité des amis dont il n'était point sûr, et parvenait à découvrir les complots de ses ennemis déclarés, qu'il trouvait plus facile de déconcerter et de prévenir que de punir rigoureusement.

A la restauration, le docteur Rochecliffe reprit possession de son rectorat de Woodstock; il fut promu à de nouvelles dignités dans l'Eglise, et il abandonna la polémique et les intrigues politiques pour la philosophie. Il fut un des membres constituans de la Société Royale [1], et ce fut par son entremise que Charles demanda à ce corps savant la solution de son curieux problème : — Pourquoi, si un vase est

---

(1) Fondée par Charles II. — ED.

rempli d'eau jusqu'aux bords, et qu'on plonge dedans un gros poisson vivant, l'eau néanmoins ne déborde-t-elle point? — La solution que le docteur Rochecliffe proposa de ce phénomène fut la plus ingénieuse et la plus savante de quatre qui furent présentées ; et il est hors de doute que le docteur n'eût remporté la victoire sans l'obstination d'un gentilhomme campagnard, homme simple et borné, qui insista pour qu'avant tout l'expérience fût faite publiquement. Il fallut bien se rendre à son avis, et l'événement prouva qu'il y eût eu quelque témérité à admettre le fait exclusivement sur une autorité aussi imposante ; car, malgré les précautions infinies avec lesquelles on insinua le poisson dans son élément naturel, il fit voler de l'eau dans toute la salle; et la réputation des quatre membres ingénieux qui s'étaient évertués sur ce problème souffrit beaucoup de cette expérience, ainsi qu'un beau tapis de Turquie.

Le docteur Rochecliffe mourut, à ce qu'il paraîtrait, vers l'an 1685, laissant après lui beaucoup de manuscrits de différentes sortes, et surtout des recueils d'anecdotes secrètes infiniment précieux. C'est de ces recueils qu'ont été extraits les Mémoires suivans, sur lesquels nous ne dirons plus que quelques mots par forme d'éclaircissement.

L'existence du Labyrinthe de Rosemonde, dont il est fait mention dans ces volumes, est attestée par Drayton, qui écrivait sous le règne d'Elisabeth :

— « Les ruines du Labyrinthe de Rosemonde subsistent encore, ainsi que la fontaine qui est pavée au fond en pierre de taille, et la tour d'où partait le labyrinthe; c'étaient des arcades voûtées, ayant des murs de pierre et de briques, qui se croisaient dans tous les sens, et au milieu desquelles il était fort difficile de se reconnaître, afin que, si la retraite de Rosemonde venait à être découverte par la reine, elle pût échapper aisément au premier péril, et aller prendre l'air au besoin, par des issues secrètes, à une assez grande distance autour de Woodstock, dans le comté d'Oxford. »

Il est plus probable que les passages secrets et les retraites inaccessibles qui se trouvaient dans l'ancien Labyrinthe de Rosemonde, autour duquel plusieurs rois s'étaient occupés successivement à faire établir un parc pour la chasse, servirent à préparer un tour singulier de fantasmagorie qui fut joué aux commissaires du long parlement, envoyés, après la mort de Charles Ier, pour détruire et ravager Woodstock.

Le docteur Plot, dans son Histoire naturelle du comté d'Oxford, a inséré une relation curieuse des tribulations éprouvées par ces honorables commissaires. Mais comme je n'ai pas le livre sous la main, je ne puis faire allusion qu'à l'ouvrage du célèbre Granville sur les Sorcières, dans lequel il cite des passages de cette relation, comme un exemple irrécusable d'interventions surnaturelles. Les lits des commissaires et ceux de leurs domestiques furent hissés en l'air au point d'être presque retournés sens dessus dessous, et de cette hauteur ils retombèrent si subitement à terre que ceux qui y reposaient manquèrent d'avoir les os brisés ; des bruits horribles et extraordinaires troublèrent ces sacrilèges qui avaient osé s'introduire dans un domaine royal. Une fois le diable leur apporta une bassinoire ; une autre fois il les assaillit à coups de pierres et d'os de cheval ; des bassins remplis d'eau furent vidés sur eux pendant qu'ils dormaient : enfin les tours du même genre se multiplièrent au point qu'ils se décidèrent à partir avant d'avoir consommé la spoliation méditée. Le bon sens du docteur Plot soupçonna que toutes ces prouesses n'étaient que le résultat de quelque complot secret, ce que Granville ne manque pas de chercher à réfuter de tout son pouvoir ; car on ne peut raisonnablement espérer que celui qui a trouvé une explication aussi commode que celle d'une intervention surnaturelle, et qui a le bonheur d'y croire, consente à abandonner une clef qui peut servir de passe-partout pour toutes les serrures, quelque compliquées qu'elles soient.

Néanmoins il fut reconnu par la suite que le docteur Plot avait parfaitement raison, et que le seul démon qui opérait toutes ces merveilles était un royaliste déguisé, un nommé Trusty Joe, ou quelque nom semblable, qui avait été précédemment au service du gouverneur du parc, mais qui était passé à celui des commissaires pour avoir plus de facilité à dresser ses batteries. Je crois avoir vu quelque part un récit exact et véridique de toute l'affaire, ainsi que des moyens que le malin personnage employa pour opérer ses prodiges; mais était-ce dans un livre, ou bien dans quelque pamphlet; c'est ce que je ne saurais dire. Je me rappelle seulement une circonstance assez remarquable. Les commissaires étant convenus secrètement de ne pas comprendre dans le compte public qu'ils devaient rendre, quelques articles qui leur convenaient, avaient fait entre eux une sorte de contrat pour établir le partage des objets ainsi soustraits, et ce contrat ils l'avaient caché, pour plus de sûreté, au fond d'un grand vase. Mais voilà qu'un jour, au moment où de révérends ministres s'étaient assemblés avec les habitans les plus respectables des environs de Woodstock pour conjurer le démon supposé, Trusty Joe avait su préparer une pièce d'artifice avec tant d'adresse, qu'elle partit au milieu de l'exorcisme, fit sauter le vase, et, à la confusion des commissaires, lança le contrat secret au milieu de l'assemblée stupéfaite, qui apprit de cette manière leurs projets de concussion.

Mais il est assez inutile que je fasse des efforts de mémoire pour rassembler des souvenirs vagues et imparfaits sur les scènes bizarres qui se passèrent à Woodstock, puisque les manuscrits du docteur Rochecliffe donnent des détails beaucoup plus circonstanciés que ne pourrait en fournir aucune des relations antérieures. J'aurais pu sans peine traiter bien plus à fond cette partie de mon sujet, car les matériaux ne me manquaient pas; — mais, pour tout dire au lecteur, quelques critiques de mes amis ont pensé qu'ils rendaient l'histoire traînante, et je me suis décidé, d'après leurs avis, à être plus concis que je n'en avais l'intention.

Le lecteur impatient m'accuse peut-être dans ce moment de lui cacher le soleil avec une chandelle. Cependant quand le soleil brillerait déjà de tout l'éclat qu'il répandra sans doute, et quand la malencontreuse chandelle jetterait une fumée encore dix fois plus épaisse, il faut qu'il consente à rester une minute de plus dans cette atmosphère, pour que je repousse le soupçon de braconner sur les terres d'autrui. C'est un de nos proverbes en Ecosse que les faucons ne doivent point crever les yeux des faucons, ni se jeter sur la proie les uns des autres. Si donc j'avais pu prévoir que pour la date et pour les caractères, cette histoire aurait vraisemblablement du rapport avec celle que vient de publier un contemporain distingué [1], j'aurais, sans balancer, laissé reposer pour l'instant le manuscrit du docteur Rochecliffe. Mais avant que cette circonstance me fût connue, ce petit ouvrage était déjà plus d'à moitié imprimé, et il ne me restait d'autre alternative, pour éviter toute imitation, même involontaire, que de différer la lecture de l'ouvrage en question. Lorsque des productions du même genre ont été faites d'après le même désir d'offrir un tableau historique, et que les mêmes personnages y figurent, il est difficile qu'elles ne présentent pas quelques ressemblances accidentelles. S'il s'en trouve dans cette occasion, c'est moi sans doute qui en souffrirai. Mais je puis du moins protester de la pureté de mes intentions, puisque, si je m'applaudis d'avoir terminé Woodstock, c'est surtout parce qu'il va m'être permis de lire Brambletye-House, plaisir que jusqu'à ce moment je m'étais scrupuleusement interdit [2].

(1) M. Horace Smith. — Ed.
(2) Brambletye-House est une des meilleures imitations anglaises, non pas de *Woodstock*, mais des romans de sir Walter Scott en général. — Ed.

WOODSTOCK,

OU LE CAVALIER.

HISTOIRE

DE L'ANNÉE MIL SIX CENT CINQUANTE ET UN.

(𝔚𝔬𝔬𝔡𝔰𝔱𝔬𝔠𝔨, 𝔬𝔯 𝔱𝔥𝔢 𝔒𝔞𝔳𝔞𝔩𝔦𝔢𝔯, 𝔢𝔱𝔠.)

CHAPITRE PREMIER.

> « Les uns voudraient un ministre à rabat;
> « Mais le reste contre eux s'élève,
> « Croyant sans doute d'un soldat
> « La main plus propre au double glaive
> « De l'Ecriture et du combat. »
>
> BUTLER. *Hudibras.*

IL y a une belle église paroissiale dans la ville de Woodstock [1],—on me l'a dit du moins, car je ne l'ai jamais vue; à peine, lorsque j'y allai, si j'eus le temps de visiter le magnifique château de Blenheim, ses salles décorées par la peinture, et les riches tapisseries de ses appartemens. —J'avais promis d'être de retour pour prendre place à un dîner de corporation avec mon docte ami le prévôt de ; — et c'était une de ces occasions où ce serait se manquer à soi-même que de laisser la curiosité l'emporter sur la ponctualité. Je me fis

---

[1] Woodstock est une petite ville de l'Oxfordshire, située à huit milles environ d'Oxford. Son château royal ou palais fut donné, sous la reine Anne, au duc de Marlborough, et remplacé par le château actuel de Blenheim, en mémoire de la victoire de ce nom, remportée par le duc en 1704. — ED.

faire une description exacte de cette église dans le dessein de m'en servir dans cet ouvrage ; mais comme j'ai quelque raison pour douter que celui qui me donnait ces renseignemens en ait jamais lui-même vu l'intérieur, je me contenterai de dire que c'est maintenant un bel édifice, dont on a reconstruit la majeure partie il y a quarante à cinquante ans ; mais on y voit encore quelques arcades de l'ancienne chantrerie, fondée, dit-on, par le roi Jean, et c'est avec cette partie plus ancienne du bâtiment que mon histoire a quelque rapport.

Un matin de la fin de septembre, ou des premiers jours d'octobre 1652 [1], jour fixé pour rendre au ciel des actions de graces solennelles de la victoire décisive remportée à Worcester [2], un auditoire assez nombreux était assemblé dans la vieille chantrerie ou chapelle du roi Jean. L'état de l'église et le caractère des assistans attestaient également les fureurs de la guerre civile et l'esprit du temps. Le saint édifice offrait plus d'une marque de dévastation. Les croisées, autrefois fermées de vitraux peints, avaient été brisées à coups de piques et de mousquets, comme ayant servi et appartenu à l'idolâtrie. La sculpture de la chaire était endommagée, et deux belles balustrades en bois de chêne avaient été détruites pour la même raison concluante. Le maître-autel avait été enlevé, avec les débris de la grille dorée qui l'entourait jadis. On voyait encore épars dans l'église les fragmens des statues mutilées et arrachées à divers monumens ; c'étaient des guerriers ou des saints

> De leur niche arrachés.....indigne récompense
> De leurs sages conseils, ou leur noble vaillance.

Le vent froid de l'automne sifflait à travers le vide des bas côtés de ce saint lieu, où des restes de pieux, des traverses de bois grossièrement taillées, et une quantité de foin épars

---

(1) 1652. Le roman porte dans son titre la date de 1651 : c'est sans doute parce que l'auteur remonte par la pensée jusqu'à la bataille de Worcester. — Éd.

(2) Ce fut à cette bataille que Cromwell défit l'armée écossaise et Charles II. Elle eut lieu le 3 septembre 1651, jour heureux pour Cromwell : la victoire de Dunbar avait été gagnée aussi un 3 septembre ; enfin le lord Protecteur mourut un 3 septembre. — Comme si la fortune, dit lord Byron, eût voulu prouver que le jour où l'homme cesse de vivre est encore au nombre de ses jours heureux. — Éd.

et de paille foulée aux pieds, semblaient indiquer que le temple du Seigneur, dans une crise encore récente, avait servi de caserne à un corps de cavalerie.

L'auditoire avait, comme l'édifice, beaucoup perdu de sa splendeur. Aucun des fidèles d'un temps plus paisible ne se montrait alors comme jadis dans les bancs sculptés, une main sur le front pour se recueillir, priant dans le lieu où ses pères avaient prié, et suivant les mêmes formes de culte. Les yeux du fermier et du paysan cherchaient en vain la taille athlétique du vieux sir Henry Lee de Ditchley, qui autrefois, couvert d'un manteau brodé, la barbe et les moustaches frisées avec soin, traversait lentement les ailes de l'église, suivi de son chien chéri, dont la fidélité avait autrefois sauvé la vie de son maître, et qui l'accompagnait régulièrement à l'église. Il est vrai que Bevis prouvait la justesse du proverbe qui dit : — C'est un bon chien que celui qui va à l'église ; — car si ce n'est qu'il était accidentellement tenté de joindre sa voix à celle du chœur, il se conduisait avec autant de décorum qu'aucun des membres de la congrégation, et sortait aussi édifié peut-être que quelques-uns d'entre eux. Les jeunes filles de Woodstock cherchaient aussi inutilement les manteaux brodés, les éperons retentissans, les bottes à taillades et les grands panaches des jeunes cavaliers de cette maison et d'autres familles nobles, qui traversaient naguère les rues et le cimetière avec cet air d'aisance et d'insouciance annonçant peut-être un peu trop de confiance en soi-même, mais non sans grace quand il est accompagné de bonne humeur et de courtoisie. Où étaient elles-mêmes les bonnes vieilles dames avec leurs coiffes blanches et leurs robes de velours noir, et leurs filles,

Astres charmans qui fixaient tous les yeux ;

où étaient-elles maintenant celles qui, lorsqu'elles entraient dans l'église, dérobaient habituellement au ciel une moitié des pensées des hommes? — Mais, hélas! toi surtout, Alice Lee, toi si douce, si sensible, et si aimable par tes prévenances, — ainsi s'exprime un annaliste contemporain dont nous avons déchiffré le manuscrit, — pourquoi suis-je destiné à écrire l'histoire de ta fortune déchue? Pourquoi ne pas remonter plutôt à l'époque où, descendant de ton palefroi, tu étais accueillie comme un ange qui serait arrivé du ciel, tu recevais autant de bénédictions que si tu avais été le messager céleste des plus heureuses nouvelles? — Tu n'étais pas une créature inventée par l'imagination frivole d'un romancier, un être bizarrement décoré de perfections contradictoires; je te chérissais à cause de tes vertus, et quant à tes défauts, je crois qu'ils te rendaient encore plus aimable à mes yeux!

Avec la maison de Lee, d'autres familles de sang noble et honorable, les Freemantles, les Winklecombes, les Drycotts, etc., avaient disparu de la chapelle du roi Jean; car l'air d'Oxford était peu favorable aux progrès du puritanisme, qui s'était plus généralement étendu dans les comtés voisins. Il se trouvait pourtant dans la congrégation une ou deux personnes qui, par leurs vêtemens et leurs manières, semblaient des gentilshommes campagnards de considération. On y voyait aussi quelques-uns des notables de la ville de Woodstock, la plupart couteliers ou gantiers, à qui leur habileté à travailler l'acier et la peau avait procuré une honnête aisance. Ces dignitaires portaient de longs manteaux noirs, à collets plissés; et au lieu de flamberge et de couteau, leur Bible et leur *agenda* étaient suspendus à leur ceinture.

Cette partie respectable, mais la moins nombreuse de l'auditoire, se composait de bons bourgeois qui avaient, pour adopter la profession de foi presbytérienne, renoncé à la liturgie et à la hiérarchie de l'Eglise anglicane, et qui recevaient les instructions du révérend Nehemiah Holdenough, prédicateur célèbre par la longueur de ses discours et par la force de ses poumons. Près de ces graves personnages étaient assises leurs épouses, femmes de bonne mine, en manchettes et en gorgerette, semblables aux portraits qui sont désignés dans les catalogues de tableaux sous le titre de — *femme d'un bourgmestre ;* — et leurs jolies filles qui, comme le médecin de Chaucer [1], ne faisaient pas leur étude

---

(1) Dans les Contes de Canterbury. — Ed.

exclusive de la Bible, mais qui, au contraire, quand un regard pouvait échapper à la vigilance de leurs honorables mères, laissaient égarer leur attention, et causaient des distractions aux autres.

Avec ces personnes élevées en dignité, il y avait dans l'église une réunion nombreuse d'assistans des classes inférieures, quelques-uns attirés par la curiosité, mais la plupart ouvriers sans éducation, égarés dans le dédale des discussions théologiques du temps, et membres d'autant de sectes différentes qu'il y a de couleurs dans l'arc-en-ciel. L'extrême présomption de ces *savans Thébains* [1] égalait leur extrême ignorance. Leur conduite dans l'église n'était ni respectueuse ni édifiante. La plupart d'entre eux affectaient un mépris cynique pour tout ce qui n'est regardé comme sacré que par la sanction des hommes. L'église n'était pour eux qu'une maison surmontée d'un clocher; le ministre, un homme comme les autres; ses instructions, une nourriture grossière, indigne du palais spirituel des saints; et la prière, une invocation au ciel, à laquelle chacun s'unissait ou ne s'unissait pas, suivant que son *sens critique* le trouvait convenable.

Les plus âgés, assis ou debout sur leurs bancs avec leurs grands chapeaux à forme pyramidale, enfoncés sur leurs visages renfrognés, attendaient en silence le ministre presbytérien, comme des mâtins attendent le taureau qui va être attaché au pieu. Les plus jeunes ajoutaient à leur hérésie des manières plus hardies, et se donnaient plus de licence : ils tournaient la tête de tous côtés pour regarder les femmes, bâillaient, toussaient, causaient à demi-voix, mangeaient des pommes et cassaient des noix, comme s'ils eussent été au spectacle, dans la galerie, avant le lever du rideau.

Il se trouvait aussi dans la congrégation quelques soldats, les uns portant le corselet et le casque d'acier; les autres en justaucorps de buffle, et quelques-uns en uniforme rouge. Ces guerriers avaient la bandoulière sur l'épaule, leur giberne pleine de munitions, et ils étaient appuyés sur leurs piques ou sur leurs mousquets. Ils avaient aussi leurs doc-

---

(1) Expression de Shakspeare employée dans un sens indéterminé ou ironique. — É.D.

trines particulières sur les points les plus difficiles de la religion, et ils mêlaient les extravagances de l'enthousiasme au courage et à la résolution la plus déterminée dans le combat. Les bourgeois de Woodstock regardaient ces militaires avec une sorte de crainte respectueuse; car, quoique ceux-ci s'abstinssent généralement de tout acte de pillage et de cruauté, ils avaient pouvoir absolu de s'en permettre, et les citoyens paisibles n'avaient d'autre alternative que de se soumettre à tout ce que pouvait suggérer l'imagination mal dirigée et en délire de leurs guides armés.

Après quelque temps d'attente, M. Holdenough commença à traverser les ailes de la chapelle, non de ce pas lent et avec cet air vénérable que prenait autrefois l'ancien Recteur pour maintenir la dignité du surplis, mais d'une marche rapide, en homme qui arrive trop tard à un rendez-vous, et qui se hâte pour réparer le temps perdu. C'était un homme grand, maigre, au teint brûlé, et la vivacité de ses yeux annonçait un caractère tant soit peu irascible. Son habit était brun, et non pas noir; et par-dessus ses autres vêtemens il portait, en l'honneur de Calvin, le manteau de Genève, de couleur bleue, qui flottait sur ses épaules tandis qu'il courait à sa chaire. Ses cheveux gris étaient coupés ras, et ils étaient couverts d'une calotte de soie noire, tellement collée sur sa tête qu'un mauvais plaisant aurait pu comparer ses deux oreilles en l'air à deux anses propres à enlever toute sa personne. Le digne prédicateur portait des lunettes; sa longue barbe grise se terminait en pointe, et il avait en main une petite Bible de poche garnie de fermoirs d'argent. En arrivant à la chaire, il s'arrêta un instant pour reprendre haleine, et se mit ensuite à gravir les marches deux par deux.

Mais il fut arrêté par une main vigoureuse qui saisit son manteau. C'était celle d'un homme qui s'était détaché du groupe des soldats. Il était de moyenne taille, mais robuste, il avait l'œil vif, et une physionomie qui, quoique commune, avait une expression remarquable. Son costume, sans être régulièrement militaire, annonçait son état de soldat. Il avait de grands pantalons de cuir, portait d'un côté un poignard, et de l'autre une rapière d'une longueur effrayante, ou un estoc, comme on l'appelait alors. Son ceinturon de maroquin était garni de pistolets.

Le ministre, interrompu ainsi à l'instant où il allait commencer ses fonctions, se retourna vers celui qui l'arrêtait, et lui demanda d'un ton qui n'était rien moins que doux le motif de cette interruption.

— L'ami, répondit le soldat, ton devoir est-il de prêcher ces bonnes gens?

— Sans doute, dit le ministre, c'est mon dessein et mon devoir. Malheur à moi si je ne prêche pas l'Evangile! Laisse-moi, l'ami, et ne m'arrête pas dans mes travaux.

— Mais j'ai le projet de prêcher moi-même, répliqua l'homme à l'air guerrier : tu feras donc bien de me céder la place, et, si tu veux suivre mon avis, reste pour partager avec ces pauvres oisillons les miettes de saine doctrine que je vais leur jeter.

— Retire-toi, homme de Satan, s'écria Holdenough rouge de colère; respecte mon ordre, mon habit.

— Je ne vois rien, répondit le militaire, ni dans la coupe, ni dans l'étoffe de ton habit, qui exige de moi plus de respect que tu n'en as eu toi-même pour le rochet de l'évêque. Ses vêtemens étaient noirs et blancs, les tiens sont bruns et bleus. Vous êtes tous des chiens couchans, paresseux, n'aimant qu'à dormir; des bergers qui font jeûner leur troupeau, mais qui ne le surveillent pas, chacun d'eux ne songeant qu'à son profit.

Les scènes indécentes de ce genre étaient si communes à cette époque que personne ne songea à intervenir dans cette querelle. L'auditoire regardait en silence; la classe supérieure était scandalisée, et dans la classe inférieure, les uns riaient, les autres soutenaient le soldat ou le ministre, suivant leur opinion. Cependant la contestation devint plus vive, et M. Holdenough demanda du secours à grands cris.

— M. le maire de Woodstock, s'écria-t-il, serez-vous du nombre de ces magistrats corrompus en vain armés du glaive? citoyens, ne viendrez-vous pas au secours de votre pasteur? dignes aldermen [1], me verrez-vous étrangler sur

(1) Membres du conseil de la ville. — ED.

les marches de la chaire par cet homme vêtu de buffle, par cet enfant de Bélial? mais j'en triompherai, je briserai les liens dont il me charge.

Tout en parlant ainsi, Holdenough s'efforçait de gravir les marches, en s'aidant de la rampe de l'escalier. Son persécuteur tenait toujours son manteau d'une main ferme, et e tirait avec une telle force que le prédicateur était presque étranglé. Mais en prononçant ces derniers mots d'une voix à demi étouffée, le ministre eut l'adresse de dénouer le cordon qui attachait le manteau autour de son cou, de sorte que, le manteau cédant inopinément, le soldat tomba à la renverse sur les marches, et Holdenough, en liberté, monta dans sa chaire, où il entonna un psaume de triomphe pour célébrer la chute de son antagoniste. Mais le tumulte qui régnait dans l'église vint mêler de l'amertume à la douceur de sa victoire, et quoiqu'il continuât, avec son clerc fidèle, à chanter une hymne d'allégresse, leurs voix ne se faisaient entendre que par intervalles, comme le cri du courlieu pendant un ouragan.

Voici quelle était la cause de ce tumulte : le maire était un zélé presbytérien, et dès l'origine il avait vu avec beaucoup d'indignation la conduite du soldat, quoiqu'il hésitât à se déclarer contre un homme armé, tant qu'il le vit ferme sur ses jambes et en état de résister. Mais dès que le champion de l'indépendance fut étendu sur le dos tenant encore en main le manteau génevois du prédicateur, le magistrat s'élança vers la chaire, en s'écriant qu'une telle audace était intolérable, et il ordonna à ses constables de saisir le champion abattu, en ajoutant avec toute la magnanimité du courroux : — Je ferai arrêter jusqu'au dernier de ces Habits-Rouges; je l'enverrai en prison, fût-il Noll [1] Cromwell lui-même.

L'indignation du digne maire l'avait emporté sur sa raison quand il fit cette rodomontade déplacée; car trois soldats qui étaient restés jusqu'alors immobiles comme des statues firent sur-le-champ un pas en avant, ce qui les plaça entre les officiers municipaux et leur compagnon qui se relevait. Ils exécutèrent simultanément le mouvement de po-

---

(1) Noll, abréviation familière d'Olivier. — Ed.

ser les armes, comme on le pratiquait alors, et les crosses de leurs mousquets, en retentissant sur les pierres qui pavaient l'église, tombèrent à peu de lignes des pieds goutteux du magistrat. Le fonctionnaire énergique dont les efforts en faveur de l'ordre se trouvaient ainsi paralysés, jeta un regard sur ceux qui devaient le soutenir, et c'en fut assez pour lui prouver que la force n'était pas de son côté. Tous avaient fait un pas rétrograde en entendant ce bruit de mauvais augure produit par le choc du fer contre la pierre. Il fut donc obligé de s'abaisser à une explication.

—Que voulez-vous, mes maîtres? dit-il; convient-il à des soldats honnêtes et craignant Dieu, qui ont fait pour le pays des exploits tels qu'on n'en avait jamais vu; leur convient-il de causer du scandale et du tumulte dans l'église, et de devenir les fauteurs et soutiens d'un profane qui, un jour de solennelles actions de graces, voudrait empêcher le ministre de monter dans sa chaire?

—Nous n'avons rien à démêler avec ton église, comme tu l'appelles, répondit un militaire qui, d'après une petite plume dont le devant de son morion était orné, paraissait être le caporal du détachement; nous ne voyons pas pourquoi des hommes que le ciel a doués d'inspiration ne seraient pas entendus dans ces citadelles de superstition aussi bien que les porteurs d'habits noirs d'autrefois, et ceux qui prennent le manteau de Genève aujourd'hui. C'est pourquoi nous arracherons votre Jack Presbyter de sa guérite en bois; notre camarade le relèvera de garde, y montera en sa place, et n'épargnera pas ses poumons.

—Hé bien! messieurs, dit le maire, si tel est votre dessein, nous ne sommes pas en état de vous résister, gens paisibles que nous sommes, comme vous le voyez. Mais permettez-moi d'abord de parler à ce digne ministre, Nehemiah Holdenough, afin de le déterminer à céder sa place pour aujourd'hui sans plus de scandale.

Le magistrat pacifique interrompit alors les accords chevrotans d'Holdenough et de son clerc, en les priant tous deux de se retirer, pour empêcher, leur dit-il, qu'on n'en vînt aux coups.

—Aux coups! répéta le prédicateur presbytérien; il n'y a nul danger qu'on en vienne aux coups avec des gens qui n'osent s'élever contre cette profanation ouverte de l'Église et ces principes d'hérésie audacieusement avoués.

—Allons, allons, M. Holdenough, n'occasionez pas du tumulte et ne criez pas aux bâtons [1]. Je vous le dis encore une fois, nous ne sommes pas des hommes de guerre; nous n'aimons pas à verser le sang.

— Non, répondit le prédicateur avec mépris, pas plus qu'on ne pourrait en tirer avec la pointe d'une aiguille. O tailleurs [2] de Woodstock; — car qu'est-ce qu'un gantier, sinon un tailleur qui travaille en peau? — je vous abandonne par mépris pour la lâcheté de vos cœurs et la faiblesse de vos bras; je chercherai ailleurs un troupeau qui ne fuira pas loin de son pasteur en entendant braire le premier âne sauvage sortant du grand désert.

A ces mots, le prédicateur mécontent descendit de sa chaire; et, secouant la poussière de ses souliers, il sortit de l'église avec autant de précipitation qu'il y était entré, quoique pour une raison différente. Les citoyens virent sa retraite avec chagrin, et non sans un sentiment de componction qui semblait leur faire reconnaître qu'ils n'avaient pas joué le rôle le plus courageux du monde. Le maire et plusieurs autres quittèrent l'église pour suivre le ministre et tâcher de l'apaiser.

L'orateur indépendant, naguère étendu par terre, et maintenant triomphant, s'installa dans la chaire sans plus de cérémonie; tirant une bible de sa poche, il prit son texte dans le quarante-cinquième psaume.

— O Tout-Puissant, ceins ton glaive sur ta cuisse avec ta gloire et ta majesté, et prospère dans ta puissance. —Sur ce

---

(1) Allusion à une coutume des apprentis de Londres, sous le règne de Jacques et d'Elisabeth. Quand l'un d'eux se prenait de querelle avec des passans, et qu'il n'était pas le plus fort, il criait : — Aux bâtons ! — et tous ses camarades sortaient de leurs boutiques, armés de gourdins, pour aller à son secours. (Voir *les Aventures de Nigel*, ch. 1er.)
— Éd.

(2) Le nom de tailleur a été long-temps un terme d'opprobre en Angleterre. C'est ici une allusion toute directe pour les gantiers et fabricans de Woodstock. Woodstock est encore une ville renommée par ses gants et ses manufactures d'acier. — Éd.

sujet, il commença une de ces déclamations exagérées, si communes à cette époque où l'on était accoutumé à dénaturer et à torturer le sens de l'Ecriture pour l'adapter aux événemens récens. Le verset qui, dans son sens littéral, s'appliquait au roi David, et dans son sens mystique avait rapport à la venue du Messie, devenait, dans l'opinion de l'orateur militaire, applicable à Olivier Cromwell, général victorieux d'une république au berceau qui ne devait pas arriver à sa majorité.

— Ceins ton glaive, s'écria le prédicateur avec un ton d'emphase; et ce glaive n'était-il pas une aussi bonne lame qu'aucune de celles qui ont jamais été suspendues à un ceinturon, ou qui ont battu contre une selle de fer? — Oui, vous dressez les oreilles, couteliers de Woodstock, comme si vous doutiez de ce que c'est qu'un glaive. — Est-ce vous qui l'avez forgé? J'en doute. — L'acier a-t-il été trempé dans l'eau tirée de la fontaine de Rosemonde [1], ou la lame a-t-elle été bénite par le vieux bélître de prêtre de Godstow? — Vous voudriez sans doute nous faire croire que vous l'avez forgée, trempée, affilée, polie, tandis qu'elle n'est jamais entrée dans une forge de Woodstock. Vous étiez trop occupés à faire des couteaux pour les prêtres fainéans et présomptueux d'Oxford, dont les yeux étaient tellement enfoncés dans la graisse qu'ils ne purent voir la Destruction que lorsqu'elle les eut saisis à la gorge. — Mais je puis vous dire, moi, où ce glaive a été forgé, trempé, affilé, poli. Tandis que vous faisiez, comme je viens de le dire, des couteaux pour des prêtres imposteurs, et des poignards pour des Cavaliers blasphémateurs et dissolus, afin qu'ils vinssent couper la gorge au peuple d'Angleterre, il fut forgé à Long-Marston-Moor [2], où les coups pleuvaient plus vite que le marteau ne tomba jamais sur votre enclume. — Il fut trempé à Naseby [3] dans le meilleur sang des Cavaliers. — Il fut affilé en Irlande contre les murs de Drogheda, et émoulu en Ecosse à Dun-

(1) Woodstock avait été l'asile de la belle Rosemonde. — Ed.
(2) Plaine du comté d'York, fameuse par une bataille si fatale à la cause de Charles en 1644. — Ed.
(3) Village du comté de Northampton où se donna, en 1645, une autre bataille décisive en faveur des Têtes-Rondes. Cromwell et le roi y combattirent en personne. — Ed.

bar. — Enfin il fut tout récemment poli à Worcester; il brille avec autant d'éclat que le soleil au milieu du firmament, et il n'y a point en Angleterre de lumière qui puisse en approcher.

Ici les soldats qui formaient une partie de l'auditoire firent entendre un murmure d'approbation. Ce murmure, analogue aux — écoutez! écoutez! — de la chambre des communes d'Angleterre, devait naturellement ajouter à l'enthousiasme de l'orateur, en lui apprenant que ses auditeurs le partageaient.

— Et maintenant, continua le belliqueux apôtre avec une énergie croissante, que dit le texte? — Prospère dans ta puissance. — Ne t'arrête pas dans ta course. — N'ordonne point de halte. — Ne quitte pas la selle. — Poursuis les fuyards dispersés. — Sonne de la trompette, et que ce soit, non pas une vaine fanfare, mais le boute-selle, le départ, la charge. — Poursuis le Jeune Homme [1]. — Qu'y a-t-il de commun entre lui et nous? — Tue, prends, détruis, partage les dépouilles. — Tu es béni, Olivier, à cause de ton honneur. — Ta cause est juste, et il est évident que tu es appelé à la soutenir. Jamais la défaite n'a approché de ton bâton de commandement; jamais désastre n'a suivi ta bannière. Marche donc, fleur des soldats anglais; marche, chef élu des champions de Dieu; ceins tes reins de résolution, et vole sans t'arrêter vers le but auquel tu es appelé par le ciel.

Un autre murmure d'approbation, que répétèrent les échos de la vieille église, permit au soldat prédicateur de reprendre haleine un instant; mais ensuite les habitans de Woodstock l'entendirent, non sans inquiétude, diriger d'un autre côté le torrent de son éloquence.

— Mais pourquoi vous parler ainsi, à vous, habitans de Woodstock, qui ne réclamez pas une portion d'héritage avec notre David; qui ne prenez aucun intérêt au fils de Jessé de l'Angleterre? vous qui combattiez de toutes vos forces, — et elles n'étaient pas bien formidables, — vous qui combattiez pour l'Homme [2] sous ce papiste altéré de sang, sir Jacob

---

(1) Les républicains nommaient ainsi Charles II. — ÉD.
(2) Charles Ier. — ÉD.

Aston, ne complotez-vous pas maintenant, ou n'êtes-vous pas prêts à comploter, pour rétablir le Jeune Homme, comme vous l'appelez, le fils impur du tyran qui n'est plus? — Pourquoi votre chef tournerait-il sa bride de notre côté? dites-vous dans vos cœurs; nous ne voulons pas de lui; et, si nous pouvons en venir à bout, nous préférons nous vautrer dans le bourbier de la monarchie avec la truie qui vient d'être lavée. — Hé bien! habitans de Woodstock, je vous le demande, répondez-moi. — Avez-vous encore faim des — potées de chair des moines de Godstow? Vous me direz non. Mais pourquoi? parce que les pots sont fendus et brisés, et que le feu qui chauffait leur four est éteint. — Je vous le demande encore! continuez-vous à boire l'eau de la fontaine des fornications de la belle Rosemonde? Vous direz non. Mais pourquoi?...

Ici l'orateur, avant de pouvoir répondre à sa manière à la question qu'il faisait, fut interrompu par la réplique suivante, prononcée d'un ton ferme par un membre de la congrégation.

— Parce que vous et vos pareils ne nous avez pas laissé une goutte d'eau-de-vie pour mêler avec cette eau.

Tous les regards se retournèrent vers l'audacieux interrupteur qui était debout, appuyé contre un des piliers massifs d'architecture saxonne, avec lesquels il avait lui-même quelque ressemblance, car c'était un homme de petite taille, mais vigoureux, ayant les épaules carrées, une espèce de Little-John [1], tenant en main un gros gourdin, et dont l'habit, usé et fané, avait été jadis de drap vert de Lincoln, et conservait quelques restes d'ancienne broderie. Il avait un air d'insouciance, d'audace et de bonne humeur; et, malgré la crainte que leur inspiraient les militaires, quelques citoyens ne purent s'empêcher de s'écrier : — Bien répondu, Jocelin Joliffe!

— Jocelin Jolly, l'appelez-vous? continua le prédicateur sans paraître ni confus ni mécontent de cette interruption, j'en ferai Jocelin de la prison s'il s'avise encore de m'inter-

---

[1] Petit-Jean, lieutenant du fameux Robin Hood. — Éd.

rompre. C'est sans doute quelqu'un de vos gardes forestiers, qui ne peuvent oublier qu'ils ont porté les lettres C. R.[1], gravées sur leurs plaques de cuivre et sur leurs cors de chasse, comme chien porte le nom de son maître sur son collier : joli emblème pour des chrétiens! Mais la brute l'emporte sur l'homme, car la brute porte l'habit qui lui appartient, et le misérable esclave porte celui de son maître. J'ai vu plus d'un de ces mauvais plaisans brandiller au bout d'une corde. — Où en étais-je? Ah! je vous reprochais votre apostasie, habitans de Woodstock. — Oui, vous me direz que vous avez renoncé au papisme, que vous avez abandonné le culte épiscopal! Vous vous essuyez la bouche en pharisiens que vous êtes, et qui peut vous le disputer en pureté de religion? — Moi je vous dis que vous n'êtes que comme Jéhu, fils de Nimsi, qui détruisit le temple de Baal, mais qui ne se sépara point des fils de Jéroboam. Ainsi vous ne mangez pas de poisson le vendredi avec les aveugles papistes, ni des gâteaux aux raisins le 25 décembre avec les insoucians épiscopaux; mais vous vous gorgez de vin toutes les nuits de l'année avec votre guide infidèle presbytérien; et vous parlez mal de ceux qui sont élevés en dignité; vous vomissez des injures contre la république, et vous vous glorifiez de votre parc de Woodstock, en disant : — N'est-ce pas le premier qui ait été entouré de murs en Angleterre, et ne l'a-t-il pas été par Henry, fils de Guillaume, surnommé le Conquérant? et n'y avez-vous pas un palais que vous appelez la Loge Royale, et un chêne que vous nommez le Chêne du Roi? et vous volez les daims du parc, vous en mangez la chair, et vous dites, — C'est la venaison du roi, nous l'arroserons de bon vin que nous boirons à sa santé. Il vaut mieux que nous en profitions que ces coquins de républicains Têtes-Rondes. Mais écoutez-moi, et faites-y bien attention, car nous venons pour controverser avec vous sur toutes ces choses. Notre nom sera un boulet de canon! Votre Loge, dans le parc de laquelle vous prenez vos ébats, s'écroulera; et nous ferons un coin pour fendre votre Chêne du Roi des-

---

(1) *Carolus Rex*, Charles, roi. — Ed.

tiné à chauffer le four du boulanger. Nous renverserons les murs du parc ; nous tuerons les daims, nous les mangerons nous-mêmes, et vous n'en aurez ni hanche ni échine, vous n'en aurez pas même les bois pour en faire des manches de couteaux, ni la peau pour y tailler une paire de culottes, quoique vous soyez couteliers et gantiers ; et vous ne recevrez ni secours ni soutien du traître Henry Lee, dont les biens sont séquestrés ; vous ne recevrez aucun secours ni de celui qui se nommait grand-maître de la capitainerie de Woodstock, ni de personne en son nom ; car celui qui vient ici sera nommé Maher-Shalal-Hash-Baz, parce qu'il se hâte de venir prendre possession du butin.

Ainsi se termina ce discours bizarre, dont la dernière partie remplit de consternation le cœur des pauvres habitans de Woodstock, comme tendant à confirmer un bruit désagréable qui circulait depuis peu. Les communications avec Londres étaient lentes à cette époque ; les nouvelles qui en arrivaient étaient aussi peu sûres que les temps eux-mêmes étaient incertains, et elles étaient exagérées par les espérances et les craintes des diverses factions qui les répandaient. Mais le bruit qui courait concernant Woodstock était uniforme, et ne se démentait pas. Il ne se passait pas un seul jour qu'on ne dît que le parlement avait rendu un fatal décret pour vendre le parc de Woodstock, en abattre les murs, démolir la Loge, et détruire autant que possible les traces de son ancienne renommée.

Cette mesure devait être préjudiciable aux habitans de cette ville, un grand nombre d'entre eux jouissant, par tolérance plutôt que par droit, de différens privilèges dont ils se trouvaient fort bien, comme de faire pâturer leurs bestiaux dans le parc, d'y couper du bois de chauffage, etc. D'ailleurs tous les citoyens de ce petit bourg étaient mortifiés en songeant que l'ornement de leurs environs allait être détruit, un bel édifice réduit en ruines, l'honneur de leur voisinage anéanti. Ce sentiment patriotique se retrouve souvent dans les endroits que d'anciennes distinctions et des souvenirs fidèlement conservés rendent si différens des villes d'une date plus récente. Les habitans de Woodstock l'éprouvaient dans toute sa force. La calamité qu'ils prévoyaient les avait fait trembler; mais à présent qu'elle était annoncée par l'arrivée de ces soldats tout-puissans, à figure austère et sombre, à présent qu'ils l'entendaient proclamer par la bouche d'un de leurs prédicateurs militaires, ils regardaient leur destin comme inévitable. Les causes de dissension qui pouvaient exister entre eux furent oubliées pour le moment, et la congrégation, congédiée sans psalmodie et sans bénédiction, se retira à pas lents et d'un air triste; chacun regagna sa demeure.

CHAPITRE II.

« Avance, bon vieillard; que le bras de ta fille
« Soit dorénavant ton soutien.
« Lorsque du temps l'implacable faucille
« A moissonné le chêne aérien,
« Le rejeton qui lui doit la naissance,
« Déployant ses jeunes rameaux,
« Du vieux tronc abattu couvre la décadence,
« Et le rend respectable aux yeux de ses rivaux. »

Lorsque le sermon fut terminé, le prédicateur militaire s'essuya le front, car, malgré le froid de la saison, la véhémence de ses discours et de ses gestes l'avait échauffé. Il descendit alors de la chaire, et dit quelques mots au caporal qui commandait le détachement. Celui-ci lui répondit par un signe d'intelligence fait d'un air grave, et puis rassemblant ses soldats, il les reconduisit en bon ordre au quartier qu'ils occupaient dans la ville.

Celui qui avait prêché sortit lui-même de l'église, comme si rien d'extraordinaire ne fût arrivé, et se promena dans les rues de Woodstock avec l'air d'un étranger qui aurait voulu voir la ville, sans paraître remarquer qu'il était lui-même à son tour examiné avec inquiétude par les habitans; leurs regards furtifs, mais fréquens, semblaient le considérer comme un être suspect et redoutable, et dont il serait dangereux de provoquer le ressentiment. Il ne fit aucune attention à eux, et continua sa promenade avec la manière affectée des fanatiques de ce temps, c'est-à-dire d'un pas lent et solennel, et avec un air sérieux et sévère, en homme mécontent des interruptions momentanées que la vue des objets terrestres apportait à ses méditations sur les choses célestes. Ces enthousiastes méprisaient et condamnaient les plaisirs les plus innocens, de quelque genre qu'ils fussent, et un sourire leur paraissait une abomination.

C'était pourtant cette disposition d'esprit qui formait les hommes à de grandes actions; car, au lieu de chercher à satisfaire leurs passions, ils dirigeaient leur conduite d'après les principes qu'ils avaient adoptés, et ces principes n'avaient rien d'égoïste. Il se trouvait sans contredit parmi eux des hypocrites qui couvraient leur ambition du voile de la religion; mais il en existait qui étaient réellement doués du caractère religieux et de la sévérité d'une vertu républicaine, que les autres ne faisaient qu'affecter. Le plus grand nombre étaient placés entre ces deux extrêmes; ils éprouvaient jusqu'à un certain point le pouvoir de la religion, et ils se conformaient au temps en outrant leurs sentimens réels.

L'individu dont les prétentions à la sainteté, visibles comme elles l'étaient sur son front et dans sa démarche, ont occasioné la digression qui précède, arriva enfin à l'extrémité de la principale rue, aboutissant au parc de Woodstock. Une porte fortifiée défendait l'entrée de l'avenue.

L'architecture gothique de cette porte, quoique composée de styles de différens siècles, suivant les époques où l'on y avait fait des additions, était d'un effet imposant. Une énorme grille en longues barres de fer, décorée d'un grand nombre d'ornemens, et surmontée du malheureux chiffre C. R., était dans un état de dégradation qui accusait à la fois la rouille et la violence républicaine.

Le soldat s'arrêta, comme s'il n'eût trop su s'il devait entrer sans demander la permission. Il vit à travers la grille une avenue bordée de chênes majestueux, et qui s'éloignait en serpentant, comme pour aller se perdre dans la profondeur d'une vaste et antique forêt. Le guichet de la grande grille ayant été laissé ouvert par mégarde, il le franchit, mais en hésitant et en homme qui se glisse dans un lieu dont il sent que l'entrée lui serait refusée. Dans le fait, ses manières montrèrent plus de respect pour ces lieux qu'on n'aurait pu en attendre de son caractère et de sa profession. Il ralentit son pas, déjà si solennel, et enfin il s'arrêta et regarda autour de lui.

A quelque distance de la grille, il vit s'élever au-dessus des arbres deux antiques et vénérables tourelles, dont chacune était surmontée par une girouette d'un travail curieux, et qui réfléchissaient les rayons du soleil d'automne : elles indiquaient la situation de l'ancien rendez-vous de chasse, la Loge, comme on l'appelait, qui, depuis le temps de Henry II, avait été de temps en temps le séjour des monarques anglais, quand il leur plaisait d'aller chasser dans les bois d'Oxford, où il y avait tant de gibier que, suivant le vieux Fuller [1], c'était le lieu de prédilection des chasseurs et des fauconniers. La Loge s'élevait sur un terrain plat, maintenant couvert de sycomores, non loin de l'entrée de ce lieu magnifique où le spectateur s'arrête pour contempler Blenheim, ce souvenir des victoires de Marlborough, et admirer ou critiquer la lourde magnificence du style de Vanburgh [2].

Là aussi s'arrêta notre prédicateur militaire, mais avec des pensées bien différentes et dans un autre dessein que celui d'admirer. Quelques instans après il vit deux personnes, un homme et une femme, s'approcher à pas lents; et ils étaient si occupés de leur conversation qu'ils ne levèrent pas les yeux, et n'aperçurent pas l'étranger qui se trouvait devant eux à quelque distance. Le soldat profita de leur distraction, et, désirant épier leurs mouvemens sans en être aperçu, il se glissa derrière un gros arbre qui bordait l'avenue, et dont les branches, balayant la terre, empêchaient qu'il ne fût découvert, à moins qu'on ne le cherchât tout exprès.

Cependant nos deux nouveaux personnages continuaient

---

(1) Auteur d'une vie des saints anglais. — Ed.
(2) Auteur comique aussi spirituel que licencieux, et architecte de Blenheim, mais dont tous les monumens ont le défaut de paraître lourds. — Ed.

à s'avancer, en se dirigeant vers un berceau encore éclairé des rayons du soleil, et appuyé contre l'arbre derrière lequel le militaire était caché.

L'homme était un vieillard, mais qui semblait courbé plus encore par le poids des chagrins et des infirmités que par celui des années. Il portait un manteau noir sur un habit de même couleur, de cette coupe pittoresque que Vandyck a rendue immortelle; mais quoique son costume fût décent, il le portait avec une négligence qui prouvait que son esprit n'était pas dans une situation tranquille. Ses traits, où l'on reconnaissait l'empreinte de l'âge, n'étaient pourtant pas encore sans beauté, et sa physionomie avait un air distingué d'accord avec son costume et sa démarche. Ce qui frappait le plus dans son extérieur était une longue barbe blanche qui lui descendait au-dessus de la poitrine sur son pourpoint à taillades, et qui formait un contraste singulier avec la couleur sombre de ses vêtemens.

La jeune dame qui donnait le bras à ce vénérable personnage, et qui semblait en quelque sorte le soutenir, avait les formes légères d'une sylphide et des traits d'une beauté si exquise qu'on aurait dit que la terre sur laquelle elle marchait était un sol indigne d'être foulé par une créature si aérienne; mais toute beauté mortelle doit tribut aux chagrins de ce monde. Les yeux de cet être charmant offraient des traces de larmes; ses joues étaient couvertes de vives couleurs, et il était évident, d'après l'air triste et mécontent de celui qu'elle écoutait, que la conversation lui était aussi désagréable qu'à elle. Lorsqu'ils se furent assis sur le banc dont nous venons de parler, le soldat aux écoutes ne perdit pas un mot de tout ce que disait le vieillard; mais il entendit un peu moins distinctement les réponses de la jeune personne.

— Cela n'est pas supportable, dit le vieillard avec véhémence; il y aurait de quoi rendre les jambes à un paralytique et en faire un soldat; oui, je l'avoue, la guerre m'a privé d'un grand nombre des miens; d'autres se sont éloignés de moi dans ces temps désastreux. Je ne leur en veux point pour cela; que pouvaient faire les pauvres diables

quand il n'y avait ni pain à l'office ni bière dans le cellier?
— Mais il nous reste encore quelques braves forestiers de la vraie race de Woodstock, la plupart aussi vieux que moi, et qu'importe! Le vieux bois se déjette rarement à l'humidité.

— Je tiendrai bon dans le vieux château, et ce ne sera pas la première fois que je m'y serai maintenu contre une force dix fois plus considérable que celle dont nous entendons parler à présent.

— Hélas! mon cher père! dit la jeune personne avec un son de voix qui semblait indiquer qu'elle regardait ces projets de résistance comme un acte de désespoir imprudent.

— Et pourquoi cet hélas? répliqua le vieillard d'un ton courroucé; est-ce parce que je ferme ma porte à trente ou quarante de ces hypocrites altérés de sang?

— Mais leurs maîtres peuvent aisément envoyer contre vous un régiment ou même une armée, et à quoi servirait votre résistance, si ce n'est à les exaspérer et à rendre votre ruine plus complète?

— Soit, Alice; j'ai vécu assez et trop long-temps. J'ai survécu au meilleur des maîtres, au plus noble des princes. Que fais-je sur la terre depuis le malheureux 30 janvier? Le parricide commis en cette journée était pour tous les vrais serviteurs de Charles Stuart le signal de venger sa mort ou de mourir dès qu'ils en trouveraient une occasion honorable.

— Ne parlez pas ainsi, mon père, dit Alice Lee; il ne convient ni à votre jugement ni à votre mérite de sacrifier une vie qui peut encore être utile à votre roi et à votre pays. L'état actuel des choses ne durera pas toujours; il ne peut toujours durer. L'Angleterre ne supportera pas long-temps les chefs que lui a donnés le malheur des temps. En attendant..... — Ici quelques mots échappèrent aux oreilles du soldat. — Et méfiez-vous de cette impatience qui ne fait qu'empirer les choses.

— Les empirer! s'écria le vieillard impétueux; et que peut-il arriver de pire? Le mal n'a-t-il pas atteint son dernier degré? Ces gens ne nous chasseront-ils pas de notre seul abri?
— Ne dilapideront-ils pas le reste des propriétés royales con-

fiées à ma garde? — Ne feront-ils pas du palais des princes une caverne de brigands? et alors ils se passeront la main sur les lèvres, et ils rendront graces au ciel comme s'ils avaient fait une bonne œuvre.

— L'avenir n'est pas encore sans espoir pour nous, mon père. J'espère que le roi est en ce moment hors de leur portée; et nous avons lieu de croire que mon frère Albert est en sûreté.

— Oui, Albert! s'écria sir Henry d'un ton de reproche; nous y voilà encore. Sans toutes vos prières, je serais allé moi-même à Worcester; mais il a fallu que je restasse ici comme un vieux limier hors de service qu'on laisse derrière en partant pour la chasse. Et qui sait de quelle utilité j'aurais pu être? La tête d'un vieillard vaut quelquefois son prix, même quand son bras ne vaut plus grand'chose. — Mais vous et Albert vous désiriez tellement que je restasse! — Et maintenant qui peut savoir ce qu'il est devenu?

— Mais, mon père, dit Alice, nous avons tout lieu d'espérer qu'Albert a échappé à cette fatale journée : le jeune Abney l'a vu à un mille du champ de bataille.

— Le jeune Abney a menti, je suppose, répliqua le père avec le même esprit de contradiction ; — la langue du jeune Abney fait plus de besogne que son bras ; et cependant elle court encore moins vite que les jambes de son cheval quand il fuit devant les Têtes-Rondes. — J'aimerais mieux que le cadavre d'Albert fût resté étendu entre Charles et Cromwell que d'apprendre qu'il ait pris la fuite aussi promptement que le jeune Abney.

— Mon cher père, s'écria Alice en pleurant, que puis-je donc vous dire pour vous consoler?

— Pour me consoler, dites-vous, mon enfant? je suis las de consolations. Une mort honorable et les ruines de Woodstock pour tombeau, voilà toute la consolation qu'attend Henry Lee. — Oui, par la mémoire de mon père, je défendrai la Loge contre ces brigands rebelles.

— Ecoutez votre raison, mon père; soumettez-vous à ce qu'il nous est impossible d'empêcher. Mon oncle Everard...

Le vieillard l'interrompit en répétant ces derniers mots.

—Ton oncle Everard! s'écria-t-il; hé bien, continue: qu'as-tu à me dire de ton précieux et affectionné oncle Everard?

—Rien, mon père, si ce sujet d'entretien vous déplaît.

—S'il me déplaît! Et pourquoi me déplairait-il? et quand il me déplairait, pourquoi affecter de t'en inquiéter? Pourquoi quelqu'un s'en inquiéterait-il! Qu'est-il arrivé depuis quelques années qui ne doive me déplaire? Quel astrologue pourrait me prédire dans l'avenir quelques événemens plus heureux?

—Le destin peut nous réserver le plaisir de voir la restauration de notre prince banni.

—Il est trop tard pour moi, Alice. S'il se trouve une si belle page dans les registres du ciel, j'aurai quitté la terre long-temps avant qu'elle me soit montrée. — Mais je vois que tu veux éluder de me répondre. — En un mot, qu'as-tu à dire de ton oncle Everard?

—Dieu sait, mon père, que j'aimerais mieux me condamner au silence pour toujours que de dire des choses qui, dans la situation actuelle de votre esprit, pourraient augmenter votre indisposition.

—Mon indisposition! Oh! tu es un médecin des lèvres duquel le miel découle. Tu prodigueras l'huile, le vin et le baume pour guérir mon indisposition, — si c'est le terme convenable pour désigner les souffrances d'un vieillard dont le cœur est presque brisé. — Encore une fois; que voulais-tu dire de ton oncle Everard?

Il éleva la voix en prononçant ces derniers mots avec aigreur; et Alice répondit à son père d'un ton soumis et craintif.

—Je voulais seulement dire que je suis certaine que mon oncle Everard, quand nous quitterons Woodstock....

—Dis donc quand nous en aurons été chassés par ces misérables tondus [1] de fanatiques qui lui ressemblent. — Hé bien! continue. — Que fera ton généreux oncle? — Nous accordera-t-il la desserte de sa table économique? Nous donnera-

---

[1] Les républicains se coupaient les cheveux très-près de la tête; c'est pourquoi on les appelait Têtes-Rondes. — ED.

t-il, deux fois par semaine, les restes du chapon qui y aura paru trois fois, en nous laissant jeûner les cinq autres jours? — Nous permettra-t-il de coucher dans son écurie à côté de ses chevaux affamés? Leur retranchera-t-il une partie de leur paille, afin que le mari de sa sœur, — faut-il que j'aie à parler de l'ange que j'ai perdu! — et la fille de sa sœur ne soient pas obligés de se coucher sur la pierre? — Ou bien nous enverra-t-il à chacun un noble d'or en nous recommandant de le faire durer long-temps, parce qu'il n'a jamais vu l'argent si rare? — Quelle autre chose ton oncle Everard fera-t-il pour nous? Nous obtenir une permission de mendier? Je puis le faire sans cela.

— Vous ne lui rendez pas justice, répondit Alice avec plus de vivacité qu'elle n'en avait encore montré; et, si vous vouliez interroger votre propre cœur, vous reconnaîtriez vous-même, je parle avec respect, que votre bouche prononce des paroles désavouées par votre jugement. Mon oncle Everard n'est ni avare ni hypocrite. Il n'est ni assez attaché aux biens de ce monde pour ne pas fournir amplement à tous nos besoins, ni assez entiché d'opinions exagérées pour n'avoir pas de charité pour les gens d'une autre secte que la sienne.

— Oui, oui! l'Eglise anglicane est une secte à ses yeux, je n'en doute pas; et peut-être aux tiens aussi, Alice. Que sont les Mugglemans [1], les Ranters [2], les Brownistes [3]? — des sectaires; et ta phrase les place tous, avec Jack Presbyter [4] à leur tête, sur le même niveau que nos doctes prélats et nos dignes ministres. Tel est le jargon du siècle où tu vis; et pourquoi ne parlerais-tu pas comme une des vierges sages, comme une des sœurs psalmodiantes? Quoique tu aies

---

(1) Il faudrait un gros volume pour faire connaître en détail toutes les *variations* du protestantisme. On appelait *Mugglemans* ou Muggletoniens les sectaires de la religion de Muggleton, tailleur, qui prétendait avoir le don de prophétie, et dispensait ses disciples de toute règle de conduite. — Ed.

(2) *Ranters*, extravagans sectaires qui prêchaient un vrai désordre moral, comme les Muggletoniens. — Ed.

(3) Les *Brownistes*, disciples de Brown, avaient encore les mêmes idées que les Ranters et autres indépendans. — Ed.

(4) Le presbytérianisme personnifié: — Ed.

pour père un vieux Cavalier profane, tu es nièce de l'oncle Everard.

— Si vous parlez ainsi, mon père, que puis-je vous répondre? Ecoutez seulement quelques mots avec patience, et je me serai bientôt acquittée de la commission de mon oncle.

— Oh! il y a donc une commission! Oh! certes, je m'en doutais dès le commencement; j'avais même quelques soupçons relativement à l'ambassadeur. Allons, miss Lee, remplissez vos fonctions, et vous n'aurez pas à vous plaindre que je manque de patience.

— Hé bien, mon père, mon oncle Everard vous engage à recevoir avec politesse les commissaires qui viennent mettre le séquestre sur le parc et le domaine de Woodstock, ou du moins de vous abstenir d'apporter obstacle ou opposition à leurs opérations. Cela ne peut, dit-il, faire aucun bien même dans vos propres principes, et ce serait leur donner un prétexte pour vous persécuter avec la dernière rigueur, ce qu'il croit qu'on peut éviter en agissant autrement. Il espère même que, si vous suivez ses conseils, le comité pourra, par suite du crédit dont il y jouit, se déterminer à lever le séquestre mis sur vos biens, et à y substituer une amende modérée. C'est ainsi que parle mon oncle; et je n'ai pas besoin de fatiguer votre patience par d'autres argumens.

— Tu as raison de n'en rien faire, Alice, répondit sir Henry avec un ton de courroux étouffé; car, par la sainte croix! tu m'as presque fait tomber dans la croyance hérétique que tu n'es pas ma fille. — O toi, ma chère compagne! loin aujourd'hui des chagrins et des soucis de ce misérable monde, aurais-tu jamais pu croire que la fille que tu pressais contre ton sein deviendrait, comme la méchante femme de Job, la tentatrice de son père à l'heure de son affliction; qu'elle lui conseillerait de sacrifier sa conscience à son intérêt, pour demander aux mains encore couvertes du sang de son maître, et peut-être à celles des meurtriers de son fils, un misérable reste des biens dont il a été dépouillé! — Quoi! s'il faut que je mendie, crois-tu que je m'adresse à ceux qui ont fait un mendiant? Non! jamais. Cette barbe blanche, que je porte en témoignage de mon deuil du meurtre de mon souverain [1], jamais je n'irai la montrer pour émouvoir la pitié des orgueilleux qui ont séquestré mes biens, et qui étaient peut-être du nombre des parricides. Non! si Henry Lee doit demander son pain, ce sera à quelque loyal royaliste comme lui, qui ne refusera pas de partager le sien avec lui. Quant à sa fille, elle peut suivre le chemin qui lui convient. Ce chemin la conduira à se réfugier chez ses riches parens Têtes-Rondes; mais qu'elle n'appelle plus son père celui dont elle dédaigne de partager la pauvreté.

— Vous êtes injuste envers moi, mon père, répondit Alice d'une voix animée, quoique défaillante; — cruellement injuste. Dieu sait que le chemin que vous suivrez sera le mien, quoiqu'il conduise à la ruine et à la mendicité; et mon bras vous soutiendra, si vous acceptez un si faible secours.

— Tu me paies de paroles, mon enfant; tu me paies de paroles, comme le dit William Shakspeare : tu parles de me prêter ton bras, et ta secrète pensée est de t'appuyer sur celui de Markham Everard.

— Mon père, mon père! s'écria Alice avec le ton d'un violent chagrin, — qui peut avoir ainsi égaré votre sain jugement, et changé votre bon cœur? Maudites soient ces commotions civiles qui non-seulement coûtent la vie à tant d'hommes, mais qui dénaturent leurs sentimens, et qui rendent méfians, durs et cruels les gens les plus braves, les plus nobles, les plus généreux. — Quel reproche avez-vous à me faire relativement à Markham Everard? L'ai-je vu, lui ai-je parlé depuis que vous lui avez interdit ma présence en termes moins doux — je dirai la vérité — que ne l'exigeait votre parenté avec lui? Pourquoi vous imaginer que je sacrifierais à ce jeune homme tout ce que je vous dois? Sachez que, si j'étais capable d'une faiblesse criminelle, Markham Everard serait le premier à me mépriser.

Elle appuya son mouchoir sur ses yeux; mais elle ne put

---

(1) Dans une des introductions de *Marmion*, sir Walter Scott cite son aïeul qui, comme sir Henry Lee, avait juré de ne pas se raser tant que les Stuarts seraient dépouillés de leur trône. — Éd.

ni retenir ses sanglots, ni cacher l'angoisse qui les occasionait. Le vieillard en fut ému.

— Je ne sais qu'en dire ni qu'en penser, dit-il; — tu parais sincère, et tu as toujours été bonne fille. Je ne conçois pas comment tu as souffert que ce jeune rebelle s'insinuât dans ton cœur. Peut-être est-ce une punition que le ciel m'inflige, pour avoir pensé que la loyauté de ma maison était pure comme l'hermine; et cependant voilà une malheureuse tache sur le plus beau de ses joyaux, sur ma chère Alice. — Ne pleure pas, mon enfant; nous avons assez de causes d'affliction. — Dans quelle pièce Shakspeare dit-il

> Aimable et chère enfant,
> Laissez-moi tout le soin de cette triste affaire;
> Ne prenez point des temps le fâcheux caractère:
> Ne soyez pas comme eux un ennui pour Percy.

— Je suis charmée de vous entendre citer une seconde fois votre poète favori, mon père. Nos petits différends sont presque toujours près d'être terminés quand Shakspeare se met de la partie.

— Le recueil de ses œuvres était le compagnon fidèle de mon bienheureux maître. Après la Bible, si je puis nommer Shakspeare et la Bible en même temps, c'était le livre dans lequel il puisait le plus de consolations; et, comme je suis attaqué de la même maladie, il est tout naturel que j'aie recours au même remède. Mais je ne prétends pas avoir le même talent que mon maître pour expliquer les passages obscurs, car je suis peu instruit, et je n'ai appris que l'art de la chasse et le métier des armes.

— Vous avez vu Shakspeare, mon père?

— Jeune folle! je n'étais encore qu'un enfant quand il mourut; tu me l'as entendu dire plus de vingt fois; mais tu voudrais écarter les pensées de ton vieux père d'un sujet qui le tourmente. Hé bien! quoique je ne sois pas aveugle, je puis fermer les yeux, et suivre mon guide. C'est Ben Johnson que j'ai connu, et je pourrais te conter bien des anecdotes de nos réunions à la Sirène [1], où, si l'on faisait grande dé-

---

(1) Fameuse taverne où se réunissaient les poètes du temps. — ED.

pense de vin, on en faisait encore plus d'esprit. Nous n'étions pas occupés à nous envoyer des bouffées de fumée les uns aux autres, ou à tourner vers le ciel le blanc de nos yeux quand nous vidions le pot de vin. Le vieux Ben m'avait adopté pour un de ses enfans en Apollon. Ne t'ai-je pas montré ses vers : — A mon fils chéri, le respectable sir Henry Lee de Ditchley, chevalier baronnet?

— Je ne me les rappelle pas en ce moment, mon père.

— Je crois que tu ne dis pas la vérité, petite; mais n'importe, tu n'obtiendras pas de moi d'autres folles idées en ce moment. Le mauvais esprit a quitté Saül. Il s'agit de décider ce que nous ferons relativement à Woodstock; si nous l'abandonnerons ou si nous le défendrons.

— Mon cher père, pouvez-vous entretenir un instant l'espoir de le défendre?

— Je n'en sais rien; mais ce qui est certain, c'est que je voudrais encore une petite action pour faire mes adieux. Et qui sait où la bénédiction du ciel peut descendre! Mais, en ce cas, il faut que mes pauvres vassaux prennent part avec moi à une défense désespérée, et cette idée me retient, je l'avoue.

— Ah! qu'elle vous détermine, mon père : songez qu'il y a un détachement de soldats dans la ville, et trois régimens à Oxford.

— Pauvre Oxford! s'écria sir Henry, dont un seul mot faisait tourner l'esprit indécis vers le premier objet qui se présentait à lui; siège de la science et de la loyauté! ces soldats grossiers sont une compagnie qui ne convient guère à tes doctes collèges et aux allées poétiques de ton parc. Mais ta lumière vive et pure bravera le souffle empoisonné d'un millier de rustres, souffleraient-ils comme Borée pour l'éteindre. Le buisson ardent ne sera pas consumé, même par le feu de cette persécution.

— Vous avez raison, mon père, et il n'est peut-être pas inutile de vous rappeler que, si quelque mouvement royaliste avait lieu dans un moment si peu propice, ce serait pour eux une raison de traiter l'université avec encore plus de dureté; car ils la regardent comme le foyer d'où part tout ce qu'on fait en faveur du roi dans ces environs.

— C'est la vérité, ma fille, et ces bandits saisiraient le moindre prétexte pour séquestrer le peu de biens que les guerres civiles ont laissés aux collèges. Ce motif, et les dangers auxquels j'exposerais mes pauvres vassaux... Allons, tu m'as désarmé, mon enfant; je serai calme et patient comme un martyr.

— Fasse le ciel que vous teniez votre parole, mon père; mais la vue d'un seul de ces hommes vous cause toujours tant d'émotion que je crains...

— Voudriez-vous me faire passer pour un enfant, Alice? ne savez-vous pas que je puis regarder un crapaud, une couleuvre, des vipères entrelacées, sans autre sensation qu'un peu de dégoût? et, quoiqu'une Tête-Ronde, et surtout un Habit-Rouge, soient à mes yeux plus dégoûtans qu'un crapaud, plus venimeux qu'une couleuvre, et plus à craindre que toutes les vipères, cependant je puis maîtriser mon aversion naturelle au point que, s'il en paraissait un en ce moment devant mes yeux, tu verrais toi-même avec quelle politesse je le recevrais.

Il parlait encore lorsque le prédicateur militaire sortit de derrière le rideau de feuilles qui le cachait; il parut inopinément devant le vieux Cavalier, qui le regarda avec surprise, comme si ses paroles avaient conjuré un malin esprit.

— Qui es-tu? lui demanda sir Henry à voix haute et d'un ton courroucé, tandis que sa fille effrayée le tenait par le bras, car elle craignait que les résolutions pacifiques de son père ne pussent supporter le choc d'une apparition si soudaine.

— Je suis, répondit le soldat, un homme qui ne craint ni ne rougit de s'appeler un pauvre journalier dans les grands travaux de l'Angleterre; un simple et sincère partisan de la bonne vieille cause.

— Et que diable viens-tu chercher ici? demanda le chevalier avec fierté.

— La bienvenue due aux mandataires des lords commissaires, répondit le soldat.

— Tu es aussi bien-venu que du sel le serait pour des yeux malades, dit sir Henry : et qui sont tes commissaires?

Le soldat lui présenta sans beaucoup de cérémonie un parchemin que le vieux Cavalier prit entre l'index et le pouce, comme si c'eût été une lettre venant de quelque lazaret; et il le tint aussi loin qu'il put de ses yeux en le lisant. Il lut tout haut ce qui y était écrit, et, prononçant le nom de chacun des commissaires, il y ajoutait un court commentaire, adressé à Alice à la vérité, mais d'un ton assez haut pour prouver qu'il s'inquiétait peu d'être entendu par le soldat.

— *Desborough*... Le valet de charrue Desborough; — aussi vil manant que qui que ce soit en Angleterre; — un drôle qui ferait mieux d'être chez lui comme un ancien Scythe, sous la couverture d'un chariot! — Au diable! — *Harrison*. — Un fanatique sanguinaire! — un enthousiaste exalté qui lit la Bible avec tant de profit, qu'il ne manque jamais d'un texte pour justifier un assassinat! — Au diable! — *Bletson*. Un vrai républicain; — un bleu foncé, — un membre du club de la Rota d'Harrison [1], cerveau timbré, plein de nouvelles idées de ce gouvernement dont le but le plus clair est de mettre la queue où devrait être la tête; — un drôle qui vous abandonne les statuts et les lois de la vieille Angleterre pour bavarder de la Grèce et de Rome; — qui voit l'aréopage dans la salle de Westminster, et qui prend le vieux Noll pour un consul romain : sur ma foi ce sera plutôt un dictateur pour eux. — N'importe! — au diable comme les autres.

— Ami, dit le soldat, je voudrais agir civilement avec vous; mais ce que je dois aux saints hommes au service de qui je suis ne me permet pas d'entendre parler d'eux avec ce ton d'irrévérence et de mépris. Et, quoique je sache que vous autres malveillans vous croyez avoir le droit d'envoyer qui vous convient au diable votre père, il est inutile que vous l'invoquiez contre des gens qui ont dans l'esprit de meilleurs espérances, et des paroles plus convenables dans leur bouche.

---

(1) On appelait la cour de la *rota* à Rome un tribunal ecclésiastique composé de douze docteurs. — Le club de la *rota*, dont Harrison était un des principaux membres, se composait de ces indépendans exagérés qui voulaient que la souveraineté fût administrée par rotation. — Ed.

— Tu n'es qu'un fanatique valet, répliqua le chevalier, et pourtant tu as raison dans un certain sens ; car il est inutile de maudire des gens qui sont déjà aussi damnés et aussi noirs que la fumée de l'enfer.

— Je vous invite à vous modérer, continua le soldat, si ce n'est par conscience, du moins par politesse. Proférer des juremens impies ne convient pas à une barbe grise.

— Quand ce serait le diable qui l'aurait dit, s'écria le chevalier, c'est la vérité ; et je rends graces au ciel d'être en état de suivre un bon conseil, même quand il vient du malin esprit. Ainsi donc, l'ami, quant à tes commissaires, tu peux leur dire que sir Henry Lee, grand-maître de la capitainerie de Woodstock, possède la jouissance de la Loge du parc, taillis, hautes futaies, et toutes leurs dépendances, par un droit aussi bien établi que celui qu'ils ont sur leurs propres biens, — c'est-à-dire si quelqu'un d'entre eux possède d'autres biens que ceux qu'il a acquis en volant d'honnêtes gens. Néanmoins sir Henry cèdera la place à ceux qui ont mis la force en place du droit, et il n'exposera pas la vie d'hommes loyaux et estimables lorsque toutes les chances sont évidemment contre eux. Mais, en faisant cette reddition, il proteste que ce n'est de sa part, ni une reconnaissance de l'autorité desdits commissaires, ni un acte de crainte ; son unique but étant d'éviter l'effusion du sang anglais, car il n'en a été que trop répandu depuis un certain temps.

— C'est bien parlé, dit le mandataire des commissaires ; et par conséquent rendons-nous, je vous prie, dans la maison, afin que vous puissiez me faire la remise des vases et ornemens d'or et d'argent appartenans au Pharaon égyptien qui vous en a confié la garde.

— Quels vases, et appartenant à qui? s'écria l'impétueux vieillard. — Chien non baptisé! parle du roi martyr avec plus de respect en ma présence, ou tu me forceras à traiter ton vil cadavre d'une manière indigne de moi.

Et repoussant sa fille, qui était appuyée sur son bras droit, il porta la main à sa rapière.

Son antagoniste, au contraire, conserva tout son sang-froid, et, faisant un geste de la main, afin que ce qu'il allait dire fît plus d'impression, il reprit avec un ton calme qui ne fit qu'exaspérer le courroux de sir Henry : — Mon bon ami, soyez tranquille, s'il vous plaît, et ne faites pas tant de bruit. Quand on porte des cheveux gris, et quand on a le bras faible, il ne convient pas de crier et de s'emporter comme un ivrogne. Ne me mettez pas dans la dure nécessité d'employer pour ma défense les armes de la chair ; mais écoutez la voix de la raison. — Eh ! ne vois-tu pas que le Seigneur a décidé cette grande querelle en faveur de nous et des nôtres, contre toi et les tiens ? — Démets-toi donc paisiblement de ta charge, et laisse entre mes mains les biens qui ont appartenu à l'*Homme* qu'on nommait Charles Stuart.

— La patience est une bonne monture, mais elle regimbe quelquefois, dit le chevalier hors d'état de réprimer plus long-temps sa colère : il détacha la rapière suspendue à son côté, en donna un coup au soldat, la tira du fourreau qu'il jeta en l'air et qui resta accroché à une branche d'arbre, et se mit en défense.

Le soldat sauta légèrement en arrière, se débarrassa de son grand manteau, et, tirant son estoc, se mit en garde. Les fers se croisèrent avec bruit, tandis qu'Alice, au comble de la terreur, appelait du secours à grands cris. Mais le combat ne fut pas de longue durée. Le vieux Cavalier avait attaqué un homme à peu près aussi habile que lui dans le maniement des armes ; bien mieux, le soldat possédait encore toute la force et toute l'activité dont le temps avait privé sir Henry, et avait le sang-froid que ce dernier avait perdu dans la violence de sa colère. Dès la troisième passe, l'épée du chevalier sauta en l'air, comme si elle eût voulu aller rejoindre le fourreau, et son maître, rouge de honte et de colère, se vit désarmé et à la merci de son adversaire.

Le républicain ne montra nulle envie d'abuser de sa victoire ; ni pendant le combat ni après son triomphe, il ne laissa voir aucune altération dans l'air grave et sévère de sa physionomie. Un combat où il s'agissait de la vie et de la mort lui semblait une chose aussi familière et aussi peu à craindre qu'un assaut au fleuret.

— Le ciel t'a livré entre mes mains, dit-il, et, d'après la loi des armes, je pourrais te frapper sous la cinquième côte, comme Asahel fut frappé de mort par Abner, fils de Nun, lorsqu'il suivait la chasse sur la montagne d'Ammah, qui est en avant de Giah sur le chemin du désert de Gibéon; mais loin de moi l'idée de répandre quelques gouttes de sang qui coulent encore dans tes veines. Il est vrai que tu es le captif de mon glaive et de ma lance; mais comme tu peux sortir du mauvais chemin et entrer dans la voie droite si le Seigneur t'accorde du temps pour te repentir et te corriger, pourquoi ce temps serait-il abrégé par un pauvre pécheur qui, à la vérité, n'est qu'un vermisseau comme toi?

Sir Henry Lee était encore confondu, et hors d'état de répondre, quand on vit arriver un quatrième personnage, que les cris d'Alice avaient fait accourir. C'était Jocelin Joliffe, un des gardes du parc, qui, voyant où en étaient les choses, fit brandir son gros gourdin; arme qu'il ne quittait jamais, et lui ayant fait dessiner la forme d'un 8 au-dessus de sa tête, il allait le faire tomber comme la foudre sur le soldat si le chevalier ne l'eût arrêté.

— Il faut maintenant que nous portions le bâton baissé, Jocelin, lui dit-il; le temps de le lever est passé. Il est inutile de vouloir lutter contre un roc. — Le diable a pris l'ascendant, et il nous donne nos esclaves pour maîtres.

En ce moment un autre auxiliaire sortit du fond du bois pour venir au secours du chevalier; c'était le gros chien-loup, dogue par sa forme et presque par sa légèreté. Bevis, dont nous avons déjà parlé, était la plus noble des créatures de son espèce qui aient jamais terrassé un cerf. Son poil était de la couleur de celui du lion; il avait le museau noir, et ses pieds de même couleur étaient bordés tous quatre avec régularité d'une ligne blanche; aussi docile que hardi et vigoureux, ces mots. — A bas, Bevis! — prononcés par son maître à l'instant où il allait s'élancer sur le soldat, changèrent ce lion en agneau. Au lieu de sauter sur lui, il tourna tout autour, le nez toujours dirigé de son côté, comme s'il eût employé toute sa sagacité pour découvrir qui était cet étranger que, malgré son apparence suspecte, il lui était enjoint de respecter. Il fut probablement satisfait, car il quitta son air menaçant, baissa les oreilles, rabattit son poil hérissé, et remua la queue.

Sir Henry, qui avait beaucoup d'égards pour la sagacité de son favori, dit à voix basse à Alice : Bevis est de ton opinion ; il me conseille de me soumettre. — Je reconnais ici le doigt de Dieu ; il veut punir l'orgueil, qui a toujours été le défaut de notre maison.

— L'ami, continua-t-il en se tournant vers le soldat, tu viens de terminer une leçon que dix ans d'infortunes constantes n'avaient pas pu encore rendre complète. Tu m'as démontré ma folie, qui était de penser qu'une bonne cause peut donner de la force à un faible bras. Dieu me pardonne cette pensée, mais on serait tenté de renier sa foi et de croire que la bénédiction du ciel est toujours pour le plus fort. Les choses n'iront pas toujours ainsi ; mais Dieu connaît son temps. Jocelin, ramasse ma rapière de Tolède, que tu vois par terre, et cherches-en le fourreau accroché à une branche d'arbre. — Ne tirez pas ainsi mon manteau, Alice, et n'ayez pas l'air d'être si effrayée ; je vous promets que je ne me presserai pas désormais de mettre au jour ma rapière. — Quant à toi, brave homme, je te remercie, et je ferai place à tes maîtres sans autres disputes et sans cérémonie. Jocelin, qui est plus près que moi de ton rang, te mettra en possession de la Loge et de tout ce qui en dépend. — Joliffe, ne cherche à rien cacher ; qu'ils aient tout. Quant à moi, mes pieds ne passeront plus sur le seuil de la porte. — Mais où loger cette nuit ? je ne voudrais déranger personne à Woodstock..... Ah! oui, il faut que cela soit. — Jocelin, Alice et moi nous allons nous rendre dans ta chaumière, près de la fontaine de Rosemonde ; tu nous donneras le couvert de ton toit, du moins pour une nuit. Tu nous feras bon accueil, n'est-il pas vrai ? — Comment donc ! — un front soucieux !

Il est certain que Jocelin paraissait embarrassé : il jeta d'abord un regard sur Alice, leva ensuite les yeux vers le ciel, les baissa vers la terre, les tourna successivement vers les quatre points cardinaux, et murmura enfin : — Bien certainement, sans contredit; — mais je voudrais y aller d'avance pour mettre la maison en bon ordre.

— En bon ordre! — Tout y sera en assez bon ordre pour des gens qui bientôt se trouveront peut-être heureux de coucher sur de la paille fraîche dans une grange. — Mais si tu ne te soucies pas de recevoir chez toi des personnes suspectes, des malveillans, comme on dit, parle franchement et n'en rougis pas. Il est vrai que tu étais en guenilles quand je t'ai pris à mon service; que je t'ai fait ensuite garde forestier, mais qu'importe? les marins ne songent au vent que lorsqu'il favorise leur voyage. Des gens plus élevés que toi ont changé avec la marée; pourquoi un pauvre diable tel que toi n'en ferait-il pas autant?

— Que Dieu pardonne à Votre Honneur de me juger si durement! La chaumière est à vous, telle qu'elle est, et il en serait de même si c'était le palais d'un roi, ce que je voudrais pour l'amour de Votre Honneur et de miss Alice. Seulement — seulement — je désirerais que vous me permissiez de prendre l'avance, dans le cas où il s'y trouverait quelque voisin, comme aussi pour — pour préparer tout ce qui peut être nécessaire à Votre Honneur et à miss Alice, et — enfin, pour mettre un peu d'ordre dans la maison, et faire que tout paraisse à sa place.

— Cela est parfaitement inutile, répondit le chevalier pendant qu'Alice avait la plus grande peine à cacher son agitation. Si ta maison est en désordre, elle n'en convient que mieux à un chevalier qui s'est laissé désarmer. Si rien n'y est à sa place, elle ressemble au reste du monde, où tout est bouleversé. Conduis cet homme à la Loge. Quel est ton nom, l'ami?

— Joseph Tomkins est mon nom suivant la chair, répondit le soldat. Les hommes m'appellent Joé l'Honnête ou Tomkins le Fidèle.

— Si ces noms sont mérités, dit sir Henry, tu es un vrai joyau, vu le métier que tu as fait; et s'ils ne le sont pas, ne t'en inquiète pas, Joseph, car si tu n'es pas foncièrement honnête, tu n'en as que meilleure chance pour être estimé tel. Il y a long-temps que le nom et la chose sont allés de différens côtés. Adieu, et je dis également adieu au beau Woodstock.

A ces mots le vieux Cavalier se détourna, prit le bras de sa fille sous le sien, et ils s'enfoncèrent tous deux dans la forêt.

CHAPITRE III.

> « O vaillans fier-à-bras, qui, prenant pour théâtre
> « Quelque vil cabaret tapissé par le plâtre,
> « Célébrez les hauts faits de ce siècle maudit,
> « Vantez des factions le désastreux conflit,
> « Les périls que courut votre insigne vaillance,
> « Et que sut éviter votre rare prudence
> « Quand les balles sifflaient en passant près de vous,
> « Et que vous combattiez ou pour ou contre nous ;
> « C'est de vous que je parle. »
> *Légende du capitaine Jones.*

Joseph Tomkins et le garde forestier Joliffe restèrent quelque temps en silence, les yeux fixés sur le sentier par lequel le chevalier de Ditchley et la jolie mistress Alice venaient de disparaître à travers les arbres. Ils se regardèrent ensuite l'un l'autre en hommes qui semblaient douter s'ils devaient se considérer comme amis ou comme ennemis, et qui ne savaient trop comment entamer la conversation. Ils entendirent le vieux Cavalier siffler pour appeler Bevis. Le chien tourna la tête et dressa les oreilles en entendant ce son bien connu ; mais il n'obéit pas au signal, et il continua à flairer les habits du soldat.

— Il faut que tu sois doué d'une science rare, dit Jocelin à sa nouvelle connaissance. J'ai entendu parler de gens qui possèdent des charmes pour voler à la fois les chiens et les daims.

— Ne t'inquiète pas de mes qualités, l'ami, répondit Tomkins ; mais songe à exécuter les ordres de ton maître.

Jocelin ne répondit pas sur-le-champ ; mais enfin, comme en signe de trêve, il posa sur la terre le bout de son gourdin, et, s'y appuyant, dit d'un ton assez brusque : — Ainsi donc, mon vieux maître et vous, vous étiez aux couteaux tirés, par manière d'office du soir, sire prédicateur? Il est heureux pour vous que je ne sois pas arrivé pendant que les lames étaient croisées, car j'aurais sonné un fameux carrillon sur votre tête.

— C'est toi qu'il faut en féliciter, l'ami, répondit l'indépendant avec une espèce de sourire amer, — car jamais carrillonneur n'aurait été si bien payé de ses peines. — Au surplus, pourquoi y aurait-il guerre entre nous? pourquoi ma main s'élèverait-elle contre la tienne? Tu n'es qu'un pauvre diable exécutant les ordres de ton maître, et je n'ai nulle envie que ton sang ou le mien coule dans cette affaire. Tu dois, à ce qu'il me semble, me mettre en possession paisible du palais de Woodstock, puisqu'on l'appelle ainsi, quoiqu'il n'y ait plus maintenant de palais en Angleterre et qu'on ne doive plus y en voir à l'avenir jusqu'à ce que nous entrions dans celui de la nouvelle Jérusalem, et que le règne des saints commence sur la terre.

— Il est déjà joliment commencé, maître Tomkins, dit le garde forestier. — De la manière dont vont les choses, il ne s'en faut guère que vous ne soyez des rois. Je ne sais trop ce que sera votre Jérusalem; mais Woodstock est un joli nid pour débuter. — Hé bien! voulez-vous marcher? avancez-vous? — Voulez-vous prendre saisine et délivrance? — Vous avez entendu les ordres que j'ai reçus.

— Umph! répliqua Tomkins, je ne sais trop que faire. — Je suis seul, et je dois me méfier des embuscades. — D'ailleurs, c'est aujourd'hui le jour fixé par le parlement, et reconnu par l'armée, pour de solennelles actions de graces; — ensuite ce vieillard et cette jeune fille peuvent avoir à réclamer leurs vêtemens et quelques objets à leur usage personnel, et je ne voudrais pas que ma présence y mît obstacle.

— C'est pourquoi, si tu veux me mettre en possession demain matin, cette formalité sera remplie en présence du détachement qui m'accompagne et du maire presbytérien, afin que tout se passe devant témoins, au lieu que, s'il n'y avait que toi pour me livrer possession et moi pour la recevoir, les enfans de Bélial pourraient dire : — Allez, allez, Tomkins le Fidèle a été un Edomite; Joé l'Honnête a été un Ismaélite, se levant de bonne heure pour partager les dépouilles avec ceux qui servaient l'*Homme*, — oui, ceux qui portent de longues barbes et des pourpoints verts, comme en souvenir de l'*Homme* et de son gouvernement.

Jocelin fixa ses yeux vifs et perçans sur le soldat pendant qu'il parlait ainsi, comme pour tâcher de découvrir s'il parlait de bonne foi. Enfonçant alors ses cinq doigts dans sa chevelure touffue, et se grattant la tête comme si cette opération eût été nécessaire pour le mettre en état de tirer une conclusion : —Tout cela est bel et bon, l'ami, lui dit-il ; mais je vous dirai clairement qu'il se trouve à la Loge quelques plats, quelques pots et quelques gobelets d'argent, échappés au déblaiement qui a envoyé à la fonte toute notre vaisselle quand notre chevalier a voulu lever une compagnie. Or, si vous n'en prenez pas livraison sur-le-champ, je puis me trouver dans l'embarras, car on pourra croire que j'en aurai diminué le nombre, tandis qu'étant un aussi honnête garçon que —

— Qu'aucun voleur de daims qui ait jamais existé, dit Tomkins. — Continue; — je te devais une interruption.

— Va-t'en au diable! répliqua Jocelin; s'il m'est arrivé par hasard d'abattre un daim qui se trouvait sur mon chemin, ce n'était point manque de probité; c'était uniquement pour empêcher la casserole de ma vieille ménagère de se rouiller. Mais, quant à l'argenterie, comme plats, pots, etc., j'aurais avalé le métal fondu plutôt que d'en dérober un seul. Ainsi donc, je ne voudrais m'exposer en cette affaire à aucun blâme ni à aucun soupçon. Si vous désirez que je vous mette en possession sur-le-champ, suivez-moi, sinon, garantissez-moi de tout blâme.

—Fort bien; mais qui m'en garantira moi-même, si l'on vient à soupçonner que quelque chose ait été soustraite? Ce ne seraient pas les honorables commissaires pour qui ce domaine est à présent comme s'il leur appartenait. Nous devons donc, comme tu le dis, agir avec précaution dans cette affaire. Fermer les portes et nous en aller, ce serait une œuvre de simplicité. Mais si nous y passions tous deux la nuit? l'un de nous ne pourrait toucher à rien sans que l'autre le sût. Qu'en dis-tu ?

— Quant à cela, il faudrait que je fusse déjà dans ma chaumière, afin de la mettre en état de recevoir sir Henry et mistress Alice ; car ma vieille Jeanne est un peu sourde, et elle ne saura pas comment s'y prendre. Et cependant, pour dire la vérité, j'aimerais autant ne pas revoir mon maître cette nuit, car ce qui lui est arrivé aujourd'hui lui a échauffé la bile, et il y a gros à parier que ce qu'il trouvera dans ma hutte ne sera pas propre à le calmer.

— C'est bien dommage qu'un homme qui a l'air si grave et si vénérable soit un Cavalier, un malveillant, et que, comme le reste de cette génération de vipères, il se soit ceint les reins d'une habitude de jurer.

— Qu'il se soit fait un habit[1] de juremens, vous voulez dire, repartit Jocelin en riant d'un calembourg qui a été répété plus d'une fois depuis ce temps ; qu'y voulez-vous faire ? c'est une affaire de coutume. S'il vous arrivait à vous-même de vous trouver tout d'un coup, en personne, en face d'un mai orné de clochettes et de rubans, autour duquel une joyeuse jeunesse danserait au son de la flûte et du tambour, les garçons gambadant, les jeunes filles se trémoussant, et sautant de manière à vous laisser voir la jarretière écarlate qui attache leur bas bleu de ciel, je crois qu'un sentiment plus sociable l'emporterait même sur votre gravité, l'ami ; vous jetteriez d'un côté ce grand chapeau de cocu en forme de clocher, de l'autre cette longue rapière altérée de sang, et vous danseriez comme les fous de Hogs-Norton[2] quand les pourceaux jouent de l'orgue.

L'indépendant se tourna vers le garde forestier, et lui dit avec fierté : — Que veut dire ceci, M. Pourpoint Vert ? Oses-tu tenir un pareil langage à un homme qui a mis la main à la charrue spirituelle ? je te conseille d'imposer un frein à ta langue, ou tes côtes s'en trouveront mal.

— Ne prends pas un ton si haut avec moi, mon frère, répon-

---

(1) *Habit, habit, habitude,* jeu de mots difficile à rendre littéralement.—Éd.
(2) Village du comté d'Oxford, dont les habitans, en vertu de ce vieux proverbe, jouissent de la même réputation qu'avaient les Béotiens dans la Grèce.—Éd.

dit Jocelin, souviens-toi que tu n'as plus affaire à un vieux chevalier de soixante-cinq ans, mais à un gaillard aussi actif et aussi vigoureux que toi, peut-être même un peu davantage; plus jeune, dans tous les cas. — Mais pourquoi prendre ainsi ombrage pour un mai? Je voudrais que tu eusses connu un certain Phil Hazeldin dans ce canton : c'était le meilleur danseur qu'on pût trouver entre Oxford et Burford.

— Tant pis pour lui, répondit l'indépendant; mais j'espère qu'il a reconnu l'erreur de ses voies, et qu'il s'est rendu (comme il le pouvait aisément, si c'était un homme doué d'activité) digne de figurer en meilleure compagnie que celle de rôdeurs de bois, de voleurs de daims, de filles Mariane [1], de rodomonts, de débauchés, de querelleurs, de farceurs, de baladins, de libertins crapuleux, de femmes légères, de fous, de joueurs de violon, et de créatures charnelles de toute espèce ne cherchant qu'à gratifier leurs sens...

— Fort bien, dit Jocelin; mais l'haleine vous a manqué à propos; car nous voici devant le fameux mai de Woodstook.

Ils s'arrêtèrent dans une grande prairie, formant une clairière entourée de toutes parts de grands chênes et de beaux sycomores. Un de ces arbres, qui semblait le roi de la forêt, s'élevait seul à quelque distance des autres, comme s'il n'eût pu souffrir le voisinage d'un rival. Ses branches desséchées étaient rabougries; mais son tronc antique attestait encore quelle avait été la taille gigantesque de ce monarque des forêts d'Angleterre.

— C'est cet arbre qu'on appelle le Chêne du Roi, dit le garde forestier. Les plus vieux habitans de Woodstock ne sauraient dire quel est son âge. On dit que Henry avait coutume de s'asseoir sous ses branches avec la belle Rosemonde, pour voir toute la jeunesse danser et se disputer les prix de la course et de la lutte, qui étaient des ceinturons et des bonnets.

---

(1) Mariane était un des personnages de ces *danses moresques* qui représentoient l'histoire de Robin Hood et de sa compagnie. — Ed.

— Je n'en doute nullement, l'ami; un tyran et une prostituée étaient dignes de présider à de telles vanités.

— Tu peux dire tout ce que tu voudras, pourvu que tu me laisses parler à ma guise. Voilà le mai, comme tu le vois, à une demi-portée de mousquet du Chêne du Roi, au milieu de la prairie. Le roi donnait tous les ans un arbre de la forêt et dix shillings pour en faire un nouveau; mais à présent tu le vois vermoulu, pourri, courbé comme une branche de ronce flétrie. On avait soin de bien tondre la prairie, et d'y passer le rouleau, de sorte qu'elle avait l'air d'un manteau de velours vert; mais à présent l'herbe y pousse inégalement, et personne ne songe à la faucher.

— Fort bien, fort bien, ami Jocelin, mais où trouver de l'édification dans tout cela? Quelle doctrine pouvait-on tirer d'une flûte et d'un tambour? Quelle leçon de sagesse peut donner une cornemuse?

— Tu peux le demander à de plus savans que moi; mais il me semble qu'on ne peut toujours être grave et avoir le chapeau enfoncé sur les yeux. Il est aussi naturel à une jeune fille de rire qu'à un bouton de fleur d'éclore, et un jeune homme ne l'en aimera que mieux pour cela; précisément comme c'est le même printemps qui fait chanter les petits oiseaux et gambader les jeunes faons. Mais le bon vieux temps est passé; le temps d'aujourd'hui ne le vaut pas. Je te dis que, dans les jours de fêtes que toi et les tiens vous avez supprimées, M. Longue-Epée, j'ai vu cette prairie couverte de jeunes filles joyeuses et de jeunes garçons satisfaits. Le bon vieux recteur lui-même ne croyait pas pécher en venant assister quelques instans à nos divertissemens, et l'habit qu'il portait nous maintenait dans l'ordre, et nous apprenait à retenir notre gaieté dans les bornes de la discrétion. Peut-être nous permettions-nous quelquefois une plaisanterie un peu saugrenue; peut-être nous laissions-nous aller à boire un coup de trop dans la coupe de l'amitié; mais tout cela c'était franche gaieté et bon voisinage. Oui, et si par hasard on jouait des poings, ou que les bâtons se missent de la partie, c'était de bonne amitié et sans rancune; quelques coups de gourdin après avoir bu valaient mieux que les coups de sabre qui ont été donnés avec sérieux et gravité depuis que le chapeau du presbytérien s'est élevé au-dessus de la mitre de l'évêque, et que nous avons changé nos bons recteurs et nos savans docteurs, dont les sermons étaient assaisonnés de tant de latin que le diable lui-même en aurait été confondu, pour des tisserands, des savetiers et d'autres volontaires prédicateurs comme — comme celui que nous avons entendu ce matin : il faut que cela m'échappe.

— Hé bien ! l'ami, dit Tomkins avec une patience qu'on ne devait guère attendre de lui, si ma doctrine ne t'inspire que du dégoût, je ne te chercherai pas querelle pour cela. Ton oreille étant tellement chatouillée par le bruit du tambour et de la flûte, tes yeux si vivement épris de la danse, il n'est pas vraisemblable que tu puisses trouver une saveur agréable dans une nourriture plus simple et plus salutaire. Mais rendons-nous à la Loge, afin d'y terminer nos affaires avant le coucher du soleil.

— Sur ma foi, c'est aussi mon avis, et pour plus d'une raison ; car il court sur la Loge des bruits qui font qu'on ne se soucie guère d'y rester après la chute du jour.

— Ce vieux chevalier et sa fille n'avaient-ils pas coutume d'y demeurer ? On me l'avait dit ainsi.

— On vous a dit la vérité ; et quand ils menaient un grand train, tout y allait assez bien ; car rien ne bannit la crainte comme la bonne ale. Mais quand la fleur de nos gens fut partie pour la guerre, et qu'ils eurent été tués dans la déroute de Naseby, ceux qui étaient restés trouvèrent la Loge bien solitaire, et le vieux chevalier fut abandonné par plusieurs de ses serviteurs ; car, ma foi ! il peut se faire que depuis un temps l'argent lui ait manqué pour payer palefreniers et laquais.

— Puissante raison pour la diminution d'une maison !

— Sans doute, monsieur, sans doute. Alors on parla d'un bruit de pas qu'on entendait à minuit dans la grande galerie ; de voix qui chuchotaient à midi dans les appartemens d'apparat, et les domestiques prétendaient que tout cela les effrayait et les forçait à demander leur congé. Mais, suivant mon pauvre jugement, quand la Saint-Martin et puis la Pentecôte arrivèrent sans qu'il fût question des gages, les livrées bleues commencèrent à penser qu'ils feraient bien de chercher un gîte ailleurs avant que le froid vînt les geler. — Il n'y a pas de diable plus effrayant que celui qui danse dans la poche, lorsqu'il ne s'y trouve pas une pièce de monnaie marquée d'une croix pour l'en chasser.

— Et vous fûtes alors réduits à un petit nombre de domestiques?

— Comme vous dites; et cependant nous restâmes encore une dizaine, tant des livrées bleues de la Loge que des chenilles vertes du parc, dont fait partie votre serviteur; de sorte que nous continuâmes à y vivre jusqu'à un beau matin que nous reçûmes ordre de faire un tour de promenade, n'importe de quel côté.

— Du côté de la ville de Worcester, sans doute, où vous fûtes écrasés comme des vers de terre que vous êtes.

— Vous pouvez dire ce qu'il vous plaira; je ne contredirai jamais un homme qui a ma tête sous son ceinturon. Nous sommes au pied du mur, sans quoi vous ne seriez pas ici.

— Bien, l'ami, dit l'indépendant; tu ne risques rien en me parlant avec confiance et liberté. Je puis être bon camarade d'un bon soldat, même après l'avoir combattu jusqu'au coucher du soleil. — Mais nous voici en face de la Loge.

Ils s'arrêtèrent devant le vieux bâtiment gothique, construit irrégulièrement, et à différentes époques, suivant que le caprice des monarques anglais les portait à venir se livrer aux plaisirs de la chasse à Woodstock et à faire à la Loge les augmentations qu'exigeait le luxe croissant de chaque siècle. La partie la plus ancienne de l'édifice avait été nommée par tradition la Tour de la belle Rosemonde. C'était une petite tourelle très-élevée, éclairé par d'étroites fenêtres, et dont les murs étaient d'une rare épaisseur. Cette tourelle n'avait pas d'ouverture au rez-de-chaussée, et n'offrait aucune issue, étant construite en maçonnerie solide jusqu'à certaine hauteur: on ne pouvait y pénétrer, disait encore la tradition, que par le moyen d'une espèce de pont-levis qu'on jetait d'une petite porte pratiquée près du sommet de cette tour, sur la plate-forme d'une autre tour de semblable construction, à peu de distance, mais à vingt pieds plus bas environ, et qui ne contenait qu'un escalier tournant qu'on appelait à Woodstock l'Echelle de l'Amour, parce que, disait-on, c'était en montant par cet escalier, et en se servant du pont-levis, que Henry arrivait dans l'appartement de sa maîtresse.

Cette tradition avait été vivement contestée par le docteur Rochecliffe, dernier recteur de Woodstock, qui prétendait que ce qu'on appelait la Tour de la belle Rosemonde n'était autre chose qu'une citadelle intérieure, dans laquelle le seigneur ou le gouverneur du château pouvait se retirer quand les autres points de sûreté lui auraient manqué, et où il pouvait prolonger sa défense, ou du moins se faire accorder une capitulation raisonnable. Les habitans de Woodstock, attachés à leur ancienne tradition, ne goûtaient pas cette explication nouvelle qui la mettait au rang des fables; et l'on dit même que le maire, dont nous avons déjà parlé, s'était fait presbytérien pour se venger des doutes que le recteur avait jetés sur cet important sujet, aimant mieux abandonner la liturgie de l'Eglise anglicane que sa croyance à la Tour de la belle Rosemonde et à l'Echelle de l'Amour.

Le reste de la Loge était d'une étendue considérable et de différens siècles, comprenant un labyrinthe de petites cours, entourées de bâtimens communiquant les uns aux autres, tantôt par les angles, tantôt en traversant les cours, et quelquefois de l'une et l'autre manière. La hauteur inégale des diverses parties du bâtiment annonçait que la communication ne pouvait avoir lieu que par cette multiplicité d'escaliers, qui, construits, disait-on, dans ce seul but, exerçaient la patience de nos ancêtres dans le seizième siècle et à une époque encore plus reculée.

Les façades variées de cet édifice irrégulier étaient, comme le docteur Rochecliffe avait coutume de le dire, un véritable *banquet* pour l'amateur d'architecture antique; car elles offraient certainement des modèles de tous les styles, depuis le pur Normand de Henry d'Anjou jusqu'au Composite moitié gothique, moitié classique, d'Elisabeth et de son successeur. En conséquence le recteur était aussi épris de Woodstock, que Henry l'avait jamais été de la belle Rosemonde, et comme son intimité avec sir Henry Lee lui donnait libre entrée en tout temps dans la Loge, il y passait des jours entiers à en parcourir les antiques appartemens, examinant, mesurant, étudiant, et commentant avec science des bizarreries d'architecture qui ne devaient probablement leur existence qu'à l'imagination fantasque d'un artiste gothique.

Mais le vieil antiquaire avait été expulsé de son bénéfice par l'intolérance et les troubles du temps ; et son successeur Nehemiah Holdenough, s'il se fût livré à l'examen de l'architecture et des sculptures profanes du papisme, ou s'il avait donné un instant à l'histoire des amours impudiques des anciens monarques normands, se serait regardé à peu près aussi coupable que l'Israélite prosterné devant les veaux de Béthel, ou buvant dans la coupe des abominations. — Mais reprenons la suite de notre histoire.

Quand l'indépendant Tomkins eut examiné avec attention la façade du bâtiment, — Je vois, dit-il, un monument remarquable de l'iniquité dans ce qu'on appelle si mal à propos la Loge royale. Que j'aurai de plaisir à la voir renverser, brûler, réduire en cendres ! oui, et les cendres jetées dans le ruisseau de Cédron, ou dans tout autre, afin que le terrain soit purifié, et que les habitans puissent oublier l'impiété des péchés de leurs pères.

Le garde forestier l'écoutait avec une indignation secrète; et il commençait à se demander à lui-même si, se trouvant seul à seul et sans apparence d'interruption, il n'entrait pas dans les devoirs de sa charge de châtier un rebelle qui proférait de tels discours. Mais il se rappela heureusement que l'événement du combat serait douteux, — que l'avantage des armes était contre lui, et que, quand même il serait victorieux, il n'en courrait pas moins de grands risques ensuite. Il faut convenir aussi que l'indépendant offrait dans ses manières et sa personne quelque chose de si sombre et de si mystérieux, de si grave et de si sévère, que l'esprit plus ouvert de Jocelin se trouvait à la gêne devant lui, et s'il n'était pas en proie à la crainte, il était du moins agité par l'irrésolution. Enfin il pensa que le parti le plus sage et le plus sûr, tant pour lui que pour son maître, était d'éviter toute occasion de querelle, et de tâcher de mieux savoir à qui il avait affaire avant de se déclarer son ami ou son ennemi.

La grande porte de la Loge était fermée par de bons verroux; mais Jocelin n'eut qu'un loquet à pousser pour en ouvrir le guichet. Ils se trouvèrent alors dans un passage d'environ dix pieds de longueur, dont l'autre extrémité était autrefois fermée par une herse percée de trois meurtrières de chaque côté. On pouvait jadis tenir là en respect l'ennemi audacieux qui se serait emparé de la première porte, et qui, en voulant forcer la seconde, se fût exposé au feu des assiégés. Mais les ressorts qui faisaient jouer la herse avaient été soudés par la rouille, et elle restait suspendue, garnie de pointes de fer menaçantes, mais hors d'état d'opposer le moindre obstacle aux progrès d'un ennemi.

Le chemin était ouvert jusqu'au grand vestibule extérieur de la Loge. Une des extrémités de ce long et sombre appartement était entièrement occupée par une galerie destinée autrefois à placer des musiciens et des ménestrels. De chaque côté était un escalier grossièrement construit, dont chaque marche était formée par un tronc d'arbre équarri, d'un pied carré environ. A droite et à gauche de la première marche de chacun de ces escaliers était, en guise de sentinelle, une statue représentant un fantassin normand, ayant un casque ouvert, qui laissait voir des traits aussi menaçans que le génie du sculpteur avait pu les rendre. Ils étaient revêtus de justaucorps de buffle ou de cottes de mailles, portaient des boucliers ronds, et ils avaient les pieds et les jambes couverts d'une espèce de brodequins qui laissaient le genou à découvert. Ces guerriers de bois tenaient en main de grandes épées ou des masses d'armes comme des soldats en faction. Un grand nombre de crochets et de crampons enfoncés dans les murs de cet appartement ténébreux ne servaient plus qu'à indiquer les endroits où étaient autrefois suspendues des armes conservées long-temps comme des trophées, mais auxquelles on avait eu recours récemment pour armer des soldats dans une occasion pressante, comme dans un extrême péril les vétérans sont quelquefois rappelés au secours de leur vieux drapeau. Les murailles étaient pourtant encore ornées des trophées de chasse des monarques auxquels la Loge avait successivement appartenu, et des chevaliers qui en avaient été tour à tour les gardiens.

Au bout du vestibule une énorme cheminée en pierre s'avançait de dix pieds dans la salle, et était ornée des chiffres et des armoiries de la maison royale d'Angleterre. Dans son état actuel, elle ressemblait à l'entrée d'un caveau funéraire, ou peut-être pourrait-on la comparer au cratère d'un volcan éteint. Mais la couleur d'ébène des pierres massives prouvait qu'il avait été un temps où elle avait envoyé des volumes de flamme le long de son vaste tuyau, et vomi des tourbillons de fumée qui formaient un dais sur la tête des joyeux convives, que leur sang noble ou royal ne rendait pas sensibles à ce léger inconvénient.

La tradition disait que, dans ces grandes occasions, deux charretées de bois formaient la provision nécessaire pour entretenir le feu depuis midi jusqu'à ce qu'on sonnât le couvre-feu; et les chenets, ou, comme on les nommait alors, les chiens destinés à soutenir le bois placé dans le foyer, étaient des lions d'une taille si gigantesque, qu'ils semblaient attester la vérité de cette légende. Sous le manteau de la cheminée, de longs bancs de pierre étaient placés des deux côtés, et en dépit d'une chaleur étouffante, les monarques eux-mêmes, dit-on, y prenaient quelquefois place, et s'amusaient à faire griller de leurs mains royales sur des charbons ardens les nombles et les daintiers du cerf qu'ils avaient forcé. La tradition était encore prête à rapporter ici les plaisanteries joyeuses qui avaient pu avoir lieu entre le prince et les pairs, lors du fameux banquet de la Saint-Michel; elle montrait l'endroit précis où le roi Etienne s'était assis pour raccommoder lui-même son bas royal, et racontait les tours qu'il avait joués au petit Winkin, tailleur à Woodstock.

La plupart de ces plaisirs, qui se ressentaient un peu de la grossièreté du temps, appartenaient aux siècles des Plantagenet. Lorsque la maison de Tudor monta sur le trône, les rois furent moins prodigues de leur personne; leurs festins eurent lieu dans des appartemens intérieurs, et le vestibule fut abandonné à leurs gardes, qui y restaient en faction, passaient la nuit à se réjouir, et variaient leurs plaisirs par des récits d'apparitions et de contes de sorciers; ces récits faisaient quelquefois pâlir des hommes pour qui le son des trompettes d'une armée française aurait été aussi agréable que celui des cors de chasse qui les aurait appelés dans la forêt.

Jocelin fit à son compagnon le détail de toutes ces particularités un peu plus brièvement que nous ne l'avons fait à nos lecteurs. L'indépendant sembla l'écouter quelque temps avec une sorte d'intérêt; mais enfin, l'interrompant tout à coup, il s'écria d'un ton solennel : — Péris! Babylone, comme ton maître Nabuchodonosor a péri. Il est errant maintenant, et tu deviendras toi-même un lieu de dévastation, une solitude, un désert semé de sel, où il n'y aura que soif et famine.

— Il est assez probable que nous les y trouverons toutes deux ce soir, dit Jocelin, à moins que le garde-manger du bon chevalier ne soit mieux garni que de coutume.

— Nous devons songer aux besoins de la nature, répondit Tomkins, mais en temps convenable, quand nous nous serons acquittés de notre devoir. — Où conduisent ces portes?

— Celle qui est à droite, répondit le garde forestier, conduit à ce qu'on appelle les grands appartemens, qui n'ont pas été occupés depuis l'année 1639, que Sa Majesté le bienheureux roi Charles —

— Comment, drôle! s'écria l'indépendant d'une voix de tonnerre; — oses-tu bien donner à Charles Stuart le titre de bienheureux? — Souviens-toi de la proclamation à ce sujet.

— Je n'ai pas eu de mauvaises intentions, répliqua Jocelin réprimant l'envie qu'il avait de faire une tout autre réponse. — Je ne me connais pas en titres et en affaires d'Etat comme en daims et en arbalètes; mais quoi qu'il ait pu arriver depuis ce temps, ce pauvre roi reçut à cette époque assez de bénédictions à Woodstock, car il y laissa plein son gant de pièces d'or pour les pauvres de la ville.

— Paix, l'ami, ou je croirai que tu es un de ces imbéciles et aveugles papistes qui s'imaginent que quelques aumônes peuvent les laver des souillures qu'ont fait contracter à leurs ames leurs actes d'oppression et d'iniquité.—Tu dis donc que c'est de ce côté qu'étaient les appartemens de Charles Stuart?

— Et de son père Jacques avant lui, et d'Elisabeth auparavant, et du roi Henry, qui a bâti cette aile avant tous les autres.

— Et sans doute, c'est là que le chevalier et sa fille demeuraient?

—Non, non; sir Henry Lee avait trop de respect pour— pour les choses qu'on regarde aujourd'hui comme n'en méritant aucun. D'ailleurs les grands appartemens n'ont pas été aérés depuis bien des années, et ils ne sont pas en très-bon état. C'est la porte à gauche qui conduit à l'appartement du chevalier.

— Et où conduit cet escalier qui semble monter et descendre?

—En montant, il conduit à divers appartemens, et entre autres aux chambres à coucher. En descendant, il mène aux cuisines, aux offices et aux caves du château, où vous ne pourriez aller à cette heure sans lumière.

—En ce cas nous nous rendrons dans les appartemens de votre maître. Y trouve-t-on de quoi se loger convenablement?

— Il s'y trouve l'ameublement dont s'est contenté un homme de condition, mal logé en ce moment, répondit l'honnête garde forestier, dont la bile était tellement échauffée, qu'il ajouta en baissant la voix de manière à être entendu à demi,— et par conséquent il est assez bon pour un coquin de Tête-Ronde comme toi.

Cependant il conduisit l'indépendant dans l'appartement de sir Henry.

On y arrivait par un passage, fermé par deux portes massives en chêne, qu'on pouvait barricader au besoin par d'énormes barres de même bois, appuyées le long de la muraille, et dont les bouts pouvaient entrer dans des trous pratiqués à cet effet de chaque côté dans les murs. Après ce corridor ils trouvèrent une petite antichambre, et ensuite le salon du chevalier, qu'on aurait pu nommer, dans le langage du temps, un beau salon d'été. Il était éclairé par deux croisées en saillie placées de manière que chacune d'elles donnait sur une avenue différente, conduisant dans la forêt. A l'exception de deux ou trois portraits de famille qui n'offraient qu'un intérêt secondaire, le principal ornement de cette salle était un grand portrait en pied, suspendu au-dessus de la cheminée, qui était de pierre, comme celle du vestibule, et ornée de sculptures, de devises et d'armoiries.

Ce portrait était celui d'un homme d'environ cinquante ans, armé de pied en cap, et l'on y remarquait la manière sèche et dure d'Holbein. Peut-être même avait-il été peint par cet artiste, et les dates permettaient cette supposition. Les angles, les pointes et la surface raboteuse de l'armure formaient un excellent sujet pour cette vieille école. L'affaiblissement du coloris avait rendu la figure du chevalier pâle et sombre, comme celle d'un habitant de l'autre monde, cependant ses traits avaient encore une forte expression d'orgueil et de joie; il tenait son bâton de commandement étendu vers l'arrière-plan, où l'on voyait en perspective,— autant que l'artiste avait pu en peindre les effets,— les débris d'une église ou d'un monastère en proie aux flammes, et quatre ou cinq soldats en uniforme rouge, emportant en triomphe un grand vase de bronze qu'on pouvait prendre pour un lavoir ou pour des fonts baptismaux, et au-dessus de la tête desquels on pouvait encore lire, *Lee Victor sic voluit*. En face de ce portrait, dans une niche pratiquée dans la muraille, était une armure complète, dont tous les ornemens étaient exactement semblables à ceux que le tableau offrait aux yeux.— C'était un de ces portraits dont les traits et l'expression ont quelque chose de prononcé qui attire l'attention même des ignorans en peinture. L'indépendant le regarda, et un sourire effaça un instant les rides sévères de son front. Souriait-il de plaisir en voyant un ancien chevalier occupé à brûler et à piller une maison religieuse, occupation qui avait beaucoup de rapport avec les usages de sa propre secte? était-ce mépris pour la touche dure et sèche du vieux peintre, ou parce que la vue de ce portrait remarquable réveillait en lui d'autres idées ? c'est ce que le garde forestier ne pouvait décider.

Quoi qu'il en soit, ce sourire ne dura qu'un instant, et le soldat s'approcha des croisées, dont les embrasures s'avançaient à deux pieds au-delà du mur. Dans l'une était un pupitre en bois de noyer, et un grand fauteuil rembourré, couvert de cuir d'Espagne. Une petite commode était à côté, et, quelques-uns des tiroirs en étant ouverts, on y voyait des sonnettes pour les faucons, des sifflets pour rappeler les chiens, divers instrumens pour nettoyer les plumes des oiseaux de chasse, des mors de différentes espèces, et d'autres bagatelles à l'usage d'un chasseur.

La seconde embrasure était meublée différemment. Sur une petite table étaient placés quelques ouvrages d'aiguille, un luth et un livre de musique : on y voyait aussi un métier à broder. Une tapisserie tendue sur les murs de cette espèce de petit cabinet annonçait plus de recherche que dans le reste de l'appartement, et l'arrangement de quelques pots de fleurs de la saison prouvait que le goût d'une femme y avait présidé.

Tomkins jeta un regard indifférent sur ces objets d'occupations féminines, et, s'approchant de l'autre croisée, il se mit à tourner, avec une apparence d'intérêt, les feuilles d'un in-folio laissé ouvert sur le pupitre. Jocelin, qui avait résolu d'examiner tous ses mouvemens sans les gêner en rien, restait en silence à quelque distance, quand une porte couverte de tapisserie s'ouvrit tout à coup, et une jeune et jolie villageoise entra d'un pas léger, une serviette à la main, comme si elle eût été occupée à remplir quelque fonction domestique.

—Comment, Sire Impudence ! dit-elle à Jocelin d'un ton égrillard ; — qui vous rend assez hardi pour entrer dans cet appartement en l'absence du maître ?

Mais, au lieu de la réponse qu'elle attendait peut-être, Jocelin jeta un regard douloureux vers le soldat qui était dans l'embrasure d'une des croisées, comme pour lui faire mieux comprendre ce qu'il allait ui dire.

—Hélas ! ma jolie Phœbé, lui dit-il à demi-voix et avec

un ton d'accablement, — il y a des gens qui ont plus de droits et de pouvoir qu'aucun de nous, et qui feront peu de cérémonie pour y venir quand bon leur semblera, et y rester tant qu'il leur plaira.

Jocelin jeta un autre regard sur Tomkins, qui semblait toujours occupé du livre ouvert devant lui, et il s'avança tout près de la jeune fille étonnée, qui continuait à regarder alternativement le garde forestier et l'étranger, comme si elle n'eût pu comprendre pourquoi le premier lui parlait ainsi, et pourquoi l'autre se trouvait en ce lieu.

— Partez, ma chère Phœbé, lui dit Joliffe en approchant la bouche si près de sa joue que son haleine agitait les boucles de cheveux de la jeune fille; — courez aussi vite qu'un faon à ma chaumière; je vous rejoindrai bientôt, et...

— En vérité, à votre chaumière! dit Phœbé en l'interrompant;... vous êtes assez hardi pour un homme qui n'a jamais fait peur qu'à quelques pauvres daims!... Moi, aller dans votre chaumière! cela est fort probable, en vérité!

— Chut, Phœbé! dit Jocelin; silence! ce n'est pas le moment de plaisanter. Je vous dis de courir à ma chaumière avec la légèreté d'un cerf. Vous y trouverez notre vieux maître et notre jeune maîtresse, et je crains bien qu'ils ne reviennent jamais ici. — Tout est à vau-l'eau, ma chère; le mauvais temps est arrivé comme une tempête. — Nous sommes chassés et aux abois!

— Cela est-il bien possible, Jocelin? demanda la pauvre fille tournant vers lui ses yeux où était peint l'effroi, et qu'elle lui avait cachés jusqu'alors par un intérêt de coquetterie villageoise.

— Cela est aussi certain, ma chère Phœbé, qu'il est sûr que... — Le reste de la phrase se perdit dans l'oreille de Phœbé, tant les lèvres de Joliffe en devinrent voisines; et, si elles touchèrent ses joues, le chagrin a ses privilèges comme l'impatience, et la pauvre fille avait des sujets d'alarmes assez sérieux pour ne pas s'effaroucher d'une semblable bagatelle.

Mais le contact des lèvres du garde forestier avec la jolie

joue de Phœbé, quoique un peu brunie par le soleil, n'était pas une bagatelle aux yeux de l'indépendant, qui, tout à l'heure l'objet de la vigilance inquiète de Jocelin, avait joué à son tour le rôle d'observateur dès que la scène avec la jeune fille avait commencé à devenir intéressante. Quand il vit Joliffe en venir là, il éleva la voix avec un aigre sifflement, comparable au bruit que font les dents d'une scie : à ce bruit, Jocelin et Phœbé sautèrent à six pieds de distance l'un de l'autre; et, si Cupidon était de la partie, il dut s'envoler par la fenêtre, comme un canard sauvage fuyant une couleuvrine.

Prenant aussitôt l'attitude d'un prédicateur qui va tonner contre le vice : — Comment! s'écria-t-il, impudens et déhontés que vous êtes! Quoi! des caresses lascives et impudiques en notre présence !... Quoi ! la vue d'un mandataire des commissaires de la haute cour du parlement ne vous inspire-t-elle pas plus de retenue que si vous étiez dans quelque baraque impure d'une foire, ou au milieu des sons profanes d'une salle de danse, que d'infames ménétriers font retentir du bruit de leurs instrumens impies, en chantant pour s'accompagner : — *Baisez-vous bien tendrement; le ménétrier est aveugle* [1]. .

—Mais, ajouta-t-il en donnant un grand coup de poing au volume ouvert devant lui, — voilà le roi et le grand-maître de tous les vices et de toutes les folies. — Voilà celui que les hommes charnels appellent le miracle de la nature. — Voilà l'auteur qui fait les délices des princes, et que les filles d'honneur placent sous leurs oreillers. — Voilà celui qui enseigne de belles phrases où l'on ne trouve que fadaises et vanités. — C'est toi, ajouta-t-il en accompagnant ces paroles d'un second coup de poing (ô membres révérends du club de Roxburgh [2], ô membres chéris de celui de Bannatyne, c'était le premier in-folio, — c'était Hemmings et Condel, c'était l'*editio princeps*) ; c'est toi, toi, William Shakspeare, que j'accuse de toutes les taches dont la fainéantise, la folie,

---

[1] C'est le refrain d'un air de ronde.
[2] Club fondé par le duc de Roxburgh, grand bibliomane. — ED.

l'impureté et la débauche ont souillé le pays depuis le premier jour que tu as commencé à écrire.

— Par la messe! s'écria Jocelin, dont le caractère franc et hardi ne put se modérer plus long-temps, c'est une lourde accusation. Par la morbleu! Will de Stratford, le favori de notre maître, doit-il être responsable du plus petit baiser qui ait été dérobé depuis le règne du roi Jacques? C'est un compte qui serait difficile à rendre, sur ma foi. Mais je voudrais bien savoir qui répondra de tout ce qu'on a pu faire avant lui.

— Ne plaisante pas, répondit le soldat, de peur qu'écoutant la voix intérieure qui me parle je ne te châtie comme un mauvais plaisant. Je te dis en vérité que, depuis que Satan a été précipité du ciel, il n'a pas manqué d'agens sur la terre; mais il n'a trouvé nulle part un sorcier exerçant un pouvoir aussi complet sur l'esprit des hommes que ce détestable empoisonneur, ce Shakspeare. — Une femme a-t-elle besoin d'un exemple d'adultère, il le lui offre. — Un homme veut-il apprendre à son semblable à devenir un meurtrier, il lui donne des leçons d'homicide. — Une jeune fille veut-elle épouser un nègre païen, il fournit sa justification. — Voulez-vous blasphémer le Créateur, vous trouverez dans son livre des formules de blasphème. — Voulez-vous défier votre frère selon la chair, il vous donnera le modèle du cartel. — Voulez-vous vous enivrer, Shakspeare vous présentera la coupe. — Voulez-vous vous plonger dans les plaisirs des sens, il vous excitera à vous y livrer par les sons lascifs du luth. Oui, je dis que ce livre est l'origine et la source de tous les maux qui ont couvert ce pays comme un torrent; que c'est lui qui a rendu les hommes jureurs, blasphémateurs, impies, renégats, meurtriers, ivrognes, coureurs de mauvais lieux, et aimant les longues séances du soir autour des pots de vin. Oubliez-le, Anglais, oubliez-le! qu'il tombe dans le Tophet avec son abominable livre, et que ses ossemens maudits soient calcinés dans la vallée d'Hinnon. Si notre marche n'avait pas été si rapide, lorsque nous traversâmes Stratford en 1643, sous les ordres de sir William Waller; si notre marche, dis-je, n'avait pas été si rapide...

— Parce que le prince Rupert était à vos trousses avec sa cavalerie, murmura l'incorrigible Jocelin.

— Je vous dis, continua le soldat enthousiaste en élevant la voix et en étendant le bras, que, si notre marche n'avait pas été si rapide, parce que nous en avions reçu l'ordre, et si nous n'avions pas marché en corps serré, comme il convient à des soldats, sans que personne songeât à s'écarter de côté et d'autre, chacun allant en droite ligne devant soi, j'aurais arraché les os de ce précepteur du vice et de la débauche du tombeau qui les renferme, et je les aurais jetés sur le premier fumier, pour que sa mémoire devînt un objet de mépris, de dérision et de sifflets.

— Voilà ce qu'il a dit de plus piquant jusqu'ici, dit le garde forestier; le pauvre Will aurait été plus sensible aux sifflets qu'à tout le reste.

— Parlera-t-il encore? lui demanda Phœbé à voix basse; en vérité, il fait de beaux discours, et je voudrais bien savoir ce qu'ils veulent dire. Mais c'est un grand bonheur que notre vieux maître ne l'ait pas vu battre ainsi son livre. Merci du ciel! il y aurait eu du sang de répandu. Mais voyez donc quelle grimace il fait! Croyez-vous qu'il souffre d'une colique, Jocelin? Lui offrirai-je un verre d'eau-de-vie?

— Silence, Phœbé, silence! il charge ses canons pour tirer une autre bordée; et, pendant qu'il montre ainsi le blanc de ses yeux, qu'il se détraque la figure par ses contorsions, qu'il serre les poings et qu'il frappe du pied, il ne peut faire attention à rien. — Je suis sûr que je lui couperais la bourse, s'il en avait une, sans qu'il s'en aperçût.

— Là, Jocelin! — Mais s'il reste ici, et qu'il soit toujours de même, j'ose dire qu'il ne sera pas difficile à servir.

— Ne vous en inquiétez pas; mais dites-moi tout bas et bien vite ce qui se trouve dans le garde-manger.

— Pas grand'chose en vérité... Un chapon froid, et quelques fruits confits; le reste du grand pâté de venaison, bien épicé, et deux petits pains; voilà tout.

— Hé bien! cela suffira dans un moment pressant... Couvrez d'un bon manteau votre joli sein; mettez dans un panier une couple d'assiettes et de serviettes, car il n'y en a pas grande provision là-bas; emportez le chapon, les petits pains et les fruits confits : le pâté sera pour le soldat et pour moi, et la croûte nous servira de pain.

— Admirablement! c'est moi qui l'ai faite... Elle est aussi épaisse que les murs de la tour de la belle Rosemonde.

— Et nos mâchoires auront quelque peine à les entamer.

— Mais qu'y a-t-il à boire?

— Une bouteille de vin d'Alicante, une de vin du Rhin, et la cruche d'eau-de-vie.

— Mets les deux bouteilles dans ton panier; il ne faut pas que notre chevalier manque de vin ce soir; allons, pars, et file vers la chaumière comme un vanneau. Voilà de quoi souper aujourd'hui, et quant à demain — demain est un autre jour. — Ah! de par le ciel! j'ai cru que les yeux du soldat se fixaient sur nous; mais non, il ne fait que les rouler dans ses méditations — des méditations profondes, sans doute; ces gens-là n'en font pas d'autres. Mais, de par le diable! quelque profond qu'il soit, je réussirai à le sonder.

— Hé bien! es-tu partie?

Mais Phœbé était une coquette de village, et, sachant que Jocelin se trouvait dans une situation qui ne lui permettait pas de profiter de l'occasion qu'elle lui offrait malignement, elle lui dit à l'oreille à voix basse : — Croyez-vous que Shakspeare, le favori de notre vieux maître, soit véritablement coupable de tout ce que lui reproche ce soldat?

Elle partit comme un trait en achevant ces mots, tandis que Joliffe, levant un doigt en l'air, la menaçait de se venger plus tard, et murmurait à demi-voix : — Va, Phœbé Mayflower, va; jamais jeune fille n'a foulé le gazon du parc de Woodstock d'un pied plus léger et avec un cœur plus ingénu... Suis-la, Bevis, et escorte-la à la chaumière, où est notre maître.

Le grand lévrier se leva comme un domestique qui aurait reçu un ordre, et suivant Phœbé dans le vestibule il lui lécha la main comme pour l'avertir qu'il était là; il se mit ensuite au petit trot pour suivre le pas léger de celle dont Jocelin n'avait pas vanté l'agilité sans raison. — Mais tandis que Phœbé et son fidèle garde traversent la forêt, nous retournerons à la Loge.

L'indépendant tressaillit enfin, comme s'il fût sorti d'une profonde rêverie.

— Cette jeune femme est-elle partie? demanda-t-il.

— Sans doute, répondit Jocelin; et si vous avez quelques ordres à donner, il faut vous contenter de mes services.

— Des ordres! — Umph! — Elle aurait bien pu attendre une autre exhortation. — Je déclare que mon esprit s'occupait de son édification.

— Oh! elle sera à l'église dimanche prochain; et, si Votre Révérence militaire prêche encore, elle profitera de votre doctrine avec le reste de la congrégation. Mais les jeunes filles de ce canton n'écoutent pas les homélies en tête à tête. — Et quel est maintenant votre bon plaisir? voulez-vous visiter les autres appartemens? vous ferai-je voir le peu de vaisselle d'argent qui reste ici?

— Umph! — Non. Il est déjà tard; il fait presque nuit; tu peux sans doute me procurer un lit?

— Un meilleur que vous n'en avez jamais eu.

— Et du feu, de la lumière, et quelque chose pour soutenir la faiblesse de la chair?

— Sans doute, sans doute, répondit le garde forestier montrant beaucoup d'empressement à satisfaire cet important personnage.

En quelques minutes un grand chandelier fut placé sur une table de bois de chêne. Le grand pâté de venaison, orné de persil, y fut posé sur une nappe blanche; la cruche d'eau-de-vie et un pot de bonne ale y occupèrent aussi une place. Le soldat s'assit alors dans un grand fauteuil pour commencer à souper, et à son invitation Jocelin se mit aussi à table sur un tabouret. Nous les laissons, quant à présent, livrés à cette occupation agréable.

CHAPITRE IV.

>« Ce sentier de gazon
>« Conduit en serpentant sous un beau pavillon ;
>« Ton pied si délicat peut y marcher sans crainte ;
>« D'un caillou raboteux ne crains donc pas l'atteinte.
>« Tu seras à l'abri de la pluie et du vent :
>« — Mais est-ce dans ce lieu que le Devoir t'attend?
>« Non, il est sur ce roc. D'amarantes ornée
>« Ne vois-tu pas vers toi sa baguette tournée?
>« C'est là qu'il faut gravir ; pour cela, que ta tête
>« Apprenne à supporter l'effort de la tempête.
>« Il te faudra souffrir le froid, le chaud, la faim ;
>« Mais il te guidera dans ce noble chemin.
>« Lorsque sur le sommet tu seras assurée,
>« Tu te croiras alors enfant de l'empyrée ;
>« La terre et tous ses biens sous tes pieds étendus,
>« Perdant tous les attraits, de leur grandeur déchus,
>« Ne te paraîtront plus qu'un néant méprisable. »
>
>*Anonyme.*

Le lecteur ne peut avoir oublié qu'après son combat avec le soldat de la république, sir Henry Lee était parti avec sa fille pour aller chercher un abri dans la chaumière du vigoureux garde forestier Jocelin Joliffe. Ils marchaient à pas lents, comme auparavant ; car le vieux chevalier était doublement accablé par l'idée de voir les derniers restes de la royauté tomber entre les mains des républicains, et par le souvenir de sa propre défaite toute récente. Il s'arrêtait de temps en temps, et, croisant les bras sur sa poitrine, il réfléchissait sur toutes les circonstances qui accompagnaient son expulsion d'un château qui avait été son domicile pendant tant d'années. Il lui semblait que, comme les champions des romans, il s'éloignait d'un poste qu'il était de son devoir de garder, défait par un chevalier païen à qui le destin avait réservé de mettre à fin cette aventure.

Alice, de son côté, avait aussi des souvenirs pénibles, et sa dernière conversation avec son père avait roulé sur un sujet trop peu agréable pour qu'elle cherchât à la renouer avant qu'il eût le temps de reprendre un peu plus de calme. Sir Henry avait un excellent caractère, et il aimait tendrement sa fille, mais l'âge, et le malheur qui depuis quelques années l'avait frappé coup sur coup, avaient donné à son humeur une irritabilité capricieuse. Sa fille et un ou deux serviteurs fidèles encore attachés à sa fortune supportaient cette faiblesse sans autre sentiment qu'une compassion sincère.

Il se passa quelque temps avant qu'il parlât, et ce fut pour rappeler un incident que nous avons déjà mentionné.

— Il est étrange, dit-il, que Bevis soit resté avec Jocelin et ce drôle au lieu de me suivre.

— Soyez bien sûr, mon père, dit Alice, que sa sagacité lui a fait voir en cet homme un étranger qu'il a cru devoir surveiller, et que c'est pour cela qu'il est resté avec Jocelin.

— Non, non, Alice. Il m'abandonne parce que la fortune m'a abandonné. Il y a dans la nature quelque chose qui apprend à fuir le malheur, quelque chose qui agit même sur l'instinct, comme on l'appelle, des animaux dépourvus de raison. Le daim tourne son bois contre le daim de son propre troupeau qu'il voit malade ou blessé; estropiez un chien, et tout le chenil tombera sur lui; le poisson atteint d'un coup de javeline est dévoré par les autres; et le corbeau à qui l'on a coupé une aile ou cassé une patte est tourmenté par ses semblables jusqu'à ce que la mort le délivre.

— Cela peut être vrai des animaux sauvages, dont toute la vie est presque une guerre perpétuelle, mon père; mais le chien abandonne sa propre espèce pour s'attacher à l'homme; il oublie pour son maître la nourriture, les plaisirs et la compagnie de ses semblables; et certainement l'attachement d'un serviteur aussi dévoué que Bevis, pour ne parler que de lui en ce moment, ne doit pas être légèrement suspecté.

— Je n'en veux pas à Bevis, Alice, mais je suis fâché de ce que je vois. J'ai lu dans des chroniques véridiques que, lorsque Richard II et Henry de Bolingbroke étaient au château de Berkeley, un chien de même espèce, qui avait toujours été fidèlement attaché au roi, l'abandonna pour suivre Henry, qu'il voyait alors pour la première fois, et que la désertion de son chien favori fit prévoir à Richard sa déposition prochaine. Ce chien fut ensuite placé à Woodstock, et l'on dit que Bevis est de sa race, qui a été conservée avec soin. Je ne puis deviner quels nouveaux malheurs sa désertion doit me faire prévoir ; mais un je ne sais quoi m'assure qu'elle ne présage rien de bon.

En ce moment on entendit un bruit éloigné dans les feuilles tombées qui jonchaient la terre ; quelque animal semblait courir dans les broussailles ; et presque au même instant Bevis arriva en bondissant près de son maître.

— Hâte-toi de comparaître, mon vieil ami, dit Alice avec un ton de gaieté, et viens défendre ta réputation, qui court des risques en ton absence. Mais le chien ne fit qu'un acte de politesse en gambadant un instant autour de son maître, et, retournant sur ses pas au grand galop, il disparut.

— Comment, drôle ! s'écria le chevalier, tu as sûrement été trop bien dressé pour te mettre à chasser sans ordre !

Quelques minutes de plus firent apercevoir Phœbé Mayflower ; et, malgré le panier dont elle était chargée, elle marchait d'un pas si leste, qu'elle rejoignit son maître et sa jeune maîtresse à l'instant où ils arrivaient devant la chaumière qui était le but de leur voyage. Bevis, après avoir fait une course en avant pour rendre visite à sir Henry, l'avait quitté pour retourner à son devoir, qui était d'escorter Phœbé et les provisions qu'elle apportait. Toute la compagnie se trouvait alors réunie devant la porte de la chaumière.

Dans des temps plus heureux, une maison construite en pierre offrait en ce lieu une habitation convenable pour un garde d'une forêt royale. Une belle fontaine en était voisine, et tout autour étaient différentes cours avec des bâtimens servant de chenil et de fauconnerie ; mais dans quelques-unes des escarmouches si fréquentes dans tout le pays pendant les guerres civiles, ce petit bâtiment rural avait été attaqué, défendu, emporté et incendié. Un propriétaire du voisinage, qui avait pris parti pour le parlement, avait profité de l'absence de sir Henry Lee, alors dans le camp de Charles, et du mauvais état des affaires du roi, pour s'emparer sans cérémonie des pierres et des autres débris que le feu avait épargnés, et qu'il fit servir à réparer sa maison. Le garde, notre ami Jocelin Joliffe, avait donc reconstruit en quelques jours, à l'aide de quelques voisins, une chaumière pour s'y loger avec la vieille femme qu'il appelait sa dame. Les murs, formés de terre et d'osier, en avaient été badigeonés avec soin; ils étaient tapissés de vignes et d'autres arbrisseaux; le toit était bien couvert en chaume; en un mot, quoique ce ne fût qu'une hutte, l'extérieur en avait été si bien soigné par l'industrieux Joliffe, que le garde d'une forêt royale pouvait y demeurer sans déroger.

Le chevalier s'avança pour entrer : la porte n'était close que d'une claie d'osier très-serrée; mais Jocelin, à défaut d'un meilleur service, avait imaginé une manière de la fermer à l'intérieur par le moyen d'une cheville qui empêchait qu'on ne pût soulever le loquet en dehors; cet obstacle que le chevalier rencontra lui fit présumer que c'était une précaution prise par la vieille dame de Joliffe, dont il connaissait la surdité : il appela donc à grands cris, mais inutilement. Irrité de ce délai, il poussa la porte des pieds et des mains, la barrière fragile ne put résister à ses efforts, elle céda sur-le-champ; et le chevalier entra ainsi de vive force dans la cuisine ou appartement extérieur de Jocelin. Au milieu de la salle, et dans une attitude qui indiquait de l'embarras, était un étranger enveloppé dans un grand manteau.

— C'est peut-être le dernier acte d'autorité que j'exercerai ici, dit le chevalier en saisissant l'étranger au collet; mais pour cette nuit du moins je suis encore grand-maître de la capitainerie de Woodstock. — Que fais-tu ici ? — Qui es-tu ?

L'étranger écarta le manteau qui lui couvrait le visage, et fléchit en même temps un genou en terre.

— Votre pauvre neveu, dit-il, Markham Everard, qui est venu ici par affection pour vous, quoiqu'il craigne bien que l'accueil qu'il recevra de vous ne témoigne pas une affection semblable.

Sir Henry recula en tressaillant; mais aussitôt, en homme qui se souvenait qu'il avait un rôle à jouer pour soutenir sa dignité, il redressa sa taille, et répondit avec un air de majesté :

— Beau neveu, je suis charmé que vous soyez arrivé à Woodstock, précisément la première nuit qui, depuis bien des années, peut vous y promettre un accueil favorable et digne de vous.

— Dieu veuille que cela soit et que je vous entende et comprenne bien! s'écria le jeune homme tandis qu'Alice, muette, avait les yeux fixés sur le visage de son père, ne sachant si ce qu'il venait de dire devait s'interpréter favorablement pour Markham; car la connaissance qu'elle avait du caractère du vieillard rendait pour elle cette supposition plus que douteuse.

Le chevalier jeta un regard sardonique d'abord sur son neveu, ensuite sur sa fille, et continua :

— Je présume que je n'ai pas besoin d'informer M. Markham Everard que nous ne pouvons songer à le recevoir, ni même à le prier de s'asseoir dans cette misérable hutte.

— Je vous accompagnerai bien volontiers à la Loge, répondit le jeune homme. Je croyais bien que le soir vous y avait déjà fait rentrer, et je n'osais m'y présenter de peur de vous déplaire. Mais si vous voulez me permettre de vous y accompagner, ainsi que ma cousine, parmi toutes les bontés que vous avez eues pour moi autrefois, il n'en est aucune qui puisse m'inspirer plus de reconnaissance.

— Vous vous méprenez grandement, M. Markham Everard, répliqua le chevalier. Notre intention n'est pas de retourner ce soir à la Loge. Non, de par Notre-Dame! ni demain non plus. Je voulais seulement vous apprendre, en toute courtoisie, que vous trouverez à Woodstock une société qui vous convient, et dont vous recevrez certainement un accueil que je ne puis me permettre de faire à un homme de votre importance dans la retraite où vous nous voyez.

— Pour l'amour du ciel, s'écria Markham en se tournant vers sa cousine, dites-moi comment je dois expliquer un langage si mystérieux.

Alice, pour empêcher l'explosion de la colère comprimée

de son père, fit un effort sur elle-même pour retrouver la parole, et elle n'y réussit pas sans difficulté.

— Nous avons été chassés de la Loge par des soldats, lui dit-elle.

— Chassés! par des soldats! s'écria Markham avec surprise. Ils n'ont pas de mandat légal pour cela.

— Ils n'en ont point, dit le chevalier avec le ton d'ironie piquante qu'il avait pris dès le commencement de cet entretien ; mais ils en ont un aussi légitime qu'aucun de ceux qui ont été décernés en Angleterre depuis un an et plus. Vous vous occupez, je crois, ou du moins vous vous occupiez de l'étude des lois ; eh bien, monsieur, vous avez joui de votre profession aussi long-temps qu'un prodigue désire jouir de la vieille veuve qu'il épouse. Vous avez déjà survécu aux lois que vous étudiiez, et sans doute elles n'ont pas rendu le dernier soupir sans vous laisser quelque legs, quelque revenant-bon, quelque accroissement de grace, pour me servir du langage du jour ; vous l'avez mérité doublement en portant le justaucorps de buffle et la bandoulière, et en maniant la plume ; car je ne sais pas encore si vous vous mêlez de prêcher.

— Pensez de moi, dites de moi tout ce qu'il vous plaira, répondit le neveu d'un ton respectueux et soumis ; je ne me suis conduit, dans ce malheureux temps, que d'après ma conscience et les ordres de mon père.

— Oh! si vous parlez de conscience, s'écria le vieux chevalier, — il faut que j'aie les yeux ouverts sur vous, comme le dit Hamlet. Jamais puritain ne trompe plus impudemment que lorsqu'il en appelle à sa conscience ; et quant à ton père.....

Il allait continuer sur le même ton d'invectives ; mais Markham l'interrompit.

— Sir Henry Lee, lui dit-il d'un ton ferme, votre caractère a toujours passé pour noble. Dites de moi tout ce que vous voudrez, mais ne parlez pas de mon père en termes que l'oreille d'un fils ne peut endurer et que son bras ne peut punir. Me traiter ainsi, ce serait insulter un homme sans armes et battre un captif.

Sir Henry se tut comme s'il eût été frappé de cette remarque.

— Tu as dit la vérité en cela, Markham, dit-il enfin; il faut que j'en convienne, quand tu serais le plus noir puritain que l'enfer ait jamais vomi pour déchirer un malheureux pays.

— Pensez-en ce qu'il vous plaira, répondit le jeune Everard; mais ne restez pas dans ce misérable taudis. La nuit menace d'un orage; permettez-moi de vous reconduire à la Loge, et d'en expulser ces intrus, qui, du moins quant à présent, ne peuvent avoir ordre d'agir comme ils le font. Je n'y resterai après eux que l'instant nécessaire pour vous faire part d'un message de mon père. — Accordez-moi cette grace, au nom de l'amitié que vous aviez autrefois pour moi.

— Oui, Markham, répondit son oncle d'un ton douloureux, mais ferme; tu dis la vérité, je t'aimais autrefois. — Cet enfant à cheveux bruns à qui j'apprenais à monter à cheval, à manier les armes, à chasser, — qui passait près de moi ses heures de plaisir après des travaux plus graves, — je chérissais cet enfant. — Oui, — et je suis assez faible pour chérir encore le souvenir de ce qu'il était. — Mais il n'existe plus, Markham, dit-il enfin; il n'existe plus. — Je ne vois en sa place qu'un rebelle déterminé, en armes contre sa religion et contre son roi; un rebelle d'autant plus détestable qu'il a obtenu des succès; un rebelle dont l'infamie s'accroît de l'espoir qu'il a de dorer sa trahison par des richesses, fruit du vol et du pillage. — Mais je suis pauvre, penses-tu, et je devrais me taire, de peur de m'entendre dire : Silence, drôle! parle quand on t'interrogera. — Sache pourtant que, tout pauvre que je suis, tout pillé que j'ai été, je me trouve déshonoré par un si long entretien avec un des instrumens de l'usurpation. — Rends-toi à la Loge, si bon te semble; — en voilà le chemin; — mais ne pense pas que pour y rentrer, pour retrouver toutes les richesses que je possédais dans le temps de ma plus grande prospérité, je ferais volontairement trois pas avec toi sur ce tapis vert. — Si l'on doit me voir en ta compagnie, ce sera quand tes

Habits-Rouges m'auront lié les bras derrière le dos, et attaché les jambes sous le ventre de mon cheval. Tu pourras être alors mon compagnon de route, si tu le veux, j'en conviens, mais pas avant.

Alice, qui souffrait cruellement pendant ce dialogue, et qui savait bien que toute réplique ne ferait qu'irriter encore davantage le ressentiment du chevalier, se hasarda, dans son inquiétude, à faire signe à son cousin de rompre l'entretien et de se retirer, puisque son père le lui ordonnait avec tant de colère. Malheureusement sir Henry s'en aperçut, et concluant de ce qu'il voyait qu'il régnait une intelligence secrète entre le cousin et la cousine, il lui fallut le plus grand effort sur lui-même et le souvenir de ce qu'il devait à sa propre dignité pour voiler sa fureur croissante du même ton d'ironie qu'il avait pris au commencement de cette entrevue.

— Si vous craignez, dit-il à son neveu, de parcourir les sentiers de nos forêts pendant la nuit, respectable étranger, que je dois peut-être respecter comme mon successeur dans la garde de ce domaine, il me semble que voici une jeune fille modeste qui est disposée à vous accompagner et à vous servir de porte-bouclier. Seulement, par respect pour la mémoire de sa mère, qu'il se passe entre vous quelque légère formalité de mariage. Vous n'avez besoin ni de dispenses ni de prêtres dans cet heureux temps; vous pouvez être accouplés comme des mendians, dans un fossé, par quelque chaudronnier qui servira de prêtre, sous une haie dont les branches vous couvriront comme le toit d'une église. Mais je vous demande pardon de vous faire une requête si simple et si audacieuse : vous êtes peut-être un Ranter; vous faites peut-être partie de la secte de Knipperdoling ou de Jacques de Leyde [1], ou vous appartenez à la famille de l'Amour, et vous regardez comme inutile toute cérémonie nuptiale.

— Pour l'amour du ciel, mon père, s'écria Alice, cessez de plaisanter d'une manière si cruelle! Et vous, Markham,

---

(1) Tous ces sectaires, Ranters, Seekers, Muggletoniens, etc., autorisaient la polygamie, ou du moins le changement fréquent de femme ou de mari. — ÉD.

retirez-vous, au nom de Dieu, et abandonnez-nous à notre destin. Votre présence fait perdre la raison à mon père.

— Moi plaisanter! dit sir Henry, je n'ai de ma vie parlé plus sérieusement. Perdre la raison! jamais je n'en ai eu davantage. Je n'ai jamais pu souffrir que la fausseté m'approchât. Une fille ou une épée déshonorées ne peuvent rester à mon côté, et ce jour vient malheureusement de me prouver que l'une et l'autre peuvent faillir.

— Sir Henry, dit le jeune Everard, ne vous donnez pas le tort cruel de traiter votre fille avec tant d'injustice. Vous me l'avez refusée il y a long-temps, quand nous étions pauvres et que vous étiez puissant. Je me suis soumis à l'arrêt qui me défendait de la voir. Dieu sait ce qu'il m'en a coûté, mais je vous ai obéi. Ce n'est pas pour faire revivre mes prétentions que je suis venu ici et que j'ai cherché à lui parler, comme je le reconnais; ce n'est pas même pour elle seule, c'est également pour vous. La destruction plane sur votre tête; elle est prête à fermer ses ailes pour fondre sur vous; elle prépare ses serres pour vous saisir. — Oui, monsieur, prenez un air de mépris si bon vous semble, le fait n'en est pas moins réel; et c'est pour vous protéger, vous et elle, que vous me voyez ici.

— Vous refusez donc mon don gratuit? dit sir Henry Lee; peut-être trouvez-vous que j'y mets des conditions trop dures.

— Fi, sir Henry, fi! dit Markham irrité à son tour; vos préjugés politiques ont-ils assez complètement effacé vos sentimens de père pour que vous puissiez parler avec ironie et mépris de ce qui concerne l'honneur de votre propre fille? Relevez la tête, belle Alice, et dites à votre père que son excessive loyauté politique lui fait oublier la nature. Apprenez, sir Henry, que quoique je préférasse la main de votre fille à tous les dons que le ciel pourrait m'accorder, je ne l'accepterais pas; oui, ma conscience me défendrait de l'accepter si je savais la détourner de la ligne de ses devoirs envers vous.

— Votre conscience est trop timorée, jeune homme, dit le vieux chevalier; — consultez quelque rabbin de votre secte, un de ces gens qui prennent tout ce qui tombe dans leur filet; il vous dira que c'est pécher contre la grace que de refuser une bonne chose offerte volontairement.

— Oui, répondit Markham, quand l'offre est franche et cordiale, mais non quand elle est faite avec insulte et ironie.

— Adieu, Alice. — Si quelque chose pouvait me donner envie de profiter du désir dénaturé que montre votre père de vous éloigner de lui dans un moment où il s'abandonne à d'indignes soupçons, ce serait l'idée qu'en se livrant à de tels sentimens sir Henry Lee agit en tyran à l'égard de la créature qui a le plus besoin de son affection, — qui sent le plus cruellement sa sévérité, — et qu'il est le plus rigoureusement tenu de chérir et de protéger.

— Ne craignez pas pour moi, M. Everard, s'écria Alice perdant toute sa timidité par les craintes des suites que pouvait avoir cet entretien dans un moment où la guerre civile faisait qu'on ne reconnaissait plus ni les liens du sang ni les droits de l'amitié. — Partez, je vous en conjure, partez! — Rien ne trouble la tendre harmonie qui règne entre mon père, et moi si ce n'est ces malheureuses divisions de famille, et votre présence ici dans un moment si peu favorable. — Pour l'amour du ciel, retirez-vous.

— Oh! oh! miss Lee, dit le vieux Cavalier, — vous prenez déjà le ton de dame souveraine! Et à qui irait-il mieux qu'à vous? Je réponds que vous donneriez des ordres à notre suite aussi bien que Goneril et Regane [1]. Mais je vous dirai que personne ne quittera ma maison, — et quelque humble que soit cette demeure, elle est maintenant ma maison, — tant qu'il y a quelque chose à me dire qui n'est pas encore dit. Et comme ce jeune homme fronce les sourcils et prend un ton un peu haut, — Parlez, monsieur; dites tout ce que vous avez à dire.

— Ne craignez pas que je manque de sang-froid, Alice, dit Markham avec autant de fermeté que de douceur; — et vous, sir Henry, ne croyez pas que si je vous parle d'un ton ferme ce soit avec colère. Vous m'avez fait de cruels repro-

---

(1) Les deux filles dénaturées du roi Lear. — Éd.

ches; des reproches tels que, si je n'étais guidé que par l'exaltation d'une chevalerie romanesque, je ne pourrais, par égard pour ma naissance et pour l'estime du monde, me dispenser d'y répondre malgré notre proche parenté. — Daignerez-vous m'écouter avec patience?

— Si vous voulez vous défendre, répondit le chevalier, à Dieu ne plaise que je refuse de vous entendre patiemment, quand même les deux tiers de votre discours seraient composés de déloyauté et le troisième de blasphèmes. — Seulement soyez bref; cette conférence n'a déjà duré que trop long-temps.

— Je ne serai pas long, sir Henry, répliqua le jeune homme; — cependant il est difficile de réunir en peu de mots la défense d'une vie qui, quoique courte, a été très-occupée, — trop occupée, dit le geste d'indignation que je vous vois faire; mais c'est ce que je nie. Ce n'est pas sans y réfléchir que j'ai tiré l'épée pour défendre un peuple dont les droits avaient été foulés aux pieds et dont la conscience était opprimée. — Ne froncez pas le sourcil, monsieur, ce n'est pas sous ce point de vue que vous considérez cette contestation; mais c'est ainsi que je l'envisage. Quant à mes principes religieux que vous tournez en dérision, croyez que, quoiqu'ils dépendent moins des formes extérieures, ils sont aussi sincères que les vôtres : ils sont même plus purs, — excusez l'expression, — en ce qu'ils ne sont pas entachés de cet esprit sanguinaire d'un siècle barbare qui a inventé ce que vous et tant d'autres appelez le code de l'honneur chevaleresque. Ce ne sont pas mes dispositions naturelles, ce sont les doctrines plus saines que ma foi m'a enseignées qui me mettent en état d'écouter vos invectives violentes sans y répondre avec le même ton d'amertume et de courroux. Vous pouvez pousser à la dernière extrémité vos insultes contre moi, si tel est votre bon plaisir; je les supporterai non-seulement à cause de notre parenté, mais parce que la charité m'en fait un devoir. C'est pousser bien loin l'abnégation de soi, sir Henry, pour un homme de notre famille. Mais je montre encore plus d'empire sur moi-même en refusant de recevoir de votre main le don que je désirais obtenir plus que toute autre chose sur la terre; et je le refuse parce qu'il est du devoir de votre fille de vous soutenir et de vous consoler, parce qu'il serait cruel à moi de souffrir que dans votre aveuglement vous vous privassiez de ce que vous avez de plus précieux. — Adieu, monsieur; je vous quitte sans colère, mais avec compassion. Nous nous reverrons peut-être dans un temps plus heureux, quand votre cœur et vos principes auront triomphé des préjugés qui vous aveuglent maintenant. — Adieu, Alice, adieu!

Ce mot *adieu* fut répété deux fois avec un accent de tendresse et de chagrin bien différent du ton ferme et presque sévère avec lequel Markham venait de parler à sir Henry Lee. Il se détourna et se précipita hors de la chaumière dès qu'il eut prononcé ces derniers mots; et comme s'il eût rougi du mouvement de tendresse auquel il venait de s'abandonner, le jeune républicain entra d'un pas ferme et résolu dans la forêt que les rayons de la lune couvraient en ce moment des ombres de l'automne.

Dès qu'il fut parti, Alice, qui pendant tout ce temps avait été en proie à la terreur, de crainte que son père, dans la chaleur de son courroux, ne passât de la violence des paroles à des voies de fait encore plus violentes, se laissa tomber sur un tabouret fait de branches de saule entrelacées, ouvrage des mains de Jocelin, comme la plupart de ses autres meubles. Elle s'efforça de cacher ses larmes en remerciant le ciel de ce qu'il n'avait pas permis que, malgré la proche parenté des deux parties, quelque événement fatal eût été le résultat d'une entrevue si dangereuse, et où il avait régné tant de colère.

Phœbé Mayflower pleurait de compagnie, quoiqu'elle ne comprît pas très-bien tout ce qui venait de se passer. Elle se trouva seulement en état de raconter ensuite à cinq ou six de ses bonnes amies que son vieux maître sir Henry s'était mis dans une colère terrible contre M. Markham Everard, parce que celui-ci avait été sur le point d'enlever sa jeune maîtresse. — Et qu'aurait-il pu faire de mieux, ajoutait Phœbé, puisqu'il ne reste rien au vieillard ni pour lui ni pour sa fille? Et quant à M. Markham et à notre jeune dame, ils se dirent de si belles choses qu'on ne trouverait rien de semblable dans l'histoire d'Argalus et de Parthénie, qui étaient, dit le livre de leur histoire, les amans les plus fidèles de toute l'Arcadie, et du comté d'Oxford par-dessus le marché.

La vieille Goody Jellycot avait avancé plus d'une fois son chaperon écarlate dans la cuisine pendant la scène que nous venons de décrire; mais comme la bonne dame était à demi aveugle et presque sourde, elle ne comprit que par une sorte d'instinct que les deux principaux personnages étaient en querelle; et pourquoi choisissaient-ils la hutte de Jocelin pour venir la vider? c'était pour elle un aussi grand mystère que le sujet de l'altercation.

Quelle était la situation d'esprit du vieux Cavalier quand il se vit ainsi contrarié dans ses principes les plus chéris par les derniers mots de son neveu? La vérité est qu'il fut moins ému que sa fille ne s'y attendait; et probablement le ton hardi qu'avait pris Markham Everard en défendant ses opinions politiques et religieuses, au lieu d'enflammer davantage sa colère, avait contribué à le calmer. Il supportait avec peine la contradiction; mais toute évasion, tout subterfuge étaient encore plus insupportables à la franchise et à la droiture du Cavalier qu'une opposition directe et les efforts que faisait son adversaire pour justifier ses opinions. Il avait coutume de dire que le cerf qu'il préférait était celui qui montrait le plus d'audace quand il était aux abois. Il fit suivre le départ de son neveu d'une citation de Shakspeare, ce qu'il avait coutume de faire par une sorte d'habitude et par respect pour le poète favori de son malheureux maître, sans avoir réellement beaucoup de goût pour ses ouvrages et sans faire toujours fort à propos l'application des passages qu'il citait.

— Faites attention à ceci, Alice, dit-il, faites-y bien attention. — Le diable peut citer l'Ecriture pour arriver à ses fins. — Vous venez de voir ce jeune fanatique, votre cousin, qui n'a pas plus de barbe qu'il n'y en avait au menton d'un villageois que j'ai vu jouer la fille Mariane un jour que le barbier l'avait rasé trop à la hâte; hé bien! il est aussi hardi que la plus vieille barbe de presbytérien et d'indépendant pour exposer ses doctrines et ses principes, et il veut nous battre à coups de textes et d'homélies. Je voudrais que le digne et savant docteur Rochecliffe eût été ici avec son arme habituelle, la Vulgate, les Septante, et je ne sais quoi encore; il lui aurait fait sortir du corps l'esprit presbytérien comme on exprime le jus d'un citron. — Cependant je suis charmé que le jeune homme ne cherche pas de vils subterfuges; quand un homme serait de l'avis du diable en religion, et de celui du vieux Noll en politique, il ferait mieux de l'avouer hautement que de chercher à vous donner le change par des faux-fuyans. — Allons, essuie tes yeux, Alice; c'est une affaire finie, et j'espère qu'elle ne se présentera plus de si tôt.

Encouragée par ces paroles, mais bien triste encore, Alice se leva pour surveiller les préparatifs nécessaires pour le souper, et pour la nuit qu'ils devaient passer dans leur nouvelle habitation. Mais ses larmes coulaient avec tant d'abondance qu'il fut heureux pour elle que Phœbé, quoique trop simple et trop ignorante pour comprendre toute l'étendue des chagrins de sa maîtresse, pût lui donner des secours plus efficaces qu'une compassion stérile.

Avec autant de promptitude que d'adresse, la jeune villageoise prépara le souper et arrangea les lits, tantôt criant à l'oreille de dame Jellycot, tantôt parlant à demi-voix à sa maîtresse et ayant l'art de tout ordonner, comme si elle n'eût fait qu'exécuter elle-même les ordres de miss Lee.

Lorsque le souper froid fut placé sur une table, sir Henry, comme s'il eût voulu consoler sa fille du ton dur avec lequel il lui avait parlé, la pressa affectueusement de prendre quelque nourriture; tandis qu'en soldat expérimenté il prouvait lui-même que ni les fatigues et les mortifications de cette journée, ni l'inquiétude de ce qui arriverait le lendemain, n'avaient diminué son appétit, le souper étant son repas de prédilection. Il mangea les deux tiers du chapon, but son premier verre de vin à l'heureuse restauration de Charles deuxième du nom, et vida sa bouteille; car il était d'une école dont la loyauté avait coutume de se soutenir par de copieuses libations. Il alla même jusqu'à chanter le premier couplet de la chanson :

> Dans le royaume de ses pères
> Le roi rentrera triomphant;

et Phœbé, pleurnichant à demi, ainsi que dame Jellycot, braillant faux d'une voix aigre, furent obligées de répéter le refrain pour couvrir le silence d'Alice.

Enfin le chevalier jovial songea à prendre du repos, et alla s'étendre sur la paillasse de Jocelin dans une petite chambre donnant sur la cuisine, où, en dépit de son changement de demeure, il ne tarda pas à jouir d'un sommeil profond et tranquille. Alice reposa moins paisiblement sur la couchette d'osier de dame Jellycot, dans un appartement intérieur, et la vieille ainsi que Phœbé, étendues dans la même chambre sur une paillasse remplie de feuilles sèches, y trouvèrent ce sommeil calme que goûtent ordinairement ceux qui gagnent leur pain quotidien à la sueur de leur front, et pour qui le réveil n'est que le signal de recommencer les travaux de la veille.

CHAPITRE V.

> « Sur ma foi, ce langage est tout nouveau pour moi;
> « Ma langue n'est pas faite à ces accens bizarres,
> « Et ne peut prononcer des phrases si barbares.
> « Elles peuvent avoir du mérite et du poids;
> « Mais elles sont pour moi ce que fut autrefois
> « Pour le jeune David de Saül la cuirasse,
> « Une inutile armure, un pesant embarras. »
> J. B.

PENDANT ce temps Markham Everard continuait à marcher vers la Loge. Il suivait une des longues avenues qui traversaient la forêt, et dont la largeur variait au point que les arbres, tantôt unissant leurs branches, répandaient une obscurité profonde, tantôt s'écartaient comme pour livrer passage à quelques rayons de la lune, et quelquefois, s'éloignant davantage, formaient de belles clairières tapissées de verdure et éclairées d'une lumière argentée. Les divers effets que produisait cette clarté délicieuse sur les vieux chênes dont elle dorait plus ou moins complètement les feuilles d'un vert foncé, les branches mortes et les troncs massifs, auraient attiré l'attention d'un poète ou d'un peintre.

Mais si Markham pensait à autre chose qu'à la scène pénible dans laquelle il venait de jouer un rôle, et dont le résultat paraissait être la ruine de toutes ses espérances, c'était aux précautions qu'il était à propos de prendre en faisant ce voyage nocturne. Les temps étaient dangereux; le désordre régnait partout, les routes étaient couvertes de soldats débandés, principalement du parti royaliste, qui faisaient de leurs opinions politiques un prétexte pour troubler le pays et se livrer à des brigandages de toute espèce. En outre un grand nombre de braconniers, race toujours à redouter, infestaient depuis quelque temps la forêt de Woodstock. En un mot ce n'était pas sans motifs que Markham Everard, indépendamment des pistolets chargés qu'il avait à sa ceinture, marchait l'épée nue sous son bras, afin de ne pas être pris au dépourvu si quelque péril se présentait.

Il entendit la cloche de l'église de Woodstock sonner le couvre-feu à l'instant où il traversait une des petites clairières dont nous venons de parler, et le son cessa lorsqu'il arrivait à un endroit où le sentier, se rétrécissant, le laissait presque dans des ténèbres complètes. En ce moment il entendit quelqu'un qui sifflait en marchant; et le son s'approchant peu à peu, il lui fut aisé de reconnaître que le siffleur avançait de son côté. Il ne pouvait guère croire que ce fût un ami, car son propre parti regardait comme profane toute espèce de chant et de musique, à l'exception de la psalmodie.
— Si un homme a le cœur joyeux, qu'il chante des psaumes; c'était là un texte qu'il plaisait à ces fanatiques d'interpréter aussi littéralement que plusieurs autres. Cependant le sifflement continuait trop long-temps pour que ce pût être un signal donné à des complices, et l'air en était trop joyeux pour qu'on pût soupçonner quelque mauvais dessein. Bientôt ayant assez sifflé, le voyageur entonna à gorge déployée le

couplet suivant, que les anciens Cavaliers avaient coutume de chanter en montant la garde pendant la nuit :

> Aux armes! Cavaliers, aux armes!
> A Belzébut point de quartier;
> Et qu'en vous voyant Olivier
> Etouffe de rage et d'alarmes.

— Je connais cette voix, dit Markham en désarmant le pistolet qu'il avait pris à sa ceinture. Le chanteur continua :

> Faites rentrer dans la poussière
> Cet amas de vils ennemis.

— Holà! s'écria Markham, qui va là? Pour qui êtes-vous?

— Pour l'Eglise et pour le roi, répondit une voix qui ajouta sur-le-champ : Non, non! diable! je me trompe; je voulais dire contre l'Eglise et le roi, c'est-à-dire pour ceux qui ont le dessus; j'ai oublié comment on les nomme.

— C'est Roger Wildrake, à ce qu'il me semble.

— Lui-même, de Squattlesea-Mere, dans le comté humide de Lincoln.

— Wildrake! on devrait plutôt vous nommer Wildgoose [1]. Il faut que vous vous soyez humecté passablement le gosier pour entonner des airs si convenables aux circonstances!

— Sur ma foi, l'air est assez joli. Il est vrai qu'il n'est plus fort à la mode, et c'est vraiment dommage.

— Qui pouvais-je m'attendre à rencontrer ici si ce n'est quelque enragé Cavalier, aussi ivre, aussi dangereux que le vin et la nuit les rendent ordinairement? Et si j'avais récompensé votre mélodie d'une balle dans le crâne?

— Ma foi, dit Markham, c'eût été un violon de payé, et voilà tout. — Mais par quel hasard venez-vous de ce côté? — J'allais vous chercher à la hutte du garde.

— J'ai été obligé d'en sortir; je vous en dirai la cause plus tard.

— Quoi! le vieux Cavalier chasseur a-t-il été bourru? Chloé avait-elle de l'humeur?

(1) Jeu de mots qu'il est impossible de faire passer en français. *Wild-rake* signifie un débauché, un extravagant, un jeune homme qui jette sa gourme; *wildgoose* veut dire oie sauvage; *wild-drake* signifierait un canard sauvage mâle. — ED.

— Ne plaisantez pas ainsi, Wildrake. — Il n'est plus de bonheur pour moi.

— Du diable! Et vous le dites si tranquillement! Morbleu! retournons-y ensemble, et je me chargerai de plaider votre cause. Je sais comment il faut s'y prendre pour chatouiller les oreilles d'un vieux chevalier et d'une jolie fille. — Dieu me damne, sir Henry Lee, lui dirai-je, votre neveu est un peu puritain, je n'en disconviens pas; mais malgré cela, je soutiens qu'il est galant homme et joli garçon. — Miss Lee, dirai-je ensuite, vous pouvez penser que votre cousin a l'air d'un tisserand chanteur de psaumes avec ce vilain chapeau de feutre, cet habit brun tout uni, cette cravate dont le bout ressemble à une bavette d'enfant, et ces grandes bottes pour chacune desquelles il a fallu la moitié du cuir d'un veau; mais qu'il ait un bon castor enfoncé de côté sur sa tête, un plumet qui convienne à sa qualité, une bonne lame de Tolède à son côté, qu'elle soit attachée à un ceinturon brodé, avec une poignée damasquinée, au lieu de cette lame de fer qui forme la garde de ce pesant André Ferrare [1], mettez-lui une langue bien pendue dans la bouche, et ventrebleu, miss Lee, dirai-je.....

— Paix, Wildrake, trêve de fadaises! dites-moi si vous n'avez pas trop bu pour pouvoir entendre quelques mots de raison.

— Si je le puis! je n'ai fait que vider quelques pots de vin avec ces coquins de Têtes-Rondes, ces soldats puritains, à Woodstock. Et du diable s'ils ne m'ont pas regardé comme le meilleur républicain de la compagnie, tant je me tordais le nez en leur montrant le blanc de mes yeux. Pouah! le vin même avait un arrière-goût d'hypocrisie: je crois pourtant que le coquin de caporal a fini par avoir des soupçons; mais les soldats... ils ont été jusqu'à me prier de prononcer une bénédiction sur le dernier pot.

— C'est justement à ce sujet que je désirais vous parler, Wildrake. — Je suis sûr que vous me regardez comme votre ami?

---

(1) Nom d'un armurier célèbre, et qu'on donnait aux lames qu'il fabriquait. — Ed.

— Fidèle comme l'acier. Camarades au collège et à Lincoln's Inn [1], nous avons été Nisus et Euryale, Thésée et Pyrithoüs, Oreste et Pylade, et pour finir par une petite citation puritaine, David et Jonathan. Les opinions politiques mêmes, ce germe de division qui sépare les amis et les parens, comme un coin de fer fend le chêne le plus dur, n'ont pu venir à bout de nous désunir.

— C'est la vérité; et quand vous suivîtes le roi à Nottingham, et que je m'enrôlai sous le comte d'Essex, nous nous jurâmes, en nous séparant, que quelque parti qui fût victorieux, celui de nous qui y serait attaché protègerait son camarade moins fortuné.

— A coup sûr, Markham, à coup sûr; et vous avez bien exécuté votre promesse. Ne m'avez-vous pas sauvé de la corde? Ne vous dois-je pas le pain que je mange?

— Je n'ai fait pour vous, mon cher Wildrake, que ce que je suis sûr que vous auriez fait pour moi si la chance des armes eût tourné autrement. Mais, comme je le disais, c'est ce dont je voulais vous parler. Pourquoi rendre plus difficile qu'elle ne devrait l'être la tâche que j'ai entreprise de vous protéger? Pourquoi vous jeter dans la compagnie de soldats ou de gens parmi lesquels vous ne pouvez manquer de vous échauffer et de vous trahir? Pourquoi courir le pays en beuglant de vieilles chansons de Cavalier, comme un soldat ivre du prince Rupert, ou un fanfaron des gardes du corps de Wilmot?

— Parce que je puis avoir été l'un et l'autre tour à tour, comme vous le savez, Markham. Mais, morbleu! faut-il que je vous rappelle toujours que notre obligation de protection mutuelle, notre ligue offensive et défensive, comme je puis la nommer, doivent s'exécuter sans aucun égard aux opinions politiques ou religieuses d'aucune des deux parties contractantes, sans qu'aucune d'elles soit tenue de se conformer en rien à celles de l'autre?

— Vous avez raison; mais il y avait cette réserve indispensable que celui qui aurait besoin de la protection de

---

[1] *Au collège*, c'est-à-dire à l'université. *A Lincoln's Inn*, à l'Ecole de droit. — ED.

l'autre se conformerait aux circonstances de manière à ne pas rendre inutiles et même dangereux les efforts de son ami pour le protéger. Or vous ne passez pas un seul jour sans faire quelque frasque qui met en péril et votre propre sûreté et le crédit dont je jouis.

— Je vous dis, Marc, et je dirais à l'apôtre votre patron, que vous êtes trop sévère à mon égard. Vous avez reçu des leçons de sobriété et d'hypocrisie depuis l'instant où vous portiez des jupons jusqu'à celui où vous avez pris le costume de Genève, depuis votre berceau jusqu'à ce jour; c'est donc une chose qui vous est naturelle; et vous êtes surpris qu'un brave garçon, franc, honnête, qui a été toute sa vie habitué à dire la vérité, surtout quand il la trouvait au fond d'un flacon, ne puisse atteindre tout d'un coup à une perfection comme la vôtre! — Corbleu! les choses ne sont pas égales entre nous. Autant vaudrait qu'un plongeur exercé, qui peut sans inconvénient retenir son haleine sous l'eau pendant dix minutes, reprochât à un pauvre diable d'être prêt à y étouffer au bout de vingt secondes. — Et après tout, le déguisement étant si nouveau pour moi, il me semble que je ne le porte pas trop mal. — Mettez-moi à l'épreuve.

— A-t-on reçu quelques autres nouvelles de Worcester? demanda Everard d'un ton si sérieux qu'il en imposa à son compagnon, qui pourtant lui répondit d'une manière tout-à-fait conforme à son caractère.

— Oui. — De chiennes de nouvelles. Cent fois pires que les premières. — Tout est à la débandade. — Noll a certainement vendu son ame au diable; mais il viendra un temps où il faudra qu'il la lui livre : c'est toute notre consolation actuelle.

— Quoi! est-ce ainsi que vous répondriez au premier Habit-Rouge qui vous ferait la même question? Je crois que ce serait le moyen d'avoir un prompt sauf-conduit pour le corps-de-garde le plus voisin.

— Oh! mais je croyais répondre à mon ami Markham, sans quoi j'aurais dit, — nouvelles excellentes. — Une merci du ciel. — Une manifestation de la puissance divine. — D'éternelles actions de graces à lui rendre. — Les malveillans ont été dispersés de Dan à Beersheba. — Ils ont été taillés en pièces, frappés à mort, depuis le lever du soleil jusqu'à son coucher.

— Avez-vous entendu parler des blessures du général Thornhaugh?

— Il est mort, — c'est une consolation du moins, — le chien de Tête-Ronde! — Un moment! ma langue va trop vite; je voulais dire l'excellent et pieux jeune soldat.

— Et que savez-vous du Jeune Homme, du roi d'Ecosse, comme on l'appelle?

— Rien, si ce n'est qu'il est chassé comme un daim sur les montagnes; puisse Dieu le sauver, et confondre ses ennemis! — Morbleu, Markham, je ne puis porter ce sot masque plus long-temps avec vous! Ne vous souvenez-vous pas que dans les parades que nous jouions à Lincoln's Inn, — quoique vous n'y prissiez pas grande part, — je m'acquittais toujours de mon rôle aussi bien qu'aucun de nos camarades, à ce qu'il me semble, quand le moment de la représentation était arrivé; mais j'étais constamment détestable lors des répétitions? C'est la même chose aujourd'hui. Je reconnais votre voix, et j'y réponds avec mon ton naturel; mais en compagnie de vos amis nasillards, vous m'avez vu me tirer d'affaire passablement.

— Passablement! tout au plus; et cependant tout ce que je vous demande, c'est d'être modeste et de garder le silence. Parlez peu, tâchez de vous défaire de votre habitude de jurer, et placez votre chapeau de niveau sur votre tête.

— Oui, c'est là ma malédiction. J'ai toujours été remarqué pour la manière élégante avec laquelle je mets mon chapeau de côté. — Il est cruel que le mérite d'un homme devienne son ennemi.

— Vous devez vous souvenir que vous êtes mon clerc.

— Secrétaire. — Que ce soit secrétaire, si vous avez quelque amitié pour moi.

— Il faut que ce soit clerc, — pas autre chose, — simple clerc. — Et souvenez-vous d'être docile et soumis.

— Mais il ne faudrait pas me donner vos ordres avec tant d'ostentation et de supériorité, maître Markham Everard.

Songez que je suis votre aîné de trois ans.—Je ne sais en vérité comment je dois le prendre.

—Vit-on jamais une plus mauvaise tête!—Par égard pour moi, si ce n'est pas pour vous-même, forcez votre folie à entendre raison. Songez que je me suis exposé pour vous au blâme et à mille risques.

—Oui, vous êtes un brave garçon, Markham, et je ferai pour vous tout ce que je pourrai faire. Mais souvenez-vous de tousser, de faire hem! quand vous me verrez prêt à sortir des bornes.—Et maintenant où allons-nous cette nuit?

—A la Loge de Woodstock, pour veiller aux propriétés de mon oncle. Je suis informé que des soldats s'en sont mis en possession.—Et cependant, comment cela peut-il être, si vous les avez trouvés à boire à Woodstock?

—Il y avait avec eux une espèce de commissaire, de mandataire, je ne sais quel drôle, qui était allé à la Loge.—Je l'y ai même entrevu.

—En vérité?

—En sainte vérité, pour parler votre langage. En traversant le parc pour aller vous joindre, il y a tout au plus une demi-heure que je vis une lumière dans la Loge.—Venez de ce côté, vous la verrez vous-même.

—A l'angle du nord-ouest? Elle vient d'une fenêtre de ce qu'on appelle l'appartement de Victor Lee.

—Hé bien, ayant servi long-temps dans les voltigeurs de Lundsford, je connais les devoirs d'un éclaireur.—Du diable, me dis-je à moi-même, si je laisse une lumière en arrière sans en avoir fait la reconnaissance.—D'ailleurs, Markham, vous m'avez tant parlé de votre jolie cousine, que je n'aurais pas été fâché de la voir un instant.

—Inconsidéré! étourdi incorrigible! à quels dangers vous vous exposez, et quels risques vous faites courir à vos amis, par pure légèreté!—Mais voyons, continuez.

—Par ce beau clair de lune, je crois que vous êtes jaloux, Markham Everard! mais vous n'avez pas sujet de l'être, car, moi qui cherchais à voir la belle dame, j'avais une cuirasse d'honneur qui me mettait à l'abri de ses charmes; et comme elle ne devait pas me voir, vous comprenez qu'elle ne pouvait faire de comparaisons qui vous fussent désavantageuses. Enfin, de la manière dont l'aventure se termina, aucun de nous ne vit l'autre.

— Je le sais parfaitement. Miss Lee avait quitté la Loge long-temps avant le coucher du soleil, et elle n'y est pas rentrée. Mais, après une telle préface, me direz-vous ce que vous avez vu?

— Pas grand'chose. Seulement, ayant monté sur une sorte d'arc-boutant, — car je grimpe aussi bien qu'aucun chat qui ait jamais rôdé dans les gouttières, — et m'accrochant aux vignes qui tapissaient les murs, je me postai en un endroit d'où je pouvais voir l'intérieur de l'appartement dont vous parlez.

— Et qu'y avez-vous vu?

— Pas grand'chose, comme je vous l'ai déjà dit; car dans le temps où nous sommes, ce n'est pas merveille de voir des goujats faire ripaille dans les appartemens des nobles et des princes. — J'ai vu deux drôles occupés à vider d'un air grave et solennel une cruche d'eau-de-vie, et à dévorer un énorme pâté de venaison, qu'ils avaient placé sans cérémonie sur la table à ouvrage d'une dame, et l'un d'eux essayait les cordes d'un luth.

— Les misérables profanes! C'était celui d'Alice!

— Bien dit, camarade! — je suis charmé de voir qu'il soit possible d'émouvoir votre flegme. — Mais ces incidens de la table et du luth ne sont que des embellissemens ajoutés à mon récit, pour essayer, s'il était possible, de tirer d'un être sanctifié comme vous l'êtes quelque étincelle des sentimens de la pauvre humanité.

— Et quel était l'extérieur de ces deux hommes?

— L'un était un fanatique à figure sournoise, portant un chapeau à larges bords, de longs habits, en un mot, semblable à ce que vous êtes tous, et j'ai supposé que c'était le mandataire ou le commissaire dont j'avais entendu parler dans la ville. — L'autre était un gaillard trapu et vigoureux, qui portait un couteau de chasse à sa ceinture, et qui avait à côté de lui un gros gourdin. — Un drôle à cheveux noirs, à dents blanches, et à physionomie joviale. — Je l'ai pris pour quelque garde du parc.

— Il faut que ces deux hommes soient le favori de Desborough, Tomkins le Fidèle, et Jocelin Joliffe, garde forestier. Tomkins est le bras droit de Desborough. C'est un indépendant, et il a des dons du ciel, comme il le dit lui-même. Bien des gens pensent que les dons qu'il reçoit font plus pour lui que la grace, et j'ai entendu dire qu'il a abusé de certaines occasions.

— Du moins il mettait celle-ci à profit ; et la cruche s'en ressentait, lorsque, comme si le diable l'avait voulu, une pierre que le temps avait détachée du vieil arc-boutant céda sous mes pieds. Un maladroit comme vous aurait réfléchi si long-temps sur ce qu'il avait à faire, qu'il aurait suivi la pierre avant d'avoir pris son parti ; mais moi, Markham, je sautai comme un écureuil, et m'accrochai ferme à une branche de lierre. — Peu s'en fallut que je ne reçusse une balle pour mes peines ; car le bruit avait donné l'alarme aux deux convives. Ils accoururent à la fenêtre, et me virent en dehors. Le garde courut à son gourdin, le fanatique saisit un pistolet, — vous savez qu'ils ont toujours de pareils textes suspendus à la ceinture à côté d'une petite Bible à fermoirs. — Je les régalai tous deux d'une espèce de hurlement, accompagné d'une grimace infernale. — Il est bon que vous sachiez que je puis grimacer comme un babouin : je l'ai appris d'un baladin français qui pouvait faire de ses mâchoires un casse-noisettes. — En même temps, je me laissai couler doucement sur le gazon, je me glissai sans bruit, en rampant dans l'ombre, le long du mur, et je m'éclipsai si bien à leurs yeux que je suis convaincu qu'ils ont cru que j'étais leur parent, le diable en personne qui venait leur rendre visite sans avoir été appelé. — Ils ont eu, vous dis-je, une fière peur.

— Vous êtes cruellement téméraire, Wildrake ! — Et maintenant que nous allons à la Loge, s'ils vous reconnaissaient ?

— Hé bien ! ai-je commis un crime de haute trahison en les regardant ? Personne n'a payé une pareille curiosité depuis le temps de John de Coventry¹, et si on lui fit rendre compte de la sienne, sur ma foi, j'ose dire que ses yeux avaient été mieux régalés que les miens. Mais rassurez-vous, ils ne me reconnaîtront pas plus qu'un homme qui n'aurait vu notre ami Noll que dans un conventicule de saints ne reconnaîtrait le même Olivier à cheval, chargeant à la tête de son escadron couleur d'écrevisse, ou plaisantant et vidant une bouteille avec le poète profane Waller².

— Chut ! Pas un mot d'Olivier, si vous faites quelque cas de votre vie et de la mienne. Il ne faut pas plaisanter du rocher sur lequel on peut échouer. — Mais nous voici à la porte, et nous allons troubler les plaisirs de ces messieurs.

A ces mots, levant le pesant marteau, il le fit retentir contre la porte massive.

— Rattatatou ! dit Wildrake, voilà une belle alarme pour vos cocus de Têtes-Rondes. Et dansant en mesure, il se mit à fredonner à demi-voix la marche qui portait ce nom :

> Venez, cocus, approchez Têtes-Rondes,
> Et dansez tous sur l'air de ma chanson.....

— De par le ciel ! cette folie passe toute permission ! s'écria Everard en se tournant vers lui d'un air courroucé.

— Pas du tout, pas du tout, répondit Wildrake ; ce n'est qu'une légère expectoration comme celle qui précède une belle harangue. A présent que je me suis débarrassé de ce flegme, je vais être grave pendant une heure entière.

Tandis qu'il parlait ainsi, on entendit marcher dans le vestibule, et l'on ouvrit le guichet, mais en retenant la porte

---

(1) Pour expliquer cette allusion, nous croyons devoir citer en note ce que sir Walter Scott dit dans la *Vie de Dryden*, au sujet de sir John de Coventry.

« Les rencontres où les assaillans profitaient de l'avantage du nombre n'étaient pas rares. On les trouvait tout aussi loyales que le duel régulier. Quelques-unes de ces rencontres ressemblaient beaucoup à de véritables assassinats. La célèbre affaire de John de Coventry en offre un exemple : plusieurs jeunes gens de qualité lui tendirent un guet-apens et lui fendirent le nez, parce qu'il s'était permis de gloser sur les intrigues du roi dans les coulisses des théâtres. Ce fut ce qui donna lieu au fameux statut *contre la mutilation et les blessures*, appelé l'acte de Coventry. — Ed.

(2) Waller avait chanté *l'usurpateur* avant d'être le lauréat de la restauration. On se rappelle son mot à Charles II, qui lui disait que son ode pour Cromwell était plus belle que les vers qu'il lui adressait à lui-même. — Sire, répondit Waller, nous autres poètes nous sommes plus habiles pour la fiction que pour la vérité. — Ed.

par le moyen d'une chaîne, de crainte d'accident. On vit paraître à l'entrée le visage de Tomkins, et par derrière celui de Jocelin, éclairés par une lampe que le dernier tenait à la main.

— Que voulez-vous? demanda Tomkins.

— Je veux entrer sur-le-champ, répondit Everard. Joliffe, vous me connaissez?

— Oui, monsieur, répondit Jocelin, et je vous ouvrirais de tout mon cœur; mais vous voyez que je ne suis pas le maître des clefs. — Voilà celui qui doit donner des ordres ici. — Dieu du ciel! dans quel temps nous vivons!

— Et quand monsieur, qui, je crois, est le valet de maître Desborough...

— L'indigne secrétaire de Son Honneur, s'il vous plaît, dit Tomkins.

— Vous aviez raison, Markham, dit Wildrake à l'oreille de son ami; je ne veux plus être secrétaire. Le nom de clerc aura quelque chose de plus noble.

— Si vous êtes secrétaire de maître Desborough, dit Everard à l'indépendant, vous devez me connaître, et savoir quel grade j'occupe; et je présume que vous n'hésiterez pas à me recevoir pour cette nuit dans la Loge, moi et celui qui est à ma suite.

— Certainement non, répondit Tomkins, certainement non, c'est-à-dire si Votre Honneur ne croit pas pouvoir se loger plus convenablement à l'auberge de la ville, qu'on appelle fort inconsidérément l'auberge de Saint-George. Votre Honneur sera logé ici d'une manière fort peu commode; nous y avons déjà reçu une visite de Satan qui a pensé nous faire mourir de frayeur, quoique l'odeur du soufre soit dissipée.

— Cette histoire pourra trouver sa place, monsieur le secrétaire, dit Markham, et vous pourrez l'amener à propos dans votre premier sermon. Mais je n'admettrai aucune excuse pour me retenir ici au froid et au vent; et, si vous ne me recevez pas tout-à-l'heure d'une manière convenable, je ferai mon rapport à votre maître de votre insolence à mon égard.

Le secrétaire de Desborough n'osa faire une plus longue opposition. Desborough ne devait son importance qu'à sa qualité de parent de Cromwell, et l'on savait que le lord général, qui jouissait déjà alors d'une autorité presque souveraine, avait admis très-intimement dans ses bonnes graces les deux Everard, père et fils. Il est vrai qu'ils étaient presbytériens et qu'il était indépendant; et, quoiqu'ils partageassent ces sentimens de morale pure et de religieux enthousiasme qui distinguaient, à peu d'exceptions près, le parti parlementaire, ils n'étaient pas disposés à s'exalter jusqu'à ce fanatisme que tant d'autres affichaient à cette époque. Mais on savait parfaitement que, quelles que fussent les opinions religieuses personnelles de Cromwell, elles n'étaient pas toujours une digue qui s'opposait au cours de ses bonnes graces, et qu'il répandait ses faveurs sur tous ceux qui pouvaient lui être utiles, quoiqu'ils sortissent, pour employer le langage du temps, des ténèbres de l'Egypte. Everard jouissait d'une grande réputation de prudence et de sagacité; d'ailleurs, il était d'une bonne famille; il possédait une fortune considérable; et son adhésion donnait de la considération au parti qu'il avait embrassé. Son fils s'était distingué en portant les armes, et avait toujours obtenu des succès. Il s'était fait remarquer tant à cause de la discipline qu'il maintenait parmi ses soldats que par la bravoure qu'il déployait dans l'action et par son humanité après la victoire. On ne pouvait négliger de pareils hommes, quand tout annonçait que le parti qui avait amené la déposition et la mort du roi était sur le point de se diviser pour le partage des dépouilles. Cromwell témoignait donc une grande faveur aux deux Everard; on leur supposait tant d'influence sur lui, que M. le secrétaire Tomkins le Fidèle ne se souciait pas de s'exposer, pour une bagatelle, au ressentiment du colonel Everard en lui refusant l'entrée de la Loge pour y passer la nuit.

Jocelin, de son côté, déployait toute son activité. Il augmenta le nombre des lumières, jeta plus de bois sur le feu, et les deux étrangers se trouvèrent introduits dans l'appartement de Victor Lee, nom qu'on lui avait donné d'après le portrait suspendu au-dessus de la cheminée, comme nous l'avons déjà dit.

Il se passa plusieurs minutes avant que le colonel pût reprendre sa contenance ferme et stoïque, à cause des émotions que lui causait la vue d'un appartement dans lequel il avait passé les heures les plus heureuses de sa vie. Il y retrouvait le cabinet dont il avait vu si souvent avec transport la porte s'ouvrir quand sir Henry Lee lui donnait des leçons sur l'art de la pêche, et lui montrait les lignes, les hameçons et les matériaux pour faire des appâts artificiels alors encore peu connus. Il y revoyait cet ancien portrait de famille qui, d'après quelques expressions singulières et mystérieuses de son oncle, était devenu pour lui, dans son enfance, un objet de curiosité et de crainte ; et il se rappelait que lorsqu'il était seul dans cette chambre, ce vieux guerrier peint sur cette toile semblait toujours fixer sur lui un regard pénétrant, en quelque endroit qu'il se plaçât, et que son imagination enfantine était troublée par un phénomène qu'elle ne pouvait expliquer.

A ces souvenirs il s'en joignait mille autres plus vifs et plus chers, qui naissaient de la tendresse qu'il avait conçue dès sa plus tendre jeunesse pour sa jolie cousine Alice quand il l'aidait à apprendre ses leçons, qu'il lui apportait de l'eau pour arroser ses fleurs, ou qu'il l'accompagnait pendant qu'elle chantait. Il se rappela même que, tandis que sir Henry les regardait tous deux en souriant avec un air d'affection et de bonne humeur, il l'avait entendu une fois se dire à lui-même à demi-voix : — Et quand cela serait, ce ne serait un malheur ni pour l'un ni pour l'autre. — Que de rêves de bonheur ce peu de mots lui avaient fait faire ! Mais ces visions brillantes s'étaient dissipées au son de la trompette guerrière qui avait appelé sir Henry sous les drapeaux du roi, et son neveu sous ceux de la république ; ce qui venait de se passer dans cette journée achevait de prouver que le succès même que Markham avait obtenu comme soldat et comme homme d'Etat semblait opposer un obstacle invincible aux vœux de son cœur.

Il fut tiré de sa rêverie par l'arrivée de Jocelin, qui, étant peut-être un buveur aguerri, avait fait tous les préparatifs nécessaires avec plus de célérité et d'exactitude qu'on n'aurait dû l'attendre d'un homme qui avait passé toute la soirée comme lui.

Il venait, dit-il, demander quels ordres le colonel avait à lui donner pour la nuit? Désirait-il prendre quelque chose?

— Non.

— Son Honneur voulait-il coucher dans le lit de sir Henry Lee? Il était déjà préparé.

— Oui.

— On donnerait au digne secrétaire celui de miss Alice.

— Non! si tu veux conserver tes oreilles!

— Et où donc placer le digne secrétaire?

— Dans le chenil, si bon te semble! s'écria Markham. — Mais (ajouta-t-il en s'avançant vers la porte de la chambre à coucher d'Alice, qui donnait dans cet appartement, qu'il ferma au double tour, et dont il prit la clef) personne ne profanera cette chambre.

— Son Honneur a-t-il quelques autres ordres à me donner?

— Non; si ce n'est de me débarrasser de cet homme. — Mon clerc restera avec moi; — j'ai des lettres à lui dicter.

— Un moment! — Tu as remis ma lettre ce matin à miss Alice?

— Certainement.

— Dis-moi, mon bon Jocelin, qu'a-t-elle dit en la recevant?

— Elle a paru fort affligée, monsieur; et... je crois même qu'elle a pleuré un peu: — oui vraiment, elle m'a fort affligé.

— Et quel message t'a-t-elle donné pour moi?

— Elle ne m'a donné aucun message pour Votre Honneur. — Elle avait commencé à dire: — Répondez à mon cousin Everard que je ferai part à mon père des propositions amicales de mon oncle dès que j'en trouverai l'occasion; mais que je crains bien que... Là elle s'interrompit et ajouta: — J'écrirai à mon cousin; et, comme il sera peut-être tard avant que je puisse parler à mon père, vous viendrez chercher ma lettre demain matin après le service. J'allai donc à l'église pour tuer le temps ; mais, en revenant ici, j'y trouvai cet homme qui venait de sommer mon maître d'en déguerpir, et, bon gré mal gré, il fallut que je le misse en possession de la Loge. — J'aurais bien voulu pouvoir prévenir Votre Honneur que le vieux chevalier et ma jeune maîtresse allaient probablement vous surprendre au gîte ; mais il n'y a pas eu moyen.

— Tu as fait pour le mieux, mon bon Jocelin, et je ne t'oublierai pas, répondit le colonel.

S'avançant ensuite vers les deux clercs ou secrétaires qui s'étaient attablés amicalement, et qui faisaient connaissance aux dépens de la grande cruche placée sur la table : — Et maintenant, mes maîtres, leur dit-il, permettez-moi de vous rappeler que la nuit est déjà bien avancée.

— Il y a encore au fond de la cruche quelque chose qui fait tic-tac, répondit Wildrake.

Le colonel au service du parlement d'Angleterre toussa plusieurs fois ; et, si sa bouche ne proféra pas de juremens contre l'impudence de son compagnon, je n'oserais répondre de ce qui se passa dans son cœur. — Hé bien, dit-il en voyant que Wildrake venait de remplir son verre et celui de Tomkins, buvez ce dernier coup, et retirez-vous.

— Ne seriez-vous pas charmé d'abord, monsieur, dit Wildrake, de savoir comme quoi cet honnête homme a vu le diable ce soir par un carreau de cette fenêtre ; et comme quoi il pense qu'il a une ressemblance admirable avec l'humble serviteur et l'indigne clerc de Votre Honneur ? — Ne voudriez-vous pas entendre cette histoire, monsieur, en buvant un verre de cette eau-de-vie que je puis vous recommander ?

— Je n'en boirai pas, monsieur, répondit le colonel avec sévérité ; et j'ai à vous dire que vous en avez déjà bu un verre de trop. — M. Tomkins, je vous souhaite une bonne nuit.

— Un mot d'édification ne sera pas déplacé avant de nous séparer, dit Tomkins en se levant de table. Et, s'appuyant sur le dossier d'une chaise, il se mit à tousser comme pour se disposer à prononcer une exhortation pieuse.

— Excusez-moi, monsieur, dit Markham d'un ton grave ; vous n'êtes pas assez maître de vous-même pour prétendre guider la dévotion des autres.

— Malheur à ceux qui refusent d'écouter,... dit le secrétaire des commissaires en sortant de l'appartement ; mais le bruit que fit la porte en se fermant empêcha d'entendre le reste de la phrase, ou peut-être n'osa-t-il la finir, de peur d'offenser le colonel.

— Et maintenant, fou de Wildrake, va te coucher ; tu trouveras ton lit dans cet appartement, dit Markham en lui montrant une porte qui conduisait dans la chambre à coucher de sir Henry.

— Quoi ! vous gardez donc pour vous celui de la jeune dame ? Je vous ai vu en mettre la clef dans votre poche.

— Je ne voudrais ni ne pourrais y dormir, je ne puis dormir nulle part cette nuit ; je la passerai sur ce fauteuil ; j'ai fait préparer du bois pour entretenir le feu. Bonsoir, et puisse un bon sommeil dissiper les fumées de l'eau-de-vie.

— Les fumées ! tu me fais rire de mépris, Markham ; tu n'es qu'une soupe au lait ; tu l'es de père en fils ; tu ne sais pas ce qu'un honnête garçon est en état de faire le verre à la main.

— Tous les vices de sa faction se sont réunis sur ce pauvre diable, se dit le colonel à lui-même en jetant un regard de côté sur son protégé, tandis qu'il gagnait l'appartement indiqué, d'un pas qu'il n'était pas très-ferme ; il est téméraire, ivrogne, débauché, et si je ne le puis le mettre en lieu de sûreté en le faisant embarquer pour la France, il causera certainement sa perte et la mienne ; cependant il est bon, brave, généreux, et il aurait bien sûrement fait pour moi ce qu'il attend de moi en ce moment. Et quel mérite pouvons-nous nous attribuer, si nous ne tenons la promesse que nous avons faite qu'autant que nous sommes certains qu'elle ne pourra nous être préjudiciable ? Cependant je prendrai la liberté de m'assurer qu'il ne m'interrompra point pendant le reste de la nuit.

A ces mots il alla fermer la porte de communication qui séparait les deux chambres ; et, s'étant promené quelques instans dans la sienne d'un air pensif, il s'assit dans un fauteuil, arrangea sa lampe pour qu'elle donnât plus de clarté, et tira de sa poche un paquet de lettres.

— Je les lirai encore une fois, dit-il; peut-être, en m'occupant des affaires publiques, parviendrai-je à rendre moins accablant le poids de mes affections personnelles. Gracieuse Providence! quelle sera la fin de tout ce qui passe? Nous avons sacrifié la paix de nos familles, et oublié les désirs les plus ardens de nos jeunes cœurs, pour délivrer de l'oppression le pays dans lequel nous sommes nés, et cependant chaque pas que nous avons fait vers la liberté n'a servi qu'à nous faire apercevoir de nouveaux périls, des dangers plus effrayans; comme celui qui gravit une montagne escarpée se trouve, à mesure qu'il s'élève, dans une situation plus hasardeuse.

Il s'occupa alors assez long-temps à lire différentes lettres d'un style aussi ennuyeux qu'ambigu, dans lesquelles ceux qui lui écrivaient, tout en plaçant devant lui la gloire de Dieu et la liberté de l'Angleterre comme l'unique but de toutes leurs actions, ne purent, malgré toutes les circonlocutions auxquelles ils avaient eu recours, empêcher le clairvoyant Markham Everard de reconnaître que l'intérêt personnel et des vues ambitieuses étaient le principal ressort qui les faisait mouvoir.

CHAPITRE VI.

« Le sommeil nous surprend comme la mort, sa sœur.
« Nul ne sait quand il vient, mais il faut qu'il arrive.
« On feint de mépriser sa force lénitive,
« Car tout homme aime à dire, en ses afflictions,
« Qu'il n'est pas pour ses maux de consolations.
« Et cependant l'amant qui pleure sa maîtresse,
« Le père en deuil d'un fils objet de sa tendresse,
« Même le malheureux qui doit le lendemain
« Sur un honteux gibet terminer son destin,
« Sentent ce doux oubli leur fermer la paupière,
« Et tous leurs maux n'y sont qu'une faible barrière.
« L'esprit a beau lutter, faire le fanfaron,
« Le corps, toujours vainqueur, surprend la garnison. »
HERBERT.

Le colonel Everard servit de preuve à la vérité contenue dans les vers de l'ancien poète que nous venons de citer. Au milieu des chagrins privés et des inquiétudes qu'inspirait l'état d'un pays si long-temps en proie à la guerre civile, et qui ne paraissait pas devoir obtenir de si tôt une forme de gouvernement stable et bien établie, Everard et son père, de même que beaucoup d'autres, avaient fixé leurs yeux sur le général Cromwell comme sur l'homme le plus propre à fermer les plaies de l'Angleterre. C'était ce général que sa valeur avait rendu le favori de l'armée, celui dont la sagacité l'avait emporté jusqu'alors sur tous les hommes de talent qui l'avaient attaqué dans le parlement, aussi-bien que sur ses ennemis dans les combats, et qui seul était en état d'arranger les affaires de la nation, comme on le disait alors, ou plutôt, et en d'autres termes, d'imposer tel mode de gouvernement qu'il lui plairait. Le père et le fils passaient pour avoir obtenu les bonnes graces du général; mais Markham Everard était informé de quelques circonstances qui le portaient à douter que Cromwell fût aussi favorablement disposé au fond du cœur pour son père et pour lui qu'on le croyait généralement. Il le connaissait pour un profond politique, capable de cacher, aussi long-temps que bon lui semblait, son opinion réelle des hommes et des choses, jusqu'à ce qu'il pût la dévoiler sans risquer de nuire à son intérêt. Il savait d'ailleurs que le général n'était pas homme à oublier l'opposition que le parti presbytérien avait apportée à ce que Olivier appelait la grande affaire, c'est-à-dire le jugement et l'exécution du roi. Son père et lui avaient pris une part active à cette opposition, et ni les argumens de Cromwell ni ses demi-menaces n'avaient pu les faire dévier de la marche qu'ils avaient cru devoir suivre en cette occasion; jamais surtout il n'était parvenu à obtenir que leurs noms figurassent parmi ceux des membres choisis pour composer cette commission mémorable.

Cette fermeté avait, pendant quelque temps, jeté du froid entre le général et les deux Everard. Mais Markham étant resté dans l'armée, et ayant porté les armes sous Cromwell en Ecosse et enfin à Worcester, ses services lui valurent souvent des éloges de la part de son général. Après la bataille de Worcester surtout, il fut du nombre de ces officiers à qui Olivier, considérant plutôt la nature et l'étendue de son pouvoir que son titre, avait voulu accorder la dignité de chevalier banneret au gré de son bon plaisir, ce dont on eut beaucoup de peine à le détourner. Il semblait donc que tout souvenir de l'opposition dont nous avons parlé s'était effacé de son esprit, et que les Everard avaient regagné tout leur crédit auprès du général.

Plusieurs personnes doutaient pourtant encore que cet oubli fût sincère de la part de Cromwell, et s'efforçaient d'entraîner ce jeune officier distingué dans quelqu'un des autres partis qui divisaient la république au berceau; mais il fermait l'oreille à toutes ces propositions. — Assez de sang avait été répandu, disait-il; il était temps que la nation jouît de quelque repos sous un gouvernement stable, assez fort pour protéger les propriétés, et assez doux pour encourager le retour de la tranquillité publique. Ce but, selon lui, ne pouvait être atteint que par le moyen de Cromwell, et la plus grande partie de l'Angleterre pensait comme lui. Il était vrai que ceux qui se soumettaient ainsi à la domination d'un soldat heureux oubliaient les principes qui leur avaient fait prendre les armes contre le feu roi ; mais, dans les révolutions, les principes rigoureux sont souvent obligés de céder au torrent des circonstances, et dans bien des cas où des guerres se sont allumées pour un fantôme de droit métaphysique, on s'est trouvé enfin fort heureux de les voir s'éteindre uniquement dans l'espoir de recouvrer la tranquillité générale, de même qu'après un long siège la garnison se rend souvent sans autre condition que d'avoir la vie sauve.

Le colonel Everard ne se dissimulait pas que l'appui qu'il accordait à Cromwell n'avait pour cause que la conviction où il était que, dans un moment où l'on n'avait que le choix des maux, on prenait le parti qui en laissait le moins à craindre, en conservant à la tête du gouvernement un homme qui avait tant de prudence et de valeur ; et il sentait qu'Olivier de son côté le regardait probablement comme un homme qui n'avait pour sa personne qu'un attachement tiède et imparfait, et que sa reconnaissance se mesurerait sur ce principe.

Cependant les circonstances le forçaient à mettre à l'épreuve l'amitié du général. Le séquestre de Woodstock avait été prononcé ; l'ordre d'en disposer comme d'une propriété nationale avait été donné aux commissaires il y avait déjà long-temps, et ce n'était que par suite du crédit d'Everard le père que l'exécution en avait été différée de semaine en semaine et de mois en mois. Le moment arrivait où il ne serait plus possible de parer ce coup, d'autant plus que sir Henry Lee, de son côté, avait résisté à toutes les propositions qui lui avaient été faites de se soumettre au gouvernement existant, et que, maintenant que son heure de grace était passée, il venait d'être inscrit sur la liste des malveillans obstinés et incorrigibles avec lesquels le conseil d'Etat avait résolu de ne plus garder aucun ménagement. Le seul moyen de protéger le vieux chevalier et sa fille était donc d'intéresser personnellement à cette affaire le général lui-même, s'il était possible. En se rappelant toutes les circonstances relatives à sa liaison avec lui, le colonel Everard sentait qu'une demande si contraire à l'intérêt de Desborough, beau-frère de Cromwell et l'un des commissaires actuels, mettrait à une grande épreuve l'affection douteuse de celui-ci : cependant il n'avait pas d'autre alternative.

Dans cette vue, et à la requête même de Cromwell, qui, en le quittant, lui avait demandé en termes très-pressans de lui donner son opinion par écrit sur l'état des affaires publiques, Markham passa une partie de la nuit à mettre en ordre ses idées sur la situation actuelle de la république, et à en former un plan qu'il crut pouvoir être agréable au général.

Prenant ensuite la plume, il écrivit à Cromwell en l'exhortant à devenir, avec le secours de la Providence, le sauveur de l'Etat, à convoquer un parlement libre, et, par le concours de cette assemblée, à se placer à la tête de quelque forme de gouvernement libéral, solidement établi, et capable de mettre fin à l'anarchie qui menaçait de dévaster le pays. Examinant sous un point de vue général la situation des royalistes, qui n'avaient plus ni chef ni point de réunion, et celle des différentes factions qui troublaient l'Etat, il démontra que ce projet pouvait s'exécuter sans violence et sans répandre une seule goutte de sang. Il s'appliqua alors à prouver que, dans quelques mains que tombât le pouvoir exécutif, il était nécessaire qu'il fût environné d'une pompe convenable, et que Cromwell, comme stathouder, ou consul, ou lieutenant-général de la Grande-Bretagne, devait avoir des domaines et des habitations dignes du chef d'une grande puissance. De là il passa, par une transition naturelle, à la destruction des parcs et des palais du roi, traça un tableau lamentable de la dévastation qui menaçait Woodstock, et finit par en demander la conservation comme une faveur spéciale.

Le colonel Everard, après avoir fini cette lettre, ne se trouva pas fort relevé à ses propres yeux. Dans tout le cours de sa conduite politique, il avait jusqu'alors évité de mêler aucun intérêt personnel aux motifs d'utilité publique qui le faisaient agir; et maintenant il sentait qu'il venait de composer avec lui-même à cet égard. Mais il se rassura, ou du moins il écarta cette réflexion pénible en se répétant que l'intérêt de la Grande-Bretagne demandait absolument que

Cromwell fût à la tête du gouvernement, et que celui de sir Henry Lee, ou, pour mieux dire, sa sûreté et son existence exigeaient aussi impérieusement que Woodstock fût conservé, et qu'il continuât à y demeurer. Etait-ce sa faute si le même chemin conduisait également à ce double but, et s'il en résultait que son intérêt privé et celui de l'Etat se trouvassent mêlés dans la même lettre? Il fit donc taire les reproches de sa conscience, plia sa lettre, y mit l'adresse, et la cacheta du sceau de ses armes. Cela fait, il s'enfonça dans son fauteuil, s'endormit, contre son attente, au milieu de ses réflexions, quelque inquiétantes et quelque désagréables qu'elles fussent, et ne s'éveilla que lorsque la première clarté de l'aurore pénétra à travers une fenêtre du côté de l'orient.

Il tressaillit d'abord, et se leva avec les sensations d'un homme qui se trouve, en s'éveillant, dans un lieu qui lui est inconnu. Mais la lampe qui ne donnait plus qu'une faible lueur, le feu presque éteint, le portrait placé sur la cheminée, sa lettre cachetée restée sur la table, tout concourait à lui rappeler les événemens de la veille, et à ramener le cours des réflexions qu'il faisait avant de s'endormir.

— Il n'y a pas de milieu, pensa-t-il; il faut choisir entre Cromwell ou l'anarchie. Il ne devra son titre, comme chef du pouvoir exécutif, qu'au consentement du peuple; et cette idée l'arrêtera s'il cherchait jamais à se rendre arbitraire par un penchant trop naturel à l'autorité; s'il gouverne avec l'aide du parlement, s'il respecte les privilèges de ses sujets, pourquoi pas Olivier aussi bien que Charles? — Mais il faut prendre des mesures pour faire remettre sûrement cette lettre entre les mains de ce futur prince souverain. Il est temps de prononcer le premier mot qui puisse avoir de l'influence sur lui, car il se trouvera assez de gens qui n'hésiteront pas à lui donner des conseils plus violens et plus hasardés.

Markham se détermina à confier cette missive importante à son ami Wildrake, qui n'était jamais si téméraire et si inconsidéré que lorsqu'il était sans occupation. Il savait qu'il pouvait compter sur le sentiment d'honneur qui lui était naturel, et que, dans tous les cas, les services qu'il lui avait rendus l'assuraient de sa fidélité.

Cette résolution fut prise par le colonel Everard tandis qu'il rassemblait les tisons épars dans le foyer, et qu'il en tirait une nouvelle flamme dont ses membres engourdis par le froid sentirent bientôt l'influence salutaire; mais, tandis qu'il commençait à se réchauffer, ses yeux se fermèrent de nouveau, et les rayons du soleil éclairaient l'appartement quand il s'éveilla pour la seconde fois.

Il se leva, fit quelques tours dans la chambre, et s'approcha de la fenêtre, d'où il jeta un coup d'œil sur les objets les plus voisins. C'étaient les haies que le ciseau n'avait pas touchées depuis long-temps, et les allées également négligées d'un certain *désert*, pour lui conserver le nom consacré par les anciens traités du jardinage, et qui, entretenu autrefois avec le plus grand soin selon les règles de l'art, offrait une longue suite d'ifs taillés en formes fantastiques; toute cette étendue d'allées étroites et de larges promenades couvrait deux ou trois acres de terrain qui séparaient le parc du jardin, et était entourée d'une clôture à laquelle le temps avait fait plus d'une brèche; de sorte que les biches et leurs faons venaient paître librement et sans crainte jusque sous les fenêtres de ce palais champêtre.

Ce lieu avait été le théâtre favori des jeux de Markham pendant son enfance. Il pouvait encore reconnaître malgré les nombreux changemens survenus dans leur forme, les créneaux verdoyans d'un château gothique créé par le ciseau du jardinier, contre lequel il avait coutume de lancer des flèches. Il se promenait aussi comme le chevalier errant dont il avait lu l'histoire, sonnant du cor, et défiant le géant ou le chevalier païen qui en était supposé le maître.

Il se rappelait surtout comment il avait habitué sa cousine, quoique plus jeune que lui de plusieurs années, à prendre part à ces jeux enfantins, et à jouer le rôle d'un page espiègle, d'une fée ou d'une princesse enchantée : sa mémoire ne lui retraçait aussi que trop fidèlement maintes circonstances d'où il avait pu conclure que leurs parens avaient, depuis long-temps, conçu l'idée qu'un mariage entre lui et sa belle cousine serait convenable sur tous les rapports. Toutes ces visions brillantes *se représentaient* à lui en ce moment comme des ombres, pour lui rappeler tout ce qu'il avait perdu.

— Et pourquoi l'ai-je perdu? se demandait-il à lui-même.

— Pour l'amour de l'Angleterre, répondait sa conscience avec fierté, de l'Angleterre en danger de devenir la proie de la bigoterie et de la tyrannie en même temps. Et il se fortifiait contre lui-même en faisant cette reflexion : — Si j'ai sacrifié mon bonheur, c'est pour procurer à ma patrie la liberté des personnes et celle des consciences, qu'il n'était que trop vraisemblable qu'elle aurait perdues sous un prince faible et sous des ministres usurpant tous les droits du peuple.

Mais cette réflexion ne pouvait imposer silence à une voix secrète qui s'élevait dans son cœur. — A quoi ta résistance a-t-elle servi à ta patrie, Markham Everard? lui demandait-elle. Après avoir vu répandre tant de sang, après avoir souffert tant de maux, l'Angleterre est-elle plus heureuse sous l'épée d'un soldat fortuné qu'elle ne l'était sous le sceptre d'un prince dominateur? Le parlement, ou ce qui en reste, est-il en état de lutter contre un chef maître des cœurs de ses soldats, aussi entreprenant et aussi subtil qu'impénétrable dans ses desseins? Ce général, qui dispose de l'armée, et qui, par elle, tient en ses mains le destin de la nation, renoncerait-il à son pouvoir parce que la philosophie prononcerait qu'il est de son devoir de reprendre le rang de sujet?

Il n'osait répondre que la connaissance qu'il avait de Cromwell l'autorisait à attendre de lui un tel acte d'abnégation de soi-même. Cependant il pensait que, dans un temps si difficile, le meilleur gouvernement doit être celui qui, malgré ses imperfections, paraît devoir rendre le plus promptement la paix au pays, et cicatriser les blessures que les factions opposées lui faisaient tous les jours. Il s'imaginait que Cromwell était le seul homme sous l'autorité duquel un gouvernement stable pût s'établir; et c'était pourquoi il s'était attaché à sa fortune, quoique ce ne fût pas sans scrupules, et sans douter souvent jusqu'à quel point la conduite qu'il tenait, en favorisant les vues de ce général mystérieux et impénétrable, était d'accord avec les principes qui l'avaient décidé à prendre les armes.

Tandis que toutes ces idées se succédaient dans son esprit, ses regards tombèrent sur la lettre qu'il avait écrite à Cromwell avant de s'endormir, et qui était encore sur la table. Il hésita plusieurs fois en se rappelant ce qu'elle contenait, et en songeant à quel point il allait se trouver enchaîné à ce personnage, qu'il serait obligé de soutenir dans tous ses plans d'agrandissement de sa puissance, quand une fois cette missive aurait été remise entre ses mains.

— Il le faut pourtant! dit-il avec un profond soupir. Parmi les partis qui se déchirent, il est le plus fort, le plus sage, le plus modéré, et, quelque ambitieux qu'il soit, il n'est peut-être pas le plus dangereux. Il faut confier l'autorité à quelqu'un pour rétablir l'ordre et maintenir la tranquillité; et qui peut avoir une autorité aussi forte que celui qui est à la tête des armées victorieuses d'Angleterre? Quoi qu'il puisse arriver à l'avenir, la paix et le rétablissement des lois, voilà quel doit être notre premier, notre plus pressant objet. Ce reste de parlement ne peut maintenir son terrain contre l'armée par un simple appel à l'opinion publique. S'il veut réduire la force militaire, il faut que ce soit par les armes, et le pays n'a déjà été que trop long-temps abreuvé de sang. Cromwell, au contraire peut — et il le voudra, j'espère, — consentir à des arrangemens raisonnables, sur des bases qui pourront assurer la paix, et c'est sur quoi nous devons compter pour le bonheur de ce royaume, et, hélas! pour garantir mon parent opiniâtre des suites de sa loyale mais absurde obstination.

Imposant silence à ses doutes et à ses scrupules, et surmontant même une sorte de répugnance intérieure par de semblables raisonnemens, Markham persista dans sa résolution de rester uni à Cromwell dans la lutte qui allait éclater entre l'autorité civile et le pouvoir militaire. — Ce ne serait pas peut-être la marche que j'aurais adoptée de préférence si j'étais libre, se dit-il; mais c'est la meilleure des deux alternatives dangereuses auxquelles le malheur du temps nous a réduits.

Il ne put cependant s'empêcher de trembler en songeant que son père, jusqu'alors admirateur de Cromwell, qu'il regardait comme l'instrument qui avait opéré tant de merveilles en Angleterre, pourrait cependant bien ne pas être disposé à prendre parti pour lui contre le long parlement, dont il avait été un des membres les plus actifs et les plus influens jusqu'à ce qu'une longue indisposition l'eût obligé à s'y montrer moins fréquemment. C'était un nouveau doute qu'il fut encore forcé de dissiper par l'argument trop facile qu'il était impossible que son père vît les choses sous un autre jour que celui sous lequel elles se présentaient à lui-même.

CHAPITRE VII.

Décidé enfin à envoyer sans délai son épître au général, le colonel Everard s'approcha de la porte de la chambre dans laquelle il était évident, par la respiration sonore qu'on entendait dans l'intérieur, que son prisonnier Wildrake dormait encore profondément sous la double influence de la liqueur et de la fatigue. En tournant la clef, la serrure rouillée fit une résistance si bruyante que le repos du prisonnier en fut interrompu, sans pourtant qu'il s'éveillât complètement.

—Fait-il déjà jour, geôlier? demanda-t-il tandis qu'Everard était debout près de son lit; si vous aviez un seul grain d'humanité, chien que vous êtes, vous feriez passer vos mauvaises nouvelles avec un bon verre de vin.—On n'est pendu qu'une fois, mon maître, et le chagrin rend le gosier sec.

— Lève-toi, Wildrake, lève-toi, rêveur malencontreux, lui dit son ami en le prenant au collet pour le secouer.

— A bas les mains! dit le dormeur : je me flatte d'être en état de monter à l'échelle sans aide.

Il se mit alors sur son séant, ouvrit les yeux, regarda autour de lui d'un air de surprise, et s'écria :

— Morbleu! ce n'est que toi, Markham! je croyais que c'en était fait de moi : — il me semblait qu'on m'avait ôté les fers des pieds et des mains; je voyais devant moi une corde perpendiculaire; — je sentais autour de mon cou une cravate de chanvre; tout me paraissait prêt pour une danse en plein air.

— Trève de folie, Wildrake, le démon de l'ivrognerie, auquel je crois que tu t'es vendu...

— Pour un tonneau de vin du Rhin. — Le marché a été conclu dans une cave.

— Il faut que je sois aussi fou que tu l'es pour songer à te confier un message. Je doute que tu aies encore retrouvé ton bon sens.

— Et pourquoi? je ne crois pas avoir rien bu en dormant, si ce n'est que j'ai rêvé que je buvais avec le vieux Noll de la petite bière qu'il avait brassée lui-même [1]. Ne prends pas un air si sombre, Markham; je suis ce que j'ai toujours été, Roger Wildrake, un vrai canard sauvage, mais brave comme un coq. Je suis tout à toi, enchaîné par les services que tu m'as rendus, *devinctus beneficio;* c'est du bon latin, j'espère.

— Et quelle est l'affaire dont tu voudrais me charger que je ne veuille ou que je n'ose entreprendre, quand il s'agirait d'arracher les dents du diable avec ma rapière, après qu'il aurait fait son déjeuner de quelques Têtes-Rondes?

— Tu veux me faire perdre l'esprit! lorsque je suis sur le point de te confier l'affaire la plus importante que j'aie en ce monde, tu agis et tu parles comme un habitant de Bedlam! Hier soir j'ai enduré ta folie d'ivresse, mais comment en supporter une semblable ce matin! C'est vouloir nous mettre en danger tous deux, Wildrake. C'est un manque d'affection, je pourrais dire une ingratitude.

— Ah! ne dis pas cela, mon cher Markham, reprit Wildrake avec une sorte de sensibilité; nous autres qui avons

---

[1] Cromwell appartenait à une de ces familles qui tenaient le milieu entre la noblesse et la bourgeoisie; mais ceux qui croyaient que la naissance était la première qualité d'un roi, prétendaient malicieusement qu'il avait exercé la profession de brasseur. — Éd.

tout perdu dans ses tristes dissensions; qui sommes obligés de vivre, non pas au jour le jour, mais de l'heure à l'heure, qui n'avons pour toute retraite qu'un cachot, d'autre perspective de repos qu'un gibet; que peux-tu exiger de nous, si ce n'est de supporter avec gaieté un destin dont le poids nous accablerait si nous nous livrions au chagrin?

Le ton de sensibilité avec lequel Wildrake venait de s'exprimer émut Everard à son tour. Il prit la main de son ami, et la serra avec affection.

— Si mes paroles t'ont semblé un peu dures, Wildrake, lui dit-il, je t'assure qu'elles sont sorties de ma bouche par intérêt pour toi plutôt que pour moi-même. Je sais que toute ta légèreté couvre un vrai principe d'honneur et une sensibilité naturelle. Mais tu es téméraire, tu es inconsidéré; et je te proteste que si tu te nuisais à toi-même dans l'affaire dont j'ai dessein de te charger, les conséquences fâcheuses qui pourraient en résulter pour moi ne m'affligeraient pas plus que l'idée de t'avoir exposé à un tel danger.

— Si tu le prends sur ce ton, Markham, répondit le Cavalier en faisant un effort pour rire, afin de cacher une émotion d'un genre tout différent, tu feras de nous des enfans, des enfans à la mamelle, de par la garde de mon épée! Allons, fie-toi à moi. Je puis être prudent quand la circonstance l'exige. Personne ne m'a jamais vu boire quand on attend une alerte; et je n'avalerai pas une pauvre pinte de vin avant d'avoir exécuté ta mission. Hé bien, je suis ton secrétaire, — non, j'oubliais, ton clerc. Voici une lettre qu'il faut sans doute porter à Cromwell. Fort bien, je la remettrai entre les dignes mains de celui à qui elle est adressé, en prenant garde de ne pas me laisser dévaliser de mon bagage de loyauté. Mais, morbleu! réfléchis-y encore une fois, Markham! Sûrement tu ne porteras pas la perversité au point de prendre parti pour ce rebelle sanguinaire dans la lutte qui se prépare? Ordonne-moi de lui enfoncer trois pouces de lame dans le corps; cela me conviendra beaucoup mieux que de lui présenter cette épître.

— En voilà assez, Wildrake; — ceci passe les bornes de notre traité. Si tu veux me rendre service, fort bien; sinon, je n'ai pas de temps à perdre à discuter avec toi, car chaque instant me paraîtra un siècle jusqu'à ce que je sois sûr que cette lettre est entre les mains du général. C'est le seul moyen qui me reste pour obtenir quelque protection et un lieu de refuge pour mon oncle et sa fille.

— Si c'est là ce dont il s'agit, je n'épargnerai pas l'éperon. Mon cheval, que j'ai laissé à Woodstock, sera prêt en un clin d'œil, et tu peux compter que je serai en face du vieux Noll, — de ton général, je veux dire, — en aussi peu de temps qu'il en faut pour courir à franc étrier d'ici à Windsor, où je présume que je trouverai ton ami en possession des biens de celui qu'il a tué.

— Chut! Pas un mot de cela! — Depuis que nous nous sommes quittés hier soir, je t'ai frayé un chemin qu'il te sera plus facile de suivre que de prendre cet extérieur et ce langage décent que tu possèdes si peu. Dans ma lettre au général, je lui dis que la mauvaise éducation et les mauvais exemples que tu as reçus...

— Ce qui doit s'interpréter par les contraires, je me flatte; car mon éducation a été aussi bonne que pourrait le désirer aucun jeune homme du comté de Leicester, et....

— Ecoute-moi, je te prie. — Je lui ai mandé que, par suite de mauvais exemples, tu avais été quelque temps un malveillant, et que tu avais pris parti pour le feu roi; mais que, voyant les grandes choses que le général avait faites pour cette nation, tu avais ouvert les yeux sur sa vocation à devenir un grand instrument du ciel pour le rétablissement de l'ordre dans ce malheureux pays. Ce compte que je lui rends de toi non-seulement le portera à juger moins sévèrement quelques-unes de tes folies, s'il faut qu'il t'en échappe, mais te donnera même quelque crédit près de lui, comme étant plus spécialement attaché à sa personne.

— Sans contredit; comme tout pêcheur trouve toujours meilleure la truite qu'il a prise.

— Je crois qu'il est probable qu'il te renverra ici avec une lettre qui me mettra en état d'arrêter les mesures de ces commissaires au séquestre, et d'accorder au malheureux sir Henry Lee la permission de finir ses jours au milieu des chênes qu'il aime tant à voir. Je lui en ai fait la demande formelle, et je crois que le crédit de mon père, aidé du mien, peut s'étendre jusque-là, sans crainte de refus, surtout dans les circonstances actuelles. — Tu me comprends?

— Parfaitement. — S'étendre, ma foi! — j'aimerais mieux étendre une corde que d'avoir commerce avec ce vieux scélérat de tueur de rois. — Mais j'ai dit que je me laisserais guider par toi, Markham; et le diable m'emporte si je ne tiens pas ma parole.

— Sois donc circonspect. — Remarque bien tout ce qu'il dira, tout ce qu'il fera, — ce qu'il fera surtout, car Olivier est un homme dont il est plus facile de juger les pensées par ses actions que par ses paroles. — Hé bien, où vas-tu? — je parie que tu allais partir la poche vide.

— Cela n'est que trop vrai, Markham. Mon dernier noble s'est fondu hier soir dans la compagnie de vos coquins de soldats.

— Hé bien, Roger, c'est à quoi il est facile de remédier, dit le colonel en mettant sa bourse entre les mains de son ami; mais ne faut-il pas que tu sois un vrai cerveau éventé pour partir sans avoir de quoi te défrayer en route? — Qu'aurais-tu fait?

— Ma foi! c'est à quoi je n'ai pas songé. Je suppose que j'aurais été obligé de crier: Halte-là! à quelque riche citadin, ou à quelque gros fermier que j'aurais rencontré sur le grand chemin : c'est une ressource à laquelle plus d'un brave garçon a eu recours dans ce malheureux temps.

— Pars maintenant: mais de la prudence. Ne fréquente pas tes connaissances à morale relâchée. Mets un frein à ta langue. Prends garde à la bouteille, car si tu peux te maintenir dans les bornes de la sobriété, tu ne cours pas grand danger. Parle le moins possible, et surtout, ni jurement, ni fanfaronnades.

— En deux mots, il faut me couvrir d'un masque aussi grave et aussi sérieux que ton visage, Markham. Hé bien! en ce qui concerne l'extérieur, je crois que je puis jouer aussi bien que toi le rôle de Hope-on-high-Bomby [1]. C'était

---

(1) Personnage puritain d'une pièce de Beaumont et Fletcher.

un heureux temps que celui où nous vîmes Mills s'en acquitter au théâtre de la Fortune, avant que j'eusse perdu mes habits brodés et mes joyaux, et que tu eusses gagné tes sourcils froncés, et tes moustaches retroussées à la puritaine!

— Les temps dont tu parles, Wildrake, étaient ce que sont la plupart des plaisirs mondains, doux à la bouche, et amers au cœur. Mais va-t'en, et quand tu m'apporteras une réponse, tu me trouveras ici, ou à l'auberge de Saint-George à Woodstock. Bon voyage. Beaucoup d'attention sur toi-même.

Wildrake partit, et le colonel resta quelque temps plongé dans de profondes réflexions.

— Je ne crois pas que je me sois trop avancé avec le général, pensa-t-il. Une rupture entre lui et le parlement paraît inévitable, et rejetterait l'Angleterre dans les horreurs d'une guerre civile, dont chacun est fatigué. Mon messager peut ne pas lui plaire. Cependant c'est ce que je ne crains pas beaucoup, car il sait que je n'accorde ma confiance qu'à ceux sur qui je puis compter, et il a assez d'expérience pour avoir reconnu que, parmi les sectes les plus rigides, comme dans celles qui sont plus relâchées, il se trouve des gens qui portent deux visages sous le même bonnet.

CHAPITRE VIII.

« Ce fut là qu'il trouva ce protecteur rigide
« D'un pays asservi sous son joug régicide,
« Armé de ce regard qui faisait tout frémir;
« Du pouvoir du sénat quand il vint s'affranchir,
« Il chassa les marauds qui composaient la chambre;
« Ferma le parlement, n'y laissa pas un membre;
« Forcé d'être seul maître : — à son bien grand regret, —
« S'il ne le pensait pas, du moins il le disait. »
CRABBE. *La franche déclaration.*

LAISSANT le colonel Everard à ses méditations sérieuses, nous suivrons dans son voyage le joyeux Cavalier, son ami, qui, avant de monter à cheval, ne manqua pas de prendre à l'auberge de Saint-George quelques œufs arrosés de quelques verres de vin muscat, pour se mettre en état de faire face au vent du matin.

Quoiqu'il se fût laissé entraîner par la licence extravagante à laquelle se livraient les Cavaliers, comme pour faire contraster leur conduite, sous tous les rapports, avec le rigorisme de leurs ennemis; cependant Wildrake, bien né, bien élevé, doué de talens naturels, et dont ni la débauche ni la vie désordonnée d'un franc Cavalier n'avaient pu entièrement corrompre le cœur, était agité d'un mélange de sensations telles qu'il n'en avait peut-être jamais éprouvées.

Ses sentimens, comme royaliste, le portaient à détester Cromwell, et, en toute autre circonstance, il n'aurait probablement désiré le voir que sur le champ de bataille, où il aurait pu se donner le plaisir d'échanger avec lui quelques coups de pistolet; mais à cette haine se joignait un certain degré de crainte. Toujours victorieux quand il combattait, l'homme remarquable dont Wildrake s'approchait avait acquis sur l'esprit de ses ennemis cette influence qui est due si souvent à des succès constans. — Ils le craignaient tout en le haïssant; — et chez Wildrake il se mêlait à ces deux sentimens un mouvement impatient de curiosité, qui formait un trait particulier de son caractère. N'ayant depuis long-temps que peu d'affaires personnelles, naturellement insouciant d'ailleurs, le messager de Markham s'occupait surtout de son désir curieux dans cette circonstance.

— Après tout, se dit-il à lui-même, je ne serais pas fâché de voir ce vieux coquin, quand ce ne serait que pour dire que je l'ai vu.

Il arriva à Windsor dans l'après-midi, et il éprouva en y arrivant une grande tentation de descendre dans quelques-uns des rendez-vous de joie et de plaisir qu'il avait fréquentés autrefois dans un temps moins triste, quand par hasard il venait dans cette ville; mais il résista courageusement, et s'arrêta à la principale auberge, dont l'ancienne enseigne, la Jarretière, avait disparu depuis long-temps. L'aubergiste lui-même, que Wildrake, très-versé dans la connaissance des cabarets et des hôtelleries, se rappelait, comme un brillant échantillon de *Mon Hôte*, de l'école de la reine Elisabeth, s'était conformé à l'esprit du temps ; il branlait la tête en parlant du parlement ; tenait sa broche avec la même gravité qu'un prêtre qui se prépare à faire un sacrifice ; souhaitait à l'Angleterre une heureuse fin de toutes ses afflictions, et donnait de grands éloges à Son Excellence le lord général. Wildrake remarqua aussi que son vin était meilleur que de coutume, les puritains ayant un don du ciel tout particulier pour découvrir la fraude à cet égard ; et que ses mesures avaient diminué en proportion de ce que ses prix avaient augmenté, — circonstance qu'il remarqua d'autant mieux que Mon Hôte lui parla davantage de sa conscience.

Cet important personnage lui dit que le lord général était accessible pour tout le monde, et qu'il pourrait être admis près de lui le lendemain matin, à huit heures, sans autre peine que de se présenter à la porte du château, et de s'annoncer comme porteur de dépêches pour Son Excellence.

Le Cavalier déguisé se rendit au château à l'heure indiquée. Le soldat en uniforme rouge, qui, l'austérité puritaine sur le front et le mousquet sur l'épaule, montait la garde à la porte extérieure de ce noble bâtiment, le laissa passer sans difficulté. Wildrake traversa la cour en jetant un coup d'œil sur la belle chapelle qui, il n'y avait pas bien long-temps, avait reçu en silence, pendant les ténèbres et sans la moindre distinction honorifique, le corps du roi d'Angleterre assassiné. De quelque fermeté que se fût armé Wildrake, le souvenir de cette circonstance fit sur lui une forte impression ; même il fut sur le point de retourner sur ses pas, tant il éprouvait de répugnance à voir en face cet homme sombre et audacieux, qui, parmi tous les acteurs de cette sanglante tragédie, était celui à qui l'on devait principalement en attribuer le funeste dénouement. Cependant il sentit la nécessité de maîtriser le sentiment qui l'animait, et fit un violent effort sur lui-même pour accomplir la mission que lui avait donnée un ami à qui il avait tant d'obligations.

A la montée, près de la Tour-Ronde, il jeta les yeux sur l'endroit où était ordinairement déployée la bannière d'Angleterre. Elle avait disparu avec tous ses splendides attributs, ses armoiries royales, et sa riche broderie; on voyait flotter en place celle de la république, l'étendard bleu et rouge, la croix de Saint-George, quoiqu'on n'y vit point encore la croix diagonale d'Ecosse, qui y fut ajoutée peu de temps après, en signe de la victoire remportée par l'Angleterre sur son ancienne ennemie. Ce changement n'était pas propre à détourner le cours de ses tristes réflexions, et elles l'occupaient à un tel point, contre son ordinaire, que la première chose qui le rappela à lui, fut le bruit de la crosse d'un mousquet qui tombait lourdement sur le pavé. Ce bruit fut accompagné de la voix forte d'une sentinelle, lui demandant d'un ton brusque qui fit tressaillir Wildrake :

— Où allez-vous ? Qui êtes-vous ?

— Je suis porteur d'une lettre pour le lord général.

— Attendez que j'appelle l'officier de garde.

Le caporal arriva. Il se distinguait des soldats qu'il commandait par un rabat génevois de double longueur, par un chapeau à grande forme de double hauteur, par des vêtemens plus amples, et par une triple provision de gravité. On pouvait lire sur sa physionomie qu'il était du nombre de ces enthousiastes farouches à qui Olivier devait ses victoires, et qu'un zèle religieux rendait redoutables même à ces Cavaliers, aussi distingués par leur naissance que par leur bravoure, qui s'épuisaient en vains efforts pour défendre la couronne et la personne de son souverain. Il regarda Wildrake d'un air solennel, comme s'il eût fait, en esprit, inventaire de ses traits et de ses vêtemens; et, après cet examen, il lui demanda quelle affaire l'amenait.

— Une affaire, répondit Wildrake aussi fermement qu'il le put, car les regards pénétrans de cet homme lui avaient occasioné une agitation peu agréable, — une affaire qui concerne votre général.

— Son Excellence le lord général, vous voulez dire ? répliqua le caporal. — Vos discours, l'ami, ne sentent pas assez le respect qui est dû à Son Excellence.

— Au diable Son Excellence ! pensa Wildrake; mais la prudence veillait sur ses lèvres et ne permit pas à ces mots dangereux d'y passer. Il fit une inclination de tête et garda le silence.

— Suivez-moi, dit le sous-officier empesé qui venait de lui parler, et Wildrake le suivit dans le corps-de-garde, dont l'intérieur offrait une scène bien différente de celles que présentent de nos jours nos postes militaires.

Près du feu étaient assis trois ou quatre fusiliers écoutant un soldat qui leur expliquait quelque mystère religieux. L'orateur avait commencé à parler presque à voix basse, quoique avec beaucoup de volubilité; mais son ton s'élevait à mesure qu'il avançait dans son discours; et, en arrivant à la conclusion, il devint aigre et véhément, comme exigeant une prompte réplique ou le silence de la conviction. Ses auditeurs semblaient l'écouter avec une gravité imperturbable, et ne lui répondaient que par des bouffées de fumée de tabac, qui s'élevaient en petits nuages le long de leurs épaisses moustaches. — Sur un banc était couché un soldat, le visage tourné vers la terre, et livré au sommeil ou à la contemplation, ce qu'il n'aurait pas été facile de décider. — Au milieu de l'appartement était un officier, — à en juger de moins par son baudrier brodé et par l'écharpe qu'il portait, car du reste il était mis très-simplement. — Il s'occupait à faire faire l'exercice à un vigoureux manant nouvellement enrôlé, qui exécutait ce qu'on appelait alors le *manuel*. Il y avait au moins une vingtaine de mouvemens à effectuer, et autant de termes techniques pour les commander; et, jusqu'à ce que le tout fût terminé régulièrement, le caporal ne permit à Wildrake, ni de s'asseoir, ni de s'avancer au-delà du seuil de la porte. Le jeune Cavalier eut donc à entendre successivement : — Posez le mousquet, — levez le mousquet, — armez le mousquet, — la main au chien, — et maints autres termes maintenant oubliés, jusqu'au moment où les mots, — le mousquet au bras, — terminèrent la leçon pour le moment.

— Ton nom, l'ami? dit l'officier au soldat de recrue.

— Ephraïm, répondit celui-ci avec un accent nasillard.

— Et quel autre nom suit celui d'Ephraïm?

— Ephraïm Cobb, de la sainte cité de Glocester, où j'ai

servi sept ans comme apprenti d'un pieux cordonnier.

— C'est un métier honnête, dit l'officier ; mais, en servant avec nous, ne doute pas que tu ne t'élèves au-dessus de l'alêne et de la forme.

Un sourire qui n'avait rien de séduisant accompagna cette pauvre tentative de plaisanterie ; et l'officier, se tournant alors vers le caporal qui restait à quelques pas, avec l'air d'un homme désirant de parler, lui dit : — Hé bien, caporal, qu'y a-t-il de nouveau ?

— Voici quelqu'un qui est porteur d'une lettre pour Votre Excellence, répondit le caporal ; mais mon cœur ne se réjouit point en lui, vu que je le regarde comme un loup revêtu de la peau d'une brebis.

Ce fut ainsi que Wildrake apprit qu'il était en présence de l'homme remarquable vers lequel il était envoyé, et il se mit à réfléchir à la hâte sur la manière dont il devait lui parler.

La physionomie d'Olivier Cromwell, comme on le sait généralement, ne prévenait nullement en sa faveur. Il était de moyenne taille, fortement constitué, et avait des traits durs et sévères, mais qui annonçaient beaucoup de sagacité naturelle et une grande profondeur de pensées. Ses yeux étaient gris et perçans, son nez trop grand en proportion de ses autres traits.

Ses discours, quand il voulait se faire comprendre clairement, étaient forts et énergiques, mais dépourvus de graces et même d'éloquence ; personne alors ne pouvait exprimer ses idées en moins de mots, et d'une manière plus décisive. Mais quand il voulait, comme cela lui arrivait souvent, jouer le rôle d'orateur, uniquement pour amuser l'oreille sans éclairer l'intelligence, Cromwell avait coutume d'envelopper ses idées, ou ce qui paraissait être ses idées, d'un tel brouillard de mots, d'accumuler tant de réserves et d'exceptions, et de s'égarer dans un tel labyrinthe de parenthèses, que, quoiqu'il fût un des hommes les plus adroits d'Angleterre, il était peut-être l'orateur le plus inintelligible qui ait jamais intrigué ses auditeurs. Un historien a dit il y a long-temps que le recueil des discours prononcés par le Protecteur serait, à peu d'exceptions près, l'ouvrage où l'on trouverait le moins de sens commun ; mais il aurait dû ajouter qu'on n'aurait pu y mettre plus de nerf, de concision et de clarté, quand il voulait réellement que ce qu'il disait fût compris.

On a aussi remarqué de Cromwell que, quoiqu'il fût né d'une bonne famille dans les deux lignes paternelle et maternelle, et qu'il eût reçu l'éducation qui est la suite ordinaire de cet avantage, n'avait jamais pu acquérir cette politesse habituelle aux premières classes de la société dans leurs relations réciproques, ou du moins qu'il ne daignait pas en faire usage. Ses manières étaient si brusques qu'elles pouvaient quelquefois passer pour grossières ; et cependant il s'y trouvait, comme dans son langage, une énergie qui imprimait la crainte, si elle ne commandait pas le respect ; il y avait même des momens où cet esprit sombre et subtil se développait de manière à se concilier presque l'affection. Il montrait, par accès, du goût pour la plaisanterie ; mais ses plaisanteries étaient basses et ignobles. Son caractère offrait quelque chose qui forme un des traits distinctifs du caractère national : il méprisait la frivolité, détestait l'affectation, ne pouvait souffrir la cérémonie, ce qui, joint à ses qualités incontestables de bon sens et de courage, en faisait, sous bien des rapports, un représentant assez convenable de la démocratie d'Angleterre.

Sa religion fera toujours une grande question de doute, qu'il n'aurait peut-être pu éclaircir lui-même. Sans contredit, il y eut une époque de sa vie où il était sincèrement enthousiaste, et où son caractère naturel, sujet à de légers accès d'hypocondrie, était fortement imbu du même fanatisme qui influait alors sur la conduite de tant de monde. D'une autre part, sa carrière politique offre certaines périodes pendant lesquelles on peut, sans injustice, l'accuser d'affectation hypocrite. On le jugera probablement avec équité, lui et beaucoup d'autres du même siècle, si l'on suppose que leur zèle religieux prenait naissance autant dans leur conviction intérieure que dans leur intérêt personnel. Le cœur humain est si ingénieux à se tromper lui-même comme à tromper les autres, qu'il est assez vraisemblable que ni Cromwell ni ceux qui affichaient les mêmes prétentions que lui à la piété, n'auraient pu fixer exactement le terme où s'arrêtait leur enthousiasme, et où commençait leur hypocrisie; ou, pour mieux dire, ce n'était pas un point absolument fixe, mais il avançait ou reculait suivant la bonne ou mauvaise fortune, la bonne ou mauvaise humeur de chaque individu.

Tel était l'homme célèbre qui, se tournant vers Wildrake et l'examinant avec attention, parut si peu satisfait de ce qu'il voyait, qu'un mouvement instinctif lui fit relever son baudrier de manière à mettre à sa portée la poignée de sa longue épée. Cependant, croisant ses bras par-dessus ses habits, comme si une seconde pensée lui eût fait rejeter ses soupçons ou croire qu'une telle précaution était au-dessous de lui, il lui demanda qui il était et d'où il venait.

— Un pauvre gentilhomme, monsieur, c'est-à-dire mylord, arrivant de Woodstock, répondit Wildrake.

— Et quelles nouvelles m'en apportez-vous, monsieur le gentilhomme? dit Cromwell en appuyant sur ce mot. Véritablement j'ai vu bien des gens se donner ce titre; et, malgré toute leur gentilhommerie, n'être ni sages, ni braves, ni vertueux. Et cependant le titre de gentilhomme était honorable dans la vieille Angleterre quand on se rappelait davantage la signification de ce mot.

— Vous dites la vérité, monsieur, répondit Wildrake, supprimant non sans difficulté quelques-uns des termes énergiques dont il ornait souvent ses discours. Autrefois on trouvait des gentilshommes dans les lieux que des gentilshommes devaient habiter; mais aujourd'hui le monde est si changé, qu'on voit le ceinturon brodé céder la place au tablier de cuir.

— Est-ce à moi que tu parles ainsi? dit le général. Il faut que tu sois un camarade bien hardi pour oser t'exprimer si librement. Tu rends un son un peu trop haut, à ce qu'il me semble, pour que tu sois de bon métal. Et encore une fois, quelles nouvelles m'apportes-tu?

— Cette lettre, que le colonel Markham Everard m'a

8.

chargé de remettre entre vos mains, répondit Wildrake.

— Ah! je t'ai donc mal jugé? dit Cromwell, dont le ton s'adoucit en entendant le nom d'un homme qu'il avait le plus grand désir d'attacher efficacement à son parti. — Pardon, notre ami; car nous ne doutons pas que tu le sois. Assieds-toi ici, et livre-toi à quelques pieuses réflexions pendant que nous allons lire le contenu de cette lettre. — Qu'on ait soin de lui et qu'on lui donne tout ce dont il aura besoin.

A ces mots, le général quitta le corps-de-garde; et Wildrake, s'asseyant dans un coin, attendait avec patience le résultat de sa mission.

Les soldats se crurent alors obligés à le traiter avec plus de considération; et ils lui offrirent une pipe garnie de tabac de la Trinité et une grande cruche pleine de bière d'octobre. Mais malgré les égards de Cromwell, la situation dangereuse dans laquelle il pouvait se trouver s'il était découvert pour ce qu'il était véritablement décidèrent Wildrake à refuser ces offres hospitalières; et, s'appuyant sur le dossier de sa chaise, il feignit de sommeiller, et évita ainsi d'exciter l'attention et d'être obligé de prendre part à la conversation.

Enfin une espèce d'aide-de-camp ou d'officier à la suite de Cromwell vint le chercher pour le conduire en présence du général. Son guide le fit entrer dans le château par une poterne; et, après avoir traversé plusieurs corridors et monté quelques escaliers, il se trouva enfin dans un petit cabinet garni de meubles somptueux, dont quelques-uns portaient le chiffre du feu roi, mais où tout était hors de place et en confusion. On avait descendu quelques tableaux encadrés dans de massives bordures qui décoraient naguère la boiserie; et la peinture était tournée du côté de la muraille, comme si l'on se fût disposé à les emporter.

Au milieu de cette scène de désordre le général de la république, si souvent victorieux, était assis dans un grand fauteuil couvert en damas et richement brodé, dont la splendeur formait un contraste frappant avec son costume simple et même négligé, quoique son air et son maintien annonçassent un homme qui sentait que le siège qu'un monarque avait autrefois occupé n'avait rien de trop noble pour sa fortune et son ambition.

Wildrake était debout devant lui, et Cromwell ne lui dit pas de s'asseoir.

— Pearson, dit-il à l'officier, restez dans la galerie, et ne vous écartez pas hors de la portée de ma voix.

L'officier salua; et il allait se retirer quand le général ajouta : — Quels sont ceux qui se trouvent dans la galerie?

— Le digne M. Gordon, votre chapelain, prononçait à l'instant une exhortation au colonel Overton et à quatre capitaines du régiment de Votre Excellence.

— C'est ce que nous désirons. Nous voudrions qu'il n'y eût pas un seul coin dans notre demeure où l'ame de ceux qui ont faim de la parole divine ne pût recueillir la manne spirituelle. — Le digne homme avait-il le ton inspiré en prononçant son discours?

— Puissamment inspiré, mylord. Il parlait des droits légitimes que l'armée, et principalement Votre Excellence, ont acquis en devenant les instrumens du grand ouvrage. Il disait que ce n'étaient pas des instrumens qu'on dût briser et rejeter quand le jour de leur service est passé; mais qu'on devait les conserver, les estimer, les honorer, les regarder comme précieux, à cause de leurs longs et fidèles travaux en combattant, en marchant, en jeûnant, en priant, en souffrant le froid et le chagrin, tandis que tant d'autres qui voudraient les voir cassés, congédiés, renvoyés, s'engraissaient de la substance du pays et ne songeaient qu'à boire et à se réjouir.

— Le digne homme! et parlait-il avec tant d'onction? Je pourrais dire à ce sujet quelque chose qui..... mais pas à présent. — Retirez-vous dans la galerie, Pearson. Que nos amis soient toujours ceints de leurs armes; qu'ils veillent, mais qu'ils prient.

Pearson se retira, et le général, tenant en main la lettre d'Everard, resta encore quelque temps les yeux fixés sur Wildrake, comme s'il eût réfléchi au ton qu'il devait prendre en lui parlant.

Quand enfin il ouvrit la bouche, ce fut pour prononcer un

de ces discours ambigus auxquels nous avons déjà fait allusion, et qui rendaient très-difficile de comprendre ce qu'il voulait dire, si toutefois il le savait lui-même. Nous serons, en le rapportant, aussi concis que le permettra le désir que nous avons de donner les propres paroles d'un homme aussi extraordinaire.

— Vous m'avez remis cette lettre, dit-il, de la part de votre maître ou de votre patron, Markham Everard, homme véritablement aussi brave et aussi honorable que qui que ce soit qui ait jamais porté l'épée, et qui s'est distingué dans le grand ouvrage de la délivrance de ces trois pauvres et malheureuses nations. — Ne me réponds pas; je sais ce que tu voudrais dire. — Et il t'a choisi pour m'apporter cette lettre, toi son clerc, son secrétaire, en qui il a confiance, et à qui il me prie d'accorder la mienne, afin qu'il y ait entre nous un messager fidèle et exact. — Ne me réponds pas, je sais ce que tu voudrais dire. — Et enfin il t'a envoyé vers moi; vers moi qui me regarde comme étant de si peu de considération que je me trouverais trop honoré de porter seulement une hallebarde[1] dans cette grande et victorieuse armée d'Angleterre, et qui cependant me trouve élevé au rang de son chef et chargé du bâton de commandement. — Encore une fois, l'ami, ne me réponds pas; je sais ce que tu voudrais dire. — Or, tandis que nous conférons ainsi ensemble, notre discours, relativement à ce que je viens de dire, roule sur trois objets, ou se partage en trois divisions. D'abord ce qui concerne ton maître, ensuite ce qui nous regarde nous et la place que nous occupons; et enfin ce qui te touche toi-même. Quant à ce qui concerne ce brave et digne homme, le colonel Markham Everard, il est très-vrai qu'il s'est conduit en homme depuis le commencement de ces malheureux troubles, ne se détournant ni à droite ni à gauche, mais ayant toujours en vue le but vers lequel il tendait. Oui, c'est véritablement un homme plein d'honneur et de fidélité qui peut bien m'appeler son ami, et je suis charmé de voir qu'il me rend cette justice. Néanmoins, dans cette vallée de larmes,

---

(1) Arme distinctive des sergens. — Ed.

nous devons moins être gouvernés par nos rapports privés et nos affections intimes que par ces grands principes et ces lois de devoir auxquels le bon colonel Everard a toujours conformé sa conduite, comme véritablement je me suis efforcé d'y conformer la mienne, afin que nous puissions tous agir comme doivent le faire de vrais Anglais et de dignes patriotes. Quant à Woodstock, c'est une grande chose que le colonel me demande, que de retirer cette propriété de la masse des dépouilles appartenant à Israël, et d'en confier la garde aux Moabites, et principalement au malveillant Henry Lee, dont la main a toujours été contre nous toutes les fois qu'il a trouvé l'occasion de pouvoir la lever. Je dis donc que le colonel demande une grande chose, tant en ce qui le concerne qu'en ce qui me regarde. Car nous autres qui composons cette pauvre mais sainte armée d'Angleterre, le parlement voit en nous comme des gens qui doivent mettre à sa disposition les dépouilles que nous avons remportées, sans avoir droit à les partager, de même que les chiens qui ont mis le cerf aux abois ne sont pas admis à s'en repaître, mais en sont écartés à grands coups de fouet, comme méritant d'être punis de leur audace, au lieu de recevoir la récompense de leurs services. Si pourtant je parle ainsi, ce n'est pas tout-à-fait à l'égard de cette concession de Woodstock, vu que peut-être Leurs Seigneuries du conseil et le comité du parlement peuvent croire gracieusement qu'ils m'en ont accordé une portion, attendu que mon parent Desborough y a obtenu quelques droits; et comme il a bien mérité ces droits par les loyaux et fidèles services qui a rendus à ce malheureux pays, il ne me conviendrait pas d'y porter atteinte à son préjudice, à moins que ce ne fût pour de grandes raisons et dans l'intérêt public. Ainsi, mon honnête ami, tu vois dans quelle situation je me trouve relativement à la demande de ton maître, et quelle est mon opinion à cet égard; non que je veuille dire que je puisse tout-à-fait et sans condition l'accorder ou la refuser : je ne fais qu'exposer simplement mes idées à cet égard. — Je ne doute pas que tu ne me comprennes?

Roger Wildrake avait écouté le discours du lord général avec toute l'attention dont il était capable ; mais son esprit s'était tellement égaré dans le labyrinthe des longues phrases de cette harangue, qu'il éprouvait la même confusion et le même embarras qu'un paysan qui se trouve dans une capitale au milieu d'une foule de voitures, et qui ne peut faire un pas pour échapper à l'une sans risquer de tomber sous les roues d'une autre.

Le général vit son air de perplexité, et il commença un second discours dans le même sens que le premier. — Il s'étendit sur son affection pour son bon ami le colonel ; parla des égards qu'il devait à son pieux et digne parent Desborough ; — fit valoir tour à tour la grande importance du palais et du parc de Woodstock ; la détermination du parlement de les confisquer, et d'en faire entrer le produit dans les coffres de l'Etat ; — sa vénération profonde pour l'autorité du parlement ; — son regret non moins profond de l'injustice faite à l'armée. Il ajouta que son désir et sa volonté étaient que toutes les affaires fussent arrangées d'une manière paisible et amicale, sans débats, sans contestations, sans vues d'intérêt personnel, entre ceux qui avaient été les bras agissans, et ceux qui s'étaient montrés la tête gouvernante, dans cette grande cause nationale ; qu'il était prêt, véritablement prêt, à contribuer à cette œuvre en renonçant non-seulement à son rang, mais même à la vie si ce sacrifice était exigé de lui et pouvait se concilier avec la sûreté des pauvres soldats, auxquels, malheureuses créatures ! il était obligé en conscience de servir de père, vu qu'ils l'avaient suivi avec la même affection que s'ils eussent été ses enfans.

Ici il fit une longue pause, laissant Wildrake aussi incertain qu'auparavant sur la question de savoir s'il avait ou n'avait pas dessein d'accorder au colonel Everard les pouvoirs que celui-ci demandait pour protéger Woodstock contre les commissaires du parlement. Il commençait intérieurement à concevoir l'espérance que la justice du ciel, ou l'effet des remords de sa conscience, avait dérangé le cerveau du régicide. Mais non ; il ne pouvait voir que de la sagacité dans cet œil ferme et austère, qui, tandis que sa langue débitait une telle profusion de phrases insignifiantes, semblait surveiller avec une attention sévère l'effet que son éloquence produisait sur son auditeur.

— Morbleu! pensa en lui-même le jeune Cavalier, qui commençait à se familiariser un peu avec la situation dans laquelle il se trouvait, et à s'impatienter d'une longue conversation qui ne paraissait aboutir à aucune conclusion; quand le vieux Noll serait le diable en personne, au lieu d'être le favori du diable, je ne souffrirai pas qu'il me mène ainsi par le nez. Je brusquerai les choses, s'il continue à marcher de ce train, et je verrai s'il est possible de lui arracher quelques paroles intelligibles.

Ayant conçu ce projet hardi, mais craignant encore de l'exécuter, il attendit qu'il se présentât une occasion d'en faire la tentative. Cromwell, comme s'il lui eût été impossible d'exprimer plus clairement ses intentions, commençait déjà un troisième panégyrique du colonel Everard, en y joignant diverses assurances du désir qu'il avait de l'obliger, quand Wildrake profita d'une nouvelle pause oratoire du général pour parler à son tour.

— Si Votre Excellence me permet une observation, dit-il avec hardiesse, je lui dirai qu'elle a déjà parlé de deux points de son discours, ce qui la regarde elle-même, et ce qui concerne mon maître. Mais pour me mettre en état d'exécuter ma mission, il me semble qu'il serait à propos qu'elle voulût bien dire quelques mots sur le troisième.

— Sur le troisième! répéta Cromwell.

— Sans doute, répliqua Wildrake. Dans la subdivision qu'a faite Votre Honneur du sujet de son discours, le troisième point devait avoir rapport à son indigne serviteur, à moi-même. Que dois-je faire? Quel rôle dois-je jouer dans tout ceci?

Le ton d'Olivier changea tout à coup, et sa voix, au lieu de ressembler à celle du chat qui caresse, devint le rugissement sourd du tigre prêt à s'élancer sur sa proie. — Ton rôle, gibier de potence! s'écria-t-il; ton rôle sera de figurer sur un gibet, — sur un gibet semblable à celui d'Aman, si tu oses trahir mes secrets. Mais, ajouta-t-il avec un accent plus doux, si tu les gardes fidèlement, ma faveur fera quelque chose de toi. Ecoute-moi; tu ne manques pas de hardiesse; tu la portes même un peu loin. Tu as été un malveillant. Mon digne ami le colonel Everard me l'écrit; mais tu as abandonné cette cause désespérée. Je te dis, l'ami, que tout ce que le parlement et l'armée auraient pu faire n'aurait pas été en état de renverser les Stuarts de leur trône si le ciel ne s'était déclaré contre eux. Il est aussi doux que sage de ceindre son armure pour la cause du ciel, sans quoi, et en ce qui me concerne, les Stuarts pourraient encore porter la couronne aujourd'hui. Je ne blâme même pas ceux qui les ont aidés jusqu'à ce que les grands jugemens successifs du ciel aient éclaté sur eux et leur maison. Je ne suis point un homme de sang, et je connais la fragilité humaine. Mais, l'ami, quiconque met une fois la main à la charrue pour faire avancer le grand ouvrage qui s'exécute maintenant dans cette nation doit prendre garde de ne pas regarder en arrière, car, compte sur ma parole, si tu me trompes, je ne te ferai pas grace d'un seul pied de la hauteur de la potence d'Aman. Fais-moi donc savoir d'un seul mot si le levain de la malveillance est entièrement sorti de ton cœur.

— Votre Excellence a fait de telles choses et nous a si bien frottés, répondit Wildrake en se grattant les épaules, que la malveillance ne peut plus trouver de place où se loger.

— Est-ce ton avis? dit le général avec un sourire qui semblait indiquer qu'il n'était pas tout-à-fait inaccessible à la flatterie. — Hé bien, tu ne mens pas en cela ; nous avons été un instrument dans les mains du ciel. Et comme je te l'ai déjà donné à entendre, nous ne sommes pas aussi sévèrement disposés à l'égard des malveillans qui ont lutté contre nous que peuvent l'être tant d'autres. Le parlement connaît son intérêt et son bon plaisir; mais, à mon humble avis, il est grand temps de mettre fin à ces dissensions, et de permettre aux gens de tous les partis de rendre service à leur pays ; nous pensons donc que ce sera ta faute si tu n'es pas employé utilement pour l'Etat et pour toi-même, à condition que tu te dépouilleras entièrement du vieil homme, et que tu donneras toute ton attention à ce que j'ai maintenant à te dire.

— Votre Excellence ne doit pas douter de mon attention, répondit le Cavalier.

Et le général républicain, après une autre pause, en homme qui n'accordait pas sa confiance sans y réfléchir, commença à lui expliquer ses vues avec une clarté qui ne lui était pas très-ordinaire, quoique ce ne fût pas sans retomber de temps en temps dans son habitude de circonlocutions, qu'il ne perdait jamais entièrement que sur le champ de bataille.

— Tu vois, l'ami, lui dit-il, dans quelle position je me trouve. Le parlement ne m'aime pas ; peu m'importe qui le sache. Le conseil d'Etat, par le moyen duquel il fait jouer les ressorts du pouvoir exécutif, m'aime encore moins. Je ne puis dire pourquoi ils nourrissent des soupçons contre moi, si ce n'est parce que je ne veux pas trahir les intérêts de cette pauvre et innocente armée qui m'a suivi dans un si grand nombre d'expéditions militaires, et la voir réduite, démembrée, licenciée, de sorte que ceux qui ont protégé l'Etat aux dépens de leur sang n'auraient peut-être pas le moyen d'assurer leur subsistance par leur travail ; ce qui serait, ce me semble, un traitement bien dur, puisque ce serait ravir à Esaü son droit d'aînesse, sans même lui donner une pauvre assiette de lentilles.

— Je crois qu'Esaü saura bien se servir lui-même, dit Wildrake.

— Tu parles sagement, reprit le général ; il ne faut pas affamer un homme armé si, pour se procurer des vivres, il ne lui en coûte que la peine de les prendre. Loin de moi pourtant l'idée d'encourager la rébellion, ou le manque de subordination envers ceux qui nous gouvernent. Je ne voudrais que pétitionner d'une manière juste, convenable, douce et harmonieuse, afin qu'ils écoutent nos demandes, et qu'ils aient égard à nos besoins. Mais dans un moment où ils me témoignent si peu d'attention, si peu de considération, tu dois sentir, l'ami, que ce serait de ma part faire une provocation au conseil d'Etat aussi-bien qu'au parlement si, uniquement pour satisfaire à ton digne maître, j'agissais d'une manière contraire à leurs desseins en empêchant la commission qui agit sous leur autorité ; — autorité qui est encore la première de l'Etat, et quant à moi, puisse-t-elle l'être long-temps ! — de mettre hors du séquestre une propriété qu'ils en ont frappée. Et ne m'accuserait-on pas aussi de protéger les malveillans si je souffrais que ce repaire de nos anciens tyrans lascifs et sanguinaires devînt de nos jours un refuge pour cet Amalécite invétéré, sir Henry Lee, et que je le laissasse en possession du lieu dans lequel il s'est si long-temps glorifié ? Véritablement ce serait une démarche dangereuse !

— Dois-je donc faire rapport au colonel Everard que Votre Excellence ne peut lui prêter son appui dans cette affaire ? demanda Wildrake.

— Sans conditions, oui, répondit Cromwell ; mais avec des conditions, la réponse peut être différente. — Je vois que tu n'es pas en état d'approfondir mes desseins ; je te les développerai donc partiellement ; mais prends bien garde que ta langue ne trahisse mes secrets, sauf ce que je te chargerai de dire à ton maître ; car de par tout le sang qui a été répandu dans ce malheureux temps, tu mourras de mille morts dans une seule, si tu ne m'es pas fidèle.

— Ne craignez rien de moi, monsieur, dit Wildrake, dont la hardiesse naturelle à son caractère insouciant se trouvait intimidée et comprimée comme celle du faucon en présence de l'aigle.

— Ecoute-moi donc, et qu'il ne sorte pas de tes lèvres une seule syllabe de ce que tu vas entendre. — Ne connais-tu pas le jeune Lee, qu'on appelle Albert, malveillant comme son père, et qui était avec le Jeune Homme à la dernière bataille que nous livrâmes à Worcester ? — Puissions-nous être dignement reconnaissans de la victoire qui nous a été accordée !

— Je sais que sir Henry Lee a un fils nommé Albert.

— Et ne sais-tu pas, — je ne parle pas ainsi pour tirer de toi les secrets de ton maître, mais uniquement parce qu'il convient que je sois bien instruit à ce sujet, afin de voir comment je puis le servir ; — ne sais-tu pas, dis-je, que ton maître Markham Everard aime la sœur dudit malveillant, la fille du vieux gardien de Woodstock, qu'on appelle sir Henry Lee?

— J'ai entendu dire tout cela, et je ne nie pas que je ne le croie.

— Hé bien donc, écoute. — Quand le Jeune Homme, Charles Stuart, prit la fuite après la bataille de Worcester, et qu'il se trouva poursuivi de si près qu'il fut obligé de se séparer de ses partisans, je sais, — je sais de science certaine que cet Albert Lee fut un des derniers, peut-être même le dernier de ceux qui restèrent avec lui.

— Il en était diablement capable! s'écria Wildrake oubliant un instant en présence de qui il se trouvait et combien il lui était nécessaire de peser ses expressions; — oui, je soutiendrai, la rapière à la main, que c'est un vrai rejeton de la vieille souche.

— Ah! tu jures! dit le général. Est-ce là ta réformation?

— Je ne jure jamais, — répondit Wildrake voulant réparer son étourderie, — que lorsque j'entends parler de malveillans et de Cavaliers; mais alors la vieille habitude revient, et je jure comme un soldat de Goring.

— Fi! répliqua le général; à quoi bon prononcer des paroles profanes qui scandalisent les oreilles qui les entendent, et qui ne peuvent être profitables à celui qui les emploie?

— Il y a sans doute dans le monde des péchés plus profitables que celui de jurer, fut tenté de répondre le jeune Cavalier; mais à cette réponse la prudence substitua l'expression du regret d'avoir laissé échapper le malheureux adverbe qui avait offensé Cromwell. Il est vrai que la conversation commençait à prendre une tournure qui la rendait plus intéressante que jamais pour Wildrake, et il résolut en conséquence de ne pas laisser échapper l'occasion de se mettre en possession du secret qui semblait sur le point de sortir des lèvres du général; il ne pouvait y réussir qu'en veillant soigneusement sur les siennes.

— Quelle espèce de maison est ce Woodstock? demanda Cromwell changeant brusquement le sujet de l'entretien.

— Une sorte de vieux château, répondit Wildrake; et, si j'en puis juger par une seule nuit que j'y ai passée, il n'y manque ni escaliers dérobés, ni passages secrets, ni toutes ces communications souterraines qu'on trouve si souvent dans ces vieux nids de corbeaux.

— Et bien certainement des endroits cachés pour recéler des prêtres? Il est rare qu'il n'y ait pas dans ces anciens édifices quelque étable secrète pour héberger ces veaux de Béthel.

— Votre Excellence peut en jurer sans crainte de se tromper.

— Je ne jure jamais, répondit Cromwell sèchement. — Mais qu'en penses-tu, l'ami? réponds franchement à ma question. — Où crois-tu qu'il soit plus vraisemblable que ces deux fugitifs de Worcester, que tu sais, cherchent un refuge, — et je sais parfaitement qu'il faut qu'ils se réfugient quelque part, — que dans cette Loge dont le jeune Albert connaît tous les coins et recoins depuis son enfance?

— Vraiment, dit Wildrake faisant un effort pour répondre avec un air d'indifférence, tandis que la possibilité de cet événement et les conséquences qu'il pouvait avoir se présentaient à son imagination d'une manière effrayante; — vraiment, je penserais comme Votre Excellence si je ne croyais que la compagnie qui s'est installée à Woostock en vertu de la commission du parlement les en écartera comme un chat fait déguerpir les pigeons du colombier. Le voisinage des généraux Desborough et Harrison ne convient guère à des échappés du champ de bataille de Worcester.

— Je le pense de même, et c'est ce que je désire. Puisse-t-il se passer bien du temps avant que nos noms cessent de jeter la terreur parmi nos ennemis! — Mais, si tu veux jouer un rôle actif dans cette affaire, pour l'intérêt de ton maître, je crois que tu pourrais tirer de cette circonstance quelque chose de favorable à ses désirs.

— Mon esprit est faible pour atteindre la profondeur des desseins de Votre Excellence.

— Ecoute donc, et que ce soit pour en profiter. — Assurément la victoire de Worcester fut une grande et définitive merci du ciel; mais il me semble que notre reconnaissance n'y serait guère proportionnée si nous ne faisions tout ce qui est en notre pouvoir pour en profiter, et pour amener à sa conclusion le grand ouvrage qui a tellement prospéré entre nos mains, déclarant en toute humilité et sincérité de cœur que nous ne désirons pas qu'on se souvienne que nous en avons été l'instrument; priant et suppliant au contraire que notre nom soit oublié à jamais, pourvu que notre grand ouvrage ne reste pas imparfait. Néanmoins, placés comme nous le sommes, il nous importe plus qu'à personne, si de chétives créatures telles que nous peuvent parler d'elles-mêmes comme plus ou moins intéressées à ces changemens qui ont été effectués autour de nous, non par nous ou par notre pouvoir, mais par suite d'un destin que nous étions appelés à remplir avec charité et humilité; il nous importe, disais-je, que toutes choses se fassent d'une manière conforme aux grandes choses qui se sont opérées et qui s'opèrent encore dans ce pays. Telles sont mes intentions, et elles sont simples et claires. En conséquence il est fort à désirer que le Jeune Homme, ce roi d'Ecosse, comme il se nomme, ce Charles Stuart, ne puisse s'échapper d'un pays où son arrivée a semé tant de troubles et fait couler tant de sang.

— Je ne doute pas, dit le Cavalier en baissant les yeux, que la sagesse de Son Excellence n'ait pris toutes les mesures qui peuvent le mieux conduire à une telle fin, et je prie le ciel de la récompenser de toutes ses peines, comme elle le mérite.

— Je te remercie, l'ami, dit Cromwell avec un air d'humilité. Sans contredit nous obtiendrons notre récompense, puisqu'elle est entre les mains d'un bon maître qui ne laisse jamais passer le samedi soir sans payer ses ouvriers. Mais, comprends-moi bien, l'ami; je ne désire rien de plus que ma part dans cette bonne œuvre. Je voudrais de tout mon cœur rendre tous les pauvres services dont je suis capable à ton maître et même à toi, suivant ton état, car des hommes tels que nous ne conversent pas avec des gens d'un rang ordinaire pour que leur présence et leurs discours s'oublient comme un événement qui arrive tous les jours. Nous parlons à des gens comme toi pour les récompenser ou les punir, et j'espère que ce sera une récompense que tu mériteras de recevoir de moi.

— Votre Honneur parle en homme habitué au commandement, dit Wildrake.

— Il est vrai. C'est en inspirant la crainte et le respect que les hommes élevés dominent sur l'esprit des autres. Mais c'en est assez sur ce sujet, ne désirant pas qu'on m'accorde individuellement plus de confiance que nous n'en devons tous à l'Etre qui est au-dessus de nous. J'en reviens à ton maître, et je voudrais jeter cette balle d'or dans son chapeau. Il a servi contre ce Charles Stuart et son père ; mais il est parent de ce vieux Henry Lee, et il est bien avec sa fille.

— Et toi-même, il faut que tu aies les yeux ouverts, l'ami.

— Ton air un peu mondain te procurera la confiance de tous les malveillans, et notre proie ne pourra approcher du lieu où elle croit trouver un couvert, comme un lapin dans un terrier, sans que tu sois informé de sa présence.

— Je fais un effort pour comprendre Votre Excellence, dit le Cavalier ; je vous remercie de tout mon cœur de la bonne opinion que vous avez de moi, et je prie le ciel de me fournir l'occasion de vous prouver que je la mérite, et les moyens de vous montrer toute ma reconnaissance. Mais, soit dit avec respect, le projet de Votre Excellence ne me paraît pas pouvoir réussir, si Woodstock reste en la possession des commissaires au séquestre. Le vieux chevalier, son fils, et surtout un fugitif tel que celui auquel Votre Honneur fait allusion, auront grand soin de ne pas approcher de la Loge, tant qu'elle sera en de pareilles mains.

— C'est précisément pour cela que je t'ai parlé si long-temps. Je t'ai dit que je n'étais pas disposé à déposséder les commissaires au séquestre, de mon autorité privée, pour de légers motifs, quoique j'aie peut-être assez de pouvoir dans l'Etat pour agir ainsi, et pour mépriser les murmures de ceux qui me blâmeront. En un mot, je ne me soucierais pas d'user de mes privilèges dans toute leur étendue et de mettre à l'épreuve leur force comparée à celle de la commission nommée par d'autres, sans une nécessité reconnue, ou du moins sans une grande perspective d'avantage. Ainsi donc, si ton maître le colonel veut se charger, par amour pour la république, de trouver les moyens de prévenir le plus grand danger qu'elle ait à craindre, c'est-à-dire l'évasion de ce Jeune Homme hors du pays, et veut faire tous ses efforts pour l'arrêter dans le cas où sa fuite le conduirait à Woodstock, ce que je regarde comme très-vraisemblable, tu porteras aux commissaires du séquestre l'ordre d'évacuer la Loge sur-le-champ, et à une compagnie de mon régiment qui est à Oxford l'injonction de les prendre par les épaules pour les en faire déguerpir s'ils hésitent à obéir. Oui, quand même, pour l'exemple, ils devraient mettre à la porte Desborough le premier, quoiqu'il soit le mari de ma sœur.

— Avec votre ordre tout-puissant, monsieur, je me flatte que je serai en état d'expulser les commissaires, même sans avoir recours à vos anciens et belliqueux soldats.

— C'est ce dont je m'inquiète le moins. — Je voudrais bien voir le plus hardi d'entre eux s'opiniâtrer à rester après que je lui aurais fait signe de se retirer, — exceptant toujours l'honorable chambre, au nom de laquelle nous tenons notre commission, mais dont l'édifice politique, comme bien des gens le pensent, s'écroulera avant qu'elle ait le temps de le reconstruire. C'est pourquoi ce qui m'importe principalement, c'est de savoir si ton maître voudra entreprendre une affaire qui lui promet de si grands avantages. Je suis convaincu qu'avec un batteur d'estrade tel que toi, un homme qui a été dans le camp des Cavaliers, et qui peut encore, à en juger sur la mine, se remettre à boire, à jurer et à se livrer à toute sorte de plaisirs profanes avec eux, quand l'occasion le demande, il doit découvrir où ce Stuart est allé se cacher. — Ou le jeune Lee ira voir le vieillard lui-même, ou il lui écrira, ou il aura des communications avec lui de quelque autre manière. Dans tous les cas, Markham Everard et toi, vous devez avoir un œil sur chaque cheveu de votre tête.

En parlant ainsi, une rougeur plus vive que de coutume colora le front de Cromwell : il se leva, se promena dans l'appartement d'un air agité, et ajouta : — Malheur à vous si ce jeune aventurier m'échappe! — Il vaudrait mieux pour vous être enterrés dans le plus profond cachot de toute l'Europe que de respirer l'air de l'Angleterre, si vous me manquez de fidélité! — Je t'ai parlé clairement; — plus clairement que ce n'est ma coutume, — le moment l'exigeait; — mais avoir ma confiance, c'est être de garde près d'un magasin à poudre; la moindre étincelle peut te réduire en cendres. Rapporte à ton maître ce que je viens de te dire, — mais non comme je te l'ai dit. — Hélas! faut-il que je me sois laissé emporter à un mouvement des passions humaines! — Retire-toi, drôle. — Pearson te remettra des ordres cachetés. — Un instant! je vois que tu as quelque chose à me demander.

— Je voudrais savoir, dit Wildrake, à qui l'air inquiet de Cromwell donnait quelque confiance, quelle est à peu près la figure du Jeune Homme, afin de le reconnaître dans le cas où je le verrais.

— On dit qu'il est devenu grand, sec, basané, répondit le général; voici son portrait, peint par un bon maître il n'y a pas très-long-temps.

A ces mots, il retourna un des portraits dont la peinture faisait face à la muraille; mais, au lieu d'être celui de Charles II, c'était celui de son malheureux père.

Le premier mouvement de Cromwell indiqua l'intention de le replacer dans la même position, et il parut avoir besoin de faire un effort sur lui-même pour se déterminer à y jeter un coup d'œil; mais il fit cet effort, et, appuyant le portrait contre le mur, il s'en éloigna lentement de quelques pas, comme s'il eût cherché un endroit d'où il pût le voir dans son jour.

Il fut heureux pour Wildrake que son dangereux compagnon n'eût pas jeté un regard sur lui en ce moment; car son visage s'enflamma quand il vit le portrait de son maître entre les mains de celui qui avait été le principal auteur de sa mort. Capable de se porter à des extrémités désespérées, il eut grande peine à réprimer la violence de son indignation; et, s'il avait eu sous la main, dans sa première ardeur de vengeance, une arme convenable, il est possible que Cromwell ne se fût jamais élevé plus haut dans son essor audacieux vers le pouvoir suprême.

Mais cette étincelle électrique d'une indignation si naturelle, qui agita subitement un homme ordinaire, tel que Wildrake, s'éteignit en un instant devant l'émotion terrible, quoique étouffée, que laissait apercevoir un être doué d'un caractère aussi impassible que Cromwell. En contemplant sa physionomie sombre et audacieuse, émue par des sentimens indéfinissables, le jeune Cavalier sentit sa propre violence s'évanouir et se changer en surprise. Tant il est vrai que, de même que l'éclat d'une grande lumière engloutit et fait disparaître une clarté moindre, ainsi les hommes d'un esprit vaste et dominateur subjuguent et anéantissent les volontés et les passions plus faibles des autres, comme la rivière qui reçoit un ruisseau dans son sein semble repousser avec fierté le tribut de ses eaux.

Wildrake resta spectateur silencieux, immobile, et presque effrayé, tandis que Cromwell, donnant à ses regards et à ses manières un air d'assurance, en homme qui se force lui-même à envisager un objet que quelque sentiment intérieur et puissant lui rend pénible et désagréable à voir, commençait, par quelques expressions brèves et interrompues, mais prononcées d'une voix ferme, à faire un commentaire sur le portrait du feu roi. Ses paroles semblaient moins s'adresser à Wildrake qu'être l'effusion spontanée d'un cœur plein des souvenirs du passé et des présages de l'avenir.

—Ce peintre flamand, dit-il,— cet Antoine Vandyck!— quel pouvoir il a! — Le glaive peut mutiler, les guerriers peuvent détruire, et voilà un roi que le temps a respecté.— Nos petits-enfans, en lisant ses annales, pourront regarder son portrait, et comparer ses traits mélancoliques avec sa fatale histoire;—ce fut une implacable nécessité,—un acte terrible! — La fierté calme de cet œil aurait pu gouverner des mondes peuplés de Français rampans, de souples Italiens, d'Espagnols formalistes; mais ses regards ne firent qu'éveiller le courage naturel du fier Anglais.— Qu'on n'accuse pas un pauvre pécheur de la chute qu'il fait quand il n'a pas reçu du ciel des nerfs assez forts pour se soutenir!—L'homme faible est renversé par son cheval fougueux qui le fait périr sous ses pieds; l'homme fort, le bon cavalier, s'élance sur la selle vide, et fait jouer le mors et l'éperon, jusqu'à ce que le coursier sente qu'il a un maître;—celui qui, élevé bien haut, marche en triomphateur au milieu du peuple, doit-il être blâmé pour avoir réussi, quand l'être faible et inhabile a échoué et a péri? Véritablement il a sa récompense. —Et qu'est de plus pour moi que pour les autres ce morceau de toile couvert de couleurs? Non; qu'il montre à d'autres les reproches de ce visage froid et calme; de cet œil où respirent la fierté et la plainte : ceux qui ont agi d'après des motifs plus élevés n'ont pas sujet de tressaillir pour des ombres. Ce n'est pas la soif des richesses et de la puissance qui m'a tiré de mon obscurité. Les consciences opprimées, les libertés de l'Angleterre envahies, telles sont les bannières que j'ai suivies.

Comme s'il eût plaidé sa cause devant quelque tribunal, il éleva la voix si haut, que Pearson, qui était dans la galerie, entr'ouvrit la porte du cabinet. Mais, voyant que son maître avait les yeux étincelans, le bras tendu et un pied en avant, comme un général qui ordonne une charge à son armée, il se retira sur-le-champ.

—C'est tout autre chose que l'intérêt personnel qui m'a fait agir, continua Cromwell; et je défie le monde entier,—oui, les morts comme les vivans,— de dire que j'ai pris les armes pour une cause privée, ou pour augmenter ma fortune. Il n'y avait pas un seul soldat dans le régiment qui y fût arrivé avec moins de mauvaise volonté contre ce malheureux.....

En ce moment, la porte du cabinet s'ouvrit, et Wildrake y vit entrer une jeune dame que sa ressemblance avec le général pouvait faire reconnaître pour sa fille; mais il n'y avait dans ses traits qu'une douceur féminine. Elle s'avança vers Cromwell, passa un bras sous le sien avec une douceur mêlée de fermeté, et lui dit d'un ton persuasif:

—Mon père, cela n'est pas bien; vous m'aviez promis que cela n'arriverait pas.

Le général baissa la tête en homme qui était honteux du mouvement auquel il s'était laissé emporter, ou de l'influence qu'une femme exerçait sur lui. Il y céda pourtant, suivit l'impulsion affectueuse du bras de sa fille, et sortit de l'appartement sans donner un autre regard au portrait qui l'avait tellement ému.

CHAPITRE IX.

« Partez, partez ! vous savez ce que vous ne devriez
« pas savoir. »
SHAKSPEARE. *Macbeth.*

WILDRAKE fut laissé dans le cabinet, seul et plongé dans l'étonnement. On disait souvent que Cromwell, ce politique habile, ce profond homme d'Etat, ce général plein de sang-froid et d'intrépidité, cet être extraordinaire qui avait surmonté tant de difficultés, et qui s'était élevé à une telle hauteur qu'il semblait déjà planer sur le pays qu'il avait conquis, avait, comme beaucoup d'autres hommes d'un grand génie, une teinte naturelle de mélancolie. Cette mélancolie se trahissait quelquefois dans sa conduite et dans ses discours; on en avait vu les premiers symptômes dans ce changement subit et frappant qui eut lieu en lui lorsque, abandonnant entièrement les mœurs dissolues de sa jeunesse, il se livra à de strictes pratiques religieuses, qu'il semblait considérer, en certaines occasions, comme le mettant en rapport plus direct et presque immédiat avec le monde spirituel. On dit qu'à cette époque de sa vie cet homme extraordinaire s'abandonnait quelquefois à des illusions, ou, comme il les regardait lui-même, à des inspirations prophétiques d'une grandeur future, et de grands événemens étranges et mystérieux, qui devaient le rendre aussi remarquable à l'avenir qu'il l'avait été dans sa jeunesse par des excès de folie et de débauche. Il fallait quelque chose de ce genre pour expliquer les scènes semblables à celle que nous venons de voir, auxquelles il se laissait quelquefois entraîner [1].

A l'étonnement qu'éprouvait Wildrake de ce qui venait de se passer se joignaient aussi quelques inquiétudes pour son propre compte. Quoiqu'il ne fût pas le plus réfléchi des hommes, il avait assez de bon sens pour savoir qu'il est dangereux d'être témoin des faiblesses des grands; et on le laissa seul si long-temps qu'il put craindre secrètement que le général ne fût tenté de prendre des moyens pour faire disparaître, soit en l'enfermant, soit même autrement, un témoin qui l'avait vu, pressé par les aiguillons de sa conscience, descendre de cette sphère d'élévation dans laquelle il affectait de planer sur ce monde sublunaire.

Il ne rendait pourtant pas justice, à cet égard, à Cromwell. Le caractère du général républicain ne le portait ni à des soupçons excessifs ni à des actes de cruauté gratuite.

Au bout d'environ une heure Pearson reparut; il dit à Wildrake de le suivre, et il le conduisit dans un appartement situé dans une autre partie du palais, où il trouva le général assis sur un sofa. Sa fille était avec lui, mais à une certaine distance, et occupée de quelque ouvrage de femme. A peine tourna-t-elle la tête quand Pearson et le jeune Cavalier arrivèrent.

A un signe que lui fit Cromwell, Wildrake s'approcha de lui.

— L'ami, lui dit le général, tes anciens camarades, les Cavaliers, me regardent comme leur ennemi, et ils se conduisent envers moi comme s'ils désiraient que je le devinsse. Je te déclare qu'ils travaillent contre leur intérêt, car je les considère et je les ai toujours considérés comme des fous honnêtes et honorables qui ont perdu le jugement au point de se passer un nœud coulant autour du cou et de se frapper la tête contre les murailles, pour avoir pour roi un homme nommé Stuart, et aucun autre. Les insensés! Les caractères de l'alphabet ne peuvent-ils donc former aucun

---

[1] On dit que, très-jeune encore, Cromwell eut une vision, dans laquelle une femme lui apportait le sceptre de l'Angleterre. — ED.

nom qui sonnât aussi bien que Charles Stuart, s'il était suivi de ce titre magique? Le mot roi est comme une lampe qui jette le même éclat sur toutes les combinaisons possibles des lettres; et cependant il faut qu'ils versent leur sang pour un nom! Quant à toi, tu n'as rien à craindre de moi. Voici un ordre en bonne forme, pour faire évacuer la Loge de Woodstock, et pour en confier la garde à ton maître, ou à ceux qu'il lui plaira d'en charger. Je ne doute pas qu'il n'y place son oncle et sa jolie cousine. Adieu, pense à ce que je t'ai dit. On assure que la beauté est une pierre d'aimant pour le Jeune Homme que tu sais; mais je crois qu'en ce moment de beaux yeux et des cheveux blonds ne sont pas les astres qui dirigent sa course. Quoi qu'il en soit, tu connais mes intentions. Aie les yeux ouverts, bien ouverts; surveille avec attention tous les sentiers, tous les chemins détournés, toutes les haies, le long desquelles se glissent les vagabonds. Nous vivons dans un temps où les guenilles d'un mendiant peuvent couvrir la rançon d'un prince. Tiens, voilà quelques quadruples de Portugal; ta poche n'en a guère vu de semblables, je suppose. Encore une fois, pense à ce que tu as entendu, et ajouta-t-il en baissant la voix, mais d'un ton plus imposant, oublie ce que tu as vu. — Mes amitiés à ton maître, et, je te le répète de nouveau, *souviens-toi*, et *oublie*.

Wildrake le salua, retourna dans son auberge, et partit de Windsor en toute diligence.

Ce fut dans l'après-midi du même jour que le Cavalier rejoignit son ami la Tête-Ronde, qui l'attendait impatiemment dans l'auberge de Woodstock, où il lui avait donné rendez-vous.

— Où as-tu été? s'écria Markham dès qu'il l'aperçut. Qu'as-tu vu? Pourquoi cet air étrange d'incertitude? Pourquoi ne me réponds-tu pas?

— Parce que vous me faites trop de questions à la fois, répondit Wildrake en se débarrassant de son manteau et de sa rapière; un homme n'a qu'une langue pour répondre, et la mienne est presque collée à mon palais.

— Faut-il que tu boives pour l'en détacher? Je suis pourtant sûr que tu as essayé ce remède à chaque cabaret que tu as trouvé sur la route. Demande tout ce que tu voudras, mais sois bref.

— Colonel Everard, je n'ai pas même bu un verre d'eau aujourd'hui.

— Et c'est ce qui te donne de l'humeur : hé bien ! fais-la passer si tu le veux avec un verre d'eau-de-vie ; mais ne sois pas assez bizarre pour faire durer plus long-temps un accès de taciturnité qui fait qu'on ne te reconnaît pas.

— Colonel Everard, répondit le Cavalier d'un ton fort grave, je suis un homme changé.

— Je crois que tu changes tous les jours de l'année et à toutes les heures du jour. — Voyons ! dis-moi bien vite si tu as vu le général et s'il t'a remis un ordre pour expulser de Woodstock les commissaires au séquestre.

— J'ai vu le diable, répondit Wildrake, et, comme tu le dis, il m'a remis un ordre.

— Donne-le-moi donc bien vite ! s'écria Everard en tendant la main pour prendre le paquet.

— Pardon, Markham ; mais si tu savais dans quel dessein cet ordre est accordé. Si tu savais, ce que je n'ai pas intention de te dire, quelles espérances sont fondées sur cette faveur, j'ai assez bonne opinion de toi pour être convaincu que tu prendrais avec la main un fer rouge placé sur une enclume plutôt que de toucher à ce morceau de papier.

— Fort bien, fort bien ! c'est encore quelqu'une de tes idées exagérées de loyalisme. Elles sont fort bonnes quand on les contient dans certaines limites ; mais elles nous rendent fous quand on les porte à l'excès. Ne crois pas, puisqu'il faut que je te parle franchement, que je voie sans chagrin l'anéantissement de notre ancienne monarchie et la substitution qu'on y a faite d'une autre forme de gouvernement ; mais les regrets que je donne au passé doivent-ils m'empêcher d'acquiescer et de concourir aux mesures qui peuvent assurer l'avenir ? Le parti royal est abattu, quand même toi et tous les Cavaliers de la Grande-Bretagne vous jureriez le contraire. — Abattu de manière à ne pas se relever, du moins d'ici à long-temps. Le parlement, dont on a si souvent fait sortir tour à tour tous ceux qui étaient assez courageux pour maintenir leur liberté d'opinion, est maintenant réduit à une poignée d'hommes d'Etat qui ont perdu le respect du peuple, en conservant si long-temps le pouvoir suprême. Ils ne peuvent plus s'y maintenir sans licencier l'armée; et les soldats, naguère serviteurs et aujourd'hui maîtres, ne veulent pas être licenciés; ils connaissent leur force; ils savent qu'ils peuvent rester en corps d'armée, recevoir leur solde et vivre à discrétion dans toute l'Angleterre aussi long-temps qu'ils le voudront. Je te dis, Wildrake, qu'à moins que nous ne nous réunissions autour de l'homme qui peut seul leur en imposer et les faire obéir, nous pouvons nous attendre à voir la loi militaire régner sur toute l'Angleterre. Quant à moi, je crois que la conservation des privilèges qu'on voudra bien nous laisser ne pourra être due qu'à la sagesse et à la modération de Cromwell. — Maintenant tu connais mon secret; tu sais que je regarde ce que je fais non comme absolument bien, mais comme le mieux qu'il soit possible de faire. Et moi aussi j'aurais désiré, peut-être pas aussi ardemment que toi, qu'il eût été possible de rétablir le roi sur son trône à des conditions raisonnables qui eussent garanti sa sûreté et la nôtre. — Tu me regardes comme un rebelle, mon cher Wildrake, mais du moins rends-moi la justice de croire que je le suis involontairement. Dieu sait que je n'ai jamais banni de mon cœur l'amour et le respect pour la personne du roi, même en tirant l'épée contre ses perfides conseillers.

— Que la peste étouffe un pareil jargon! s'écria Wildrake. Vous chantez tous la même chanson. Vous avez tous porté les armes contre le roi en toute affection et loyauté, tous jusqu'au dernier. Cependant j'entrevois votre finesse, et j'en suis plus content que je ne m'y attendais. L'armée est votre ours maintenant; le vieux Noll est celui qui le fait danser, et vous êtes comme un constable de village qui cherche à flatter le gardien de Bruin [1] pour l'empêcher de le démuseler. Hé bien, il peut venir un jour où le soleil brillera du côté de la haie où nous sommes, et alors vous et tous ces braves

---

(1) *Bruin*, l'ours. Nom qu'on donne en Angleterre à cet animal. — Ed.

gens, amateurs de leurs aises, qui sont toujours du parti le plus fort, vous ferez cause commune avec nous.

Sans trop faire attention à ce que lui disait son ami, le colonel Everard lisait avec attention l'ordre de Cromwell.

— Cet ordre est plus péremptoire que je ne l'espérais, dit-il ; il faut que le général se sente bien fort pour opposer si directement sa propre autorité à celle du conseil d'Etat et du parlement.

— Vous n'hésiterez pas à en profiter? demanda Wildrake.

— Non certainement, répondit Everard ; mais il faut que j'attende l'assistance du maire, qui, je crois, ne sera pas fâché de voir ces drôles expulsés de la Loge. Je dois éviter, s'il est possible, d'avoir l'air d'agir uniquement par autorité militaire.

S'avançant à la porte de l'appartement, il appela un garçon de l'auberge, et le chargea d'aller chez le premier magistrat de la ville, et de lui dire que le colonel Everard désirait le voir dans le plus court délai possible.

— Vous êtes sûr qu'il arrivera comme un chien au coup de sifflet de son maître, dit Wildrake. Le mot capitaine ou colonel fait trotter le gras citadin dans un temps où un sabre vaut cinquante chartes municipales. Mais il y a des dragons là-bas, et ce coquin à figure sournoise que j'ai effrayé l'autre soir en lui montrant mon visage à la croisée ; crois-tu que les coquins se laissent déloger sans résistance?

— L'ordre du général aura plus de poids pour eux que n'en auraient des actes du parlement par douzaines. Mais il est temps que tu prennes quelque chose, s'il est vrai que tu sois venu de Windsor jusqu'ici sans faire une seule pause.

— Je ne suis nullement pressé; car je te dirai que ton général m'a offert un déjeuner qui, je crois, me servira long-temps, si jamais je suis en état de le digérer. Par la messe! il pesait tellement sur ma conscience que je l'ai porté à l'église pour voir si je pourrais le faire passer comme mes autres péchés. Mais non, je le sens toujours lié.

— A l'église! à la porte de l'église, veux-tu dire? Je te connais, tu ne manques jamais d'ôter ton chapeau respectueusement en passant devant la porte ; mais pour y entrer, c'est ce qui ne t'arrive pas tous les jours.

— Hé bien ! si j'ôte mon chapeau et que je m'agenouille, n'est-il pas convenable de montrer dans une église le même respect que dans un palais ? N'est-il pas grotesque de voir vos Anabaptistes, vos Brownistes, et vous autres tous tant que vous êtes, vous réunir pour entendre un sermon, sans plus de cérémonie que n'en font des pourceaux autour de leur auge ? Mais voici le dîner, et je dirai le bénédicité si je puis me le rappeler.

Everard prenait trop d'intérêt au destin de son oncle et à celui de sa belle cousine, il était trop occupé de l'espoir qu'il avait de les rétablir dans leur paisible demeure, sous la protection de ce formidable bâton de commandement qui était déjà aussi respecté que l'avait été le sceptre de la Grande-Bretagne, pour remarquer qu'il s'était réellement opéré un grand changement, du moins quant à l'extérieur, dans les manières et la conduite de son compagnon. On pouvait apercevoir en lui de temps en temps une sorte de lutte entre l'ancienne habitude de céder à ses penchans et quelque résolution d'abstinence nouvellement formée ; il était presque burlesque de voir la main du néophyte s'avancer souvent, par un mouvement d'instinct naturel, vers une grande cruche contenant deux flacons d'excellente ale, et s'en détourner, comme par une réflexion soudaine de buveur converti, pour prendre une carafe de cristal dans laquelle brillait une eau pure et salutaire.

Il était aisé de voir que la tâche de sobriété que Wildrake s'était imposée ne lui était pas encore devenue très-facile, et que, si elle avait en sa faveur l'approbation de la partie spirituelle de l'homme, la partie corporelle ne s'y soumettait qu'à contre-cœur. Mais l'honnête Wildrake avait été mortellement effrayé des propositions que lui avait faites Cromwell, et, avec un sentiment qui n'est pas exclusivement particulier à la religion catholique, il avait la détermination solennelle que s'il sortait honorablement et en sûreté de cette dangereuse entrevue, il en témoignerait sa reconnaissance au ciel en renonçant à quelques-uns de ses péchés favoris, et notamment à celui de l'intempérance, auquel il n'était que trop adonné ainsi qu'un grand nombre de ses anciens compagnons.

Cette résolution, ou cette espèce de vœu, lui avait été suggérée autant par la prudence que par la religion. Il avait songé qu'il était possible que quelques affaires, d'une nature délicate et difficile, se présentassent à lui dans les circonstances où il se trouvait, et que, pour les conduire convenablement, il aurait besoin de consulter quelque meilleur oracle que celui de la Dive Bouteille, célébré par Rabelais. En conséquence de cette sage détermination, il ne toucha ni à l'ale ni à l'eau-de-vie placées en face de lui, et refusa le vin du Rhin que son ami lui proposa de faire venir. Cependant, lorsque le garçon, ayant ôté les assiettes et les serviettes, se préparait à emporter la grande cruche dont nous avons déjà parlé, le bras nerveux du Cavalier parut s'avancer plus que de coutume pour arrêter le Ganymède qui se retirait ; il saisit la cruche d'ale, l'approcha de ses lèvres, et murmura en soupirant : — De par le diable ! — je veux dire le ciel me pardonne, — nous sommes de faibles créatures d'argile, et un coup bu avec modération doit être permis à notre fragilité.

A ces mots il acheva le mouvement nécessaire pour coller à ses lèvres la grande cruche dont on voyait le goulot s'abaisser graduellement, à mesure que sa main droite en soulevait le fond. Everard doutait beaucoup que le buveur et la cruche se séparassent avant que tout ce que contenait celle-ci eût été transvasé dans l'estomac du premier. Cependant Roger Wildrake s'arrêta modestement lorsqu'il eut bu d'un seul trait environ une pinte et demie.

Il remit alors la cruche sur le plateau, respira longuement pour se rafraîchir les poumons, ordonna au garçon d'emporter le vin et l'eau-de-vie, d'un ton qui impliquait quelque doute de sa constance, et, se tournant alors vers son ami Everard, il fit un long éloge de la tempérance, et ajouta que le petit coup qu'il venait de boire lui avait fait plus de bien que s'il eût passé quatre heures à table à porter des santés.

Le colonel ne répondit rien ; mais il ne put s'empêcher de penser secrètement que la tempérance de Wildrake avait opéré dans la cruche, d'un seul trait, un aussi grand vide que celui qu'aurait pu y pratiquer un buveur modéré en une séance de toute une soirée. Ce sujet de conversation fut écarté par l'arrivée de l'aubergiste, qui venait annoncer à Son Honneur le colonel Everard que le maire de Woodstock s'était rendu à ses ordres, accompagné du révérend M. Holdenough.

CHAPITRE X.

« Vantez-nous désormais votre bœuf à deux têtes !
« Ce n'est rien qu'un ânon. Vous allez voir ici
« Une tête à deux corps : un prodige inouï.
« Mus par un seul vouloir, n'ayant qu'une pensée,
« Ces deux corps n'ont qu'une ame à leur être annexée.
« Quand la tête a fini de parler, à l'instant
« On voit les quatre pieds applaudir en grattant. »
Ancienne comédie.

La physionomie de l'honnête maire qui s'empressait de se rendre à l'invitation du colonel Everard, offrait un mélange d'importance et d'embarras, et sa contenance était celle d'un homme qui sent qu'il a un rôle à jouer, sans savoir exactement en quoi ce rôle consiste. Mais un grand plaisir de voir Everard semblait se joindre à ces deux sentimens, et il lui fit maints complimens, qu'il répéta plusieurs fois, avant de pouvoir se déterminer à écouter ce qu'on avait à lui dire.

— Bon et digne colonel, dit le maire, votre présence est véritablement en tout temps une faveur désirable pour la ville de Woodstock. N'êtes-vous pas, comme je puis le dire, notre concitoyen, puisque vous avez habité si long-temps le palais ? Les choses en sont vraiment venues à un tel point que mon faible esprit n'y peut suffire, quoique j'aie réglé toutes les affaires de cette ville pendant bien des années, et vous arrivez à mon secours comme... comme...

— *Tanquàm deus è machinâ*, comme dit le poète païen, reprit maître Holdenough, quoique je ne puise pas souvent mes citations dans de pareils ouvrages. Oui, maître Markham Everard, — digne colonel, dois-je plutôt dire, — vous êtes sans contredit le bienvenu à Woodstock, plus qu'homme au monde le bienvenu depuis le temps du vieux roi Henry.

— J'avais une affaire à vous communiquer, mon digne ami, dit le colonel en s'adressant au maire; je serai charmé si je puis en même temps trouver l'occasion de vous être de quelque utilité ou à votre respectable pasteur.

— Nul doute que vous ne le puissiez, mon cher monsieur, dit Holdenough; vous avez la tête et vous avez la main; et nous avons besoin de l'une pour nous donner de bons conseils, et de l'autre pour les exécuter. — Je sais, digne colonel, que vous et votre excellent père vous vous êtes toujours comportés dans ces temps de troubles en hommes ayant véritablement un esprit chrétien et modéré, cherchant à verser de l'huile sur les plaies du pays, tandis que tant d'autres voulaient les frotter de poivre et de vitriol; et je sais pareillement que vous êtes de fidèles enfans de l'Eglise, que nous avons purgée de toutes les maximes du papisme et de l'épiscopat.

— Mon bon et révérend ami, répondit Everard, je respecte la science et la piété d'un grand nombre de vos prédicateurs; mais je suis aussi pour la liberté de conscience générale. Je n'embrasse pas le parti des sectaires, mais je suis fort éloigné de désirer qu'ils soient persécutés.

— Monsieur, monsieur, s'écria le presbytérien, tout cela sonne bien; mais je vous laisse à penser quel beau pays, quelle belle Eglise nous paraissons sur le point d'avoir, au milieu des erreurs, des blasphèmes et des schismes qui s'introduisent tous les jours dans le royaume et dans l'Eglise d'Angleterre; de sorte que le digne maître Edouard, dans son ouvrage intitulé *Gangrena*, déclare que notre pays natal va devenir la sentine et l'égout des schismes, des hérésies, des blasphèmes et des abominations, comme on disait que l'armée d'Annibal était le rebut de toutes les nations, *colluvies omnium gentium*. — Croyez-moi, digne colonel, les membres de l'honorable chambre voient toutes les choses trop légèrement, et ferment les yeux comme le vieil Hélie. Ces soi-disans instructeurs, les schismatiques, renversent de leur chaire les ministres orthodoxes, s'insinuent dans les familles, et en bannissent la paix en aliénant les cœurs de la foi établie.

—Mon cher maître Holdenough, dit le colonel interrompant le zélé presbytérien, nous avons lieu de déplorer ces malheureux germes de discorde, et je conviens avec vous que les exagérés du moment actuel ont entraîné les esprits au-delà de ce qu'exige une religion simple et sincère, et même aussi de ce que demandent le décorum et le bon sens; mais la patience est le seul remède qu'on puisse y apporter. L'enthousiasme est un torrent dont la fougue peut se passer avec le temps, mais qui ne pourrait manquer de renverser toutes les barrières directes qu'on tenterait d'opposer à son cours.—Mais qu'a de commun la conduite des schismatiques avec l'objet qui nous rassemble?

—En partie ce que je vais vous dire, monsieur, répondit Holdenough, quoique je commence à croire que vous prendrez la chose moins à cœur que je ne me l'étais imaginé avant de vous avoir vu.—Moi-même,—moi, Nehemiah Holdenough, ajouta-t-il en prenant un air d'importance, j'ai été expulsé de vive force de ma propre chaire, comme un homme l'aurait été de sa maison par un étranger, par un intrus, par un loup qui ne s'était pas même donné la peine de se couvrir d'une peau de brebis, mais qui s'est présenté sous son costume de loup, c'est-à-dire en jaquette de peau de buffle et en bandoulière, et qui a prêché à ma place devant une congrégation qui est pour moi ce qu'est le troupeau pour un berger légitime.—Cela n'est que trop vrai, monsieur.

—Monsieur le maire en a été témoin.—Il a fait les efforts qu'un homme pouvait faire pour empêcher ce désordre... Je crois pourtant, ajouta-t-il en se tournant vers le maire, que vous auriez pu en faire un peu davantage.

—Suffit, suffit, mon cher monsieur Holdenough, dit le maire; ne revenons pas sur cette affaire. Guy de Warwick ou Bevis d'Hampton [1] pourrait faire quelque chose avec cette génération de déterminés; mais en vérité, ils sont trop forts et trop nombreux pour le maire de Woodstock.

— Ce que dit monsieur le maire me paraît plein de bon sens, reprit le colonel. Je doute que les indépendans voulussent se battre si on ne leur permettait pas de prêcher. Et alors que diriez-vous si les Cavaliers venaient à se lever de nouveau?

— On peut avoir des êtres pires que les Cavaliers, répondit Holdenough.

— Comment, monsieur! répliqua le colonel. Permettez-moi de vous rappeler, maître Holdenough, que ce langage n'est pas prudent dans l'état actuel de la nation.

— Je répète, s'écria le presbytérien, qu'on peut voir se lever des êtres pires que les Cavaliers, et je prouve ce que je dis. — Le diable est pire que le pire des Cavaliers qui ait jamais porté une santé ou proféré un blasphème. — Et le diable s'est levé à la loge de Woodstock.

— C'est la vérité, dit le maire; il s'y est montré visiblement, corporellement et sous ses propres traits. — Dans quel temps nous vivons!

— Messieurs, je ne sais réellement comment je dois vous comprendre, dit le colonel Everard.

— C'était précisément du diable que nous voulions vous parler, dit le maire; mais le digne ministre est toujours si ardent sur le chapitre des sectaires.....

— Qui sont les enfans du diable, et qui participent presque à sa nature, s'écria Holdenough. Mais il est très-vrai que l'accroissement de ces sectes a amené le malin esprit sur la surface de la terre, afin de veiller à ses intérêts au milieu de ceux qui les font prospérer.

— Maître Holdenough, dit le colonel, si vous parlez par figures, je vous ai déjà dit que je n'ai ni les moyens ni les connaissances nécessaires pour modérer le feu de ces dissensions religieuses. Mais si vous voulez parler d'une véritable apparition du démon, il m'est permis de croire qu'un

---

[1] Chevaliers du bon temps de la chevalerie poétique. — Éd.

homme comme vous, armé de votre doctrine et de votre science, est un antagoniste plus convenable à lui opposer qu'un soldat comme moi.

— Vous avez raison, monsieur, répondit le ministre, et j'ai assez de confiance dans la mission que j'ai reçue pour me mettre en campagne contre l'esprit malin sans un instant de délai. Mais l'endroit où il s'est montré étant Woodstock, et cet endroit étant rempli de ces gens dangereux et impies dont je me plaignais tout à l'heure, quoique j'osasse argumenter contre leur tout-puissant maître lui-même, cependant je ne crois pas, sans votre protection, digne colonel, pouvoir me présenter avec prudence devant ce taureau menaçant et furieux, Desborough, cet ours dévorant et sanguinaire, Harrison, ou ce froid et venimeux serpent, Bletson, qui sont tous trois maintenant à la Loge, y vivant à discrétion, regardant tout ce qui s'y trouve comme un butin leur appartenant; et, comme tout le monde le dit, le diable y est venu pour faire partie carrée avec eux.

— Digne et noble colonel, reprit le maire, ce que vous dit maître Holdenough est l'exacte vérité. — Nos privilèges sont déclarés nuls, — on saisit nos bestiaux jusque dans les pâturages; — on parle d'abattre et de détruire le beau parc qui a fait si long-temps les plaisirs de tant de rois, ce qui mettrait Woodstock sur le même niveau que le plus misérable village. — Je vous assure que nous avons appris votre arrivée avec grande joie, et nous étions surpris de vous voir vous tenir renfermé dans cette auberge. Nous ne connaissons, dans cette extrémité, que votre père et vous qui puissiez vous montrer les amis des pauvres bourgeois de cette ville, puisque toute la noblesse des environs n'est composée que de malveillans dont les biens sont séquestrés. Nous espérons donc que vous interviendrez en notre faveur.

— Certainement, monsieur le maire, répondit le colonel, qui vit avec plaisir que ses désirs étaient prévenus. — J'avais précisément dessein d'intervenir dans cette affaire, et je ne me suis tenu à l'écart que parce que j'attendais pour agir les ordres du lord général.

— Les ordres du lord général! répéta le maire, poussant un coude contre les côtes du ministre; entendez-vous cela? Quel coq osera combattre ce coq? Nous leur ferons la barbe à présent; et Woodstock sera toujours Woodstock.

— Ne mettez pas votre coude en contact avec mes côtes, monsieur le maire, dit le presbytérien, mécontent du geste dont le magistrat avait accompagné ses paroles; et fasse le ciel que Cromwell ne soit pas aussi dur pour le peuple anglais que vos os à mes flancs! cependant j'approuve que nous nous servions de son autorité pour mettre un frein à la conduite des gens dont je viens de parler.

— Hé bien! partons sur-le-champ, dit le colonel Everard; je me flatte que nous trouverons ces messieurs raisonnables et obéissans.

Les deux fonctionnaires laïque et ecclésiastique y consentirent avec grande joie, et le colonel demanda à Wildrake sa rapière et son manteau, comme s'il eût véritablement occupé près de lui la place subordonnée qu'il était censé remplir. Cependant le malin Cavalier, tout en lui rendant ce service, trouva le moyen de pincer légèrement le bras de son ami, pour maintenir ainsi secrètement le niveau de l'égalité entre eux.

Le colonel, en traversant les rues, fut salué avec respect par un grand nombre d'habitans inquiets, qui semblaient regarder son intervention comme le seul moyen de prévenir la confiscation et la ruine de leur beau parc, et de conserver les droits et privilèges de la ville et des citoyens.

— Que me disiez-vous d'une apparition qui a eu lieu en cet endroit? demanda le colonel à ses compagnons en entrant dans le parc.

— Comment! colonel, répondit le ministre; vous savez vous-même que Woodstock a toujours été hanté par des esprits.

— J'y ai vécu bien du temps, dit Everard, et je sais que je n'y en ai jamais vu le moindre symptôme, quoique les oisifs parlassent de la Loge comme on parle de tous les vieux châteaux, et qu'ils en remplissent les appartemens d'esprits et de spectres pour tenir la place des grands personnages qui les ont occupés autrefois.

— J'espère, digne colonel, reprit le presbytérien, que vous n'êtes pas infecté du péché dominant aujourd'hui, et que vous ne fermez pas les yeux aux témoignages rendus en faveur des apparitions, dont il n'y a que les athées et les avocats de la sorcellerie qui puissent douter.

— Je ne voudrais pas refuser positivement, dit le colonel, de croire ce qui est généralement affirmé; mais mon caractère me porte à douter de la vérité de la plupart des histoires de cette sorte que j'ai entendu raconter, et jamais ma propre expérience ne m'en a confirmé aucune.

— Vous pouvez pourtant m'en croire, riposta Holdenough; il y a toujours eu à Woodstock un démon d'une espèce ou d'une autre. Il ne se trouve dans la ville ni un homme ni une femme qui n'ait ouï raconter quelques histoires des apparitions qui ont eu lieu dans la forêt ou dans le vieux château. Tantôt on y entend les aboiemens d'une meute de chiens, les cris des chasseurs, le son des cors, le galop des chevaux, d'abord dans l'éloignement, et ensuite de plus près. — Quelquefois vous rencontrez un chasseur solitaire qui vous demande si vous savez de quel côté est allé le cerf. C'est ce que nous appelons *Dæmon meridianum*, le spectre de midi.

— Révérend maître Holdenough, dit le colonel, j'ai demeuré bien long-temps à Woodstock, j'ai traversé le parc à toutes les heures du jour, et je puis vous assurer que toutes les histoires qu'on débite à ce sujet ne sont que le résultat de la folie, de la superstition et de la crédulité.

— Une négation ne prouve rien, colonel, répliqua le ministre. Je vous demande pardon, mais de ce que vous n'avez rien vu de semblable dans le parc, s'ensuit-il qu'on doive rejeter le témoignage positif d'une vingtaine de personnes qui déclarent avoir vu? — D'ailleurs, il y a aussi le *Dæmon nocturnum*, le spectre des ténèbres, et il s'est montré la nuit dernière au milieu de ces indépendans et de ces schismatiques. — Oui, colonel, vous pouvez me regarder, mais c'est une chose certaine. — Qu'ils essaient, les profanes! s'ils se mettront en peine du don de prière et d'exhortation qu'ils se vantent d'avoir reçu du ciel! — Non, monsieur, non; pour maîtriser le malin esprit il faut avoir une connaissance compétente de la théologie et des belles-lettres humaines, avoir reçu une éducation cléricale régulière, et avoir été convenablement appelé au saint ministère.

— Je ne doute nullement, dit le colonel, que vous n'ayez toutes les qualités requises pour chasser efficacement le démon ; mais je persiste à croire que quelque étrange méprise a occasioné cette confusion parmi eux, si elle a réellement existé. Bien certainement Desborough est assez stupide, et Harrison est assez fanatique pour tout croire ; mais d'une autre part, ils ont avec eux Bletson, qui ne croit rien. — Et vous, monsieur le maire, que savez-vous de cette histoire ?

— Que ce fut M. Bletson lui-même qui donna la première alarme, répondit le magistrat, ou du moins qui la donna distinctement. — Il est bon que vous sachiez, monsieur, que j'étais au lit seul avec ma femme, et aussi bien endormi qu'on peut désirer de l'être à deux heures après minuit, quand on vint frapper à ma porte à coups redoublés pour m'avertir qu'il y avait une alarme à Woodstock, et que la cloche du château, à cette heure, sonnait aussi fort qu'on l'avait jamais entendue sonner pour annoncer à la cour celle du dîner.

— Fort bien, mais quelle était la cause de cette alarme ?

— Vous allez le savoir, digne colonel, vous allez le savoir, répliqua le maire en faisant un geste de la main avec dignité ; car c'était un de ces hommes qu'on ne peut jamais faire marcher plus vite que leur pas ordinaire. Mistress la mairesse voulait me persuader, par affection et tendresse pour moi, la pauvre femme, que quitter mon lit bien chaud à une pareille heure c'était m'exposer à une nouvelle attaque de mon ancienne douleur de lumbago, et que je ferais mieux de renvoyer les gens qui venaient troubler mon sommeil à l'alderman Dutton. — L'alderman de diable ! mistress la mairesse, lui répondis-je : — pardon, maître Holdenough, si je profère une telle parole devant Votre Révérence.—Croyez-vous que je sois homme à rester au lit pendant que la ville est en feu, que les Cavaliers sont insurgés, et qu'il y a le diable à confesser ? — Pardon encore une fois, maître Holdenough. — Mais nous voilà à la porte du palais, colonel : ne voulez-vous pas entrer ?

— Je voudrais d'abord arriver au bout de votre histoire, monsieur le maire, si toutefois elle en a un.

— Toute chose a un bout, digne colonel, et ce que nous appelons un poudding en a deux. — Votre Honneur me pardonnera d'être un peu facétieux. — Où en étais-je ? — Ah ! je sautai en bas de mon lit, et je mis mes culottes de pluche rouge et mes bas bleus ; car je me fais toujours un devoir d'être vêtu d'une manière conforme à ma dignité, colonel Everard, la nuit comme le jour, l'hiver comme l'été. J'emmenai les constables avec moi, en cas que l'alarme eût été occasionée par des rôdeurs de nuit ou des voleurs, et j'allai tirer de son lit le digne maître Holdenough, en cas que ce fût le diable, de sorte que j'étais préparé pour le pire. Nous partîmes, et bientôt nous entendîmes marcher sur nos talons les soldats qui sont venus dans notre ville avec maître Tomkins ; car on leur avait fait prendre les armes, et ils se rendaient à la Loge aussi vite que leurs jambes pouvaient les porter. Alors je fis signe à mes gens de les laisser passer avant nous ; et j'avais pour cela une double raison.

— Une seule me suffira, pourvu qu'elle soit bonne, monsieur le maire. — Vous désiriez sans doute que les Habits-Rouges commençassent la besogne.

— C'est cela, monsieur, c'est cela, et même qu'ils la finissent, attendu que c'est leur métier de se battre. Néanmoins, nous continuâmes à marcher d'un pas lent, en hommes déterminés à faire leur devoir sans se laisser influencer par la crainte ou par la faveur ; mais tout à coup nous aperçûmes quelque chose de blanc qui s'avançait à grands pas sur l'avenue conduisant à la ville, et mes six constables prirent la fuite sur-le-champ, croyant que c'était l'apparition connue sous le nom de la Femme Blanche de Woodstock.

— Entendez-vous cela, colonel ? dit Holdenough. Je vous ai dit que des démons de plus d'une espèce hantaient cet ancien théâtre des débauches et des cruautés des rois.

— J'espère, monsieur le maire, dit Everard, que vous sûtes maintenir votre terrain ?

— Je..... oui..... très-certainement..... c'est-à-dire, à

parler vrai, je ne maintins pas mon terrain, car je battis en retraite, mais honorablement et sans désordre, colonel; et je me postai, avec le clerc de la ville, derrière le digne M. Holdenough, qui, avec le courage d'un lion, attendit le spectre supposé, et l'assaillit avec un tel déluge de latin que le diable en aurait été effrayé, ce qui nous fit découvrir que ce n'était ni le diable, ni la Femme Blanche, ni une femme de quelque couleur que ce soit, mais l'honorable maître Bletson, membre de la chambre des communes, et l'un des commissaires envoyés ici pour mettre le malheureux séquestre sur la forêt, le parc et la Loge de Woodstock.

— Et c'est tout ce que vous avez vu du diable?

— Oui vraiment; et je n'avais nulle envie d'en voir davantage. — Cependant nous reconduisîmes à la Loge maître Bletson, comme c'était mon devoir, et chemin faisant, il murmurait toujours qu'il avait rencontré une troupe de diables incarnés, en habits rouges, qui s'y rendaient, quoique, suivant mon premier jugement, ce fussent plutôt les dragons indépendans que nous avions laissés passer avant nous.

— Et je ne crois pas qu'on puisse voir de diables plus incarnés! s'écria Wildrake, qui ne put se condamner plus long-temps au silence.

Cette nouvelle voix, qui se fit entendre tout à coup, montra combien les nerfs du bon magistrat étaient encore susceptibles d'alarme, car il tressaillit, et fit un saut de côté, avec une légèreté dont, à la première vue, on n'aurait jamais cru que pût être capable un homme qui réunissait l'embonpoint à la dignité. Everard imposa silence à son compagnon indiscret, et, désirant savoir quelle avait été la conclusion de cette étrange histoire, il pria le maire de lui apprendre comment l'affaire s'était terminée, et s'il avait arrêté le spectre supposé.

—Vraiment, monsieur, répondit le maire, maître Holdenough a montré un courage inouï en faisant face au diable en quelque sorte, et en le forçant à paraître sous la forme réelle de maître Josué Bletson, membre du parlement pour le bourg de Littlefaith.

— Au fait, monsieur le maire, dit le presbytérien, j'ignorerais étrangement les privilèges que me donne la mission que j'ai reçue d'en haut si je me faisais valoir pour avoir le courage d'attaquer Satan sous sa forme naturelle ou sous celle de quelque indépendant que ce soit. Je les défie tous, au nom de celui que je sers; je leur crache au visage et je les foule aux pieds. — Mais comme notre digne maire est un peu long dans sa narration, colonel Everard, j'informerai brièvement Votre Honneur que nous ne vîmes le grand ennemi, la nuit dont il s'agit, que par ce que nous dit maître Bletson dans le premier moment de terreur, et par ce que nous conclûmes du désordre dans lequel nous trouvâmes le colonel Desborough et le major-général Harrison.

— Dans quel état les avez-vous donc trouvés? demanda le colonel.

— Il ne fallait qu'ouvrir la moitié d'un œil pour voir qu'ils venaient de livrer un combat dans lequel ils n'avaient pas remporté la victoire ; car le général Harrison se promenait en long et en large dans l'appartement, l'épée nue à la main, se parlant à lui-même; sa veste était déboutonnée, ses aiguillettes dénouées, ses jarretières lui tombant sur les pieds et le faisant chanceler à chaque pas; il grimaçait comme un singe ou comme un fou d'acteur. Desborough était assis, ayant devant lui une bouteille qu'il venait de vider, et qui ne lui avait laissé ni assez de bon sens pour parler, ni donné assez de courage pour jeter un coup d'œil derrière lui. Il tenait en main une Bible, comme s'il eût voulu livrer bataille au malin esprit; mais hélas! je regardai par-dessus son épaule, et je vis que le pauvre homme la tenait à rebours. C'était comme si un de vos fusiliers, noble et respectable colonel, présentait à l'ennemi la crosse de son mousquet.

— Ah! ah! ah! — c'était un spectacle d'après lequel on pouvait juger des schismatiques sous le rapport de la tête et du cœur comme sous celui de la science et du courage. Ah! colonel! comme il était facile alors de distinguer le véritable caractère d'un légitime pasteur des âmes de celui de ces misérables qui sautent dans la bergerie sans autorisation légale pour se mêler de prêcher, d'enseigner, d'exhorter, et qui osent, les blasphémateurs qu'ils sont, appeler la doctrine de l'Eglise un potage sans sel et un os décharné!

— Je ne doute pas que vous ne fussiez prêt à vous exposer au danger, monsieur; mais je voudrais savoir en quoi ce danger consistait, et quelles circonstances pouvaient le faire craindre.

— Etait-ce à moi à faire une pareille question? s'écria le ministre avec un air de triomphe. Est-ce à un brave soldat à demander quel est le nombre de ses ennemis et de quel côté ils arrivent?—Non, monsieur; j'étais là, le canon pointé, la mèche allumée, prêt à lancer les boulets de la parole divine contre autant de diables que l'enfer aurait pu en vomir, eussent-ils été aussi nombreux que les atômes qu'on voit danser à travers un rayon de soleil, fussent-ils venus à la fois des quatre points cardinaux. — Les papistes parlent de la tentation de saint Antoine, — belle chose! — Qu'ils doublent le nombre des myriades d'esprits infernaux que le cerveau déréglé d'un peintre flamand a inventés : et vous trouverez un pauvre ministre presbytérien, — je réponds d'un au moins, — qui, non par sa propre force, mais par la volonté de son maître, les recevra de telle manière qu'au lieu de revenir à la charge jour après jour et nuit après nuit, comme ils le firent à l'égard de ce pauvre saint, ils s'enfuiront confus et désespérés jusqu'au fond de l'Assyrie.

— Mais je voudrais savoir si vous avez vu quelque chose sur quoi vous ayez pu exercer votre pieux courage.

— Vu?— Non, je n'ai rien vu, et n'ai cherché à rien voir. Comme les voleurs n'attaquent pas les voyageurs bien armés, de même les démons et les mauvais esprits ne se hasardent pas à assaillir celui qui porte dans son sein la parole de vérité dans la langue où elle a été dictée. Oui, monsieur, ils fuient un théologien qui peut entendre le saint texte, comme on dit qu'un corbeau se tient hors de portée d'un fusil chargé de gros plomb.

Les interlocuteurs étaient retournés un peu sur leurs pas pour se donner le temps de continuer cette conversation, et le colonel, voyant qu'elle ne conduisait à aucune explication satisfaisante de l'alarme qui avait eu lieu la veille, dit à ses compagnons qu'il était temps d'aller à la Loge, et il en reprit le chemin.

Le jour commençait à tomber, et les tours de Woodstock s'élevaient bien au-dessus du dôme de feuillage que la forêt étendait autour de cette antique et vénérable demeure. Dans l'intérieur d'une des plus hautes de ces tours, qu'on distinguait d'autant plus aisément qu'elle se dessinait sur un firmament d'azur, on voyait briller une lumière semblable à celle que produirait une chandelle. Le maire l'aperçut, s'arrêta sur-le-champ, saisit fortement le bras du ministre d'une main, et de l'autre celui du colonel Everard, et dit à la hâte en tremblant, mais à voix basse :

— Voyez-vous cette lumière?

— Oui sans doute, je la vois, répondit Everard, — et qu'importe? — une lumière placée dans une chambre, au haut d'une tour, dans un vieux château comme Woodstock, n'est pas un phénomène, il me semble.

— Mais une lumière dans la tour de Rosemonde en est un, répliqua le magistrat.

— Cela est vrai, dit le colonel un peu surpris, quand, après un examen attentif, il eut reconnu que le digne maire ne se trompait pas dans sa conjecture. — C'est véritablement la tour de Rosemonde; et comme le pont-levis par où seulement on pouvait y entrer a été détruit il y a plus d'un siècle, il est difficile de dire quel hasard peut avoir placé une lumière dans un endroit inaccessible.

— Cette lumière n'est pas alimentée par des combustibles terrestres, dit le maire; — elle n'est produite ni par l'huile de baleine ou d'olive, ni par la cire, ni par la graisse de mouton. — Je vendais de toutes ces denrées, colonel, avant d'être maire de Woodstock; et je puis vous assurer que je suis en état de distinguer l'espèce de lumière que donne chacune d'elles, à une plus grande distance que nous ne sommes de cette tour. — Regardez bien, ce n'est pas une flamme de ce monde. — Ne voyez-vous pas sur les bords quelque chose de bleu et de rouge? — C'en est bien assez pour démontrer d'où elle vient. — Colonel, mon avis est que nous retournions souper à la ville, et que nous laissions le diable et les Habits-Rouges arranger leurs affaires ensemble cette nuit. Nous reviendrons demain matin, et alors nous dirons deux mots au parti qui sera resté en possession du champ de bataille.

— Vous ferez ce qu'il vous plaira, monsieur le maire, répondit Everard ; mais mon devoir exige que je voie ce soir les commissaires.

— Et le mien est de faire face à l'ennemi, s'il ose se montrer à moi, ajouta Holdenough. — Je ne suis nullement surpris que, sachant qui s'approche, il se soit retiré dans un fort inaccessible, dans la citadelle et la dernière défense de cet ancien château. — Il est difficile à contenter, je vous en réponds, et il aime à faire son séjour dans les endroits qui sentent la luxure et le meurtre. Or c'est dans cette tour que pécha Rosemonde. — C'est dans cette tour qu'elle fut assassinée. — C'est dans cette tour qu'elle se montre encore, ou plutôt que l'ennemi se montre sous sa forme, comme je l'ai entendu dire à des personnes véridiques de Woodstock. — Je vous suivrai, brave colonel ; — monsieur le maire agira comme bon lui semblera. — L'homme fort s'est fortifié dans sa maison ; mais en voilà un plus fort que lui qui arrive.

— Quant à moi, qui ne suis pas plus savant que belliqueux, dit le magistrat, je ne veux avoir à combattre ni les puissances de la terre ni le prince des puissances de l'air, et je retournerai à Woodstock. — Ecoute, mon camarade, dit-il à Wildrake en lui frappant sur l'épaule, je te donnerai un shilling mouillé et un shilling sec si tu veux me reconduire jusque chez moi.

— Ventrebleu ! maître maire, s'écria Wildrake, peu flatté de la familiarité du magistrat, et n'étant nullement séduit par sa munificence, — je ne sais qui diable nous a rendus camarades, vous et moi. — D'ailleurs, croyez-vous que je voulusse retourner à Woodstock avec votre vénérable tête de morue, quand, avec un peu d'adresse, je puis espérer de jeter un coup d'œil sur cette belle Rosemonde, et voir si elle était réellement douée de cette beauté parfaite et incomparable que lui prêtent les rimeurs et les faiseurs de ballades ?

— Parlez en termes moins frivoles et moins profanes, l'ami dit le ministre. — Nous devons résister au diable afin de le chasser loin de nous; mais nous ne devons ni nous mêler de ses affaires, ni entrer dans ses conseils, ni trafiquer des marchandises de sa grande foire de vanité.

— Faites attention à ce que vous dit ce digne homme, reprit le colonel; et ayez soin, une autre fois, que votre esprit ne l'emporte pas sur la discrétion.

— Je suis très-reconnaissant de l'avis du révérend ministre, répondit Wildrake, à la langue duquel il était difficile de mettre un frein, même quand le soin de sa propre sûreté l'exigeait le plus impérieusement; — mais, ventrebleu! quelque expérience qu'il puisse avoir acquise en combattant contre le diable, il n'en a jamais vu un aussi noir que celui contre lequel j'ai eu à escarmoucher — il n'y a pas cent ans.

— Comment! l'ami, dit le presbytérien qui prenait à la lettre tout ce qu'il entendait dire relativement aux apparitions, — Satan vous a-t-il visité si récemment? je n'en suis que plus surpris que vous osiez prononcer son nom aussi légèrement et aussi fréquemment par habitude. — Mais où et quand avez-vous vu le malin esprit?

Everard se hâta de prendre la parole, de crainte que son imprudent compagnon, en faisant quelque allusion encore plus forte à Cromwell, et par une folle inconséquence, ne laissât soupçonner l'entrevue qu'il avait eue avec le général.

— Ce jeune homme extravague, dit-il; — il veut parler d'un rêve qu'il a fait pendant une nuit que lui et moi nous avons passée à la Loge, dans l'appartement de Victor Lee, qui fait partie de celui du grand-maître de la capitainerie.

— Grand merci, patron; je vois que vous ne me manquerez pas au besoin, dit Wildrake à l'oreille de son ami, qui cherchait en vain à s'en débarrasser; — une glissade à côté de la vérité n'effraie jamais nos fanatiques.

— Vous aussi, digne colonel, reprit le ministre, vous avez parlé un peu trop légèrement à ce sujet, vu l'ouvrage que nous avons en main. Croyez-moi, il est plus vraisemblable que ce jeune homme, votre serviteur, a eu une vision qu'un rêve dans cet appartement; car j'ai toujours entendu dire qu'après la tour dans laquelle, comme je l'ai déjà dit, Rosemonde pécha, et où elle fut empoisonnée par la reine Eléonore, la chambre de Victor Lee était l'endroit de toute la Loge le plus fréquenté par les mauvais esprits. — Je vous prie, jeune homme, de me dire quel était le sujet de ce songe, ou, pour mieux dire cette vision.

— De tout mon cœur, monsieur, répondit Wildrake; et se tournant vers le colonel, qui ouvrait la bouche pour l'interrompre : — Allons, monsieur, lui dit-il, je vous ai laissé toute la conversation une heure entière; pourquoi ne pourrais-je pas prendre le dé à mon tour? Par les ténèbres, si vous me condamnez plus long-temps au silence, je me ferai indépendant, et je prêcherai en dépit de vous en faveur de la liberté du jugement de chacun. Hé bien, très-révérend ministre, je rêvais que j'assistais à un divertissement mondain appelé le combat du taureau. Il me semblait voir les chiens attaquer l'animal aussi bravement que je l'ai jamais vu à Tutbury, et entendre dire que le diable était venu pour voir le combat. Hé bien, ventrebleu, pensais-je, je ne serai pas fâché de lorgner un instant Sa Majesté Infernale. Je regardai donc de tous côtés, et je vis un boucher, en habit graisseux d'étoffe de laine, ayant son grand couteau à son côté, mais ce n'était pas le diable. Je vis ensuite un Cavalier ivre, la bouche pleine de juremens, l'estomac vide, ayant une veste galonnée en or qui avait fait du service, et un vieux chapeau surmonté d'un reste de plumet; et ce n'était pas encore le diable. Plus loin était un meunier, ayant les mains couvertes de farine, dont il n'y avait pas un seul grain qu'il n'eût volé, et un cabaretier dont le tablier vert était souillé de taches de vin, dont chaque goutte était frelatée, mais aucun de ces artisans d'iniquité n'était le vieux Satan que je cherchais. Enfin, monsieur, j'aperçus un grave personnage dont les cheveux étaient tondus de très-près sur la tête, montrant une paire de longues oreilles, ayant sous le menton un rabat aussi large qu'une bavette d'enfant, portant un habit brun recouvert d'un manteau génevois, et sur-le-champ le vieux Nick [1] parut à mes yeux sous son costume véritable, car...

— Fi! fi! s'écria le colonel Everard; parler ainsi devant un ministre, devant un vieillard!

— Laissez-le terminer, dit le ministre avec une égalité d'ame parfaite; votre ami ou votre secrétaire s'amuse à plaisanter; je n'aurais pas la patience qui convient à ma profession si je ne savais supporter une vaine raillerie, et pardonner à celui qui se la permet. Mais si, d'une autre part, l'Ennemi s'est réellement présenté à lui sous le costume qu'il décrit, pourquoi serions-nous surpris que celui qui peut se revêtir de la forme d'un ange de lumière fût aussi en état de prendre celle d'un mortel fragile et pécheur, dont la vocation et la profession spirituelle devraient, à la vérité, le porter à rendre sa vie digne de servir de modèle aux autres, mais dont la conduite (telle est l'imperfection de notre nature, quand elle n'est point aidée par le secours de la grace) nous présente quelquefois plutôt un exemple de ce que nous devons éviter?

— Par la messe! honnête Dominie [2], je veux dire respectable ministre, je vous demande dix mille pardons, s'écria Wildrake, touché des reproches sans aigreur du presbytérien. Par saint George! s'il ne faut pour cela que de la patience, vous êtes en état de faire une partie de fleurets avec le diable lui-même, et je me contenterais de tenir les enjeux.

Comme il finissait des excuses qui n'étaient certainement pas sans motif légitime, et qui parurent être prises en très-bonne part, ils étaient près de la porte extérieure de la Loge, et une sentinelle qui était de garde les salua d'un — Qui va là? — prononcé d'une voix forte.

— Ami, répondit le colonel Everard.

— Halte-là, ami! répliqua le factionnaire; et il appela le caporal de garde.

Le sous-officier arriva, et ayant demandé qui étaient ceux qui se présentaient, le colonel lui dit son nom et ceux de ses compagnons.

---

(1) Le Diable.
(2) Titre ironique donné à un maître d'école, à un ministre, etc. — ED.

— Je ne doute pas, répondit le caporal, que je ne reçoive l'ordre de vous admettre à l'instant; mais il faut d'abord que je fasse mon rapport à M. Tomkins, afin qu'il informe Leurs Honneurs de votre arrivée.

— Comment, monsieur! s'écria Everard, avez-vous dessein, sachant qui je suis, de me laisser à la porte jusqu'à ce que toutes ces formalités aient été remplies?

— Si Votre Honneur veut entrer, je ne m'y opposerai pas, répliqua le caporal, pourvu que vous me garantissiez de toute responsabilité pour avoir manqué à ma consigne.

— En ce cas, faites votre devoir, dit le colonel. Mais les Cavaliers sont-ils donc en campagne? Quel motif vous a fait donner une consigne si stricte et si rigoureuse?

Le caporal ne répondit pas distinctement; on l'entendit seulement murmurer entre ses moustaches quelque chose de l'Ennemi et du lion rugissant qui cherche une proie pour la dévorer.

Un instant après Tomkins arriva, suivi de deux domestiques portant des lumières dans de grands chandeliers de cuivre. Ils marchèrent devant le colonel et ses compagnons, se serrant l'un contre l'autre et se coudoyant involontairement, en traversant divers corridors pour gagner un grand escalier en bois dont les appuis et la rampe étaient en chêne noir. Après l'avoir monté, ils entrèrent dans un grand salon où brûlait un feu énorme, et éclairé par une douzaine de grosses chandelles placées dans des branches de candelabres le long des murs. C'était là qu'étaient assis les commissaires alors en possession de la Loge et du domaine royal de Woodstock.

CHAPITRE XI.

« L'ours, monstre indépendant, informe, mal léché,
« Grommelait sourdement son discours ébauché ;
« Le singe, près de lui, vrai miroir de l'athée,
« Imitait tour à tour chaque secte en Protée,
« Quoique pour lui d'aucune il n'eût encor fait choix. »
DRYDEN. *La Biche et la Panthère* [1].

La grande clarté qui régnait dans le salon dont nous venons de parler fit qu'Everard reconnut aisément Desborough, Harrison et Bletson. Ils étaient assis devant une grande table de chêne, placée près du feu, sur laquelle on voyait du vin, de l'ale, et tout ce qu'il fallait pour fumer, seuls plaisirs qu'on se permît alors généralement. Une espèce de buffet mobile, très-élevé, était placé entre la table et la porte. On s'en servait autrefois pour y placer la vaisselle d'argent, dans les grandes occasions ; mais en ce moment il n'était destiné qu'à tenir lieu de paravent, et il remplaçait ce meuble si efficacement, qu'Everard, avant d'en avoir fait le tour, eut le temps d'entendre Desborough dire avec sa grosse voix rauque :

— Il l'envoie pour partager avec nous, j'en réponds. — C'est toujours la manière de Son Excellence mon beau-frère. — Quand il ordonne un dîner pour cinq amis, il invite plus de monde que la table n'en peut tenir. — Je l'ai vu inviter trois personnes à dîner avec deux œufs.

— Chut ! chut ! dit Bletson ; et les deux domestiques, sortant de derrière le grand buffet, annoncèrent le colonel Everard. — Le lecteur ne sera peut-être pas fâché de connaître un peu mieux la compagnie dans laquelle il va se trouver.

(1) On sait que ce poëme religieux de Dryden est une satire contre les diverses sectes religieuses personnifiées sous forme d'animaux. — ED.

Desborough était un homme robuste, à cou de taureau, de moyenne taille, ayant des traits communs, de gros sourcils grisonnans, et des yeux affligés de glaucome [1]. La fortune de son puissant beau-frère ayant rejailli sur lui, il se faisait remarquer par la richesse d'un costume beaucoup plus orné que ne l'était en général celui des Têtes-Rondes. Il avait un manteau brodé, une cravate garnie de dentelles; son chapeau était surmonté d'une grande plume attachée avec une agrafe d'or; en un mot, tous ses vêtemens auraient mieux convenu à un courtisan qu'à un officier de l'armée parlementaire. Mais Dieu sait combien l'air de grace et de dignité que donne la cour était loin de briller dans l'extérieur et les manières de ce personnage, à qui son beau costume allait aussi bien que l'armure dorée va au pourceau sur certaine enseigne [2].

Ce n'était pas qu'il fût précisément difforme, examiné en détail; mais tous ses membres semblaient agir d'après des principes différens et contradictoires; et ils n'étaient pas, comme le dit un auteur comique, — dans une juste *concaténation* [3]. En un mot, pour employer une comparaison un peu extravagante, les membres du colonel Desborough paraissaient ressembler aux représentans mécontens d'un congrès fédératif plutôt qu'aux divers ordres bien unis et bien ordonnés d'un Etat monarchique, où chacun est à sa place, et obéit aux ordres d'un chef commun.

Le général Harrison, le second des commissaires, était un homme de haute taille, maigre, et qui s'était élevé à ce haut rang dans l'armée et avait gagné les bonnes graces de Cromwell par une valeur à toute épreuve; il devait sa popularité à un enthousiasme exalté qui le distinguait, au milieu des saints guerriers, des sectaires et des indépendans.

Harrison était de basse extraction, et il avait exercé le métier de boucher comme son père. Cependant son air,

---

(1) Opacité du cristallin, etc. — Ed.

(2) Ces enseignes grotesques étaient autrefois très-fréquentes en Angleterre; elles sont remplacées aujourd'hui par des têtes historiques, celles de Wellington, de George, etc. — Ed.

(3) Expression de Goldsmith dans sa pièce intitulée *The stoops to conquer.* — Ed.

quoique grossier, n'était pas aussi commun que celui de
Desborough, qui avait tant d'avantage sur lui du côté de la
naissance et de l'éducation. Il avait une grande taille, comme
nous l'avons déjà dit, et une force qui y répondait; il était
bien fait; et, quoique ses manières eussent un caractère de
rudesse militaire, elles pouvaient le faire craindre, mais non
le rendre un objet de mépris et de ridicule. Son nez aquilin
et ses grands yeux noirs donnaient du relief à une physionomie qui d'ailleurs n'était pas très-régulière; et l'enthousiasme sauvage qui tantôt brillait dans ses regards quand il
communiquait ses opinions aux autres, tantôt semblait sommeiller sous ses longs cils noirs quand il était absorbé dans
ses réflexions, prêtait quelque chose d'imposant et même de
noble à son aspect.

Il était un des principaux chefs des fanatiques qu'on appelait les hommes de la cinquième monarchie, qui, allant
même au-delà du fanatisme de ce siècle, avaient la présomption d'interpréter au gré de leur imagination le livre de
l'Apocalypse, regardaient le second avénement du Messie et
le Millénaire, ou le règne des saints sur la terre, comme sur
le point d'arriver; ils s'étaient persuadé qu'étant doués,
comme ils le croyaient, de la faculté de prévoir ces événemens prochains, ils étaient eux-mêmes les instrumens choisis
pour l'établissement du nouveau règne ou de la cinquième
monarchie, et se trouvaient destinés à en obtenir tous les
honneurs, soit spirituels, soit temporels.

Lorsque cet esprit d'enthousiasme, qui agissait sur lui
comme une démence partielle, n'affectait pas immédiatement son esprit, Harrison était un homme aussi habile dans
les voies du monde que bon soldat. Il ne laissait échapper
aucune occasion d'améliorer sa fortune; et, en attendant
l'exaltation de la cinquième monarchie, il servait volontiers
d'instrument pour établir le pouvoir suprême de Cromwell.
Il serait difficile de dire s'il le devait à sa première profession
et à l'habitude de voir avec indifférence les animaux souffrir
et leur sang couler, à ses dispositions naturelles et à son
manque de toute sensibilité, ou enfin au caractère particulier de son fanatisme qui lui faisait regarder ceux qui s'op-

posaient à lui comme s'opposant à la volonté divine, et, par conséquent, ne méritant ni pitié ni merci ; mais chacun convenait qu'après une victoire ou la prise d'assaut d'une ville Harrison était un des hommes les plus cruels et les plus sanguinaires de l'armée de Cromwell. Il avait toujours à la bouche quelque texte dont il faisait une fausse application pour autoriser le massacre des fuyards, et quelquefois même pour mettre à mort ceux qui s'étaient rendus prisonniers. On prétendait même que parfois le souvenir de quelques-unes de ces cruautés alarmait sa conscience et troublait les rêves de béatification auxquels son imagination se livrait.

Tel était ce digne représentant des soldats fanatiques qui remplissaient les rangs de ces régimens que Cromwell avait eu la politique de maintenir au complet, tandis qu'il avait fait réduire ceux dans lesquels les presbytériens avaient la prépondérance. Lorsque Everard entra, Harrison était assis à quelque distance de ses deux collègues, les jambes croisées et étendues devant le feu, le menton appuyé sur une main, et les yeux levés, comme s'il eût étudié avec la plus profonde gravité la sculpture du plafond gothique.

Il nous reste à parler de Bletson, qui, par l'extérieur et la figure, différait des deux autres. Sa mise n'était ni négligée ni recherchée, et l'on ne voyait sur lui aucune marque de rang ou de service militaire. La petite épée qu'il portait semblait avoir uniquement pour but de le faire reconnaître comme gentilhomme, sans que sa main eût la moindre envie de se familiariser avec la poignée, ou que ses yeux désirassent faire connaissance avec la lame. Il avait l'air fin, le visage maigre et marqué de quelques rides, gravées moins par l'âge que par l'habitude de la réflexion ; et le ricanement perpétuel de sa physionomie, même quand il cherchait le moins à donner à ses traits l'expression du mépris, semblait dire à celui avec qui il conversait qu'il trouvait en Bletson un homme dont l'intelligence était bien supérieure à la sienne. C'était un triomphe obtenu par la force intellectuelle seulement ; car, dans toutes les controverses, Bletson évitait avec soin l'*ultima ratio* des coups de sabre ou de pistolet.

Cet homme pacifique avait été pourtant obligé de servir en personne dans l'armée parlementaire au commencement de la guerre civile ; mais, s'étant malheureusement trouvé en contact avec l'impétueux prince Rupert, la retraite qu'il fit fut jugée si précipitée, qu'il fallut tout le crédit de ses amis pour empêcher qu'il ne fût traduit en justice ou devant une cour martiale. Mais, comme Bletson était bon orateur, et que ses discours produisaient un grand effet dans la chambre des communes, qui était sa sphère naturelle, on oublia sa conduite à Edgehill, et il continua à prendre une part active dans tous les événemens politiques de ce temps d'agitation, mais sans s'exposer de nouveau aux chances douteuses de la guerre.

Les principes de théorie politique de Bletson l'avaient long-temps porté à épouser les opinions d'Harrison et de beaucoup d'autres, qui avaient conçu le projet visionnaire d'établir une république purement démocratique dans un pays aussi étendu que la Grande-Bretagne. C'était une idée folle, appliquée à une contrée où il existe une si énorme différence de rangs, d'habitudes, d'éducation et de mœurs, avec une disproportion si immense entre les fortunes, et où une grande partie de la population se compose des classes inférieures des habitans des villes et des districts manufacturiers, de ces hommes qui sont hors d'état de prendre à l'administration d'un Etat cette part qui doit appartenir à tous les membres d'une république, dans la véritable acception de ce mot. En conséquence, dès qu'on en eut fait l'expérience, il devint évident qu'une pareille forme de gouvernement ne pourrait être adoptée avec la moindre chance de stabilité, et la question se réduisit à savoir si le reste du long parlement, le Croupion, comme on l'appelait, ne formant plus, par la retraite d'un si grand nombre de ses membres, que quelque vingtaine d'individus, continuerait, en dépit du flux inverse de la popularité, à gouverner la Grande-Bretagne ; si cette assemblée jetterait tout dans la confusion en se déclarant dissoute, ou en convoquant un nouveau parlement, dont on ne pouvait prévoir ni les élémens qui le composeraient, ni les mesures qu'il pourrait prendre quand il serait assemblé; ou enfin si Cromwell, comme cela arriva, jetterait son épée dans la balance, et s'emparerait hardiment de cette autorité que ce qui restait du parlement était incapable de conserver, et craignait d'abandonner.

Telle étant la situation des partis, le conseil d'Etat, en distribuant les faveurs qui étaient à sa disposition, cherchait à apaiser et à satisfaire l'armée, comme un mendiant qui jette une croûte de pain à un chien qui gronde. Agissant d'après de telles vues, il avait nommé pour commissaires au séquestre de Woodstock, Desborough, pour satisfaire Cromwell, et Harrison pour plaire aux impétueux sectateurs de la cinquième monarchie; il leur avait adjoint Bletson comme républicain sincère, et comme formé du même levain que ceux qui le nommaient.

Mais, si les membres du conseil d'Etat et du parlement supposaient que Bletson eût la moindre intention de devenir martyr de son républicanisme, ou de s'exposer à quelque perte sérieuse pour maintenir ses opinions, ils ne connaissaient pas leur homme. Il avait sincèrement adopté leurs principes, et il n'y tenait pas moins depuis qu'ils avaient été reconnus impraticables, car une épreuve manquée ne convertit pas plus le spéculateur politique que l'explosion d'une cornue ne détrompe un alchimiste; mais Bletson n'en était pas moins prêt à se soumettre à Cromwell, ou à quiconque serait en possession actuelle de l'autorité. Il était véritablement en pratique sujet du pouvoir existant, et il faisait peu de différence entre les diverses espèces de gouvernement, pensant en théorie que tous étaient presque égaux en défauts, du moment qu'ils s'éloignaient du modèle tracé dans l'*Oceana* d'Harrington. Cromwell en était déjà sûr, comme de la cire amollie qu'on tient entre le doigt et le pouce, et dont on va se servir pour appliquer un sceau. Il souriait en lui-même en voyant le conseil d'Etat accorder des récompenses à Bletson, comme à un fidèle partisan, tandis qu'il était certain de son obéissance dès que le changement attendu dans le gouvernement aurait eu lieu.

Mais Bletson était encore plus attaché à ses principes métaphysiques qu'à sa croyance politique, et il portait ses idées sur la perfectibilité du genre humain aussi loin que ses opinions sur la perfection des gouvernemens. Et comme, dans ce dernier cas, il se déclarait contre tout pouvoir qui n'émanait pas du peuple même ; ainsi dans ses spéculations morales il ne voulait rapporter aucun des phénomènes de la nature à une cause finale. Il est vrai que, lorsqu'on le poussait un peu loin, Bletson était forcé de murmurer quelques mots inarticulés d'une doctrine inintelligible concernant un *animus mundi* [1], un pouvoir créateur par lequel la nature a, dans l'origine, créé tous ses ouvrages, et continue à les conserver. Quelques-uns des plus purs métaphysiciens, disait-il, rendaient hommage à ce pouvoir jusqu'à un certain point, et il n'était pas lui-même absolument porté à blâmer ceux qui, par l'institution de fêtes, de danses, de chants et de libations innocentes, pouvaient être disposés à célébrer cette grande déesse, la Nature : du moins danser, chanter, se divertir, étant des choses agréables pour tous les âges, autant valait qu'on dansât, qu'on chantât, qu'on se divertît à certains jours de fête marqués qu'à toute autre époque. Mais ce système modéré de religion ne devait se mettre en pratique qu'accompagné de tolérance, et personne ne devait être forcé de danser, de chanter et de boire, si son goût ne le portait pas à de semblables divertissemens, de même que personne ne devait être contraint à adorer le pouvoir créateur, soit sous le nom d'*animus mundi*, soit sous quelque autre dénomination que ce pût être. Il désavouait entièrement l'idée de l'intervention de la Divinité dans les affaires de ce monde, s'étant prouvé, à sa propre satisfaction, qu'elle ne devait son origine qu'aux prêtres. En un mot, sauf l'exception métaphysique dont il vient d'être parlé, M. Josué Bletson de Darlington, membre du parlement pour le bourg de Littlefaith [2], était aussi près de l'athéisme qu'il est possible à l'homme d'en approcher. Nous disons pourtant tout cela avec toutes réserves de fait et de droit ; car nous avons connu bien des gens superstitieux comme Bletson, quoique leurs craintes ne fussent sanctionnées par aucune foi reli-

---

(1) Une ame du monde. — Tr.
(2) Ce mot signifie *peu de foi*. — Ed.

gieuse. Les démons, dit-on, croient et tremblent; mais il y a sur la terre des êtres qui, dans une situation pire que les fils aînés de la perdition, tremblent sans croire, et craignent même en blasphémant.

Il en résultait naturellement que rien ne pouvait être regardé avec plus de mépris par M. Bletson que les querelles entre les épiscopaux et les presbytériens, et les débats sur les Indépendans, les Quakers, les Anabaptistes, les Muggletoniens, les Brownistes, et toutes les sectes diverses qui avaient commencé la guerre civile, et qui perpétuaient la discorde. C'était la même chose, disait-il, que si les bêtes de somme se disputaient entre elles sur la manière dont on a fait leurs brides et leurs licous, au lieu de saisir une occasion favorable pour s'en débarrasser. Il avait coutume de faire d'autres remarques ingénieuses et profondes, quand le temps et le lieu le permettaient; par exemple, dans le club appelé de la Rota, fréquenté par Saint-John, et établi par Harrington pour y discuter librement tout sujet politique ou religieux.

Mais quand Bletson était hors de cette académie, ou de cette forteresse de la philosophie, il prenait grand soin de ne pas porter le mépris pour le préjugé généralement établi en faveur de la religion et du christianisme plus loin qu'une objection couverte ou un sarcasme. S'il avait occasion de parler en particulier à un jeune homme ingénu et intelligent, il cherchait à en faire un prosélyte, et montrait beaucoup d'adresse pour séduire la vanité de l'inexpérience en lui représentant qu'un esprit comme le sien devait s'élever au-dessus des préjugés dont on l'avait nourri dans son enfance, et en l'assurant qu'un homme comme lui, en quittant la *bulla* de l'incapacité enfantine, pour le *latus clavus* [1] de la raison, comme Bletson le prétendait, devait examiner et se décider par lui-même. Il arrivait souvent que le jeune homme se laissait aller à adopter, en tout ou en partie, la doctrine du sage qui lui avait fait apercevoir son génie naturel, et qui l'avait pressé d'en faire usage pour examiner les choses par lui-même et découvrir la vérité. C'était ainsi que la flat-

---

(1) *Bulla*. Ornement d'or que portaient les jeunes Romains jusqu'à dix-sept ans — Le *latus clavus* ou *laticlave* remplaçait à cet âge la *bulla*.

terie gagnait à l'impiété des prosélytes que n'auraient pu faire l'éloquence la plus puissante et les sophismes les plus artificieux de l'incrédule.

Ces tentatives pour grossir les rangs de ceux qu'on appelait esprits forts et philosophes, Bletson, comme nous l'avons déjà dit, ne les faisait qu'avec des précautions suggérées par son caractère timide. Il savait que ses principes étaient suspects, et que ses démarches étaient surveillées par les deux principales sectes, celles des épiscopaux et des presbytériens, qui, quoique ennemies l'une de l'autre, l'étaient encore bien davantage de celui qui non-seulement s'opposait à l'établissement d'une Eglise sous quelque dénomination que ce fût, mais qui n'admettait même aucun des principes fondamentaux du christianisme. Il avait donc trouvé plus facile de se cacher parmi les indépendans, qui demandaient la liberté générale des consciences, ou une tolérance absolue, et dont la croyance, différant, sous tous les rapports et dans tous ses détails, de celle des autres sectaires, était portée par quelques-uns d'entre eux jusqu'à des erreurs si extravagantes qu'ils adoptaient à peu près toutes les conclusions des incrédules, parce que tous les extrêmes se touchent, dit-on.

Bletson était fort répandu parmi ces sectaires, et il avait tant de confiance dans sa logique et dans son adresse, qu'on présume qu'il avait conçu l'espoir d'amener à ses opinions l'enthousiaste Vane, et même Harrison, qui ne l'était pas moins, pourvu qu'il pût obtenir d'eux qu'ils renonçassent à leurs visions d'une cinquième monarchie, et qu'ils se contentassent du règne des philosophes en Angleterre pendant le cours naturel de leur vie, au lieu de celui des saints pendant le millénaire.

Tel était le singulier groupe dans lequel nous venons d'introduire le colonel Everard. Ces trois êtres montraient, par leurs opinions diverses, sur combien d'écueils la raison humaine peut faire naufrage quand elle a une fois perdu l'ancre que la religion lui prêtait. L'amour-propre ingénieux et la science mondaine de Bletson, de même que les conclusions que l'ignorance et la présomption faisaient tirer au sombre et grossier Harrison, les conduisant dans les deux extrêmes opposés de l'incrédulité et du fanatisme, tandis que Desborough, naturellement stupide, ne donnait pas même une pensée à la religion, ce dernier pouvait être comparé à un navire qu'une voie d'eau fait couler à fond dans la rade même, tandis que ses collègues allaient tous deux s'égarer loin du port, entraînés par des courans opposés. Que de fautes et de méprises avaient dû commettre le roi et les ministres, le parlement et ceux qui en étaient les meneurs, pour contribuer à placer au nombre des arbitres de la destinée de la Grande-Bretagne, des hommes dont les opinions étaient si dangereuses et le caractère si intéressé !

Ceux dont les argumens sont fondés sur l'esprit de parti mettront toutes les fautes d'un côté sans daigner jeter un regard sur celles qui se trouvent de l'autre. Ceux qui étudient l'histoire pour s'instruire reconnaîtront qu'il fallait le défaut de concessions de part et d'autre, et toute l'animosité mutuelle qui s'était déclarée entre le parti du roi et celui du parlement, pour renverser si complètement la balance de la constitution anglaise. Mais nous nous hâtons de quitter les réflexions politiques, d'autant plus que nous croyons que les nôtres ne seraient du goût ni des Whigs ni des Torys.

CHAPITRE XII.

« Trois forment un chapitre; et si, par déférence,
« Il faut d'un quatrième admettre la présence,
« Avec lui tout au moins qu'il apporte sa part. »
BEAUMONT et FLETCHER.

M. BLETSON se leva, et salua le colonel Everard avec l'aisance et la courtoisie d'un gentilhomme du temps, quoiqu'il fût, sous tous les rapports, fâché de le voir arriver, le regardant comme un homme religieux qui avait en horreur les principes des esprits forts, et dont la présence l'empêcherait de convertir à sa philosophie Harrison et même Desborough, tout stupide qu'était celui-ci. D'ailleurs Bletson connaissait Everard pour un homme d'une probité ferme, et qui ne serait nullement disposé à donner les mains à un projet sur lequel il avait déjà sondé ses deux collègues avec succès, et qui avait pour but d'assurer aux commissaires quelque petite indemnité secrète pour leurs peines. Le philosophe fut encore moins content de voir le magistrat et le pasteur qui l'avaient rencontré la nuit précédente quand il s'enfuyait de la Loge, *relictâ non benè parmulâ* [1], ayant oublié, dans sa précipitation, de prendre son manteau.

L'arrivée du colonel n'était pas plus agréable à Desborough qu'à Bletson; mais Desborough, qui ne croyait pas qu'il existât un homme capable de résister à la tentation de puiser dans un sac d'argent non compté, était surtout affecté péniblement par la pensée qu'attendu cette augmentation fâcheuse faite à leur nombre, le butin qu'on pouvait se promettre à Woodstock allait se diviser par quarts, au lieu d'être partagé par tiers. Cette réflexion ajouta à la gaucherie naturelle avec laquelle il murmura une sorte de bienvenue à Everard.

Pour Harrison, il resta impassible, en homme dont les pensées s'élevaient plus haut : il ne changea point d'attitude; ses yeux restèrent fixés sur le plafond, et rien n'annonça en lui qu'il se fût aperçu de l'entrée de nouveau-venus.

Cependant Everard s'assit à la table en homme qui sentait qu'il en avait le droit, et fit signe à ses trois compagnons de se placer du côté du bas bout. Wildrake, par méprise ou par distraction, prit place au-dessus du maire; mais un regard du colonel lui rappela le rôle qu'il jouait, et, se levant, il alla modestement se placer plus bas, en sifflant un air, ce qui fixa sur lui les yeux de toute la compagnie, étonnée d'une licence si peu convenable. Pour que rien ne manquât à son oubli du décorum, il prit une pipe, l'emplit de tabac, et fut bientôt enveloppé d'une atmosphère de fumée, d'où l'on vit peu après sortir une main qui saisit un pot d'ale, et le fit entrer

---

[1] *Ayant honteusement jeté son bouclier.* — Expression d'Horace en parlant de lui-même. — Éd.

dans ce sanctuaire des vapeurs. Après avoir bu fort à son aise, Wildrake remit le pot sur la table, et commença à renouveler le nuage qui s'était à demi dissipé pendant qu'il était différemment occupé.

Personne ne fit aucune observation sur sa conduite, probablement par égard pour le colonel : Everard lui-même se mordit les lèvres, mais garda le silence, craignant que le moindre reproche qu'il adresserait à son compagnon ne servît qu'à attirer quelque réponse qui caractériserait encore mieux le Cavalier. Cependant ce silence ayant quelque chose de gauche, et aucun des membres du trio, après les premiers complimens, ne paraissant disposé à le rompre, Everard leur dit enfin :

— Je présume, messieurs, que vous êtes un peu surpris de me voir arriver ici, et me placer en intrus dans votre compagnie.

— Et pourquoi diable en serions-nous surpris, colonel ? répondit Desborough. Nous connaissons les manières de Son Excellence, de mon beau-frère Noll, du lord général, je veux dire. Nous savons que, dans toutes ses marches, il a coutume de faire loger dans chaque ville qu'il traverse plus de soldats qu'elle n'en peut contenir. Vous avez donc été nommé quatrième commissaire ?

— Et en cela, dit Bletson en souriant et en saluant, le lord général nous a donné le collègue le plus agréable qu'il eût pu nous adjoindre. Vous avez sans doute un ordre à cet effet, délivré par le conseil d'Etat ?

— Je vais vous justifier de mes ordres dans un instant, messieurs, répondit le colonel. Il mit la main dans sa poche pour y prendre l'ordre de Cromwell, afin de leur en communiquer le contenu ; mais remarquant qu'il y avait sur la table trois ou quatre flacons presque vides, que Desborough paraissait encore plus stupide que de coutume, que le philosophe, malgré sa tempérance habituelle, avait les yeux troubles, il en conclut qu'ils s'étaient fortifiés contre la terreur que leur inspirait un château hanté par des esprits, en faisant une bonne provision de ce qu'on appelle le courage hollandais, et il se détermina à retarder l'explication de l'affaire importante qui l'amenait jusqu'à ce que le matin leur eût rendu leur sang-froid.

Au lieu donc de leur présenter l'ordre du général qui mettait fin à leur mission, il se borna à leur dire : — Mon arrivée ici a sans doute quelque rapport à ce que vous y faites ; mais excusez ma curiosité. Voici un révérend ministre, — et il leur montra en même temps Holdenough, — qui m'a dit que vous êtes dans un embarras si étrange que vous avez besoin des autorités civiles et spirituelles pour vous mettre en état de vous maintenir en possession de Woodstock.

— Avant d'entrer dans les détails de cette affaire, dit Bletson rougissant jusqu'au blanc des yeux au souvenir de sa frayeur trahie et si peu d'accord avec ses principes, je voudrais savoir quel est cet autre étranger qui est venu avec le digne magistrat et le non moins digne ministre presbytérien.

— Parlant de moi? dit Wildrake en posant sa pipe sur la table. Ventrebleu! il fut un temps où j'aurais pu répondre à cette question en me donnant un meilleur titre ; mais quant à présent, je ne suis que l'humble clerc ou secrétaire de Son Honneur, quel que soit d'ailleurs celui de ces deux noms qu'il convient que je prenne.

— Vraiment, mon drôle, tu as la langue bien affilée, et tu parais avoir ton franc parler, dit Desborough. Voilà mon secrétaire Tomkins, qu'on a assez sottement surnommé Fibbet [1], et Bibbet [2], celui de l'honorable major-général Harrison, qui sont maintenant à souper à la cuisine ; ils n'oseraient, par égard pour leurs oreilles, prononcer un mot de manière à être entendus en présence de leurs supérieurs, si ce n'est pour répondre à une question.

— Oui, colonel Everard, dit, avec son sourire tranquille, le philosophe, nullement fâché de détourner la conversation du sujet de l'alarme de la nuit précédente et des souvenirs qui humiliaient son amour-propre et troublaient son contentement habituel de lui-même ; — oui, c'est la vérité : et quand maître Fibbet et maître Bibbet parlent, leurs affir-

---

[1] Terme d'argot, signifiant menteur. — Ed.
[2] Autre terme d'argot, signifiant biberon, bon buveur. — Ed.

mations s'expriment uniformément, de même que leurs noms semblent avoir été faits pour fournir deux rimes à un poète. S'il arrive à maître Fibbet de dire un mensonge, maître Bibbet jure que c'est la vérité. Si maître Bibbet vient à s'enivrer en toute crainte du Seigneur, maître Fibbet fait serment que son camarade n'a bu que de l'eau. J'ai nommé mon secrétaire Gibbet, quoique son véritable nom soit seulement Gibeon, — un digne Israélite, à votre service, colonel; un jeune homme aussi pur qu'aucun Juif qui ait jamais rongé un os de l'agneau pascal. — Mais je l'appelle Gibbet pour compléter le tercet, pour fournir la troisième feuille du saint trèfle. Ce drôle, votre secrétaire, colonel Everard, a l'air d'être digne du reste de la confrérie.

— Non, sur ma foi, dit le Cavalier; je ne veux être accouplé ni à un chien de Juif, ni même à une Juive.

— Ne les méprisez pas tant, jeune homme, dit le philosophe; vous savez qu'en fait de religion les Juifs sont les frères aînés.

— Les Juifs plus anciens que les chrétiens! s'écria Desborough; en vérité, Bletson, on te traduira devant l'Assemblée Générale si tu t'avises de parler ainsi.

Wildrake rit sans cérémonie de l'ignorance grossière de Desborough, et un écho à demi étouffé lui ayant répondu de derrière le buffet servant de paravent, on voulut en savoir la cause, et l'on y trouva les trois domestiques : ces dignes personnages, aussi vaillans que leurs maîtres, après avoir mis les lumières sur la table, au lieu de sortir de l'appartement, comme on le supposait, s'étaient tenus cachés en cet endroit.

— Comment, drôles! s'écria Bletson d'un ton courroucé, est-ce ainsi que vous connaissez votre devoir?

— Pardon, Votre Honneur, répondit l'un d'eux, mais nous avions laissé les chandeliers sur la table, et véritablement nous n'osions pas descendre sans lumière.

— Sans lumière, poltrons! répliqua le philosophe; et qu'avez-vous besoin de lumière? Est-ce pour montrer lequel de vous devient plus pâle en entendant un rat trotter? — Prenez un chandelier, et partez, lâches que vous êtes!

Les diables que vous craignez tant doivent être de pauvres éperviers s'ils jouent le rôle de faucons contre de misérables chauve-souris comme vous!

Les domestiques, sans répliquer, prirent les chandeliers sur la table, et se préparèrent à se retirer, Tomkins le Fidèle marchant à leur tête; mais quand ils arrivèrent à la porte, qu'ils avaient laissée entr'ouverte, elle se ferma avec violence. Les trois serviteurs épouvantés accoururent de nouveau au milieu de l'appartement, et tous ceux qui s'y trouvaient furent sur pied au même instant.

Le colonel Everard était incapable d'éprouver un instant de crainte; cependant il resta à sa place pour voir ce que feraient ses compagnons, et tâcher de pénétrer, s'il était possible, la cause de l'alarme que leur occasionait évidemment un incident si insignifiant. Le philosophe parut croire qu'il y allait de son honneur de montrer une fermeté mâle en cette occasion.

Il s'avança vers la porte en murmurant contre la lâcheté des domestiques; mais son pas de limaçon prouvait qu'il n'aurait été nullement fâché de se voir devancer par quelqu'un que ses reproches auraient stimulé.

—Lâches coquins! dit-il enfin en portant la main sur le bouton de la porte, mais sans le tourner; n'osez-vous ouvrir une porte? N'osez-vous descendre un escalier sans lumière? — Eclairez-moi donc, misérables poltrons! — De par le ciel! j'entends soupirer derrière la porte!

A ces mots, il lâcha le bouton, et recula de quelques pas dans l'appartement, aussi pâle que le linge qu'il portait.

— *Deus adjutor meus!* dit le ministre presbytérien en s'avançant à son tour. — Faites-moi place, monsieur, ajouta-t-il en s'adressant à Bletson; il semblerait que je ne sais pas mieux que vous ce qu'il convient de faire en pareille circonstance. Je remercie le ciel de m'avoir armé pour le combat.

Quoique croyant à l'existence d'un danger, le digne homme, intrépide comme un grenadier prêt à monter sur la brèche, et plein de confiance dans la bonté de sa cause, passa devant le philosophe Bletson, et tenant une lumière d'une main, il ouvrit tranquillement la porte de l'autre, et dit en se plaçant un instant sur le seuil : — Il n'y a rien ici.

— Et qui s'attendait à y voir quelque chose, dit Bletson, à l'exception de ces imbéciles peureux, qui tremblent d'effroi à chaque bouffée de vent qui siffle dans les corridors de cette vieille maison?

— L'avez-vous vu, M. Tomkins? dit un des domestiques à demi-voix au secrétaire de Desborough; avez-vous vu avec quelle hardiesse le ministre s'est avancé avant tous les autres? Ah! M. Tomkins, notre ministre est le véritable officier commandant de l'Eglise; vous autres prédicateurs laïques, vous n'êtes que des volontaires armés de bâtons!

— Me suive ou marche devant moi qui voudra, dit Holdenough; je visiterai tous les lieux habitables de cette maison avant de la quitter; et je m'assurerai par moi-même si Satan a réellement établi sa demeure dans cette ancienne Babylone d'iniquités; ou si, comme le méchant dont parle le saint David, nous craignons, et nous fuyons quand personne ne nous poursuit.

Harrison, qui avait entendu ces paroles, se leva enfin, et, tirant son épée, s'écria : — Quand il y aurait dans cette maison autant de démons que j'ai de cheveux sur la tête, je les chargerai jusque dans leurs retranchemens.

A ces mots, il fit brandir son épée, et se mit en tête de la colonne, à côté du ministre. Le maire de Woodstock les suivit, se croyant peut-être plus en sûreté, à la suite de son pasteur; et toute la troupe se mit en marche, en rangs serrés, accompagnée par les domestiques qui portaient des lumières, pour chercher dans toute la Loge quelque cause de la terreur panique qui semblait les avoir saisis si soudainement.

— Prenez-moi avec vous, mes amis, dit le colonel Everard, qui les regardait avec surprise; et il se préparait à les suivre, quand Bletson le tira par l'habit, et le pria de rester.

— Vous voyez, mon bon colonel, lui dit-il en affectant une tranquillité que démentait sa voix tremblante, qu'il ne reste ici, pour toute garnison, que vous, moi, et l'honnête Desborough, tandis que tous les autres sont allés faire une sortie. On ne doit pas hasarder toutes ses troupes dans une sortie ; cela serait contraire aux principes de l'art militaire. — Ha ! ha ! ha !

— Mais, au nom du ciel, que signifie tout ceci ? demanda Everard. En venant ici, j'ai entendu un sot conte d'apparitions, et maintenant je vous trouve tous à demi fous de crainte, et je ne puis obtenir d'aucun de vous un seul mot de bon sens ! — Fi ! colonel Desborough ! — Fi ! maître Bletson ! — Tâchez de vous calmer, et, au nom du ciel, dites-moi quelle est la cause de tout ce fracas. On serait tenté de croire que vous avez tous la tête tournée.

— Et la mienne pourrait bien l'être, dit Desborough ; oui, tournée et retournée, puisque la nuit dernière mon lit a été renversé sens dessus dessous, et je suis resté pendant dix minutes la tête en bas et les pieds en haut.

— Que signifie cette folie, Bletson ? Desborough a-t-il eu une attaque de cauchemar ?

— Non, sur ma foi ! colonel, répondit le philosophe ; les esprits, ou n'importe qui, ont été très-favorables à l'honnête Desborough, car ils ont fait reposer la totalité de sa personne sur la partie de son corps qui... chut ! — n'avez-vous pas entendu quelque chose ? — qui est chez lui le point central de gravité, c'est-à-dire, sa tête.

— Avez-vous vu quelque chose qui dût nous alarmer ?

— Rien ; mais nous avons entendu un tapage infernal, de même que tous nos gens ; et moi, qui ne crois guère aux esprits et aux apparitions, j'en conclus que les Cavaliers voulaient nous surprendre, de sorte que, me rappelant ce qui est arrivé à Rainsborough, je sautai par une fenêtre, et je courus à Woodstock pour faire marcher les soldats au secours d'Harrison et de Desborough.

— Mais n'avez-vous pas d'abord cherché à reconnaître en quoi consistait le danger ?

— Vous oubliez, mon cher ami, que j'ai rendu ma commission quand le fanatisme s'est introduit dans les rangs de l'armée. Il n'aurait pas été d'accord avec mes devoirs parlementaires de rester au milieu d'une foule de braillards qui ne reconnaissaient aucune discipline militaire. — Non, puisque ce que je dois au parlement m'a fait une loi de remettre mon épée dans le fourreau, j'ai trop de respect pour son autorité pour l'en tirer désormais.

— Mais le parlement, s'écria Desborough, ne vous avait pas ordonné de vous servir de vos talons quand vos mains pouvaient empêcher un homme d'étouffer. Mille diables! vous pouviez vous arrêter quand vous avez vu mon lit sens dessus dessous, et moi-même à demi étouffé sous les matelas : vous pouviez, dis-je, prêter la main pour me tirer de ce mauvais pas au lieu de sauter par ma fenêtre comme un mouton fraîchement tondu, sans plus de temps qu'il ne vous en fallut pour traverser ma chambre.

— Mais, digne maître Desborough, dit Bletson en adressant un clin d'œil à Everard pour l'avertir qu'il voulait s'amuser aux dépens de son stupide collègue, comment pouvais-je savoir votre manière particulière de vous coucher? les goûts sont différens. J'ai connu des gens qui ne pouvaient dormir que sur un lit dont la pente formait un angle de quarante-cinq degrés.

— Cela est possible, dit Desborough, mais a-t-on jamais vu un homme dormir la tête en bas et les pieds en haut, à moins que ce ne fût par miracle?

— Quant aux miracles, dit le philosophe, à qui la présence d'Everard rendait de la confiance, et à qui l'occasion de lancer des sarcasmes contre la religion faisait oublier un moment sa peur; — quant aux miracles, qu'il n'en soit plus question; car les preuves qu'on rapporte à ce sujet sont aussi propres à opérer la conviction qu'un cheveu à enlever une baleine.

Un grand coup de tonnerre, ou un bruit aussi formidable et qui y ressemblait, retentit dans toute la Loge à l'instant où ces mots venaient d'être prononcés par le philosophe, qui pâlit sur-le-champ et resta immobile, tandis que Desborough se jetait à genoux, et mêlait ses exclamations à ses prières.

— Il faut qu'il y ait ici quelques machinations, s'écria Everard; et, saisissant une lumière, il se précipita hors de l'appartement, sans s'inquiéter des supplications de Bletson, qui, dans son extrême détresse, le conjurait par l'*animus mundi* de ne pas priver de sa présence et de son secours un philosophe tourmenté par des sorcières, un membre du parlement attaqué par des scélérats. Quant à Desborough, il ne fit qu'ouvrir la bouche comme un Clown dans une pantomime, et ne sachant trop s'il devait suivre le colonel ou rester, son indolence naturelle l'emporta, et il retomba sur sa chaise.

En arrivant sur le palier de l'escalier, Everard s'arrêta un instant pour réfléchir sur ce qu'il avait de mieux à faire. Il entendit au rez-de-chaussée les voix de plusieurs personnes qui parlaient très-haut, comme pour étourdir leurs craintes. Sachant parfaitement que des recherches faites avec tant de bruit ne pouvaient produire aucun résultat, il résolut de faire les siennes dans une autre partie de la maison, et il monta au second étage.

Il n'y avait pas un coin de la Loge, habité ou inhabité, qu'il ne connût depuis son enfance, et la lumière qu'il portait l'aida à traverser deux ou trois corridors qu'il craignait de ne pas se rappeler suffisamment. Il se trouva alors dans une sorte d'œil de bœuf, ou de vestibule octogone, sur lequel donnaient différentes portes. Celle qu'il choisit le conduisait à une galerie longue, étroite, en mauvais état, construite dans le temps de Henry VIII, s'étendant dans toute la partie sud-ouest du bâtiment, et communiquant, en divers endroits, avec le reste de la maison par des passages latéraux. Il s'imagina que cet endroit pouvait être le poste choisi par ceux qui voulaient jouer le rôle d'esprits, d'autant plus que la longueur et la forme de cette galerie le firent penser qu'il était possible d'y produire un grand bruit qui retentît dans toute la Loge comme celui du tonnerre.

Déterminé à vérifier si ses soupçons étaient fondés, il plaça sa lumière sur une table dans le vestibule, et chercha à ouvrir la porte qui donnait entrée dans la galerie. Là il éprouva une forte résistance, provenant, soit d'un verrou, soit des efforts que faisait quelqu'un placé de l'autre côté pour l'empêcher d'entrer. Il fut même porté à croire que cette dernière supposition était la plus juste, car cette résistance semblait, par instans, plus ou moins forte, et, par conséquent, paraissait opposée par un corps humain plutôt que par un obstacle permanent et inanimé.

Quoique Everard fût jeune, vigoureux et actif, il épuisa en vain toutes ses forces en essayant d'ouvrir cette porte. S'étant reposé quelques instans pour reprendre haleine, il se préparait à employer les pieds et les épaules pour l'enfoncer, et à appeler, s'il était nécessaire, quelqu'un pour l'aider, quand, à sa grande surprise, ayant fait une nouvelle tentative, mais avec plus de douceur et de précaution, pour tâcher de reconnaître de quel côté était situé l'obstacle qu'il rencontrait, la porte, cédant à un léger effort, s'ouvrit sur-le-champ en renversant ou brisant quelque chose qui semblait servir à la tenir fermée de l'autre côté. Le vent occasioné par l'ouverture soudaine de cette porte éteignit la lumière, et Everard se trouva dans l'obscurité, si ce n'est que les rayons de la lune, pénétrant imparfaitement à travers quelques fenêtres hautes et étroites percées dans les murs de la galerie, y répandaient tout juste ce qu'il fallait de clarté pour empêcher les ténèbres d'y régner complètement.

Cette lumière douteuse et mélancolique était d'autant plus faible que le lierre et d'autres plantes grimpantes et parasites dont rien n'avait gêné la croissance depuis que cette partie de bâtiment était inhabitée, tapissaient à l'extérieur toute la muraille, bouchaient entièrement quelques-unes des croisées, et arrêtaient le passage du jour par les branches qu'elles étendaient sur les autres en divers sens. Il n'y avait de fenêtres que d'un côté de la galerie; l'autre avait été autrefois orné de tableaux et de portraits, dont la plupart avaient été enlevés long-temps auparavant. Cependant on y voyait encore suspendus le long du mur quelques cadres sans toile, et d'autres qui n'en contenaient plus que des lambeaux. Cette longue galerie offrait donc un tel aspect de désolation, et présentait un local si favorable aux mauvais desseins de ses ennemis, en supposant qu'elle en cachât quelqu'un, qu'Everard ne put s'empêcher de s'arrêter avant d'y entrer. Se recommandant alors à Dieu, il tira son épée, et s'avança sans bruit, en ayant soin de se tenir du côté où l'obscurité était la plus profonde.

Markham Everard n'était nullement superstitieux, mais il n'était pas tout-à-fait exempt de la crédulité de son siècle : il n'ajoutait pas foi aisément aux histoires d'apparitions surnaturelles ; mais il ne put s'empêcher de penser que, si le ciel permettait qu'elles eussent lieu quelquefois, c'était dans la situation où il se trouvait qu'on devait s'y attendre. Son pas lent et mal assuré, son épée à la main, ses bras étendus en avant, son attitude de doute et de soupçon, tendaient à augmenter dans son esprit les idées sombres qu'annoncent ordinairement ces symptômes.

Livré à ces pensées peu agréables, et convaincu qu'il n'était pas bien loin de quelques êtres dont les dispositions ne lui étaient pas favorables, le colonel Everard était arrivé à peu près à la moitié de la longueur de la galerie quand il entendit soupirer à peu de distance de lui, et une voix douce prononcer son nom très-bas.

— Me voici ! répondit-il tandis que le cœur lui battait vivement. Qui appelle Markham Everard ?

Un autre soupir fut la seule réponse qu'il reçut. — Parlez ! reprit le colonel. Qui êtes-vous ? Dans quelles intentions rôdez-vous dans ces appartemens ?

— Dans des intentions meilleures que les vôtres, répondit la même voix.

— Que les miennes ? s'écria Everard avec surprise. Qui êtes-vous pour oser juger de mes intentions ?

— Et qui êtes-vous, qui êtes-vous vous-même, Markham Everard, pour parcourir pendant les ténèbres un palais des rois maintenant désert, et où il ne devrait se trouver que ceux qui déplorent leur chute, et qui ont juré de les venger ?

— C'est elle ! s'écria Everard ; — et cependant cela est impossible. — C'est pourtant elle ; — ce ne peut être qu'elle ! — Alice Lee, si ce n'est pas vous, c'est le diable qui me parle ! — Répondez-moi, je vous en conjure. — Parlez-moi franchement. — Quel dangereux projet avez-vous formé ?

Où est votre père? Que faites-vous ici? Pourquoi vous exposer à de si grands risques? — Parlez, Alice; je vous en supplie.

— Celle dont vous me parlez est à plusieurs milles d'ici.
— Mais si c'était son génie qui vous parlât en son absence? — si c'était l'ame d'une de ses aïeules ou des vôtres? — Si...

— Fort bien, dit Everard en l'interrompant; mais si la plus chérie de toutes les femmes a pris une étincelle de l'enthousiasme de son père, — si elle expose sa personne aux dangers, sa réputation à la calomnie, en parcourant, déguisée et pendant la nuit, une maison remplie d'hommes armés, — parlez-moi en votre propre nom, chère Alice. J'ai obtenu les pouvoirs nécessaires pour vous garantir des suites de ce projet étrange. — Parlez! je vois où vous êtes; et malgré tout mon respect pour vous, je ne puis consentir à être le jouet d'une pareille ruse. — Fiez-vous à moi. — Confiez votre main à votre cousin Markham, et croyez qu'il mourra, ou qu'il vous placera honorablement et en sûreté.

Et ses yeux cherchaient à découvrir où était celle qui venait de lui parler, et il lui sembla apercevoir, à environ six pas de lui, une forme, une espèce d'ombre, dont il ne pouvait même distinguer les contours dans une double obscurité causée par le mur qui séparait deux croisées. Il chercha à calculer la distance, dans l'idée que s'il pouvait, même en employant un léger degré de violence, détacher sa chère Alice de la confédération dans laquelle il supposait que le zèle de son père pour la cause royale l'avait entraînée, il leur rendrait à tous deux le service le plus signalé; car, quelque succès qu'eût obtenu le plan qu'il présumait avoir été conçu contre le timide Bletson, le stupide Desborough et le fou Harrison, il ne pouvait douter que ces artifices ne se terminassent enfin par couvrir de honte ceux qui les avaient imaginés, et par les mettre dans le plus grand danger.

Il faut aussi se rappeler que l'affection d'Everard pour sa cousine, quoique aussi respectueuse que vive, avait moins de cette vénération profonde, mais timide, qu'un amant de ce siècle éprouvait pour la dame de ses pensées, que de cette tendresse familière qu'a un frère pour une jeune sœur, à qui il croit pouvoir servir de guide, donner des avis, et même faire quelques remontrances. Leur liaison avait été trop intime pour que, lorsqu'il s'agissait de l'arracher au péril qu'il prévoyait pour elle, il hésitât devant la crainte de l'offenser.—Hésiterais-je, se disait-il, s'il fallait la sauver d'un torrent ou d'un incendie, au risque de lui occasioner quelque légère souffrance en la saisissant un peu rudement? Toutes ces idées se succédèrent rapidement dans son esprit, et il résolut, quoi qu'il pût en résulter, de s'emparer d'elle à l'instant même, et de la forcer, s'il était possible, à une explication.

Dans ce dessein, il conjura de nouveau sa cousine, au nom du ciel, de renoncer à une entreprise inutile et dangereuse; et il écouta sa réponse avec grande attention, pour que son oreille pût juger à quelle distance elle était de lui.

— Je ne suis pas celle pour qui vous me prenez, répondit la même voix; et un intérêt plus cher que tout ce qui pourrait concerner sa vie ou sa mort m'ordonne de vous avertir de vous retirer, et de quitter cet endroit.

— Ce ne sera qu'après vous avoir convaincue de votre folie puérile, s'écria le colonel en s'élançant du côté d'où partait la voix, pour tâcher de saisir celle qui venait de lui parler; mais ce ne fut pas une femme qu'il rencontra. Le bras étendu qui arrêta tout à coup sa course précipitée était doué d'une force toute masculine, et le choc que reçut Everard fut si violent qu'il tomba à la renverse. Au même instant il sentit appuyer sur son cou la pointe d'une épée, tandis qu'on lui tenait les mains si fortement qu'il ne lui restait pas la moindre possibilité de se défendre.

— Un seul cri pour appeler du secours, dit une autre voix près de lui, mais qui n'était plus la même qu'il avait déjà entendue, — sera étouffé dans votre sang. — On ne vous veut point de mal. — Soyez prudent, et gardez le silence.

La crainte de la mort, de cette mort qu'il avait si souvent bravée sur le champ de bataille, devint plus vive et plus horrible quand il se vit sur le point de la recevoir des mains d'assassins inconnus, et sans qu'il lui restât aucun moyen de défense. Il sentait la pointe d'une épée près de sa gorge, et un pied sur sa poitrine : il ne fallait qu'un seul mouvement pour terminer le cours d'une vie à laquelle un inexplicable instinct attache l'être le plus malheureux. Son front était couvert de grosses gouttes d'une sueur froide; son cœur palpitait comme s'il eût voulu s'échapper de son sein ; en un mot, il éprouvait cette angoisse dont est agité l'homme courageux quand il est réduit à subir la sensation involontaire de la crainte, et qui est aussi insupportable que la douleur subite que cause une maladie aiguë quand elle attaque un homme vigoureux.

— Cousine Alice, s'écria-t-il ayant toujours la pointe de l'épée sur la gorge, ma chère cousine ! me laisserez-vous assassiner ainsi en votre présence ?

— Je vous dis que celle à qui vous parlez n'est pas ici, dit la seconde voix; — mais votre vie est en sûreté pourvu que vous fassiez serment comme chrétien, et que vous donniez votre parole d'honneur comme gentilhomme, de ne parler de ce qui vient d'arriver ici ni à ceux qui sont en bas, ni à qui que ce soit. À cette condition vous pouvez vous retirer : et si vous désirez voir Alice Lee, vous la trouverez dans la chaumière de Jocelin, dans la forêt.

— Puisque je suis dépourvu de tout moyen de défense, répondit Everard, je promets, au nom de Dieu et de l'honneur, de ne parler à qui que ce soit de cet acte de violence, et de ne faire aucune recherche pour découvrir ceux qui en sont les auteurs.

— À cet égard nous sommes sans inquiétude. Vous voyez vous-même ce que peut coûter la curiosité, et que nous sommes en état de la braver. — Levez-vous, et retirez-vous.

La pointe de l'épée s'éloigna du cou d'Everard ; le pied cessa de lui presser la poitrine, et il allait se relever à la hâte quand la première voix, celle dont la douceur l'avait ému, lui dit : — Point de précipitation. — L'acier menaçant vous environne encore de tous côtés. — Doucement, — doucement : maintenant vous êtes libre ; — soyez discret, et ne craignez rien.

Le son de cette voix semblait s'éloigner à mesure qu'elle

parlait. Dès qu'elle eut cessé de se faire entendre, Markham se leva, et, en se levant, ses pieds heurtèrent contre sa propre épée, qu'il avait laissé échapper en tombant. Il la ramassa promptement, et recouvra avec elle tout son courage, qui avait cédé un instant à la crainte d'être lâchement assassiné.

Il commença alors à réfléchir avec son sang-froid ordinaire à ce qu'il devait faire. Vivement courroucé de l'humiliation qu'il avait subie, il mit en doute un instant s'il devait garder une promesse extorquée par la violence, ou appeler du secours, chercher à découvrir ceux qui avaient commis cet acte de violence contre sa personne, et s'en emparer s'il était possible. Mais ces individus, quels qu'ils fussent, avaient eu sa vie en leur pouvoir; il avait donné sa parole pour la racheter, et, ce qui était encore plus, il ne pouvait écarter l'idée que sa chère Alice était du moins confidente, si elle ne jouait le principal rôle dans la confédération dont il venait d'être le jouet : cette supposition décida sa conduite. Quoique irrité de songer qu'elle eût pu être complice du mauvais traitement qu'il avait essuyé, il ne pouvait se résoudre à ordonner une recherche soudaine dans toute la maison, au risque de compromettre sa sûreté ou celle de son père.

— Mais j'irai à la cabane de Joliffe, se dit-il à lui-même; — je m'y rendrai sur-le-champ; je saurai quelle part elle a prise dans ce complot ridicule et dangereux, et je lui en épargnerai les suites s'il est possible.

Dès qu'il eut formé cette résolution, le colonel Everard retourna sur ses pas à tâtons, et, en entrant dans le vestibule, il reconnut la voix de Wildrake, qui l'appelait à grands cris.

— Hohé! — holà! — Colonel Everard! Markham Everard! Il fait aussi noir ici que dans la bouche du diable. — Colonel! — parlez! — où êtes-vous? Je crois que toutes les sorcières du monde font ici leur sabbat infernal. — Everard, où êtes-vous?

— Ici, — de ce côté! répondit le colonel. Cessez de crier ainsi; — tournez à gauche, et vous me trouverez.

Guidé par sa voix, Wildrake parut bientôt, une lumière dans une main, et son épée nue dans l'autre.

— Où avez-vous donc été? lui demanda-t-il; pourquoi avez-vous été absent si long-temps? — Ce poltron de Bletson et cette brute de Desborough sont à demi morts de peur, et Harrison est furieux de ce que le diable ne veut pas être assez civil pour lui livrer bataille.

— N'avez-vous rien vu, rien entendu, en venant ici?

— Rien; si ce n'est qu'en entrant dans ce maudit labyrinthe, ma lumière m'est tombée tout à coup des mains, comme si on y avait donné un grand coup avec une baguette; ce qui m'a obligé à en aller chercher une autre.

— Il me faut un cheval à l'instant, Wildrake, et tâche aussi d'en avoir un pour toi.

— Il n'en manque pas dans les écuries; nous pouvons aisément en trouver deux. — Mais pourquoi courir ainsi, comme des rats, à une pareille heure? La maison va-t-elle s'écrouler?

— Je ne puis répondre à cette question, dit Everard en entrant dans une chambre qui était encore meublée en partie.

Là le Cavalier, jetant un coup d'œil sur son compagnon, s'écria d'un ton de surprise : — Avec qui donc vous êtes-vous battu, Markham? Qui vous a arrangé de cette jolie manière?

— Battu! répéta Everard.

— Oui, battu. — Je le dis encore, battu. — Regardez-vous dans ce miroir.

Everard y jeta un coup d'œil, et vit qu'il était couvert de sang et de poussière. Le sang avait coulé d'une égratignure qu'il avait reçue au cou, dans le premier moment où il cherchait à résister. Avec un air d'alarme qui n'avait rien d'affecté, Wildrake entr'ouvrit le collet de la chemise de son ami, et examina la blessure à la hâte. D'abord ses mains tremblaient, et ses yeux exprimaient une véritable inquiétude pour la vie de son bienfaiteur; mais lorsque, en dépit de la résistance d'Everard, il eut reconnu que la peau avait à peine été effleurée, il reprit son caractère de légèreté d'autant plus promptement qu'il était peut-être honteux de s'en être écarté pour montrer plus de sensibilité qu'on ne lui en supposait généralement.

— Si c'est l'ouvrage du diable, Markham, dit-il, ses griffes ne sont pas, à beaucoup près, aussi formidables qu'on le prétend. Mais personne ne dira que votre sang a coulé sans vengeance tandis que Roger Wildrake était à votre côté. — Où avez-vous laissé cet enfant du diable, si ce n'est pas lui-même ? Je vais courir, rapière en main, sur le champ de bataille, et quand ses griffes seraient des clous de six pouces de longueur ; quand ses dents seraient aussi longues que celles d'une herse, il me rendra compte du sang que vous avez perdu.

— Folie ! démence ! s'écria Everard ; je me suis fait cette égratignure en tombant. — Un peu d'eau et une serviette en effaceront la trace. — En attendant fais-nous préparer deux chevaux. Demande-les pour le service public, au nom de Son Excellence le général, s'il le faut. — Je vais laver cette prétendue blessure, et je te rejoins dans un instant devant la porte de la Loge.

— Fort bien, Everard ; je te servirai comme un muet sert le grand-seigneur, sans demander ni pourquoi ni comment. — Mais partiras-tu sans revoir ces braves gens là-bas ?

— Sans voir personne. — Va, et, pour l'amour du ciel, ne perds pas de temps.

Wildrake alla trouver le sous-officier, et lui demanda des chevaux d'un ton d'autorité. Le caporal obéit sur-le-champ sans opposition, en homme qui connaissait le rang et le crédit du colonel Everard ; et en deux minutes tout fut prêt pour le départ.

CHAPITRE XIII.

> « Elle fléchit alors un genou saintement,
> « Leva les yeux au ciel, pria dévotement. »
> SHAKSPEARE. *Henry VIII.*

Le départ du colonel Everard à une pareille heure, car on regardait alors sept heures du soir comme une heure indue, donna lieu à bien des commentaires. Tous les domestiques se rassemblèrent sur-le-champ dans le vestibule; car pas un seul d'entre eux ne doutait que ce départ subit n'eût lieu parce qu'il avait *vu quelque chose*, comme ils le disaient, et tous étaient curieux de savoir quelle figure faisait un homme d'un courage reconnu comme Markham Everard à l'instant où il venait d'être mis à l'épreuve par la terreur d'une apparition. Mais il ne leur laissa pas le temps de satisfaire leur curiosité; car il traversa le vestibule à grands pas, enveloppé d'un grand manteau; sautant sur son cheval qui était sellé, il entra dans le parc au grand galop, en se dirigeant vers la chaumière de Jocelin.

Le caractère de Markham Everard était vif, impatient, ardent et impétueux jusqu'à la précipitation. Les habitudes que son éducation lui avait fait contracter, et que les principes moraux et religieux de sa secte avaient contribué à enraciner davantage, étaient de nature à le mettre en état de dissimuler ou même de dompter ce naturel violent; mais quand il était fortement ému, l'impétuosité du jeune soldat renversait quelquefois toutes ces barrières artificielles, comme un torrent écumeux qui rompt une digue, et qui devient plus furieux, comme pour se dédommager du calme auquel il avait été pendant quelque temps obligé de se soumettre. Dans ces occasions, il était accoutumé à ne plus voir que l'objet vers lequel toutes ses pensées se dirigeaient, et à marcher en droite ligne, sans calculer et même sans paraître voir les obstacles, soit qu'il fallût monter sur une brèche, soit qu'il s'agît d'un objet purement moral.

En ce moment, il n'avait d'autre désir que de détacher sa chère cousine, s'il était possible, des complots dangereux et peu honorables dans lesquels il la soupçonnait d'avoir trempé, ou de s'assurer qu'elle n'avait pris aucune part à ces stratagèmes. Il croyait qu'il pourrait en juger jusqu'à un certain point par le fait de sa présence ou de son absence dans la chaumière de Joliffe. Il avait lu à la vérité dans quelque ballade ou dans quelque fabliau un tour singulier joué à un vieillard jaloux par le moyen d'une communication souterraine entre sa maison et celle d'un voisin, communication dont la femme faisait usage pour se montrer à lui alternativement des deux côtés, avec tant de promptitude et d'adresse, qu'après plusieurs épreuves réitérées, le vieux fou resta convaincu que sa femme et la dame qui lui ressemblait tellement, et à qui son voisin faisait une cour si assidue, étaient deux personnes différentes [1]. Mais dans le cas actuel il ne pouvait y avoir une méprise semblable; la distance était trop grande, et, comme il avait pris le chemin le plus court, et qu'il forçait sa monture de déployer toute sa vitesse, il savait que sa cousine, qui n'était pas très-hardie à cheval même en plein jour, ne pouvait arriver avant lui chez Joliffe.

Son oncle serait peut-être mécontent de sa visite; mais quel droit avait-il de l'être? Alice Lee n'était-elle pas sa proche parente, tout ce qu'il avait de plus cher au monde? s'abstiendrait-il de faire un effort pour la préserver des suites d'un complot ridicule et bizarre, parce que la bile du vieux chevalier pouvait s'émouvoir en le voyant paraître contre ses ordres? Non. Il souffrirait le langage sévère du vieillard, comme il endurerait le froid piquant du vent d'automne, qui sifflait autour de lui, et qui courbait les branches des arbres sous lesquels il passait, mais sans s'opposer à sa course ni même la retarder.

S'il ne trouvait pas Alice, comme il le craignait, il instrui-

---

(1) Ne serait-ce pas le conte de *la Servante justifiée* dans les Cent Nouvelles de la reine de Navarre? — Ed.

rait sir Henry lui-même de ce qui lui était arrivé ce soir. Quelque part qu'elle eût pu prendre aux tours de jongleurs qui avaient été joués à Woodstock, il ne pouvait croire que ce fût de l'aveu de son père, d'un juge si sévère des convenances, d'un homme si scrupuleux sur le décorum que doit toujours observer le beau sexe. Il profiterait de la même occasion, pensait-il, pour lui faire part des espérances bien fondées qu'il avait de le voir reprendre son ancien domicile dans la Loge, et d'expulser les commissaires du séquestre par d'autres moyens que les mesures absurdes auxquelles on semblait vouloir recourir.

Tout cela lui semblait si bien renfermé dans le cercle de ses devoirs de parent, que ce ne fut qu'en s'arrêtant devant la porte du garde forestier, et en remettant la bride de son cheval dans la main de Wildrake, qu'il se rappela le caractère fier, hautain et inflexible de sir Henry; et même, en appuyant la main sur le loquet, il sentit une répugnance involontaire à paraître si inopinément en présence d'un vieillard irritable.

Mais il n'était plus temps d'hésiter. Bevis, qui avait déjà grondé plus d'une fois, devenait impatient, et Everard n'avait eu que le temps de dire à Wildrake de garder les chevaux jusqu'à ce qu'il envoyât Jocelin pour les tenir, quand la vieille Jeanne ouvrit la porte pour demander qui pouvait arriver à une pareille heure. Essayer d'entrer en explication avec la pauvre Jeanne, c'eût été du temps perdu; le colonel la repoussa donc doucement, et, retirant de ses mains un pan de son habit qu'elle avait saisi, il entra dans la cuisine de Jocelin. Bevis s'était avancé pour soutenir dame Jeanne; mais il quitta son air de menace avec cet instinct admirable qui fait que ces animaux intelligens se rappellent si long-temps ceux avec qui ils ont été familiers, et il reconnut le parent de son maître en lui rendant hommage à sa manière.

Le colonel Everard, plus incertain dans son projet à mesure que le moment de l'exécuter s'approchait, traversa la cuisine du pas d'un homme qui marche dans la chambre d'un malade; il ouvrit lentement, d'une main tremblante, la porte qui conduisait dans le second appartement, comme il aurait tiré le rideau du lit d'un ami mourant, et vit dans l'intérieur la scène que nous allons rapporter.

Sir Henry Lee était assis dans un fauteuil d'osier près du feu. Il était enveloppé d'un grand manteau, et avait les jambes étendues et les pieds appuyés sur un tabouret, comme s'il eût souffert de la goutte ou de quelque autre indisposition. Sa longue barbe blanche et ses vêtemens de couleur sombre lui donnaient l'air d'un ermite plutôt que d'un vieux soldat ou d'un homme de qualité; et ce qui y contribuait encore davantage, c'était l'attention pieuse et profonde avec laquelle il écoutait un vieillard respectable, portant un habit râpé dont la coupe annonçait un ecclésiastique, et qui lisait à voix basse, mais claire et intelligible, le service du soir suivant le rituel de l'Eglise anglicane. Alice Lee, à genoux près de son père, prononçait les réponses d'une voix qui n'aurait pas été déplacée dans le chœur des anges, et avec une dévotion modeste et sérieuse en harmonie avec l'accent de cette voix. La physionomie du ministre aurait eu quelque chose de prévenant si elle n'eût été défigurée par un grand emplâtre noir qui lui couvrait l'œil gauche et une partie de la joue, et si les soucis et les souffrances n'eussent laissé leurs traces sur le reste de son visage.

Quand le colonel entra, le ministre leva un doigt en le regardant, comme pour l'avertir de ne pas troubler la solennité du service divin, et lui montra une chaise vers laquelle Everard, frappé de la scène qu'il avait sous les yeux, s'avança à pas comptés. Il s'agenouilla comme s'il eût fait partie de la petite congrégation.

Everard avait été élevé par son père dans les principes de ce qu'on appelait le puritanisme, secte composée de personnes qui, dans l'acception primitive du mot, ne rejetaient pas la doctrine de l'Eglise anglicane, et n'en condamnaient pas même tout-à-fait la hiérarchie, mais qui en différaient principalement au sujet de certaines formes et cérémonies du rituel, et sur lesquelles le célèbre et infortuné Laud [1] avait insisté avec une opiniâtreté que le temps n'admettait

---

(1) W. Laud, archevêque de Cantorbéry, martyr de son zèle pour Charles Ier et pour l'anglicanisme, exécuté en 1645. — Ed.

pas; mais quand même Everard eût entretenu des opinions diamétralement contraires à la doctrine de l'Eglise anglicane, il n'aurait pu s'empêcher de la respecter en voyant la régularité avec laquelle se célébrait le service divin à Woodstock dans la famille de son oncle, qui, pendant tout le cours de sa prospérité, avait toujours eu un chapelain à la Loge.

Cependant, quelque profonde que fût la vénération avec laquelle Everard était habitué à entendre le service imposant de l'Eglise anglicane, il ne pouvait empêcher ni ses yeux de se tourner vers Alice, ni ses pensées de se fixer sur le motif qui l'avait amené lui-même en ce lieu. Alice semblait l'avoir aperçu dès qu'il était entré, car ses joues étaient couvertes d'une rougeur plus vive que de coutume; ses doigts tremblaient en tournant les feuillets de son livre de prières, et la voix lui manquait presque en faisant les réponses, quoique l'accent de cette voix eût été auparavant aussi ferme que mélodieux. Autant qu'Everard en put juger par les regards qu'il jetait sur elle à la dérobée, il lui parut que le caractère de sa beauté, ainsi que celui de ses vêtemens, avait subi un changement analogue à celui de sa fortune.

Cette jeune personne, aussi belle que noble, portait alors une robe d'étoffe brune à peu près semblable à celle des plus humbles villageoises; mais elle semblait avoir gagné en dignité ce qu'elle avait perdu en élégance. Ses beaux cheveux, d'un châtain clair, relevés en tresses autour de sa tête, n'offraient d'autres boucles que celles qui étaient l'ouvrage de la nature, et lui donnaient une apparence de simplicité qui n'existait pas quand sa coiffure attestait les soins d'une habile femme de chambre. Son air de gaieté un peu malicieuse, qui semblait aux aguets de tout ce qui pouvait l'amuser, avait cédé dans l'affliction à une calme mélancolie qui semblait n'être plus occupée qu'à procurer des consolations aux autres. Peut-être l'expression de sa malice innocente était-elle présente au souvenir de son amant quand il avait cru qu'Alice avait pris quelque part aux scènes de la Loge; mais il est certain qu'en ce moment il était honteux de s'être abandonné à un pareil soupçon, et plus disposé à supposer que le diable avait imité sa voix qu'à croire qu'une créature tellement élevée au-dessus des pensées de ce monde, et déjà alliée de si près à la pureté de l'autre, eût pu manquer à la délicatesse de son sexe au point de se mêler des dernières jongleries de Woodstock.

Ces pensées se présentaient à son esprit en dépit de lui-même, et quoiqu'il sentît que ce n'était pas celles qui auraient dû l'occuper en ce moment. Le service approchait alors de sa fin, et, à la grande surprise comme à la confusion du colonel Everard, le ministre, prenant un nouvel air de dignité, pria le Tout-Puissant, d'une voix ferme et distincte, de bénir et de conserver notre souverain maître le roi Charles, monarque légitime et seul monarque de ce royaume.

— Cette prière, très-dangereuse à cette époque, fut articulée à voix haute, d'un ton ferme et intrépide, comme si le ministre eût voulu défier tous ceux qui l'entendaient. Si l'officier républicain n'y donna pas son assentiment, il pensa du moins que ce n'était pas le moment de faire une protestation contraire.

Le service se termina de la manière ordinaire, et la petite congrégation se leva. Wildrake en faisait alors partie, étant entré vers la fin des prières. Il fut le premier à parler ; et, s'avançant vers le ministre, il lui prit la main avec affection en lui jurant qu'il était véritablement charmé de le voir. Le ministre lui serra la main à son tour, et lui répondit en souriant qu'il aurait été cru sans se donner la peine de jurer.

Pendant ce temps, le colonel Everard, s'approchant de sir Henry, salua respectueusement d'abord son oncle, ensuite sa cousine, qui rougit encore davantage.

— J'ai à vous prier de m'excuser, dit le colonel en hésitant, d'avoir choisi pour une visite que je n'ose espérer devoir être agréable en aucun temps, le moment le moins convenable.

— Point du tout, mon neveu, répondit sir Henry avec beaucoup plus de douceur qu'Everard n'avait osé l'espérer ; vos visites en d'autres momens n'en seraient que mieux accueillies si nous avions le bonheur de vous voir plus souvent à nos heures de prière.

— J'espère, monsieur, répliqua Everard, que le temps arrivera bientôt où la conscience des Anglais de toutes les sectes et de toutes les dénominations sera libre d'adorer en commun le père Tout-Puissant auquel elles donnent ce tendre nom chacune à leur manière.

— Je l'espère aussi, mon neveu, dit le vieillard en conservant le même ton, et je n'examinerai même pas en ce moment si votre espoir est de voir l'Eglise d'Angleterre se fondre dans le conventicule, ou le conventicule rentrer dans le sein de l'Eglise. Je présume que ce n'est pas pour réconcilier nos croyances différentes que vous nous faites une visite dans notre pauvre demeure; où, pour dire la vérité, nous n'osions nous flatter de vous revoir après l'accueil peu obligeant que vous y avez reçu dernièrement.

— Je serais trop heureux, répondit le colonel en hésitant, de pouvoir penser que... que... en un mot, que ma présence ici n'est pas aussi désagréable aujourd'hui qu'elle l'a paru alors.

— Mon neveu, dit sir Henry, je vous parlerai avec franchise. La dernière fois que nous nous sommes vus, je croyais que vous m'aviez dérobé une perle précieuse que j'aurais été autrefois fier et heureux de vous donner, mais que je préférerais maintenant ensevelir dans les profondeurs de la terre plutôt que de la confier à un homme qui est ce que vous êtes devenu. Cette idée, comme dit le brave Wil [1], échauffa un peu

L'impétueuse humeur que je tiens de ma mère.

Je croyais que j'avais été volé, et que le voleur était devant moi. Je me trompais; rien ne m'a été ravi, et je puis pardonner une tentative qui n'a pas eu de succès.

— Je ne voudrais pas, monsieur, dit Everard, chercher dans vos paroles un sujet d'offense quand votre intention me paraît obligeante; mais je puis vous protester que mes vœux et mes désirs, en ce qu'ils ont rapport à vous et à votre famille, n'ont pour but aucun espoir fondé sur l'é-

[1] Shakspeare. — Ed.

goïsme et l'intérêt personnel, et qu'ils ne sont inspirés que par mon affection pour vous et les vôtres.

— Voyons donc en quoi ils consistent, mon neveu. Des vœux désintéressés ne sont pas communs aujourd'hui, et la rareté doit ajouter à leur prix.

— Mes désirs seraient donc, mon oncle, puisque vous ne voulez pas m'accorder le droit de vous donner un nom plus tendre, de vous voir dans une situation plus heureuse et plus convenable. Dans l'état actuel des choses, vous vous trouvez dans une position fâcheuse ; et elle peut le devenir encore davantage.

— Elle ne peut être pire que je m'y attends, mon neveu ; mais le changement de fortune ne m'effraiera point. Je porterai des habits plus grossiers ; je me nourrirai d'alimens plus communs ; on ne m'ôtera plus le chapeau comme on avait coutume de le faire quand j'étais riche et puissant. Qu'importe ? On verra que le vieux Henry Lee préférait son honneur à son titre, sa foi à ses domaines et à sa fortune. N'ai-je pas vu le 30 janvier ? Je ne suis ni devin ni astrologue ; mais le vieux Will m'apprend que l'hiver approche quand les feuilles vertes tombent, et que la nuit arrive quand le soleil se couche [1].

— Qu'en penseriez-vous, monsieur, si, sans vous demander aucun acte de soumission, sans exiger de vous aucun serment, sans vous imposer aucune condition expresse ou tacite, si ce n'est de ne rien faire qui pût troubler la tranquillité publique, vous pouviez être remis en possession de la Loge de Woodstock et de tous les émolumens qui en dépendent ? — J'ai de bonnes raisons pour espérer que cette permission vous sera accordée, sinon expressément, du moins à titre de *tolérance*.

— Oui, je vous comprends. On veut me traiter comme la monnaie du roi, qu'on frappe de la marque du Croupion [2] pour lui donner cours, quoique je sois trop vieux et trop dur pour qu'on puisse limer l'empreinte royale gravée sur mon cœur. Mon neveu, je ne veux rien de tout cela. Je

---

(1) Citation de Shakspeare. — ED.
(2) *The rump*, nom qu'on donnait alors au parlement, par mépris. — ED.

ne suis resté à la Loge que trop long-temps, et permettez-moi de vous dire qu'il y a long-temps que je l'aurais quittée avec mépris sans les ordres de quelqu'un que je pourrai servir peut-être encore. Je ne recevrai rien des usurpateurs, qu'ils se nomment Croupion ou Cromwell, que ce soit un diable ou une légion. Je n'accepterai pas d'eux un vieux bonnet pour couvrir mes cheveux gris, un manteau de rebut pour protéger mes membres contre le froid. Ils ne se vanteront pas d'avoir enrichi Abraham par leur générosité forcée. Je veux vivre, comme je mourrai, Lee le Loyal.

— Puis-je espérer que vous y réfléchirez, monsieur, et qu'en considération du peu qu'on exige vous me ferez une réponse plus favorable?

— Monsieur, si je change d'avis, ce qui n'est pas ma coutume, je vous en informerai. — Et maintenant, mon neveu, avez-vous autre chose à me dire? Nous retenons ce digne ministre dans cette autre chambre.

— J'avais quelque chose à dire.... quelque chose de relatif à ma cousine Alice, dit Everard avec embarras; mais je crains que vos préventions contre moi ne soient si fortement enracinées que....

— Monsieur, je ne crains pas de laisser ma fille avec vous; j'irai rejoindre le bon docteur dans l'appartement de dame Jeanne. Je ne serai pas fâché que vous appreniez que je laisse à ma fille, autant qu'il est raisonnable de le faire, le libre exercice de sa volonté.

Il se retira, et laissa ensemble les deux jeunes gens.

Everard s'avança vers Alice, et il allait lui prendre la main; mais elle la retira, s'assit sur le fauteuil que son père venait de quitter, et lui montra une chaise à quelque distance.

— Ma chère Alice, s'écria Everard, sommes-nous donc devenus si étrangers l'un pour l'autre?

— Nous en parlerons dans un moment. Permettez-moi d'abord de vous demander le motif de votre visite à une pareille heure.

— Vous avez entendu ce que je viens de dire à votre père.

— Oui, mais il paraît que vous aviez une autre raison

pour venir ici, — une raison qui semble me concerner particulièrement.

— C'était une illusion, une étrange méprise. — Puis-je vous demander si vous êtes sortie ce soir?

— Certainement non. Je n'ai guère envie de sortir de ma demeure actuelle, quelque humble qu'elle soit; j'ai d'importans devoirs à y remplir. — Mais pourquoi le colonel Everard me fait-il une question si étrange?

— Dites-moi d'abord pourquoi votre cousin Markham a perdu ce nom, que lui donnaient toujours l'amitié, la parenté, et même un sentiment plus tendre, et alors je vous répondrai.

— Ma réponse est toute simple. Quand vous tirâtes l'épée contre la cause de mon père, — presque contre sa personne, — je cherchai, peut-être plus que je ne l'aurais dû, à trouver des excuses pour votre conduite. — Je connaissais, c'est-à-dire je croyais connaître vos hautes idées de patriotisme. — Je savais dans quelles opinions vous aviez été élevé, et je me disais : S'il est ennemi de son roi, il est loyal envers sa patrie; je ne le bannirai pas de mon cœur pour cela. — Vous fîtes tous vos efforts pour empêcher cette cruelle tragédie de se terminer par la catastrophe sanglante du 30 janvier, et cette circonstance me confirma dans l'opinion que Markham Everard pouvait se laisser égarer, mais qu'il ne serait jamais ni vil ni intéressé.

— Et pourquoi avez-vous changé d'opinion, Alice? demanda le colonel en rougissant. Qui ose attacher de pareilles épithètes au nom de Markham Everard?

— Ce n'est pas sur moi que vous trouverez à exercer votre valeur, colonel Everard, et je n'ai pas dessein de vous offenser. Mais assez d'autres vous diront que le colonel Everard fait bassement la cour à l'usurpateur Cromwell, et que tous ses beaux prétextes de vouloir assurer la liberté de son pays ne sont qu'un manteau dont il se couvre pour faire un marché avantageux avec le tyran, et en obtenir des faveurs pour lui et pour sa famille.

— Pour moi, jamais!

— Mais pour votre famille? — Oui, je sais positivement

que vous avez indiqué à ce despote militaire le moyen par lequel lui et ses satrapes pourraient maîtriser le gouvernement. — Croyez-vous que mon père ou moi nous voulussions accepter un asile acheté au prix de la liberté de l'Angleterre et de votre honneur?

— Juste ciel! Alice, que signifie un tel langage? vous me faites un reproche aujourd'hui d'avoir suivi la conduite que vous avez approuvée autrefois.

— Quand vous nous parliez de la part de votre père, et que vous nous engagiez à nous soumettre au gouvernement existant, quel qu'il fût, j'avoue que je pensais que les cheveux blancs de mon père pouvaient rester sous le toit qui leur avait si long-temps servi d'abri. Mais est-ce d'après le conseil de votre père que vous avez encouragé un soldat ambitieux à de nouvelles innovations; que vous êtes devenu le fauteur de la nouvelle tyrannie qu'il veut établir? — C'est une chose de se soumettre à l'oppression, mais c'en est une autre de se rendre l'agent d'un tyran, et... Markham! — d'en devenir le limier.

— Le limier! — Comment? — Que voulez-vous dire? — J'avoue qu'il est vrai que je verrais avec plaisir les blessures de ma patrie se fermer, fallût-il voir Cromwell, après son élévation sans égale, s'élever encore à un degré de plus; — mais devenir son limier! Qu'entendez-vous par là?

— Cela est donc faux? — Je le croyais ainsi; — j'aurais fait serment que cela était faux!

— Au nom du ciel! de quoi parlez-vous?

— Il est faux que vous vous soyez engagé à livrer le jeune roi d'Ecosse entre les mains de Cromwell?

— A le livrer! — Moi, le livrer! — livrer un fugitif, quel qu'il soit! — jamais! — Je voudrais qu'il fût hors d'Angleterre; — je chercherais à faciliter sa fuite s'il était en cette maison; et je croirais, en agissant ainsi, rendre service à ses ennemis en les empêchant de se souiller de son sang. — Mais le livrer! jamais!

— Je le savais; — j'étais sûre que cela était impossible! Mais faites encore plus, Markham; séparez votre sort de celui de ce soldat sombre et ambitieux; fuyez-le; ne prenez aucune part à ses projets, qui ne sont fondés que sur l'injustice, et qui ne peuvent se réaliser qu'aux dépens de nouveaux torrens de sang.

— Croyez, chère Alice, que j'ai choisi, pour la suivre, la ligne politique qui convient le mieux au temps où nous vivons.

— Choisissez celle qui convient le mieux au devoir, Markham, qui est la plus conforme à l'honneur et à la vérité;— faites votre devoir, et laissez à la Providence le soin du reste. — Adieu! nous mettons trop à l'épreuve la patience de mon père; — vous connaissez son caractère. — Adieu, Markham.

Elle lui tendit une main, sur laquelle il appuya ses lèvres, et sortit de l'appartement, où son père rentra sur-le-champ. Un salut silencieux à son oncle, un signe qu'il fit à Wildrake, qui s'était retiré dans la cuisine, furent les seuls indices qui prouvèrent qu'il les reconnaissait. Remontant alors à cheval à la porte de la chaumière, il reprit avec son compagnon le chemin de la Loge de Woodstock.

CHAPITRE XIV.

« On commet sur la terre
« Des crimes que poursuit un châtiment vengeur
« Avant que cette terre ait couvert leur auteur.
« Que ce soit vision, que ce ne soit qu'un songe,
« Le meurtrier, en proie au remords qui le ronge,
« Voit au pied de son lit celui qui l'a frappé
« Lui montrer le poignard de sang encor trempé. »

Ancienne comédie.

EVERARD avait couru à la chaumière de Jocelin aussi vite que son cheval avait pu l'y conduire; il ne voyait pas d'alternative dans ce qu'il avait à faire; il croyait avoir un droit incontestable de donner des avis, et même de faire des remontrances à sa cousine, quelque chère qu'elle lui fût, relativement au rôle qu'elle paraissait avoir joué dans un complot dangereux. Il revint d'un pas plus tranquille, et dans une situation d'esprit toute différente.

— Non-seulement Alice, aussi prudente que belle, lui paraissait complètement disculpée du soupçon d'une inconséquence qui, pensait-il, lui avait donné quelque autorité sur elle; mais les vues politiques de sa cousine, quoique difficiles à mettre en pratique, lui semblaient alors plus nobles et plus droites que les siennes. Cette idée le porta à se demander à lui-même s'il ne s'était pas trop avancé avec Cromwell, quoique le pays fût tellement déchiré par les factions, que la seule chance d'éviter le renouvellement de la guerre civile paraissait être d'armer le bras du général de toute la plénitude du pouvoir exécutif. Les sentimens plus purs et plus exaltés d'Alice l'abaissaient lui-même à ses propres yeux; et quoiqu'il continuât à penser qu'il valait mieux confier le gouvernail d'un navire à un pilote qui n'y avait aucun droit que de le laisser se briser sur les écueils, il sentait qu'elle soutenait le côté de la question le plus noble, le plus droit et le plus désintéressé.

Pendant qu'Everard se livrait à ces réflexions désagréables, et se sentait un peu déchu dans sa propre estime, Wildrake, qui marchait à son côté, et qui n'aimait pas à garder longtemps le silence, entama la conversation.

— Je pensais, Markham, lui dit-il, que si toi et moi nous avions été appelés au barreau,—ce qui, soit dit en passant, a failli m'arriver dans plus d'un sens, — si nous nous étions faits avocats, dis-je, j'aurais eu la langue la plus mielleuse des deux. — J'aurais mieux réussi dans le bel art de la persuasion.

— Peut-être, répondit Everard. — Cependant je ne t'ai jamais vu en faire usage, si ce n'est pour engager un usurier à te prêter de l'argent, ou un aubergiste à diminuer le prix de l'écot.

— Et pourtant, ce jour, ou plutôt cette nuit, j'aurais pu remporter une victoire qui t'a échappé.

—Vraiment! dit le colonel, devenant plus attentif.

—Véritablement. Ton principal but était de déterminer miss Alice Lee..., créature divine, de par le ciel! Markham, j'approuve ton goût.—Ton but, disais-je, était de la décider, ainsi que le vieux Troyen son père, à retourner à la Loge de Woodstock, avec une permission tacite, et à y vivre tranquillement, en braves gens, au lieu de rester dans une hutte à peine digne de recevoir un Tom de Bedlam [1].

— Tu ne te trompes pas; c'était un des grands motifs de ma visite.

— Mais peut-être tu te proposais aussi d'y aller toi-même fréquemment, afin d'avoir les yeux sur la jolie miss Lee! Ai-je encore deviné juste?

— Jamais je n'ai conçu une idée si intéressée; et si j'avais une explication des aventures nocturnes qui s'y passent, et que j'en visse la fin, j'en partirais sur-le-champ.

— Ton ami Noll attend de toi quelque chose de plus, Everard. Il espère que, dans le cas où la réputation de loyauté du vieux chevalier attirerait à la Loge quelque pauvre diable d'exilé, de fugitif, tu serais aux aguets pour jeter le grappin sur lui. En un mot, autant que j'ai pu comprendre ses longs discours à perte d'haleine, il veut faire de Woodstock une souricière; de ton oncle et de ta jolie cousine, à qui je demande pardon de la comparaison, un morceau de fromage grillé pour servir d'appât; et de toi, Everard, le ressort qui, en se détendant, prendra la souris au piège, Son Excellence se réservant le rôle du chat qui doit la dévorer quand elle sera prise.

— Cromwell a-t-il osé te faire expressément une pareille proposition? s'écria le colonel en retenant son cheval, et en s'arrêtant au milieu de la route.

— Non, pas très-expressément, car je ne crois pas qu'il lui soit arrivé une seule fois dans sa vie de parler en termes bien clairs et bien précis.—Autant vaudrait s'attendre à voir un homme ivre marcher droit.—Mais il me l'a donné à entendre, et il m'a insinué que tu lui rendrais un vrai service si..... Morbleu! cette proposition infernale ne peut me sortir du gosier,—si tu livrais entre ses mains,—ici Wildrake ôta son chapeau,—notre noble et légitime souverain, à qui Dieu

---

(1) Un fou.—Ed.

puisse-t-il accorder santé, richesse et un long règne, comme le disait le digne ministre, quoique je craigne que Sa Majesté ne soit à présent dans une fâcheuse situation de corps et d'esprit, et n'ait pas un shilling dans sa poche par-dessus le marché.

— Cela se rapporte parfaitement à ce que m'a dit Alice. — Mais comment a-t-elle pu le savoir? Lui en as-tu dit quelque chose?

— Moi! moi, qui ai vu miss Lee ce soir pour la première fois de ma vie, et seulement un instant! — Morbleu! Markham, comment veux-tu que j'aie pu lui en dire un seul mot?

— Impossible, j'en conviens, dit Everard; et il resta quelques instans plongé dans ses réflexions.

— Je devrais, dit-il enfin, demander compte à Cromwell de la mauvaise opinion qu'il a de moi; car, quoiqu'il ne t'ait pas tenu ce langage sérieusement, mais uniquement, comme j'en suis convaincu, pour te mettre à l'épreuve, et peut-être pour m'éprouver moi-même, cependant la supposition seule est une insulte difficile à passer sous silence.

Je lui porterai un cartel de ta part de tout mon cœur et de toute mon ame, s'écria Wildrake; et j'escarmoucherai avec le second de sa Sainte Excellence avec autant de plaisir que j'ai jamais bu un verre de vin.

— Les hommes placés à un rang si élevé ne se battent pas en combat singulier. — Mais dis-moi, Roger, toi-même m'as-tu cru capable d'un acte de perfidie et de trahison semblable à celui que tu crois avoir été chargé de me proposer?

— Moi! tu es mon plus ancien ami, Markham, tu m'as constamment rendu service; après la prise de Colchester tu m'as sauvé du gibet; et depuis ce temps tu m'as vingt fois empêché de mourir de soif et de faim. Mais, de par le ciel! si je te croyais capable d'une infamie telle que celle que ton général te demande, par le firmament qui nous couvre, par toutes les œuvres de la création qui nous environnent, je te poignarderais de ma propre main.

— Et ma mort serait méritée, quoique ce ne fût peut-être pas de ta main que je dusse la recevoir. — Mais heureusement je ne puis, quand même je le voudrais, me rendre coupable de la trahison que tu voudrais punir. J'ai appris aujourd'hui, par une dépêche secrète de Cromwell lui-même, que le Jeune Homme s'est échappé par mer. Il s'est embarqué à Bristol.

— Gloire et louange à Dieu, qui l'a protégé au milieu de tant de dangers ! s'écria Wildrake.—Huzza !—Courage, Cavalier ! — bravo, Cavalier ! — Vive le roi Charles ! — Lune, étoiles, à vous mon chapeau.

Il lança son chapeau en l'air de toutes ses forces ; mais les corps célestes qu'il invoquait n'acceptèrent pas le présent qui leur était destiné ; et, comme nous l'avons vu arriver à l'égard du fourreau de l'épée de sir Henry Lee, les branches d'un vieux chêne devinrent une seconde fois dépositaires des dépouilles d'un royaliste enthousiaste. Wildrake parut un peu sot de cette circonstance, et son ami saisit cette occasion pour le chapitrer.

— N'es-tu pas honteux de ta conduite d'écolier ? lui dit-il.

— Ma foi, répondit Wildrake, je n'ai fait que charger un chapeau de puritain d'un message loyal. Je ris en pensant combien de ces écoliers dont tu parles seront attrapés l'année prochaine en grimpant sur ce chêne dans l'espoir de trouver dans ce vieux feutre le nid de quelque oiseau inconnu.

— Trêve de folies, pour l'amour du ciel, et tâchons de parler avec calme.—Charles s'est échappé, et j'en suis ravi. Je l'aurais vu volontiers s'asseoir sur le trône de ses pères, mais par composition, et non à l'aide d'une armée écossaise ou de royalistes courroucés et vindicatifs ; et.....

— Maître Markham Everard ! s'écria le Cavalier en l'interrompant.

— Silence, mon cher Wildrake ; ne disputons pas sur un point sur lequel nous ne pouvons être d'accord, et permets-moi de continuer. — Je dis que, puisque le Jeune Homme s'est échappé, la stipulation injurieuse et offensante de Cromwell tombe d'elle-même, et je ne vois pas pourquoi mon oncle et sa famille ne pourraient pas rentrer chez eux comme tant d'autres royalistes sur lesquels on ferme les yeux. Quant à moi, ma situation est différente, et je ne puis déterminer la marche que je dois suivre avant d'avoir eu une entrevue avec le général. Elle se terminera probablement par l'aveu qu'il fera qu'il n'a mis en avant cette proposition insultante que pour nous sonder tous deux. C'est assez sa manière, car il n'a plus qu'une sensibilité émoussée, et il ne connaît pas cette délicatesse de point d'honneur que les hommes braves de nos jours portent jusqu'au scrupule.

— Je l'absous bien volontiers du péché d'être trop scrupuleux sur l'honneur et l'honnêteté. — Mais revenons-en où nous en étions. — En supposant que tu ne prennes pas ton domicile à la Loge, et que tu t'abstiennes même d'y faire des visites, à moins d'une invitation spéciale quand cela pourra arriver, je te dirai franchement que ton oncle et sa fille pourraient se décider à y retourner et à y demeurer comme auparavant. Du moins le ministre, ce digne vieux coq, me l'a donné à espérer.

— Il a été bien prompt à t'accorder sa confiance.

— Cela est vrai ; il me l'a accordée sur-le-champ, parce qu'il n'a eu besoin que de me voir pour reconnaître mon respect pour l'Eglise. Je remercie le ciel de n'avoir jamais passé près d'un ministre en costume sans lui ôter mon chapeau. Tu sais que si jamais il y eut un duel désespéré, c'est le mien avec le jeune Grayless d'Inner-Temple [1], parce qu'il avait pris le côté du mur au lieu de le céder au révérend docteur Bunce. — Ah ! il ne me faut qu'un moment pour gagner le cœur et l'oreille d'un ministre. — Morbleu ! ils savent de suite à qui ils ont affaire en se fiant à moi.

— Crois-tu donc, ou, pour mieux dire, ce digne ministre croit-il que si mon oncle était certain de ne pas me voir à la Loge sans permission, il se déciderait à y retourner, en supposant que les commissaires en fussent partis et que tout ce tapage nocturne fût expliqué et terminé ?

— Le vieux ministre croit qu'il pourrait y déterminer le vieux chevalier s'il avait l'esprit en repos sur le premier point. Quant au tapage dont tu parles, il ne fait qu'en rire ; et, autant que j'ai pu en juger par deux minutes de conversation, il pense que c'est l'ouvrage de l'imagination, la suite

(1) Avec un *templier*, comme on appelait les étudians en droit qui habitaient *Inner-Temple* et les autres *Inns* du quartier du Temple à Londres. — Ed.

des remords de conscience de ceux qui croient l'entendre, et il dit qu'on n'a jamais entendu ni diables ni esprits dans la Loge de Woodstock avant qu'elle fût le domicile de ceux qui s'en sont mis en possession.

— Il y a en cela plus que de l'imagination, Wildrake. J'ai des motifs personnels pour être convaincu qu'un complot a été tramé pour forcer les commissaires à déguerpir de la Loge. Je suis sûr que mon oncle est étranger à ce projet ridicule; mais il faut que j'éclaircisse ce mystère avant de consentir qu'il revienne avec sa fille habiter un lieu qui est le théâtre d'un pareil complot; car on les regardera probablement comme en ayant été les auteurs, quels que puissent être ceux qui l'ont imaginé.

— Pardon, si je parle avec si peu de respect d'une puissance que tu dois connaître mieux que moi, Markham, mais je soupçonnerais plutôt le vieux père des Puritains, — pardon encore une fois, — d'être pour quelque chose dans toute cette affaire; et si cela est, Lucifer n'osera jamais lever les yeux sur la barbe vénérable du vieux et loyal chevalier, ni supporter le regard d'innocence de sa charmante fille. Je les garantis tous deux aussi en sûreté que l'or qui se trouve dans le coffre-fort d'un avare.

— As-tu vu quelque chose qui te porte à parler ainsi?

— Rien. Je n'ai pas vu une seule plume de l'aile du diable. Il se croit trop sûr d'un ancien Cavalier qui, à la longue, doit être pendu, décapité ou noyé, pour s'inquiéter d'un butin qu'il regarde comme assuré. Mais j'ai entendu les domestiques jaser de ce qu'ils avaient vu et entendu; et, quoique leurs histoires ne fussent pas très-claires, je dois dire, pour peu qu'il s'y trouve un mot de vérité, que le diable s'est mêlé à la danse. — Mais un instant; quelqu'un avance vers nous. — Halte-là, l'ami! — qui es-tu?

— Un pauvre journalier dans le grand ouvrage de l'Angleterre, Joseph Tomkins, secrétaire d'un des saints et vaillans chefs de cette armée chrétienne, nommé le major-général Harrison.

— Qu'y a-t-il donc de nouveau, maître Tomkins? demanda

le colonel Everard. Pourquoi êtes-vous sur la route à une pareille heure?

— Je parle au digne colonel Everard, à ce qu'il me semble, et je suis véritablement charmé d'avoir rencontré Votre Honneur. — Dieu sait que j'ai grand besoin de votre secours. — O digne colonel Everard! — les trompettes ont sonné; — les vases de la sainte colère ont été répandus; — les.....

— En deux mots, de quoi s'agit-il? — Qu'est-il arrivé? — où est ton maître?

— Mon maître est ici près, se promenant dans la petite prairie, près du gros chêne auquel on a donné le nom du tyran défunt. Faites seulement deux pas, et vous le verrez marcher en long et en large l'épée à la main.

Les deux amis avancèrent en faisant le moins de bruit possible; ils virent un homme qu'ils conclurent devoir être Harrison, allant et venant en face du chêne du roi comme une sentinelle sous les armes, mais avec un air plus agité. Le bruit des chevaux frappa son oreille; on l'entendit crier, comme s'il eût été à la tête de sa brigade : — Baissez les piques! — Voici la cavalerie du prince Rupert qui arrive. — Tenez ferme, et vous la renverserez comme un boule-dogue renverserait un roquet. — Baissez vos piques, vous dis-je, mes braves, et appuyez-en le bout contre votre pied. — Premier rang, le genou droit en terre! — N'ayez pas peur de gâter vos tabliers bleus. — Ah! Zorobabel. — Oui, c'est le mot.

— Au nom du ciel, de qui et de quoi parle-t-il? demanda Everard; et pourquoi se promène-t-il ainsi l'épée à la main?

— Véritablement, monsieur, quand quelque chose trouble l'imagination de mon maître le général Harrison, il est quelquefois ravi en esprit, et il se figure qu'il commande le corps de piquiers de réserve à la grande bataille d'Armageddon [1]; — et quant à son épée, digne colonel, hélas! pourquoi tiendrait-il le bon acier de Sheffield enfermé dans un fourreau de cuir quand il y a des ennemis formidables à combattre, —

(1) Style biblique familier aux fanatiques de l'école d'Harrison. — Ed.

des esprits incarnés sur la terre, et des esprits infernaux sous la terre?

— Voilà qui est intolérable! s'écria Everard. Ecoute-moi bien, Tomkins; tu n'es pas maintenant dans la chaire, et je n'ai que faire de ton jargon de prédicant. Je sais que tu es en état de parler d'une manière intelligible quand tu en as la fantaisie. Souviens-toi que je puis te récompenser et te punir; et, si tu espères ou si tu crains quelque chose de moi, explique-toi clairement. Qu'est-il arrivé pour que ton maître soit à courir les champs à une pareille heure?

— Véritablement, honorable colonel, je vous répondrai avec autant de précision que je le pourrai. Il est vrai que le souffle de l'homme, qui est dans ses narines, va et vient comme...

— Point de semblables circonlocutions avec moi, drôle! Tu sais qu'à la bataille de Dunbar en Ecosse le général lui-même appuya un pistolet sur le front du lieutenant Hewereed, et le menaça de lui brûler la cervelle s'il ne cessait de prêcher, et ne rangeait son escadron en bon ordre à la première ligne. — Prends garde à toi!

— Véritablement je m'en souviens, digne colonel; et le lieutenant fit alors une si belle charge qu'il repoussa jusque dans la mer un millier de plaids et de toques bleues. De même je n'apporterai ni délai ni obstacle à l'exécution des ordres de Votre Honneur, et j'y obéirai sur-le-champ.

Commence donc; tu sais ce que je veux savoir. — Explique-toi. — Je sais que tu le peux si tu en as la volonté. Tomkins le Fidèle est mieux connu qu'il ne le pense.

— Digne colonel, répondit Tomkins marchant au but par une ligne un peu plus droite, j'obéirai à Votre Honneur autant que l'Esprit me le permettra. — Véritablement il n'y a pas une heure que mon honorable maître étant à table avec Bibbet et moi, pour ne point parler du respectable maître Bletson et du colonel Desborough, voilà qu'on frappa à la porte à coups redoublés, comme si l'on eût été bien pressé. Or toute la maison avait été tellement harassée par les diables et les esprits, par tout ce qu'on avait vu et entendu, qu'il avait été impossible d'obtenir des soldats qu'ils gardassent les postes extérieurs, et ce n'est qu'en triplant les rations de bœuf et de liqueurs fortes qu'on avait pu maintenir une garde de trois hommes dans le vestibule. Et cependant aucun d'eux ne voulait se hasarder à ouvrir la porte, de peur d'y trouver quelqu'un des esprits dont ils avaient l'imagination remplie. Ils entendaient pourtant frapper à la porte avec une telle force que je croyais qu'on l'enfoncerait. Le digne maître Bibbet était un peu en train, comme c'est sa coutume, le brave homme, à cette heure du soir; non qu'il ait le moindre penchant à l'ivrognerie, mais simplement parce que depuis ses campagnes en Ecosse il est attaqué d'une fièvre continue qui l'oblige à se fortifier ainsi le corps contre l'humidité de la nuit. C'est pourquoi, comme Votre Honneur sait, je remplis les devoirs d'un fidèle serviteur, tant à l'égard du major-général Harrison et des autres commissaires qu'envers le colonel Desborough, mon juste et légitime maître...

— Je sais tout cela; et, puisque tu as leur confiance à tous deux, je prie le ciel que tu la mérites.

— Et je le prie bien dévotement que les prières de Votre Honneur soient écoutées favorablement, car véritablement les titres de Joseph l'Honnête et de Tomkins le Fidèle sont plus précieux pour moi que ne le serait celui de comte, si l'on en accordait encore de semblables sous ce gouvernement régénéré.

— Allons, continue. Si tu divagues plus long-temps, je te disputerai ton titre à l'honnêteté. J'aime les histoires courtes, et je doute de tout ce qu'on me dit avec trop de circonlocutions.

— Je continue, digne colonel; mais ne soyez pas si impatient. Comme je vous le disais, on frappait avec tant de force à la porte qu'on aurait cru qu'on frappait en même temps dans toutes les chambres de la Loge. La cloche sonna, et cependant nous ne vîmes personne la mettre en branle, et nos trois gardes laissèrent tomber leurs fusils par terre, uniquement parce qu'ils ne savaient que faire de mieux. Maître Bibbet, comme je vous l'ai dit, n'étant pas en état de faire son devoir, je pris ma pauvre rapière, j'allai à la porte, et demandai : — Qui est là? La voix qui me répondit, et je dois dire qu'elle ressemblait beaucoup à une autre voix, demanda à parler au major-général Harrison : de sorte que, comme il était tard, je répondis avec douceur que le général Harrison s'était retiré dans sa chambre à coucher, et que quiconque désirait lui parler pouvait revenir le lendemain matin, vu qu'après la nuit tombée la porte de la Loge en était la garnison, et ne s'ouvrait plus : sur quoi la voix m'ordonna de l'ouvrir à l'instant même si je ne voulais en voir les deux battans tomber dans le vestibule. En effet le tapage recommença au point que nous crûmes que la maison allait s'écrouler; et je fus en quelque sorte contraint d'ouvrir la porte, comme une garnison assiégée qui ne peut tenir plus long-temps.

— Sur mon honneur, c'était agir bravement, je dois le dire, s'écria Wildrake, qui avait écouté avec une grande attention. Je défierais le diable au besoin; mais si j'avais entre lui et moi une bonne planche de chêne de deux pouces d'épaisseur, du diable si je renverserais cette barrière. Autant vaudrait, à bord d'un navire, en percer la quille pour y laisser entrer les vagues; car vous savez que l'on compare toujours le diable à la mer profonde.

— Silence, je t'en prie, Wildrake, dit Everard, et laisse-le terminer son histoire. Hé bien! quand la porte a été ouverte, qu'as-tu vu? le grand diable, ses cornes et ses griffes, vas-tu dire sans doute.

— Non, monsieur, je ne vous dirai rien qui ne soit vrai. Quand j'ai ouvert la porte, je n'ai vu qu'un homme, et un homme qui ne paraissait avoir rien d'extraordinaire. Il était enveloppé d'un grand manteau de taffetas écarlate. Il paraissait avoir été dans son temps un fort bel homme; mais il avait le visage pâle et le front soucieux. Il portait de longs cheveux, à la manière des Cavaliers, et cette longue mèche, dite tresse d'amour, que le savant maître Prynne [1] a justement appelée l'abomination de la tresse d'amour. Il avait un joyau à l'oreille, une écharpe bleue passée sur son épaule,

(1) Un des prédicateurs du temps qui firent la guerre en chaire aux vanités de la mode, etc. — ÉD.

comme un officier du roi, avec un chapeau surmonté d'une plume blanche, et entouré d'un ruban tout particulier.

— Quelque malheureux Cavalier, dit Everard, du nombre de ceux qui sont à errer dans tout le pays pour tâcher de trouver un asile.

— L'explication est judicieuse, digne colonel; mais il y avait en cet homme, si c'était un homme, quelque chose qui faisait que je ne pouvais le regarder sans trembler. Et quant aux soldats qui étaient dans le vestibule, ils furent tellement effrayés qu'ils avalèrent, comme ils en conviendront eux-mêmes, les balles qu'ils avaient dans la bouche pour charger leurs carabines et leurs mousquets. Les chiens même, les chiens élevés à la chasse du loup et du daim, qui sont les plus intrépides de leur race, se cachaient dans tous les coins, et osaient à peine gronder sourdement. Il avança jusqu'au milieu du vestibule, et il ne semblait encore qu'un homme comme un autre, si ce n'est qu'il était singulièrement vêtu, ayant sous son manteau un pourpoint de velours noir taillade en satin écarlate, un joyau à l'oreille, de grandes rosettes à ses souliers, et un mouchoir à la main, qu'il appuyait de temps en temps sur son flanc gauche.

— Juste ciel! dit Wildrake en s'approchant d'Everard, et d'une voix que la terreur rendait tremblante, sentiment très-extraordinaire en ce jeune homme audacieux, mais dont il semblait n'être pas le maître : — Il faut que ce soit le pauvre comédien Dick Robison. C'est précisément le costume qu'il portait la dernière fois que je le vis jouer le rôle de Philaster [1], et il l'avait encore lorsque après la pièce nous vidâmes joyeusement une bouteille à la Sirène. Que de folies nous avons faites ensemble! Comme je me rappelle toutes ses petites manières originales! — Il servit son ancien maître Charles dans la compagnie de Mohun, et il fut, dit-on, assassiné par ce chien de boucher, après s'être rendu, à la bataille de Naseby.

— Paix! dit Everard; j'en ai entendu parler; mais écoutons le reste de ce récit. — Hé bien! cet homme vous a-t-il parlé?

---

(1) Héros de la pièce de ce nom, par Beaumont et Fletcher. — ED.

— Oui, monsieur, il m'a parlé, et même d'une voix dont le son était agréable. Mais il y avait dans son accentuation quelque chose d'affecté, et qui ressemblait moins au ton d'une conversation ordinaire qu'au débit d'un prédicateur ou d'un avocat qui parle devant un auditoire. Il demanda à voir le major-général Harrison.

— Il vous fit cette demande? dit Everard, qui n'était peut-être pas exempt de la superstition favorite d'un temps où l'on croyait aux apparitions surnaturelles; — et vous, que fîtes-vous?

— Je montai dans l'appartement du major-général, et je lui dis qu'un homme fait de telle et telle manière désirait lui parler. Il tressaillit, et me demanda vivement quel costume il portait. Mais je ne lui eus pas plus tôt dépeint son manteau, son pourpoint, et le joyau qu'il portait à l'oreille, qu'il s'écria : — Retire-toi! va lui dire que je ne veux pas lui parler ici; que je le défie et que je lui donne rendez-vous dans la vallée d'Armageddon le jour de la grande bataille qui y sera livrée, quand, à la voix de l'ange, tous les oiseaux qui volent sous la voûte du ciel viendront se repaître de la chair du capitaine et du soldat, du cheval de guerre et du cavalier. — Dis au méchant Esprit que j'ai le pouvoir de remettre notre querelle jusqu'à ce jour, et qu'en ce jour terrible il rencontrera encore une fois Harrison. — Je reportai cette réponse à l'étranger dont le front se rida, et il fronça le sourcil d'une manière qui n'avait rien d'humain.— Va le retrouver, me dit-il, et dis-lui que MON HEURE EST ARRIVÉE, et que, s'il ne descend pas sur-le-champ pour venir me trouver, je monterai pour l'aller chercher. Dis-lui que je LUI ORDONNE de descendre, et que je lui en donne pour signe que, sur le champ de bataille de Naseby, *il n'a pas mis à la charrue une main négligente.*

— J'ai entendu raconter, dit à demi-voix Wildrake qui éprouvait de plus en plus la contagion de la superstition, qu'Harrison tint ce langage après avoir lâchement assassiné mon pauvre ami Dick.

— Qu'arriva-t-il ensuite? demanda Everard. Prends bien garde de ne rien dire que la vérité!

— Ce que je vous dis est vrai comme l'Evangile, sans commentaire ni explication, répondit l'Indépendant; mais véritablement il me reste peu de chose à y ajouter. Comme j'allais remonter, je vis mon maître descendre, le visage un peu pâle, mais l'air déterminé. Quand il entra dans le vestibule et qu'il vit l'étranger, il s'arrêta, et celui-ci en sortit en lui faisant signe de le suivre. Mon digne maître semblait en avoir l'intention, car il fit quelques pas; mais il s'arrêta encore : sur quoi l'étranger, soit homme, soit diable, soit esprit, lui dit : — Obéis à ton destin.

> Ton destin est de me suivre
> Sur des sentiers non tracés,
> Dans l'ombre de la nuit, dans les bois délaissés.
> Oui, ton sort à moi te livre.
> Suis-moi, mes pas sont pressés.
> Obéis! Je te conjure
> Par le sang que tu vois couler de ma blessure,
> Et par les derniers mots que ma voix proféra
> Lorsque d'un corps mortel l'esprit se sépara!

A ces mots, il sortit de nouveau, et mon maître marcha sur ses pas en s'avançant dans le bois. Je les suivis de loin; mais, quand j'arrivai ici, je trouvai le général Harrison seul, et occupé comme vous le voyez en ce moment.

— Il faut que tu aies une mémoire merveilleuse, dit froidement le colonel, pour te rappeler ainsi des vers que tu n'as entendus qu'une seule fois. — Cela a l'air d'un rôle étudié.

— Que je n'ai entendus qu'une seule fois! s'écria l'indépendant; hélas! honorable colonel, ces vers sont dans la bouche de mon pauvre maître toutes les fois qu'il est moins triomphant qu'il ne le voudrait dans sa lutte contre Satan, ce qui ne laisse pas d'arriver de temps en temps. Mais c'était la première fois que je les entendais débiter par un autre; et, pour dire la vérité, le général Harrison semble toujours les prononcer involontairement, comme un enfant qui récite sa leçon devant son maître, et non comme le lui indique sa propre tête, selon l'expression du psalmiste.

— Cela est étrange, dit Everard. J'avais entendu dire que

les esprits des gens assassinés conservaient un pouvoir singulier sur leurs assassins; mais je suis surpris d'être obligé de croire qu'il puisse y avoir de la vérité dans de pareilles histoires. Hé bien! Roger, de quoi as-tu peur? Pourquoi changes-tu ainsi de place?

— Peur! ce n'est point peur; — c'est haine, haine mortelle. — J'ai devant les yeux le meurtrier du pauvre Dick. — Voyez! le voilà qui se met en posture de défense. — Attends! — Attends-moi, chien de boucher! tu vas trouver un antagoniste.

Avant que personne eût le temps de l'arrêter, Wildrake jeta son manteau, tira son épée, et presque d'un seul bond franchit la distance qui le séparait d'Harrison. Leurs lames se croisèrent, car le général républicain était en garde, comme s'il se fût attendu à être attaqué par un ennemi, et il ne fut pas surpris à l'improviste. Mais du moment que leurs épées se croisèrent, il s'écria : — Ah! te voilà donc enfin! tu as repris ton corps pour venir me trouver! — Tu es le bienvenu! — le bienvenu! — le glaive du Seigneur et de Gédéon!

— Séparons-les! séparons-les! s'écria Everard, que la surprise avait retenu un instant immobile, ainsi que Tomkins. Et s'élançant tous deux sur les combattans, Everard saisit le Cavalier entre ses bras, et le tira en arrière, tandis que Tomkins s'emparait, non sans risque et sans difficulté, de l'épée du général Harrison, qui s'écriait : — Ah! deux contre un! — Deux contre un! — C'est ainsi que combattent les démons.

De son côté, Wildrake jurait comme un païen. — Markham, s'écria-t-il ensuite, vous avez biffé d'un seul trait toutes les obligations que je vous ai; — elles sont annulées, — oubliées; — je n'y songe plus, le diable m'emporte!

— Vous en avez bien prouvé votre reconnaissance, répondit Everard. Qui sait comment cette affaire sera interprétée, et qui en sera responsable?

— Ma vie en répondra, dit Wildrake.

— Silence! dit Tomkins, et fiez-vous à moi. J'arrangerai les choses de telle sorte que le bon général ne se doutera jamais qu'il a combattu un mortel. Seulement que ce Moabite rengaîne sa rapière, et qu'il se tienne en repos.

— Wildrake, s'écria Everard, remets ton épée dans le fourreau, où, sur ma vie, il faut que tu en tournes la pointe contre moi.

— Non, sur ma foi, répondit le Cavalier, je ne suis pas encore assez fou pour cela. Mais je le retrouverai un autre jour.

— Toi, un autre jour! s'écria Harrison, dont les yeux étaient toujours fixés sur le lieu où l'esprit qu'il croyait combattre lui avait opposé une telle résistance; oui, je te connais; chaque semaine, chaque jour, tu me fais la même demande, car tu sais que ta voix me fait tressaillir le cœur.

— Mais mon bras ne tremble pas quand il rencontre le tien.

— L'esprit est disposé au combat, si la chair est faible, quand il faut qu'elle attaque ce qui n'est pas de chair.

— Silence, pour l'amour du ciel! s'écria le secrétaire Tomkins. Et s'adressant à son maître : — A qui parle Votre Excellence? lui dit-il ; il n'y a personne ici que Tomkins et le digne colonel Everard.

S'il était livré à une véritable hallucination, le général, tout convaincu de la réalité de ses rêveries, évitait, comme il arrive à certains fous, de parler à ceux qui pouvaient les traiter d'imaginaires. Il fit donc succéder à l'agitation violente qu'il venait de montrer un air d'aisance et de calme qui prouvait combien il désirait cacher ses véritables sentimens à Everard.

Il salua le colonel avec un air de cérémonie, et parla de la beauté de la soirée, qui l'avait engagé à sortir de la Loge, pour faire une promenade dans le parc, et respirer un air frais. Il passa un bras sous celui d'Everard, et ils reprirent le chemin de Woodstock, Wildrake et Tomkins les suivant et conduisant les chevaux. Everard, désirant faire jaillir quelque lumière sur tous ces incidens mystérieux, tâcha plus d'une fois de faire tomber la conversation sur ce sujet par quelque question adroite; mais Harrison parait cette attaque avec autant de dextérité, et se faisait quelquefois appuyer par Tomkins le Fidèle, qui était habitué à confirmer en toute occasion tout ce que disaient ses maîtres, ce qui lui avait valu l'ingénieux sobriquet de Fibbet, comme l'avait dit Desborough.

— Mais pourquoi vous avons-nous trouvé ce soir l'épée à la main, général, demanda Everard, puisque vous ne faisiez qu'une promenade pour prendre l'air?

— Parce que nous vivons dans un temps, colonel, où chacun doit se ceindre les reins et veiller, avoir sa lampe allumée, et ses armes sous la main. Croyez-moi ou ne me croyez pas, mais le jour approche où il faudra veiller pour n'être pas surpris nu et sans armes, quand les sept trompettes sonneront le boute-selle, et que les flûtes de Jezer donneront le signal de la marche.

— D'accord, général; mais j'ai cru vous voir vous escrimer, comme si vous vous étiez battu contre quelqu'un.

— Je suis d'une humeur singulière, mon cher Everard. Quand je me promène seul, et que j'ai mon épée à la main, comme je l'avais tout à l'heure, il m'arrive quelquefois, pour m'exercer, de pousser quelques bottes contre un arbre, comme celui-là. C'est une folie de tirer vanité de sa science dans le maniement des armes; mais j'ai passé pour bon maître d'escrime, et j'en ai disputé le prix plus d'une fois avant d'être régénéré, avant d'avoir été appelé à jouer un rôle dans le grand ouvrage, et d'être entré dans le premier régiment de cavalerie de notre victorieux général.

— Mais il me semble que j'ai entendu le bruit d'une épée qui frappait contre la vôtre?

— Une épée frapper contre la mienne! — Comment cela se peut-il, Tomkins?

— Véritablement, monsieur, répondit l'indépendant, il faut que ç'ait été une branche d'arbre. Il y en a ici de toute espèce, et Votre Honneur peut avoir poussé une botte contre un de ceux qu'on appelle au Brésil arbres de fer, et qui, frappés sur un marteau, résonnent comme une enclume, comme le dit Purchass dans ses Voyages.

— Cela peut être, dit Harrison, car les tyrans qui ne sont plus avaient rassemblé dans ce séjour de leurs plaisirs des plantes et des arbres de tous les pays étrangers, quoiqu'ils n'y recueillissent pas le fruit de cet arbre qui en porte de douze espèces, et dont les feuilles sont le salut des nations.

Everard continua ses questions, car il était frappé de la manière dont Harrison éludait d'y répondre, et de l'adresse avec laquelle il employait ses idées exaltées et fanatiques comme un voile pour cacher les pensées plus sombres de ses remords.

— Cependant, dit-il, si je dois en croire mes yeux et mes oreilles, vous aviez affaire à quelque antagoniste. — Je suis sûr d'avoir vu un drôle en justaucorps d'une couleur foncée se retirer dans le bois.

— L'avez-vous vu? s'écria Harrison avec un accent de surprise. Qui pouvait-ce être? — Tomkins, avez-vous vu le drôle dont parle le colonel Everard, ayant en main le mouchoir ensanglanté qu'il s'appuie toujours sur le flanc?

Ces dernières expressions par lesquelles Harrison décrivait son adversaire d'une manière différente de ce qu'Everard venait de dire, mais conforme à la description faite par Tomkins du spectre supposé, confirmèrent dans l'esprit du colonel l'histoire racontée par le secrétaire, plus que tout ce qu'il avait vu et entendu jusqu'alors. Tomkins fit honneur à la lettre de change tirée sur lui avec sa promptitude ordinaire, et répondit qu'il avait vu quelqu'un passer près d'eux et s'enfoncer dans le taillis, mais qu'il pensait que c'était quelque braconnier, attendu qu'ils étaient devenus très-audacieux depuis quelque temps.

— Vous voyez ce que c'est, Everard, dit Harrison, empressé d'écarter ce sujet de conversation. Mais dites-moi à présent, n'est-il pas temps de mettre de côté toutes nos controverses, et de nous occuper de concert à réparer les brèches de Sion? Je me trouverais heureux et content, mon excellent ami, d'être en cette occasion un manœuvre et un porteur de mortier, sous la conduite de notre grand général, avec qui la Providence a marché dans cette grande régénération nationale. Je suis si complètement dévoué à notre excellent et victorieux Olivier, — puisse le ciel le conserver long-temps! — que, s'il me l'ordonnait, je n'hésiterais pas à arracher de son fauteuil l'homme qu'on appelle président, comme j'ai prêté mon faible secours pour arracher de son trône l'homme qu'on appelait roi. C'est pourquoi, comme je sais que votre opinion est semblable à la mienne sur ce sujet, qu'il me soit permis de vous conjurer amicalement d'unir nos efforts comme frères pour réparer les brèches et relever les boulevards de notre Sion d'Angleterre, dont nous serons indubitablement les piliers et les arcs-boutans, pour la soutenir et la fortifier avec une dotation de revenus spirituels et temporels servant de piédestal pour nous établir, sans quoi nos fondations ne seraient assises que sur du sable mouvant. — Au surplus, continua-t-il, passant rapidement de ses idées d'ambition terrestre à ses visions de la cinquième monarchie, — tout cela n'est que vanité en comparaison de l'ouverture du livre scellé; car les temps approchent où l'éclair brillera, où le tonnerre grondera, et où l'on verra sortir de l'abîme sans fond le grand dragon qui y est enchaîné.

Tout en mêlant ainsi la politique mondaine et ses prédictions fanatiques, Harrison s'empara tellement de la conversation, qu'il ne laissa au colonel Everard aucun moyen de le presser davantage relativement à sa promenade nocturne, sur les circonstances particulières de laquelle il était évident qu'il ne se souciait pas d'être interrogé. Enfin ils arrivèrent à la Loge de Woodstock.

CHAPITRE XV.

« De ces tisons consumés à demi
« On ne voit plus jaillir qu'une faible lumière;
« Du noir hibou l'épouvantable cri
« Annonce au moribond le linceul et la bière;
« Il est minuit; les tombeaux entr'ouverts
« Vont vomir à l'instant des spectres redoutables;
« Et des esprits, des ombres lamentables,
« Près du porche sacré vont errer dans les airs. »

SHAKSPEARE.

Les gardes étaient alors doublés devant la porte de la Loge; Everard en demanda la cause au caporal, qu'il trouva dans le vestibule avec le reste de ses soldats, assis ou endormi autour d'un grand feu entretenu aux dépens des chaises et des bancs dont on reconnaissait les fragmens.

— Il est bien vrai, colonel, répondit le caporal, que ce doublement de garde mettra le détachement sur les dents; mais la peur les a tous gagnés, et personne ne veut monter la garde seul. Aussi avons-nous déjà tiré un renfort de nos avant-postes de Banbury, et nous en attendons un autre d'Oxford demain matin.

Everard fit encore plusieurs questions sur la position des sentinelles; les règles de la discipline et de la prudence avaient été exactement observées dans la distribution des postes. La seule chose qu'il y ajouta, d'après ce qui lui était arrivé dans la soirée, fut d'ordonner de placer une sentinelle additionnelle, si cette mesure semblait indispensable, dans le vestibule ou antichambre donnant sur la longue galerie, théâtre de son aventure, et qui communiquait avec divers appartemens.

Le sous-officier lui ayant promis d'exécuter ponctuellement cet ordre, Everard appela les domestiques, qui arrivèrent aussi en double force, et il leur demanda si les commissaires étaient couchés, ou s'il pouvait leur parler.

— Ils sont dans leur chambre, répondit l'un d'eux, mais je ne crois pas qu'ils soient encore couchés.

— Quoi! s'écria Everard; le colonel Desborough et maître Bletson sont-ils dans la même chambre?

— Leurs Honneurs l'ont désiré ainsi, dit le domestique, et deux de leurs secrétaires doivent veiller toute la nuit.

— C'est donc la mode de doubler les gardes dans toute la maison? dit Wildrake. Sur ma foi, si j'apercevais quelque gentille chambrière, je serais tenté de l'adopter.

— Silence, fou! dit Everard. — Et où sont le maire et maître Holdenough?

— Le maire est retourné à Woodstock à cheval, répondit le domestique, en croupe du soldat qui va chercher un renfort à Oxford; et le ministre s'est installé dans la chambre qu'occupait hier le colonel Desborough, comme étant le poste où il est le plus probable qu'il rencontrera le.... Votre Honneur me comprend? — Que le ciel ait pitié de nous, nous sommes une maison cruellement tourmentée!

— Et où sont les gens du colonel Harrison? demanda Tomkins. Pourquoi ne viennent-ils pas pour le conduire à son appartement?

— Me voici, — me voici, — me voici, maître Tomkins, répondirent en même temps trois individus en s'avançant avec la consternation qui s'était emparée de tous les habitans de Woodstock.

— Hé bien! allons, dit Tomkins, conduisez Son Honneur; mais ne lui parlez pas. — Vous voyez qu'il n'est pas en humeur de jaser.

— Il est étrangement pâle, dit le colonel Everard; ses traits sont comme agités de convulsions, et (quoiqu'il n'eût fait que parler chemin faisant) il n'a pas ouvert la bouche depuis que nous sommes arrivés.

— C'est son ordinaire après de pareils accès, répondit Tomkins. — Zédéchias, Jonathan, donnez le bras à Son Honneur. — Je vous suivrai dans un instant. — Vous, Nicodème, attendez-moi. — Je n'aime pas à aller seul dans cette maison.

— Maître Tomkins, dit le colonel, je vous ai souvent entendu citer comme un homme subtil et intelligent. — Dites-moi, est-ce bien sérieusement que vous craignez de rencontrer quelques êtres surnaturels dans cette maison ?

— Je ne voudrais pas en courir le risque, répondit Tomkins très-gravement. Il ne faut que jeter les yeux sur mon honorable maître pour voir quelle figure fait un vivant après avoir parlé à un mort.

A ces mots il se retira en le saluant avec respect, et Everard se rendit dans la chambre où les deux autres commissaires avaient résolu, pour s'enhardir mutuellement, de passer la nuit ensemble. Ils se disposaient à se coucher quand il entra dans l'appartement. Tous deux tressaillirent quand la porte s'ouvrit; tous deux se réjouirent en voyant que ce n'était que le colonel Everard.

— Ecoutez-moi un instant, colonel, dit Bletson en le tirant à part. — Avez-vous jamais vu un âne comme ce Desborough ? — Le drôle est fort comme un taureau et peureux comme un mouton. — Il a exigé absolument que je couchasse dans cette chambre pour le protéger. — Hé bien, passerons-nous une nuit joyeuse ? Vous pouvez prendre le troisième lit qui avait été préparé pour Harrison; mais il est parti comme un écervelé pour aller chercher la vallée d'Armageddon dans le parc de Woodstock.

— Le général Harrison vient de rentrer avec moi, dit Everard.

— Mais, sur ma vie, il n'entrera pas dans notre appartement, s'écria Desborough, qui avait entendu ces derniers mots : un homme qui a soupé avec le diable, autant que je puis le croire, n'a pas le droit de venir se coucher au milieu de chrétiens.

— Il n'en a pas le dessein, répliqua Everard. Il paraît qu'il a un appartement séparé et qu'il l'occupe seul.

— Pas tout-à-fait seul, j'ose le dire, dit Desborough ; car Harrison est une sorte de point d'attraction pour les lutins et les esprits, qui voltigent autour de lui comme les papillons autour d'une chandelle. Mais toi, mon cher Everard, je t'en prie, reste avec nous. Je ne sais comment cela se fait ; mais quoique tu n'aies pas toujours ta religion à la bouche, que tu ne fasses pas à ce sujet de belles phrases incompréhensibles, comme Harrison, et que tu ne débites pas de longs sermons comme un certain mien parent dont il est inutile de dire le nom, je me trouve plus en sûreté dans ta compagnie que dans la leur. Quant à ce Bletson, ce n'est qu'un blasphémateur, et je crains que le diable ne l'emporte avant la fin de la nuit.

— Avez-vous jamais entendu un si misérable poltron? demanda Bletson à part au colonel. Cependant restez avec nous, mon cher Everard. Je sais combien vous êtes zélé pour secourir les affligés, et vous voyez que Desborough est dans une situation à avoir besoin de plus d'un bon exemple pour se défaire de la peur des diables et des esprits.

— Je suis fâché de ne pouvoir vous obliger, messieurs; mais j'ai résolu de coucher dans la chambre de Victor Lee : ainsi je vous souhaite le bonsoir. Si vous voulez passer la nuit sans être troublés, je vous invite à employer le temps pendant lequel vous ne dormirez pas à vous recommander à celui pour qui la nuit n'a pas plus de ténèbres que le jour. J'avais dessein de vous parler ce soir du motif qui m'a amené ici; mais je remettrai cet entretien à demain, et je crois que je serai en état de vous donner d'excellentes raisons pour quitter Woodstock.

— Nous n'y sommes déjà restés que trop long-temps, s'écria Desborough. Quant à moi, je ne suis venu ici que pour servir l'Etat et dans la vue de quelque petit avantage pour moi-même sans contredit, à titre d'indemnité pour mes peines; mais si l'on me met encore la tête en bas cette nuit comme la précédente, je n'y resterai pas plus long-temps, serait-ce pour gagner la couronne d'un roi, car mon cou ne serait plus en état d'en supporter le poids.

— Bonsoir, messieurs, répéta Everard.

Il allait sortir quand Bletson s'approcha de lui de nouveau, et lui dit à demi-voix : — Ecoutez, colonel, vous connaissez mon amitié pour vous; je vous conjure de laisser ouverte la porte de votre appartement, afin que, si quelque chose vient à vous inquiéter, je puisse vous entendre appeler et me rendre près de vous à l'instant même. N'y manquez pas, mon cher Everard, sans quoi mes craintes pour vous ne me permettront pas de fermer l'œil; car je sais que, malgré votre excellent jugement, il vous reste quelques-unes de ces idées superstitieuses que nous suçons avec le lait de nos nourrices, et qui sont l'unique source des craintes qu'on peut concevoir dans une situation semblable à celle où nous nous trouvons. Laissez donc votre porte ouverte, afin que je puisse venir à votre secours en cas de besoin.

— Monsieur, dit Wildrake, mon maître met sa confiance d'abord en sa Bible, et ensuite en son épée. Il ne peut croire que coucher deux hommes dans une même chambre soit un charme qui puisse en écarter le diable, et il croit encore moins que tous les argumens des nullifidiens [1] de la Rota puissent prouver que l'ennemi du genre humain n'a d'existence que dans l'imagination.

Everard saisit par le collet son imprudent ami, l'entraîna pendant qu'il parlait encore, et ne le lâcha que lorsqu'ils furent tous deux dans l'appartement de Victor Lee, où ils avaient déjà passé une nuit. — Il continua même à tenir Wildrake jusqu'à ce que le domestique qui portait les lumières les eût placées sur une table, et se fût retiré. Alors, lâchant prise, il lui dit avec reproche : — N'es-tu pas un homme bien sage et bien prudent? Faut-il que dans un temps comme celui-ci tu ne sembles occupé qu'à chercher toutes les occasions d'argumenter et de te faire quelque querelle! Fi donc!

— Oui, fi de moi! répondit le Cavalier, oui, fi de moi! d'être une pauvre créature sans énergie et sans ame, qui se soumet à se laisser mener ainsi par un homme qui n'est ni mieux né ni mieux élevé que je ne le suis! — Je te dis, Markham, que tu abuses de l'avantage que tu as sur moi. — Pourquoi ne veux-tu pas que je te quitte, que je vive et que je meure à ma guise?

— Parce qu'il ne se passerait pas une semaine après notre séparation sans que j'apprisse que tu as été pendu comme un chien. — Parlons raison, mon cher Roger; quelle folie d'a-

---

(1) Qui n'avaient aucune profession de foi, *homines nullius fidei*. — Ed.

voir attaqué Harrison, comme tu l'as fait, et de te mettre ensuite à argumenter sans nécessité avec Bletson!

— Nous sommes dans la maison du diable, à ce qu'il paraît; et partout où je loge en voyage j'aime à donner à l'hôte ce qui lui est dû. J'aurais été charmé de lui envoyer Harrison ou Bletson pour calmer son appétit, jusqu'à ce que Crom.....

— Chut! les murs ont des oreilles, s'écria Everard en regardant autour de lui. Voilà de quoi boire pour ton coup du soir. — Tu sais où est ton lit, et tu vois qu'on m'en a apprêté un dans cette chambre. — Place ton épée à ta portée, car il faut que nous soyons aussi vigilans que si le vengeur du sang était derrière nous. — Nous ne serons séparés que par cette porte.

— Que je laisserai entr'ouverte en cas que tu aies besoin de secours, comme le disait ce nullifidien. — Mais comment se fait-il que cet appartement soit en si bon ordre, mon cher patron?

— J'avais prévenu le secrétaire Tomkins du dessein que j'avais de passer la nuit ici.

— C'est un drôle bien étrange, et qui, autant que j'en puis juger, a pris la mesure du pied de chacun. — Tout semble lui passer par les mains.

— C'est, à ce que j'ai entendu dire, un de ces hommes que le temps où nous vivons a formés. — Il a le don de prêcher et d'expliquer, ce qui le met en grand crédit auprès des Indépendans, et il se rend utile aux gens plus modérés par son intelligence et son activité.

— Sa sincérité a-t-elle jamais été révoquée en doute?

— Jamais, que je sache. Au contraire, on l'appelle familièrement Joseph l'Honnête, et Tomkins le Fidèle. Quant à moi, je crois que sa sincérité marche toujours d'un pas égal à son intérêt. — Mais allons, bois ton coup du soir, et va te coucher. — Quoi! vidé d'un seul trait!

— Oui, morbleu! Mon vœu ne me permet que de boire un seul coup; mais ne crains rien, c'est un bonnet de nuit qui entretiendra une douce chaleur dans mon cerveau, sans le mettre en feu. — Ainsi, que ce soit homme ou diable, si quelque chose te trouble, appelle-moi, et je suis à toi dans un clin d'œil.

A ces mots le Cavalier entra dans sa chambre, et le colonel, se débarrassant seulement d'une partie de ses vêtemens, s'étendit sur un lit sans rideaux, et ne tarda pas à s'endormir.

Il fut éveillé par une musique lente et solennelle dont les sons semblaient s'éloigner peu à peu. Il tressaillit, et chercha ses armes, qu'il trouva près de lui, où il les avait placées. Rien ne l'empêchait de regarder autour de lui : mais le feu était couvert, et il lui était impossible de rien distinguer dans les ténèbres. Il sentit donc cette espèce de saisissement indéfinissable que fait éprouver la première idée d'un danger invisible et inconnu.

Quoiqu'il lui répugnât de croire aux apparitions surnaturelles, il n'était pas tout-à-fait incrédule sur ce point, comme nous l'avons déjà dit; et peut-être même dans le siècle actuel, où le scepticisme est plus à la mode, se trouve-t-il moins de gens qui vivent dans une incrédulité complète à cet égard qu'on n'en voit qui se vantent de la posséder. Ne sachant trop si les sons qu'il lui semblait encore entendre n'avaient pas été produits par un rêve, il ne voulut pas s'exposer aux railleries de son ami en l'appelant. Il se mit donc sur son séant. L'homme brave peut être ému par la crainte comme le poltron, avec cette différence que celui-ci en est accablé, tandis que l'autre s'arme de toute son énergie pour la repousser, comme le cèdre du Liban soulève, dit-on, ses branches pour les débarrasser de la neige que l'hiver a fait pleuvoir sur lui.

En dépit de lui-même, et quoiqu'il soupçonnât en secret qu'il existait quelques machinations dirigées contre les commissaires, l'histoire d'Harrison lui revint à l'esprit au milieu du silence et des ténèbres qui régnaient alors. Il se souvint qu'Harrison, en parlant de l'apparition, avait cité une circonstance différente de celle qu'il lui avait suggérée lui-même, — ce mouchoir sanglant que voyaient sans cesse ou ses yeux ou son imagination agitée! Etait-il donc possible que la victime revînt se présenter à l'assassin qui l'avait forcée à quitter le théâtre de cette vie encore chargée du poids de tous ses péchés? Mais en ce cas pourquoi d'autres apparitions de la même nature ne seraient-elles pas permises pour avertir, — pour instruire, — pour punir? — Everard en concluait que, s'il fallait être crédule jusqu'à la folie pour admettre la vérité de toutes les histoires de ce genre, c'était une témérité d'imposer des bornes à la Toute-Puissance divine sur les œuvres de sa main. Le Créateur ne pourrait-il, dans des cas particuliers, affranchir la nature des lois auxquelles il l'a soumise?

Tandis que ces idées se présentaient rapidement à l'imagination d'Everard, il se laissait aller à une crainte secrète sans objet fixe : un péril visible et certain l'aurait armé de tout son courage; mais l'incertitude absolue de ce qu'il avait à redouter augmentait ses appréhensions. Il sentait un désir presque irrésistible de sauter à bas de son lit, et de ranimer le feu qu'il avait couvert, dans l'attente d'un étrange spectacle. Il fut même tenté d'éveiller Wildrake; mais la honte, plus forte que la crainte même, l'en empêcha. — Quoi! dirait-on, Markham Everard, regardé comme un des meilleurs soldats qui eussent tiré l'épée dans cette guerre fatale, — lui qui, si jeune encore, était revêtu d'un rang si distingué dans l'armée du parlement, — avait-il craint de rester seul dans sa chambre à minuit? Non, jamais!

Cette réflexion n'était pourtant pas un charme qui pût arrêter le cours de ses pensées. Les diverses traditions de la chambre de Victor Lee se retraçaient à son souvenir, et, quoiqu'il les eût souvent méprisées comme des bruits vagues, ridicules, sans authenticité, propagés de génération en génération par la crédulité superstitieuse, ce n'était pas un sujet de méditation propre à calmer l'irritation de ses nerfs. Quand ensuite il se rappelait les événemens qui lui étaient arrivés dans la soirée, la pointe d'une épée appuyée sur sa gorge, et le bras vigoureux qui lui ôtait l'usage des mains, ce souvenir dissipait toute idée de fantôme et de dangers imaginaires, mais le portait à croire qu'il se trouvait caché dans quelque coin du château un parti de Cavaliers, qui pouvait se montrer pendant la nuit pour s'en emparer, et assouvir sur les républicains et particulièrement sur Harrison, un des juges régicides, la vengeance dont étaient altérés les partisans de la victime royale.

Il chercha à se rassurer en songeant au nombre de soldats qui se trouvaient dans la Loge, et aux divers postes qu'on avait établis. Cependant il se reprochait de n'avoir pas pris des précautions encore plus sévères, et d'avoir gardé une promesse extorquée par la violence, qui exposait ses compagnons d'armes au danger d'être assassinés. Ces idées et le sentiment de ses devoirs militaires donnèrent un autre cours à ses réflexions. Il pensa que ce qu'il avait à faire de mieux en ce moment était de visiter les postes pour s'assurer si les sentinelles ne s'y étaient pas endormies, si elles exerçaient une vigilance convenable, et si elles étaient placées de manière à pouvoir se soutenir les unes les autres en cas d'alerte.

— Cela me conviendra mieux, pensa-t-il, que de rester ici à m'effrayer, comme un enfant, d'une légende de vieille femme, dont j'ai ri moi-même dans ma jeunesse. Qu'importe que Victor Lee se soit rendu, comme on le dit, coupable de sacrilège, — qu'il ait brassé de la bière dans les fonts baptismaux qu'il avait pris dans l'église d'Holyrood, lorsqu'elle fut brûlée ainsi que l'ancien palais? — qu'importe que son fils aîné soit tombé dans ce même vase rempli d'un liquide bouillant, et y ait trouvé la mort? Combien d'églises n'a-t-on pas démolies depuis ce temps? Combien de fonts baptismaux n'a-t-on pas profanés? Le nombre en est si grand que, si le ciel tirait vengeance de pareils actes par des signes surnaturels, il n'y aurait pas un seul coin en Angleterre, pas une église de village qui ne fût le théâtre de quelque apparition. Ce sont des idées ridicules auxquelles ne doivent pas se livrer un instant ceux qui ont été élevés dans la croyance que la sainteté consiste dans les œuvres et les intentions, et non dans les bâtimens, les vases et les formes extérieures du culte.

Tandis qu'il appelait ainsi à son secours les articles de sa foi calviniste, la grande horloge du château (une horloge est rarement muette dans la relation de pareilles scènes) sonna trois heures, et l'on entendit en même temps la voix rauque des soldats retentir sous les voûtes et dans les corridors, tandis qu'ils s'interrogeaient les uns les autres, et qu'ils se répondaient par les mots d'usage : — Tout va bien !

— Leurs voix se mêlaient avec le son de l'horloge ; mais ils s'étaient tus avant que le troisième coup eût sonné. La vibration de l'air apporta encore aux oreilles d'Everard pendant quelques secondes les sons produits par l'airain, et dont l'intensité diminuait progressivement; mais ils se prolongèrent, et le colonel fut un instant incertain si c'était un écho qui les répétait, ou si de nouveaux sons troublaient le silence du vieux château et des bois qui l'entouraient, depuis que l'horloge et les voix des sentinelles avaient cessé de se faire entendre.

Ses doutes furent bientôt éclaircis : le bruit d'une musique qui s'était mêlé aux derniers sons de la cloche de l'horloge, et qui avait paru d'abord en prolonger la durée, leur survécut en prenant un caractère plus distinct. Une mélodie grave se fit entendre dans le lointain, et parut s'avancer de chambre en chambre, de corridor en corridor, et parcourir toute l'ancienne résidence de tant de souverains. Cependant aucune sentinelle ne donnait l'alarme, et de tous les individus de tout rang qui passaient cette nuit en proie à la terreur et à l'inquiétude, il semblait que pas un ne fût averti de cette nouvelle cause d'appréhension, ou n'osât l'annoncer à un autre.

Everard, dont l'esprit était sur le qui vive, ne put garder plus long-temps le silence. Les sons approchaient tellement qu'il lui semblait qu'on célébrait dans un appartement voisin l'office solennel des morts. Il appela donc à haute voix son fidèle compagnon, son ami Wildrake, qui, comme on le sait, dormait dans une chambre donnant dans la sienne, et dont la porte était restée entr'ouverte.

— Wildrake ! — éveille-toi ! — debout, Wildrake ! — n'entends-tu pas l'alarme?

Wildrake ne répondit pas, quoique le bruit de la musique fût alors assez fort pour faire douter si les musiciens n'étaient pas dans la chambre même de Victor Lee, et qu'il eût suffi pour éveiller un homme endormi sans que personne eût besoin de l'appeler.

—Alerte! Wildrake, alerte! cria de nouveau Everard en se jetant hors de son lit, et en saisissant ses armes ; répands l'alarme dans le château, et procure-toi de la lumière.

Il n'obtint encore aucune réponse. Cependant les sons de musique solennelle cessèrent à l'instant même où il finissait de parler, et la même voix douce et basse qui lui avait déjà parlé dans la galerie, et qui lui parut encore ressembler à celle d'Alice Lee, se fit entendre dans son appartement, et, à ce qu'il lui sembla, à peu de distance de lui.

—Votre compagnon ne vous répondra pas, dit la voix douce. Ceux dont la conscience est tranquille ne peuvent entendre l'alarme.

—Encore la même chose, dit Everard. Mais je suis mieux armé en ce moment que je ne l'étais il y a quelques heures; et, sans le son de cette voix, celui qui me parle aurait payé bien cher son audace.

Nous pouvons faire observer en passant qu'il est singulier que toutes les fois que le son de la voix humaine se faisait entendre distinctement à Everard, toute idée d'apparition surnaturelle s'évanouissait, et le charme qui subjuguait son imagination semblait rompu; tant il est vrai que l'influence qu'une terreur superstitieuse peut exercer sur un homme doué d'un jugement sain dépend du vague et de l'incertitude qui l'entourent, et qu'il ne faut que quelques sons distincts ou quelques idées précises pour ramener les idées dans le cercle ordinaire de la vie. La même voix répondit à Markham comme si elle eût compris ses pensées aussi bien qu'elle avait entendu ses paroles :

—Ne cherche pas à nous épouvanter en parlant de tes armes ; nous les méprisons ; — elles n'ont pas de pouvoir sur les gardiens de Woodstock. Fais feu si tu veux, et vois quel en sera le résultat. — Mais apprends auparavant que nous n'avons pas dessein de te nuire. — Tu es de la race des faucons, et ton caractère est noble, quoique tu aies été mal dressé, et que tu te sois associé avec des éperviers et des corbeaux. — Prends ton vol demain matin, car si tu restes avec les vautours, les hiboux et les chauve-souris qui croient pouvoir faire leur nid en ces lieux, tu partageras inévitablement leur sort. Pars donc, afin que ce château puisse être balayé, et préparé pour la réception de ceux qui ont le droit de l'habiter.

— Je vous avertis encore une fois, dit Everard d'une voix plus haute, et ne pensez pas me défier en vain. Je ne suis ni un enfant qu'on puisse effrayer par des contes d'esprits, ni un lâche qui, ayant des armes à la main, puisse avoir peur des brigands. Si je vous accorde un instant de répit, c'est par égard pour des amis bien chers et mal conseillés, qui peuvent être entrés pour quelque chose dans ce dangereux complot. Sachez que je puis faire entourer ce château par des soldats, y faire faire les recherches les plus exactes; et si elles sont infructueuses, il n'en coûtera que quelques barils de poudre pour faire de cette maison un amas de ruines, sous lequel seront ensevelis les auteurs de ce passe-temps malavisé.

— Vous parlez avec fierté, monsieur le colonel, dit une voix plus forte, semblable à la seconde qu'il avait entendue dans la galerie; — faites l'épreuve de votre courage de ce côté.

— Vous ne me feriez pas deux fois un pareil défi, s'écria Everard, si la plus légère clarté me permettait d'ajuster.

A peine avait-il prononcé ces mots qu'une clarté subite et presque éblouissante lui montra une figure ressemblant à Victor Lee, tel qu'il était représenté sur le portrait, donnant une main à une dame complètement voilée de la tête aux pieds, et tenant de l'autre son bâton de commandement. Ces deux figures étaient animées, et paraissaient à environ six pieds de lui.

— Si la vue de cette femme ne me retenait, dit Everard, je ne souffrirais pas cette insulte.

— Ne craignez rien pour elle, et faites ce qu'il vous plaira, dit la seconde voix. — Je vous défie.

— Répétez ce défi quand j'aurai compté trois, s'écria Everard; et vous serez puni de votre insolence! — Un. — Mon pistolet est armé. — Deux. — Je n'ai jamais manqué mon coup. — Par tout ce qu'il y a de plus sacré, je fais feu si vous ne vous retirez pas à l'instant. — Quand j'aurai prononcé trois, vous êtes mort. — Je n'aime pas à répandre le sang ; — je veux vous donner une chance de plus ; je recommence. — Un. — Deux. — Trois !

Everard l'ajusta à la poitrine, et fit feu. La figure étendit le bras avec une attitude de dédain et un grand éclat de rire méprisant, pendant que la lumière qui éclairait ses traits s'affaiblissait et disparaissait graduellement.

Tout le sang d'Everard se glaça dans ses veines. — Si c'eût été un corps mortel, pensa-t-il, ma balle l'aurait percé, et je n'ai ni la volonté ni le pouvoir de combattre des êtres surnaturels.

L'oppression qui l'accablait était si forte qu'elle allait presque jusqu'à l'anéantissement de toutes ses facultés. Cependant il fit un effort pour gagner la cheminée à tâtons ; il écarta les cendres accumulées, retrouva quelques charbons ardens, jeta par-dessus quelques restes de fagot qui étaient dans le foyer, et qui, s'étant enflammés, produisirent assez de clarté pour lui permettre de voir toute la chambre. Il regarda autour de lui avec précaution, presque avec timidité, comme s'il eût craint que quelque horrible fantôme ne s'offrît à ses yeux. Mais il ne vit que les anciens meubles qu'il connaissait depuis long-temps, et qu'on avait laissés dans le même état où ils étaient lors du départ de sir Henry Lee.

Un désir irrésistible, mêlé pourtant de beaucoup de répugnance, le portait à jeter un coup d'œil sur le portrait de l'ancien chevalier auquel ressemblait tellement l'être qu'il venait de voir. Il hésita quelques instans entre ces deux sentimens opposés ; mais enfin, avant que les broussailles qu'il avait jetées sur le feu fussent consumées, il ralluma sa bougie, et, la levant sur le portrait de Victor Lee, il le regarda avec une vive curiosité, qui n'était pas sans mélange de crainte. Les terreurs de sa crédule enfance faillirent renaître dans son esprit, et il lui sembla que l'œil sévère de l'ancien guerrier suivait les siens, et le menaçait de tout son déplaisir. Il ne lui fallut qu'un moment pour se désabuser ; cependant il régnait encore en lui un mélange de sentimens confus qu'exprimèrent quelques mots qui semblaient adressés à cet ancien portrait.

— Ame d'un des ancêtres de ma mère, dit-il, que ce soit dans de bonnes ou de mauvaises intentions, que ce soit par des conspirateurs rusés et audacieux ou par des êtres surnaturels, que la paix de ce château est troublée, je suis résolu à le quitter ce matin.

— Je me réjouis de tout mon cœur de l'apprendre, dit une voix qui se fit entendre à quelques pas derrière lui.

Le colonel se retourna, et vit un grand corps vêtu tout en blanc, ayant sur la tête une espèce de turban de même couleur. Laissant tomber sa lumière, il se précipita sur lui.

— Tu es du moins palpable, s'écria-t-il.

— Palpable! s'écria celui dont il serrait la gorge; morbleu! ne peux-tu t'en assurer sans chercher à m'étouffer? Si tu ne me lâches, je te prouverai que je suis en état de faire une partie de lutte.

— Roger Wildrake! s'écria Everard en cessant toute hostilité et en faisant un pas en arrière.

— Sans doute, Roger Wildrake: croyais-tu que ce fût Roger Bacon qui venait t'aider à conjurer le diable! car il sent diablement le soufre dans cette chambre.

— C'est le coup de pistolet que j'ai tiré. — Ne l'as-tu pas entendu?

— C'est ce qui m'a éveillé. — Le bonnet de nuit que j'ai pris avant de me coucher m'a fait dormir comme une marmotte. — Sur ma foi, je me sens encore la tête lourde.

— Et pourquoi n'es-tu pas venu plus tôt? — Jamais je n'ai eu un si grand besoin de secours.

— Je suis venu aussi vite que je l'ai pu; mais il m'a fallu quelques instans pour retrouver l'usage de mes sens, car je rêvais de cette maudite bataille de Naseby. — Ensuite la porte de la chambre était fermée; — impossible de l'ouvrir!

— C'est mon pied qui m'a servi de clef.

— Comment! elle était ouverte quand je me suis couché.

— Elle n'en était pas moins fermée quand je me suis levé; et je suis surpris que tu n'aies pas entendu le bruit que j'ai fait pour l'enfoncer.

— Mon esprit était occupé ailleurs.

— Hé bien ! qu'est-il donc arrivé? Me voici sur pied et prêt à combattre, si je puis, — ha...a...a! cesser de bâiller. — La plus forte ale de la mère Redcap n'est rien auprès de celle que j'ai bue hier soir. — J'ai bu, — ha...a...a! — j'ai bu de l'élixir de drêche.

— Avec quelques grains d'opium, à ce que je suis tenté de croire.

— Très-possible, très-possible! — Il fallait un coup de pistolet pour m'éveiller, moi qui, avec un coup du soir ordinaire, ai le sommeil aussi léger qu'une jeune fille qui, ha... a... a! — qui, le 1er de mai, attend le premier rayon du soleil pour aller recueillir la rosée. — Mais que vas-tu faire à présent?

— Rien.

— Rien?

— Rien. Et j'ajoute, moins pour t'en instruire que pour en informer d'autres qui m'entendent peut-être, que je quitterai la Loge ce matin, et que je tâcherai d'en renvoyer les commissaires.

— Ecoute, dit Wildrake, n'as-tu pas entendu un bruit éloigné, comme celui des applaudissemens dans une salle de spectacle? — Les esprits du château se réjouissent de ton départ.

— Je laisserai Woodstock, continua Everard, en la possession de mon oncle sir Henry Lee et de sa famille, s'il leur plaît d'y rentrer. Non que la frayeur me décide à céder aux artifices auxquelles on a eu recours en cette occasion, mais uniquement parce que je n'avais pas d'autre intention en venant ici. — Cependant, ajouta-t-il en élevant la voix, j'avertis les auteurs et acteurs de ces scènes ridicules, que, quoiqu'elles puissent réussir avec un fou comme Desborough, un visionnaire comme Harrison, et un lâche comme Bletson...

— Ou avec un homme modéré, sage et résolu comme le colonel Everard, dit une voix très-distincte qui semblait parler à côté d'eux.

— De par le ciel! cette voix sort du portrait, s'écria Wildrake en tirant son épée; je vais voir si son armure est de bonne trempe.

— Point de violence, dit Everard, qui ne put s'empêcher de tressaillir de cette interruption, et il reprit avec fermeté le fil de ce qu'il voulait dire.

— Que ceux qui m'entendent fassent attention que, quoique ce tissu d'astuce et de fourberie puisse réussir un instant, il ne peut manquer d'être découvert dès qu'on voudra l'approfondir, et qu'il occasionera la punition de ceux qui l'ont tramé, — la démolition totale de Woodstock — et la chute infaillible de la famille Lee. Qu'ils y songent bien, et qu'ils mettent fin à leurs jongleries pendant qu'il en est encore temps.

Il se tut, et il attendait presque une réponse; mais il n'en reçut aucune.

— C'est une chose fort étrange, dit Wildrake; mais mon esprit — ha....a....a! — ne peut la comprendre en ce moment. — Ma tête tourne comme une rôtie dans un verre de muscadine [1]. — Il faut que je m'asseoie, — ha....a....a! — et que j'y réfléchisse à loisir. — Ha... a... a! — Bien obligé, bon fauteuil qui me reçois.

A ces mots il se jeta, ou plutôt se laissa tomber sur un grand fauteuil qui avait souvent soutenu le poids du corps de sir Henry Lee, et en un instant il fut profondément endormi.

Everard était loin d'éprouver la même disposition au sommeil; cependant il se sentait soulagé de la crainte d'être troublé par quelque autre visite pendant le reste de la nuit; car il regardait son traité pour l'évacuation de Woodstock comme connu et accepté par ceux que l'arrivée des commissaires avait portés à prendre des moyens si singuliers pour les en expulser. Il avait d'abord été tenté d'attribuer un caractère surnaturel à ce qu'il avait vu et entendu; mais en ce moment son esprit suivait une marche plus raisonnable pour expliquer tout ce qu'il y avait de mystérieux dans un semblable complot, pour lequel le château de Woodstock offrait de grandes facilités.

(1) Vin épicé. — Ed.

Il remit du bois sur le feu, ralluma sa bougie, et, jetant un coup-d'œil sur le pauvre Wildrake, il le plaça sur son fauteuil dans la situation la plus commode, le Cavalier se laissant faire comme un enfant au berceau. L'état dans lequel il se trouvait ne contribuait pas peu à convaincre Everard que tout ce qui s'était passé dans le château n'était qu'une suite de tours d'adresse, car les esprits n'ont pas besoin d'administrer des potions calmantes.

Enfin il se rejeta sur son lit; et, tandis qu'il réfléchissait à ces circonstances étranges, les sons d'une musique douce et mélodieuse frappèrent encore une fois son oreille, après quoi une voix douce prononça trois fois : — Bonsoir, — Bonsoir, — Bonsoir. A chaque répétition le son semblait s'éloigner, d'où il conclut qu'il y avait trève, sinon paix définitive entre les esprits et lui, et que son repos ne serait plus troublé cette nuit. Il eut pourtant à peine le courage de prononcer aussi le mot, — Bonsoir! car, malgré sa conviction que tout ce qui venait de se passer n'était qu'un tour de jonglerie, son émotion involontaire était comme celle qu'on éprouve pendant la représentation d'une tragédie bien jouée. Enfin le sommeil le surprit, et quand il s'éveilla il faisait grand jour.

CHAPITRE XVI.

« De l'aurore déjà l'étoile avant-courrière,
« En ramenant le jour, renvoie au cimetière
« Ces esprits inquiets sortis de leurs tombeaux. »
SHAKSPEARE. *Le Songe d'une nuit d'été.*

La fraîcheur de l'air et la naissance du jour dissipèrent toutes les impressions que les événemens de la nuit avaient produites sur l'esprit du colonel Everard. Il ne lui en resta que l'étonnement et une vive curiosité. Il examina donc toute la chambre avec grande attention; sonda tour à tour le plancher et les boiseries en les frappant avec sa main et avec une canne, mais ne put découvrir aucune secrète issue; et la porte, assurée par deux verroux et un double tour, était encore comme il l'avait fermée la veille. Il réfléchit ensuite à l'apparition d'un être semblable à Victor Lee : il se souvenait d'avoir entendu raconter dans son enfance que cette figure, ou quelque forme qui lui ressemblait, se montrait souvent dans les corridors et dans les appartemens inhabités du château. Il se reprochait donc d'avoir presque ajouté foi à ces contes ridicules.

— Certainement, dit-il, cet accès de folie puérile n'a pu me faire manquer mon coup; il faut qu'on ait trouvé le moyen de retirer secrètement les balles de mes pistolets.

Il examina celui qu'il n'avait pas déchargé, et la balle y était encore. Il fit une nouvelle inspection de toute la chambre, et il trouva une balle enfoncée dans la boiserie, en ligne directe du point d'où il avait fait feu, et de celui où il avait vu l'apparition. Il ne pouvait donc douter qu'il n'eût tiré juste, car la balle ne pouvait être arrivée à l'endroit où il la voyait qu'en traversant un corps ou une ombre. C'était une circonstance inexplicable qui semblait prouver que la magie noire était de la partie.

Son attention se dirigea ensuite sur le portrait de Victor Lee. Il se plaça en face, l'examina avec soin, et en compara les couleurs affaiblies, la fierté d'un œil immobile, et la pâleur mortelle de toute la figure, avec l'aspect tout différent qu'il lui avait présenté la nuit précédente à l'aide de la clarté soudaine qui l'avait illuminé. Ses traits lui avaient paru alors avoir un coloris plus vif, et la flamme, en s'éteignant et en se rallumant successivement dans la cheminée, donnait à la tête et aux membres une apparence de mouvement. Vu à la clarté du jour, ce n'était plus qu'un portrait médiocre de la vieille école de Holben.

Ne voulant rien négliger pour pénétrer le mystère, Everard monta sur une chaise qu'il plaça sur une table près de la cheminée, examina le portrait de plus près, et chercha à trouver quelque ressort qui decouvrît une issue cachée par ce tableau; ce qui se pratiquait souvent dans les anciens châteaux, où l'on ménageait des moyens de communication secrète connus du maître seul ou de ses confidens. Mais le grand panneau sur lequel Victor Lee était peint, était solidement joint au reste de la boiserie dont il faisait partie.

Enfin il éveilla son fidèle écuyer Wildrake, qui, malgré la bonne part de sommeil qu'il avait eue, se ressentait encore un peu des effets du coup du soir qu'il avait pris avant de se coucher. C'était à son avis, disait-il, la récompense de sa tempérance; car, quoiqu'il n'eût bu qu'un seul coup, il avait dormi plus long-temps et d'un sommeil plus profond qu'il ne l'avait jamais fait quand il se mettait sur la conscience tous les péchés des *après-soupers* [1], et qu'il se permettait encore ensuite des libations additionnelles.

—Si ta tempérance se fût exercée sur une double dose, Wildrake, dit Everard, je crois que tu aurais dormi si profondément que le son de la dernière trompette aurait pu seul t'éveiller.

— En ce cas, dit Markham, je me serais éveillé avec un fier mal de tête; car je vois que ma modération ne m'en a pas mis tout-à-fait à l'abri. —Mais allons, sachons comment les autres ont passé une nuit qui a produit pour nous des aventures si étranges. Je présume qu'ils sont tous très-disposés à évacuer Woodstock, à moins qu'ils n'aient reposé plus tranquillement que nous, et que le hasard ne les ait plus favorisés dans le choix de leur chambre à coucher.

—Alors je te dépêcherai à la chaumière de Jocelin pour négocier la rentrée de sir Henry Lee et de sa famille dans leur ancienne demeure, et je crois que, mon crédit près du général se joignant à la réputation suspecte de ce château, il n'est guère probable qu'ils soient troublés par les commissaires actuels ou par d'autres.

—Mais comment se défendront-ils contre les esprits, mon brave colonel? — Sur ma foi, si je prenais intérêt à une aussi jolie fille que la cousine dont tu peux te vanter, je ne

---

(1) Les *après-soupers* (*rere supers, arrière-soupers*) étaient un luxe de débauche introduit dans le temps joyeux de l'extravagance du roi Jacques, et continuèrent pendant le règne suivant. On soupait alors de bonne heure, à six ou sept heures au plus tard. L'*après-souper* était un dernier repas, un *hors-d'œuvre* qu'on servait à dix ou à onze, et un prétexte pour rester à table jusqu'à minuit. — (L'Auteur.)

me soucierais pas de l'exposer aux terreurs qu'entraîne un séjour à Woodstock, où ces diables, — je leur demande pardon, car je suppose qu'ils nous entendent, — où ces farfadets mènent une vie si joyeuse depuis le soir jusqu'au matin.

— Je crois, comme toi, mon cher Wildrake, qu'il est très-possible que notre conversation soit entendue; mais je m'en inquiète fort peu, et je n'en dirai pas moins ce que je pense. Je me flatte que sir Henry et Alice ne sont entrés pour rien dans tout ce qui se passe ici; car je ne puis concilier de telles scènes avec la noble fierté de l'un, la douce modestie de l'autre, et le bon sens de tous deux. Nul motif n'aurait pu les engager à ces procédés si étranges. Quant aux diables dont tu parles, Wildrake, ils sont de ton parti, de vrais Cavaliers, et quoique je sois convaincu que sir Henry Lee et Alice n'ont aucune liaison avec eux, je crois tout aussi fermement qu'ils n'ont pas la moindre chose à craindre de leurs manœuvres surnaturelles. D'ailleurs, sir Henry et Jocelin doivent connaître les endroits les plus secrets de ce château, et il serait plus difficile de jouer le rôle d'esprit en leur présence que devant des étrangers. — Mais habillons-nous, et ensuite nous verrons ce que nous aurons à faire.

— Ce maudit habit de puritain que je porte, dit Wildrake, mérite à peine un coup de brosse; quant à l'épée dont tu m'as gratifié, et dont la poignée de fer rouillé pèse au moins une centaine de livres, elle me fait ressembler à un quaker qui a fait banqueroute, plutôt qu'à tout autre chose. — Mais je me charge de ta toilette, et je vais te rendre aussi élégant que le fut jamais un hypocrite coquin de ton parti.

Et en même temps il se mit à fredonner l'air si connu parmi les Cavaliers :

Si pour un temps nous voyons Whitehall [1]
Tout tapissé de toiles d'araignée,
Nous y ferons encor plus d'un régal
Quand du retour du roi nous verrons la journée.

(1) Palais des Stuarts à Londres, et devant lequel Charles Ier subit son martyre. — ÉD.

— Tu oublies ceux qui sont en dehors, dit le colonel Everard.

— Non, je pense à ceux qui sont en dedans; je ne chante que pour nos braves esprits, et il ne m'en aimeront que mieux pour cela. — Va, va, ces diables sont mes bons amis; et quand je les verrai, je pense qu'ils se trouveront aussi braves garçons que j'en ai connu quand je servais sous Lumford et Goring. — Des drôles armés de longs ongles, auxquels rien n'échappait; — des estomacs sans fond que rien ne pouvait remplir; à demi fous à force de piller, de jurer, de chanter, de boire et de se battre; — couchant dans la tranchée, et mourant bravement dans leurs bottes. — Ah! ce bon temps est passé. C'est la mode aujourd'hui parmi les Cavaliers d'avoir la figure grave, — surtout les ministres qui ont perdu leurs dîmes. Mais quant à moi, j'étais alors dans mon élément; je n'ai jamais désiré et ne désirerai jamais un temps plus heureux que celui que j'ai passé pendant cette rébellion barbare, sanguinaire et dénaturée.

— Tu as toujours été un oiseau de mer sauvage, comme ton nom l'indique, Wildrake; préférant l'ouragan au calme, les vagues de l'Océan agité à la surface tranquille du lac, une lutte contre le vent et toutes difficultés au pain quotidien, à l'aisance et au repos.

— Au diable ton lac tranquille! je crois déjà voir une vieille femme me jeter les restes des grains qui ont servi aux brasseurs, et le pauvre canard obligé d'accourir en se dandinant dès qu'il l'entend siffler. — Oui, Everard, j'aime à sentir le vent battre contre mes ailes, — tantôt plongeant, tantôt sur le sommet d'une vague; — tantôt au fond de l'Océan, tantôt au milieu des airs. — Telle est la vie joyeuse du canard sauvage, mon grave colonel, et c'est ce qui nous est arrivé pendant la guerre civile. — Chassés d'un comté, nous reparaissions dans un autre; — vaincus aujourd'hui nous étions victorieux demain; — tantôt mourant de faim chez quelque pauvre diable de royaliste, tantôt nous engraissant aux dépens d'un riche presbytérien, dont le garde-manger, la cave, la vaisselle d'argent, les bijoux, et même la jolie servante, étaient à notre disposition.

— Doucement, Wildrake, doucement; souviens-toi que je suis un des membres de cette communauté.

— Et tant pis, morbleu! tant pis! mais, comme tu le dis, il est inutile d'en parler. Descendons, et allons voir comment ton pasteur presbytérien, M. Holdenough, a passé la nuit, et s'il a combattu le malin esprit avec plus de succès que toi, son disciple et son ouaille.

Ils sortirent de l'appartement, et ils furent sur-le-champ accablés des rapports différens des sentinelles et des domestiques, qui tous avaient vu ou entendu quelque chose d'extraordinaire pendant le cours de la nuit. Il est inutile d'entrer dans le détail de ces rapports, d'autant plus qu'on regarde, en pareil cas, comme une espèce de honte, d'avoir vu ou souffert moins que les autres.

Les plus modérés de ces narrateurs se bornaient à parler de sons semblables au miaulement d'un chat, au hurlement d'un chien, et surtout au grognement d'un cochon. Il en était qui avaient entendu enfoncer des clous, scier du bois, et traîner des fers, ou dont les oreilles avaient été frappées par le bruit d'une robe de soie, par celui de divers instrumens de musique, en un mot par une multitude de dissonances. Les uns juraient qu'ils avaient senti des odeurs de différentes sortes, notamment celle du bitume, parfum diabolique sans contredit; les autres ne juraient pas, mais attestaient qu'ils avaient vu des hommes armés de pied en cap, des chevaux sans tête, des ânes avec des cornes, et des vaches à six pieds, pour ne rien dire de grandes figures noires dont les pieds fourchus annonçaient suffisamment à quel royaume elles appartenaient.

Mais toutes ces visions nocturnes s'étaient présentées si généralement qu'il était impossible qu'un poste portât du secours à l'autre, et les soldats, enfermés dans le corps-de-garde, se bornaient à y trembler de frayeur sans oser se hasarder à en sortir pour aller au secours de ceux de leurs camarades qui répandaient l'alarme, de sorte qu'un ennemi bien déterminé aurait pu venir à bout de toute la garnison.

Cependant, au milieu de cette alerte générale, nul acte

de violence ne paraissait avoir été exercé, et les esprits semblaient avoir eu dessein de s'amuser plutôt que d'en venir à des voies de fait. On ne citait qu'une seule exception : un pauvre diable de soldat, qui avait suivi Harrison dans la moitié de ses campagnes, et qui était en faction dans le vestibule où le colonel Everard avait donné ordre qu'on plaçât une sentinelle, ayant présenté sa carabine à quelque chose qu'il vit avancer vers lui, on la lui avait arrachée des mains, et on l'avait renversé d'un coup de crosse. Sa tête fêlée, et Desborough inondé dans son lit, où l'on avait jeté un seau d'eau sale pendant qu'il dormait, furent les seules preuves palpables qu'on pût montrer des troubles de la nuit.

Le rapport fait par le grave maître Tomkins de ce qui avait eu lieu dans l'appartement d'Harrison fut que véritablement le major-général avait passé la nuit sans être troublé, quoiqu'il fût dans une espèce de torpeur et qu'il eût étendu les bras avant de s'endormir, d'où Everard conclut que les lutins avaient jugé qu'Harrison avait suffisamment payé sa part de l'écot la soirée précédente.

Il se rendit alors dans l'appartement dont la double garnison se composait du spirituel Desborough et du vaillant philosophe Bletson. Tous deux étaient levés, et s'occupaient à s'habiller, le premier bâillant encore d'étonnement et de frayeur. Dès qu'Everard fut entré, le colonel, à peine bien séché, se plaignit amèrement de la manière dont il avait passé la nuit, et murmura, sans se gêner, contre son redoutable parent, qui lui avait imposé une tâche si pénible.

— Son Excellence mon parent Noll, dit-il, ne pouvait-il jeter dans la bouche de son pauvre beau-frère quelque autre gâteau que cet infernal Woodstock, qui semble sorti du four de Satan? — Je ne puis manger la soupe avec le diable, — non, sur ma foi, — ma cuiller n'est pas assez longue. — Ne pouvait-il m'installer dans quelque coin paisible, et donner ce château hanté par le diable à quelques-uns de ses prédicateurs-soldats, qui connaissent la Bible aussi bien que l'exercice? Quant à moi, je connais les quatre pieds d'un bon cheval, et les marques distinctives d'un attelage de bœufs, mieux que tous les livres de Moïse. — Mais j'y renoncerai ; j'y renoncerai une bonne fois et pour toujours. L'espoir d'un gain terrestre ne me fera jamais courir le risque d'être emporté par le diable, sans compter celui d'être mis la tête en bas une nuit, noyé dans mon lit la suivante.

— Non, non ; je suis trop prudent pour cela.

Bletson avait un autre rôle à jouer. Il n'avait, dit-il, aucun motif pour se plaindre ; jamais, au contraire, il n'aurait mieux dormi de sa vie sans le tapage abominable qu'avaient fait tout autour de lui les sentinelles criant aux armes toutes les demi-heures, si par malheur elles entendaient un chat trotter près de leurs postes. — Il aurait préféré se coucher au milieu d'un sabbat de sorcières, s'il existait des sorcières et un sabbat.

— Ainsi donc vous ne croyez pas aux apparitions, maître Bletson ? dit Everard. J'étais aussi un peu sceptique à ce sujet ; mais, sur ma vie, il s'est passé cette nuit des choses bien étranges.

— Songes, mon bon colonel ; rien que des songes, répondit Bletson, quoique la pâleur de son visage et le tremblement de tous ses membres donnassent un démenti au courage affecté avec lequel il parlait. Le vieux Chaucer, monsieur, nous a dévoilé la véritable cause des songes. Il fréquentait souvent la forêt de Woodstock, et là....

— *Chasser* [1] ! dit Desborough ; quelque chasseur sans doute, à en juger par le nom. — Son esprit revient-il comme celui d'Hearne à Windsor [2] ?

— Chaucer, mon cher Desborough, répondit Bletson, est, comme le sait le colonel Everard, un de ces hommes étonnans qui vivent plusieurs siècles après avoir été enterrés, et dont les paroles se font encore entendre à nos oreilles quand leurs ossemens sont réduits en poussière.

— Oui, oui, fort bien, dit Desborough : quelque sorcier, j'en réponds. — Quant à moi, je désire son absence plutôt que sa compagnie. — Mais que dit-il à ce sujet ?

---

(1) Faible jeu de mots sur *Chaucer*, qu'on prononce à peu près comme *chasser*. — Ed.
(2) Le fantôme du chasseur Hearne est celui dont on persuade à Falstaff de prendre le masque et le costume dans une des mystifications de la comédie de Shakspeare intitulée *les Joyeuses femmes de Windsor*. — Ed.

— Quelques lignes que je prendrai la liberté de répéter au colonel Everard, répondit Bletson, mais qui seraient du grec pour toi, Desborough. — Le vieux Geoffrey Chaucer rejette la cause de toutes nos visions nocturnes sur la surabondance des humeurs.

> Et de là vient qu'on croit voir dans ses songes
> Des visions, véritables mensonges.
> L'un voit voler des flèches et des dards,
> Le feu sur lui tombe de toutes parts;
> Un autre, en proie à la mélancolie,
> Tout en dormant, pleure, gémit et crie,
> Croit voir des ours qu'il ne peut éviter,
> Ou Lucifer venant pour l'emporter.

Tandis qu'il déclamait ces vers, Everard remarqua un livre qui se montrait en partie sous l'oreiller du lit que l'honorable membre de la chambre des communes avait récemment occupé.

— Est-ce Chaucer? demanda-t-il en s'avançant pour le prendre; je voudrais lire le passage tout entier.

— Chaucer! répéta Bletson à la hâte en cherchant à lui couper le chemin; non, — c'est Lucrèce, — mon favori Lucrèce. — Mais je ne puis vous le laisser voir; — j'y ai fait des notes pour mon usage particulier.

Mais pendant qu'il parlait, Everard avait déjà le livre en main.

— Lucrèce! dit-il; non, maître Bletson, ce n'est pas Lucrèce; — c'est un compagnon beaucoup plus convenable en temps de crainte ou de danger. — Pourquoi en rougiriez-vous? — Je vous dirai seulement, Bletson, que, si, au lieu d'y reposer votre tête, vous pouviez le graver dans votre cœur, il vous serait beaucoup plus utile que Lucrèce et même que Chaucer.

— Quel livre est-ce donc? dit Bletson en le regardant à son tour, et rouge de honte d'être pris sur le fait. — Oh! la Bible! — et, rejetant le volume sacré sur le lit avec un air de mépris, il ajouta : — Ce livre sort sans doute de la bibliothèque de mon camarade Gibéon. — Ces juifs ont toujours été superstitieux; — vous savez que Juvénal dit :

Qualiacumque voles Judæi somnia vendunt ¹.

Il m'a laissé ce bouquin comme un talisman, j'en réponds ; car, tout sot qu'il est, il a de bonnes intentions.

— Je doute que la Bible d'un juif contînt le nouveau Testament, dit Everard en souriant. — Mais croyez-moi, Bletson, ne rougissez pas de la chose la plus sage que vous ayez faite dans toute votre vie, en supposant que, dans un moment de peur, vous ayez pris votre Bible dans le dessein de profiter de ce qu'elle contient.

L'amour-propre de Bletson fut si cruellement blessé, qu'il l'emporta sur sa lâcheté habituelle. Il rougit jusqu'au blanc des yeux, ses petits doigts maigres tremblèrent, et sa voix devint aussi agitée que s'il n'eût pas été philosophe.

— Maître Everard, dit-il, vous êtes un homme d'épée, monsieur, et vous semblez vous supposer le droit d'insulter un homme de robe. Mais je vous prie de vous rappeler, monsieur, qu'il est des bornes au-delà desquelles la patience humaine ne peut atteindre, monsieur, — des plaisanteries qu'un homme d'honneur ne peut endurer, monsieur. — J'attends donc de vous des excuses, colonel Everard, des excuses pour le langage que vous venez de tenir, monsieur ; — pour cette raillerie malavisée, monsieur, — ou sans cela vous pourrez entendre parler de moi d'une manière qui ne vous plaira pas.

Everard ne put s'empêcher de sourire de cette explosion de valeur, occasionée par l'amour-propre humilié.

— Ecoutez, maître Bletson, répondit-il : il est vrai que je suis un soldat, mais je n'ai jamais aimé le sang ; et, comme chrétien, je serais fâché de contribuer à peupler le royaume des ténèbres en y envoyant un nouvel habitant avant que son temps soit arrivé. Si le ciel vous accorde le loisir de vous repentir, je ne voudrais pas que ma main vous en privât, et si nous avions une affaire ensemble, ce serait faire dépendre votre destinée éternelle de la pointe d'une épée ou d'une balle de pistolet. — Je préfère donc vous faire

---

(1) Les Juifs vous vendent tous les songes que vous voulez. — Éd.

des excuses, et je somme Desborough, s'il a recouvré l'usage de ses sens, de rendre témoignage que je vous fais mes excuses de vous avoir soupçonné, vous qui êtes complètement l'esclave de votre amour-propre, d'avoir la plus légère tendance à la *grace* et au *bon sens*. — Je vous fais même mes excuses d'avoir perdu mon temps en cherchant à blanchir la tête d'un nègre, ou à recommander à un athée renforcé de faire un raisonnement rationnel.

Bletson fut enchanté de la tournure que l'affaire avait prise; car à peine avait-il lâché le défi, qu'il commençait à en redouter les suites. Il s'empressa donc de répondre avec un air de sérénité : — Pas un mot de plus, mon cher colonel; des excuses sont tout ce qu'il faut entre hommes d'honneur; — elles ne laissent aucune tache sur celui qui les accepte, et ne dégradent nullement celui qui les fait.

— Je me flatte du moins que celles que j'ai faites n'ont rien de dégradant, dit Everard.

— Certainement non, absolument rien. — Mais je puis m'en contenter telles qu'elles sont; Desborough rendra témoignage que vous m'en avez fait, et c'est tout ce qu'il y a à dire sur ce sujet.

— J'espère que vous et maître Desborough vous prendrez garde à ce que vous pourrez dire sur cet objet. — Si vous en parlez, je dois vous recommander à tous deux de ne pas dénaturer mes expressions.

— Hé bien ! hé bien, nous n'en parlerons pas; que tout soit oublié à compter de ce moment. — Seulement, mon cher colonel, ne me supposez jamais susceptible d'une faiblesse superstitieuse. — Si j'avais craint un danger visible et réel, cette crainte est naturelle à l'homme, et je ne prétends pas y être plus inaccessible que les autres. Mais être regardé comme capable de recourir à des charmes, de placer des livres sous son oreiller pour se mettre à l'abri des attaques des esprits, sur ma parole, c'en est assez pour se faire une querelle avec son meilleur ami. — Et maintenant, colonel, qu'allons-nous faire? Comment allons-nous nous acquitter de nos devoirs dans ce maudit château? Sur ma foi, si l'on me régalait dans mon lit d'un déluge tel que celui que Desborough vient d'essuyer, je mourrais d'un catarrhe; et cependant vous voyez qu'il n'en souffre pas plus qu'un cheval de poste sur le corps duquel on aurait jeté un seau d'eau. — Je présume que vous nous êtes adjoint. — Quel est votre avis sur la marche que nous devons suivre?

— Voici Harrison qui arrive fort à propos, répondit Everard; je profiterai de notre réunion pour vous justifier des ordres que j'ai reçus du lord général. Comme vous le voyez, colonel Desborough, il ordonne à la commission de cesser ses fonctions, et lui annonce que son bon plaisir est qu'elle évacue la Loge de Woodstock.

Desborough prit l'ordre, et examina la signature.

— Oui, oui, dit-il, c'est bien la signature de Noll. — Si ce n'est que, depuis quelque temps, il fait de son Olivier un géant que son Cromwell suit comme un nain, comme si ce dernier nom devait disparaître tout-à-fait un de ces jours. Mais Son Excellence mon beau-frère Noll Cromwell, — puisqu'il porte encore ce nom, — est-il assez déraisonnable pour croire que ses parens et ses amis doivent être mis une nuit la tête en bas de manière à gagner un torticolis, — noyés dans leur lit une autre, comme s'ils avaient été plongés dans un abreuvoir, — effrayés nuit et jour par des sorcières, des esprits et des diables, sans avoir un seul shilling de consolation? Morbleu! — que le ciel me pardonne de jurer! — si les choses sont ainsi, j'aime mieux retourner dans ma ferme, et m'occuper de mes charrues et de mes bœufs que de perdre mon temps à sa suite, quoique j'aie épousé sa sœur. — Elle était assez pauvre quand je l'ai prise pour femme, quoique Noll porte la tête bien haute à présent.

— Mon dessein, dit Bletson, n'est pas de donner lieu à un débat dans cette honorable assemblée. Personne ne peut douter de ma vénération et de mon attachement pour le noble général que le cours des événemens, sa valeur et sa fermeté sans égales, ont placé à une telle élévation dans ces temps déplorables. — Si je le nommais une émanation directe et immédiate de l'*animus mundi*, quelque chose que la nature est fière d'avoir produit, en cherchant, suivant son usage, à assurer la conservation des créatures auxquelles elle donne l'existence, — j'exprimerais à peine l'idée que j'ai conçue de lui. — Mais je proteste qu'on aurait tort de croire que j'admets la possibilité de l'existence de cette émanation ou *exhalaison* de l'*animus mundi*, dont je viens de parler uniquement par forme de concession. J'en appelle à vous, colonel Desborough, qui êtes parent de Son Excellence ; — à vous colonel Everard, à qui est dû le titre encore plus cher de son ami, — fais-je trop valoir le zèle que j'ai montré pour le général ?

Il fit une pause dans son discours ; Everard répondit par une inclination de tête ; mais Desborough crut devoir exprimer plus complètement son approbation.

— J'en puis rendre témoignage, dit-il ; je vous ai vu disposé à attacher les aiguillettes de son pourpoint, à donner un coup de brosse à son habit, et à lui rendre une infinité de services semblables. — Et vous voir traiter avec cette ingratitude ! — vous voir retirer de la bouche le pain qui vous a été donné, quand vous n'avez plus qu'à...

— Ce n'est pas ce dont il s'agit, dit Bletson en faisant un geste de la main avec grâce ; vous ne me rendez pas justice, maître Desborough, vous ne me la rendez pas, monsieur, — quoique je sache que vos intentions sont bonnes. — Non, monsieur, non ; nulle considération d'intérêt privé ne m'a déterminé à accepter cette mission. J'en ai été chargé par le parlement d'Angleterre, au nom duquel cette guerre a été commencée, et par les membres du conseil d'Etat, conservateurs de la liberté anglaise. Qui m'a mis les armes à la main, si ce n'est notre confiance commune et l'espoir que nous pourrions, vous, digne général Harrison, et moi qui suis supérieur à toutes considérations intéressées, — comme je suis sûr que vous le seriez aussi, colonel Everard, si vous aviez été adjoint à cette commission, et plût au ciel ! — qui nous a mis, dis-je, les armes à la main, si ce n'est l'espoir que je pourrais servir ma patrie, à l'aide de mes respectables collègues, individuellement et généralement parlant ? — et avec votre coopération, colonel Everard, si vous aviez été de ce nombre. — Oui, c'est cet espoir qui m'a porté à saisir cette occasion de rendre, avec votre assistance, un service si important à notre mère chérie, la république d'Angleterre. Et maintenant voici un ordre du lord général pour nous retirer les pouvoirs dont nous avons été investis! — Messieurs, — avec tout le respect dû à Son Excellence, — je demande à cette honorable assemblée si l'autorité du général est supérieure à celle de laquelle il tient lui-même sa commission? Personne ne soutiendra l'affirmative. Je demande s'il est assis sur le siège d'où nous avons renversé le feu roi; s'il a un grand sceau; s'il est en possession de quelque prérogative pour agir ainsi? je ne vois aucune raison pour le croire; et par conséquent je dois résister à une telle doctrine. C'est à vous à me juger, mes braves et honorables collègues; mais dans mon humble opinion je me trouve dans la malheureuse nécessité de penser que nous devons continuer nos opérations comme si nulle interruption n'y eût été apportée, sauf un léger changement que je propose, et qui est que l'assemblée des commissaires au séquestre ait lieu, comme de coutume, dans la Loge de Woodstock, pendant le jour, mais qu'elle s'ajourne, au coucher du soleil, à l'auberge de George dans la ville voisine, par égard pour les esprits faibles qui peuvent être susceptibles d'une terreur superstitieuse, comme aussi pour mettre nos personnes à l'abri des entreprises des malveillans, qui, j'en suis convaincu, ne restent pas les bras croisés dans ces environs.

— Mon cher maître Bletson, dit le colonel Everard, ce n'est pas à moi à vous répondre; mais vous pouvez savoir de quelle manière l'armée anglaise et son général savent faire valoir leur autorité. Je crains que le commentaire sur cet ordre ne soit fait par une compagnie de cavalerie qui viendra d'Oxford pour le faire exécuter. Je crois qu'il y a des instructions à ce sujet, et vous savez par expérience que le soldat obéira à son général aussi-bien contre le parlement que contre le roi.

— Cette obéissance est conditionnelle, s'écria Harrison en se levant avec fierté. Ne sais-tu pas, Markham Everard, que j'ai suivi l'homme nommé Cromwell d'aussi près que le bouledogue suit son maître? — et je le suivrai encore; — mais je ne suis pas un épagneul qui se laisse battre, et qui souffre qu'on lui arrache la nourriture qu'il a bien gagnée; je ne suis pas un vil roquet qui n'a d'autres gages que les étrivières et la permission de conserver sa peau. — Je voyais qu'entre nous trois nous pouvions honnêtement, pieusement, et avec utilité pour la république, nous faire de trois à cinq mille livres dans cette besogne. Et Cromwell s'imagine-t-il qu'un mot suffira pour m'en faire abandonner ma part? — Personne ne fait la guerre à ses dépens, et celui qui sert l'autel doit vivre de l'autel. Il faut que les saints aient les moyens de se procurer de bons harnois et des chevaux frais pour s'opposer aux profanes et aux impies. Cromwell me regarde-t-il comme un tigre assez apprivoisé pour se laisser arracher la misérable pâture qu'on lui a jetée? — Bien certainement je résisterai ; et les soldats qui sont ici, étant pour la plupart de mon régiment, — des hommes qui attendent et qui espèrent, — dont les lampes brûlent, — qui se sont ceint les reins, — qui ont l'acier battant contre leur cuisse, — ils m'aideront à défendre cette maison contre toute attaque ; — oui, et contre Cromwell lui-même jusqu'au dernier avénement. — Sélah! Sélah!

— Et moi, dit Desborough, j'irai lever des troupes pour protéger vos avant-postes; car je ne me soucie pas de m'enfermer ici, pour faire partie de la garnison.

— Et moi, dit Bletson, je retournerai à Londres, j'irai prendre ma place dans le parlement, et je lui rendrai compte de cette affaire.

Everard fut peu effrayé de toutes ces menaces. La seule qu'il eût à craindre était celle d'Harrison, dont l'enthousiasme, joint à son courage, à son obstination, et au crédit dont il jouissait parmi les fanatiques, pouvait en faire un ennemi dangereux. Avant de recourir aux argumens pour tâcher de faire impression sur l'esprit réfractaire du major-général, Everard essaya de le rappeler à la modération en disant quelques mots des troubles nocturnes qui avaient lieu dans le château.

— Ne me parle pas de troubles surnaturels, jeune homme, dit Harrison ; ne me parle pas d'ennemis corporels ou incorporels. Ne suis-je pas le champion élu pour combattre et pour vaincre le grand dragon et la bête qui sortira de la mer? Ne dois-je pas commander l'aile gauche et deux régimens du centre lorsque les saints combattront les légions innombrables de Gog et de Magog? Je te dis que mon nom est écrit sur la mer de cristal mêlée de feu, et que je tiendrai bon dans cette Loge de Woodstock, dans le parc, dans la forêt, dans les champs et dans les appartemens, contre tous les diables, jusqu'à ce que les saints règnent dans toute la plénitude de leur gloire.

Everard vit qu'il était temps de faire usage de quelques lignes qu'il avait reçues de Cromwell depuis la dépêche que lui avait apportée Wildrake. Ce document était propre à apaiser le mécontentement des commissaires. Le général y alléguait pour principal motif de la dissolution de la commission de Woodstock le projet qu'il avait de proposer au parlement de charger le général Harrison, le colonel Desborough et maître Bletson, honorable représentant du bourg de Littlefaith, d'une affaire bien plus importante, qui n'était rien moins que le séquestre et la disposition du palais, de la forêt et de toutes les propriétés royales de Windsor. Dès que cette nouvelle idée leur fut présentée, les trois collègues dressèrent les oreilles, et leur air consterné, sombre et vindicatif, fit place sur-le-champ à un sourire de satisfaction. Leur joie éclatait dans leurs yeux, et faisait friser les poils de leurs moustaches.

Le colonel Desborough reconnut sur-le-champ que son honorable et excellent beau-frère était incapable d'oublier ce qui était dû au sang et à la parenté. Maître Bletson découvrit que la république avait trois fois plus d'intérêt à la bonne administration de Windsor qu'à celle de Woodstock. Quant à Harrison, il s'écria, sans biaiser et sans hésiter, que le grapillage des vignes à Windsor valait mieux que la vendange à Woodstock. Tandis qu'il parlait ainsi, l'éclat de ses yeux noirs exprimait autant de joie des avantages terrestres qu'il se promettait, que si, d'après sa ridicule croyance, il n'eût pas dû bientôt les changer pour sa part dans le règne millénaire. Son transport, en un mot, ressemblait au triomphe d'un aigle qui ne se repaît pas avec moins de plaisir de la chair d'un agneau qu'il tient le soir sous ses serres, parce qu'il aperçoit cent mille hommes qui se disposent à combattre le lendemain matin, et qui lui promettent un banquet durable et splendide aux dépens des braves qui resteront sur le champ de bataille.....

Tous déclarèrent donc qu'ils se conformeraient au bon plaisir du général en cette affaire. Cependant Bletson proposa, comme mesure de précaution, que les commissaires allassent fixer leur résidence pour quelque temps dans la ville de Woodstock, afin d'y attendre l'arrivée de leurs nouvelles commissions pour Windsor; ce qui fut adopté à l'unanimité, d'après la considération prudente qu'il n'était pas à propos de dénouer un nœud avant que celui qui devait le remplacer fût bien formé.

Chacun des commissaires écrivit séparément à Olivier Cromwell en protestant, à sa manière, de son attachement sans bornes pour sa personne. Chacun se déclara bien déterminé à obéir à la lettre à toutes les injonctions du général; mais, avec le même dévouement scrupuleux au parlement, chacun ajouta qu'il se trouvait un peu embarrassé pour se démettre de la commission qu'il en avait reçue, et qu'en conséquence, et pour ne pas avoir l'air d'abandonner les fonctions qui lui avaient été confiées, il se croyait tenu en conscience à rester dans la ville de Woodstock, jusqu'à ce qu'il eût été appelé à l'administration bien plus importante de Windsor, à laquelle il était prêt à se dévouer, conformément au bon plaisir de Son Excellence.

Telle était en général la teneur des trois lettres, à quelques variations près, suivant le caractère particulier des trois auteurs. Par exemple, Desborough plaça quelques mots dans la sienne sur le devoir que la religion imposait à chacun de pourvoir aux besoins de sa famille; seulement il estropia le texte qu'il voulait citer. Bletson écrivit quelques longues phrases sur l'obligation politique imposée à chaque membre de la société de consacrer tout son temps et tous ses talens au service de son pays. De son côté, Harrison parlait du néant des affaires actuelles en comparaison du changement terrible qui allait s'effectuer dans tout ce qui était sous le soleil. Mais, quoique les ornemens des trois épîtres ne fussent pas les mêmes, elles tendaient au même but, c'est-à-dire que chacun se déclarait résolu à ne pas perdre de vue Woodstock jusqu'à ce qu'on lui eût garanti quelque autre mission encore plus profitable.

Le colonel écrivit aussi à Cromwell pour lui exprimer une reconnaissance qui aurait probablement été moins vive s'il avait connu plus clairement que Wildrake n'avait jugé à propos de le lui expliquer le motif qui avait déterminé l'astucieux général à lui accorder sa demande. Il informa Son Excellence du projet qu'il avait formé de rester à Woodstock, tant pour surveiller les démarches des trois commissaires et s'assurer qu'ils ne faisaient rien en contravention à ses ordres, que pour veiller à ce que quelques circonstances extraordinaires qui s'étaient passées à la Loge, et qui ne pouvaient manquer de transpirer, ne causassent pas une explosion funeste à la tranquillité publique. Il savait, ce fut ainsi du moins qu'il s'exprima,—que Son Excellence aimait tellement l'ordre, qu'elle préférait prévenir les troubles et insurrections plutôt que d'avoir à les punir. Il l'invitait donc à se fier aux efforts qu'il ferait pour le service public, ne sachant pas,—il est bon de le faire observer,—dans quel sens cette assurance générale pourrait être interprétée.

Les quatre épîtres furent réunies en un seul paquet, et un soldat fut chargé de le porter à Windsor.

CHAPITRE XVII.

« Les bornes que parfois un trop grand zèle excède,
« On voudrait y rentrer quand le calme succède. »
Anonyme.

TANDIS que les trois commissaires se disposaient à quitter la Loge pour s'installer dans l'auberge de la petite ville de Woodstock avec cet appareil bruyant qui accompagne tous les mouvemens des grands, et surtout de ceux qui ne sont pas encore bien familiarisés avec leur grandeur, Everard eut un entretien avec le ministre presbytérien Holdenough, qui venait de sortir de son appartement, et dont les joues pâles et l'air pensif prouvaient qu'il n'avait point passé la nuit plus agréablement que les autres habitans de la Loge. Le colonel lui ayant proposé de lui faire servir des rafraîchissemens, le ministre lui répondit :

— Je ne prendrai d'autre nourriture aujourd'hui que celle qui nous est indiquée comme suffisant à notre subsistance, puisqu'il nous est promis que notre pain nous sera donné, et que l'eau ne nous manquera point. Non que je pense, comme les papistes, que le jeûne ajoute à ces mérites qui ne sont qu'un amas de vils haillons ; mais je trouve nécessaire que des alimens grossiers ne puissent aujourd'hui répandre un nuage sur mon jugement, et rendre moins pures et moins vives les actions de graces que je dois au ciel pour m'avoir miraculeusement conservé.

— Maître Holdenough, dit Everard, je vous connais pour un homme aussi intrépide que vertueux, et je vous ai vu hier soir marcher avec courage pour remplir vos devoirs sacrés, quand des soldats, et des soldats qui ont fait leurs preuves paraissaient alarmés.

— Avec trop de courage, — avec trop de témérité, répondit le ministre, dont la hardiesse semblait complètement subjuguée. — Nous sommes des créatures bien faibles, maître Everard, et notre faiblesse augmente en proportion des forces que nous nous attribuons. Oh ! colonel Everard, ajouta-t-il après un moment de silence, comme si la confidence qu'il allait faire était en partie involontaire ; — je ne crois pas que je survive à ce que j'ai vu.

— Vous me surprenez, monsieur, dit Everard. Puis-je vous prier de vous expliquer plus clairement ? J'ai entendu raconter bien des histoires de cette singulière nuit ; moi-même j'ai vu des choses fort étranges, mais j'entendrai avec grand intérêt le récit de ce qui vous est arrivé.

— Vous êtes un homme discret, monsieur, répondit Holdenough ; et quoique je ne voulusse pas que ces hérétiques, ces schismatiques, les Brownistes, les Muggletoniens, les Anabaptistes, et tant d'autres, eussent un sujet de triomphe pareil à celui que leur fournirait ma défaite en cette occasion, néanmoins, comme je vous connais pour un fidèle disciple de notre Eglise, comme je sais que vous êtes lié à la bonne cause par la grande ligue nationale du Covenant, je puis vous parler à cœur ouvert. Asseyons-nous donc, et permettez-moi de demander un verre d'eau, car j'éprouve encore quelque défaillance de corps, quoique, grace au ciel, je sois en esprit aussi calme et aussi résolu qu'un simple mortel puisse l'être après une telle vision. — On assure, digne colonel, que voir de telles choses est un présage ou une cause de mort prochaine. Si cela est vrai, ce que j'ignore, je quitterai cette vie comme la sentinelle épuisée que son officier vient relever de son poste, et je serai charmé que ces yeux lassés ne voient plus, que ces oreilles fatiguées n'entendent plus tous ces Antinomiens, Pélagiens, Sociniens, Arminiens, Ariens, Nullifidiens, etc., qui se sont répandus dans toute l'Angleterre, comme les reptiles impurs que Dieu envoya dans le palais de Pharaon.

En ce moment un domestique, qui avait été averti, entra avec un verre d'eau qu'il présenta au ministre en le regardant en face d'un air stupéfait, comme s'il eût voulu pénétrer le secret tragique que son front semblait prêt à trahir, et il se retira en secouant la tête avec l'air d'un homme qui est fier d'avoir découvert que tout n'allait pas absolument bien, quoiqu'il lui fût plus difficile de deviner ce qui allait mal.

Le colonel invita le digne ministre à prendre quelque chose de plus restaurant que l'eau pure; mais il s'y refusa. — Je suis en quelque sorte un champion, lui dit-il, et, quoique j'aie essuyé une défaite dans ma dernière rencontre avec l'ennemi, j'ai encore ma trompette pour sonner l'alarme, et mon glaive pour frapper. C'est pourquoi, de même que les anciens Nazaréens, je ne prendrai rien qui soit sorti de la vigne, et je ne boirai ni vin ni liqueurs fortes jusqu'à ce que mes jours de combat soient passés.

Le colonel Everard le pressa de nouveau avec une bienveillance respectueuse de lui faire part des événemens qui lui étaient arrivés la nuit précédente, et le bon ministre lui en fit le récit, comme on va le voir, avec cette légère teinte de vanité caractéristique qui venait naturellement du rôle qu'il avait joué dans le monde et de l'influence qu'il avait exercée sur l'esprit des autres.

— J'étais dans ma jeunesse à l'université de Cambridge, dit-il, et je m'y étais lié d'une amitié intime avec un de mes compagnons, peut-être parce que nous passions,— quoique ce soit vanité d'en parler,— pour les deux écoliers de notre collège qui donnaient les plus belles espérances, et que nous marchions d'un pas si égal qu'il eût été difficile de dire lequel avait fait le plus de progrès : seulement notre professeur, maître Purefoy, avait coutume de dire que, si mon camarade l'emportait sur moi par les dons intellectuels, j'avais l'avantage sur lui dans ceux de la grace; car il s'attachait à l'étude profane des auteurs classiques, toujours peu profitable, souvent impure et quelquefois impie, et le ciel m'avait accordé assez de lumière pour que je m'occupasse principalement des langues sacrées.

Nous différions aussi d'opinions relativement à l'Eglise d'Angleterre; car il maintenait les opinions des Arméniens, comme Laud et comme ceux qui voudraient faire un mélange profane des établissemens civils et religieux, et rendre l'Eglise dépendante du souffle d'un homme terrestre. En un mot, il favorisait l'épiscopat tant dans les dogmes que dans les formes, et, quoique nous nous soyons séparés les larmes aux yeux et en nous embrassant, ce fut pour suivre une carrière bien différente. Il obtint un bénéfice, et devint un grand controversiste en faveur des évêques et de la cour. De mon côté, comme vous le savez, je taillai mon humble plume pour prendre, aussi bien que je le pouvais, la défense des malheureux opprimés dont la conscience scrupuleuse rejetait des rites et des cérémonies qui conviennent mieux aux papistes qu'à une Eglise réformée, et qui, d'après la politique aveugle de la cour, étaient soutenues par des peines et des châtimens.—Vint alors la guerre civile; et moi, obéissant à l'appel de ma conscience, et ne craignant ni ne prévoyant les malheureuses conséquences qui sont arrivées par suite de l'insurrection de ces Indépendans, je consentis à prêter mon appui et ma coopération au grand ouvrage, et je devins chapelain du régiment du colonel Harrison.—Non que j'aie combattu avec des armes charnelles sur le champ de bataille, — que Dieu préserve d'une telle conduite un ministre de ses autels !— mais je prêchais, j'exhortais, je remplissais même au besoin les fonctions de chirurgien, et je cherchais à guérir les plaies du corps comme celles de l'ame. — Vers la fin de la guerre il arriva qu'un parti de malveillans s'était emparé d'un château fort dans le comté de Shrewsbury, situé sur une petite île dans un lac, et où l'on ne pouvait arriver que par une chaussée fort étroite. De là ils faisaient des incursions dans tous les environs qu'ils ravageaient, de sorte qu'il était grand temps d'y mettre ordre, et l'on fit partir un détachement de notre régiment pour les réduire. Je fus requis de les accompagner, car ils étaient en petit nombre pour prendre une place si forte; et le colonel jugea que mes exhortations leur inspireraient du courage. Ainsi donc, contre mon usage, je les suivis jusque sur le champ de bataille, et l'on combattit courageusement des deux côtés. Cependant les malveillans, grâce à l'artillerie placée sur leurs murailles, avaient l'avantage sur nous. Après avoir enfoncé leurs portes à coups de canon, le colonel Harrison ordonna à ses soldats d'avancer sur la chaussée pour emporter la place d'assaut. Nos troupes obéirent en bon ordre et bravement; mais, criblées de tous côtés par le feu des ennemis, le désordre se mit parmi elles, et elles se retirèrent avec grande perte; Harrison combattait avec vaillance à l'arrière-garde pour couvrir leur retraite, tandis que l'ennemi, qui avait fait une sortie, les poursuivait l'épée dans les reins.

Maintenant, colonel Everard, je dois vous dire que mon caractère est naturellement vif et impétueux, quoique des instructions plus parfaites que celles de l'ancienne loi m'aient rendu calme et patient comme vous me voyez. Je ne pus supporter la vue de nos Israélites fuyant devant les Philistins. Je m'élançai sur la chaussée, ma Bible dans une main, dans l'autre une hallebarde que j'avais ramassée; et, me présentant devant les fuyards, je les fis retourner sur leurs pas, en les menaçant de percer le premier qui continuerait à fuir, leur montrant en même temps un prêtre en soutane qui était parmi les malveillans, et en leur demandant s'ils n'écouteraient pas la voix d'un vrai serviteur du ciel comme les incirconcis écoutaient celle d'un prêtre de Baal. Ma voix et quelques coups triomphèrent; nos soldats firent volte-face, et criant : — Périssent Baal et ses adorateurs ! ils chargèrent les malveillans avec tant d'impétuosité que non-seulement ils les repoussèrent dans le château, mais qu'ils y entrèrent avec eux.

Je les y suivis aussi, parce que la foule m'entraînait, et aussi pour engager nos soldats furieux à faire quartier aux vaincus; car mon cœur saignait en voyant des chrétiens, des Anglais égorgés comme des chiens enragés dans la rue. De cette manière, les soldats combattant et tuant, et moi leur criant de montrer de la merci, nous gagnâmes le toit du bâtiment, qui était une plate-forme couverte en plomb, où ceux des Cavaliers qui avaient échappé au massacre s'étaient retirés comme dans une tour de refuge. J'avais été moi-même presque porté tout le long de l'escalier tournant par nos soldats, qui s'y précipitaient comme des chiens de chasse acharnés sur leur proie; et quand j'arrivai sur la plate-forme, je me trouvai au milieu d'une scène d'horreur.

On voyait les défenseurs du château, épars de différens côtés, les uns résistant avec la fureur du désespoir, les autres se jetant à genoux et demandant la vie avec un accent dont le souvenir seul me fend le cœur. Quelques-uns imploraient la merci du ciel, et il était temps, car l'homme n'en avait plus. Ils étaient mutilés à coups d'épée, assommés à coups de crosse de fusil, ou précipités dans le lac, et les clameurs sauvages des vainqueurs, mêlées aux gémissemens, aux plaintes et aux cris des vaincus, produisaient un tumulte si horrible que la mort seule pourra l'effacer de ma mémoire. Et les hommes qui faisaient une si cruelle boucherie de leurs semblables n'étaient ni des païens venus des contrées sauvages et éloignées, ni des scélérats, l'écume et le rebut de leur propre pays; c'étaient, quand ils étaient de sang-froid, des êtres raisonnables, religieux même, et jouissant d'une bonne réputation en ce qui concerne les choses de ce monde-ci et de l'autre. Ah! colonel Everard! on doit redouter et éviter votre métier de la guerre, puisqu'il peut métamorphoser de pareils hommes en loups à l'égard de leur prochain.

— C'est une cruelle nécessité, dit Everard en baissant les yeux, et c'est la seule justification qu'il soit possible d'alléguer. Mais continuez, maître Holdenough; jusqu'à présent je ne vois pas trop quel rapport peut avoir avec ce qui s'est passé la nuit dernière la prise d'assaut d'un château-fort, incident qui n'a eu lieu que trop souvent pendant la guerre civile.

— Vous le verrez dans un instant, répondit le ministre, et il garda le silence une minute ou deux comme pour tâcher de se calmer avant de reprendre le fil d'un douloureux récit. — Au milieu de ce tumulte infernal, dit-il enfin, car rien sur la terre ne peut donner une idée de l'enfer comme de voir des hommes s'abandonner ainsi à un ressentiment mortel contre leurs semblables, je revis le même prêtre que j'avais aperçu quand j'étais sur la chaussée. Il était pressé dans un coin par les assaillans avec deux ou trois autres malveillans qui se défendaient en hommes à qui il ne restait plus aucun espoir. Je le vis, je le reconnus, oh, colonel! Everard! — En disant ces mots, Holdenough pressa le bras d'Everard de la main gauche, appuya la droite sur ses yeux et son front, et sanglota quelques instans.

— C'était votre compagnon de collège? dit le colonel, prévoyant la catastrophe.

— Oui, c'était mon ancien ami, mon unique ami, celui avec qui j'avais passé les jours heureux de ma jeunesse. Je voulus fendre la foule qui m'en séparait, courir à lui, demander sa vie à genoux; mais j'avais perdu l'usage des membres et de la voix. Tous mes efforts ne purent aboutir qu'à pousser un cri lamentable, pendant qu'on répétait de toutes parts : — Périsse le prêtre de Baal! Mort à Mathan! Massacrez-le quand il serait sur les marches de l'autel! Prêt à être précipité dans le lac, je le vis s'accrocher à un de ces tuyaux avancés destinés à l'écoulement des eaux de la pluie;

mais on le frappa sur les bras et les mains. J'entendis le bruit de sa chute dans le lac. Excusez-moi, je ne puis continuer.

— Il est possible qu'il se soit échappé.

— Oh, non, non! — la tour avait quatre étages de hauteur, et ceux même qui s'étaient jetés dans le lac par des fenêtres moins élevées, dans l'espoir de se sauver à la nage, ne purent y réussir. Des soldats à cheval, non moins altérés de sang que ceux qui avaient pris le château, couraient le long des rives, faisaient feu sur ceux qu'ils voyaient nager, ou les taillaient en pièces dès qu'ils gagnaient le rivage. Tous périrent jusqu'au dernier. — Oh! puisse le sang répandu dans cette journée ne jamais lever la voix au ciel! — Puisse la terre l'avoir absorbé dans ses profondeurs! — Puisse-t-il rester à jamais mêlé avec les eaux noires du lac, afin qu'il ne crie jamais vengeance contre ceux dont la colère fut si cruelle et la main si implacable! — et surtout puisse l'homme égaré qui se présenta au milieu de nos soldats, et dont la voix les encouragea à ces actes de cruauté, recevoir un jour son pardon! O Albany! — ô mon frère! — j'ai versé des larmes pour toi, comme David pour Jonathas!

Le digne ministre continuait à sangloter; et Everard, prenant sincèrement part à sa douleur, résolut d'attendre pour le prier de satisfaire sa curiosité qu'il eût pu se rendre maître d'une émotion d'autant plus violente que c'était un torrent qui avait brisé toutes ses digues; le caractère sévère et les habitudes ascétiques du presbytérien ne l'avaient pas accoutumé à céder à des sentimens trop passionnés. De grosses larmes coulaient sur les traits agités de son visage. Il prit la main d'Everard, comme pour le remercier de la compassion qu'il lui montrait, la serra avant de la laisser aller; et, s'essuyant les yeux, il reprit la parole d'un ton plus calme :

— Pardonnez-moi une émotion causée par les passions humaines, lui dit-il; je sens qu'il ne convient guère à un homme qui porte mon habit, qui devrait distribuer des consolations aux autres, de s'abandonner à un excès de chagrin qui est du moins une faiblesse, si ce n'est pas un péché. Car que sommes-nous pour que nous pleurions et que nous murmurions de ce qui est permis par le ciel?—Mais Albany était pour moi comme un frère, — j'avais passé dans sa compagnie les plus heureux jours de ma vie, avant de m'être senti appelé à de nouveaux devoirs par les troubles du pays. — Hélas! je dois abréger le reste de mon histoire.—Et, rapprochant sa chaise de celle d'Everard, il lui dit d'un ton grave et mystérieux, et presque à voix basse :—Je l'ai vu la nuit dernière.

— Vous l'avez vu! — qui? demanda Everard. Ce ne peut être celui...

— Celui dont j'ai vu la mort si déplorable. — Mon ancien ami de collège, — Joseph Albany.

— Maître Holdenough, votre habit et votre caractère ne vous permettent pas de plaisanter sur un sujet si grave.

— De plaisanter! — je plaisanterais aussi aisément sur mon lit de mort, — même sur la Bible.

— En ce cas, vous vous êtes trompé. Cette histoire tragique doit se représenter souvent à votre esprit, et dans un moment où l'imagination l'emportait sur le témoignage des sens, elle vous aura égaré par des apparences trompeuses. Quand l'esprit s'attend à voir quelque chose de surnaturel, il arrive souvent que des chimères en prennent la place, et la tête est alors trop exaltée pour que l'illusion puisse se dissiper.

— Colonel Everard, dit Holdenough avec gravité, je ne dois craindre la face de personne en m'acquittant de mon devoir, et c'est pourquoi je vous dis clairement, comme je l'ai déjà fait avec plus de retenue, que, lorsque vous employez vos connaissances mondaines pour juger de pareilles choses, et approfondir les mystères d'un autre monde, comme il n'est que trop dans votre caractère de le faire, autant vaudrait vouloir mesurer les eaux de l'Isis [1] dans le creux de votre main. Vous êtes dans l'erreur à cet égard, mon cher monsieur, et vous fournissez aux malintentionnés un prétexte pour confondre votre nom honorable avec ceux des défenseurs des sorcières, des esprits forts, des athées, en

---

(1) Rivière d'Oxford. — Ed.

un mot des gens comme ce Bletson, qui, si la discipline de l'Eglise était maintenue telle qu'elle était au commencement de cette grande lutte, aurait été depuis long-temps rejeté de son sein et abandonné à la puissance séculière, pour que le châtiment de sa chair pût sauver son ame, s'il est possible.

— Vous vous méprenez, maître Holdenough; je ne nie pas l'existence des apparitions surnaturelles, parce que je ne puis ni n'ose opposer mon opinion et élever ma voix contre le témoignage des siècles, fortifié par la croyance de gens instruits comme vous. Mais, quoique j'en admette la possibilité, je dois dire que je n'en ai jamais entendu citer un exemple arrivé de nos jours, et appuyé de telles preuves qu'il fût impossible de ne pas l'attribuer à des causes surnaturelles.

— Ecoutez donc ce que j'ai à vous dire, sur la parole d'un homme, d'un chrétien, et ce qui est encore plus, d'un serviteur de notre sainte Eglise presbytérienne, et d'un Ancien [1] de cette même Eglise, tout indigne que je suis d'annoncer la vérité parmi les chrétiens. — J'avais pris mon poste hier soir dans mon appartement à demi meublé, où se trouve un grand miroir, dans lequel Goliath aurait pu s'admirer, lorsqu'il était couvert de la tête aux pieds de son armure d'airain. J'en avais fait choix, parce qu'on m'avait dit que c'était la chambre habitable la plus voisine de la galerie, dans laquelle vous avez été vous-même attaqué cette soirée par le malin esprit. — Ce fait est-il vrai?

— J'y ai été attaqué par quelqu'un qui certainement n'avait pas de bonnes intentions. En nous arrêtant là, votre information est correcte.

— Hé bien, je choisis mon poste aussi près de cette galerie qu'il me fut possible, comme un général intrépide place son camp et élève ses retranchemens aussi près qu'il peut de la ville qu'il assiège. Et bien certainement, colonel Everard, si j'éprouvai quelque sensation de crainte, — car Elie lui-même et les prophètes qui commandaient aux élémens

---

[1] On appelle *Anciens* dans l'Eglise presbytérienne ceux qui sont chargés de l'administration spirituelle et temporelle de l'Eglise. — Ed.

partageaient la fragilité de notre nature, et à plus forte raison un pauvre pécheur comme moi n'en peut-il être exempt; cependant mon courage me soutenait, et l'espoir ne me manquait pas ; je songeais aux textes dont je pouvais me servir, non pas comme de charme et de talismans, ainsi que les emploient les aveugles papistes, avec des signes de croix et d'autres cérémonies futiles, mais comme nourrissant et fortifiant cette confiance dans les saintes promesses qui est le véritable bouclier de foi, pour émousser les traits de Satan. Ainsi armé et préparé, je m'assis et m'occupai à lire et à écrire, afin d'empêcher mon imagination de se livrer à des écarts et d'engendrer des craintes puériles. J'écrivis donc méthodiquement ce qui me parut convenir au moment, et quelques ames affamées pourront peut-être encore profiter de la nourriture spirituelle que je leur ai apprêtée ainsi.

— C'était agir avec autant de sagesse que de religion, monsieur. Continuez, je vous prie.

— Au bout de trois heures environ une sorte de frémissement étrange s'empara de mes sens. Ce vieil appartement me parut devenir plus grand, plus sombre, et l'air de la nuit me sembla plus glacial. Je ne sais si c'était parce que le feu commençait à s'éteindre, ou parce que avant les événemens comme celui qui allait arriver il y a toujours un souffle et une atmosphère de terreur, comme Job dit dans un passage bien connu. — La crainte et le saisissement s'emparèrent de moi, et firent trembler mes os [1]. — Il est certain que les oreilles me tintaient, et que j'avais des vertiges : j'étais comme ceux qui crient au secours quand ils ne courent aucun danger, comme ceux qui fuient quand personne ne les poursuit. Ce fut alors que quelque chose sembla passer derrière moi, et réfléchit son image sur le grand miroir devant lequel j'avais placé la table sur laquelle j'écrivais : la lumière était en face du miroir. Je levai les yeux sur la glace, j'y vis distinctement la figure d'un homme, et, aussi vrai qu'il l'est que ces paroles sortent de ma bouche, c'était Joseph Albany le compagnon de ma jeunesse, celui que j'avais vu précipiter

---

(1) Job, liv. 1er. — ED.

dans le lac, du haut de la grande tour du château de Clidesthrough.

— Et que fîtes-vous?

— Je me rappelai sur-le-champ que le philosophe stoïcien Athénodore s'était délivré des horreurs d'une telle vision en continuant le travail dont il était occupé, et mon esprit me suggéra en même temps que, moi prédicateur du christianisme, et chargé d'en expliquer les mystères, j'avais bien moins de raisons de crainte, et bien plus de moyens de bien employer mes pensées qu'un païen que sa sagesse même aveuglait. Ainsi donc, sans montrer aucune alarme, sans même tourner la tête, je continuai à écrire, mais j'avoue que mon cœur battait, et que ma main tremblait.

— Si vous pouviez écrire un seul mot, ayant l'esprit frappé d'une telle impression, vous avez assez d'intrépidité et de résolution pour figurer au premier rang de l'armée anglaise.

— Notre courage ne nous appartient pas, colonel, et nous ne devons pas nous en vanter comme s'il venait de nous. — Mais quand vous parlez de cette étrange vision comme d'un effet produit par l'imagination, et non d'une réalité qui a frappé mes sens, permettez-moi de vous dire que votre sagesse mondaine n'est que folie touchant les choses qui ne sont pas de ce monde.

— Avez-vous jeté un second coup d'œil sur la glace?

— Oui, après avoir copié le texte consolant, — Tu fouleras Satan sous tes pieds.

— Et que vîtes-vous alors?

— Je vis s'y réfléchir l'image de Joseph Albany comme s'il eût passé doucement derrière ma chaise; ayant les mêmes traits que je lui avais connus dans sa jeunesse, si ce n'est qu'il annonçait un âge plus avancé et qu'il était fort pâle.

— Et que fîtes-vous ensuite?

— Pour cette fois, je me retournai, et je vis très-distinctement la figure qui s'était réfléchie sur la surface du miroir s'avancer vers la porte d'un pas qui n'était ni lent ni précipité, mais ferme, et qui semblait glisser plutôt que marcher. Quand elle fut près de la porte, elle se tourna vers moi et me montra encore les traits pâles d'Albany; mais cette figure disparut-elle par la porte ou de quelque autre manière? c'est ce que je ne pourrais dire, car j'ai inutilement mis ma mémoire à contribution pour me le rappeler, et je crois même que j'avais l'esprit trop agité pour le remarquer.

— C'est une vision fort étrange, maître Holdenough; et étant attestée par un homme comme vous, il est impossible d'en révoquer en doute la vérité. Cependant, si quelque être venant d'un autre monde s'est montré à vous, comme vous le pensez, ce dont je ne conteste pas la possibilité, soyez assuré qu'il existe aussi des gens malintentionnés qui prennent une part active à toutes ces intrigues. J'ai eu moi-même ici quelques rencontres avec des êtres très-corporels, doués de bras robustes, et qui portaient certainement des armes de ce monde.

— Sans contredit, sans contredit, digne colonel; Belzébut aime à faire charger par son infanterie et par sa cavalerie mêlées ensemble, comme c'était l'usage de l'ancien général écossais David Leslie. Belzébut a des diables incarnés comme des diables sans corps, et il emploie les uns à soutenir les autres.

— Cela peut être comme vous le dites, maître Holdenough; mais que me conseillez-vous en ce cas?

— Il faut d'abord que je me consulte avec mes frères. S'il reste seulement dans nos environs cinq ministres de la véritable Eglise, nous chargerons Satan en corps, et vous verrez si nous n'aurons pas le pouvoir de lui résister jusqu'à ce que nous l'ayons mis en fuite. Mais à défaut de cette levée de boucliers spirituels contre de semblables ennemis, étrangers à la terre que nous habitons, mon avis serait que ce château dévoué aux abominations de la sorcellerie, cet antre souillé jadis par la tyrannie et la prostitution, soit entièrement livré aux flammes, de peur que Satan trouvant un quartier-général qui lui convient si bien, ne s'y établisse comme dans sa place forte, d'où il ferait des sorties contre tous les environs. Certainement je ne conseillerais à aucun chrétien d'habiter cette demeure; et si elle était abandonnée et déserte, elle deviendrait un séjour où les sorciers s'assembleraient pour préparer leurs maléfices ; où les sorcières tiendraient leur sabbat; où se réuniraient ceux qui, comme Démas, courent après les richessses du monde, et cherchent l'or et l'argent par des charmes et des talismans, à la perte éternelle de leurs ames. Croyez-moi donc : le plus sage est de l'abattre, de la démolir, de n'y pas laisser pierre sur pierre.

— Je réponds à cela, mon digne ami, que la chose est impossible; car le lord général a permis que le frère de ma mère, sir Henry Lee, revienne habiter avec sa famille le château où demeuraient ses pères, et qui est le seul abri qu'il puisse trouver pour couvrir ses cheveux blancs.

— Et cela s'est fait de votre avis, Markham Everard? dit le ministre d'un ton sévère.

— Oui certainement. Pourquoi n'aurais-je pas fait usage de mon crédit pour obtenir un lieu de refuge pour mon oncle?

— Aussi vrai que vous avez une ame, je n'aurais pas cru ces paroles, si elles fussent sorties de la bouche d'un autre. — Dites-moi, n'est-ce pas ce même Henry Lee qui, à l'aide de ses cotes de buffle et de ses pourpoints verts, fit mettre à exécution l'ordre donné par un laïque papiste de placer l'autel à l'extrémité orientale de l'église de Woodstock, et qui jura par sa barbe qu'il ferait pendre dans la grande rue de cette ville quiconque refuserait de boire à la santé du roi? Sa main n'est-elle pas teinte du sang des saints? — Y a-t-il eu dans toute l'armée des Cavaliers un homme qui ait combattu avec un zèle plus fier et plus infatigable pour l'épiscopat et la prérogative royale.

— Tout cela peut être comme vous le dites, maître Holdenough; mais à présent mon oncle est un faible vieillard : il lui reste à peine un soldat à commander; et sa fille est un être que l'homme le plus dur ne pourrait regarder sans pleurer de compassion ; un être qui...

— Un être qui est plus cher à Everard que sa bonne renommée, que sa fidélité à ses amis, que ses devoirs envers le ciel. — Ce n'est pas le moment d'enduire ses lèvres de miel pour parler. — Vous marchez sur un chemin bien dangereux, Markham Everard : — vous cherchez à relever le chandelier papiste que le ciel a renversé dans sa justice, — à ramener dans ce château de sorcellerie ces mêmes pécheurs qui sont ensorcelés comme lui. Je ne souffrirai pas que le pays soit infecté de leur présence. — Ils ne rentreront point ici.

Holdenough prononça ces mots avec véhémence en frappant la terre de sa canne, et le colonel, fort mécontent, commença à son tour à s'exprimer lui-même avec hauteur.

— Maître Holdenough, dit-il, avant de parler si péremptoirement, vous feriez bien d'examiner quels moyens vous avez pour exécuter vos menaces.

— N'ai-je pas reçu le pouvoir de lier et de délier?

— C'est un pouvoir qui ne vous servira guère, si ce n'est sur ceux qui sont membres de votre Eglise, dit Everard d'un ton presque méprisant.

— Prenez garde, prenez garde! s'écria le ministre, qui, quoique excellent homme, était quelquefois irritable, comme nous l'avons vu dans une autre occasion; ne m'insultez-pas! — Honorez le messager, par respect pour celui dont il porte le message. — Ne me bravez pas; je suis tenu de faire mon devoir, dussé-je déplaire à mon frère jumeau.

— Je ne vois pas ce que votre devoir peut avoir à faire ici, dit le colonel avec froideur; et je vous conseille, de mon côté, de ne pas en excéder les bornes en vous mêlant de ce qui ne vous concerne nullement.

— Très-bien! — vous me regardez déjà comme aussi soumis qu'un de vos grenadiers, répliqua le ministre, dont l'indignation faisait frémir tous les membres et dresser les cheveux. Mais apprenez, monsieur, que je ne suis pas aussi dépourvu de pouvoir qu'il vous plaît de le supposer. — J'exhorterai tous les vrais chrétiens de Woodstock à se ceindre les reins, à résister à la restauration de l'épiscopat, de l'oppression et de la malveillance dans ces environs. — J'exciterai le courroux du juste contre l'oppresseur, — contre l'Ismaélite, — contre l'Edomite, contre sa race, contre tous ceux qui le soutiennent et l'encouragent à relever la tête. — J'appellerai à haute voix, sans épargner ma poitrine, je susciterai tous ceux chez qui l'amour divin s'est refroidi, et même la multitude, qui est indifférente à tout. Il se trouvera des gens qui m'entendront; alors je prendrai la verge de Joseph, qui était entre les mains d'Ephraïm, je viendrai purger cette maison des sorciers et des sorcières, des démons et des esprits, et je m'écrierai : Voulez-vous plaider pour Baal? voulez-vous servir Baal?—Non!—Périssent les prophètes de Baal! — Que pas un seul ne vous échappe!

— Maître Holdenough, s'écria le colonel avec impatience, d'après l'histoire que vous m'avez racontée, vous avez déjà prêché sur ce texte une fois de trop.

Ces mots étaient à peine prononcés que le ministre se frappa le front de la main avec force, et tomba sur une chaise aussi subitement et sans plus de résistance que si le colonel lui eût envoyé dans la tête une balle de pistolet. Regrettant aussitôt le reproche qui lui était échappé dans un moment de vivacité, Everard s'empressa de lui en faire ses excuses, et il eut recours à tous les moyens de conciliation qui se présentèrent à son esprit.

Mais le vieillard était trop profondément affecté. Il refusa de lui toucher la main, il refusa de l'écouter, et se levant tout à coup, il lui dit avec force : — Vous avez abusé de ma confiance, monsieur; vous en avez abusé bassement pour me faire un reproche que vous n'auriez osé m'adresser si j'eusse été un homme d'épée. — Jouissez, monsieur, du triomphe glorieux que vous avez remporté sur un vieillard, sur un ancien ami de votre père, rouvrez la blessure que mon imprudente confiance vous a montrée.

— Mon digne et excellent ami, dit le colonel, écoutez....

— Ami! s'écria le vieillard en tressaillant : — nous sommes ennemis, monsieur, — ennemis dès à présent et pour toujours.

A ces mots, se détournant du colonel, il sortit de la chambre d'un pas précipité, suivant sa coutume quand il cédait à son humeur irritable, et qui annonçait certainement plus de colère que de dignité, murmurant encore quelques paroles entre ses dents, comme pour entretenir le feu de son ressentiment par ses commentaires sur l'insulte qu'il avait reçue.

— A merveille! dit le colonel Everard; il n'y avait pas déjà assez de dissensions entre mon oncle et les habitans de Woodstock; il a fallu que je sème de nouveaux germes de zizanie en échauffant la bile de ce vieillard irritable, quoique je n'ignorasse pas ses idées arrêtées sur le gouvernement de l'Eglise, et ses préjugés contre tous ceux qui ne professent pas ses principes religieux! — La canaille de Woodstock se soulèvera infailliblement. Maître Holdenough n'y trouverait pas vingt personnes disposées à le seconder dans un projet honnête et raisonnable; mais qu'il crie incendie et destruction, et je garantis qu'il aura une suite nombreuse. — Et mon oncle n'est pas moins vif et moins opiniâtre. Pour tous les domaines qu'il a jamais possédés, il ne voudrait pas qu'une vingtaine de soldats fussent placés chez lui pour le défendre; et, s'il y reste seul avec Jocelin, il n'en fera pas moins feu sur ceux qui pourront se présenter pour attaquer la Loge, comme s'il était à la tête d'une garnison de cent hommes. Et que peut-on attendre d'une pareille conduite, si ce n'est l'effusion du sang et des dangers de toute espèce?

La suite de ces idées fâcheuses fut interrompue par le retour d'Holdenough, qui entra dans l'appartement du même pas qu'il en était sorti, courut en droite ligne vers le colonel, et lui dit : — Prenez ma main, Markham; — prenez-la sur-le-champ, car le vieil Adam me dit tout bas au fond du cœur que c'est une honte de la tenir tendue si longtemps.

— Je la reçois de tout mon cœur, mon vénérable ami, répondit Everard; et je me flatte que vous me l'offrez en signe de renouvellement d'amitié!

— Certainement, très-certainement, dit le ministre en lui serrant la main. — Les paroles que vous m'avez adressées étaient dures, j'en conviens, mais vous m'avez dit la vérité à propos; et quoique ce fût avec sévérité, je crois que votre intention était bonne et louable. — Je me rendrais véritablement coupable de péché si mon impétuosité me portait à provoquer quelque acte de violence quand j'ai présent à la mémoire le cruel événement que vous m'avez reproché avec....

— Pardon, mon cher Holdenough, pardon! j'ai parlé avec trop de précipitation. Je n'avais nul dessein de vous faire sérieusement un reproche.

— Paix, je vous en prie, paix! — je dis que le reproche que vous m'avez fait *très-justement*, quoiqu'il ait soulevé le levain du vieil homme, le tentateur étant toujours aux aguets pour nous tendre des pièges, — au lieu d'exciter ma colère, devait vous valoir mes remerciemens, car c'est en faisant de pareilles blessures qu'un ami prouve qu'il est fidèle. Et sûrement moi qui, par une malheureuse exhortation à un combat sanguinaire, ai envoyé tant de vivans parmi les morts, et peut-être même, comme je le crains, rappelé les morts parmi les vivans, je ne dois maintenant plus songer qu'à entretenir l'union, la paix et la concorde, pour laisser le soin du châtiment au grand Etre dont les lois sont méconnues, et la vengeance à celui qui a dit qu'il se la réservait.

Il y avait dans le visage du vieillard un air d'humilité sincère: le colonel Everard, qui connaissait le côté faible du digne ministre, ses vieux préjugés sur la dignité de son ministère, et ses idées exclusives sur tout ce qui tenait à ses principes religieux, enfin le sentiment de son importance qu'il avait eu besoin de surmonter avant d'arriver à ce ton de candeur et d'humilité, se hâta de lui exprimer l'admiration que lui inspirait sa charité, en se reprochant à lui-même de l'avoir blessé si cruellement.

— N'y pensez plus, excellent jeune homme, n'y pensez plus, dit Holdenough; nous avons erré l'un et l'autre, — moi en souffrant que le zèle l'emportât sur la charité, — vous peut-être en poussant un peu trop rudement un vieillard encore vif, qui venait de déposer toutes ses souffrances dans le sein de l'amitié. N'en parlons plus. Que vos amis, s'ils n'en sont pas détournés par tout ce qui s'est passé dans cette Loge de Woodstock, reviennent y fixer leur demeure aussitôt que bon leur semblera. S'ils peuvent se protéger eux-mêmes contre les puissances de l'air, croyez que tous mes efforts tendront à empêcher qu'ils ne soient troublés par leurs voisins terrestres. Et soyez assuré, mon cher monsieur, que ma voix a encore quelque crédit sur le digne maire, sur les honnêtes aldermen et sur les principaux habitans de cette ville, quoique les classes inférieures se laissent entraîner par le premier vent de chaque doctrine. — Soyez également persuadé, colonel, que si le frère de votre mère ou quelqu'un de la famille reconnaissait qu'il avait pris un mauvais parti en rentrant dans cette malheureuse et profane maison, ou que sa conscience éprouvât quelques inquiétudes qui lui fissent désirer des consolations spirituelles, le vieux Holdenough sera à ses ordres la nuit aussi bien que le jour, comme si ce pécheur repentant eût été élevé dans le sein de l'Eglise dont je suis un ministre indigne ; ni la crainte des apparitions effrayantes qui peuvent avoir lieu dans ces murs, ni la connaissance que j'ai de l'état d'aveuglement de ceux qui professent les principes des épiscopaux, ne m'empêcheront jamais de faire tout ce que mes faibles moyens pourront me permettre pour leur protection et leur édification.

— Je suis très-reconnaissant de toutes vos bontés, maître Holdenough, répondit le colonel Everard ; mais je ne crois pas probable que mon oncle vous donne beaucoup d'embarras sous l'un ou l'autre rapport. Il est habitué à se protéger lui-même contre les dangers temporels ; et quant à ce qui concerne le spirituel, il met sa confiance dans ses prières et dans celles de l'Eglise dont il est membre.

— J'espère que je ne me suis pas rendu coupable de présomption en offrant mes secours spirituels, dit le ministre un peu piqué de l'espèce de refus qu'il venait d'essuyer ; si cela est, je vous en demande pardon, très-humblement pardon ; je ne voudrais point passer pour présomptueux.

Le colonel se hâta d'apaiser la nouvelle alarme que prenait le ministre, toujours vigilant et inquiet sur ce qui pouvait diminuer son importance : c'était le seul défaut de ce digne homme, joint à ceux d'un caractère violent qu'il ne pouvait toujours maîtriser.

Ils étaient donc amis comme auparavant lorsque Wildrake revint de la chaumière de Jocelin, et informa Everard à voix basse qu'il avait réussi dans sa mission. Le colonel se tourna alors vers le ministre, l'informa que, les commissaires ayant déjà quitté la Loge et son oncle sir Henry Lee se proposant d'y rentrer vers midi, il partirait avec lui, s'il le trouvait à propos, pour se rendre à Woodstock.

— Ne resterez-vous pas, dit Holdenough avec un ton de voix qui annonçait quelque appréhension, pour féliciter vos parens sur leur retour dans leur domicile?

— Non, mon digne ami, répondit le colonel Everard. Le parti que j'ai embrassé dans nos malheureuses divisions, peut-être aussi la différence de nos principes politiques et de notre religion, ont inspiré à mon oncle tant de préventions contre moi, qu'il faut que je sois pendant quelque temps comme étranger à sa maison et à sa famille.

— Véritablement! s'écria le ministre. — J'en suis charmé, — charmé de tout mon cœur et de toute mon ame. — Excusez ma franchise; — j'avais pensé — peu importe ce que j'avais pensé. — Je ne voudrais pas vous offenser de nouveau; — cependant, quoique la jeune personne ait des traits agréables; quoique le vieillard soit, comme tout le monde dit, un homme sans reproche, en ce qui concerne les choses de ce monde; — mais je vois que je vous afflige; je ne vous dirai plus rien, à moins que vous ne désiriez recevoir les avis d'un homme sincère et sans préjugés, auquel cas les miens sont à votre service; mais je n'aurai pas la présomption de vous les offrir sans cela. — Hé bien! partons-nous ensemble pour Woodstock? — La solitude agréable de la forêt nous disposera peut-être à nous ouvrir nos cœurs l'un à l'autre.

Ils partirent à pied; et, quoiqu'ils parlassent de différens objets, chemin faisant, le colonel, à la grande surprise de maître Holdenough, ne lui demanda pas ses avis spirituels sur le sujet de son amour pour sa belle cousine. Il est vrai que, de son côté et contre l'attente du jeune militaire, le ministre tint religieusement sa parole; et, pour nous servir de son expression, il n'eut pas la présomption d'offrir, sur un point si délicat, des conseils qu'on ne lui demandait pas.

CHAPITRE XVIII.

> « Les voilà donc parties !
> « Mais nous placerons-nous où siégeaient ces harpies
> « Sans avoir avec soin purifié ces murs,
> « Souillés par le contact de ces oiseaux impurs ?
>
> *Agamemnon.*

Le succès obtenu par Wildrake dans son ambassade était principalement dû à la médiation du ministre que nous avons vu remplir les fonctions de chapelain dans la famille de sir Henry Lee, sur l'esprit duquel il exerçait une influence due à plusieurs causes.

Quelques instans avant midi, sir Henry Lee, avec sa suite peu nombreuse, se remit sans obstacle en possession des appartemens qu'il occupait précédemment dans la Loge ; et Jocelin Joliffe, Phœbé et la vieille Jeanne réparèrent de concert le désordre qu'avaient jeté partout les intrus qui venaient de partir.

Comme toutes les personnes de qualité de cette époque, sir Henry Lee avait un amour de l'ordre qui allait jusqu'à la minutie ; il se sentait insulté et humilié par les apparences de confusion qu'il voyait régner partout, et il lui tardait de purifier sa demeure de ce qui pouvait rappeler le souvenir de ceux qui l'avaient momentanément habitée. Dans son empressement il donnait plus d'ordres que ses domestiques, en si petit nombre, ne pouvaient en exécuter. — Les misérables ont laissé après eux une odeur sulfureuse, dit-il, comme si le vieux Davie Leslie avait ici son quartier-général avec toute l'armée écossaise.

— Et cela ne vaut guère mieux, dit Jocelin, car on assure que le diable est venu en personne au milieu d'eux, et que c'est lui qui les a fait décamper.

— En ce cas, reprit le chevalier, le prince des ténèbres

est un gentilhomme, comme le dit le vieux Shakspeare. Il n'intervient jamais avec ceux qui ont droit au même rang; car les Lee ont vécu ici de père en fils depuis cinq siècles, sans qu'il les ait jamais inquiétés; et à peine ces gueux revêtus y mettent-ils le pied, qu'il vient y jouer ses tours.

— Du moins ils nous ont laissé une bonne chose dont nous pouvons le remercier, dit Joliffe, un garde-manger et un cellier garnis comme on l'a vu rarement en cette maison depuis bien du temps. — Des moutons tout entiers, — d'énormes cuisses de bœuf, — des caisses de confitures, — des tonneaux d'ale et de vin, et je ne saurais dire quoi encore. — Nous aurons de quoi passer le temps royalement la moitié de l'hiver, et il faut que Jeanne se mette sur-le-champ à saler les viandes.

— Fi donc! s'écria le vieux chevalier; crois-tu que nous touchions au moindre fragment des provisions laissées par cette écume de la terre? — Jette-les par la fenêtre sur-le-champ. — Mais non, non. — Ce serait un péché. Donne-les aux pauvres, ou renvoie-les à ceux à qui elles appartiennent. — Songe bien que je ne veux pas boire une goutte de leurs liqueurs fortes. — J'aimerais mieux être réduit à la boisson d'un ermite pour toute ma vie que de me régaler des restes de ces drôles, comme un misérable garçon de cabaret qui vide le fond des bouteilles quand les hôtes ont payé leur écot et sont partis. — Et, écoute-moi, je ne veux plus boire de l'eau de la citerne où ces coquins en ont sans doute puisé; va m'en chercher une cruche à la fontaine de Rosemonde.

Alice entendit cet ordre; et, sachant que les domestiques avaient déjà bien assez d'ouvrage, elle prit tranquillement une petite cruche, s'enveloppa d'une mante, et alla elle-même chercher l'eau que son père désirait.

Alors Jocelin dit avec quelque embarras qu'il se trouvait encore au château un individu qui faisait partie de la compagnie de ces intrus. Il est chargé, dit-il, de veiller au transport de quelques malles appartenant aux commissaires, et il pourrait prendre les ordres de Votre Honneur, relativement aux provisions.

— Fais-le venir ici, dit le chevalier. — C'était dans le vestibule que ce dialogue avait lieu.— Hé bien, pourquoi lambines-tu ainsi? Qu'as-tu à hésiter?

— C'est que..... c'est que Votre Honneur ne se souciera peut-être pas de le voir. C'est celui qui, l'autre soir.....

—A fait sauter en l'air ma rapière, veux-tu dire.—Qu'importe? Ai-je jamais su mauvais gré à quelqu'un de maintenir son terrain devant moi?—Tout Tête-Ronde qu'il est, je ne l'en aime que mieux pour cela, bien loin de lui en vouloir. —J'ai faim et soif de me mesurer de nouveau avec lui. —Je n'ai cessé de réfléchir à sa passe depuis ce temps, et je crois que, si nous étions de nouveau les armes à la main, je ne me laisserais pas désarmer si aisément. — Fais-le venir sur-le-champ.

Tomkins le Fidèle arriva quelques momens après, armé d'une imperturbable gravité, que ni les terreurs de la nuit précédente, ni l'air de gravité du noble chevalier, ne purent déconcerter un instant.

— Hé bien, mon brave, dit sir Henry, je voudrais mettre encore une fois à l'épreuve ta science en escrime.—Tu m'as désarmé l'autre soir, mais je crois véritablement qu'il ne restait plus assez de jour pour mes yeux.—Prends ce fleuret. —Je me promène ici dans le vestibule, comme dit Hamlet, et c'est le moment du jour où je puis respirer. — Allons, prends ce fleuret.

— Puisque c'est le désir de Votre Honneur, bien volontiers, répondit Tomkins en laissant tomber son grand manteau, et en prenant le fleuret.

—Maintenant, si tu es prêt, je le suis aussi, dit le chevalier; il semble qu'il m'a suffi de marcher sur ces pierres pour conjurer la goutte qui me menaçait. Je suis aussi ferme qu'un coq de combat.—Ça—ça.

Ils commencèrent leur assaut en déployant beaucoup d'adresse; et soit que le vieux chevalier combattît réellement avec plus de sang-froid armé d'un fleuret qu'armé d'une rapière, soit que Tomkins voulût bien lui laisser quelque avantage dans ce combat simulé, il est certain qu'il en remporta l'avantage, et ce succès le mit de bonne humeur.

—Vous voyez que j'ai trouvé votre passe, dit-il; on ne me

prend pas deux fois au même tour.—C'était une feinte palpable, mais je ne voyais pas assez clair l'autre soir;—au surplus il est inutile d'en parler. — En voilà assez : je ne veux pas imiter nos imprudens Cavaliers, qui vous ont battus si souvent, Têtes-Rondes que vous êtes, qu'ils vous ont enfin appris à nous battre. Mais à propos, pourquoi laissez-vous mon garde-manger si bien rempli? — Croyez-vous que ma famille et moi nous voulions nous servir de vos restes?— Ne savez-vous que faire de vos vivres séquestrés, puisque vous les laissez ainsi derrière vous quand vous changez de quartiers?

—Il est possible, répondit Tomkins, que Votre Honneur ne désire pas la chair des bœufs, des béliers et des chèvres; mais quand vous saurez que le prix de ces provisions a été payé avec les revenus de votre domaine de Ditchley, séquestré au profit de l'Etat il y a plus d'un an, vous aurez moins de scrupule à vous en servir.

—Ce que je ferai bien certainement, s'écria sir Henry; et je suis charmé que vous m'ayez restitué quelque chose de ce qui m'appartient. Certes j'étais un âne véritable de soupçonner tes maîtres de subsister autrement qu'aux dépens des honnêtes gens.

—Et quant aux cuisses de bœuf, dit Tomkins avec la même gravité, il y a à Westminster un croupion qui donnera plus de besogne à l'armée, avant que nous puissions le découper à notre gré.

Sir Henry garda le silence un instant, comme pour réfléchir à ce que signifiait ce style métaphorique, car il n'avait pas l'imagination très-vive. Mais en ayant compris le sens, il partit d'un grand éclat de rire, avec une franche gaieté que Jocelin ne se souvenait pas de lui avoir vue depuis long-temps.

— Fort bien! dit-il : ta plaisanterie me plaît; — c'est la morale de ce spectacle de marionnettes.—Faust a conjuré le diable, comme le parlement a conjuré l'armée, ensuite le diable emporte Faust, comme l'armée emportera le parlement,—ou le Croupion, comme tu l'appelles, la partie qui siège encore dans le soi-disant parlement.—Et, vois-tu, l'ami, le plus grand diable de tous a ensuite mon consentement pour emporter l'armée à son tour, depuis le premier général jusqu'au dernier tambour. — Ne fronce pas le sourcil pour cela, l'ami; souviens-toi qu'il y a maintenant assez de jour pour une partie à fer pointu et émoulu.

Sans doute Tomkins crut devoir renfermer en lui-même son mécontentement; et disant que les voitures étaient prêtes pour transporter à Woodstock le bagage des commissaires, il prit congé de sir Henry Lee.

Le vieillard continua à se promener dans le vestibule reconquis en se frottant les mains avec un air de satisfaction qu'on n'avait jamais vu en lui depuis la fatale journée du 30 janvier.

— Nous voilà donc rentrés dans le vieux terrier, Joliffe, dit-il, et bien approvisionnés, à ce qu'il paraît! — Comme le drôle a su résoudre mes doutes de conscience! — Le plus grand butor d'entre eux est un excellent casuiste quand la question repose sur l'intérêt. — Vois un peu, Jocelin, s'il n'y a pas quelque pauvre soldat en guenilles qui rôde dans les environs; il regarderait comme un présent tombé du ciel ce que nous pourrions lui offrir du garde-manger. — Et son escrime! Jocelin, ce n'est pas que je la critique; — il ne se défend pas mal. — Mais tu as vu comme je l'ai mené quand j'avais un jour convenable?

— Oui, oui, répondit Jocelin, Votre Honneur lui a appris à distinguer le duc de Norfolk du jardinier Saunders [1]. Je réponds qu'il ne sera pas très-pressé de retomber entre les mains de Votre Honneur.

— Ah! ah! je commence à devenir vieux, dit sir Henry; mais le temps ne rouille pas le talent, quoiqu'il rende les nerfs moins souples. Ma vieillesse ressemble, comme le dit Will, à un bel hiver froid, mais salubre. — Et qui sait si, tout vieux que nous sommes, nous ne vivrons pas encore assez pour voir des jours plus heureux? Je te garantis, Jocelin, que je ne suis pas fâché de cette bisbille entre les coquins du parlement et les coquins de l'armée. — Quand les brigands

(1) Expression proverbiale empruntée à une comédie du temps. — Éd.

sont en querelle, c'est une chance de salut pour les honnêtes gens.

C'était ainsi que le vieux Cavalier triomphait de la triple gloire d'être rentré dans son habitation; d'avoir rétabli, à ce qu'il se figurait, sa réputation d'homme d'épée; et enfin d'avoir découvert dans la situation des affaires quelque apparence de changement, dont il ne désespérait pas que la cause royale ne pût profiter.

Pendant ce temps Alice marchait avec une gaieté à laquelle elle avait été étrangère depuis quelque temps, pour payer son contingent des travaux domestiques de la maison, en allant chercher à la fontaine de la belle Rosemonde l'eau que désirait son père.

Peut-être se rappelait-elle que, dans son enfance, elle avait quelquefois rempli les mêmes fonctions par ordre de son cousin Markham, lorsqu'elle représentait une princesse troyenne captive, condamnée à puiser de l'eau dans quelque fontaine de la Grèce pour l'usage du fier vainqueur.—Quoi qu'il en soit, elle était presque heureuse de voir son père réinstallé dans son ancienne habitation; et sa joie n'en était pas moins sincère parce qu'elle savait que leur retour à Woodstock était dû à son cousin, et que, même aux yeux prévenus de son père, Everard était disculpé jusqu'à un certain point des accusations portées contre lui par le vieux chevalier; enfin, pensait-elle, si une réconciliation n'avait pas encore eu lieu, du moins les préliminaires de paix étaient établis de manière à pouvoir amener aisément cette conclusion désirable.

Le destin douteux de son frère aurait pu troubler ce moment de bonheur; mais Alice avait été élevée au milieu des luttes fréquentes de la guerre civile, et elle avait contracté l'habitude de se livrer à l'espérance jusqu'à ce qu'il devînt impossible d'en conserver aucune. D'ailleurs, tous les rapports semblaient lui garantir la sûreté de son frère.

Alice avait une autre cause de bonheur dans le plaisir qu'elle éprouvait à se retrouver dans la demeure de son enfance, dans les lieux qu'elle avait si souvent parcourus, et qu'elle n'avait pu quitter sans un chagrin d'autant plus vif peut-être qu'elle avait cherché à le cacher à son père, pour ne pas ajouter à l'amertume de ses regrets. Enfin elle jouissait du contentement qu'éprouve souvent une jeune fille qui trouve l'occasion d'être utile à ceux qu'elle aime, et à leur rendre les petits services que l'âge reçoit avec tant de plaisir des mains de la jeunesse. Elle traversa donc d'un pas rapide ce qui restait de l'espèce de labyrinthe dont nous avons déjà parlé sous le nom de *désert*, et elle entra ensuite dans le parc pour aller remplir sa cruche à la fontaine de Rosemonde. L'exercice animait ses traits; Alice avait retrouvé pour le moment cette expression enjouée qui avait été le caractère particulier de sa beauté dans les jours plus heureux de sa première jeunesse.

Cette antique fontaine avait été autrefois décorée d'ornemens d'architecture dans le style du seizième siècle, et dont le sujet avait été puisé dans la mythologie. Le temps les avait renversés et détruits, et ce n'était plus qu'une masse de ruines couvertes de mousse; mais la source d'eau vive continuait à verser chaque jour ses trésors liquides, qu'on voyait sortir entre les pierres disjointes, et se répandre ensuite à travers des débris d'ancienne sculpture.

D'un pas léger et le sourire sur les lèvres, la jeune miss Lee s'approchait de la fontaine ordinairement si solitaire, quand elle aperçut quelqu'un sur ses bords. Elle s'arrêta un instant; mais, voyant que c'était une femme, elle continua à s'avancer avec confiance, quoique un peu plus lentement.

—C'était peut-être une servante de la ville qu'une maîtresse fantasque envoyait chercher une eau renommée par sa limpidité, ou quelque vieille femme qui faisait un petit commerce en portant de cette eau aux familles qui en désiraient.

—Il n'y avait donc aucun motif d'appréhension.

Et cependant la terreur qu'inspirait alors le moindre incident était telle, qu'Alice ne put voir cette étrangère sans quelque inquiétude. Des femmes qui ne conservaient aucun des attributs de leur sexe avaient, comme c'est l'usage, suivi les camps des deux armées pendant la guerre civile, et exercé, presque au même degré, leurs talens pour le pillage et le meurtre, d'un côté avec le ton imposteur du fanatisme et de l'hypocrisie, de l'autre avec le front découvert du libertinage et de l'impiété. Mais on était au milieu de la journée, la Loge n'était qu'à peu de distance; et, quoique surprise de voir une étrangère dans un lieu qu'elle croyait trouver solitaire, la fille du vieux et fier chevalier avait trop d'élévation dans l'ame pour s'abandonner à une frayeur sans motif.

La femme dont la présence avait surpris Alice appartenait à la classe inférieure de la société. Sa mante rouge, son jupon brun, son fichu à bords bleus et son chapeau très-élevé, annonçaient tout au plus la femme d'un petit fermier ou d'un paysan, et pouvait aussi faire craindre quelque chose de pire. Ses vêtemens n'étaient pourtant pas usés; mais,— chose qu'une femme découvre du premier coup d'œil,— Alice remarqua sur-le-champ qu'ils étaient ajustés avec négligence; qu'on aurait pu dire qu'ils n'avaient pas été faits pour elle, et qu'elle les devait à quelque accident, si ce n'était au vol. Sa taille était extraordinaire, ce qui n'échappa point à Alice dans le rapide examen qu'elle fit de l'extérieur de cette étrangère; ses traits étaient singulièrement durs, son air peu prévenant, son teint excessivement basané. Alice, en se baissant pour remplir sa cruche, regrettait presque de n'être pas retournée sur ses pas, sauf à charger Jocelin de cette commission; mais ces regrets venaient trop tard, et il ne lui restait qu'à déguiser de son mieux les sentimens peu agréables qu'elle éprouvait.

— Que les bénédictions de cette belle journée tombent sur celle qui n'est pas moins belle, dit l'étrangère d'une voix dure, mais qui n'avait rien d'hostile.

— Je vous remercie, répondit Alice en continuant à remplir sa cruche à l'aide d'un seau de fer attaché par une chaîne à une pierre qui était sur le bord de la fontaine.

— Si vous vouliez accepter mon aide, votre besogne serait peut-être plus tôt faite.

— Je vous remercie; mais, si j'avais eu besoin d'aide, j'aurais amené quelqu'un avec moi.

— Je n'en doute pas, la jolie fille; il ne manque pas de jeunes gens à Woodstock qui savent y voir; — je suis sûre que vous auriez pu amener avec vous, si vous l'aviez voulu, quiconque d'entre eux vous eût seulement aperçue.

Alice ne répliqua pas un seul mot, car la liberté avec laquelle cette femme lui parlait lui déplaisait, et elle désirait rompre la conversation.

— Vous ai-je offensée? continua l'étrangère ; je n'en avais pas l'intention. — Je vous ferai ma question en d'autres termes. Les bonnes dames de Woodstock sont-elles assez peu soigneuses de leurs filles, pour permettre à celle qui en est la fleur de courir dans le parc sans sa mère, sans quelqu'un qui puisse empêcher le renard d'emporter l'agneau? — Il me semble que cette insouciance n'annonce pas beaucoup de tendresse.

— Contentez-vous de savoir, bonne femme, que je puis aisément trouver secours et protection, répondit Alice, à qui l'effronterie de sa nouvelle connaissance déplaisait de plus en plus.

— Hélas! ma jolie fille, dit l'étrangère en passant une main aussi large que dure sur la tête d'Alice qui était toujours penchée pour puiser de l'eau ; — il serait difficile de faire entendre un sifflet comme le vôtre d'ici à la ville de Woodstock, quelque haut que vous pussiez crier.

Alice fit un mouvement de la tête pour se débarrasser de la main de cette femme, se leva, prit sa cruche, quoiqu'elle ne fût qu'à moitié pleine ; et, voyant l'étrangère se lever en même temps, elle lui dit, non sans quelque appréhension, mais avec un ton naturel de mécontentement et de dignité :

— Si j'avais besoin de secours, il ne serait pas nécessaire que mes cris se fissent entendre à Woodstock : j'en trouverais beaucoup plus près.

Elle ne parlait pas au hasard, car au même instant le noble chien Bevis accourut à travers les broussailles, et vint se placer à son côté, fixant sur l'étrangère des yeux menaçans, hérissant le poil comme les soies d'un sanglier pressé par les chiens, montrant deux rangs de dents égales à celles d'un loup de Russie ; et, sans aboyer ni changer de position, il semblait, par son grondement sourd et résolu, annoncer qu'il n'attendait qu'un signe de sa maîtresse pour s'élancer sur une femme suspecte.

L'étrangère n'en fut pas effrayée. — Ma jolie fille, dit-elle, vous avez là véritablement un formidable gardien, et qui suffirait seul pour faire peur à des enfans ; mais nous autres qui avons été à la guerre, nous avons des secrets pour dompter ces dragons furieux. Empêchez donc votre protecteur quadrupède d'approcher de moi, car c'est un noble animal, et la nécessité de me défendre me déterminerait seule à lui faire du mal.

A ces mots elle tira de son sein un pistolet, l'arma, et en dirigea le bout vers le chien, comme si elle eût craint qu'il ne sautât sur elle.

— Doucement, bonne femme, arrêtez ! s'écria Alice ; le chien ne vous fera aucun mal. — Tout beau, Bevis ! à bas, monsieur ! — Et avant que vous cherchiez à le blesser, sachez que c'est le chien favori de sir Henry Lee de Ditchley, grand-maître de la capitainerie de Woodstock, qui punirait sévèrement quiconque le maltraiterait.

— Et vous, la belle, vous êtes sans doute la femme de charge du vieux chevalier ! J'ai souvent entendu dire que les Lee avaient bon goût.

— Je suis sa fille, bonne femme.

— Sa fille ! — j'ai donc été aveugle ; — mais c'est la vérité. Rien de moins parfait ne peut répondre à la description que tout le monde fait de miss Alice Lee. — J'espère que mes folies ne vous ont pas offensée, miss Lee ? Peut-être me permettrez-vous, en signe de réconciliation, de remplir votre cruche, et de la porter jusqu'où vous le désirerez ?

— Comme il vous plaira, bonne mère ; mais je vais retourner à la Loge, et dans le temps actuel je ne puis y admettre d'étrangers. Vous ne pouvez me suivre plus loin que l'enclos du parc. — Il y a déjà long-temps que je suis absente, adieu ; j'enverrai quelqu'un au-devant de vous pour chercher la cruche.

A ces mots elle se détourna, et reprit le chemin de la Loge, en doublant le pas avec un sentiment de terreur qui lui semblait à elle-même inexplicable, comptant se débarrasser ainsi de cette femme.

Mais elle comptait sans son hôte. Au bout de quelques instans sa nouvelle compagne était déjà à son côté. Elle y était arrivée sans courir, par le moyen d'enjambées prodigieuses dont une femme paraissait incapable, et qui lui avaient fait regagner l'avance que la timide Alice avait prise sur elle. Mais, quoique sa voix fût toujours dure et désagréable, ses manières étaient plus respectueuses qu'auparavant, et tout son extérieur annonçait même qu'elle éprouvait une sorte d'appréhension mal définie, mais irrésistible.

— Aimable miss Lee, lui dit sa persécutrice, pardonnez à une étrangère de n'avoir pas su distinguer une personne de votre condition d'une jeune fille de village, et de vous avoir parlé avec une liberté qu'elle n'aurait pas dû se permettre à l'égard d'une dame de votre rang. Je crains de vous avoir offensée.

— Nullement, répondit Alice; mais je suis près de chez moi, et je puis vous dispenser de m'accompagner plus loin.

— Vous m'êtes tout-à-fait inconnue.

— Mais il ne s'ensuit pas que votre bonne fortune me le soit, belle miss Alice. — Regardez mon visage basané; l'Angleterre n'en produit pas de semblable; et dans le pays d'où je viens, le soleil, qui nous noircit le teint, nous en dédommage par des connaissances refusées à ceux qui habitent votre climat moins chaud. Souffrez que je regarde votre jolie main, et je vous promets que vous entendrez des choses qui ne vous déplairont pas.

— J'entends déjà ce qui me déplaît, dit Alice en retirant une main dont l'étrangère cherchait à s'emparer; allez dire la bonne aventure et jouer vos tours de chiromancie aux femmes de Woodstock : les personnes bien nées regardent votre science comme une imposture, ou comme acquise par des moyens illicites.

— Vous ne seriez pourtant pas fâchée d'entendre parler d'un certain colonel que des circonstances malheureuses ont séparé de sa famille. — Vous me donneriez mieux que de l'argent si je pouvais vous assurer que vous le verrez dans un jour ou deux, — peut-être plus tôt.

— Je ne sais ce que vous voulez dire, bonne femme; si vous avez besoin d'aumônes, voici une pièce d'argent, c'est tout ce que j'ai dans ma bourse.

— Ce serait dommage que je la prisse. — Donnez-la-moi pourtant. — Dans tous les contes de fées, la princesse doit mériter par sa générosité les bontés de la fée bienfaisante, avant que celle-ci l'en récompense en lui accordant sa protection.

— Prenez, prenez! — rendez-moi ma cruche, et retirez-vous. — Ah! voilà un des domestiques de mon père : — Jocelin! — Jocelin! par ici.

La diseuse de bonne aventure laissa tomber à la hâte quelque chose dans la cruche, la remit à Alice, et, doublant le pas, disparut promptement dans l'épaisseur du bois.

Bevis se retourna, et montra quelque envie de poursuivre pendant sa retraite une femme qui lui était suspecte. Cependant il courut à Jocelin en grondant, comme pour lui demander son avis, et incertain de ce qu'il devait faire. Jocelin l'apaisa, et s'approchant de sa jeune maîtresse, il lui demanda avec surprise ce qu'elle avait, et pourquoi elle semblait effrayée. Alice parla très-légèrement de l'alarme qu'elle avait eue, et à laquelle, dans le fait, elle n'aurait pu assigner un motif très-raisonnable, car les manières de cette femme, quoique hardies et familières, n'avaient rien de menaçant. Elle se borna à lui dire qu'elle avait trouvé près de la fontaine de Rosemonde une diseuse de bonne aventure dont elle avait eu quelque peine à se débarrasser.

— Ah! la voleuse d'Egyptienne! s'écria Joliffe; elle a senti que le garde-manger est bien garni. — Ces vagabonds ont le nez aussi fin que les corbeaux. Regardez bien autour de vous, miss Alice, vous ne voyez pas un seul corbeau dans tout le firmament; mais qu'un mouton tombe tout à coup dans une prairie, vous en entendrez une douzaine croasser avant que la vie l'ait tout-à-fait abandonné, comme pour inviter les autres à venir prendre leur part du festin. — Il en est de même de ces impudens mendians. On n'en voit guère quand on n'a rien à leur donner; mais qu'ils sentent de la chair dans le pot, ils veulent en avoir leur part.

— Vous êtes si fier de votre garde-manger, Jocelin, que vous soupçonnez tout le monde de former des desseins contre vos provisions. Je ne crois pas que cette femme se hasarde à s'approcher de votre cuisine.

— Et je le lui conseille pour sa santé, car je lui donnerais un souper qu'elle ne digèrerait pas aisément. — Mais donnez-moi cette cruche, miss Alice; il est plus convenable que ce soit moi qui la porte. — Qu'est-ce donc que j'entends sonner au fond? est-ce que vous avez pris quelques cailloux avec l'eau?

— Je crois que cette femme y a laissé tomber quelque chose.

— Il faut y regarder, car il est probable que c'est un charme, et nous avons déjà assez de diableries à Woodstock.

— Ne vous inquiétez pas de l'eau; j'aurai bientôt rempli la cruche à la fontaine.

Il vida la cruche sur l'herbe, et trouva au fond une bague d'or dans laquelle était enchâssé un rubis qui paraissait de quelque prix.

— Si ce n'est pas un charme, je ne sais ce que c'est, dit Jocelin. En vérité, miss Alice, je crois que vous feriez bien de jeter cette babiole. De tels présens faits par de pareilles mains sont des espèces d'arrhes données par le diable à celles qu'il veut enrôler dans son régiment de sorcières; et si l'on reçoit de lui seulement une fève, on devient son esclave pour toujours. — Oui, regardez bien ce joyau; demain vous ne trouverez plus en place qu'un anneau de plomb et un caillou.

— Je crois, Jocelin, que le mieux est de chercher cette femme à visage basané, et de lui rendre un objet qui paraît avoir quelque valeur. Tâchez de la retrouver, et rendez-lui sa bague; elle paraît trop belle pour que nous la jettions.

— Voilà bien comme sont toutes les femmes! murmura Jocelin entre ses dents; prenez la meilleure d'entre elles, et voyez si elle n'a pas toujours quelque goût pour les moindres affiquets. — Songez, miss Alice, que vous êtes trop jeune et trop jolie pour vous enrôler dans un régiment de sorcières.

— Je ne le craindrai que quand vous serez devenu sorcier, Jocelin. — Mais hâtez-vous d'aller remplir la cruche à la fontaine; vous y retrouverez peut-être cette femme; vous lui rendrez sa bague, et vous lui direz qu'Alice Lee n'a pas plus envie de ses présens que de sa compagnie.

A ces mots Alice continua à s'avancer vers la Loge, tandis que Jocelin marchait vers la fontaine de Rosemonde pour s'acquitter de sa commission. Mais il n'y trouva pas la diseuse de bonne aventure, ou l'étrangère quelle qu'elle fût, et il ne crut pas devoir se donner la peine de la chercher ailleurs.

— J'ose dire que la vieille a volé cette bague quelque part, se dit à lui-même le garde forestier; et si elle vaut réellement quelques nobles, il est préférable qu'elle soit en des mains honnêtes qu'en la possession de vagabonds. D'ailleurs mon maître a droit aux épaves, et une telle bague, en la possession d'une Egyptienne, est une épave certainement. Je puis donc la confisquer sans scrupule, et j'en emploierai le produit à l'approvisionnement du garde-manger, qu'il sera plus facile de vider que de remplir. Grace au ciel, mon expérience militaire m'a appris à avoir les doigts alertes; c'est la loi de la guerre. — Après tout, cependant, je ferais mieux de montrer cette bague à Markham Everard, et de lui demander son avis. Je le regarde à présent comme un savant avocat en ce qui concerne les affaires de miss Alice, et comme un vrai docteur pour ce qui regarde l'Eglise, l'Etat et sir Henry Lee; je permets qu'on donne mes nombles aux chiens pour leur curée, si l'on trouve que j'accorde ma confiance sans qu'elle soit bien placée.

CHAPITRE XIX.

> « Connaissant peu ces lieux, qui, pour un étranger,
> « Sans guide, sans amis, ne sont pas sans danger. »
> SHAKSPEARE. *La Soirée des rois.*

Lorsque l'heure du dîner fut arrivée, quelques démonstrations d'apparat prouvèrent que, dans l'opinion de ses serviteurs, peu nombreux, mais fidèles, le bon chevalier était rentré chez lui en triomphe.

La grande coupe, qui représentait en bas-relief saint Michel foulant aux pieds Satan, fut placée sur la table, et Jocelin et Phœbé debout, le premier derrière le fauteuil de sir Henry, la seconde derrière la chaise de sa jeune maîtresse, remplissaient leurs fonctions avec une régularité respectueuse, et une activité qui suppléait au manque d'un plus grand nombre de domestiques.

— A la santé du roi Charles, dit le vieux chevalier en présentant à sa fille le tankard plein d'ale. Buvez, ma chère Alice, quoique ce soit un breuvage rebelle qu'on nous ait laissé; je vous ferai raison ensuite; car la santé que nous portons ferait passer la liqueur, quand même ce serait le vieux Noll lui-même qui l'aurait brassée.

Miss Lee prit la coupe des mains de son père, y trempa à peine ses lèvres et la remit aux vieux chevalier, qui la replaça sur la table après l'avoir rendue beaucoup plus légère.

— Je ne dirai pas grand bien leur fasse, dit-il; mais je dois convenir que les marauds boivent de bonne ale.

— Cela n'est pas étonnant, monsieur, dit Jocelin; la drèche ne leur coûte que la peine de la prendre, et ils ne l'épargnent pas.

— Est-ce ainsi que tu parles? dit sir Henry. Hé bien! tu videras la coupe, pour te récompenser de ce bon mot.

Le garde forestier ne se fit pas presser pour boire à son tour à la santé du roi. Il salua son maître pour le remercier en remettant le pot sur la table, et dit en jetant un regard de triomphe sur le bas-relief :

— Il n'y a qu'un moment que j'ai dit mon mot à ce même Habit-Rouge, relativement à ce saint Michel.

— Habit-Rouge ! s'écria l'impétueux vieillard, — quel Habit-Rouge ? — y a-t-il encore quelqu'un de ces drôles à Woodstock ? — Fais-lui descendre l'escalier d'un seul saut, Jocelin ; fais-le sauter par une fenêtre.

— Sauf respect, Votre Honneur, il est resté pour affaires, et il est sur le point de partir. — C'est celui..... celui qui a eu une rencontre avec Votre Honneur dans une allée du parc.

— Ah ! mais je lui ai bien donné la monnaie de sa pièce dans le vestibule, comme tu l'as vu toi-même. — Jamais je ne m'étais trouvé mieux disposé pour l'escrime, Jocelin. — Mais ce drôle au fond n'est pas un coquin aussi déterminé que la plupart de ses camarades ; — il se bat bien, — parfaitement bien. Je serais charmé de te voir faire assaut d'armes avec lui demain matin dans le vestibule ; mais je crois qu'il est trop fort pour toi. — Je connais ta force, Jocelin.

Il pouvait parler ainsi avec quelque vérité, car il avait coutume de s'escrimer lui-même au fleuret avec Jocelin assez fréquemment ; Jocelin en pareil cas avait soin de ne déployer qu'autant de force et d'adresse qu'il en fallait pour que la victoire ne parût pas trop facile ; et, en serviteur discret, il laissait toujours à son maître les honneurs du triomphe.

— Et que disait cette Tête-Ronde du saint Michel ciselé sur cette coupe ? demanda le chevalier.

— Sur ma foi ! il se gausssait de notre bon saint, et disait qu'il ne valait guère mieux qu'un des veaux d'or de Béthel. Mais je lui ai répondu que, pour parler ainsi, il ferait mieux d'attendre qu'un de ses saints à tête ronde eût mis le diable sous ses pieds, comme saint Michel fait sur cette coupe. Je crois que c'en était bien assez pour le faire taire. Et ensuite il voulait savoir si Votre Honneur et miss Alice, pour ne rien dire de la vieille Jeanne et de moi, puisque c'est le bon plaisir de Votre Honneur que nous couchions ici, — vous n'aviez pas peur de coucher dans une maison qui a été tellement troublée. Mais je lui ai répondu que nous ne redoutions pas le diable, vu qu'on nous lisait tous les soirs les prières de l'Eglise.

— Avez-vous perdu l'esprit, Jocelin? s'écria Alice; ne savez-vous pas à quel risque pour nous et pour lui-même le bon docteur s'acquitte de ce devoir?

— Ah! miss Alice, répondit Jocelin un peu déconcerté, vous pouvez être bien sûre que je ne lui ai pas dit un seul mot du docteur. Non, non, je ne lui ai pas confié le secret que nous avons ici un révérend chapelain. — D'ailleurs je connais la longueur du pied de cet homme; — nous avons levé le coude de compagnie, et nous sommes ensemble comme les deux doigts de la main, tout fanatique qu'il est.

— Ne lui accorde pas trop de confiance, dit le chevalier; je crains même que tu n'aies déjà commis quelque imprudence, et qu'il ne soit dangereux pour le digne homme de venir ici à la nuit tombante comme nous l'avions arrangé. Ces Indépendans ont un nez comme les chiens de chasse, et ils savent flairer un royaliste, quelque déguisement qu'il prenne.

— Si Votre Honneur pense ainsi, dit Jocelin, je veillerai à la sûreté du docteur. Je le ferai entrer par la vieille poterne condamnée, et je l'amènerai dans cet appartement où ce Tomkins n'aura jamais l'audace de se présenter; de sorte que, sans qu'il en sache rien, le docteur pourra avoir un lit à la Loge. Ou, si Votre Honneur trouve que cela ne soit pas assez sûr, je puis lui chercher dispute et lui couper la gorge. Je m'en soucie comme d'une épingle.

— A Dieu ne plaise! s'écria Henry, il est sous notre toit, et il est notre hôte, quoique sans avoir été invité. — Va, Jocelin, ce sera ta pénitence, pour avoir donné trop de licence à ta langue, de veiller sur le docteur et de prendre soin de sa sûreté tant qu'il sera avec nous. Une ou deux nuits d'octobre passées dans la forêt seraient la fin du brave homme.

— Il est probable qu'il verra la fin de notre *octobre*[1] avant qu'octobre voie la sienne, dit Jocelin en se retirant, pendant que son patron souriait d'un air encourageant. Il siffla pour appeler Bevis, afin qu'il fît le guet avec lui, et, s'étant informé où il trouverait le ministre, il promit à son maître qu'il en prendrait le plus grand soin.

Quand les domestiques se furent retirés après avoir desservi, le vieux chevalier, s'enfonçant dans son fauteuil, se livra à des rêveries plus agréables que celles qui s'étaient présentées depuis quelque temps à son imagination; le sommeil vint le surprendre. Sa fille, n'osant marcher que sur la pointe des pieds, alla prendre quelque ouvrage à l'aiguille, et, s'asseyant près du vieillard, elle se mit au travail, tournant de temps en temps les yeux sur son père avec un zèle affectueux, sinon avec la céleste influence d'un ange gardien. Enfin le jour baissa, la nuit arriva, et elle était sur le point de sonner Phœbé pour lui demander de la lumière; mais, se rappelant combien son père avait été mal couché dans la chaumière de Jocelin, elle ne put se déterminer à interrompre le premier sommeil paisible et réparateur dont il eût probablement joui depuis deux jours entiers.

Assise en face d'une grande fenêtre, celle d'où Wildrake avait vu Tomkins et Jocelin faisant leurs libations, elle ne pouvait plus s'occuper qu'à regarder les nuages qu'un vent léger tantôt amenait devant le disque de la lune, tantôt chassait plus loin, en rendant à cet astre tout son éclat. Je ne sais quel charme particulier a pour l'imagination la reine de la nuit, voguant en quelque sorte au milieu de vapeurs qu'elle n'a pas la force de dissiper, et qui, elles-mêmes, ne peuvent venir à bout d'éclipser entièrement sa lumière. C'est une image de la vertu qui, armée de patience, poursuit tranquillement sa carrière au milieu des éloges et des calomnies, douée de cette excellence qui devrait commander l'admiration générale, mais qui est obscurcie aux yeux du monde par l'infortune et l'injustice.

Tandis que quelques réflexions semblables se présentaient

---

(1) C'est-à-dire de la bière brassée en octobre. — Ed.

peut-être à l'imagination d'Alice, elle vit avec autant de surprise que d'alarme que quelqu'un avait grimpé à la fenêtre, et regardait dans la chambre. Aucune crainte d'apparition surnaturelle n'agita son cœur un seul instant; ses yeux étaient trop accoutumés aux lieux dans lesquels elle se trouvait, car on ne voit guère de spectres au milieu des scènes où se passa notre enfance. Mais dans un pays encore agité, les maraudeurs pouvaient donner des sujets de crainte, et cette pensée arma Alice d'un tel courage, qu'elle saisit un pistolet suspendu à la muraille avec quelques autres armes à feu, et, tout en appelant son père à grands cris, elle eut la présence d'esprit de diriger le canon vers la fenêtre. Elle fit ce mouvement avec d'autant plus de promptitude, que dans les traits qu'elle ne voyait qu'obscurément et en partie, elle crut trouver quelque ressemblance avec ceux de la femme suspecte qu'elle avait rencontrée à la fontaine de Rosemonde.

Son père, s'éveillant en sursaut, prit son épée, et courut à la croisée. Alarmé de ces démonstrations hostiles, l'individu qui se trouvait à la fenêtre, quel que fût son sexe, voulut descendre à la hâte; mais le pied lui manqua, comme cela était arrivé dans une autre occasion au cavalier Wildrake, et il tomba avec grand bruit. L'accueil qu'il reçut sur le sein de notre mère commune ne fut ni doux ni obligeant, car un aboiement terrible annonça que Bevis était survenu, et qu'il l'avait saisi avant qu'il eût le temps de se relever.

— Tiens bien! mais ne mords pas, s'écria le vieux Cavalier. — Alice, tu es la reine de ton sexe! reste ici pendant que je vais descendre pour m'assurer de ce drôle.

— Non, mon père! n'en faites rien, pour l'amour du ciel! s'écria Alice; Jocelin sera ici dans un instant. — Ecoutez!

— J'entends sa voix.

On entendait effectivement parler sous la croisée, on y voyait deux lumières qui changeaient de place, et ceux qui les portaient, comme s'ils eussent voulu n'être entendus que de ceux à qui ils parlaient, ne s'adressaient la parole qu'à voix basse. L'individu à qui Bevis ne permettait pas de se relever était impatient, et disait avec moins de précaution :

— Lee, — garde forestier, — faites retirer ce chien, ou il faut que je lui tire un coup de pistolet.

— Garde-t'en bien, s'écria le vieux chevalier, ou je te brûle la cervelle à l'instant même. — Au voleur, Jocelin, au voleur! — Arrive donc, Jocelin, et arrête ce brigand! — Tiens bien, Bevis, tiens bien!

— A bas, Bevis! à bas, monsieur! s'écria Jocelin. — Je viens, sir Henry, je viens. — Par saint Michel! j'en perdrai l'esprit.

Une pensée terrible se présenta tout à coup à l'esprit d'Alice. Jocelin les aurait-il trahis, puisqu'il ordonnait à Bevis de lâcher prise au lieu d'encourager le chien fidèle à ne pas laisser échapper celui qu'il tenait? Son père, concevant peut-être quelque soupçon du même genre, s'écarta à la hâte de la croisée éclairée par la lune, tira sa fille près de lui, et se plaça dans l'obscurité, de manière à pouvoir entendre tout ce qui se passait au dehors. Bevis semblait avoir relâché son prisonnier, grace à l'intervention de Jocelin, et plusieurs personnes parlaient à voix basse comme si elles se fussent consultées sur ce qu'elles avaient à faire.

— Tout est tranquille à présent, dit une voix; je vais monter et vous préparer le chemin.

Au même instant un homme parut à l'extérieur de la croisée, ouvrit la fenêtre et sauta dans l'appartement. Mais à peine avait-il touché la terre, ou du moins avant qu'il eût encore le pied assuré, le vieux chevalier, qui avait sa rapière nue à la main, en porta à l'inconnu un coup si furieux que celui-ci en fut renversé.

Jocelin, qui le suivait une lanterne sourde à la main, n'eut pas plus tôt vu ce qui venait de se passer qu'il poussa un cri terrible.

— Dieu du ciel! il a tué son fils!

— Non, non, — je vous dis que non! s'écria le jeune homme encore par terre, qui était véritablement Albert Lee, fils unique du vieux chevalier; — je ne suis pas blessé. — Pas de bruit, sur votre vie! — De la lumière bien vite.

En même temps il se releva aussi promptement qu'il le put, son habit et son manteau étant attachés ensemble par la lame de la rapière, qui, fort heureusement pour Albert, avait passé sous son bras en perçant ses vêtemens ; c'était la poignée qui avait frappé si fortement sur les côtes pendant qu'il était encore mal assuré sur ses jambes.

Pendant ce temps Jocelin enjoignit le silence à tout le monde au nom de tout ce qui se présentait à son imagination. — Silence si vous voulez vivre longuement sur la terre ! — Silence si vous voulez avoir une place dans le ciel ! — Silence quelques instans ! — notre vie à tous en dépend.

Cependant il se procura des lumières avec une promptitude incroyable, et l'on vit alors que sir Henry, en entendant les paroles fatales qu'avait prononcées Jocelin en arrivant, était tombé à la renverse sur un grand fauteuil, où il était étendu sans mouvement, pâle et sans aucun signe de vie.

— O mon frère, s'écria Alice, comment est-il possible que vous soyez entré de cette manière ?

— Ne me faites pas de questions, répondit Albert. Juste ciel ! à quoi suis-je réservé ? En parlant ainsi il regardait son père, dont les traits offraient l'immobilité d'une statue, dont les bras pendaient sans force à ses côtés, et qui ressemblait à l'image de la mort sur un monument. — Ma vie n'a-t-elle été épargnée, ajouta son fils en levant les mains vers le ciel avec un geste de désespoir, que pour que je fusse témoin d'un spectacle tel que celui-ci !

— Nous souffrons ce que le ciel permet, jeune homme ; — nous endurons la vie tant qu'il plaît au ciel de nous la conserver, dit le même ministre qui avait lu les prières du soir dans la hutte de Jocelin, et qui s'avança en ce moment. — Permettez-moi d'approcher, et donnez-moi de l'eau sur-le-champ.

Alice, avec cette tendresse active qui ne s'abandonne pas aux lamentations tant qu'elle peut conserver quelque espoir, sortit à la hâte de l'appartement, et y rentra presque au même instant avec ce que demandait le bon ministre.

— Ce n'est qu'un évanouissement, dit-il en tâtant le pouls de sir Henry, un évanouissement causé par une émotion si peu attendue. — Prenez courage, Albert ; je vous garantis que ce n'est qu'une syncope. — Un bassin et un bandage ou un ruban, ma chère Alice; il faut que je lui tire du sang. — Ayez aussi quelques aromates, s'il est possible.

Mais pendant qu'Alice préparait tout ce que demandait le ministre, qu'elle dégageait doucement le bras de son père de la manche de son habit, et qu'elle semblait même deviner et prévenir tous les ordres du révérend docteur, son frère, n'entendant aucune parole de consolation, ne voyant aucun signe d'espérance, restait debout, immobile, les mains jointes et élevées en l'air, muet de désespoir : tous ses traits exprimaient cette pensée : — Voilà le cadavre de mon père; et c'est moi qui, par mon imprudence, l'ai tué!

Mais lorsque le sang, après le coup de lancette, tomba d'abord goutte à goutte, et ensuite coula plus librement; lorsque après qu'on lui eut frotté les tempes avec de l'eau fraîche, et fait respirer l'odeur de quelques aromates, le vieillard poussa un faible soupir, et fit un effort pour remuer ses membres, Albert changea tout à coup d'attitude, se précipita aux pieds du ministre, et il aurait baisé, si celui-ci l'eût permis, le pan de son vêtement et jusqu'à ses souliers.

— Levez-vous, jeune insensé, dit le digne homme d'un ton de reproche; serez-vous donc toujours le même? — Fléchissez le genou devant Dieu, et non devant le plus faible de ses instrumens. — Vous avez déjà été préservé d'un grand danger; si vous voulez mériter les bontés du ciel, songez dans quel dessein il vous a conservé. — Retirez-vous avec Jocelin; souvenez-vous du devoir que vous avez à remplir, et soyez assuré que votre père s'en trouvera mieux s'il ne vous voit pas d'ici à quelques minutes. — Descendez sur-le-champ, et amenez ici celui qui vous accompagne.

— Je vous remercie, — je vous remercie mille fois! s'écria Albert; et sautant sur la fenêtre il disparut aussi inopinément qu'il était arrivé, Jocelin le suivant par le même chemin.

Alice, dont les craintes pour la vie de son père étaient alors moins vives, voyant le nouveau mouvement qui venait de s'opérer sur la scène, ne put s'empêcher de dire au vénérable ministre : — Bon docteur, répondez à une seule question : — Mon frère Albert était-il ici tout à l'heure, ou ai-je rêvé tout ce que j'ai cru voir se passer depuis dix minutes? Si je ne vous voyais, je serais tentée de croire que tout cela n'est qu'un rêve, ce coup d'épée terrible, ce vieillard, image de la mort, — ce jeune homme en proie à un désespoir muet. — Il faut que j'aie rêvé.

— Si vous avez rêvé, ma chère Alice, répondit le docteur, il serait à désirer que toutes les femmes qui soignent les malades rêvassent comme vous, tant vos soins pour notre malade ont été administrés à propos. Mais votre songe est sorti par la porte de corne [1], ma chère amie, allusion que vous me ferez souvenir de vous expliquer à loisir. — Oui, vous avez réellement vu Albert, et vous ne tarderez pas à le revoir.

— Albert! répéta sir Henry; qui parle de mon fils?

— C'est moi, mon bon patron. — Permettez que j'achève de vous bander le bras.

— Ma blessure? — de tout mon cœur, répondit sir Henry en se soulevant, et en reprenant ses forces peu à peu. Il y a long-temps que je sais que vous êtes aussi bon médecin des corps que des ames, et je me souviens que, dans mon régiment, vous serviez de chirurgien comme de chapelain. — Mais où est le drôle que j'ai tué? — De ma vie je n'ai porté un plus beau coup d'estramaçon. — Ma rapière lui est entrée dans le corps jusqu'à la garde. — Il doit être mort, ou ma main droite a oublié son métier.

— Personne n'est mort, dit le docteur, et nous devons en rendre grace à Dieu, puisqu'il n'y avait que des amis à tuer. Mais un manteau et un habit ont reçu une blessure qui exigera quelque talent de la part du tailleur. — C'est moi qui ai été votre dernier antagoniste, et je vous ai tiré quelques gouttes de sang, uniquement pour vous mettre en état de supporter la surprise et le plaisir de revoir votre fils, qui, quoique poursuivi de près, comme vous pouvez bien le supposer, a trouvé le moyen de revenir de Worcester : et avec

---

[1] — Le palais du Sommeil a deux portes, dont l'une est, dit-on, de corne, et sert d'issue aux rêves véritables. (VIRG. *Enéid.*, liv. VI, 894-95.)

l'aide de Jocelin, j'espère que nous protégerons sa sûreté.

— C'est pour cette raison que je vous ai invité à accepter la proposition que vous a faite votre neveu de revenir à la Loge, où une centaine d'hommes pourraient rester bien cachés pendant qu'un millier d'autres chercheraient à les y découvrir. Jamais il n'y a eu un tel endroit pour jouer à cache-cache, comme je le prouverai quand je pourrai publier mes — Merveilles de Woodstock.

— Mais mon fils, mon cher Albert, pourquoi ne le vois-je pas? Pourquoi ne m'avez-vous pas informé d'avance de cet heureux événement?

— Parce que je n'étais pas bien certain de ses mouvemens. Je croyais plus probable qu'il chercherait à gagner les bords de la mer; et il me paraissait plus convenable d'attendre, pour vous en donner des nouvelles, que je fusse sûr qu'il était à bord d'un bâtiment, et à la voile pour la France. Nous étions convenus que je vous apprendrais tout en arrivant ici ce soir. Mais il y a un Habit-Rouge dans le château, et nous ne voulions pas nous fier à lui plus que de raison. Nous n'osâmes donc pas nous hasarder dans le vestibule, et comme nous rôdions autour du bâtiment, Albert nous dit que, lorsqu'il était encore bien jeune, il s'était souvent amusé à rentrer dans le château par cette fenêtre. Un jeune homme qui était avec nous voulut en faire l'épreuve ne voyant pas de lumière dans la chambre, et le clair-de lune nous exposant à être découverts où nous étions. Le pied lui glissa, il est tombé; notre ami Bevis est survenu, et voilà toute l'histoire.

— Dans le fait, vous avez agi avec trop de simplicité. Attaquer une garnison avant de lui avoir fait une sommation! — Mais tout cela n'est rien auprès de mon fils. — Où est-il? — Pourquoi ne le vois-je pas.

— Un peu de patience, sir Henry; attendez que vos forces....

— Au diable mes forces! s'écria le vieux chevalier reprenant par degrés l'impétuosité de son caractère; ne vous rappelez-vous pas que je suis resté étendu une nuit entière sur le champ de bataille d'Edgehill, saignant de cinq larges blessures, et que je portais les armes six semaines après? Et vous me parlez de quelques gouttes de sang, d'une égratignure qu'aurait pu faire la patte d'un chat?

— Hé bien, dit le docteur, puisque vous vous sentez tant de courage, j'irai chercher votre fils; — il n'est pas bien loin.

A ces mots, il sortit de l'appartement en faisant signe à Alice de rester près de son père, de crainte que quelques symptômes de faiblesse ne reparussent.

Il fut peut-être heureux que sir Henry ne parût jamais se rappeler la nature précise de l'alarme qui avait subitement, et comme par un coup de foudre, suspendu momentanément toutes ses facultés. Il parla encore plus d'une fois de l'effet fatal qu'avait dû produire son coup d'estramaçon, comme il l'appelait; mais son esprit ne lui présenta jamais son fils comme étant celui qui avait couru ce danger. Alice, charmée de voir que son père semblait avoir oublié une circonstance si terrible, — comme on oublie souvent la cause physique ou morale qui a fait perdre connaissance, — fit valoir la confusion du moment pour se dispenser de jeter du jour sur cette affaire; et au bout de quelques minutes Albert mit fin à toutes les questions du vieux chevalier en entrant dans la chambre avec le docteur, et en se précipitant tour à tour dans les bras de son père et dans ceux de sa sœur.

CHAPITRE XX.

« Ce jeune homme est, — drôle, voyons, — hé bien,
« Quel est ton nom? — Jacob. — Je m'en souviens. »
CRABBE.

Tous les membres de la famille Lee se trouvaient alors réunis comme des parens qui se chérissent tendrement, et qui, après avoir essuyé quelque grande calamité, goûtent du moins une sorte de bonheur à la supporter ensemble. Ils s'embrassèrent et se livrèrent à tous ces épanchemens qui soulagent l'esprit et le cœur. Enfin l'émotion commença à se calmer ; et sir Henry, tenant encore la main du fils qui venait de lui être rendu, reprit tout l'empire qu'il avait ordinairement sur lui-même.

— Ainsi tu as vu la dernière de nos batailles, Albert, dit-il à son fils, et les étendards du roi ont tombé pour toujours devant les rebelles ?

— Cela n'est que trop vrai, répondit Albert. C'était un dernier coup de dés, et malheureusement nous avons perdu la partie. La fortune de Cromwell l'a emporté à Worcester comme partout où il s'est montré.

— Cela ne durera pas toujours, — non, cela ne durera pas toujours. Le diable, dit-on, a tout pouvoir pour élever ses favoris et les combler de biens; mais il ne peut leur en accorder une longue jouissance. — Et le roi, Albert? — Le roi? — Le roi? — Parle-moi à l'oreille, — tout bas, tout bas !

— Nos dernières nouvelles disaient qu'il s'était embarqué à Bristol.

— Dieu en soit loué ! — Dieu en soit loué ! — Où l'as-tu laissé ?

— Presque toutes nos troupes furent taillées en pièces au passage du pont ; je suivis le roi avec environ cinq cents officiers résolus à mourir autour de lui. Mais une escorte si nombreuse nous faisant poursuivre d'autant plus vivement, Sa Majesté jugea à propos de nous congédier, en nous faisant à tous ses remerciemens en général et en adressant à chacun de nous en particulier quelques expressions obligeantes. — Elle m'a spécialement chargé, mon père, de vous apporter ses salutations royales, et m'a parlé à moi-même en des termes trop flatteurs pour que je me permette de les répéter.

— Que t'a dit Sa Majesté? — Je veux le savoir. — La certitude que tu as fait ton devoir, et que le roi Charles en convient, ne suffit-elle pas pour me consoler de tout ce que nous avons perdu et souffert? Voudrais-tu me priver de cette consolation par une fausse modestie? Que t'a-t-il dit, encore une fois? faut-il que je t'arrache les paroles de la bouche?

— Une telle violence ne sera pas nécessaire, mon père.

— Sa Majesté a daigné me charger de dire à sir Henry Lee que, si son fils ne pouvait jamais le devancer dans la carrière de la loyauté, il l'y suivait du moins pas à pas, et se trouverait bientôt au même rang.

— Il t'a dit cela! — Le vieux Victor Lee te regardera avec orgueil, Albert. — Mais j'oublie... tu dois être fatigué, — avoir besoin de souper?

— Cela est vrai, mon père; mais la fatigue et la faim sont deux choses que j'ai appris à oublier depuis quelque temps pour songer à ma sûreté.

— Jocelin! hé, Jocelin!

Le garde forestier arriva, et reçut ordre de faire servir le souper sans délai.

— Et qu'on se dépêche, ajouta le vieux chevalier, car mon fils et le docteur Rochecliffe sont à demi affamés.

— Et il y a aussi là-bas, répondit Jocelin, un jeune homme, — un page du colonel Albert, à ce qu'il dit, dont le ventre sonne terriblement creux. Je crois qu'il avalerait un cheval avec la selle, comme on dit dans le comté d'York. Il a déjà dévoré un pain tout entier, sans laisser à Phœbé plus de temps qu'il n'en fallait pour en faire des tartines; encore dit-il qu'à peine il y paraît à son estomac. — Au surplus, je crois que vous feriez bien de le garder sous vos yeux, car s'il paraît à l'office, Tomkins pourrait lui faire quelques questions embarrassantes. D'ailleurs il est impatient comme le sont tous les pages, et il se met trop à l'aise avec Phœbé.

— De qui parle-t-il? demanda sir Henry à son fils. — Quel est ce page que tu as pris et qui se conduit si mal?

— Le fils d'un ami qui m'est cher, d'un noble lord écossais, qui a suivi la bannière du grand Montrose, qui a ensuite rejoint le roi en Ecosse, et qui l'a accompagné jusqu'à Worcester. Blessé dangereusement la veille de la bataille, cet ami me conjura de me charger de veiller à la sûreté de ce jeune homme. Je le lui promis, un peu contre mon gré, mais je ne pouvais refuser à un père, qui était peut-être sur son lit de mort, de protéger encore son fils unique.

— Tu aurais mérité la corde si tu avais hésité. — Le plus petit arbrisseau peut donner quelque ombre; j'ai du plaisir à penser que la vieille souche de Woodstock n'est pas encore tout-à-fait abattue, ni hors d'état de fournir un abri à qui en a besoin. — Fais venir ce jeune homme : il est de noble condition; et d'ailleurs, dans un temps comme celui-ci, il n'est guère question de cérémonial : il soupera avec nous, tout page qu'il est. Et si tu ne lui as pas encore donné assez de leçons sur la manière dont il doit se comporter, il ne se trouvera peut-être pas mal d'en recevoir quelques-unes de moi.

— Vous excuserez son accent national, mon père; car je sais que vous ne l'aimez pas.

— Ce n'est pas sans raison, Albert; ce n'est pas sans raison. — Qui a causé toutes nos dissensions? — Qui a fortifié la cause du parlement quand elle touchait à sa ruine? Les Ecossais? — Qui a abandonné un roi né en Ecosse, et qui s'était confié à la protection de ses concitoyens? — Encore les Ecossais. — Mais le père de ce jeune homme a combattu sous le noble Montrose, dis-tu; et un homme tel que le grand marquis peut faire oublier la dégénération de tout un peuple.

— Sans doute, mon père; et je dois ajouter que, quoique ce jeune homme soit étrange, fantasque, et même un peu volontaire, le roi n'a pas un ami plus zélé dans toute l'Angleterre, et toutes les fois que l'occasion s'en est offerte, il a combattu pour lui avec courage. — Pourquoi donc ne vient-il pas?

— Il sort du bain, dit Jocelin en partant, et il n'a pas fallu le lui faire attendre; il a dit que le souper pourrait être préparé pendant ce temps. Il commande à tout le monde comme s'il était dans le vieux castel de son père, où je réponds qu'il appellerait long-temps avant de trouver personne pour lui répondre.

— Oui-dà! dit sir Henry en s'adressant à son fils : il paraît que c'est un jeune coq qui a appris à chanter de bonne heure. Quel est son nom?

— Son nom! dit Albert, je l'oublie à chaque instant, tant il est dur à prononcer. Son nom est Kerneguy, Louis Kerneguy; et son père se nomme lord Killstewers de Kincardineshire.

— Ce Kerneguy, Kilstewers, et Kin... Kin quoi? — Sur ma foi, les noms et les titres de ces gens du nord sentent leur origine. Ils ont l'air d'un vent du nord-ouest qui siffle à travers les bruyères et les rochers.

— C'est, dit le docteur Rochecliffe, l'âpreté des dialectes celtique et saxon, qui, suivant Verstan, subsiste encore dans les parties septentrionales de notre île. Mais silence, voici le souper qui arrive, et avec le souper maître Louis Kerneguy.

Le souper arrivait effectivement, apporté par Jocelin et Phœbé, et après eux, appuyé sur un gros bâton noueux, le nez en l'air comme un chien qui flaire la voie du gibier, car son attention semblait fixée sur les plats qui le précédaient plutôt que sur toute autre chose, marchait maître Kerneguy, qui s'assit, sans beaucoup de cérémonie, au bas bout de la table.

C'était un jeune homme de grande taille, maigre, et, comme beaucoup de ses concitoyens, ayant les cheveux d'un rouge ardent; son teint, devenu presque noir à force d'avoir été exposé au vent, à la pluie, au froid et au soleil, sort assez commun aux royalistes fugitifs, faisait ressortir encore davantage la dureté de ses traits nationaux. Son abord n'avait rien de bien prévenant, car il offrait un mélange de gaucherie et d'effronterie qui prouvait, à un degré remarquable, qu'on peut être dépourvu d'aisance, et avoir cependant un fonds admirable d'assurance. Son visage, ayant probablement reçu récemment quelques égratignures, était décoré d'un certain nombre de mouches noires, de la façon du docteur Rochecliffe, et qui rendaient encore plus remarquable sa laideur; car on pouvait donner ce nom à ses traits irréguliers. Cependant il avait les yeux brillans et expressifs, et l'on distinguait sur sa physionomie quelques traits qui indiquaient la résolution et la sagacité.

Le costume d'Albert lui-même était fort au-dessous de sa qualité, soit comme fils de sir Henry Lee, soit comme colonel d'un régiment au service du roi ; mais celui de son page était encore plus mesquin : une mauvaise jaquette verte à laquelle le soleil et la pluie avaient donné cent nuances différentes, de sorte qu'il eût été impossible de reconnaître sa couleur primitive, — de gros souliers à semelles épaisses, — des culottes de peau comme en portaient les bûcherons, — de gros bas de laine grise tricotés ; — telle était la parure de l'honorable jeune homme ; il y joignait un agrément de plus, celui de boiter, ou du moins de traîner une jambe, ce qui ajoutait à la gaucherie de ses manières, et montrait en même temps combien il avait souffert. En un mot tout son extérieur était si près du burlesque qu'Alice même n'aurait pu retenir un sourire si elle n'eût été retenue par un sentiment de compassion.

Le *benedicite* ayant été prononcé, le jeune Albert Lee de Ditchley et le docteur Rochecliffe firent honneur au souper de manière à prouver qu'ils n'avaient pas trouvé tous les jours un pareil repas, tant pour la qualité des mets que pour leur abondance. Mais leurs exploits n'étaient que des jeux d'enfans près des hauts faits du jeune Ecossais. Bien loin que les nombreuses tartines qu'il avait déjà expédiées eussent lesté son estomac, il faisait preuve d'un appétit qui semblait aiguisé par une neuvaine de jeûne. Le vieux chevalier, en le voyant, était disposé à croire que le génie de la famine, sorti de ses régions natales du nord, était venu en personne l'honorer d'une visite ; tandis que maître Kerneguy, comme s'il eût craint de se distraire un instant de son occupation importante, semblait n'avoir des yeux que pour son assiette, et une langue que pour faciliter la mastication et la déglutition.

— Je suis charmé que vous ayez apporté un si bon appétit pour notre ordinaire frugal, jeune homme, dit sir Henry.

— Un bon appétit, monsieur ! dit le page avec un accent écossais très-prononcé ; je puis vous en fournir un semblable tous les jours de l'année, si vous voulez lui trouver de la pâture. Mais la vérité est que mon appétit s'est mis en fonds depuis trois à quatre jours, car la viande est rare dans votre contrée du midi, et il n'est pas facile de s'en procurer. Aussi, monsieur, je répare le temps perdu, comme disait le joueur de cornemuse de Sligo après avoir mangé la moitié d'un mouton.

— Vous avez été élevé à la campagne, jeune homme, dit le chevalier, qui, comme d'autres seigneurs de son temps, tenait les rênes de la discipline un peu serrées à l'égard de la génération naissante, — du moins à en juger par les jeunes Ecossais que j'ai vus à la cour du feu roi, dans des jours plus heureux. — Ils avaient un peu moins d'appétit, et beaucoup plus de... de...

Tandis qu'il cherchait une périphrase pour exprimer un peu moins crûment le mot de savoir-vivre, le page finit la phrase à sa manière.

— Beaucoup plus de bonne chère, dit-il, cela est possible; tant mieux pour eux.

Sir Henry le regarda en ouvrant les yeux, mais ne dit rien. Son fils parut croire qu'il était temps qu'il intervînt.

— Mon père, dit-il, pensez combien il s'est écoulé d'années depuis le commencement des troubles d'Ecosse en 1638, et je suis sûr que vous ne serez pas surpris que, les barrons écossais ayant été perpétuellement en campagne pour une cause ou pour une autre, l'éducation de leurs enfans ait été fort négligée, et que les jeunes gens de l'âge de mon ami soient plus habiles à manier une épée et à porter une pique qu'à s'acquitter des devoirs et des usages de la société.

— Cette raison est très-suffisante, répondit le chevalier, et puisque tu dis que ton ami Kernigo sait se battre, nous ne le laisserons pas manquer de vivres. — Au nom du ciel! vois comme il regarde du coin de l'œil cette longe de veau froide.

— Pour l'amour de Dieu, mets-la tout entière sur son assiette.

— Le lardon ne m'empêchera pas de faire honneur à la longe, dit l'honorable maître Kerneguy; chien affamé ne fait pas attention à un coup quand on le lui donne en lui jetant un os.

—Dieu me pardonne, Albert, dit sir Henry à son fils en baissant la voix, si c'est là le fils d'un pair écossais, je ne voudrais pas, ne serais-je qu'un valet de charrue d'Angleterre, changer de manières avec lui, quand il me donnerait en retour sa noblesse et son domaine, s'il en a un. — Aussi vrai que je suis chrétien, il a mangé quatres livres de bonne viande de boucherie, et avec la même grace qu'un loup qui ronge la carcasse d'un cheval mort. — Ah! voilà qu'il va boire enfin! — Oh! oh! il s'essuie la bouche, il trempe ses doigts dans un verre d'eau; — il les essuie à sa serviette. — Hé bien, après tout, ce n'est pas tout-à-fait un rustaud.

— Je bois à toutes vos bonnes santés, dit le jeune fils du noble écossais; et il but en proportion des alimens solides qui avaient déjà pris les devans dans son estomac. Alors jetant gauchement son couteau et sa fourchette sur son assiette, il la poussa presque au milieu de la table, étendit les jambes par-dessous, de telle sorte que ses pieds posaient sur ses talons, et il s'appuya sur le dossier de sa chaise avec l'air d'un homme qui va siffler pour s'endormir.

—L'honorable maître Kernigo a enfin mis bas les armes, dit le chevalier. Allons, qu'on desserve et qu'on nous donne des verres. Remplis-les, Jocelin; et quand le diable ou le parlement seraient à m'écouter, ils entendront Henry Lee de Ditchley boire à la santé du roi Charles et à la confusion de ses ennemis.

—Amen! dit une voix derrière la porte.

Tous les convives se regardèrent les uns les autres, surpris d'une réponse si peu attendue. Elle fut suivie de plusieurs coups frappés à la porte d'une manière particulière; espèce de langage de franc-maçonnerie qui s'était introduit parmi les royalistes, et par laquelle ils avaient coutume de faire profession de leurs principes, et de se faire reconnaître les uns des autres, quand ils se rencontraient par hasard.

— Il n'y a pas de danger, dit Albert, qui connaissait ce signe; c'est un ami, et cependant, en ce moment, je voudrais qu'il fût loin d'ici.

—Et pourquoi, mon fils, seriez-vous fâché de la présence d'un homme loyal, qui a peut-être besoin de partager notre abondance, dans une de ces occasions rares où nous avons du superflu? — Jocelin, va voir qui frappe ainsi, et si c'est un homme sûr, fais-le entrer.

— Et dans le cas contraire, dit Jocelin, je me flatte que je serai en état de l'empêcher de troubler la bonne compagnie.

— Pas de violence, sur votre vie, Jocelin! s'écria Albert.

— Pour l'amour du ciel, Jocelin, pas de violence! répéta Alice.

— Pas de violence, du moins sans nécessité, dit le vieux chevalier; car, si l'occasion l'exige, je saurai faire voir que je suis maître chez moi.

Jocelin fit un signe d'assentiment aux trois interlocuteurs, alla à la porte, et, avant de l'ouvrir, échangea, en frappant, deux ou trois autres signes mystérieux avec celui qui s'y présentait.

On peut remarquer ici que cette espèce d'association secrète, avec ses signes de reconnaissance et d'union, existait surtout parmi la classe la plus dissolue et la plus désespérée des Cavaliers; — c'étaient pour la plupart des jeunes gens continuant à mener la vie déréglée à laquelle ils s'étaient accoutumés dans une armée mal disciplinée, où tout ce qui ressemblait à l'ordre et à la régularité était malheureusement regardé comme une marque de puritanisme; — ces écervelés se réunissaient dans des cabarets borgnes; et, quand ils pouvaient par hasard se procurer un peu d'argent ou un peu de crédit, ils s'imaginaient amener une contre-révolution en déclarant leurs séances permanentes, et en chantant suivant le refrain d'une de leurs chansons les plus choisies :

>Nous boirons, sur ma foi,
>Jusqu'au retour du roi.

Les chefs d'un rang plus élevé et de mœurs régulières ne partageaient pas ces excès, mais ils avaient l'œil ouvert sur une classe d'hommes qui, par leur courage désespéré, étaient capables de servir, quand l'occasion s'en présenterait, la cause royale alors abattue. Ils tenaient donc note des tavernes et des auberges où ils se réunissaient, de même que les fabricans connaissent les cabarets fréquentés par les ouvriers qu'ils emploient, et savent où les trouver quand ils en ont besoin.

Il est à peine nécessaire d'ajouter que, dans la classe inférieure, et même dans la plus haute, il se trouvait des gens capables de trahir les projets et les complots bien ou mal combinés de leurs associés, et de les découvrir à ceux qui gouvernaient l'Etat. Cromwell en particulier s'était procuré quelques affidés de cette espèce qui jouissaient parmi les royalistes de la réputation la plus intacte, et s'ils se faisaient un scrupule de trahir et d'accuser nominativement ceux qui leur accordaient leur confiance, ils n'hésitaient pas à donner au gouvernement des renseignemens généraux, qui lui suffisaient pour déjouer toutes les conspirations.

Revenons-en à notre histoire. — En beaucoup moins de temps qu'il ne nous en a fallu pour donner à nos lecteurs ces détails historiques, Joliffe avait terminé ses communications mystérieuses; et, s'étant bien assuré que celui qui se présentait à la porte était un des initiés, il ouvrit, et l'on vit paraître notre ancien ami Roger Wildrake, Tête-Ronde, quant au costume, comme l'exigeaient sa sûreté et les fonctions qu'il remplissait près du colonel Everard; mais ce costume, qu'il portait en véritable Cavalier, contrastait d'autant plus avec les manières et le langage de celui qui en était revêtu.

Son chapeau puritain, emblème de celui de Ralpho [1] dans les gravures d'Hudibras, ou, comme il l'appelait, son parapluie de feutre, était enfoncé sur une oreille, comme si c'eût été un chapeau retroussé à l'espagnole, et orné d'une plume; son manteau de drap de couleur sombre, sans aucun ornement, était jeté négligemment sur une épaule, comme s'il eût été de taffetas doublé de soie cramoisie; et il faisait parade de ses grosses bottes en basane, comme si c'eût été une paire de bas de soie et des souliers de cuir d'Espagne, noués avec des rosettes. En un mot, il se donnait les airs d'un homme qui possédait la quintessence la plus pure de l'esprit des Cavaliers; son regard exprimait le contentement de lui-même, et l'effronterie inimitable de sa démarche trahissait son

---

(1) L'écuyer d'Hudibras, dans l'épopée burlesque de Butler. — Éd.

caractère avantageux, insouciant et inconsidéré, en opposition directe avec la gravité de son costume.

D'une autre part, en dépit de la teinte de ridicule qui s'attachait à son extérieur, et du peu d'égards qu'il avait pour la morale, suite de sa jeunesse déréglée à Londres et de son indiscipline dans les camps, Wildrake avait, sous certains rapports, de quoi se faire craindre et respecter. Avec toute son effronterie son visage avait de beaux traits ; il montrait, en toute occasion, le courage le plus intrépide, quoique sa jactance eût pu quelquefois en faire douter ; enfin il était fidèle à ses principes politiques, quoiqu'il fût assez imprudent pour les afficher trop publiquement, et que sa liaison avec le colonel Everard portât bien des gens sages à révoquer en doute sa sincérité.

Tel était Wildrake, qui s'avança en intrus dans l'appartement, d'un pas assuré, et avec l'air d'un homme qui se rend la justice de croire qu'il a droit à l'accueil le plus gracieux. Il est vrai que, si le joyeux Cavalier n'avait pas enfreint son vœu de ne boire à chaque repas qu'un seul coup, le vase qui contenait le dernier qu'il avait bu devait être d'une capacité prodigieuse.

— Bonjour, messieurs ; bonjour. — Je vous salue sir Henry Lee, quoique j'aie à peine l'honneur d'être connu de vous.

— Salue, digne docteur, et puisse l'Eglise d'Angleterre se relever bientôt de ses ruines.

— Vous êtes le bienvenu, monsieur, dit sir Henry Lee, que son respect pour les lois de l'hospitalité et les égards qu'il croyait devoir à un royaliste compagnon d'infortune engagèrent à ne pas montrer son mécontentement de cette visite inattendue. Si vous avez combattu ou souffert pour le roi, monsieur, c'est une excuse valable pour vous joindre à nous, — quoique nous soyons en ce moment en famille, — et un motif pour attendre tous les services que nous pourrons vous rendre. — Mais je crois vous avoir vu à la suite de Markham Everard, qui prend le titre de colonel Everard. — Si vous m'apportez un message de sa part, vous désirez peut-être me parler en particulier ?

— Nullement, sir Henry, nullement. — Oui, il est vrai

que mon mauvais destin a voulu que, me trouvant du mauvais côté de la haie exposée au vent, comme tous les honnêtes gens,—vous m'entendez, sir Henry,—j'ai été trop heureux de me mettre à l'abri sous la protection d'un ancien ami, d'un camarade,—non en le flattant, monsieur, non en désavouant mes principes;—je défie qu'on me fasse un tel reproche,— mais en lui rendant tous les petits services que je puis sans me compromettre. Je passais donc par ici, ayant eu un message de sa part pour le vieux fils de p....... [1].—Mille pardons à cette jeune dame, depuis la pointe de ses cheveux jusqu'à la semelle de ses souliers : — pour le vieux coquin de Tête-Ronde, je voulais dire; et tandis que je cherchais mon chemin dans l'obscurité, vous ayant entendu, monsieur, porter une santé qui m'a échauffé le cœur, et qui l'échauffera jusqu'à ce que la mort l'ait glacé, j'ai pris la liberté de vous faire savoir qu'un honnête homme vous entendait.

Telle fut la manière caractéristique dont se présenta Wildrake. Le chevalier lui répondit en l'invitant à s'asseoir, et à boire à son tour à la glorieuse restauration de Sa Majesté. Wildrake se plaça aussitôt sans hésiter près du page écossais, et répondit à l'invitation de son hôte, non-seulement en buvant, mais en chantant, sans en être prié, quelques couplets de sa chanson favorite : — *Le Roi reprendra sa couronne*. —L'expression qu'il mettait dans son chant lui ouvrit encore davantage le cœur du vieux chevalier, tandis qu'Albert et Alice se témoignaient, par quelques regards qu'ils s'adressaient à la dérobée, qu'ils étaient loin d'être charmés de la présence de cet intrus. Ou l'honorable maître Kerneguy possédait ce caractère d'indifférence qui ne daigne accorder aucune attention à de pareilles circonstances, ou du moins savait-il en prendre l'apparence à merveille, car il s'occupait à casser des noix qu'il arrosait de temps en temps d'un petit verre de vin, sans avoir l'air de s'apercevoir de l'augmentation de la compagnie. Wildrake, qui aimait le vin et la société, se chargea de faire les frais de la conversation en s'adressant à son hôte.

---

[1] Nous ne croyons pas pouvoir nous dispenser de remarquer que ce langage n'est que trop fidèle à la couleur du temps.—Ed.

— Vous parlez de combats et de souffrances, sir Henry Lee,—Dieu sait que nous en avons tous eu notre part. Personne n'ignore ce qu'a fait sir Henry Lee sur le champ de bataille d'Edgehill, et partout où l'étendard royal a été déployé, partout où une épée loyale a été tirée.—Dieu sait que moi-même je ne suis pas resté les bras croisés. — Mon nom est Roger Wildrake, de Squattlesea-mere, comté de Lincoln; —non que je croie probable qu'il vous soit connu; mais j'étais capitaine dans la cavalerie légère de Lunsford, monsieur; j'ai servi ensuite sous Goring. J'étais un *mangeur d'enfans*, monsieur.

— J'ai entendu parler des exploits de votre régiment, monsieur; et, si nous passions dix minutes à causer ensemble, vous verriez peut-être que j'en ai aussi été témoin. — Je crois même que votre nom ne m'était pas inconnu. — Je bois à votre santé, capitaine Wildrake de Squattleseamere, comté de Lincoln.

— Je vais vider à la vôtre, sir Henry, ce verre d'une pinte, répondit Wildrake. Regardant tour à tour Albert et le page, il ajouta : — Et si je savais qui ils sont, j'en ferais volontiers autant pour monsieur, — désignant le premier, — et pour l'écuyer à la casaque verte, en supposant qu'elle soit verte, car mes yeux ne distinguent pas toujours les couleurs très-clairement.

Une partie remarquable de ce que les habitués des spectacles appelleraient l'aparté de cette scène, c'était qu'Albert causait à voix basse avec le docteur Rochecliffe, plus que celui-ci ne paraissait même en avoir envie; cependant cette conversation, quel qu'en pût être le sujet, ne privait nullement le jeune colonel de la faculté d'écouter tout ce qui se disait, et même de placer son mot de temps en temps, comme un chien aux aguets, qui ne laisse pas échapper le moindre sujet d'alarme, même pendant l'occupation importante de prendre sa nourriture.

— Capitaine Wildrake, nous n'avons aucun motif, mon ami et moi, pour ne pas décliner nos noms quand l'occasion l'exige. Mais vous qui avez à vous plaindre des circonstances actuelles, monsieur, vous devez savoir que dans des réunions fortuites comme celle-ci on ne dit pas son nom sans nécessité. Si votre ami, votre protecteur, le capitaine ou le colonel Everard, s'il est colonel, vous faisait subir un interrogatoire sous serment, vous n'auriez la conscience tourmentée par aucun scrupule en lui répondant que vous ne connaissez pas les individus qui ont porté telle ou telle santé.

— Sur ma foi, monsieur, répondit Wildrake, j'ai encore un meilleur moyen de m'en tirer; et c'est de ne pas me rappeler que telle ou telle santé ait été portée, quand il s'agirait de ma vie. — C'est un don d'oubli singulier dont je suis doué.

— Fort bien, monsieur, répondit Albert; mais nous qui avons malheureusement une mémoire plus tenace, nous serons charmés de nous en tenir aux règles générales.

—De tout mon cœur, monsieur, dit Wildrake : du diable si je veux forcer la confiance de personne. — Je ne parlais ainsi que par civilité, et pour boire à votre santé à la bonne mode. — Et il se mit à chanter :

> Que la santé passe à la ronde,
> Et quand même vous auriez tous
> Des bas de soie à vos genoux,
> Que les genoux de tout le monde
> Baisent la terre à la ronde
> En l'honneur de nos glougloux.

— En voilà assez, dit sir Henry à son fils; maître Wildrake est de l'ancienne école, — un de ceux que nous appelions les garçons au grand-galop, et il faut leur passer quelque chose, car, s'ils boivent sec, ils se battent bien. Je n'oublierai jamais qu'un de leurs détachemens vint nous secourir fort à propos, nous autres Clercs d'Oxford, comme on appelait le régiment auquel j'appartenais, dans une maudite affaire pendant l'attaque de Brentford. Nous avions les piques des badauds de Londres en avant et en arrière, et nous nous en serions mal tirés si la cavalerie légère de Lunsford, les mangeurs d'enfans, comme on les appelait, ne nous eussent dégagés en faisant une charge.

— Je suis bien aise que vous y songiez, sir Henry, dit

Wildrake : et vous rappelez-vous ce que dit l'officier commandant le détachement de Lunsford?

— Je crois m'en souvenir, répondit sir Henry en souriant.

— Hé bien, après l'affaire, quand un groupe de femmes nous entourait en hurlant comme des harpies qu'elles étaient, ne leur dit-il pas : — Y a-t-il quelqu'une de vous qui ait un enfant bien gras à nous donner pour déjeuner?

— C'est la vérité même ; et une grosse femme s'avançant présenta au prétendu cannibale un enfant qu'elle tenait dans les bras.

Tous ceux qui étaient à table levèrent les mains en signe d'horreur et de surprise, à l'exception de maître Kerneguy, qui semblait penser que toute chair est bonne pour un estomac affamé.

— Oui, reprit Wildrake, la p..... — je demande encore pardon à la jeune dame, depuis le ruban de son bonnet jusqu'au dernier ourlet de sa robe, — mais la coquine était, comme je l'appris ensuite, une nourrice de charité qui avait reçu de la paroisse six mois d'avance pour la nourriture de l'enfant. — Morbleu ! je l'arrachai des mains de cette louve, et je me suis si bien arrangé depuis ce temps, — quoique Dieu sache que j'ai moi-même été plus d'une fois au dépourvu, — que j'ai trouvé le moyen de faire élever mon petit Déjeuner, comme je l'appelle. — C'est pourtant payer un peu cher une plaisanterie.

— Monsieur, s'écria le bon chevalier, dont les yeux étaient humides, j'honore votre humanité, — j'estime votre courage, je suis ravi de vous voir ici, monsieur. Ainsi vous étiez l'officier commandant le détachement qui coupa la nasse dans laquelle nous étions? — Ah! monsieur, si vous vous étiez arrêté quand je vous appelais, si vous nous aviez attendus pour laisser nos fusiliers balayer les rues de Brentford, nous aurions été ce jour même presque aux portes de Londres. — Mais vous avez fait ce qui paraissait le mieux.

— Sans doute, sans doute, dit Wildrake, appuyé sur le dossier de sa chaise, et jouissant de toute la gloire de son triomphe ; — et je bois maintenant à la mémoire des braves qui ont combattu et succombé dans cette affaire de Brentford.

—Nous chassâmes tout devant nous, monsieur, comme le vent chasse la poussière, et nous ne nous arrêtâmes qu'en arrivant aux boutiques où il y avait de l'eau-de-vie et d'autres tentations irrésistibles. — Morbleu! monsieur, nous autres mangeurs d'enfans, nous avions trop de connaissances à Brentford, et notre brave prince Rupert valait toujours mieux pour une charge que pour une retraite. Quant à moi, je ne fis qu'entrer un instant chez une pauvre veuve qui avait de jolies filles, et que je connaissais depuis long-temps, pour donner un picotin à mon cheval, et j'avais à peine eu le temps de prendre moi-même un morceau, et cœtera, quand ces maudits badauds, comme vous les nommez fort bien, se rallièrent, et arrivèrent la pique en avant, comme des béliers menaçant de leurs cornes. — Je descendis les marches de l'escalier quatre à quatre, je sautai sur mon cheval; mais je crois que tous les soldats de ma compagnie avaient comme moi des veuves et des orphelins à consoler, car je n'en pus réunir que cinq, et cependant nous réussîmes à nous frayer un chemin à travers ces piqueurs. — Et de par Dieu! messieurs, j'emportai mon petit Déjeuner devant moi sur ma selle, au milieu des cris et des hurlemens de toute la ville, comme si l'on eût cru que j'allais égorger, mettre à la broche, et dévorer ce pauvre enfant, dès que nous serions arrivés dans nos quartiers. Mais du diable si un badaud osa s'approcher de mon cheval bai pour délivrer mon petit bonhomme. — Ils criaient haro contre moi, mais c'était à une distance respectueuse.

— Hélas! hélas! dit le chevalier, nous nous faisions paraître pires que nous n'étions, et nous nous conduisions trop mal pour mériter la bénédiction de Dieu, même dans une bonne cause. — Mais à quoi bon regarder en arrière? Nous ne méritions pas les victoires que le ciel nous accordait, parce que nous n'en profitions jamais en bons soldats et en vrais chrétiens, et nous donnâmes ainsi un avantage sur nous à ces coquins de fanatiques, qui se conformaient, par hypocrisie, au bon ordre et à la discipline que nous aurions dû maintenir par principes, nous qui tirions l'épée pour une meilleure cause. — Mais voici ma main, capitaine:

j'avais souvent désiré voir le brave officier qui avait fait une si belle charge pour nous dégager, et je suis charmé que ce vieux château soit encore en état de vous offrir l'hospitalité, quoique nous ne puissions vous faire servir un enfant ni rôti ni bouilli. — Eh, capitaine!

— Il est très-vrai, sir Henry, qu'on a fait courir à ce sujet d'assez dures calomnies. Je me souviens que Lacy, qui avait été acteur, et qui était lieutenant dans ma compagnie, y a fait allusion dans une pièce qu'on jouait quelquefois à Oxford, quand nous avions le cœur plus gai, et qui est intitulée, je crois, la Vieille Troupe [1].

En parlant ainsi, et se familiarisant à mesure qu'il voyait que son mérite était reconnu, Wildrake fit sur sa chaise un mouvement qui la rapprocha du jeune Ecossais. Celui-ci en fit un autre pour s'écarter, et son pied fut assez gauche pour rencontrer sous la table celui de miss Lee, qui était assise en face de lui. Alice, un peu offensée, ou du moins embarrassée, recula sa chaise pour ne plus être exposée à pareille visite.

— Je vous demande pardon, dit Kerneguy; mais c'est vous, monsieur, ajouta-t-il en se tournant vers Wildrake, qui êtes cause que j'ai heurté le pied de cette jeune demoiselle.

— Pardon, monsieur, répondit Wildrake, et j'implore surtout celui de cette belle dame. — Et pourtant, je veux être pendu si c'est moi qui ai mis votre chaise de travers comme la voilà! — Ventrebleu! monsieur, je n'ai apporté avec moi ni la peste, ni aucune maladie contagieuse, pour

---

(1) L'antiquaire amateur des vieilles pièces de théâtre peut consulter cette pièce; il y trouvera deux scènes roulant sur l'idée qu'avaient conçue les villageois que les Cavaliers mangeaient les enfans. Lacy, comédien qui avait servi dans la troupe à laquelle on avait fait une si mauvaise réputation, est l'auteur de cette pièce. Miss Edgeworth a cité une strophe d'un poëme populaire qui a rapport au même préjugé.

<pre>
La peste vint de Coventry,
En annonçant de proche en proche
Qu'enfin Lunsford avait péri,
Une main d'enfant dans sa poche.
</pre>

Une des causes des violens préjugés des habitans de Londres contre le roi Charles, fut qu'il voulut donner le gouvernement de la Tour de Londres à ce même Lunsford, qu'on regardait comme capable d'un acte de férocité si monstrueuse. (*Note de l'auteur.*)

que vous vous éloigniez de moi avec la même frayeur que si j'eusse été lépreux, au risque d'aller troubler madame dans sa position, ce que j'aurais voulu empêcher aux dépens de ma vie, monsieur. Si vous êtes Ecossais, comme votre accent l'annonce, monsieur, morbleu! c'était moi seul qui courais tout le danger, et vous n'aviez nulle raison pour vous écarter.

— Maître Wildrake, dit Albert, ce jeune homme est un étranger qui, de même que vous, trouve protection et hospitalité chez mon père, et il ne peut être agréable à sir Henry Lee de voir s'élever des querelles entre ses hôtes. L'extérieur actuel de mon jeune ami peut faire que vous vous mépreniez sur son rang. — C'est l'honorable maître Louis Kerneguy, fils de lord Kilstewers de Kincardineshire, et il a déjà porté les armes pour le roi, tout jeune qu'il est.

— Je n'ai nul dessein d'occasioner une querelle, monsieur, répondit Wildrake; — pas le moins du monde. — Ce que vous venez de dire me suffit, monsieur. — Maître Girnigo, fils de lord Kilsteer de Gringardenshire, je suis votre humble serviteur, monsieur, et je bois à votre santé et à celle de tous les Ecossais qui ont tiré l'épée pour la bonne cause, monsieur.

— Je vous suis redevable, et je vous remercie, monsieur, dit le jeune homme avec un certain air de hauteur qui ne s'accordait pas trop avec la rusticité avec laquelle il ajouta : — et je vous souhaite une bonne santé avec toute la civilité possible.

Un homme judicieux aurait laissé tomber cette conversation; mais un des traits caractéristiques de Wildrake était de ne pouvoir jamais laisser les choses au point où elles se trouvaient, quand elles allaient bien. Il continua donc à persifler le jeune homme fier, gauche et timide, en lui faisant diverses observations.

— Vous parlez votre dialecte national avec un accent très-prononcé, maître Girnigo, lui dit-il; mais ce n'est pas tout-à-fait de la même manière que j'ai entendu s'exprimer des Cavaliers écossais que j'ai connus, quelques Gordon, par exemple, et plusieurs autres jouissant d'une bonne renommée.

Ils mettaient toujours une *f* au lieu de *wh*, et prononçaient toujours *faat* au lieu de *what*, *fan* au lieu de *when*, et ainsi de suite.

Albert se chargea de la réponse, et dit que la prononciation variait dans les provinces d'Ecosse comme dans celles d'Angleterre.

— Vous avez raison, monsieur, répliqua Wildrake. Je me flatte moi-même de parler passablement ce chien de jargon, — soit dit sans vous offenser, maître Girnigo. — Et cependant, une fois que je faisais une excursion dans les montagnes du sud, comme ils appellent leurs infames déserts, — toujours sans vous offenser, — un jour que j'étais seul, il m'arriva de m'égarer, et ayant rencontré un pâtre, je lui dis en ouvrant la bouche aussi grande et en criant aussi fort que je le pouvais : *Whore am I gangin till* [1] *?* — Du diable si le drôle put me répondre, à moins qu'il ne fît la sourde oreille par malice, comme cela arrive de temps en temps aux manans à l'égard des gentilshommes qui portent l'épée.

Il parlait ainsi d'un ton familier, et, quoiqu'il parût s'adresser particulièrement à Albert, il se tournait souvent vers son voisin le jeune Ecossais, qui, soit par timidité, soit par quelque autre motif, ne paraissait pas se soucier de former une liaison intime. Un ou deux légers coups de coude que lui donna Wildrake pendant son dernier discours, comme pour en appeler spécialement à lui, n'obtinrent d'autre réponse que ce peu de mots :

— On doit s'attendre à des malentendus quand on converse en dialectes différens.

Wildrake, qui avait bu plus qu'il n'aurait dû le faire en bonne compagnie, et dont la tête était échauffée, ne laissa pas tomber ce mot : — Malentendu! monsieur, répéta-t-il; malentendu! — Je ne sais trop ce que vous voulez dire, monsieur; mais, à en juger par les mouches qui couvrent votre honorable physionomie, je conclurais que vous avez eu quelque malentendu tout récemment avec un chat.

— En ce cas, vous vous trompez, l'ami, car c'est avec un

---

[1] Où vais-je par ce chemin ? — Tr.

chien, répondit l'Ecossais d'un ton sec en jetant un regard sur Albert.

— Nous sommes arrivés si tard, dit Albert, que les chiens nous ont donné quelque embarras, et mon jeune ami est tombé sur des décombres qui ont occasioné ces égratignures.

— Et maintenant, mon cher sir Henry, dit le docteur Rochecliffe, permettez-moi de vous rappeler votre goutte, et la longue course que nous avons faite. Je le fais d'autant plus volontiers que mon bon ami, votre fils, m'a fait pendant tout le souper des questions qu'il aurait mieux valu réserver pour demain. — Pouvons-nous vous demander la permission de nous retirer pour nous reposer?

— Ces comités privés dans une réunion joyeuse, dit Wildrake, sont un solécisme en savoir-vivre. Ils me font toujours penser à ces maudits comités de Westminster. — Mais est-ce que nous nous planterons sur le perchoir avant d'avoir éveillé le hibou par une chanson en chœur¹?

— Ah, ah! tu peux donc citer Shakspeare, s'écria sir Henry, charmé de découvrir une qualité de plus dans sa nouvelle connaissance, dont les services militaires ne pouvaient tout au plus que contre-balancer la liberté de ses discours. Hé bien! au nom du joyeux Will, que je n'ai jamais vu, quoique j'aie connu plusieurs de ses camarades, comme Alleyn, Hemmings et plusieurs autres, nous chanterons une chanson, et nous porterons une santé avant de nous séparer.

Après la discussion d'usage sur le choix de la chanson, et sur la partie que chacun devait chanter, toutes les voix se réunirent pour une chanson loyale qui était alors en grande vogue parmi les royalistes, et qu'on croyait composée par un personnage qui n'était rien moins que le docteur Rochecliffe lui-même.

---

(1) Citation de Shakspeare. — Éd.

LA SANTÉ DU ROI CHARLES.

Armes en main! Que chacun aujourd'hui
Boive rasade, ou qu'il soit anathème.
Je vais porter la santé de celui
Que nous aimons, et de quiconque l'aime.
Braves amis, levez-vous comme moi;
Fuyez, brigands, honte de l'Angleterre!
Et quand la mort serait au fond du verre,
 Buvons à la santé du roi!

Il est errant au milieu des dangers;
Et dépouillé des droits de sa naissance,
Privé de tout, c'est chez les étrangers
Qu'il va chercher secours et dépendance!
Environnés de périls et d'effroi,
Que les sujets qui lui restent fidèles,
Ici du moins, en dépit des rebelles,
 Boivent à la santé du roi!

Rendons du moins à notre souverain
Tous les honneurs que le zèle suggère;
Sur notre épée appuyons notre main,
Et qu'un genou soit posé sur la terre!
Mais nous verrons triompher notre foi,
Et, sortant tous de nos humbles retraites,
Au son bruyant des clairons, des trompettes,
 Nous boirons la santé du roi!

Après cette effusion de loyauté, et une libation finale, la compagnie se disposa à se séparer. Sir Henry offrit un lit à son ancienne connaissance Wildrake, qui discuta cette proposition à peu près comme il suit : — Pour dire la vérité, mon patron m'attendra à la ville ; — mais il est accoutumé à me voir passer la nuit dehors. — D'une autre part, on dit que le diable hante le château; mais avec la bénédiction de ce révérend docteur, je le défie lui et ses œuvres. — D'ailleurs je ne l'ai pas vu pendant deux nuits que j'ai déjà passées ici, et s'il n'y était pas alors, à coup sûr sir Henry Lee et sa famille ne l'y ont pas amené. — J'accepte donc votre invitation, sir Henry, et je vous en remercie comme un des Cavaliers de Lunsford doit remercier un des Clercs d'Oxford. — Vive le roi! morbleu! Peu m'importe qui l'entende, et confusion au vieux Noll et à son nez rouge! A ces mots il partit, les jambes un peu avinées, conduit par Jocelin, à qui Albert avait recommandé en secret de le placer dans un appartement à quelque distance du reste de la famille.

Le jeune Lee embrassa sa sœur, et, suivant l'usage du temps, demanda respectueusement la bénédiction de son père avant de l'embrasser à son tour. Son page semblait désirer d'imiter son exemple, du moins la moitié; mais quand il s'avança vers Alice, elle le salua gravement en faisant un pas en arrière. Il fit ses adieux à sir Henry par une inclination de tête assez gauche; et le vieux chevalier, en lui souhaitant une bonne nuit, ajouta : — Je vois avec plaisir, jeune homme, que vous avez du moins appris le respect qu'on doit à la vieillesse. Ne l'oubliez jamais, monsieur; car en agissant ainsi vous ne ferez que rendre aux autres l'honneur que vous désirerez en recevoir vous-même quand vous approcherez du terme de votre vie. — Je vous en dirai à loisir davantage sur les devoirs que vous avez à remplir comme page. Cette place était autrefois l'école de la chevalerie, au lieu que depuis quelque temps, grace à l'esprit de désordre, elle est devenue une pépinière de licence, ce qui a fait dire à Ben Johnson.....

— Mon père, dit Albert, songez à la fatigue que nous avons essuyée aujourd'hui. — Mon pauvre ami dort presque tout debout; demain il sera en état d'écouter vos bons avis avec plus de profit. — Et vous, Louis, songez du moins à vous acquitter d'une partie de vos devoirs. — Prenez des lumières, et éclairez-moi. — Voici Jocelin qui arrive pour vous montrer le chemin. — Bonsoir, mon cher docteur Rochecliffe; — je vous souhaite à tous une bonne nuit.

CHAPITRE XXI.

L'ECUYER. « Noble prince, salut!
RICHARD. « Grand merci, noble pair.
« Nous sommes à bas prix, mais c'est encor trop cher. »
SHAKSPEARE. *Richard II.*

ALBERT et son page furent conduits par Jocelin dans ce qu'on appelait l'appartement espagnol. C'était une grande chambre à coucher, portant des marques visibles des ravages du temps; mais il s'y trouvait un grand lit pour le maître et un lit de camp pour le domestique, comme c'était encore l'usage dans les vieux châteaux d'Angleterre, à une époque moins éloignée, quand le grand nombre d'hôtes qu'on y recevait faisait qu'un maître pouvait avoir besoin des services de son propre domestique. Les murs étaient tapissés en cuir doré de Cordoue, représentant les batailles entre les Espagnols et les Maures, des combats de taureaux, et d'autres divertissemens particuliers à la Péninsule. Cette tapisserie était usée partout, détachée en quelques endroits et déchirée en d'autres. Mais Albert ne s'amusa pas à faire des observations à ce sujet. Il semblait impatient de se débarrasser de Jocelin; et, lorsque celui-ci lui demanda s'il mettrait plus de bois sur le feu, et s'il lui apporterait son coup du soir, il lui répondit par un *non* laconique, et lui rendit son bonsoir avec la même concision. Enfin le garde forestier se retira un peu à contre cœur, comme s'il eût pensé que son jeune maître aurait pu dire quelques mots de plus à un ancien et fidèle serviteur après une si longue absence.

Dès que Joliffe fut sorti, et avant qu'un seul mot eût été prononcé par Albert Lee ou son page, le premier s'approcha de la porte, en examina avec soin le loquet, la serrure et les verrous, et les ferma avec l'attention la plus scrupuleuse. Cette précaution ne lui parut même pas suffisante ; car, tirant de sa poche une longue fiche de fer en forme de vis, il la fit entrer de force dans la gâche du loquet, de manière qu'il était impossible de la faire tomber, ou d'ouvrir la porte autrement qu'en la brisant.

Albert s'était mis à genoux pour cette opération, qu'il termina avec autant de promptitude que de dextérité, pendant que son page l'éclairait. Mais dès qu'il se fut relevé, un changement total s'effectua dans les manières des deux compagnons l'un envers l'autre. L'honorable maître Kerneguy perdit tout à coup l'air gauche et emprunté d'un jeune lourdaud écossais, et montra dans ses manières une grace et une aisance qu'il ne pouvait avoir acquises qu'en voyant familièrement, dès sa plus tendre jeunesse, la meilleure compagnie du temps.

Il remit à Albert la lumière qu'il tenait, avec l'indifférence aisée d'un supérieur qui semble accorder une grace en demandant quelque léger service à un subordonné. Le jeune Lee, avec l'air du plus grand respect, joua à son tour le rôle d'éclaireur, et porta la lumière devant son page jusqu'à l'autre bout de la chambre, en marchant à reculons, pour ne pas lui tourner le dos. Ayant placé le chandelier sur une table près du lit, il s'approcha respectueusement du jeune homme, et l'aida à se débarrasser de sa mauvaise jaquette verte, qu'il reçut avec le même cérémonial que s'il eût été le premier chambellan ou quelque autre officier de la maison du roi, et qu'il eût aidé son maître à quitter le manteau de l'ordre de la Jarretière.

Le jeune homme à qui il rendait ces marques de respect les reçut pendant une ou deux minutes avec une gravité imperturbable ; mais enfin, partant d'un grand éclat de rire, il s'écria : — Que diable signifient toutes ces formalités, Lee? Tu fais autant d'honneur à ces misérables haillons que s'ils étaient de soie ou d'hermine, et tu traites le pauvre Louis Kerneguy comme s'il était souverain de la Grande-Bretagne!

— Sire, répondit Albert, si les ordres de Votre Majesté et les circonstances impérieuses où elle se trouve m'ont fait paraître oublier un moment que vous êtes mon souverain, il doit m'être permis de vous rendre les hommages que je vous dois, maintenant que nous sommes seuls et que vous êtes dans votre palais royal de Woodstock.

— A la vérité, dit le monarque déguisé, le souverain et le palais ne sont pas mal assortis. — Cette tapisserie en lambeaux et cette casaque déguenillée vont parfaitement bien ensemble. — Et ceci est Woodstock ! — Ceci est le palais enchanté où un roi normand se plongeait dans une mer de délices avec la belle Rosemonde Clifford ! — Sur ma foi, c'est un lieu de rendez-vous fait pour des chouettes. Mais, songeant tout à coup que ce ton de mépris pouvait blesser la sensibilité d'Albert, il ajouta sur-le-champ, avec le ton de courtoisie qui lui était naturel : — Au reste, plus cette demeure est obscure et retirée, mieux elle nous convient, Albert, et si elle a l'air d'un nid à hiboux, comme il est impossible de le nier, nous savons néanmoins qu'il en est sorti des aigles.

En parlant ainsi il se jeta sur une chaise, et reçut avec un air d'indolence qui n'était pas sans grace les services d'Albert; celui-ci déboutonnait ses mauvaises guêtres de cuir; puis il ajouta : — Sir Henry, votre père est un bel échantillon de l'autre temps. Il est étrange que je ne l'eusse jamais vu auparavant; mais j'ai souvent entendu mon père en parler comme de la fleur de la vraie chevalerie anglaise.

— A en juger par la manière dont il a déjà commencé à me sermonner, il a dû vous tenir la bride diablement serrée, Albert. — Je parie que vous n'avez jamais paru devant lui que chapeau bas?

— Du moins, Sire, je ne l'ai jamais enfoncé sur ma tête en sa présence, comme j'ai vu quelques jeunes gens se le permettre. Et si je l'avais fait, il aurait fallu que le chapeau fût bien solide pour me préserver de quelques fêlures au crâne.

— Oh! je n'en doute nullement. — C'est un superbe vieillard; mais il me semble qu'il a dans la physionomie quelque chose qui annonce qu'il connaît la maxime que celui qui aime bien châtie bien. — Ecoute, Albert. — En supposant que cette glorieuse restauration arrive, — et le moment ne doit pas en être éloigné si, pour l'accélérer, il suffit de boire à son arrivée, car à cet égard nos sujets loyaux ne négligent jamais leurs devoirs; — en supposant, dis-je, qu'elle arrive, et que ton père devienne, comme cela doit être, comte et membre du conseil privé, — corbleu! j'aurai peur de lui comme Henry IV, mon aïeul, avait peur du vieux Sully. — Imagine-toi qu'il y ait à la cour un joyau comme la belle Rosemonde ou la belle Gabrielle, quel travail pour les pages et pour les gentilshommes de la chambre pour faire sortir le joli bijou par un escalier dérobé, comme une marchandise de contrebande, quand on entendrait dans l'antichambre le pas du comte de Woodstock!

— Je vois avec grand plaisir la gaieté de Votre Majesté après toutes les fatigues qu'elle a essuyées.

— La fatigue n'est rien; un bon accueil et un bon repas en dédommagent amplement. — Mais ils doivent t'avoir soupçonné de leur avoir amené un loup de la forêt de Badenoch, au lieu d'un bipède qui n'a qu'un garde-manger ordinaire pour y serrer ses provisions. J'étais réellement honteux de mon appétit; mais tu sais que je n'avais rien mangé depuis vingt-quatre heures, sauf un œuf cru, que tu avais dérobé pour moi dans le poulailler de la vieille femme.

— Oui, je rougissais de me montrer si affamé devant ce grave et respectable vieillard ton père, et cette charmante fille, — ta sœur? — ta cousine? — qui est-elle?

— Ma sœur, répondit Albert très-brièvement. Et il ajouta sur-le-champ : — L'appétit de Votre Majesté convenait assez au rôle d'un jeune rustre écossais. — Plairait-il à Votre Majesté de se mettre au lit?

— Dans quelques instants, répondit Charles en restant assis; — j'ai à peine eu liberté de langue aujourd'hui; et parler ce jargon du nord! être obligé de se fatiguer pour ne pas dire un mot qui ne soit dans son rôle, — c'est en vérité marcher comme les galériens du continent, avec un boulet de vingt-quatre livres aux jambes : — ils peuvent le traîner; mais ils ne peuvent se mouvoir avec aisance. — A propos, tu tardes bien à me faire les complimens que j'ai si bien mérités. — N'ai-je pas joué à la perfection le rôle de Louis Kerneguy?

— Si Votre Majesté me demande sérieusement mon opinion, j'espère qu'elle me pardonnera si je lui dis que son dialecte était un peu trop vulgaire pour un jeune Écossais de bonne naissance, et que ses manières avaient peut-être quelque chose de trop commun. Il m'a semblé aussi, — quoique je ne prétende pas être connaisseur, — que votre écossais n'était pas toujours très-pur.

— Pas toujours très-pur! — tu es difficile à contenter, Albert. — Et qui pourrait parler écossais plus purement que moi? — N'ai-je pas été dix mois roi d'Ecosse? Et si pendant ce temps je n'ai pu apprendre la langue du pays, je voudrais bien savoir ce que j'y ai gagné. N'ai-je pas entendu tous les comtés de l'est, de l'ouest, du sud et des montagnes, crier, brailler, croasser autour de moi, avec un accent guttural, aigre ou traînant? — Corbleu! n'ai-je pas entendu les discours de leurs orateurs, les adresses de leurs sénateurs, les reproches de leurs ministres? Ne me suis-je pas assis sur le fauteuil de repentance [1], et n'ai-je pas regardé comme une grace que le digne Mas John Gillespie m'ait permis de subir cette pénitence dans ma chambre, et non en face de toute la congrégation? et après tout cela, tu me diras que je ne parle pas écossais assez bien pour en imposer à un chevalier du comté d'Oxford et à sa famille?

— Je prie Votre Majesté de se souvenir que j'avais commencé par avouer que je n'étais pas un bon juge du dialecte d'Ecosse.

— Allons, allons, Albert, c'est pure envie. Chez Norton, tu me disais que j'étais trop courtois et trop poli pour un page, et maintenant tu me reproches d'être trop rustre.

— Il y a un milieu en tout; mais il faut savoir le saisir, dit Albert défendant son opinion comme le roi l'attaquait, c'est-à-dire sur le ton de la plaisanterie. Par exemple, ce matin, quand vous portiez des habits de femme, vous avez relevé

---

[1] On sait que la très-austère et très-républicaine Église presbytérienne d'Écosse a conservé long-temps non-seulement les *amendes honorables*, mais encore les foudres d'excommunication de l'Église de Rome. — Éd.

vos jupons infiniment trop haut, lorsque nous avons eu un premier ruisseau à traverser, et quand nous sommes arrivés à un autre, pour prouver que vous aviez bien profité de la leçon que je venais de vous faire, vous les avez laissé traîner dans l'eau.

— Au diable les habits de femme! s'écria Charles; ils me rendaient si hideux que ma figure aurait suffi pour faire passer à jamais la mode des robes, des cornettes et des cotillons. — Les chiens mêmes me fuyaient. — Si j'avais passé dans un hameau où il y aurait eu seulement cinq chaumières, on m'aurait régalé d'un bain froid dans quelque mare, comme une sorcière. J'étais un libelle vivant contre le beau sexe. — Ces culottes de cuir ne sont certainement pas très-élégantes; mais c'est du moins *propria quæ maribus*[1], et je suis charmé d'en être revêtu de nouveau. — Je te dirai aussi, mon cher Albert, qu'en reprenant les habits de mon sexe je prétends en reprendre tous les privilèges; et comme tu dis que j'ai été ce soir un vrai rustre, demain je me conduirai avec miss Alice en véritable courtisan. — J'ai déjà fait une sorte de connaissance avec elle quand je paraissais être de son sexe, et j'ai découvert que le vent pousse de ce côté d'autres colonels que vous, colonel Albert Lee.

— Sire, dit Albert.... et il s'arrêta tout court par suite de la difficulté qu'il éprouvait à exprimer des sentimens d'une nature peu agréable. Le roi s'en aperçut fort bien; mais il n'en continua pas moins sans aucun scrupule.

— Je me pique de savoir pénétrer dans le cœur des jeunes dames aussi bien qu'un autre, dit-il, quoique Dieu sache qu'il s'y trouve quelquefois trop de profondeur pour que le plus habile de nous puisse le sonder. En jouant le rôle de diseuse de bonne aventure, je dis à ta sœur, — croyant, pauvre simple nigaud, qu'une jeune fille élevée à la campagne ne devait avoir personne à qui penser qu'un frère, — qu'elle avait des inquiétudes sur un certain colonel. Je ne parlai que du fait, sans nommer personne; mais c'était à toi que je faisais allusion; et la rougeur que mes paroles firent

---

[1] Un costume convenable aux hommes. — Tr.

naître sur son visage était trop vive pour être occasionée par l'amour fraternel. De sorte qu'elle me quitta en prenant son vol comme un vanneau. — Je l'excuse de tout mon cœur ; car, m'étant regardé dans la fontaine, je crus reconnaître que, si j'avais rencontré une créature semblable à ce que je paraissais être, j'aurais appelé feu et fagots pour la brûler. — Qu'en penses-tu, Albert? — Qui peut être ce colonel qui est plus que ton rival dans le cœur de ta sœur?

Albert, qui savait que la manière de penser du roi relativement au beau sexe était plus libre que délicate, chercha à mettre fin à cette conversation en prenant un ton grave pour lui répondre.

— Ma sœur, dit-il, a été élevée en quelque sorte avec le fils de son oncle maternel, Markham Everard. Mais, comme son père et lui ont embrassé la cause des Têtes-Rondes, les deux familles ont cessé de se voir, et les projets qu'on avait peut-être formés autrefois ont été oubliés de part et d'autre depuis long-temps.

— Tu as tort, Albert; tu as tort, répliqua le roi continuant sans pitié à parler sur le ton de la plaisanterie. — Vous autres colonels, que vous portiez des écharpes bleues ou oranges, vous êtes trop beaux garçons pour qu'on vous oublie si aisément, quand vous avez une fois inspiré de l'intérêt. Mais il ne faut pas souffrir que miss Alice, qui est si jolie, qui prie pour la restauration du roi avec l'air et l'accent d'un ange, et dont les prières doivent nécessairement être exaucées, conserve plus long-temps le souvenir d'un fanatique de Tête-Ronde. — Qu'en dis-tu? — Me permets-tu de chercher à le lui faire oublier? Après tout, je suis plus intéressé que personne à entretenir des sentimens de loyauté parmi mes sujets; et si je gagne la bienveillance des jolies filles, celle de leurs amans s'ensuivra bientôt. — C'était la manière du joyeux roi Edouard. — Edouard IV, vous savez. — Il fut détrôné plus d'une fois par le comte de Warwick, — ce faiseur de rois, le Cromwell de son temps; mais il avait pour lui les cœurs des dames de Londres, et les badauds se saignèrent la bourse et les veines pour le rétablir sur son trône. — Hé bien, que dites-vous? — Secouerai-je ma rudesse septentrionale? Parlerai-je à miss Alice du ton qui m'est naturel? Lui montrerai-je ce que l'éducation et le savoir-vivre peuvent faire pour dédommager d'une laide figure?

— Sire, dit Albert d'un ton embarrassé, — je ne m'attendais pas que Votre Majesté...

Il s'interrompit, ne pouvant trouver des termes qui pussent exprimer les sentimens qui l'agitaient sans manquer au respect qu'il devait à un roi qui recevait l'hospitalité chez son père, et à la sûreté duquel il s'était lui-même chargé de veiller.

— Et à quoi maître Lee ne s'attendait-il pas? demanda Charles avec un ton de gravité très-marqué.

Albert essaya encore de lui répondre, mais les seuls mots qu'il put prononcer furent : — J'espère, Sire, que Votre Majesté..... et il s'arrêta de nouveau, son respect profond et héréditaire pour son souverain, et le sentiment de ce qui était dû à un prince qui avait éprouvé tant d'infortunes, lui faisant craindre de ne pouvoir s'exprimer avec assez de ménagement.

— Et qu'espère le colonel Albert Lee? dit Charles d'un ton froid et sec comme auparavant. — Point de réponse? — Hé bien, *j'espère*, moi, que le colonel Lee ne voit dans une plaisanterie frivole rien qui puisse offenser l'honneur de sa famille, sans quoi il ferait un assez mauvais compliment à sa sœur, à son père et à lui-même, pour ne rien dire de Charles Stuart, qu'il appelle son roi ; et *je m'attends* à ne pas être assez mal interprété pour être supposé capable d'oublier que miss Alice Lee est la fille d'un sujet fidèle, en ce moment mon hôte, et la sœur de mon guide, de mon sauveur. — Allons, allons, Albert, ajouta-t-il en reprenant tout à coup le ton de franchise et de familiarité qui lui était naturel, tu oublies combien de temps j'ai vécu dans un pays étranger où les hommes, les femmes, les enfans, parlent de galanterie le matin, à midi, le soir, sans y attacher d'autre idée que celle de passer le temps. Mais de mon côté j'avais oublié que tu es de l'ancienne école d'Angleterre, fils de sir Henry Lee, et fils d'après son cœur ; et que par conséquent tu n'entends pas raillerie sur de pareils sujets. Mais sérieusement et sincèrement, Albert, si je vous ai offensé, je vous en demande pardon.

En prononçant ces mots, il tendit la main au colonel Lee, qui, sentant qu'il s'était réellement trop pressé de prendre au sérieux ce qui n'était au fond qu'une plaisanterie, la baisa avec respect, et chercha à s'excuser.

— Pas un mot, pas un seul mot, dit le bon monarque en relevant son fidèle sujet repentant qui fléchissait un genou devant lui. Nous nous entendons l'un l'autre. Vous craignez un peu la réputation de galanterie que je me suis faite en Ecosse; mais je vous assure que je serai aussi stupide en présence de miss Alice que vous ou l'autre colonel, votre cousin, vous pourriez le désirer. Je réserverai tous mes complimens, si j'en ai quelques-uns de reste, pour la gentille petite soubrette qui nous a servis à table, à moins que vous n'ayez vous-même jeté un dévolu sur elle, colonel Albert.

— Le dévolu est jeté, Sire; le fait est sûr, quoique ce ne soit point par moi, mais par Jocelin Joliffe, le garde forestier; et nous devons prendre garde de le mécontenter, car nous lui avons déjà donné une partie de notre confiance, et les circonstances peuvent nous obliger à la lui accorder tout entière. Je suis presque tenté de croire qu'il soupçonne déjà la véritable qualité de Louis Kerneguy.

— Vous autres amoureux de Woodstock, dit le roi en riant, vous êtes une bande d'accapareurs; et si j'avais la fantaisie, ce qui ne manquerait pas d'arriver à un Français, de glisser quelques douceurs dans l'oreille de la vieille femme sourde que j'ai vue dans la cuisine, j'ose avancer qu'on me dirait que cette oreille est exclusivement accaparée par le docteur Rochecliffe.

— Je suis émerveillé de la gaieté de Votre Majesté, Sire; et je conçois à peine qu'après une journée de fatigue, de dangers et d'accidens, vous ayez le pouvoir de plaisanter ainsi.

— Ce qui veut dire que le gentilhomme de la chambre désire que Sa Majesté songe à dormir. — Hé bien, un mot ou deux sur des affaires plus sérieuses, et j'ai fini. Je me suis laissé complètement diriger par vous et le docteur Rochecliffe. — J'ai quitté les habits de femme pour prendre ceux de page dès que vous l'avez voulu. J'ai dévié de la route que je comptais suivre en partant du Hampshire, et je suis venu chercher un refuge ici. — Croyez-vous toujours que ce soit la marche la plus prudente ?

— J'ai grande confiance dans le docteur Rochecliffe, Sire. Ses liaisons avec les royalistes épars le mettent en état d'avoir les informations les plus exactes sur tout ce qui se passe. La vanité que lui inspire l'étendue de ses correspondances et la complication des trames qu'il ourdit pour le service de Votre Majesté, est comme l'aliment de sa vie ; mais sa sagacité est égale à sa vanité. D'une autre part, ma confiance en Joliffe est sans bornes. Je n'ai besoin de vous parler ni de mon père ni de ma sœur. Néanmoins je ne voudrais pas, sans les plus fortes raisons, que la personne de Votre Majesté fût connue d'un seul individu de plus qu'il n'est indispensablement nécessaire.

— Mais est-il bien à moi, dit Charles d'un air pensif, de ne pas donner ma confiance tout entière à sir Henry Lee ?

— Votre Majesté a entendu parler de l'évanouissement dangereux dont il a été attaqué hier soir. Il ne faut pas se hâter de lui apprendre des nouvelles qui pourraient l'agiter.

— Vous avez raison. Mais n'avons-nous pas à craindre ici une visite des Habits-Rouges ? Il y en a des détachemens à Woodstock et à Oxford.

— Le docteur Rochecliffe dit, non sans raison, qu'il vaut mieux être assis près du feu quand la cheminée fume, et que la Loge de Woodstock, qui était encore ce matin en la possession des commissaires au séquestre, sera moins suspecte et moins strictement surveillée que des endroits plus éloignés qui sembleraient promettre plus de sûreté. D'ailleurs le docteur sait des nouvelles curieuses et importantes sur l'état des choses dans ce palais ; et elles sont favorables au projet d'y tenir Votre Majesté cachée pendant deux ou trois jours, jusqu'à ce qu'on se soit assuré d'un navire pour votre départ. D'abord le parlement, ou le conseil d'Etat usurpateur, a envoyé ici des commissaires que leur mauvaise conscience, aidée peut-être par les tours de quelques Cavaliers entreprenans, a effrayés au point qu'ils en sont partis en tremblant, sans conserver un grand désir d'y revenir jamais. Ensuite l'usurpateur, plus formidable, Cromwell, en a accordé la possession au colonel Everard, qui ne l'avait sollicitée que pour y replacer son oncle, et qui est resté dans la ville de Woodstock pour veiller à ce que sir Henry n'y soit pas troublé.

— Quoi! le colonel de miss Alice! Voilà qui est propre à sonner l'alarme! En supposant qu'il tienne en arrêt ces autres drôles, ne croyez-vous pas, maître Albert, qu'il aura cent prétextes par jour pour venir ici lui-même?

— Non; car le docteur Rochecliffe assure que le traité conclu entre sir Henry et son neveu oblige celui-ci à ne pas s'approcher de la Loge sans invitation. Véritablement ce n'a pas été sans de grandes difficultés, et sans faire valoir tous les avantages qui pouvaient en résulter pour la cause de Votre Majesté, que le docteur a pu décider mon père à revenir dans ce palais; mais soyez bien sûr qu'il ne sera nullement pressé d'envoyer une invitation au colonel.

— Et vous, soyez bien sûr que le colonel y viendra sans attendre qu'on l'y invite. — On ne peut bien juger des choses quand il s'agit d'une sœur; on est trop familier avec l'aimant pour bien apprécier le pouvoir de l'attraction. — Everard viendra ici, vous dis-je, — il y viendra comme s'il y était traîné par quatre chevaux. — Ne me parlez pas de promesse; des chaînes ne pourraient le retenir. — Et en ce cas, il me semble que nous courons quelque danger.

— J'ose croire le contraire, Sire. D'abord, je sais que Markham Everard est esclave de sa parole. Ensuite, si quelque hasard l'amenait ici, je crois que Votre Majesté passerait aisément en sa présence pour Louis Kerneguy. D'une autre part, quoique nous n'ayons pas eu beaucoup de rapports ensemble depuis quelques années, je le crois incapable de trahir Votre Majesté. Enfin, si j'en voyais le moindre danger, fût-il dix fois le neveu de ma mère, je lui passerais mon épée au travers du corps avant de lui laisser le temps d'exécuter ce projet.

— Je n'ai plus qu'une question à vous faire, Albert; après quoi je vous laisserai vous reposer. — Vous paraissez vous croire bien assuré qu'on ne viendra faire ici aucunes recherches. La chose est possible; mais, dans tout autre pays, ce conte d'esprits qu'on fait courir amènerait ici une nuée de prêtres et de suppôts de la justice pour examiner quel est le fonds de cette histoire, avec un foule d'oisifs pour satisfaire leur curiosité.

— Relativement à la première crainte, Sire, nous devons espérer et croire que le crédit du colonel Everard empêchera toute enquête immédiate, afin que rien ne trouble le repos de la famille de son oncle. Et nous avons encore moins à craindre que qui que ce soit se présente ici sans y être autorisé; mon père a inspiré trop d'affection d'une part et de crainte de l'autre, à tout le voisinage. D'ailleurs les esprits de Woodstock ont jeté une telle alarme, que la frayeur tiendra la curiosité en respect.

— En dernier résultat donc, les chances de sûreté paraissent être en faveur du plan que nous avons adopté; et c'est tout ce que je puis espérer dans une situation si précaire. L'évêque m'a recommandé le docteur Rochecliffe, comme un des fils les plus ingénieux, les plus intrépides et les plus loyaux de l'Eglise anglicane; vous, Albert, vous m'avez donné cent preuves de fidélité; c'est donc sur vous et sur vos connaissances des localités que je me repose. — Maintenant préparez nos armes; — jamais on ne me prendra vivant. — Et cependant je ne puis croire que le fils d'un roi d'Angleterre, l'héritier légitime du trône de ce pays, puisse être destiné à courir quelques dangers dans son propre palais et sous la garde d'une famille si loyale.

Albert Lee plaça les épées et les pistolets près du lit du roi et du sien, et Charles, après quelques mots d'apologie, s'étendit dans le grand lit en soupirant de plaisir, en homme qui n'en avait pas trouvé un si bon depuis quelque temps. Il souhaita le bonsoir à son fidèle compagnon, pendant qu'il se plaçait sur son lit de camp; et le monarque et le sujet ne tardèrent pas à goûter les douceurs du sommeil.

CHAPITRE XXII.

> « Louange au vieux sir Nicolas !
> « D'un jeune oiseau dans l'embarras
> « Il eut pitié, le mit en cage,
> « Et quelques momens d'esclavage,
> « Tandis que planait le faucon,
> « Firent qu'enfin de l'oisillon
> « La liberté fut le partage. »
> WORDSWORTH.

En dépit de tous les dangers, le prince fugitif goûta ce profond repos qu'on ne doit guère qu'à la jeunesse et à la fatigue. Le sommeil du jeune Cavalier qui lui servait de guide et de garde ne fut pas tout-à-fait si tranquille. Il s'éveilla plusieurs fois pendant la nuit, et il écoutait avec attention; car, malgré les assurances que lui avait données le docteur Rochecliffe, il n'était pas sans quelques inquiétudes, et il aurait voulu être mieux informé qu'il ne l'était encore de tout ce qui se passait autour de lui.

Il se leva dès que le jour parut; mais, malgré le soin qu'il prit de faire le moins de bruit possible, le sommeil de Charles en fut troublé. Il se mit sur son séant, et demanda s'il y avait quelque sujet d'alarme.

— Non, Sire, répondit Lee; mais, réfléchissant aux questions que Votre Majesté me faisait hier soir, et aux divers incidens imprévus qui pourraient compromettre la sûreté de Votre Majesté, je me lève de bonne heure pour avoir un entretien à ce sujet avec le docteur Rochecliffe, et pour jeter un coup d'œil de surveillance sur une place qui renferme momentanément la fortune de l'Angleterre. Je serai obligé, pour la sûreté de Votre Majesté, de la prier de vouloir bien prendre la peine de fermer elle-même la porte quand je serai parti.

— Pas tant de Majesté, pour l'amour du ciel, mon cher Albert! dit le pauvre roi en tâchant de mettre une partie de ses vêtemens pour traverser la chambre ; quand le pourpoint et les culottes d'un roi sont tellement en guenilles qu'il lui est aussi difficile de les mettre qu'il l'aurait été pour lui de traverser la forêt de Deane sans guide, on peut laisser la Majesté de côté jusqu'à ce qu'elle se montre sous un extérieur un peu plus décent. D'ailleurs on court la chance que ce mot ronflant soit entendu par des oreilles peu sûres.

— Je me conformerai à vos ordres, répondit Albert, qui venait d'ouvrir la porte. Il sortit, laissant au roi, qui s'était levé dans ce dessein, et qui était à demi habillé au milieu de l'appartement, le soin de la refermer, et le priant de ne l'ouvrir à qui que ce fût, pour quelque motif que ce pût être, à moins qu'il ne reconnût sa voix ou celle du docteur Rochecliffe.

Albert se mit alors à la recherche de l'appartement du docteur, qui n'était connu que du fidèle Joliffe et de lui, et où s'était caché à différentes époques ce digne ecclésiastique, que son caractère audacieux avait entraîné dans une foule de manœuvres aussi hardies que dangereuses, et exposé à des poursuites actives de la part du parti républicain. Depuis quelque temps, on ne songeait plus à lui, parce qu'il avait prudemment quitté la scène de ses intrigues ; mais depuis la perte de la bataille de Worcester, plus actif que jamais, à l'aide de ses amis et de ses correspondans, et principalement de l'évêque de*****, il avait dirigé la fuite du roi du côté de Woodstock, quoique ce n'eût été que le jour même de l'arrivée de ce prince qu'il eût pu l'assurer qu'il trouverait une retraite sûre dans cet ancien château.

Albert admirait l'esprit intrépide et les ressources inépuisables de cet ecclésiastique entreprenant ; mais il sentait que le docteur ne l'avait pas mis en état de répondre de Charles d'une manière aussi précise qu'aurait dû le faire un sujet à qui son maître avait confié le soin de sa sûreté. Son but était donc maintenant de pouvoir considérer une affaire si importante sous tous ses différens points de vue, comme devait le désirer un homme sur qui pesait une telle responsabilité.

Ses connaissances locales lui auraient à peine suffi pour trouver l'appartement secret du docteur, si un fumet appétissant de gibier rôti ne lui eût servi de guide à travers des corridors obscurs, et ne lui eût indiqué les escaliers délabrés qu'il devait monter ou descendre, ainsi que les trappes et les armoires par où il devait passer. Ce fut ainsi qu'il arriva dans une espèce de sanctuaire où Jocelin Joliffe servait au bon docteur un déjeuner solennel consistant principalement en gibier, avec un pot de petite bière dans laquelle trempait une branche de romarin, boisson que Rochecliffe préférait aux liqueurs plus fortes. Près de lui était Bevis, assis sur sa queue, se léchant les lèvres, et faisant l'aimable, l'odeur séduisante du déjeuner l'ayant emporté sur la dignité native de son caractère.

L'appartement dans lequel le docteur s'était établi, était une petite chambre octogone dont les murs cachaient dans leur prodigieuse épaisseur de nombreux passages communiquant avec diverses parties du bâtiment. Autour de lui on voyait des faisceaux d'armes de toute espèce, et un baril qui semblait contenir de la poudre, plusieurs liasses de papier, quelques clefs servant à déchiffrer des correspondances secrètes, deux ou trois morceaux de parchemin couverts d'hiéroglyphes qu'Albert prit pour des thêmes de nativité, des modèles de machines de différens genres ; car le docteur était aussi un adepte en mécanique ; enfin des outils, des masques, des manteaux et des vêtemens de toute espèce, avec une foule d'autres objets appartenant au métier de conspirateur. Dans un coin était une cassette remplie de pièces d'or et d'argent de différens pays, et qui était restée ouverte, comme si c'eût été ce dont le docteur Rochecliffe faisait le moins de cas, quoique sa manière d'être en général annonçât, sinon la pauvreté, du moins une fortune très-bornée. A côté de son assiette étaient une Bible et un livre de prières, avec quelques épreuves qui semblaient sortir de la presse. Un peu plus loin, mais à portée de la main, on voyait un *dirk* ou poignard écossais, une poire à poudre, un mousquet et une paire de beaux pistolets de poche. Au milieu de cette collection bizarre, le docteur déjeunait de bon appétit, sans être plus inquiet du voisinage des armes dangereuses dont il était environné, qu'un ouvrier habitué à braver les périls d'une manufacture de poudre.

— Hé bien, jeune homme, dit-il en se levant et en tendant la main à Albert, venez-vous pour déjeuner amicalement avec moi, ou pour troubler mon repas du matin, comme vous avez troublé hier celui du soir en me faisant des questions hors de saison?

— Je rongerai un os avec vous de tout mon cœur, répondit Albert; et avec votre permission, docteur, je vous ferai en même temps quelques questions qui ne me paraissent pas tout-à-fait hors de saison.

En parlant ainsi, il se mit à table, et aida le docteur à rendre un compte satisfaisant de deux canards sauvages et d'un trio de sarcelles. Bevis, qui tenait sa place avec patience ou en faisant comprendre de temps en temps que le rôle de spectateur oisif ne lui convenait pas, obtint sa part d'un plat de tranches de veau qui était aussi sur la table. Bevis, comme la plupart des chiens dressés, dédaignait la chair des oiseaux aquatiques.

— Hé bien, Albert, voyons, de quoi s'agit-il? dit le docteur en mettant sur son assiette son couteau et sa fourchette, et en ôtant la serviette attachée sous son menton, dès que Jocelin se fut retiré; je vois que tu es encore le même que lorsque j'étais ton gouverneur; — il ne te suffisait jamais d'avoir appris une règle de grammaire, il fallait toujours que tu me persécutasses de questions pour savoir pourquoi cette règle était ainsi, et non autrement, — ayant soif de détails que tu n'aurais pu comprendre, comme Bevis avait faim tout-à-l'heure d'une aile de canard sauvage qu'il n'aurait pas pu manger.

— J'espère que vous me trouverez plus raisonnable, docteur, et en même temps que vous vous souviendrez que je ne suis plus *sub ferulâ*, mais que je me trouve placé dans des circonstances qui ne me permettent pas d'agir d'après le *ipse dixit* de qui que ce soit, à moins que mon jugement ne soit convaincu. Je mériterais d'être pendu, écartelé, tiré à quatre chevaux, s'il arrivait, par ma faute, quelque accident dans cette affaire.

— Et c'est pour cela même, Albert, que je désire que vous m'en laissiez entièrement la conduite, sans vous en mêler. — Vous dites que vous n'êtes plus *sub ferulâ*, — à la bonne heure : mais souvenez-vous que tandis que vous combattiez sur le champ de bataille, je dressais des plans dans mon cabinet, — que je connais tous les projets des amis du roi, — tous les mouvemens de ses ennemis, — aussi bien qu'une araignée connaît les fils de sa toile. — Songez à mon expérience. — Il n'y a pas dans tout le pays un seul Cavalier qui n'ait entendu parler de Rochecliffe le comploteur. J'ai été le membre agissant dans tout ce qu'on a tenté depuis 1642; — j'ai rédigé des déclarations, entretenu des correspondances, communiqué avec les chefs, levé des soldats, procuré des armes, trouvé de l'argent, fixé des rendez-vous. — J'étais la cheville ouvrière de l'insurrection de l'Ouest, de la pétition de la Cité de Londres, et du soulèvement de sir John Owen dans le pays de Galles. — En un mot, j'ai été l'ame de tous les complots tramés en faveur du roi, depuis l'affaire de Tomkins et de Challoner.

— Mais tous ces complots n'ont-ils pas échoué? Tomkins et Challoner n'ont-ils pas été pendus?

— Sans doute, répondit gravement le docteur, comme l'ont été beaucoup d'autres qui ont coopéré avec moi, mais uniquement parce qu'ils n'ont pas suivi implicitement mes avis. — Vous n'avez jamais entendu dire que j'aie été pendu, moi.

— Ce moment peut encore arriver, docteur; tant va la cruche à l'eau..... ce proverbe sent un peu le moisi, comme dirait mon père. — Mais moi aussi j'ai quelque confiance en mon propre jugement, et malgré toute ma vénération pour l'Eglise, je ne puis souscrire tout-à-fait à la doctrine de l'obéissance passive. Je vous dirai donc en un mot sur quels points il me faut une explication; ensuite ou vous me la donnerez, ou je rendrai compte au roi que vous ne voulez pas lui faire connaître votre plan; et en ce cas, s'il suit mon avis, il quittera Woodstock, et reprendra son premier projet de gagner la côte sans délai.

— Hé bien donc, questionneur soupçonneux, fais-moi tes interrogations, et si elles n'exigent pas que je trahisse la confiance qui m'a été accordée, j'y répondrai.

— D'abord quelle est toute cette histoire d'esprits, d'apparitions, de sorcellerie, vraies ou prétendues? Et croyez-vous qu'il soit prudent à Sa Majesté de rester dans une maison où il se passe de pareilles scènes?

— Il faut vous contenter de ma réponse *in verbo sacerdotis*. — Les circonstances dont vous parlez ne se représenteront pas à Woodstock tant que le roi y séjournera. — Je ne puis m'expliquer davantage; mais je garantis ce fait sur ma tête.

— En ce cas, il faut que nous acceptions le cautionnement du révérend docteur, en garantie que le diable s'oblige à vivre en paix avec notre souverain seigneur le roi. — Fort bien. — Maintenant je sais qu'un drôle nommé Tomkins a rôdé hier pendant toute la soirée dans ce château, et il y a peut-être même couché. — C'est un indépendant bien prononcé; — il est secrétaire ou je ne sais quoi du régicide Desborough. — C'est un homme bien connu, fanatique, extravagant dans ses opinions religieuses; mais, dans ses affaires privées, clairvoyant, adroit, et intéressé autant qu'aucun de ces misérables.

— Soyez tranquille; nous nous servirons de son fanatisme religieux pour égarer son adresse mondaine. — Un chien peut conduire un pourceau, s'il a l'esprit d'attacher une corde à l'anneau passé dans les naseaux de l'animal immonde.

— Vous pouvez vous tromper. On rencontre aujourd'hui beaucoup de gens comme ce drôle, dont la manière de voir au spirituel et au temporel est si différente, qu'on pourrait la comparer aux yeux d'un homme louche, dont l'un, suivant une ligne oblique, n'aperçoit que le bout de son nez, tandis que l'autre, loin de partager le même défaut, est doué d'une vue longue, pénétrante, et qui atteint directement son objet.

— Nous couvrirons le bon œil avec une mouche, et il ne pourra voir que de celui qui est imparfait. — Il est bon que vous sachiez que ce drôle a toujours vu le plus grand nombre d'apparitions, et les plus effrayantes. Il n'a pas le courage d'un chat en pareilles occasions, quoiqu'il ne manque pas de bravoure quand il a des antagonistes terrestres.—Je l'ai recommandé aux soins de Jocelin Joliffe, qui, en le faisant boire, et en lui contant des histoires d'esprits, le mettrait hors d'état de savoir ce qui se passe quand vous proclameriez le roi en sa présence.

— Mais pourquoi souffrir ici un pareil drôle?

— Oh! soyez sans inquiétude!— C'est une sorte d'armée assiégeante, ou plutôt une espèce d'ambassadeur de ses dignes maîtres, et nous pouvons être sûrs que nous ne recevrons pas leur visite tant qu'ils pourront savoir tout ce qui s'y passe par les rapports de Tomkins le Fidèle.

— J'ai toute confiance en Jocelin, et s'il m'assure qu'il surveillera ce drôle, je serai sans inquiétude. Jocelin ne sait pas combien nous jouons gros jeu; mais je lui ai dit qu'il y allait de ma vie, et cela suffira pour le rendre vigilant. — A présent, je continue :—Si Markham Everard arrivait ici?

—Nous avons sa parole qu'il n'y viendra point,—sa parole d'honneur, que nous a transmise son ami. — Croyez-vous qu'il soit homme à y manquer?

— Je l'en crois incapable. Je pense même que Markham ne voudrait pas abuser de ce que le hasard lui ferait découvrir.—Mais à Dieu ne plaise que nous soyons dans la nécessité de nous fier à qui que ce soit qui a combattu sous les bannières du parlement, quand il s'agit d'une affaire d'une telle importance.

—Amen! Ne vous reste-t-il plus d'autres inquiétudes?

—Je vois ici avec peine ce jeune impudent, cet avantageux, qui se prétend un Cavalier; — cet intrus qui s'est introduit hier soir en notre compagnie, et qui a gagné le cœur de mon père en racontant une histoire du siège de Brentford, où j'ose dire qu'il n'a jamais été.

— Vous le jugez mal, mon cher Albert. Roger Wildrake, quoique je ne le connaisse personnellement que depuis peu, est un jeune homme bien né : il avait étudié pour le barreau, et il a dépensé toute sa fortune au service du roi.

— Dites plutôt au service du diable, docteur. Ce sont des drôles comme lui qui, après avoir porté la licence dans nos rangs, deviennent des fainéans débauchés, infestent le pays par leurs brigandages, passent la nuit à brailler dans les caveaux et cabarets, et par leurs juremens diaboliques, leur loyauté de têtes chaudes, et leur valeur d'ivrogne, sont cause que les gens honnêtes ont en horreur le nom même de Cavalier.

— Hélas! cela n'est que trop vrai; mais à quoi pouvez-vous vous attendre? Quand une fois la ligne qui sépare les classes les plus élevées des classes inférieures vient à s'effacer, et qu'elles se mêlent indistinctement, les premiers perdent souvent, dans la confusion générale des mœurs et des manières, les plus précieuses des qualités qui leur sont propres.

— De même qu'une poignée de médailles d'argent perdront leur couleur et leur empreinte si on les secoue dans un sac rempli d'une vile monnaie de cuivre. Même la première médaille de toutes, celle que nous autres royalistes nous voudrions si ardemment porter sur notre cœur, a peut-être subi quelque détérioration.—Mais que d'autres langues que la mienne parlent de ce dernier sujet.

Albert Lee réfléchit profondément pendant quelques instans sur tout ce qu'il venait d'entendre. — Docteur, dit-il enfin, il est généralement reconnu, même par ceux qui pensent que vous avez été quelquefois trop ardent à pousser les autres à des entreprises dangereuses...

— Que Dieu pardonne à ceux qui ont conçu de moi une fausse opinion!

— Que cependant vous avez fait et souffert pour le roi plus qu'aucun membre de votre profession.

— Ils me rendent justice en cela,—justice rigoureuse.

— Je suis donc disposé à m'en rapporter à votre opinion, si, tout bien considéré, vous croyez que nous puissions rester à Woodstock en toute sûreté.

— Ce n'est pas là ce dont il s'agit.

— De quoi s'agit-il donc?

— De savoir s'il est possible de faire mieux. Car je regrette de dire que la question doit être toute relative, une question de choix. Nulle alternative, hélas! ne peut nous présenter en ce moment une sûreté absolue. Mais je dis que Woodstock, avec les ressources qu'il nous offre, et les précautions que nous prenons, est l'endroit le plus convenable que nous puissions choisir pour y cacher le roi.

— Il suffit; je cède à votre opinion, comme à celle d'un homme qui a en ce genre d'affaires des connaissances plus étendues et plus approfondies que les miennes, pour ne rien dire de votre âge et de votre expérience.

— Et vous avez raison, dit Rochecliffe : si d'autres avaient agi avec la même défiance d'eux-mêmes, et avec une confiance semblable en ceux qui étaient plus instruits, le siècle s'en serait mieux trouvé. — C'est ainsi que l'intelligence se renferme dans sa forteresse, et que l'esprit monte au haut de sa tour.—Et regardant autour de sa chambre avec un air de complaisance, il ajouta : — L'homme sage prévoit la tempête, et se cache pour s'y soustraire.

— Hé bien, docteur, employons notre prévoyance au profit de celui dont la personne est bien autrement précieuse que la nôtre. — Permettez-moi de vous demander si vous avez bien réfléchi sur la question de savoir si celui qui est pour nous un dépôt si important doit continuer à faire société avec ma famille, ou s'il ne vaut pas mieux qu'il se tienne dans un des recoins secrets de ce château?

— Hum! — je pense que le meilleur parti est qu'il continue à être Louis Kerneguy, et qu'il se tienne près de vous.....

— Je crains qu'il ne soit à propos que je fasse une excursion au dehors, et que je me montre dans quelque canton plus éloigné, de peur qu'en venant ici pour m'y chercher on n'y trouve une prise plus précieuse.

— Ne m'interrompez pas, je vous prie. — Et qu'il se tienne près de vous, dis-je, ou de votre père, soit dans l'appartement de Victor Lee, soit dans quelque pièce qui en soit très-voisine. Vous savez qu'il peut aisément en disparaître si quelque danger le menaçait. — Je ne vois rien de mieux à faire pour le moment. — J'espère avoir des nouvelles du navire aujourd'hui, demain au plus tard.

Albert prit congé du vieillard actif, mais opiniâtre, admirant l'espèce de plaisir que le docteur semblait prendre dans des intrigues qui étaient devenues comme son élement, malgré tout ce que le poète a dit des horreurs qui surviennent entre le projet et l'exécution d'une conspiration [1].

En sortant du sanctuaire du docteur Rochecliffe, il rencontra Jocelin, qui le cherchait avec une sorte d'inquiétude, et qui lui dit d'un ton mystérieux :

— Le jeune gentilhomme écossais est levé ; m'entendant passer, il m'a appelé et m'a dit d'entrer dans son appartement.

—Fort bien, répondit Albert, je vais y aller sur-le-champ.

— Et il m'a demandé du linge blanc et d'autres habits, monsieur. Or il a l'air d'un homme habitué à être obéi; de sorte que je suis allé lui chercher de votre linge, et lui ai donné un habit complet que j'ai trouvé dans une garde-robe de la tour occidentale. Enfin, après s'être habillé, il m'a commandé de le conduire dans l'appartement où étaient sir Henry Lee et ma jeune maîtresse ; sur quoi j'ai voulu prendre la liberté de l'engager à attendre que vous fussiez de retour ; mais il m'a tiré doucement par l'oreille, car il est d'une humeur naturellement joviale, et m'a dit qu'il était l'hôte de maître Albert Lee, et non son prisonnier. Si bien, monsieur, que, quoique je craignisse de vous déplaire en le laissant sortir, et peut-être se montrer à ceux dont il vaudrait mieux qu'il ne fût pas vu,—que pouvais-je faire?

—Vous êtes un garçon de bon sens, Jocelin, et vous comprenez toujours parfaitement ce qu'on vous recommande.— Je crains bien que ni vous ni moi ne puissions empêcher ce jeune homme de faire ses volontés. — Mais à propos, avez-vous soin de surveiller exactement ce drôle de Tomkins, cet espion?

— Fiez-vous à moi, monsieur, et n'ayez pas d'inquiétude de ce côté. —Mais, monsieur, je voudrais revoir à ce jeune Ecossais les vêtemens qu'il avait hier sur le dos, car les habits qu'il porte à présent lui donnent une bien autre tournure.

---

[1] L'auteur fait ici allusion à plusieurs scènes de Shakspeare. —Ed.

D'après la manière dont s'exprimait ce fidèle serviteur, Albert vit bien qu'il soupçonnait qui était véritablement ce prétendu page écossais ; cependant il ne jugea pas à propos de lui avouer un fait d'une si haute importance, étant également sûr de sa fidélité, soit qu'il lui accordât une confiance entière, soit qu'il l'abandonnât à ses conjectures.

Livré lui-même à quelques inquiétudes, il se rendit à l'appartement de Victor Lee, où Jocelin lui avait dit qu'il trouverait le jeune Ecossais avec son père et sa sœur. Comme il allait en ouvrir la porte, des accens de gaieté le firent presque tressaillir, tant ils étaient peu d'accord avec les réflexions mélancoliques et inquiétantes dont il était occupé. Il entra, et trouva son père en bonne humeur, riant et conversant librement avec le jeune page, dont l'extérieur était tellement changé à son avantage qu'il semblait presque impossible qu'une nuit de repos, un peu de toilette et des vêtemens plus décens eussent déjà suffi pour opérer en lui une métamorphose si favorable. On ne pouvait certes l'attribuer entièrement au changement d'habits, quoique cette circonstance produisît sans doute quelque effet.

Il n'y avait pourtant rien de splendide dans le costume nouveau de Louis Kerneguy, à qui nous continuerons de donner ce nom emprunté. C'était un habit de drap gris galonné en or, comme les gentilshommes campagnards en portaient alors pour monter à cheval ; mais il semblait avoir été fait pour lui, et il allait à ravir à son teint basané, maintenant surtout qu'il tenait la tête haute et qu'il montrait les manières d'un jeune homme non-seulement bien né, mais accompli sous tous les rapports. Sa démarche, qui la veille lui donnait l'air de boiter d'une manière gauche et désagréable, n'offrait plus qu'une gêne légère, qui, bien loin de déplaire, pouvait même avoir quelque chose d'intéressant dans ces temps de dangers, parce qu'elle pouvait être la suite de quelque blessure.

Les traits du monarque fugitif avaient toujours quelque chose de dur ; mais il avait quitté sa perruque rousse ; ses cheveux noirs, arrangés avec l'aide de Jocelin, tombaient sur son front en boucles, sous lesquelles brillaient de beaux yeux noirs qui répondaient au caractère animé de sa physionomie. Il ne se servait plus en parlant de ce dialecte vulgaire et grossier qu'il avait si singulièrement affecté la veille, et quoiqu'il mêlât toujours à la conversation quelques expressions écossaises, pour continuer le même rôle, ce n'était pas à un degré qui pût rendre son langage inintelligible ou désagréable, c'était seulement de manière à y donner une certaine teinte *dorique* [1], essentielle au personnage qu'il représentait.

Personne au monde ne savait mieux se conformer au ton de la société dans laquelle il se trouvait. L'exil lui avait fait connaître toutes les vicissitudes de la vie. — Son humeur n'était pas précisément aimable, mais joviale. — Il était doué de cette espèce de philosophie épicurienne qui, même au milieu des plus cruels embarras et des plus grands dangers, peut se livrer par intervalles à toutes les jouissances du moment. — En un mot, il était dans sa jeunesse et ses infortunes ce qu'il fut ensuite étant roi, un voluptueux de bonne humeur, mais à cœur dur; — sage, si ce n'est quand ses passions intervenaient; — libéral, excepté quand la prodigalité l'avait privé des moyens de l'être, ou que ses préventions lui en ôtaient le désir. — Ses défauts étaient tels qu'ils auraient pu souvent lui attirer la haine, s'il n'y eût joint tant d'affabilité que celui qui éprouvait de sa part une injustice ne pouvait en conserver de ressentiment.

Albert Lee trouva son père, sa sœur et le page supposé occupés à déjeuner, et il prit aussi place à table. Il regardait d'un air pensif et inquiet tout ce qui se passait, tandis que le page, qui avait déjà complètement gagné le cœur du vieux Cavalier en contrefaisant le ton avec lequel les prédicateurs écossais prêchaient en faveur de — mon bon lord le marquis d'Argyle — et de la ligue solennelle du Covenant, tâchait d'intéresser à son tour la belle Alice en lui racontant des scènes de guerre et de dangers; ce que l'oreille d'une femme a toujours écouté avec intérêt depuis le temps de Desdemona [2].

Mais ce n'était pas seulement de dangers encourus par

---

(1) Dialecte mêlé. — Ed.

(2) Je lui racontais mes dangers; — ce fut là toute ma magie. (Shaksp. *Othello*.)— Ed.

terre et par mer que le roi déguisé lui parlait ; il lui faisait plus souvent encore la description animée des fêtes, des banquets et des bals qu'il avait vus en pays étrangers, et où la magnificence de la France, de l'Espagne et des Pays-Bas était déployée aux yeux de leurs beautés les plus brillantes. Par suite de la guerre civile, Alice, élevée à la campagne, avait passé dans la solitude la plus grande partie de sa vie : il n'était donc pas étonnant qu'elle écoutât avec plaisir les discours que lui adressait avec tant de gaieté un jeune homme qui était l'hôte de son père et le protégé de son frère, d'autant plus qu'il les entremêlait du récit d'exploits militaires, et qu'il y joignait même quelquefois une réflexion sérieuse, de manière à leur ôter toute apparence de légèreté et de frivolité.

En un mot, sir Henry riait de tout son cœur ; Alice riait de temps en temps, et tous étaient complètement satisfaits, à l'exception d'Albert, qui éprouvait un accablement d'esprit dont il aurait eu peine à donner une raison valable.

Enfin la table fut desservie par l'active et gentille Phœbé, qui chercha plus d'un prétexte pour rester plus long-temps, et qui plus d'une fois lorgna en tournant à demi la tête pour écouter les discours de ce même page que la veille, en servant à table, elle avait regardé comme un des individus les plus stupides pour qui les portes de la Loge de Woodstock se fussent ouvertes depuis le temps de la belle Rosemonde.

Quand le bruit causé par la desserte du déjeuner fut terminé, et Phœbé absente, Louis Kerneguy parut songer que son ami, son patron, Albert Lee, ne devait pas rester tout-à-fait dans l'ombre pendant qu'il accaparait lui-même l'attention des autres membres d'une famille où il était introduit depuis si peu de temps. Il se leva donc, et allant s'appuyer sur le dossier de la chaise d'Albert, il lui dit avec un ton de gaieté qui rendait son intention parfaitement intelligible :

— Ou mon bon ami, mon guide, mon patron, a appris ce matin de mauvaises nouvelles dont il ne se soucie pas de nous faire part, ou il faut qu'il ait marché sur mon vieux pourpoint vert et mes guêtres de cuir, dont le contact lui a donné cette stupidité que j'ai secouée hier au soir en quittant ces déplorables vêtemens.—Montrez plus de gaieté, mon cher colonel Albert, si vous permettez à votre page affectionné de vous parler ainsi. — Vous êtes près de personnes dont la société, chère à des étrangers, doit l'être doublement pour vous. — Egayez-vous donc! corbleu! je vous ai vu manger gaiement un morceau de pain et du cresson de fontaine; comment la gaieté peut-elle vous manquer après un déjeuner de venaison arrosé de vin du Rhin?

— Mon cher Louis, dit Albert faisant un effort pour rompre un silence dont il était presque honteux, j'ai moins bien dormi que vous, et je me suis levé de meilleure heure.

— Quand cela serait, dit sir Henry, ce n'est pas, à mon avis, une excuse valable pour ce sombre silence. Après une si longue absence, après toutes nos inquiétudes pour vous, Albert, vous revoyez votre père et votre sœur presque comme des étrangers. Et cependant vous voilà de retour parmi eux et en sûreté, et vous nous trouvez tous deux en bonne santé.

— De retour, il est vrai, mon père; mais en sûreté, c'est ce qu'on ne pourra dire d'ici à quelque temps d'aucun de ceux qui sont revenus de la bataille de Worcester. Et cependant ce n'est pas ma propre sûreté qui m'inquiète.

— Et pour qui donc êtes-vous inquiet? — Toutes les nouvelles s'accordent à dire que le roi est heureusement hors de la gueule des chiens.

— Non sans quelque danger cependant, dit Louis Kerneguy pensant à la manière dont Bevis l'avait attaqué la veille.

— Non sans quelque danger, il est vrai, répéta le chevalier; mais, comme le dit le vieux Will,

> De tant de majesté le ciel entoure un roi
> Qu'un traître même craint de lui manquer de foi.

Oui, oui, graces en soient rendues à Dieu! le ciel y a veillé; — notre espoir, notre fortune a échappé à ses ennemis, — toutes les nouvelles l'assurent, — échappé par Bristol. — Si j'en doutais, Albert, je serais aussi mélancolique que vous. — Du reste, j'ai demeuré un mois caché dans cette demeure, à une époque où l'heure de ma découverte aurait été celle de ma mort. Et il n'y a pas bien long-temps; c'était après l'insurrection de lord Holland et du duc de Buckingham à Kingston. Mais du diable si j'ai pensé une seule fois à donner à ma physionomie une expression aussi tragique que la vôtre. Je mis mon chapeau sur l'oreille, et je narguai l'infortune, comme doit le faire un Cavalier.

— S'il m'est permis d'ajouter un mot, dit Louis, ce serait pour assurer le colonel Albert Lee que je suis convaincu que le roi, quel que soit son destin en ce moment, le regarderait comme beaucoup plus fâcheux s'il savait que ce fût un motif pour que ses plus fidèles sujets tombassent dans l'accablement.

— Vous répondez du roi bien hardiment, jeune homme, dit sir Henry.

— Mon père était souvent près de sa personne, répliqua Louis avec l'accent écossais, se rappelant le rôle qu'il jouait.

— Je ne m'étonne donc plus, dit sir Henry, que vous ayez retrouvé si tôt votre gaieté et vos bonnes manières en apprenant que Sa Majesté avait échappé à ses ennemis. Sur ma foi, vous ne ressemblez pas plus au jeune homme qui est arrivé ici hier soir, que le meilleur cheval de chasse que j'aie jamais eu ne ressemble à un cheval de charrette.

— Oh! une bonne nuit, un souper solide et un peu de toilette font bien des miracles, répondit Louis. On a peine à reconnaître la rosse fatiguée qu'on a montée la veille, quand on la revoit le lendemain trépignant, hennissant, et prête à se remettre en course, après qu'elle s'est bien reposée, qu'elle a mangé l'avoine, et qu'elle a été bien étrillée, surtout si l'animal est de bonne race, car ce sont ceux qui se refont le plus vite.

— Hé bien, dit le chevalier, puisque ton père était courtisan, que tu connais un peu ce métier, à ce qu'il paraît, dis-nous quelque chose, maître Kerneguy, de celui dont nous aimons tous à entendre parler. Parle sans crainte du roi, nous sommes tous fidèles et discrets. — C'était un jeune homme donnant de grandes espérances. — Les fleurs promettent-elles d'être remplacées par de beaux fruits?

Pendant que sir Henry parlait ainsi, Louis baissa les yeux, et parut d'abord incertain de ce qu'il devait dire. Mais, doué d'une admirable facilité pour se tirer de pareils embarras, il répondit qu'il n'osait réellement se permettre de parler d'un tel sujet en présence de son patron, le colonel Albert Lee, qui devait être beaucoup plus en état que lui de porter un jugement sur le caractère du roi.

Ce fut donc à son fils que s'adressa alors le vieux chevalier, et Alice se joignit à lui.

— Je ne parlerai que d'après les faits, dit Albert, et par conséquent on ne pourra m'accuser de partialité. — Si le roi n'avait pas un esprit entreprenant et des connaissances militaires, il n'aurait jamais tenté l'expédition de Worcester. — S'il n'eût été doué de courage, il n'y eût pas disputé la victoire si long-temps, que Cromwell crut presque la bataille perdue. — Qu'il ne manque ni de prudence ni de patience, c'est ce que prouvent les circonstances de sa fuite, et il est évident qu'il possède l'amour de ses sujets, puisque, ayant été nécessairement reconnu par un grand nombre d'entre eux, il ne s'en est trouvé aucun qui l'ait trahi.

— Fi! Albert, s'écria sa sœur; est-ce ainsi qu'un bon Cavalier trace le portrait de son roi, appliquant une preuve à chaque qualité qu'il veut bien lui accorder, comme un colporteur qui mesure de la toile à l'aune? — Fi! il n'est pas étonnant que vous ayez été vaincus si vous avez tous combattu pour votre roi aussi froidement que vous venez d'en parler.

— J'ai fait de mon mieux pour tracer un portrait qui ressemblât à ce que j'ai vu et connu de l'original, ma sœur; si vous en voulez un d'imagination, il faut vous adresser à un peintre qui en ait plus que je n'en possède.

— Je serai moi-même cet artiste, mon frère, et dans mon portrait, puisque je m'annonce avec de si hautes prétentions, notre monarque paraîtra tout ce qu'il doit être; — tout ce qu'il faut qu'il soit étant descendu de ses ancêtres; — tout ce que je suis sûre qu'il est, et tout ce que doivent le croire tous les cœurs loyaux de son royaume.

— Bien dit, Alice, répondit son père; nous verrons les

deux portraits, et notre jeune ami jugera. Je gage mon meilleur cheval, — c'est-à-dire je le gagerais si l'on m'en avait laissé un, — qu'Alice sera le plus habile des deux peintres. — Je crois que l'esprit de mon fils est couvert d'un nuage depuis sa défaite. Il est encore au milieu de la fumée de Worcester. — Quelle honte! — Un jeune homme se laisser abattre par une seule défaite! Si tu avais été frotté vingt fois comme moi, je te pardonnerais d'avoir l'air consterné. — Mais allons, Alice, commence; les couleurs doivent être broyées sur ta palette. — Donne-moi quelque chose qui ressemble aux portraits vivans de Vandyck, à côté de l'image sèche et froide de celui de nos ancêtres que voilà, Victor Lee.

Il est bon de faire observer qu'Alice avait été élevée par son père dans les sentimens de cette loyauté exaltée qui caractérisait les Cavaliers, et qu'elle était réellement enthousiaste pour la cause royale. Mais en outre elle était animée par la joie que lui causait l'heureux retour de son frère; et enfin elle désirait prolonger la gaieté à laquelle elle voyait son père se livrer, ce qui était presque un phénomène en lui depuis un certain temps.

— Hé bien donc, dit-elle, quoique je ne sois pas un Apelles, je tâcherai de peindre un Alexandre, dont le modèle existe, comme je l'espère, comme je suis déterminée à le croire, dans la personne de notre souverain exilé, que je me flatte de revoir bientôt sur son trône. Et je ne chercherai ses traits que dans sa propre famille. — Il aura toute la valeur chevaleresque, toute la science militaire de son aïeul Henri IV de France, afin de remonter sur son trône; — toute sa bonté, tout son amour pour son peuple, toute sa patience à écouter des avis, même désagréables, toute sa promptitude à sacrifier ses désirs et ses plaisirs au bien de son peuple, afin d'être chéri et béni tant qu'il portera la couronne, et de vivre si long-temps après sa mort dans la mémoire du peuple, que, pendant des siècles, on regardera comme un sacrilège de médire du trône qu'il aura occupé. — Long-temps après sa mort, tant qu'il restera un vieillard qui l'aura vu, ne fût-ce qu'un artisan ou un valet d'écurie, il sera logé, nourri, entretenu aux frais du public, et l'on regardera les cheveux blancs du pauvre homme avec plus de vénération que la couronne d'un comte, parce qu'il rappellera Charles II, le souverain de tous les cœurs d'Angleterre.

Tandis qu'Alice parlait ainsi, elle songeait à peine qu'un autre individu que son père et son frère l'écoutât; car le page s'était retiré à l'écart, et rien ne le rappelait à Alice. Elle se livra donc à son enthousiasme, et tandis qu'une larme brillait dans ses yeux, et que ses beaux traits s'animaient, elle ressemblait à un ange descendu du ciel pour proclamer les vertus d'un monarque patriote. Celui qui était le plus intéressé à ce qu'elle disait s'était écarté, comme nous l'avons dit, et cachait ses traits en partie, mais de manière à se ménager la vue de ceux de la belle enthousiaste.

Albert Lee, qui savait en présence de qui sa sœur prononçait cet éloge, était fort embarrassé; mais son père, dont les sentimens de loyauté étaient encore exaltés par ce panégyrique, éprouvait des transports de joie.

— Voilà pour *le roi*, Alice, lui dit-il; maintenant que nous direz-vous de *l'homme?*

— Quant à l'homme, répondit Alice sur le même ton, je ne puis lui souhaiter rien de plus que les vertus de son malheureux père. Les plus cruels ennemis de ce prince infortuné ont été forcés d'avouer que, si les vertus morales et religieuses doivent être regardées comme les qualités qui méritent une couronne, personne n'y avait plus de droit. Sobre, sage, économe, et cependant magnifique en récompensant le mérite; — ami des lettres et des muses, mais réprimant sévèrement l'abus de ces dons du ciel; estimable dans toute sa vie privée; bon maître; excellent ami; le meilleur père, le meilleur chrétien..... La voix commençait à manquer à Alice, et son père avait déjà appliqué un mouchoir à ses yeux.

— Il était tout cela, ma fille, s'écria-t-il; il était tout cela. — Mais n'en dites pas davantage, je vous le défends; — pas davantage; — en voilà assez! — Que son fils possède seulement ses vertus, qu'il ait de plus sages conseillers et une meilleure fortune, et il sera tout ce que l'Angleterre peut désirer, quelque haut qu'elle porte ses désirs.

A ces discours succédèrent quelques instans de silence. Alice commençait à craindre de s'être exprimée avec plus de chaleur et d'enthousiasme qu'il ne convenait à son âge et à son sexe ; sir Henry était occupé de réflexions pénibles sur le sort de son ancien souverain ; Kerneguy et son patron éprouvaient quelque embarras, occasioné peut-être parce qu'ils sentaient tous deux que le véritable Charles ne ressemblait pas tout-à-fait au portrait idéal et flatteur qui venait d'en être tracé. Il est des cas où des éloges exagérés ou mal appliqués deviennent la satire la plus sévère.

Mais celui à qui ces réflexions auraient pu être le plus utiles n'était pas homme à s'y abandonner long-temps. Prenant le ton de la raillerie, ce qui est peut-être le moyen le plus facile pour échapper aux reproches que fait la conscience : — Tout Cavalier, dit-il, devrait fléchir le genou devant miss Alice Lee pour la remercier d'avoir tracé un portrait si flatteur du roi notre maître en mettant à contribution pour lui toutes les vertus de ses ancêtres. — Il n'y a qu'un seul point sur lequel je n'aurais pas cru qu'une femme peintre pût garder le silence. Après avoir fait de lui, comme héritier des vertus de son aïeul et de son père, un abrégé de toutes les qualités royales et humaines, pourquoi ne lui a-t-elle pas donné en même temps quelques-uns des traits de sa mère ? — Pourquoi le fils d'Henriette-Marie, la plus belle femme de son temps, ne joindrait-il pas à toutes les qualités du cœur et de l'esprit la recommandation d'une figure agréable et d'un bel extérieur ? — Il avait le même droit héréditaire à la beauté physique qu'aux qualités morales. Le portrait, avec cette addition, serait parfait dans son genre, — et plût au ciel qu'il fût ressemblant !

— Je vous comprends, maître Kerneguy, dit Alice ; mais je ne suis pas une fée, pour accorder, comme on le voit dans les contes avec lesquels on nous berce, des dons que la Providence a refusés. Je suis assez femme pour avoir pris des renseignemens à ce sujet, et la voix générale assure que le roi, quoique fils de parens remarquables par leur beauté, est d'une laideur peu ordinaire.

— Juste ciel, ma sœur! s'écria Albert en se levant avec un air d'impatience.

— Vous me l'avez dit vous-même, dit Alice, surprise de l'émotion qu'il montrait; vous m'avez assuré que.....

— Cela est insupportable! murmura Albert. — Il faut que je sorte pour parler sur-le-champ à Jocelin. — Louis, ajouta-t-il en adressant au faux page un regard suppliant, vous m'accompagnerez sûrement.

— Je le voudrais de tout mon cœur, répondit Kerneguy avec un sourire malin, mais vous voyez que je boite encore. Et résistant aux efforts que faisait le jeune colonel pour le décider à le suivre : — Allons donc, Albert, lui dit-il à voix basse, pouvez-vous supposer que je suis assez fou pour m'offenser de cela? au contraire, je désire en profiter.

— Dieu le veuille! pensa Albert en sortant de l'appartement; ce sera la première instruction dont vous aurez profité, et au diable soient les complots et les comploteurs qui m'ont fait vous amener ici!

Il sortit du château, et alla promener son mécontentement dans le parc.

CHAPITRE XXIII.

« C'est en ces lieux, dit-on, qu'il fréquente sans cesse
« Les dangereux amis qui perdent sa jeunesse,
« Tandis que l'insensé, dans sa fougueuse ardeur,
« D'imiter leurs excès se fait un point d'honneur.»
SHAKSPEARE. *Richard II.*

LA conversation qu'Albert s'était en vain efforcé d'interrompre continua à rouler sur le même sujet après son départ. Elle amusait Louis Kerneguy, car la vanité personnelle et le ressentiment d'un reproche mérité étaient bien loin d'être au nombre de ses défauts; il avait un esprit au-dessus de ces faiblesses, et avec des principes plus sûrs, plus de résolution, plus de fermeté, et plus de force pour résister à ses passions, Charles II aurait été placé à un rang très-élevé parmi les monarques anglais.

De son côté, sir Henry écoutait avec un plaisir bien naturel les nobles sentimens exprimés par un être qui lui était aussi cher que sa fille. Il avait lui-même des qualités plus solides que brillantes, et il était doué de cette espèce d'imagination qui ne s'éveille que par le contact d'une autre, comme le globe électrique ne produit des étincelles que par le frottement. Il ne fut donc pas fâché d'entendre Kerneguy renouer la conversation en disant que miss Alice Lee n'avait pas expliqué pourquoi la même fée bienfaisante qui accordait des qualités morales ne pouvait également faire disparaître des imperfections physiques.

— Vous vous méprenez, monsieur, répondit Alice; je n'accorde rien; je ne fais qu'essayer de peindre notre roi tel que j'espère qu'il est, — tel que je suis sûre qu'il peut être, s'il en a lui-même le désir. La même voix publique qui lui attribue des traits peu prévenans parle de ses talens comme étant du premier ordre. Il a donc les moyens d'arriver à un degré de perfection, s'il veut les cultiver avec soin, et les employer utilement, — s'il veut commander à ses passions, et se laisser guider par sa raison. Tout homme vertueux n'est pas nécessairement doué de talens ; mais tout homme qui a des talens peut se rendre recommandable par la vertu, si bon lui semble.

Louis Kerneguy se leva avec vivacité, fit un tour dans la chambre, et avant que le vieux chevalier eût le temps de faire une observation sur le mouvement singulier qui avait paru l'agiter tout à coup, il se rejeta sur sa chaise, et dit d'une voix un peu altérée :

— Il paraît, miss Lee, que les bons amis qui vous ont parlé de ce pauvre roi vous ont rendu un compte aussi défavorable de sa conduite que de sa personne.

— Vous pouvez connaître la vérité beaucoup mieux que moi, monsieur, répondit Alice; mais il est certain que le bruit public l'accuse d'une licence qui, quoi que puissent dire les flatteurs pour l'excuser, ne convient pas, pour ne rien dire de plus, au fils du roi martyr. — Je serais bien charmée d'entendre démentir ces propos d'après de bonnes autorités.

— Je suis surpris de votre folie, Alice! s'écria sir Henry. Comment pouvez-vous faire allusion à de pareilles sottises? — Calomnies inventées par les brigands qui ont usurpé le gouvernement, — mensonge que font courir nos ennemis.

— Doucement, monsieur, dit Kerneguy en souriant, que votre zèle n'aille pas jusqu'à donner à nos ennemis encore plus de torts qu'ils n'en ont réellement. C'est à moi que miss Alice a adressé sa question; et j'y répondrai que personne ne peut être plus dévoué au roi que je ne le suis; — que je vois ses bonnes qualités d'un œil partial; — que je suis aveugle sur ses défauts; — en un mot que je suis le dernier homme du monde qui abandonnerait sa cause; cependant je dois avouer que, si les mœurs de son aïeul le roi de Navarre ne sont pas tout-à-fait les siennes, ce pauvre roi a hérité d'une partie des taches qu'on regardait comme pouvant ternir le lustre dont brillait ce grand prince; — que Charles a le cœur un peu tendre, un peu faible, quand il s'agit du beau sexe. — Ne le blâmez pas trop sévèrement, miss Alice. Quand le destin cruel d'un homme le jette au milieu des épines, il serait un peu dur de lui faire un reproche de cueillir quelques roses.

Alice, qui jugea sans doute que la conversation avait été poussée assez loin, se leva pendant que maître Kerneguy parlait encore, et elle sortit de l'appartement sans avoir l'air de l'avoir entendu. Son père approuva son départ, pensant probablement que la tournure que le page venait de donner à l'entretien ne convenait pas aux oreilles de sa fille, et, désirant rompre civilement la conversation, il dit à Louis Kerneguy :

— Je m'aperçois que voici l'heure où, comme le dit Will, les affaires domestiques appellent ma fille; — je vous proposerai donc, jeune homme, de donner un peu d'exercice à vos membres en faisant assaut avec moi à armes courtoises, comme la rapière seule ou la rapière et le poignard, ou vos armes nationales, c'est-à-dire la claymore, le bouclier. — Nous trouverons toutes ces armes sous le vestibule.

— Ce serait faire trop d'honneur à un pauvre page, répondit maître Kerneguy, que de lui permettre d'essayer une passe d'armes avec un chevalier aussi renommé que sir Henry Lee; et je serai très-reconnaissant s'il daigne me l'accorder avant que je quitte Woodstock. Mais en ce moment ma jambe est encore si endolorie que cette épreuve ne pourrait que me couvrir de honte.

Sir Henry lui proposa alors de lui lire une pièce de Shakspeare, et il choisit Richard II. Mais à peine eut-il déclamé :

Vieux Jean de Gand, honorable Lancastre,

le jeune homme fut saisi d'un accès de crampe si subit et si violent qu'il dit que rien ne pourrait le soulager qu'un peu d'exercice. Il demanda donc la permission d'aller faire une promenade autour du château, si sir Henry croyait qu'il pût s'y hasarder sans danger.

— Je puis répondre de deux ou trois de nos gens qui nous restent encore, dit le chevalier; et je sais que mon fils en a chargé un d'être constamment aux aguets. Si vous entendez sonner la cloche du château, je vous recommande d'y revenir sur-le-champ par le chemin le plus court, en vous dirigeant vers le chêne du roi, — cet arbre que vous voyez s'élever au-dessus des autres dans cette clairière; — nous y posterons quelqu'un qui vous fera rentrer secrètement dans le château.

Le page écouta ces avis prudens avec l'impatience d'un écolier qui, désirant jouir de son jour de congé, entend, sans trop d'attention, les avis de son père, ou de son gouverneur, qui lui recommande de prendre garde de gagner un rhume.

La retraite d'Alice Lee avait fait disparaître tout ce qui rendait l'intérieur de la Loge agréable au jeune page, et il s'empressa d'échapper au genre d'exercice et d'amusement que sir Henry lui avait proposé. Il prit sa rapière, jeta sur ses épaules son manteau, ou pour mieux dire celui qui faisait partie des vêtemens d'emprunt qu'il portait, et en releva un pan de manière à cacher toute la partie inférieure de son visage, et à ne laisser apercevoir que les yeux. Cette manière de porter un manteau était alors très-ordinaire, et elle était adoptée dans les villes, à la campagne, dans les endroits publics, par tous ceux qui désiraient marcher sans interruption, et ne pas être arrêtés à chaque pas par quelqu'une de leurs connaissances. Il traversa l'espace découvert qui séparait la Loge du parc comme un oiseau échappé de sa cage, mais qui, quoique joyeux d'être en liberté, sent en même temps qu'il a besoin de protection et d'abri. Le bois offrait l'un et l'autre au monarque fugitif, comme il l'aurait offert à l'oiseau dont nous venons de parler.

Quand il fut entré dans la forêt, qu'il se trouva à couvert et sans témoins sous les arbres, et cependant ayant encore en vue la façade de la Loge, il se livra à ses réflexions.

— A quelle chance j'ai échappé! — Faire assaut d'armes avec un vieillard goutteux qui, j'ose dire, ne connaît pas une seule feinte qui ne fût déjà pratiquée dans le temps de Vincent Saviolo!—ou, ce qui n'est qu'un autre genre de misère, —l'entendre lire un de ces labyrinthes de scènes que les Anglais appellent tragédie, depuis le prologue jusqu'à l'épilogue!—depuis la première entrée jusqu'à *exeunt omnes*[1]!— C'eût été une horreur sans égale,—une pénitence capable de rendre un cachot encore plus sombre, d'ajouter à l'ennui même de Woodstock.

Ici il s'arrêta un instant, jeta un coup d'œil autour de lui, et reprit le cours de ses méditations.

—Ainsi donc c'était ici que l'ancien et joyeux roi normand cachait sa charmante maîtresse. — Sans l'avoir jamais vue, je réponds que Rosemonde Clifford n'a jamais été de moitié aussi jolie que cette aimable Alice Lee.—Quelle ame respire dans ses yeux!—Avec quel abandon elle se livrait à tout son enthousiasme! — Si je devais rester long-temps ici, je serais tenté, en dépit de la prudence et de cinq à six vénérables obstacles, d'essayer de la réconcilier avec la laideur de ce même prince dont elle parlait!—Laideur!—Parler ainsi des traits du roi, c'est une sorte de haute trahison dans une femme qui a de si hautes prétentions à la loyauté. — Ah!

---

(1) *Sortie de tous les personnages.*

gentille miss Alice! plus d'une miss Alice a fait avant vous des exclamations terribles sur les irrégularités du genre humain et la corruption, qui a fini par être assez aise de trouver quelque excuse pour faire comme les autres.

—Mais son père,—ce vieux et brave Cavalier,—l'ancien ami de mon père! — Si pareille chose arrivait, ce serait un crève-cœur pour lui!—Bon! il a trop de bon sens pour cela. — Si je donnais à son petit-fils le droit d'ajouter les armes d'Angleterre à son écusson, qu'importerait qu'on y vît la barre de bâtardise? Ce serait un honneur et non une dégradation. Les professeurs de l'art héraldique l'en placeraient d'un degré plus haut sur la liste de la noblesse anglaise. — Ensuite s'il trouvait l'affaire un peu mortifiante, le vieux traître ne le mérite-t-il pas, d'abord pour son intention déloyale de faire à notre corps sacré des marques bleues et noires avec de vils fleurets, ensuite pour avoir ourdi un complot atroce avec un certain Will Shakspeare, drôle aussi suranné que lui-même, afin de m'assassiner par cinq actes d'une pièce historique, ou plutôt d'une chronique intitulée :—La vie et la mort piteuse de Richard II?—Corbleu! ma propre vie est assez piteuse, il me semble; et ma mort peut fort bien y servir de pendant, autant que je puis le prévoir.

— Oui, mais le frère,—mon ami,— mon guide,— mon unique garde-du-corps!— En tant que cette petite intrigue *in petto* le concerne, elle pourrait ne pas lui paraître tout-à-fait honorable. — Oh! tous ces frères impétueux, colères, vindicatifs, n'existent que sur le théâtre! Cet esprit de vengeance, avec lequel un frère poursuit avec toute la rage d'un pointilleux honneur un pauvre diable qui a séduit sa sœur, ou qui a été séduit par elle, comme le cas peut se présenter, cet esprit-là, certes, est entièrement passé de mode depuis que Dorset a tué lord Bruce, il y a bien des années. — Bon! quand un roi est l'offenseur, l'homme le plus brave peut bien dissimuler une petite injure dont il ne peut se venger personnellement. En France, il n'existe pas une seule famille noble qui ne levât la tête d'un pouce plus haut si elle pouvait se vanter d'une pareille alliance de la main gauche avec le grand monarque.

Telles étaient les pensées qui se succédaient dans l'esprit de Charles tandis qu'il s'éloignait de la Loge de Woodstock, et qu'il s'enfonçait dans la forêt. Sa morale dépravée n'était pourtant pas le résultat de ses dispositions naturelles, et sa raison ne l'écoutait pas sans scrupules ; mais tel était le fruit de ses liaisons trop intimes avec de jeunes libertins de qualité et spirituels, tels que Williers, Wilmot, Sedley, et plusieurs autres courtisans dont le génie était destiné à corrompre ce siècle et leur monarque. Ces jeunes gens, élevés au milieu de la licence de la guerre civile, et n'ayant jamais été soumis à ce frein que, dans un temps ordinaire, l'autorité des parens impose sur les passions impétueuses de leurs enfans, étaient passés maîtres en toute espèce de vices; ils savaient en inspirer le goût par leurs préceptes comme par leur exemple, et tournaient sans pitié en ridicule les nobles sentimens qui empêchent l'homme de s'abandonner à ses désirs désordonnés.

Les événemens de la vie du roi l'avaient aussi disposé à adopter cette doctrine épicurienne. Avec toute sorte de droits à la compassion et à l'assistance, il s'était vu accueillir avec froideur dans les cours où il s'était rendu, et avait été reçu plutôt en suppliant qu'on tolère qu'en monarque exilé. Il avait vu traiter avec dédain et indifférence ses droits et ses prétentions légitimes; et, dans la même proportion, il s'était habitué à la dureté de cœur, à l'égoïsme et à la dissipation, qui lui promettaient quelques plaisirs. S'il se les procurait, aux dépens du bonheur des autres, devait-il être bien scrupuleux à cet égard, lui qui ne faisait que traiter les hommes comme le monde le traitait lui-même?

Mais, quoique le germe de ces fatales dispositions existât déjà, le prince était encore loin d'être aussi peu scrupuleux qu'il le parut quand une porte s'ouvrit inopinément pour sa restauration. Cette espèce de logique de la corruption trouvait encore quelques bons principes dans son cœur pour la réfuter ; il réfléchit donc que ce qui passerait peut-être pour une peccadille en France ou dans les Pays-Bas, ce qui aurait été une anecdote divertissante pour les beaux esprits de sa cour errante, ou leur aurait fourni le sujet d'une pasquinade, serait sans doute regardé par la noblesse anglaise du second ordre comme un trait d'ingratitude horrible et de trahison infame, et porterait un coup terrible, peut-être mortel, à ses intérêts, en aliénant de lui le cœur de ses plus respectables partisans.

Il réfléchit aussi, car il ne perdait pas de vue le soin de sa personne même dans sa manière de considérer ce sujet, — qu'il était au pouvoir de sir Henry Lee et de son fils ; que tous deux avaient passé pour être pointilleux sur tout ce qui concernait l'honneur ; et que, s'ils venaient à lui soupçonner seulement le dessein de faire un affront à leur famille, il leur serait bien facile d'en tirer une vengeance signalée, soit par leurs propres mains, soit en le livrant à celles de la faction dominante.

—Le risque de faire rouvrir la fatale fenêtre de Whitehall, et de donner une seconde représentation de la tragédie de l'Homme Masqué [1], se dit-il à lui-même pour réflexion finale, serait une pénitence plus fâcheuse que celle du *fauteuil* [2] en Ecosse ; et, quelque jolie que soit miss Alice Lee, ce serait trop hasarder pour une bonne fortune. Ainsi donc, adieu, charmante fille !—à moins que, comme cela est arrivé quelquefois, tu n'aies la fantaisie de te jeter aux pieds de ton roi, auquel cas j'ai trop de magnanimité pour te refuser ma protection. Et cependant quand je me figure ce vieillard étendu devant moi, pâle, inanimé, comme il était hier soir ! — Quand je me représente Albert Lee bouillant de fureur, la main sur la garde d'une épée que sa loyauté seule l'empêche de plonger dans le cœur de son souverain !—Non ! ce tableau est trop horrible ! il faut que je change mon nom de Charles en celui de Joseph, quelques tentations que je puisse éprouver ; et puisse la fortune dans sa merci me les épargner !

Pour dire la vérité sur un prince malheureux dans le choix de ses premiers amis, et dont les fautes furent la suite de l'endurcissement que produisirent en lui les aventures de sa jeunesse et le dérèglement de sa vie plutôt que de ses dis-

---

(1) Charles Ier fut décapité par un homme masqué sur un échafaud dressé devant une fenêtre de son palais de Whitehall. — ED.

(2) Cutty stool. Voyez *Waverley*. — ED.

positions naturelles, Charles arriva d'autant plus aisément à cette sage conclusion qu'il n'était nullement sujet à ces violens accès de passion qui absorbent toutes les facultés, et qu'on veut satisfaire, même au risque de perdre l'empire du monde. Ses amours,— et combien il y en eut de ce caractère dans le siècle où j'écris ! — ses amours étaient une affaire d'habitude et de mode plutôt que d'affection et de tendresse ; en se comparant à cet égard à son aïeul Henry IV, il ne rendait parfaite justice ni à ce monarque ni à lui-même. Charles, pour parodier les expressions d'un poète, agité lui-même seulement par les passions orageuses qu'un libertin intrigant ne fait souvent que feindre,

> N'était pas de ces gens aimant si tendrement,
> N'était pas de ces gens aimant aveuglément.

L'amour n'était pour lui qu'une affaire d'amusement, une suite naturelle, à ce qu'il lui semblait, du cours ordinaire des choses dans la société. Il ne se donnait pas la peine de pratiquer l'art de la séduction, parce qu'il avait rarement eu occasion d'en faire usage, l'élévation de son rang et les mœurs relâchées de quelques-unes des femmes dont il faisait sa société le lui rendant inutile. Il faut encore ajouter à cela qu'il avait été rarement traversé dans ses intrigues par l'intervention des parens et même des amis, qui, en général, avaient paru disposés à laisser les choses suivre leur cours naturel.

Ainsi donc, quoiqu'il se fût fait un système de ne croire ni à la vertu des femmes ni à l'honneur des hommes en ce qui concernait la réputation de leurs parens ou de leurs épouses, Charles n'était pas homme à introduire, de propos délibéré, le déshonneur dans une famille où la conquête pourrait être vivement contestée, quand la victoire obtenue avec difficulté devait amener une catastrophe générale, et au risque d'armer toutes les passions contre l'auteur du scandale.

Mais le danger de la société du roi consistait principalement en ce qu'il ne croyait pas qu'il existât un cas où le remords pût remplir d'amertume la vie de la victime, et où le ressentiment des parens pût devenir dangereux. Il avait vu sur le continent traiter de pareilles affaires comme des choses de tous les jours, et qui, lorsqu'il s'agissait d'un homme de haute influence, pouvaient s'arranger facilement; il avait contracté ainsi un véritable scepticisme sur la vertu dans les deux sexes, et il était porté à la regarder comme un voile que prenaient la prudence chez les femmes et l'hypocrisie chez les hommes pour vendre leur complaisance à plus haut prix.

Tandis que nous discutons le caractère de la galanterie du monarque fugitif, ce prince suivait au hasard les détours d'un sentier qui le conduisit enfin sous les croisées de l'appartement de Victor Lee, à l'une desquelles il aperçut Alice arrosant quelques pots de fleurs placés sur le balcon. Mais elle n'y était pas seule; son père se montra debout derrière elle, et il fit signe au page supposé de venir les joindre. La partie de famille semblait alors promettre plus d'agrément que tout à l'heure; Charles se sentit disposé à laisser aller les choses comme il plairait au hasard.

La fenêtre était facile à escalader en plein jour, quoiqu'il eût fait l'épreuve que cette entreprise n'était pas sans danger pendant la nuit. Il y monta légèrement, et reçut le meilleur accueil du vieux chevalier, qui faisait grand cas de l'activité. Alice elle-même était charmée de revoir un jeune homme dont la vivacité l'amusait, et le plaisir sans affectation qu'elle montra de ses saillies fut un stimulant qui l'excita à déployer l'esprit et la gaieté que personne ne possédait à un plus haut degré que lui.

Sa verve satirique enchanta le vieillard, qui rit aux larmes tandis que le prétendu page imitait successivement le ton dogmatique du ministre presbytérien écossais, l'accent de fierté du pauvre gentilhomme du Nord et le dialecte celtique du Chef montagnard, caractères que son séjour en Ecosse lui avait rendus familiers. Alice, de son côté, ne rit guère moins, applaudit à ses efforts, et s'amusa d'autant plus qu'elle voyait son père s'amuser.

Toute la compagnie était donc en train de se divertir quand Albert Lee arriva. Il venait chercher Louis Kerneguy pour avoir un entretien secret avec le docteur Rochecliffe, que son zèle, son assiduité et la facilité merveilleuse avec laquelle il se procurait des renseignemens sûrs leur avaient fait choisir pour pilote dans une mer agitée.

Il est inutile de donner à nos lecteurs des détails circonstanciés sur cette conférence. Les renseignemens reçus par le docteur étaient favorables en ce qu'il paraissait que l'ennemi ne se doutait nullement de la direction que le roi avait prise vers le sud, et qu'on était toujours convaincu qu'il s'était embarqué à Bristol, comme le bruit en avait couru, et comme il en avait réellement eu le projet. Mais le capitaine du bâtiment qui devait recevoir le roi sur son bord avait pris l'alarme et avait levé l'ancre sans attendre le prince. Cependant son départ subit et le soupçon qu'on avait du motif de son arrivée sur les côtes servaient à confirmer le bruit du départ de Charles.

Mais, quelque encourageante que fût cette nouvelle, le docteur en avait reçu de la côte de moins agréables. On trouvait de grandes difficultés à s'assurer d'un navire auquel on pût confier un dépôt aussi précieux que la personne du roi, et l'on recommandait surtout à Sa Majesté de ne pas s'approcher du bord de la mer, pour quelque cause que ce pût être, avant qu'on l'eût avertie que rien ne manquait plus aux arrangemens à prendre pour son départ.

Personne ne pouvait indiquer une retraite plus sûre que celle que le roi occupait alors. On ne regardait certainement pas le colonel Everard comme ennemi personnel du roi, et Cromwell, comme on le supposait, accordait à Everard une confiance sans bornes. L'intérieur de la Loge présentait des cachettes et des issues secrètes qui n'étaient connues que de ceux qui l'habitaient depuis long-temps. Ces cachettes, ces issues étaient surtout familières à Rochecliffe; car, lorsqu'il était recteur de la ville de Woodstock, son goût, comme antiquaire, l'avait porté à faire des recherches multipliées dans toutes les parties ruinées de ce château, et l'on croyait même qu'il avait gardé le secret sur quelques-unes de ses découvertes.

D'un autre côté, les avantages qu'offrait la Loge n'étaient

pas sans mélange d'inconvéniens. On savait que les commissaires du parlement en étaient encore à peu de distance, et l'on ne pouvait douter qu'ils ne fussent disposés à faire valoir leur autorité à la première occasion. Mais personne ne supposait qu'il fût probable que cette occasion se présentât, et comme l'influence de Cromwell et de l'armée croissait de jour en jour, chacun croyait que les commissaires, trompés dans leur espoir, n'oseraient rien entreprendre contre son bon plaisir, et attendraient avec patience une autre mission pour les indemniser de celle qui leur avait été enlevée. Le bruit courait même, d'après l'autorité de maître Joseph Tomkins, qu'ils avaient résolu de se retirer à Oxford, et qu'ils faisaient déjà leurs préparatifs de départ. Cette circonstance promettait d'ajouter encore à la sécurité qu'on espérait à Woodstock. Il fut donc décidé que le roi, sous le nom de Louis Kerneguy, continuerait à rester à la Loge jusqu'à ce qu'on pût s'assurer d'un navire à bord duquel il se rendrait dans le port qui serait jugé le plus sûr et le plus convenable.

CHAPITRE XXIV.

« Les plus cruels serpens sont cachés sous les fleurs,
« A l'émail des boutons ils mêlent leurs couleurs ;
« Leurs yeux étincelans imitent sur les plantes
« La céleste rosée et ses larmes brillantes,
« Et la simple innocence, ignorant le péril,
« Est atteinte en jouant par leur venin subtil. »
Ancienne comédie.

Charles, — car nous devons maintenant lui restituer son véritable nom, — prit aisément son parti sur les circonstances qui rendaient son séjour à Woodstock une affaire de prudence. Il aurait sans doute préféré se mettre en sûreté en fuyant sur-le-champ de l'Angleterre ; mais il avait déjà été condamné à se cacher dans des retraites si incommodes, à porter des déguisemens si désagréables, à faire des voyages si longs et si difficiles, pendant lesquels de sévères officiers de justice appartenant au parti dominant, et des troupes de soldats dont les chefs prenaient ordinairement sur eux d'agir de leur autorité privée, lui avaient fait courir plus d'une fois le risque d'être découvert, qu'il n'était pas fâché de jouir de quelques instans de repos et de sûreté, du moins par comparaison.

Il faut aussi faire attention que Charles goûtait davantage la société de Woodstock depuis qu'il la connaissait mieux. Il avait reconnu que, pour intéresser la belle Alice, et se procurer sa compagnie fréquente, il n'était besoin que de se soumettre aux fantaisies du vieux Cavalier, son père, et de cultiver son intimité. Quelques assauts au fleuret, dans lesquels Charles eut soin de ne déployer ni toute son adresse ni toute la vigueur et l'activité que lui donnait son âge ; — la complaisance d'écouter quelques scènes de Shakspeare que le vieux chevalier lisait avec plus d'enthousiasme que de goût; — quelque talent en musique, science dans laquelle le vieillard se piquait d'être connaisseur ; — la déférence avec laquelle il écoutait d'antiques opinions dont il riait tout bas : — tout cela réuni suffit pour gagner au prince déguisé la bienveillance de sir Henry Lee, et pour lui concilier au même degré celle de son aimable fille.

On peut dire que jamais il n'exista deux jeunes gens qui commencèrent un pareil genre d'intimité avec des avantages si inégaux. Charles était un libertin qui, s'il n'avait pas résolu de sang-froid d'amener sa passion pour Alice à une conclusion déshonorante, pouvait du moins à chaque instant céder à la tentation de mettre à l'épreuve la force d'une vertu à laquelle il ne croyait pas. Alice, de son côté, savait à peine ce que signifient les mots libertin et séducteur. Elle avait perdu sa mère au commencement de la guerre civile, et avait reçu toute son éducation avec son frère et son cousin : d'où il résulte qu'il y avait dans toute sa conduite une franchise qui ne connaissait ni la crainte ni le soupçon, et que Charles pouvait, et peut-être même voulait interpréter d'une manière favorable à ses vues. L'amour d'Alice pour son cousin, — ce premier sentiment qui éveille dans le cœur le plus naïf et le plus innocent un instinct de réserve et de contrainte à l'égard des hommes en général, n'avait pu faire naître en elle ce genre d'alarme. — Ils étaient proches parens ; Everard était son aîné de plusieurs années, et depuis son enfance il avait été pour elle un objet non-seulement d'affection, mais presque de respect. Lorsque cette amitié enfantine s'était fortifiée au point de devenir un amour mutuel, plusieurs nuances distinguaient leur tendresse de celle qui unit ordinairement ces amans étrangers l'un pour l'autre jusqu'au moment où les nœuds d'une affection réciproque les ont rapprochés, suivant la marche ordinaire des choses. Leur amour avait quelque chose de plus tendre, de plus familier, de plus confidentiel, de plus pur peut-être, et il était moins sujet à des accès de violence et de jalousie.

La possibilité que quelqu'un tentât de devenir le rival d'Everard dans son cœur était une circonstance qui ne s'était jamais présentée à l'idée d'Alice ; et jamais il n'était entré dans son imagination que ce jeune Ecossais, avec lequel elle riait à cause de sa gaieté, et dont les singularités l'amusaient, pût devenir un être dangereux pour elle, ou contre lequel elle dût se tenir en garde. La sorte d'intimité à laquelle elle l'admettait était la même qu'elle aurait accordée à une compagne de son sexe, dont elle n'aurait pas toujours approuvé les manières, mais dont la société lui aurait plu.

Il était assez naturel que le roi galant prît la conduite franche et libre d'Alice, dont la source était une parfaite indifférence, pour une sorte d'encouragement, et la résolution qu'il avait formée de résister à toute tentation de violer l'hospitalité qu'il recevait à Woodstock commença à faiblir à mesure que les occasions se multiplièrent.

Ces occasions se présentèrent plus fréquemment après le départ d'Albert, qui quitta Woodstock le lendemain du jour où il y était arrivé. Il avait été convenu en plein conseil, entre Charles, Rochecliffe et lui, qu'il irait faire une visite à son oncle Everard dans le comté de Kent, afin d'écarter, en se montrant dans ce canton éloigné, tous les soupçons auxquels pourrait donner lieu son séjour à Woodstock, et pour ôter tout prétexte de troubler la tranquillité de la famille de son père, à ceux qui auraient pu trouver mauvais qu'un homme qui avait si récemment porté les armes contre la république y eût établi sa résidence. Il s'était aussi chargé, au risque de grands dangers, de visiter différens points des côtes, et de vérifier dans quel endroit le roi pourrait avec plus de sûreté s'embarquer pour quitter l'Angleterre.

Ce projet était donc également calculé pour assurer le salut du roi et faciliter son départ du royaume. Alice était privée par là de la présence d'un frère qui aurait été son gardien vigilant; mais Albert avait attribué les propos légers que le roi lui avait tenus dans la matinée à la gaieté de son caractère, et il aurait cru faire injure à son souverain s'il l'avait sérieusement soupçonné de méditer une violation des lois de l'hospitalité telle que celle qui ne se présentait que trop souvent à son esprit.

Il se trouvait pourtant dans la Loge de Woodstock deux individus qui ne paraissaient avoir ni une grande affection pour la personne de Louis Kerneguy, ni beaucoup de confiance en ses intentions. L'un était Bevis, qui, depuis leur première rencontre peu amicale, semblait avoir conservé contre le page une sorte de ressentiment que toutes les avances de celui-ci ne pouvaient vaincre. Si par hasard le jeune Ecossais était seul avec sa maîtresse, Bevis trouvait toujours le moyen d'y être en tiers; il se plaçait contre la chaise d'Alice, et grondait sourdement quand le galant s'en approchait de trop près.

— C'est bien dommage, dit une fois le prince déguisé, que votre Bevis ne soit pas un bouledogue, nous pourrions le traiter de Tête-Ronde sans cérémonie; mais il est trop beau, trop noble, il a une tournure trop aristocratique pour nourrir des préjugés inhospitaliers contre un pauvre Cavalier resté sans asile; il faut qu'il y ait une transmigration en lui de l'ame de Pym ou de Hampden, et qu'elle continue à montrer sous sa nouvelle forme sa haine contre la royauté et tous ses adhérens.

Alice répondit que Bevis était un sujet loyal sous tous les rapports, mais qu'il partageait peut-être les préjugés de son père contre les Ecossais, et qu'elle devait avouer qu'ils étaient assez forts.

— Il faut donc que je trouve quelque autre raison, dit Louis, car je ne puis croire que le mécontentement de sir Bevis n'ait d'autre fondement que la prévention nationale. Nous supposerons donc que quelque galant Cavalier, qui est allé à la guerre pour n'en jamais revenir, a pris cette forme pour reparaître dans les lieux dont il ne s'est éloigné qu'à contre-cœur, et qu'il est jaloux de voir même le pauvre Louis Kerneguy s'approcher de la dame de ses pensées.

En parlant ainsi, il avançait sa chaise vers celle d'Alice, et Bevis se mit à gronder.

— En ce cas, dit Alice en riant, vous ferez bien de vous tenir à quelque distance; car la morsure d'un chien dans lequel se trouve l'ame d'un amant jaloux pourrait être dangereuse.

Le roi continua la conversation sur le même ton, et comme Alice ne voyait rien de sérieux à craindre dans les propos galans d'un jeune page éveillé, le prétendu Louis Kerneguy en fut porté à conclure qu'il avait fait une de ces conquêtes qui sont si souvent et si facilement le partage des rois. Malgré son esprit, il ne pouvait s'imaginer que le chemin qui conduit aux bonnes graces des dames n'est ouvert aux rois que lorsqu'ils voyagent en grand costume, mais que lorsqu'ils marchent incognito le sentier de la galanterie leur présente les mêmes obstacles et les mêmes difficultés qu'à un particulier.

Indépendamment de Bevis, il y avait à la Loge un autre individu qui avait sans cesse les yeux ouverts sur Louis Kerneguy, et ces yeux ne lui étaient pas favorables. C'était Phœbé, qui, quoique son expérience ne s'étendît pas au-delà de la sphère de son village, connaissait cependant le monde beaucoup mieux que sa maîtresse, et supportait d'ailleurs le poids de cinq années de plus. Etant plus soupçonneuse par plus d'expérience, elle trouva que ce jeune Ecossais si singulier se permettait avec miss Lee plus de liberté que sa condition de page ne l'y autorisait, et même qu'Alice lui donnait un peu plus d'encouragement que Parthenia n'en aurait accordé à un tel fat en l'absence d'Argalus; car l'ouvrage traitant des amours de ces célèbres Arcadiens était alors la lecture favorite des bergers amoureux et des bergères fidèles dans toute l'Angleterre.

Livrée à de tels soupçons, Phœbé ne savait trop ce qu'elle devait faire en cette occasion, et cependant elle était bien déterminée à ne pas laisser à un tel étourneau la moindre chance de supplanter le colonel Everard sans essayer d'y mettre opposition. Markham était particulièrement dans ses bonnes graces, et d'ailleurs c'était, comme elle le disait, un jeune homme beau et bien fait autant que personne dans tout le comté d'Oxford, tandis que cet épouvantail d'Ecossais ne pouvait lui être comparé. Cependant elle ne pouvait nier que maître Girnigy n'eût la langue bien pendue, et de tels galans n'étaient pas à mépriser. — Que pouvait-elle donc faire? Elle n'avait que des soupçons vagues, et elle ne pouvait les appuyer sur aucun fait. Elle n'osait même en parler à sa maîtresse, dont les bontés pour elle, quelque grandes qu'elles fussent, n'allaient pas jusqu'à la familiarité.

Elle sonda Jocelin; mais il prenait tant d'intérêt, elle ne concevait pas pourquoi, à ce malencontreux Ecossais, et il semblait en faire un personnage si important, qu'elle ne put produire aucune impression sur lui. — En parler au vieux chevalier, c'eût été vouloir susciter une tempête. — Le digne chapelain, qui était à Woodstock l'arbitre de toutes les affaires contestées, aurait été la ressource naturelle de la suivante, car il était ami de la paix et des mœurs par profession, et politique par habitude. Mais il arriva qu'il avait offensé Phœbé sans le vouloir en la désignant par la périphrase classique de *rustica fidelis*, expressions qui la choquèrent d'autant plus qu'elle ne les comprenait pas, et, les regardant comme une insulte, elle déclara qu'elle n'aimait pas le *fiddle* [1] plus qu'une autre fille; et depuis ce temps elle avait évité, autant qu'elle l'avait pu, toutes relations avec le docteur Rochecliffe.

Maître Tomkins allait et venait toujours dans la maison sous différens prétextes; mais c'était une Tête-Ronde, et Phœbé était trop sincèrement dévouée au parti des Cava-

---

(1) *Fiddle*, un violon. — Ed.

liers pour faire connaître à un ennemi les craintes qu'elle avait que la paix intérieure ne fût troublée. — Restait le Cavalier Wildrake qu'elle aurait pu consulter ; mais Phœbé avait ses raisons particulières pour dire, — et elle le disait avec quelque emphase, — que le Cavalier Wildrake était un impudent débauché de Londres. Enfin elle résolut de faire part de ses soupçons à celui qui était le plus intéressé à s'assurer s'ils étaient fondés ou non.

— J'apprendrai à maître Markham Everard, se dit-elle, qu'il y a une guêpe qui bourdonne autour de sa ruche ; et de plus, que je sais que ce jeune maraudeur écossais a quitté des vêtemens de femme pour prendre des habits d'homme, chez la mère Creen [1], à qui il a remis une pièce d'or pour n'en rien dire ; — aussi elle n'en a parlé qu'à moi. — Si elle lui a donné la monnaie de sa pièce ou non, c'est à elle à le savoir ; mais maître Louis est un fin matois ; et il est assez probable qu'il n'aura pas manqué de la lui demander.

Trois ou quatre jours se passèrent sans aucun changement à la situation des choses. Le prince déguisé songeant de temps en temps à l'intrigue que la fortune semblait lui avoir ménagée pour son amusement, et saisissant toutes les occasions d'augmenter l'intimité de sa liaison avec Alice, mais fatiguant encore plus souvent le docteur Rochecliffe de questions sur la possibilité de quitter l'Angleterre ; et le digne homme, se trouvant hors d'état de lui répondre pertinemment, prit ses mesures pour se dérober à ces importunités royales en passant la plupart du temps dans des cachettes ignorées qui n'étaient connues que de lui, et qu'il avait découvertes pendant les vingt années employées à composer ses *Merveilles de Woodstock*.

Il arriva le quatrième jour que quelque circonstance, inutile à rapporter, avait obligé le vieux chevalier à sortir, et il avait laissé le jeune Ecossais, qui était regardé alors comme faisant partie de la famille, seul avec Alice dans l'appartement de Victor Lee. Charles pensa que le moment était favorable pour commencer un cours de galanterie d'un genre qu'on

---

(1) *Goody* Green : ce mot *goody* répond en anglais à celui de *luckie* en écossais, et doit être traduit par *la mère*. — Ed.

pourrait nommer expérimental, et analogue à la conduite des Croates, qui dans une escarmouche courent bride en main et se tiennent prêts à attaquer l'ennemi ou à battre en retraite, suivant les circonstances. Après avoir débité, pendant quelques minutes, une sorte de jargon métaphysique qu'Alice aurait pu, au gré de son bon plaisir, regarder comme le langage de la simple galanterie, ou comme l'annonce de prétentions sérieuses, à l'instant où il la supposait occupée à chercher à s'expliquer ce qu'il voulait dire, Charles eut la mortification de reconnaître, par une question aussi simple que courte que lui fit Alice, qu'elle ne l'avait même pas écouté, et que, pendant qu'il lui adressait ses belles phrases, elle pensait à toute autre chose. Elle lui demanda en effet tout à coup quelle heure il était, et elle lui fit cette question d'un ton de curiosité si franc et si naïf qu'il était impossible d'y soupçonner la moindre nuance de coquetterie.

— Je vais aller consulter le cadran solaire, miss Alice, répondit Charles en rougissant, et piqué du mépris avec lequel il se croyait traité.

— Vous me ferez plaisir, maître Kerneguy, répondit Alice sans se douter le moins du monde de l'indignation qu'elle venait d'exciter.

Maître Kerneguy se leva et sortit sur-le-champ, non pour s'acquitter de sa commission, mais pour exhaler sa colère et dissiper sa mortification. Quoiqu'il fût d'un bon caractère, il était prince, peu habitué à la contradiction, encore moins au mépris; son amour-propre se sentit en ce moment blessé au vif, et il jura plus sérieusement qu'il n'avait osé le faire encore qu'Alice lui paierait son insolence. Il se dirigea vers la forêt à grands pas, ne songeant à sa sûreté qu'en choisissant les sentiers les plus sombres et les plus retirés, marchant avec l'activité qui lui était naturelle, et à laquelle il pouvait se livrer, maintenant que quelques jours de repos l'avaient complètement délassé de toutes ses fatigues, et nourrissant son courroux par des projets de vengeance contre la coquette de village qu'aucun égard pour les lois de l'hospitalité ne devait plus mettre à l'abri de ses entreprises.

Le monarque irrité passa

Près du cadran qu'avait verdi la mousse,

sans daigner lui adresser un regard, et s'il avait eu quelque curiosité, il n'aurait pu la satisfaire, car le soleil ne brillait pas en ce moment. Il continua à marcher à grands pas, le visage couvert en partie de son manteau, et la tête baissée, ce qui diminuait sa taille ; et il se trouva bientôt dans les allées les plus obscures du bois, qu'il traversait à la hâte sans s'inquiéter de leur direction.

Tout à coup sa course fut interrompue par un cri : — Holà ! hé ! — ensuite par un ordre de s'arrêter ; enfin, ce qui lui parut encore plus extraordinaire, par le contact du bout d'une canne, appuyé sur son épaule d'une manière amicale et familière à la vérité, mais qui avait quelque chose d'impérieux.

Il y avait bien peu de personnes que Charles aurait reconnues avec plaisir en ce moment ; mais l'individu qui arrêtait ainsi sa marche était, de tous ceux auxquels il aurait pu songer, l'homme dont la présence lui aurait été le moins agréable. Lorsqu'il se retourna, en recevant ce signal palpable, il vit près de lui un jeune homme de grande taille et bien fait ; mais son costume grave, quoique propre et même élégant, son air de régularité, sa cravate bien blanche et bien empesée, et la propreté sans tache de ses souliers de cuir d'Espagne, annonçaient une recherche soigneuse, étrangère aux Cavaliers appauvris et vaincus, et qu'affectaient ceux du parti victorieux qui avaient le moyen de se procurer une mise décente ; nous ne parlons ici que des classes les plus distinguées et les plus respectables, qui en effet se piquaient de montrer l'amour de l'ordre et du décorum dans leur extérieur comme dans leur conduite.

Il y avait encore un désavantage pour le prince, et l'inégalité qui se trouvait entre lui et l'étranger qu'il avait en face en devenait plus sensible. Celui qui l'avait ainsi forcé à un pourparler involontaire avait un air de vigueur, d'autorité et de détermination ; il portait une longue rapière à son côté gauche, et sa ceinture soutenait un poignard et une paire de pistolets redoutables. — Louis Kerneguy n'avait d'autre arme que son épée, — ce qui n'aurait pas suffi quand même la force personnelle du roi aurait été égale à celle de l'étranger qui venait de l'arrêter si inopinément.

Regrettant amèrement l'accès inconsidéré de dépit qui l'avait mis dans une telle situation, et surtout l'oubli de ses pistolets, arme si propre à rétablir le niveau entre la force et la faiblesse, Charles montra pourtant le courage et la présence d'esprit qui avaient été depuis des siècles le partage de presque tous les princes de sa malheureuse famille. Il resta ferme et immobile, le bas du visage toujours couvert de son manteau, paraissant attendre une explication, dans le cas où l'étranger l'aurait pris pour quelque autre.

Ce sang-froid produisit son effet, car l'étranger s'écria d'abord avec un ton de surprise : — Quoi ! ce n'est pas Jocelin ! — Mais, si je ne reconnais pas Jocelin Joliffe, ajouta-t-il, je dois du moins reconnaître mon manteau.

— Je ne suis pas Jocelin Joliffe, comme vous pouvez le voir, monsieur, répondit Louis Kerneguy avec calme, en se redressant pour faire voir la différence de taille, et en écartant le manteau qui le couvrait.

— En ce cas, monsieur, dit l'inconnu, toujours d'un ton de surprise, j'ai à vous exprimer mon regret de m'être servi de ma canne pour vous avertir que je désirais vous parler. La vue de ce manteau, que je reconnais très-certainement pour m'appartenir, m'avait fait croire que vous étiez Jocelin, à la garde duquel je l'avais laissé à la Loge de Woodstock.

— Quand c'eût été Jocelin, monsieur, répondit le prétendu Louis Kerneguy avec beaucoup de sang-froid, vous auriez pu vous dispenser de frapper si fort [1].

L'étranger fut évidemment confus du calme que montrait celui à qui il s'adressait, et un sentiment de politesse fit qu'il renouvela ses excuses de la méprise qu'il avait commise en le prenant pour un autre. Maître Kerneguy n'était pas dans une situation à être pointilleux; il salua gravement l'étranger, comme pour lui annoncer qu'il acceptait ses excuses;

---

[1] Cette réponse rappelle celle du grand Turenne, lorsqu'un de ses valets le prit pour un camarade et l'aborda avec une familiarité un peu brusque. — Ed.

et, se détournant, il reprit, à ce qu'il crut, le chemin de la Loge, quoique avec trop de promptitude pour être bien certain de la direction qu'il avait suivie dans le détour de la forêt.

Il fut fort embarrassé quand il s'aperçut que ce mouvement de retraite ne le débarrassait pas du compagnon qu'il venait d'acquérir à son grand regret. Marchait-il lentement ou à grands pas, l'étranger à costume puritain semblait déterminé à lui tenir compagnie; et, sans chercher à le joindre ou à entrer en conversation avec lui, il le suivait constamment, et ne lui laissait jamais qu'une avance de cinq ou six pas. Le roi hâta sa marche; mais, quoiqu'il fût alors, dans sa jeunesse, comme il continua à l'être dans son âge mûr, un des meilleurs piétons d'Angleterre, l'étranger, sans avoir besoin de courir, se maintenait toujours à la même distance avec une persévérance si infatigable, qu'elle blessa l'orgueil de Charles, et éveilla même ses craintes. Il commença donc à penser que, quelque danger qu'il pût courir dans un combat singulier avec cet étranger, il en aurait meilleur marché en vidant la querelle dans la forêt que dans le voisinage de quelque habitation, où un homme appartenant au parti dominant pourrait trouver des amis et de l'appui.

En proie à l'inquiétude, au dépit et à la colère, Charles se retourna tout à coup pour faire face à celui qui le suivait ainsi avec une sorte d'acharnement. Ils étaient alors dans une avenue étroite qui conduisait à la petite prairie sur laquelle dominait le chêne du roi, dont on apercevait, au bout de cette allée, le tronc gigantesque et les branches touffues, quoique en partie desséchées.

— Monsieur, dit-il à son persécuteur, vous vous êtes déjà rendu coupable envers moi d'une impertinence. Vous m'en avez fait des excuses; et, ne voyant aucune raison qui eût pu vous porter à me choisir pour l'objet d'une incivilité, je les ai acceptées sans difficulté. Reste-t-il quelque chose à régler entre nous, pour que vous me suiviez de cette manière? Si cela est, je serai charmé d'en connaître l'explication ou d'en avoir satisfaction. Je ne crois pas que vous puissiez avoir quelque ressentiment contre moi, car il me semble que je ne vous ai jamais vu avant ce moment. Si vous pouvez alléguer une bonne raison pour me demander satisfaction, je suis tout disposé à vous la rendre ; mais si votre but n'est que de contenter une curiosité impertinente, je vous apprendrai que je ne puis souffrir que personne joue auprès de moi le rôle d'espion dans mes promenades.

— Quand je reconnais mon manteau sur les épaules d'un autre, répondit l'étranger d'un ton sec, il me semble que j'ai naturellement le droit de savoir ce qu'il deviendra; car je vous dirai, monsieur, que, quoique je me sois trompé quant à l'individu qui le porte, je me regarde comme autorisé à appuyer ma canne sur le manteau qui vous couvre; si vous accordez à un homme le droit de secouer la poussière de ses vêtemens. Si donc nous devons être amis, je vous demanderai par exemple comment il se fait que vous portiez mes habits, et où vous allez ainsi vêtu. Si vous refusez de me satisfaire, je me permettrai de vous arrêter, et je suis autorisé à le faire.

— Oh! le malheureux manteau! pensa le prince fugitif; et trois fois plus malheureux le sot mouvement de dépit qui m'a fait venir ici ainsi affublé pour me faire une querelle et attirer les regards sur moi dans un moment où la paix et l'incognito sont si nécessaires à ma sûreté.

— Si vous me permettez les conjectures, monsieur, continua l'étranger, qui n'était autre que Markham Everard, je vous prouverai que vous êtes mieux connu que vous ne le pensez.

— A Dieu ne plaise! pensa le roi, et ce peu de mots étaient une prière silencieuse qu'il fit avec autant de dévotion qu'il en avait jamais montré dans toute sa vie. Cependant, même en ce moment d'extrême danger, son courage et son sang-froid ne l'abandonnèrent pas, et il songea qu'il était de la plus haute importance de ne pas avoir l'air effrayé et de répondre de manière à amener une explication, quelque dangereuse qu'elle pût être.

— Si vous me connaissez, monsieur, lui répondit-il, et que vous soyez un homme bien né, comme votre extérieur l'annonce, il vous est facile de deviner quel accident m'a forcé à porter ces habits que vous dites vous appartenir.

— Oh! monsieur, répliqua le colonel Everard, dont la colère n'était nullement calmée par la douceur avec laquelle l'étranger lui répondait, nous avons appris par cœur nos Métamorphoses d'Ovide, et nous savons dans quel dessein les jeunes gens de qualité voyagent déguisés. — Nous savons qu'on a même recours aux habits de femme en certaines occasions; — nous connaissons l'histoire de Vertumne et Pomone.

Le pauvre monarque, en pesant ces paroles, fit une nouvelle prière bien fervente pour que cette affaire malencontreuse n'eût pas une cause plus sérieuse que la jalousie de quelque admirateur d'Alice Lee; se promettant bien que, tout dévoué qu'il était au beau sexe, il ne se ferait aucun scrupule de renoncer à la plus belle de toutes les filles d'Eve pour sortir d'embarras.

— Vous paraissez être un gentilhomme, monsieur, dit-il, et en ce cas je n'ai aucune raison pour vous cacher que j'appartiens à la même classe.

— Ou peut-être à une classe un peu plus élevée?

— Le mot gentilhomme est un terme qui s'applique à quiconque a le droit de porter des armoiries. — Un lord, un duc, un prince, n'est rien de plus qu'un gentilhomme; et, s'il est dans l'infortune comme moi, il peut se contenter de ce titre de courtoisie.

— Je n'ai nullement dessein, monsieur, de tirer de vous quelque aveu qui puisse nuire à votre sûreté; je ne me regarde pas comme chargé d'arrêter des individus qui se sont laissé égarer par un sentiment de devoir mal entendu, et que les gens de bonne foi doivent plaindre plutôt que de chercher à les punir. — Mais, si ceux qui ont excité dans leur patrie des troubles et une guerre civile veulent aussi porter la honte et le déshonneur dans le sein des familles; — s'ils osent essayer de placer la scène de leurs désordres sous les toits hospitaliers qui leur accordent un abri contre la vindicte publique, croyez-vous, milord, que nous devions le souffrir patiemment?

— Si vous avez le dessein bien formé de me susciter une

querelle, expliquez-vous clairement et en homme d'honneur. Vous avez sans doute l'avantage des armes ; mais ce ne sera pas cette raison qui me fera reculer devant un seul antagoniste.—Si au contraire vous êtes disposé à entendre la raison, je vous dirai tranquillement que je ne me doute pas de ce dont vous pouvez m'accuser, et que je ne conçois pas pourquoi vous me donnez le titre de lord.

—Vous niez donc que vous soyez lord Wilmot?

—Je puis le nier en toute sûreté de conscience.

—Peut-être préférez-vous vous nommer comte de Rochester?—Nous avons entendu dire que le but auquel aspirait votre ambition était d'obtenir ce titre du roi d'Ecosse.

—Je ne suis ni lord ni comte, aussi vrai que j'ai une ame à sauver. Mon nom est.....

—Ne vous dégradez point par un mensonge inutile, milord; et surtout en présence d'un homme qui, je vous le promets, n'appellera pas la justice publique au secours de son épée, s'il croit devoir s'en servir. —Pouvez-vous regarder cette bague, et nier que vous soyez lord Wilmot?

Il présenta au roi déguisé une bague qu'il prit dans sa bourse, et que Charles reconnut sur-le-champ pour celle qu'il avait laissée tomber dans la cruche d'Alice près de la fontaine de Rosemonde, sans autre intention que de céder à un mouvement de galanterie qui le portait à donner une bague à une jolie fille qu'il avait effrayée sans le vouloir.

—Je connais cette bague, dit-il, et je conviens qu'elle a été en ma possession ; mais comment elle prouve que je sois lord Wilmot, c'est ce que je ne puis concevoir; et, dans tous les cas, elle rend un faux témoignage contre moi.

—Vous allez en avoir la preuve, dit Everard; et, reprenant la bague, il pressa un petit ressort caché dans le chaton, et la pierre, se levant, laissa voir le chiffre de lord Wilmot parfaitement gravé en miniature et surmonté d'une couronne de comte. — Que dites-vous maintenant, monsieur? demanda-t-il.

— Que des présomptions ne sont pas des preuves, et que tout ceci peut s'expliquer très-facilement. Je suis fils d'un noble écossais qui fut blessé mortellement et fait prisonnier à la bataille de Worcester. En m'ordonnant de me mettre en sûreté par la fuite, il me remit le peu de bijoux qu'il avait sur lui, et celui-ci en faisait partie. Je lui avais entendu dire qu'il avait changé de bague avec lord Wilmot en Ecosse, je ne sais en quelle occasion; mais je ne connais pas le ressort que vous venez de faire jouer.

Il peut être à propos de dire ici qu'à ce dernier égard Charles disait la vérité. Il se serait bien gardé de se défaire de cette bague s'il avait pu croire qu'elle fût si facilement reconnue.

— Encore une fois, dit-il après un moment de silence, — car je vous ai fait des aveux très-importans à ma sûreté, — si vous êtes généreux, ne vous obstinez pas à me suivre plus long-temps, et il peut se présenter un moment où je vous serai utile à mon tour. — Si votre intention est de m'arrêter, il faut que ce soit ici, car je ne vous suivrai pas, et je ne souffrirai pas que vous me suiviez. — Si vous me laissez passer, je vous en remercierai; sinon, tirez votre épée.

— Jeune homme, dit le colonel Everard, vous m'avez porté à douter si vous êtes le jeune et noble libertin pour lequel je vous ai pris; mais les liaisons intimes que vous avouez que votre famille a eues avec lui sont pour moi une forte présomption que vous êtes un adepte dans l'école de débauche dont Wilmot et Villiers sont professeurs, et dans laquelle leur digne maître a pris ses degrés. Votre conduite à Woodstock, où vous avez payé une hospitalité généreuse en conspirant contre l'honneur de vos hôtes, prouve que vous avez bien profité des leçons que vous avez reçues dans une telle académie. Je n'avais dessein que de vous donner un avis à ce sujet; — ce sera votre faute si j'ajoute le châtiment à l'avis.

— Avis! — châtiment! s'écria Charles avec indignation en portant la main sur sa rapière; — et c'est à moi que s'adresse ce langage! — Monsieur, vous avez compté sur ma patience plus que ne vous le permettait le soin de votre sûreté! — L'épée à la main, monsieur!

— Ma religion, répondit Everard, me défend l'effusion

du sang sans nécessité. — Retournez chez vous, monsieur ; — soyez sage, — écoutez les conseils de l'honneur et de la prudence. — Respectez la famille Lee, et sachez qu'il existe un homme qui y tient de très-près par les liens du sang, et qui vous demandera un compte sévère de toutes vos actions à cet égard.

— Ah, ah! s'écria le prince avec un sourire amer; tout est expliqué maintenant. — Nous avons sous les yeux notre colonel Tête-Ronde, — notre cousin puritain, — l'homme aux citations évangéliques, — le saint dont Alice Lee rit de si bon cœur. — Si votre religion vous défend de donner satisfaction à un homme d'honneur, monsieur, elle devrait aussi vous défendre de l'insulter.

La colère des deux champions ne connut plus de bornes. — Ils tirèrent l'épée, et le combat commença, le colonel ne voulant pas profiter de l'avantage qu'auraient pu lui donner ses armes à feu. Un coup mal paré, un pied qui aurait glissé, auraient pu en ce moment changer les destinées de la Grande-Bretagne; mais l'arrivée d'un tiers sépara les combattans.

CHAPITRE XXV.

« D'un surveillant fâcheux le prince a triomphé. »
SHAKSPEARE. *Richard II.*

Les combattans que nous avons laissés aux prises à la fin du chapitre précédent se portèrent mutuellement plusieurs coups avec un courage égal, et les parèrent avec la même adresse. Charles avait assisté à un trop grand nombre d'actions, et avait pris trop long-temps une part active à la guerre civile dont il avait été victime, pour trouver quelque chose de nouveau ou de surprenant dans la nécessité de se défendre lui-même; et Everard s'était distingué par sa bravoure personnelle aussi bien que par les autres qualités nécessaires à un officier supérieur. Mais l'arrivée d'un tiers empêcha la conclusion tragique d'un combat dans lequel la victoire n'aurait pu être qu'un sujet de regrets pour le vainqueur, n'importe lequel des deux adversaires l'eût été.

C'était le vieux chevalier lui-même qui retournait chez lui, monté sur un petit cheval de fermier, car la guerre et la confiscation ne lui avaient pas laissé le choix d'un plus noble coursier. Il se jeta entre les combattans et leur ordonna, sous peine de la vie, de baisser les armes, et un coup d'œil qu'il jeta en même temps, d'abord sur l'un et ensuite sur l'autre, lui apprit à qui il avait affaire.

— Les diables de Woodstock, dont on parle tant, s'écriat-il, ont-ils pris possession de vous, pour que vous osiez tirer l'épée dans l'enceinte d'un parc royal? Que je vous apprenne à tous deux que, tant que le vieux Henry Lee sera à Woodstock, il maintiendra les immunités du parc, comme si le roi était assis sur son trône. Personne ne se battra ici en duel, — si ce n'est les cerfs dans le temps du rut. — L'épée dans le fourreau; — tous deux, ou la mienne verra aussi le jour, et je serai peut-être le diable le plus enragé des trois. — Comme dit Will:

> Je vous étrillerai tous les deux d'importance,
> Et quoi que vous fassiez avec ce brin de fer,
> Vous croirez que le diable est sorti de l'enfer.

Les combattans baissèrent leurs armes, mais continuèrent à se regarder d'un air sombre, comme on le fait en pareil cas quand on ne veut ni avoir l'air de désirer la paix plus que son antagoniste, ni par conséquent être le premier à remettre son épée dans le fourreau.

— Rengaînez vos épées, messieurs; — rengaînez-les à l'instant même! s'écria sir Henry d'un ton encore plus positif. Je le dis à chacun de vous, et à tous deux, ou vous aurez affaire à moi, je vous le promets. — Vous pouvez rendre graces au ciel de ce que les temps sont changés. J'ai vu le jour où votre insolence vous eût coûté à tous deux la main droite, à moins que vous ne l'eussiez rachetée par une bonne somme d'argent. — Mon neveu, si vous ne voulez perdre mon affection sans retour, je vous ordonne de rengainer votre épée. — Maître Kerneguy, vous êtes mon hôte, je vous prie de ne pas me faire l'insulte de rester l'épée à la main dans un endroit où il est de mon devoir de maintenir la paix.

— Je vous obéis, sir Henry, répondit Charles en remettant son épée dans le fourreau; je sais à peine pourquoi monsieur m'a attaqué. Je vous assure que personne ne respecte plus que moi la personne et les privilèges du roi, quoique ce sentiment soit un peu hors de mode.

— Nous pourrons, monsieur, dit Everard, nous rencontrer dans un lieu où ni la personne royale ni les privilèges de la royauté ne pourront être offensés.

— Sur ma foi, cela sera assez difficile, monsieur, répondit Charles, incapable de résister à l'envie de placer cette plaisanterie. — Je veux dire qu'il reste au roi si peu de partisans que la perte du moindre d'entre eux peut lui apporter quelque préjudice. Cependant, en dépit d'un tel risque, je suis tout disposé à me rencontrer avec vous partout où un pauvre Cavalier peut espérer de fuir en sûreté s'il a la bonne fortune d'être victorieux.

La première idée qui s'était présentée à l'imagination de sir Henry Lee avait été celle de l'insulte faite à un domaine royal; mais en ce moment il commença à songer à la sûreté de son neveu, et de celui qu'il regardait comme un jeune royaliste.

— Messieurs, dit-il, je dois insister pour qu'il ne soit plus question de cette querelle. Mon neveu Markham, avez-vous dessein de me récompenser de la condescendance que j'ai eue de revenir à Woodstock sur votre invitation en saisissant la première occasion de couper la gorge à un de mes hôtes?

— Monsieur, répondit Markham, si vous connaissiez ses projets comme je les connais.... Il n'acheva pas sa phrase, sachant fort bien qu'il ne ferait qu'irriter son oncle sans le convaincre, et que tout ce qu'il pourrait dire des desseins criminels de Kerneguy contre Alice serait attribué à des soupçons jaloux. Il baissa les yeux, et garda le silence.

— Et vous, maître Kerneguy, continua sir Henry, me direz-vous quelle raison vous arme contre la vie de ce jeune homme, à qui je dois pourtant prendre quelque intérêt, puisqu'il est mon neveu, quoiqu'il ait malheureusement oublié ses devoirs de sujet loyal.

— J'ignorais que monsieur eût cet honneur, répondit Kerneguy ; cette qualité m'aurait certainement défendu de tirer l'épée contre lui. — Mais il a été l'agresseur, et je ne puis dire pourquoi il m'a cherché querelle, à moins que ce ne soit à cause de la différence de nos opinions politiques.

— Vous savez le contraire, répliqua Everard ; vous savez que je vous ai dit que, comme royaliste fugitif, vous n'aviez rien à craindre de moi, et vos derniers mots ont prouvé que vous connaissiez mon degré de parenté avec sir Henry. Au surplus, cette dernière circonstance est peu importante ; car je me mépriserais moi-même si je faisais valoir cette parenté comme un moyen de protection contre vous et contre tout autre.

Tandis qu'ils disputaient ainsi, chacun d'eux ayant ses raisons particulières pour ne pas faire allusion à la véritable cause de la querelle, sir Henry les regardait alternativement l'un après l'autre avec un air pacificateur.

— Que veut dire tout ceci ? s'écria-t-il ; on serait tenté de croire que

— Circé, l'enchanteresse,
Vous a tous deux fait boire en sa coupe traîtresse.

— Allons, jeunes gens, allons ; souffrez qu'un vieillard serve de médiateur entre vous. — Je n'ai pas la vue courte en pareilles affaires ; — les causes de discorde sont quelquefois moins grandes que l'aile du plus petit moucheron. Je pourrais citer cinquante exemples arrivés de mon temps, où, comme le dit Will, deux braves champions,

L'un contre l'autre ont fait de vigoureux efforts,
Et se sont vaillamment combattus corps à corps,

sans qu'aucun d'eux, après le combat, pût se rappeler la cause de la querelle ; souvent c'est si peu de chose ! —

Prendre le côté du mur, — se froisser l'épaule en passant l'un près de l'autre, — une parole trop hâtée, — un geste mal interprété. — Allons, n'importe quelle a été la cause de votre querelle, oubliez-la. D'ailleurs, vous vous en êtes passé la fantaisie; et si vous avez rengaîné vos rapières sans qu'elles fussent teintes de sang, ce n'est pas votre faute; vous n'avez fait qu'obéir aux ordres d'un homme qui avait le droit d'employer son autorité à cet égard. — A Malte, où les principes du duel sont parfaitement entendus et ponctuellement suivis, tous ceux qui sont engagés dans un combat singulier sont tenus de mettre bas les armes à l'ordre d'un chevalier, d'un prêtre ou d'une dame; et la querelle interrompue de cette manière est regardée comme honorablement terminée sans qu'il soit permis de la faire revivre. — Mon neveu, je crois impossible que vous nourrissiez de la haine contre ce jeune homme, parce qu'il a porté les armes pour son roi. Ecoutez ma proposition amicale, Markham. — Vous savez que je n'ai pas de rancune, quoique j'aie quelque raison pour être mécontent de vous. — Donnez votre main à maître Kerneguy en signe d'amitié, et retournons tous trois à la Loge, pour boire ensemble un verre de vin du Rhin en signe de réconciliation complète.

Markham Everard se trouva hors d'état de résister à ce qui paraissait un retour de l'affection de son oncle. A la vérité, il soupçonnait, — et il ne se trompait pas tout-à-fait, — que cette invitation ne partait pas entièrement d'un renouvellement de bienveillance, mais que son oncle voulait aussi, par cette marque d'égard, s'assurer du moins de sa neutralité, sinon de ses secours, en faveur du royaliste fugitif. Il sentait qu'il se trouvait dans une position épineuse, et qu'il pouvait devenir suspect à son propre parti en entretenant des relations même avec un si proche parent, qui accueillait de pareils hôtes. Mais, d'une autre part, il pensait que les services qu'il avait rendus à la république étaient assez importans pour avoir plus de poids que tout ce que l'envie pourrait arguer contre lui. Bien plus, quoique la guerre civile eût jeté la division entre les familles de plus d'une manière, maintenant qu'elle semblait terminée par le triomphe des républicains, la rage des haines politiques commençait à se ralentir, et les anciens nœuds d'amitié et de parenté reprenaient, au moins en partie, leur première influence. Bien des réconciliations avaient eu lieu, et ceux qui, comme Everard, appartenaient au parti victorieux employaient souvent leur crédit en faveur de leurs parens moins fortunés.

Tandis que ces idées se présentaient rapidement à son esprit, accompagnées de la perspective flatteuse de renouveler ses liaisons avec Alice Lee, ce qui pouvait le mettre à portée de la protéger contre toute chance d'injure ou d'insulte, Markham Everard tendit la main au prétendu page écossais, et lui dit en même temps que, quant à lui, il était disposé à oublier la cause de leur querelle, ou, pour mieux dire, à la regarder comme la suite d'un malentendu, et à offrir à maître Kerneguy toute l'amitié qui pouvait exister entre des hommes d'honneur qui avaient embrassé des partis différens.

Ne pouvant surmonter les sentimens de sa dignité personnelle, quoique la prudence lui fît une loi de l'oublier, Charles se borna à saluer Everard sans accepter la main que celui-ci lui offrait.

— Il n'avait besoin, dit-il, de faire aucun effort pour oublier la cause de leur querelle, puisqu'il n'avait jamais pu la comprendre; mais de même qu'il n'avait pas cherché à éviter son ressentiment, de même il était prêt à lui rendre, au même degré, tout ce qu'il lui plairait de lui accorder de ses bonnes graces.

Everard retira sa main en souriant, et salua le page à son tour, attribuant la raideur avec laquelle celui-ci recevait ses avances à l'humeur fière et hautaine d'un jeune Ecossais élevé dans des idées d'importance de famille et de dignité personnelle, idées que le peu de commerce qu'il avait encore eu avec le monde n'avait pas suffi pour rectifier.

Sir Henry Lee, charmé de voir se terminer ainsi cette querelle par déférence, comme il le supposait, pour son autorité, et n'étant pas très-fâché, au fond du cœur, de trouver cette occasion pour rouvrir sa porte à un neveu pour qui, malgré ses fautes politiques, il avait plus d'affection qu'il ne le croyait peut-être lui-même, leur dit d'un ton de consolation :

— Ne soyez pas mortifiés, jeunes gens; je vous proteste qu'il m'en a coûté de vous séparer en vous voyant vous comporter si honorablement par pur amour pour l'honneur, sans soif de sang et sans haine l'un contre l'autre. Je vous promets que sans les devoirs que j'avais à remplir comme grand-maître de la capitainerie de Woodstock et le serment que j'ai prêté en cette qualité, bien loin de songer à vous ôter les armes des mains, j'aurais plutôt voulu être juge du champ clos. — Mais une querelle terminée est une querelle oubliée, et la vôtre ne doit plus avoir d'autre suite que l'appétit qu'elle a sans doute aiguisé.

A ces mots il remonta sur son petit cheval, et marcha en triomphe vers la Loge en prenant le chemin le plus court. Ses pieds, appuyés sur l'étrier, touchant presque à terre; — le bas de ses cuisses s'arrondissant autour des flancs de son coursier; — les talons tournés en dehors et baissés autant que possible; — le corps perpendiculaire; — les rênes systématiquement divisées dans sa main gauche; — la droite tenant une houssine dirigée diagonalement vers l'oreille gauche de sa monture; — il semblait un champion de manège digne de monter Bucéphale. Ses deux compagnons, placés à sa droite et à sa gauche, comme deux écuyers, pouvaient à peine retenir un sourire en voyant la position scientifique et étudiée du Cavalier, faisant contraste avec la petite taille de son cheval, sa longue queue, sa longue crinière, et ses yeux qui brillaient comme deux charbons rouges sous un double rideau de longs cils. Si le lecteur a vu l'ouvrage du duc de Newcastle sur l'équitation, —*splendida moles* [1]!— il aura une représentation exacte du bon chevalier, s'il peut se le figurer comme un des cavaliers des estampes de cet ouvrage, placé, avec toutes les graces de son art, sur un petit bidet du pays de Galles ou d'Exmoor, dans son état sauvage, n'ayant jamais été ni dressé, ni peut-être même étrillé; et le ridicule paraissant encore plus sensible par la disproportion de taille entre l'animal et le cavalier.

(1) Volume énorme et magnifique! — Tr.

Le chevalier s'aperçut peut-être de leur air de surprise, car les premiers mots qu'il prononça quand ils furent en marche furent :—Pixie est petit, messieurs, mais il ne manque pas de feu ; — et ici il eut soin que Pixie lui-même confirmât cette assertion en lui faisant exécuter une espèce de courbette,—Oui, Pixie est petit, mais il est plein d'ardeur ; et si je n'étais un peu trop grand pour me comparer à un nain,—le chevalier avait près de six pieds [1],—je penserais, toutes les fois que je le monte, au roi des génies, dont Mike Drayton parle en ces termes :

> A cheval sur un perce-oreille
> Qu'à peine il avait pu monter,
> Il le faisait pirouetter
> Par une adresse sans pareille.
> Fière du poids qu'elle portait
> Sa monture extraordinaire
> Caracolait, tournait, sautait,
> Et touchait à peine à la terre.

— Mon vieil ami Pixie ! dit Everard en passant la main sur le cou du cheval ; je suis charmé qu'il ait survécu à ces malheureux temps.—Pixie doit avoir plus de vingt ans, sir Henry ?

— Plus de vingt ans ? répéta le chevalier ; oui, certainement. La guerre, mon neveu Markham, est comme un ouragan qui n'épargne que ce qui mérite le moins d'être conservé. Le vieux Pixie et son vieux maître ont survécu à de grands hommes et à de grands chevaux, quoique ni l'un ni l'autre ne soient plus bons à grand'chose.—Et pourtant, comme le dit Will, un vieillard peut encore quelquefois faire quelque chose, et Pixie et moi nous vivons encore comme vous le voyez.

—Nous vivons encore ? dit le jeune Ecossais finissant par un vers la citation que le vieillard n'avait pas terminée ; oui ; nous vivons encore pour donner au monde

> Le modèle achevé d'un parfait cavalier.

Everard rougit, car il sentit l'ironie ; mais il n'en fut pas

---

(1) Mesure anglaise, environ cinq pieds huit pouces français.—Ed.

de même de son oncle, dont la vanité ne lui permit pas de douter un instant de la sincérité du compliment.

—On vous en a donc parlé? dit le chevalier. Il est vrai que du temps du roi Jacques j'ai figuré plus d'une fois dans les joutes, et là vous auriez pu

> Voir le jeune Harry la visière levée.

Quant au *vieux* Harry, ma foi..... Ici le vieillard se tut un instant, et parut dans le travail d'esprit d'un homme qui va accoucher d'un calembour. — Quant à voir le vieux Harry, ma foi..... autant voir le *diable*. — Vous m'entendez, maître Kerneguy. — Vous savez que le diable et moi nous portons le même nom [1]. Ha! ha! ha! — Neveu Everard, j'espère que votre puritanisme n'est pas blessé d'une plaisanterie innocente?

Sir Henry fut si charmé des applaudissemens de ses compagnons, qui leur débita la totalité du beau passage dont il venait de citer un vers, et il finit par défier le siècle où il vivait, en faisant un faisceau de tous ses beaux esprits, Donne, Cowley, Waller et tout le reste, de produire un poète qui fût doué de la dixième partie du génie du vieux Shakspeare.

—Comment! dit Louis Kerneguy; on dit que nous avons parmi nous un de ses descendans, sir William d'Avenant, et bien des gens le regardent comme un homme d'esprit.

—Quoi! s'écria sir Henry, Will d'Avenant, que j'ai connu dans le Nord, officier sous Newcastle quand le marquis était devant Hull? — C'était un honnête Cavalier; mais comment se fait-il qu'il soit parent de Will Shakspeare?

—Il en descend pourtant en ligne directe, du côté le plus sûr, et à la vieille mode, répondit le jeune Ecossais, si d'Avenant dit la vérité. Il paraît que sa mère était une maîtresse joyeuse d'auberge, fraîche et de bonne mine, entre Stratford et Londres; Shakspeare logeait souvent chez elle quand il se rendait dans la ville qui l'avait vu naître, et par suite d'amitié et de compérage, comme nous disons en Ecosse,

---

[1] *Horry* est un nom qu'on substitue familièrement à celui de Henry. Le *vieux Harry, le vieux Nick,* sont des noms qu'on donne souvent au diable en Angleterre dans le style familier ou bouffon. — Tr.

Will Shakspeare fut parrain de Will d'Avenant. Or, peu content de cette parenté spirituelle, le second Will prétend en établir une naturelle en disant que sa mère était grande admiratrice de l'esprit, et qu'elle ne mettait pas de bornes à sa complaisance pour les hommes de génie.

— Fi le misérable! s'écria Everard; voudrait-il acheter la vaine gloire de descendre d'un poète, ou même d'un prince, aux dépens de la réputation de sa mère? — Il mériterait d'avoir le nez fendu.

— Cela serait difficile, répondit le prince déguisé en songeant à la physionomie du poète.

— Will d'Avenant, fils de Will Shakspeare! dit le chevalier, qui n'était pas encore revenu de la surprise dans laquelle l'avait jeté une prétention si présomptueuse ; — cela me rappelle quelques vers que j'ai entendus au spectacle des marionnettes, dans la pièce intitulée Phaéton, où le héros se plaint ainsi de sa mère :

> Les enfans du hameau me suivent en criant :
> Toi, le fils du Soleil! Au diable l'impudent [1].

— A-t-on jamais vu une assurance si impudente! Will d'Avenant fils du poète le meilleur, le plus brillant qui ait jamais existé, qui existe à présent, et qui puisse exister dans toute la suite des siècles à venir! — Mais je vous demande pardon, mon neveu; — je crois que vous n'aimez pas les pièces de théâtre.

— Je ne suis pas tout-à-fait à cet égard aussi puritain que vous voudriez bien le dire, mon oncle, répondit Everard. Je ne les ai peut-être que trop aimées autrefois; même à présent je ne les condamne pas en masse et indistinctement, quoique je n'en approuve pas les excès et les extravagances.

— Dans Shakspeare même, je ne puis m'empêcher de trouver des passages contraires à la décence et dangereux pour les bonnes mœurs, — d'autres qui tendent à ridiculiser la

---

(1) On trouve ces deux vers dans la comédie burlesque de Fielding intitulée *Tumbledown-Dick*, et fondée sur la même histoire mythologique. Comme ils étaient connus du temps de la république, il faut que la tradition les ait transmis à l'auteur de *Tom-Jones* ; car personne ne soupçonnera l'auteur du présent ouvrage d'avoir fait cet anachronisme. — (*Note de l'auteur écossais.*)

vertu et à préconiser le vice, ou du moins à couvrir la laideur de ses traits. — Je ne puis croire que la lecture de ces beaux poëmes soit utile, surtout aux jeunes gens des deux sexes, quand j'y vois l'effusion du sang indiquée comme la principale occupation des hommes, et l'intrigue comme le seul emploi du temps des femmes.

En se permettant ces observations, Everard était assez simple pour croire qu'il ne faisait que fournir à son oncle une occasion pour défendre son opinion favorite, sans l'offenser par une contradiction si modérée. Mais dans le cas dont il s'agissait, comme dans plusieurs autres, il oubliait combien son oncle était opiniâtre dans sa manière de voir en religion, en politique et en matière de goût; car il aurait été aussi facile de le convertir à la forme du gouvernement ecclésiastique presbytérien, ou de l'engager à prêter le serment d'abjuration, que d'ébranler sa foi en Shakspeare.

Il y avait une autre particularité dans le système de discussion adopté par le bon chevalier, et qu'Everard n'avait jamais pu comprendre, étant lui-même naturellement franc et sans détours, et attaché d'ailleurs à une secte qui ne voyait pas de bon œil les tergiversations et les tièdes concessions qu'on se permet souvent dans la société. Sir Henry, connaissant son naturel impétueux, se tenait scrupuleusement en garde contre ce défaut; et, dans un moment où il était intérieurement courroucé, il conduisait la discussion quelque temps avec toute l'apparence du plus grand calme, mais enfin sa violence, l'emportant, renversait et entraînait toutes les digues artificielles qu'il y avait opposées. Il arrivait ainsi qu'en vieux général rusé il semblait faire retraite en bon ordre et pas à pas devant celui qui le pressait, en n'opposant que tout juste assez de résistance pour engager son antagoniste à le poursuivre jusqu'à l'endroit où, faisant halte tout à coup, il l'attaquait à l'improviste en employant contre lui cavalerie, infanterie et artillerie en même temps; et alors il manquait rarement de mettre l'ennemi en désordre, quoique sans pouvoir toujours remporter la victoire.

Ce fut donc d'après ce principe qu'en entendant les observations que venait de faire Everard il dissimula son courroux, et répondit avec une politesse forcée,— que sans contredit les presbytériens, dans ces temps malheureux, avaient donné de si fortes preuves de leur humilité, de leur peu d'ambition et de leurs désirs pour le bien public, qu'il était impossible de refuser de croire à la sincérité des objections qu'ils faisaient contre des ouvrages dans lesquels les plus nobles sentimens de religion et de vertu, — sentimens capables de convertir les pécheurs les plus endurcis,— sentimens qui pourraient être convenablement placés dans la bouche des saints et des martyrs mourans, — se trouvaient, par suite de la grossièreté et du mauvais goût du temps, mêlés de quelques bouffonneries triviales, etc., lesquelles on n'y découvrait guère à moins qu'on ne les y cherchât péniblement, pour s'en faire un motif de réprobation contre ce qui était en soi-même digne des plus grands éloges; mais ce qu'il désirait surtout apprendre de son neveu, c'était si, parmi ces hommes tellement doués par le ciel, qui avaient chassé de leurs chaires les savans docteurs et les profonds théologiens de l'Eglise anglicane et qui occupaient maintenant leurs places, il s'en trouvait quelqu'un que les muses eussent inspiré, — s'il pouvait employer ce terme profane sans offenser le colonel, — ou s'ils n'étaient pas tous aussi sottement, aussi brutalement ennemis des belles-lettres qu'ils l'étaient de l'humanité et du sens commun.

Everard aurait pu deviner, par le ton de sarcasme et d'ironie de ce discours, qu'une tempête furieuse grondait dans le sein de son oncle. Il aurait même pu juger de l'état véritable des sentimens du vieux chevalier par l'emphase avec laquelle il avait appuyé sur le mot colonel, titre qu'il regardait comme le lien qui attachait son neveu à un parti odieux, et qu'il ne donnait jamais à Everard que lorsqu'il commençait à lâcher les rênes de son emportement, tandis que, lorsqu'il était disposé à maintenir avec lui une bonne intelligence, il l'appelait son neveu ou Markham. Et dans le fait ce fut parce qu'il s'en douta et dans l'espérance de voir sa cousine Alice que le colonel s'abstint de faire une réplique à la harangue de son oncle, qui la terminait en descendant de cheval à la porte de la Loge et en entrant dans le vestibule, suivi de ses deux compagnons.

Phœbé, qui s'y trouvait en ce moment, reçut ordre d'apporter du vin. L'Hébé de Woodstock ne manqua pas de reconnaître Everard et de l'assurer par une révérence presque imperceptible qu'il y était le bienvenu; mais elle ne le servit pas aussi bien qu'elle en avait dessein en demandant à son maître, comme une chose toute naturelle, si elle avertirait miss Alice de descendre. Un *Non* ferme et décidé fut la seule réponse qu'elle obtint de lui, et cette intervention, arrivée mal à propos, sembla redoubler encore l'indignation qu'il avait conçue contre Everard pour avoir parlé de Shakspeare avec tant d'irrévérence. Dès qu'elle fut partie, sir Henry reprit le sujet de la conversation qui avait été interrompue.

— J'insisterais, dit-il, — s'il convenait à un pauvre Cavalier licencié de se servir d'une pareille expression en parlant à un des chefs de l'armée triomphante,—j'insisterais, dis-je, pour savoir si la révolution qui nous a envoyé des saints et des prophètes sans fin ne nous a pas aussi donné un poète assez inspiré par la grace d'en-haut pour éclipser le vieux Will, notre idole à nous autres aveugles et mondains Cavaliers.

— Oui, sans doute, monsieur, répondit le colonel Everard; je connais des vers composés par un ami de la république qui, pesés dans une balance impartiale, peuvent égaler même la poésie de Shakspeare, et dans lesquels on ne trouve pas les alimens grossiers d'un goût dépravé, que ce grand poète offrait quelquefois à l'appétit désordonné d'un auditoire encore à demi barbare.

— En vérité! s'écria le vieux chevalier retenant son courroux avec quelque peine; je voudrais connaître ce chef-d'œuvre de poésie. — Puis-je demander le nom de cet auteur illustre?

— Ce doit être Vicars ou du moins Withers [1], dit le page supposé.

---

[1] Tous deux poètes du parti des puritains.—Ed.

— Non, monsieur, répliqua Everard, ni Drummond de Hawthornden, ni lord Stirling [1]. Et cependant les vers justifieront ce que j'en ai dit, si vous excusez la médiocrité du débit, car je suis plus habitué à parler à un bataillon qu'à ceux qui aiment le commerce des muses. C'est une dame qui parle; elle est égarée dans une forêt; nul sentier ne s'offre à ses yeux, et d'abord elle s'exprime comme étant agitée par des craintes surnaturelles occasionées par sa situation.

— Quoi! s'écria sir Henry avec surprise; une pièce de théâtre, — et composée par un poète Tête-Ronde!

— C'est du moins une production dramatique, répondit Everard; et il commença à débiter d'un ton simple, mais prouvant qu'il sentait bien ce qu'il récitait, les vers aujourd'hui si connus, mais alors presque ignorés, d'un auteur dont la réputation reposait à cette époque plutôt sur ses ouvrages polémiques et politiques que sur la poésie sublime qui devait par la suite être le monument éternel de son immortalité.

> . . . .
> Le cœur de cette crainte un instant peut frémir;
> Mais l'homme vertueux à qui sa conscience,
> Champion intrépide, offre son assistance,
> De ce joug si honteux sait bientôt s'affranchir....

— C'est mon opinion, Markham, s'écria le chevalier; précisément mon opinion, — mieux exprimée peut-être, mais c'est exactement ce que je disais quand ces coquins de Têtes-Rondes prétendaient voir des esprits à Woodstock. Continuez, je vous prie.

Everard continua.

> Sainte Foi, dont les yeux sont pleins de pureté;
> Déesse aux ailes d'or, angélique Espérance;
> Aimable Chasteté, virginale Innocence;
> Groupe consolateur, soyez le bien-venu!
> Je vous vois, votre prix à mes yeux est connu.
> Oui, je crois que celui dont le bien est l'essence,

(1) Poètes écossais et royalistes. — Ed.

Et le mal l'instrument qui sert à sa vengeance,
M'enverrait au besoin un ange protecteur
Pour défendre ma vie et garder mon honneur.
—Ah ! me suis-je trompée, ou quelque noir nuage
De la reine des nuits a-t-il terni l'image,
Et d'un voile argenté paré ses vêtemens ?
. . . .

— Le reste m'a échappé, dit Everard, et je suis même surpris que ma mémoire ait conservé un si long fragment.

Sir Henry Lee, qui s'attendait à quelque effusion poétique bien différente de ces beaux vers, changea bientôt l'expression méprisante qu'avait prise sa physionomie. Ses lèvres cessèrent de se contracter dédaigneusement, et, se frottant la barbe de la main gauche, il appuya l'index de la droite sur son sourcil en signe de profonde attention. Lorsque Everard eut cessé de parler, le vieillard soupira comme à la fin d'un morceau de musique attendrissante, et il adressa la parole au colonel d'un ton radouci.

— Mon neveu Markham, dit-il, ces vers sont coulans, et ils produisent sur mon oreille le même effet que les sons harmonieux d'un luth dont les cordes sont touchées par une main habile. Mais tu sais que je ne comprends jamais complètement ce que j'entends pour la première fois. Répète-moi ces vers, — répète-les-moi lentement, posément.— J'aime à entendre deux fois un morceau de poésie, afin de juger d'abord de la mélodie, et ensuite du sens.

Encouragé ainsi, Everard débita de nouveau ces vers, et, comme il y mit plus de hardiesse, il produisit encore plus d'effet. Le chevalier parut entrer parfaitement dans les sentimens qu'ils exprimaient, et il y applaudit par son air et par ses gestes.

— Oui, s'écria-t-il quand Everard eut fini, j'appelle cela de la poésie, l'auteur fût-il Presbytérien ou Anabaptiste. Oui, — il se trouva des justes même dans le sein des villes que le feu du ciel détruisit. Et certainement j'ai entendu dire, quoique j'y aie accordé peu de croyance, — vous demandant pardon, mon neveu Markham, — qu'il y a parmi vous des gens qui ont reconnu l'erreur de leurs voies, se repentent de s'être révoltés contre le meilleur et le plus doux des maîtres, et d'avoir contribué à amener les choses au point de le faire assassiner par une horde de brigands encore plus féroce qu'eux. — Oui, la douceur d'esprit, la pureté d'ame qui a dicté ces beaux vers ont sans doute amené un homme si aimable à dire il y a déjà long-temps : J'ai péché! j'ai péché! — Oui, je ne doute pas que le remords et le chagrin des crimes dont il a été témoin ne l'aient porté à briser une harpe qui rendait des sons si doux ; et qu'il ne soit maintenant occupé à pleurer sur la honte et le désespoir de l'Angleterre, tous ses nobles vers, comme le dit Will, étant semblables à des cloches qui ne sont plus d'accord. — Ne pensez-vous pas de même, maître Kerneguy?

— Non, sir Henry.

— Quoi! ne pas penser que l'auteur de pareils vers doit nécessairement appartenir au bon parti, — ou avoir une tendance à se rapprocher de nous!

— Je pense, sir Henry, que ces vers indiquent que l'auteur est en état de composer une pièce sur dame Putiphar et son amant à la glace. Et quant à sa métaphore du nuage qui forme la doublure des vêtemens de la lune, elle m'aurait porté à croire qu'il exerce le métier de tailleur, si je ne savais par hasard qu'il est maître d'école de profession, et que ses opinions politiques l'ont fait nommer poète lauréat de Cromwell; car les vers que le colonel vient de déclamer avec tant d'onction sont la production d'un personnage qui n'est rien moins que le fameux John Milton.

— John Milton! s'écria sir Henry au comble de la surprise ; quoi l'auteur blasphémateur et sanguinaire de *Defensio populi anglicani!* — l'avocat de la haute cour infernale des démons ! — La créature et le parasite de ce grand imposteur, de cet odieux hypocrite, de ce monstre détestable, de ce rebut de l'univers, de cette honte du genre humain, de ce prodige d'iniquité, de cet égout de péché, de ce résumé de bassesses, d'Olivier Cromwell en un mot!

— Lui-même, répondit Charles; John Milton, maître d'école et tailleur des nuages, à qui il fournit des habits noirs doublés en argent, seulement aux dépens du sens commun.

— Colonel Everard, s'écria le vieux chevalier, jamais je ne vous pardonnerai, — jamais! — jamais! vous m'avez fait donner des éloges à un scélérat dont le cadavre devrait engraisser les oiseaux de l'air. — Ne me parlez pas, monsieur, et retirez-vous! — Est-ce à moi, votre parent, votre bienfaiteur, qu'il vous convient de surprendre des paroles de louange? Est-ce moi que vous deviez amener à parler en pareils termes d'un sépulcre blanchi, du sophiste Milton?

— C'est me traiter trop durement, sir Henry, répondit Everard. Vous m'avez pressé, — vous m'avez défié de vous citer des vers aussi bons que ceux de Shakspeare; — je vous proteste que je n'ai pensé qu'à la poésie, et nullement aux opinions politiques de l'auteur.

— Oh! sans doute, monsieur, répliqua sir Henry. Nous n'ignorons pas que vous savez faire des distinctions. Vous pouvez faire la guerre à la prérogative royale sans avoir le moindre mauvais dessein contre la personne du roi; au ciel ne plaise! — mais le ciel vous entendra et vous jugera, monsieur. — Remportez ce vin, Phœbé; le colonel Everard n'a pas soif. — Ces mots furent adressés, par forme de parenthèse, à Phœbé, qui arrivait avec des rafraîchissemens. — Vous vous êtes essuyé la bouche en disant que vous n'avez pas fait de mal, comme dit la sainte Ecriture, monsieur; mais, quoique vous ayez trompé les hommes, vous ne tromperez pas Dieu.

Chargé ainsi à la fois de tous les reproches qu'on adressait à sa secte religieuse et à son parti politique, Everard sentit trop tard quelle imprudence il avait commise en se permettant de contester le goût de son oncle en poésie dramatique; il essaya de s'expliquer et de s'excuser.

— Je me suis trompé sur vos intentions, mon cher oncle, dit-il; j'ai pensé que vous désiriez réellement connaître l'état de la littérature dans notre parti; et en récitant des vers que vous ne jugiez pas indignes d'être entendus, je vous proteste que je croyais faire ce qui vous était agréable, sans courir le risque d'exciter votre indignation.

— Protestez, monsieur, protestez, dit le chevalier sans rien relâcher de la rigueur de son ressentiment; c'est le mot à la mode pour assurer les choses, au lieu des sermens profanes des courtisans et des Cavaliers. — Protestez moins, et pratiquez davantage, monsieur. — Adieu, monsieur ! — Maître Kerneguy, vous trouverez du vin dans mon appartement.

Tandis que Phœbé restait immobile de surprise de la querelle qui s'était élevée tout à coup, le dépit et le ressentiment du colonel Everard étaient bien loin de se calmer en voyant l'air de nonchalance du jeune Ecossais, qui, les mains dans ses poches, comme c'était alors la mode à la cour, s'était jeté dans un grand fauteuil; et, quoique ayant trop bien l'habitude de la politesse pour se permettre de rire tout haut, et possédant cet art, connu des gens du monde, de jouir intérieurement de leur gaieté sans risquer d'offenser directement et de se faire une querelle, il ne se donnait pas beaucoup de peine pour cacher que le résultat de la visite du colonel à Woodstock l'amusait infiniment. Mais la patience d'Everard semblait sur le point de lui échapper ; car, quoique leurs opinions politiques fussent si différentes, il y avait une grande ressemblance entre le caractère de l'oncle et celui du neveu.

— Damnation ! s'écria le colonel, et ce mot fut prononcé d'un ton qui convenait à un Puritain aussi peu que le mot lui-même.

— *Amen*, dit Louis Kerneguy, mais d'un ton si doux et si simple que cette exclamation semblait lui échapper plutôt qu'être faite à dessein.

— Monsieur ! dit Everard en s'avançant vers lui avec l'air d'humeur d'un homme qui voudrait trouver quelqu'un sur qui faire tomber le ressentiment qui le transporte.

— *Plaît-il?* répondit le page du ton le plus calme en le regardant avec l'air d'une innocence irréprochable.

— Je désire savoir, monsieur, ce que signifie ce que vous venez de dire.

— Ce n'est qu'une exclamation spirituelle, respectable colonel; un petit esquif que je dépêche vers le ciel pour mon propre compte, afin d'y convoyer la sainte pétition que vous venez de lui adresser.

— Monsieur, j'ai vu un sourire comme le vôtre coûter bien cher.

— Là, voyez! dit le malin page, en qui le soin de sa sûreté ne pouvait l'emporter sur le plaisir qu'il trouvait à plaisanter; si vous vous en étiez tenu à vos protestations, vous seriez maintenant étouffé; mais en jurant rondement, vous avez fait partir le bouchon de la bouteille de cidre, et votre colère mousseuse en peut sortir librement dans le langage honnête de ceux que vous appelez les incirconcis.

— Pour l'amour du ciel, maître Girnegy, s'écria Phœbé, ne parlez pas au colonel en de pareils termes! — Et vous, colonel Markham, ne vous offensez pas de ce qu'il peut vous dire; — ce n'est qu'un enfant.

— Quand le colonel le voudra, — ou quand vous le voudrez, miss Phœbé, — je prouverai que je suis un homme. — Je crois que monsieur doit déjà en savoir quelque chose. — Probablement il vous destine le rôle de la dame dans *Comus*[1]; j'espère seulement que son admiration pour John Milton n'ira pas jusqu'à se charger de celui de *Samson Agonistes*[2], au risque de faire sauter cette vieille maison par ses exécrations, ou de manière à l'ébranler pour nous la faire tomber sur les oreilles.

— Jeune homme, dit le colonel, si vous ne trouvez aucune autre raison pour respecter mes principes, rendez-leur grace du moins de la protection qu'ils vous assurent, et que vous ne trouveriez pas aisément sans cela.

— Il faut donc, dit Phœbé, que j'aille chercher quelqu'un qui aura sur vous plus d'influence que je n'en ai. Et elle partit pendant que Kerneguy répondait à Everard avec le ton du sang-froid le plus provoquant :

— Avant de me menacer d'une chose aussi formidable que votre ressentiment, lui dit-il, vous devriez vous assurer s'il n'existe pas de circonstances qui puissent me forcer à vous refuser l'occasion à laquelle vous semblez faire allusion.

En ce moment Alice, avertie sans doute par sa suivante, entra avec vivacité dans l'appartement.

---

(1) Poëme de Milton, d'où est tirée la citation qui précède. — Ed.
(2) Autre poëme de Milton. *Samson combattant.* — Ed.

— Maître Kerneguy, dit-elle, mon père désire vous voir sur-le-champ dans l'appartement de Victor Lee.

Kerneguy se leva pour la saluer, mais parut déterminé à rester jusqu'après le départ d'Everard, de manière à prévenir toute explication entre le cousin et la cousine.

— Markham, dit Alice à la hâte, cousin Everard, je n'ai qu'un instant à rester ici. — Pour l'amour du ciel, retirez-vous sur-le-champ ; — faites preuve de prudence et de patience. — Mais ne demeurez pas ici plus long-temps. — Mon père est dans une colère terrible.

— Mon oncle m'en a donné la preuve, miss Lee, et j'ai déjà reçu de lui l'ordre de me retirer, ordre que j'exécuterai sans délai. — Je ne croyais pas vous voir tant d'empressement à venir me réitérer une injonction si sévère ; mais je pars, miss Lee, sentant que je laisse ici après moi une compagnie plus agréable que la mienne.

— Homme injuste, — ingrat, — sans générosité ! dit Alice ; mais craignant que ces paroles n'arrivassent à des oreilles pour lesquelles elles n'étaient pas destinées, elle les prononça d'une voix si faible que son cousin, à qui elles étaient adressées, perdit la consolation qu'elles avaient pour but de lui donner.

Il salua froidement Alice comme pour prendre congé d'elle ; et, se tournant vers le page, il lui dit avec cet air de politesse forcée qui, parmi les hommes de condition, couvre quelquefois une haine mortelle :

— Je crois, maître Kerneguy, que les circonstances me défendent de vous faire connaître en ce moment mon opinion sur l'affaire à laquelle nous avons fait allusion dans la conversation ; mais je vous enverrai un ami qui, j'espère, sera en état de décider la vôtre.

L'Ecossais prétendu le salua avec un air de dignité mêlé de condescendance, répondit qu'il attendrait l'honneur de ses ordres, et, présentant la main à Alice pour la reconduire dans l'appartement de son père, il prit congé de son rival avec les honneurs du triomphe.

De son côté, Everard, piqué au vif et croyant toujours, d'après l'aisance gracieuse et l'assurance calme de ce jeune homme, que c'était Wilmot, ou du moins quelqu'un de ses compagnons de débauche du même rang, retourna dans la ville de Woodstock, bien décidé à ne pas se laisser outrager ainsi, dût-il en chercher satisfaction par des moyens que réprouvaient ses principes.

CHAPITRE XXVI.

> « Celui dont les désirs ne connaissent nul frein,
> « D'un tyran tôt ou tard doit craindre le destin.
> « C'est ainsi qu'on a vu s'écrouler plus d'un trône. »
> SHAKSPEARE. *Macbeth.*

TANDIS que le colonel Everard s'éloignait avec indignation d'un château où son oncle, dans un accès de bonne humeur, l'avait invité à venir se reposer et se rafraîchir ; mais d'où une boutade l'avait banni à jeun, le vieux chevalier, à peine remis de son accès de colère, fit un léger repas avec sa fille et son hôte, et, se rappelant ensuite quelque besogne qui l'appelait dans le parc, — car il remplissait encore scrupuleusement toutes les fonctions de sa place, quoiqu'elles ne fussent plus qu'un vain titre, — il appela Bevis, et sortit, laissant les deux jeunes gens tête-à-tête.

— Maintenant qu'Alice n'a plus son lion près d'elle, se dit à lui-même le prince amoureux, c'est le moment de voir si elle est elle-même de la race des tigresses.

— Sir Bevis a donc abandonné son poste, lui dit-il ; je croyais que les anciens chevaliers, ces gardiens sévères, dont il est un si digne représentant, veillaient avec un soin plus rigoureux sur le trésor qui leur était confié.

— Bevis sait que sa présence ne m'est nullement nécessaire, répondit Alice ; et d'ailleurs il a d'autres devoirs, que tout vrai chevalier préfère accomplir, au lieu de rester toute la matiné attaché au tablier d'une dame.

— Un tel langage est un crime de haute trahison contre

une affection véritable, répondit le galant prince. Le moindre désir d'une dame impose à tout chevalier des devoirs qui ne doivent le céder qu'aux ordres de son souverain. — Je voudrais, miss Alice, que vous me fissiez soupçonner seulement le moindre de vos désirs, et vous verriez comme je sais pratiquer l'obéissance.

— Vous n'êtes pourtant pas venu me dire ce matin quelle heure il était, répliqua miss Lee ; et je suis restée ici, doutant que les ailes du temps fussent déployées, quand j'aurais dû me rappeler que la galanterie des hommes n'est pas plus stable que le temps même. Savez-vous ce que votre désobéissance pouvait coûter, soit à moi, soit aux autres? Le pouding ou le dumpling [1] pouvait être brûlé, car il est bon que vous sachiez que je ne me dispense pas de l'ancien usage de faire l'inspection de la cuisine ; — je pouvais manquer l'heure des prières, — arriver trop tard à un rendez-vous, — tout cela par suite de la négligence de maître Louis Kerneguy.

— Oh! répondit le page, je suis un de ces amans qui ne peuvent supporter l'absence. — Il faut que je sois éternellement aux pieds de ma belle ennemie. — Tel est, je crois, le titre que les romans nous apprennent à donner aux cruelles à qui nous dévouons notre cœur et nos jours. — Parle pour moi, bon luth, ajouta-t-il en prenant cet instrument, et fais voir si je ne connais pas mon devoir.

A ces mots il chanta, mais avec plus de goût que de science, un air français auquel quelqu'un des beaux esprits de sa cour avait adapté des paroles anglaises.

UNE HEURE AVEC TOI.

> Quand du premier rayon de la naissante aurore
> Du côté du levant l'horizon se colore,
> Oh! qui pourra me faire endurer sans effroi
> Les soucis, les chagrins qu'offrent à mes pensées
> Les heures à venir et les heures passées?
>   Une heure avec toi.

(1) Un *dumpling* est une pâte légère entourant des pommes ou quelque autre fruit.
— Tr.

Déployant dans les airs sa brillante oriflamme,
Quand l'astre de midi répand partout la flamme,
Qui paiera le berger fidèle comme moi
Des travaux du matin sur de brûlantes plaines?
Qui calmera le feu qui dessèche ses veines?
Une heure avec toi.

Et quand le roi des cieux, délaissant nos contrées,
Part pour fertiliser des plages ignorées,
Quel bien consolateur fera couler en moi
L'oubli des longs travaux de toute la journée,
— Désirs formés en vain, — espérance ajournée,
Une heure avec toi.

—Il y a un quatrième couplet, dit le chanteur; mais je ne vous le chanterai pas, miss Alice, parce qu'il déplaît à quelques prudes de la cour.

— Je vous remercie, maître Louis, de la discrétion que vous avez montrée en chantant ce qui m'a fait plaisir, en supprimant ce qui pourrait me déplaire. Quoique élevée à la campagne, je prétends suivre les modes de la cour, au point de ne rien recevoir qui n'y soit monnaie courante parmi les dames de la première classe.

— Je voudrais, miss Lee, que vous fussiez assez affermie dans cette croyance pour que tout ce qui est monnaie courante pour elles le fût aussi pour vous.

— Et quelle en serait la conséquence? demanda Alice avec la plus grande innocence.

— En ce cas, répondit Louis embarrassé comme un général qui voit que ses préparatifs d'attaque ne jettent ni l'alarme ni la confusion dans les rangs ennemis; en ce cas vous me pardonneriez, belle Alice, si je vous parlais un langage un peu plus tendre que la simple galanterie; — si je vous disais combien mon cœur met d'intérêt à ce que vous regardez comme une plaisanterie; — si je vous avouais sérieusement qu'il est en votre pouvoir de me rendre le plus heureux ou le plus malheureux des hommes.

— Maître Kerneguy, dit Alice sans montrer plus d'embarras, entendons-nous bien. Je connais peu les manières du grand monde, et je vous dirai franchement que je ne me soucie pas de passer pour une sotte campagnarde qui, s'effarouchant par ignorance ou par affectation au premier mot de galanterie que lui adresse un jeune homme qui n'a rien de mieux à faire en ce moment que de battre et de mettre en circulation la fausse monnaie de pareils complimens. Mais cette crainte de paraître rustique, gauche et timide, ne doit pas me conduire trop loin; et ne sachant pas exactement quelles sont les bornes où elle doit s'arrêter, j'aurai soin de ne pas risquer de les outre-passer.

— J'espère, miss Lee, que, quelque disposée que vous puissiez être à me juger sévèrement, votre justice ne me punira pas avec trop de rigueur d'une offense dont vos charmes sont la seule cause.

— Ecoutez-moi, s'il vous plaît, monsieur. — Je vous ai écouté quand vous m'avez parlé *en berger;* j'ai même poussé la complaisance jusqu'à vous répondre *en bergère*; car je crois qu'il ne peut résulter que du ridicule des dialogues entre Lindor et Jeanneton, et le principal défaut de ce style est son ennui mortel et son affectation fatigante. Mais quand vous commencez à fléchir un genou devant moi, — à vouloir me prendre la main, — à me parler d'un ton plus sérieux, je dois vous rappeler qui nous sommes.— Je suis la fille de sir Henry Lee, monsieur; et vous êtes, ou vous prétendez être maître Louis Kerneguy, page de mon frère fugitif, cherchant un abri sous le toit de mon père, qui court quelques dangers par l'hospitalité qu'il vous accorde, et dont par conséquent la fille ne devrait pas être exposée à vos importunités.

— Plût au ciel, belle Alice, dit le roi, que vous ne refusassiez de répondre à l'amour dont je viens de vous faire l'aveu, non en plaisantant, mais très-sérieusement et comme devant décider du bonheur de ma vie, qu'à cause de la condition précaire de Louis Kerneguy. Alice, vous avez l'ame de votre famille, et vous devez en avoir tout l'honneur. Je ne suis pas plus le pauvre page écossais dont la nécessité m'oblige à jouer le rôle, que je n'étais le jeune rustre gauche et grossier dont j'avais emprunté les manières le premier soir de notre connaissance. — Cette main, toute pauvre qu'elle paraît en ce moment, peut donner une couronne.

— Gardez-la pour une demoiselle plus ambitieuse, mylord, — car je présume que c'est le titre qui vous est dû [1], si cette histoire est vraie. — Je n'accepterais pas votre main quand elle aurait à donner une couronne ducale.

— Sous un certain rapport, aimable Alice, vous n'avez exagéré ni mon pouvoir ni mon affection. — C'est votre roi, c'est Charles Stuart qui vous parle. — Il peut donner des duchés, et si la beauté en mérite, qui peut en être plus digne qu'Alice Lee? — Relevez-vous, — ne vous agenouillez pas, — c'est à votre souverain à fléchir le genou devant vous, Alice; votre souverain qui vous est mille fois plus dévoué que le pauvre Louis Kerneguy n'aurait osé l'avouer. Je sais que mon Alice a été élevée dans de tels principes d'amour et d'obéissance pour son roi, qu'elle ne peut en conscience lui faire une blessure aussi cruelle que celle qu'elle lui causerait en se refusant à ses désirs.

En dépit de tous les efforts de Charles pour l'en empêcher, Alice était restée un genou en terre, et elle appuya le bord de ses lèvres sur la main qu'il lui tendit pour la relever. Mais après avoir donné cette marque de respect à son souverain, elle resta debout, les bras croisés sur sa poitrine, l'air humble mais tranquille, le regard calme mais vigilant, maîtresse d'elle-même, et paraissant si peu flattée d'une confidence dont le prince avait cru qu'elle serait étourdie, que Charles savait à peine en quels termes renouveler ses sollicitations.

— Vous gardez le silence, charmante Alice, lui dit-il; le roi n'a-t-il pas plus d'influence sur vous que le pauvre page écossais?

— Dans un sens, répondit Alice, mon souverain a sur moi une influence sans bornes; car il a pour lui toutes mes pensées, tous mes désirs, toutes mes prières, toute cette loyauté que les femmes de la maison de Lee doivent être prêtes à sceller de leur sang au besoin, comme tous les hommes qu'elle a produits ont prouvé la leur l'épée à la main. Mais au-delà des devoirs d'une sujette respectueuse et

---

[1] Il y a dans les armoiries anglaises *la couronne* de roi, celle de duc, celle de comte, etc., et en style de blason ces couronnes s'appellent *coronet* et non *crown*. —Ed.

dévouée, le roi est même moins pour Alice Lee que ne l'était le pauvre Louis Kerneguy. — Le page pouvait du moins lui offrir une union honorable; le monarque ne peut lui présenter qu'une *couronne* flétrie.

— Vous vous trompez, Alice; vous vous trompez. — Asseyez-vous, et écoutez-moi. — Asseyez-vous, vous dis-je, — que craignez-vous?

— Je ne crains rien. — Que puis-je craindre du roi de la Grande-Bretagne, moi fille d'un de ses sujets les plus loyaux, et sous le toit paternel? — Mais je me rappelle l'intervalle immense qui nous sépare; et quoique j'aie pu badiner et plaisanter avec mon égal, je ne dois paraître devant mon roi que dans l'attitude respectueuse d'une sujette, à moins que l'intérêt de sa sûreté ne m'oblige à feindre de ne pas reconnaître sa dignité.

Charles, quoique jeune, n'était pas novice en pareilles scènes, et il fut surpris de rencontrer une résistance d'un genre auquel il n'avait pas été accoutumé dans des circonstances semblables, même quand il n'avait pas réussi. Il ne pouvait voir dans les manières et dans la conduite d'Alice ni colère, ni désordre, ni fierté blessée, ni dédain réel ou affecté. Elle restait immobile, paraissant préparée à discuter avec calme une question qui est ordinairement décidée par la passion, ne montrant aucun désir de quitter l'appartement, — semblant déterminée à écouter avec patience tout ce que l'amant aurait à lui dire, mais prouvant par son attitude qu'elle n'avait cette complaisance que par égard pour les ordres du roi.

— Elle est ambitieuse, pensa Charles : c'est en éblouissant son amour pour la gloire, et non en employant des prières passionnées que je puis espérer de réussir. — Je vous prie de vous asseoir, belle Alice, — l'amant vous en prie, — le roi vous l'ordonne.

— Le roi, répondit Alice, peut permettre un relâchement du cérémonial dû à la royauté, mais il ne peut, même par ses ordres exprès, annuler les devoirs de ses sujets. — Je resterai ici, debout, tant qu'il plaira à Votre Majesté de me parler, et je l'écouterai avec patience, comme mon devoir l'exige.

— Apprenez donc, jeune fille sans expérience, dit le roi, qu'en répondant à ma tendresse et en acceptant la protection que je vous offre vous ne manquez à aucune des règles de la morale et de la vertu. — Ceux que leur naissance destine au trône sont condamnés à perdre bien des jouissances de la vie privée, et principalement celle qui est peut-être la plus douce et la plus précieuse de toutes, le droit de choisir celle qui doit être leur compagne pour toute leur vie. Les convenances politiques président seules à leur mariage, et il arrive souvent qu'ils trouvent dans celle qu'ils épousent des formes, un caractère et des dispositions les moins propres à assurer leur bonheur. La société a donc pitié de nous, et elle charge nos unions involontaires, et souvent malheureuses, de chaînes plus légères et moins étroites que celles de l'hymen contracté par nos sujets, qui s'imposant librement leurs liens doivent y être plus strictement assujettis. Et c'est pour cela que depuis le temps où Henry fit construire ces murs, les prêtres et les prélats, les nobles et les hommes d'Etat, ont été accoutumés à voir une belle Rosemonde régner sur le cœur du monarque qui l'aime, et le consoler du peu d'heures de contrainte que la bienséance l'oblige à donner à quelque jalouse Eléonore. Le monde n'attache aucun blâme à une pareille liaison; il court en foule aux fêtes que donne l'aimable Esther dont il admire la beauté, tandis que l'impérieuse Vasti joue son rôle de reine dans la solitude. On l'assiège dans son palais pour lui demander sa protection, parce qu'on sait que son influence dans l'Etat est cent fois plus puissante que celle de l'orgueilleuse épouse du monarque, ses enfans prennent leur rang parmi la première noblesse du pays ; et, comme l'illustre Longue-Epée, comte de Salisbury [1], ils prouvent par leur courage qu'ils doivent la naissance à la royauté et à l'amour. Ces unions sont la source d'où sortent nos premiers nobles, et la mère se survit à elle-même, honorée et bénie dans la grandeur de sa

---

[1] Frère naturel de Richard Cœur-de-Lion. — Ed.

postérité, comme elle est morte pleurée et regrettée dans les bras de l'amour et de l'amitié.

— Est-ce ainsi que mourut Rosemonde, Sire? demanda Alice. — Nos annales prétendent qu'elle fut empoisonnée par la reine offensée, — empoisonnée sans qu'on lui donnât le temps de demander à Dieu le pardon de ses fautes. — Et est-ce ainsi qu'elle se survit à elle-même? J'ai entendu dire que lorsque l'évêque purifia l'église de Gosdstowe il fit ouvrir le monument élevé à Rosemonde, et en fit jeter les ossemens dans une terre non consacrée.

— Vous parlez d'un temps bien ancien, ma chère Alice, répondit Charles, d'un temps qui était encore barbare et grossier. On ne voit plus aujourd'hui de reines si jalouses, ni d'évêques si rigoureux; sachez d'ailleurs que dans le pays où je conduirais la créature la plus aimable de tout son sexe, il existe d'autres lois qui écartent de pareilles unions jusqu'à la moindre atteinte de scandale. Il y a un genre de mariage qui, en remplissant toutes les cérémonies de l'Église, ne laisse aucune tache sur la conscience, et cependant n'investit l'épouse d'aucune des prérogatives inhérentes au rang de son époux, et ne viole pas les devoirs dont un roi est tenu envers ses sujets. Ainsi, Alice Lee peut devenir à tous égards épouse réelle et légitime de Charles Stuart, avec la seule restriction que leur union privée ne lui donnerait aucun droit au titre de reine d'Angleterre.

— Mon ambition, dit Alice, sera complètement satisfaite en voyant Charles régner sans que je désire partager ou sa dignité en public, ou son luxe et son opulence en particulier.

— Je vous entends, Alice, répliqua le roi un peu blessé, mais sans montrer de mécontentement; — vous me tournez en ridicule, parce qu'étant fugitif je me permets de parler en roi. J'avoue que c'est une habitude que j'ai prise, et dont toutes mes infortunes n'ont pu me défaire. — Mais ma situation n'est pas aussi désespérée que vous pouvez le croire; j'ai encore un grand nombre d'amis dans ce royaume. — Mes alliés au dehors ont intérêt à épouser ma cause, par égard pour eux-mêmes. — L'Espagne, la France et d'autres nations m'ont donné des espérances; j'ai pleine confiance que le sang de mon père n'aura pas été versé en vain et ne s'effacera pas sans vengeance. J'espère en celui de qui les princes tiennent leur titre, et quoi que vous puissiez penser de ma situation actuelle, j'ai un ferme pressentiment qu'il me replacera sur le trône de mes ancêtres.

— Puisse-t-il vous l'accorder! dit Alice; et pour qu'il vous l'accorde, daignez réfléchir si la conduite que vous tenez en ce moment est propre à vous obtenir ses faveurs. — Pensez à ce que vous demandez à une jeune fille privée depuis long-temps des conseils de sa mère et qui n'a d'autre défense contre vos sophismes que le sentiment naturel de la dignité de son sexe. — Songez si la mort de son père qui serait la suite de son imprudence, — le désespoir de son frère qui a si souvent exposé sa vie pour le service de Votre Majesté, le déshonneur d'un toit qui vous a abrité, figureront bien dans vos annales, et si ce sont là des événemens propres à vous rendre favorable ce dieu dont la colère contre votre maison n'a été que trop visible, ou à vous restituer l'affection du peuple anglais, aux yeux duquel de telles actions sont une abomination. — Je laisse à Votre Majesté, Sire, le soin d'y réfléchir.

Charles garda le silence, frappé de la tournure que prenait une conversation qui mettait son intérêt personnel aux prises avec sa passion, bien plus fortement qu'il ne l'avait supposé.

— Si Votre Majesté n'a pas d'ordres à me donner, ajouta Alice en faisant une profonde révérence, m'est-il permis de me retirer?

— Encore un instant, fille étrange et inconcevable, et répondez à ma question. — Est-ce l'abaissement actuel de ma fortune qui vous fait mépriser mes propositions?

— Je n'ai rien à cacher, Sire, et ma réponse sera aussi franche et aussi claire que la question que vous venez de me faire. Pour me décider à un acte d'ignominie, de démence et d'ingratitude, il faudrait que je fusse aveuglée par cette passion qu'on fait valoir comme une excuse des folies et des crimes, souvent même, je crois, quand elle n'existe pas; — il faudrait en un mot que j'éprouvasse de l'amour, comme on l'appelle. — J'aurais pu en éprouver pour mon égal, mais jamais pour mon souverain, soit qu'il n'en eût que le titre, soit qu'il fût en possession de son royaume.

— Et cependant, Alice, la loyauté a toujours été la passion dominante de votre famille, la vertu dont elle est le plus fière.

— Et puis-je donner une meilleure preuve de cette loyauté, Sire, qu'en résistant même à mon souverain, et en le conjurant d'oublier un projet aussi déshonorant pour lui que pour moi? Agirais-je en sujette fidèle si je m'unissais à lui pour commettre un acte de folie qui jetterait de nouveaux obstacles sur le chemin de sa restauration, et qui ne pourrait que diminuer la sécurité de son trône s'il y était une fois assis?

— A ce compte, j'aurais mieux fait de continuer à jouer le rôle de page que de reprendre mon caractère de roi, puisque cette qualité semble pouvoir encore moins se concilier avec mes désirs.

— Ma candeur ira encore plus loin, Sire; je n'aurais pas éprouvé plus de penchant pour Louis Kerneguy que pour l'héritier du trône de la Grande-Bretagne. L'amour que j'ai à donner, — et il ne ressemble pas aux descriptions que j'en ai lues dans les romans et dans les ballades, — a déjà été accordé à un autre. — Je vois que je fais peine à Votre Majesté; je le regrette sincèrement, mais les médecines salutaires ont souvent de l'amertume.

— Oui, et les médecins sont assez raisonnables pour vouloir que leurs malades les avalent comme si c'était du miel. — Elle est donc vraie cette histoire qu'on m'a contée tout bas du cousin colonel? — La fille du loyal sir Henry Lee a accordé son cœur à un fanatique rebelle!

— Mon cœur lui était accordé, Sire, avant que j'eusse appris ce que signifient les mots de fanatique et de rebelle. Je ne l'ai pas repris, parce que je suis convaincue qu'au milieu des dissensions qui déchirent ce royaume, l'homme dont vous parlez a choisi son parti, en se trompant sans doute, mais d'après sa conscience. Il conserve donc encore la plus haute place dans mon estime et dans mon affection. C'est tout ce qu'il peut attendre de moi, c'est tout ce qu'il me demandera jusqu'à ce que quelque heureux événement ait cicatrisé les blessures de la nation, et reconcilié mon père avec lui. Fasse le ciel que la prompte restauration de Votre Majesté amène ce grand changement !

— Vous avez trouvé un motif, dit le roi avec humeur, pour me faire détester un pareil changement ; — et vous-même, Alice, vous n'avez pas sincèrement intérêt à le désirer. Ne voyez-vous pas que votre amant, marchant côte à côte avec Cromwell, peut, ou pour mieux dire doit partager son pouvoir ? Si même Lambert ne le prévient pas, il peut couper l'herbe sous les pieds à Cromwell, et régner en sa place. Et croyez-vous qu'il ne trouvera pas les moyens de réduire l'orgueil loyal de la maison de Lee, et de conclure une union dont les voies sont mieux préparées que celle qu'on dit que Cromwell médite entre un de ses dignes rejetons et l'héritière non moins loyale de Fauconberg ?

— Votre Majesté a enfin trouvé un moyen de se venger, dit Alice, si ce que j'ai dit mérite sa vengeance.

— Je puis vous montrer un chemin encore plus court pour arriver à cette union, dit Charles sans faire attention à la détresse d'Alice, ou trouvant peut-être un secret plaisir à lui infliger la peine du talion. Supposez que vous fassiez dire à votre colonel qu'il y a ici un certain Charles Stuart, qui était venu en Angleterre pour troubler les saints dans leur gouvernement paisible, pour leur disputer un pouvoir qu'ils ont acquis par leurs prières et leurs sermons, par leurs piques et leurs fusils ; — supposez qu'il ait l'art d'amener ici une douzaine de braves Têtes-Rondes ; car dans l'état actuel des choses, c'en est bien assez pour décider du destin de l'héritier de la monarchie : — croyez-vous que la possession d'un tel captif ne pourrait pas lui faire obtenir du Croupion ou de Cromwell une récompense assez brillante pour vaincre les obstacles que votre père oppose à une alliance avec un Puritain, et mettre tout d'un coup la belle Alice et son cousin le colonel au comble de leurs vœux ?

— Sire, s'écria Alice, les joues enflammées et les yeux étincelans, — car elle avait aussi sa part de l'impétuosité héréditaire de sa famille, — ceci passe les bornes de ma patience. J'ai pu écouter des propositions ignominieuses sans en exprimer mon indignation; j'ai cherché à excuser mon refus de devenir la maîtresse d'un prince fugitif, comme s'il m'avait offert de partager une couronne fermement placée sur sa tête; mais croyez-vous que je puisse entendre calomnier tous ceux qui me sont chers, sans éprouver d'émotion et sans y répondre? Non, Sire, quand je vous verrais siéger entouré de toutes les terreurs de la chambre ardente de votre père, vous m'entendriez défendre l'absent, prendre le parti de l'innocent. — Je ne dirai rien de mon père, si ce n'est que, s'il est à présent sans fortune, sans possessions, presque sans abri et sans moyens de subsistance, c'est parce qu'il a tout perdu pour le service de son roi. — Il n'avait pas besoin de recourir à la trahison et à la lâcheté pour se procurer une opulence que ses domaines assuraient. — Quant à Markham Everard, il ne sait ce que c'est que l'égoïsme. — Il ne voudrait pas pour toute l'Angleterre, renfermât-elle dans son sein les trésors du Pérou, et toute sa surface fût-elle un paradis, commettre une action qui pût déshonorer son nom ou préjudicier à qui que ce fût. — Les rois, Sire, pourraient recevoir leçon de lui. — Et maintenant, Sire, je prends humblement congé de Votre Majesté.

— Un instant, Alice, un instant! s'écria le roi. — Mais elle est partie! — il faut que ce soit là de la vertu, — une vertu réelle, désintéressée, imposante, — ou il n'en existe pas sur la terre. — Et cependant Wilmot et Villiers n'en croiraient rien; ils mettraient cette histoire au nombre des merveilles de Woodstock. — C'est une fille d'une espèce rare, et je proteste, pour me servir de l'expression du colonel, que je ne sais trop si je lui dois vouer amitié ou vengeance. — Sans ce maudit cousin, — ce colonel puritain, — je pourrais tout pardonner à une créature si noble. — Mais me voir préférer un rebelle Tête-Ronde! — m'entendre avouer en face cette préférence! — puis la justifier en disant que les rois pourraient prendre leçon *de lui?* — C'est du fiel et de l'absinthe. —Si le vieillard n'était pas survenu ce matin, le roi aurait donné ou reçu une leçon, — une sévère leçon. Avec mon rang et ma responsabilité, c'était une folie que de hasarder une pareille rencontre ; et cependant cette fille m'a tellement piqué, elle m'a inspiré tant de jalousie contre ce colonel, que, si l'occasion s'en représentait, je crois que je serais encore assez fou pour la saisir. — Ah! qui nous arrive ici?

La question terminant le soliloque du roi était occasionée par l'arrivée inattendue d'un autre personnage de notre drame.

CHAPITRE XXVII.

BENEDICT. — « Puis-je vous dire un mot à l'oreille?
CLAUDIO. — « Le ciel me préserve d'un cartel! »
SHAKSPEARE.

COMME Charles allait sortir de l'appartement, il y fut retenu par l'arrivée de Wildrake, qui se présenta avec un surcroît d'importance et avec une aisance qui allait presque à la familiarité.

— Je vous demande pardon, monsieur, lui dit-il; mais, comme on le dit dans mon pays, quand les portes sont ouvertes les chiens peuvent entrer. J'ai frappé et appelé inutilement dans le vestibule, et, connaissant le chemin de cet appartement, — car je fais partie des troupes légères, et je n'oublie jamais la route par laquelle j'ai une fois passé, — je me suis hasardé à y entrer sans me faire annoncer.

— Sir Henry est sorti, je le crois dans le parc, et maître Albert Lee a quitté la Loge il y a deux ou trois jours, répondit Charles avec froideur, la présence d'un jeune débauché dont la tournure était assez commune lui étant peu agréable en ce moment.

— Je le sais, monsieur ; mais ce n'est ni à l'un ni à l'autre que j'ai affaire en ce moment.

— Et à qui donc avez-vous affaire ici, s'il m'est permis de vous le demander ? car il me paraît impossible que ce soit à moi.

— Je vous demande encore pardon, monsieur ; car ce n'est qu'à vous que je puis communiquer l'affaire qui m'amène ici, si vous êtes, comme je le présume, quoique un peu mieux costumé, maître Louis Girnigo, gentilhomme écossais, page de maître Albert Lee.

— Vous ne trouverez ici que moi qui puisse vous répondre pour lui.

— Il est très-vrai que je remarque quelque différence ; mais le repos et de meilleurs habits font quelque chose, et j'en suis charmé, car j'aurais été fâché d'avoir à remettre un message tel que celui que j'apporte, à un va-nu-pieds.

— Venons-en au fait, monsieur, s'il vous plaît. — Vous êtes chargé d'un message pour moi, dites-vous ?

— C'est la vérité, monsieur. Je suis ami du colonel Markham Everard, — un homme de belle taille, monsieur, et se comportant dignement sur le champ de bataille, quoique j'eusse désiré qu'il combattît pour une meilleure cause. C'est de sa part que j'ai à vous remettre un message contenu dans un petit billet que je vais prendre la liberté de vous présenter avec les formalités d'usage.

A ces mots il tira son épée, en enfonça la pointe dans le billet du colonel, et le présenta ainsi à Charles en le saluant profondément.

Le monarque déguisé lui rendit gravement son salut, et prit le billet. — Je présume, dit-il avant de l'ouvrir, que je ne dois pas m'attendre à trouver des complimens dans une missive présentée d'une manière si hostile.

— Monsieur, — hem ! hem ! répondit l'ambassadeur en toussant deux ou trois fois, pour se donner par la réflexion le temps de conserver le ton doucereux d'un envoyé diplomatique ; je ne regarde pas l'invitation comme tout-à-fait hostile, quoiqu'elle soit de nature à être d'abord tenue pour guerrière et belliqueuse. J'espère que quelques bottes amèneront l'affaire à une belle fin; et ainsi, comme avait coutume de le dire mon ancien maître, *pax nascitur ex bello* [1]. Quant à moi, je suis réellement enchanté que mon ami Markham Everard m'ait confié cette négociation, d'autant plus que je craignais que les principes puritains dont il est imbu, — car je ne vous déguiserai pas la vérité, mon cher monsieur, — ne lui eussent inspiré une certaine répugnance et de certains scrupules contre la forme usitée entre gentilshommes pour se faire justice à soi-même en pareil cas. Et comme je rends à mon ami un service d'ami, de même je me flatte humblement, maître Louis Girnigo, que je ne commets pas d'injustice envers vous en préparant les voies pour le rendez-vous proposé, après lequel, permettez-moi de dire que s'il n'arrive pas quelque accident fatal, nous serons tous, l'escarmouche une fois terminée, meilleurs amis qu'auparavant.

— Je le crois de même; et dans tous les cas, monsieur, répondit Charles en jetant les yeux sur l'épître, nous ne pouvons être rien de pire qu'ennemis mortels, et c'est sur ce pied que ce billet nous place l'un envers l'autre.

— Vous dites la vérité, monsieur; c'est un cartel préparatoire à un combat singulier, dans la vue pacifique de rétablir une parfaite intelligence entre les survivans, — s'il arrive heureusement que ce mot puisse s'employer au pluriel après l'événement de la rencontre.

— En un mot, je suppose que l'objet du combat est d'en venir à nous entendre d'une manière parfaitement amicale?

— Précisément, monsieur, et je vous remercie de la clarté que vous mettez dans votre définition. — Ah! monsieur, une semblable mission est facile à remplir quand on a affaire à un homme d'honneur, doué en même temps d'intelligence, — et je vous demande en outre, à titre de faveur personnelle, comme la matinée sera probablement froide et que je suis sujet aux rhumatismes, — le fruit de la guerre, monsieur; — je vous prie, dis-je, de vouloir bien amener avec vous quelque gentilhomme d'honneur qui ne dédaigne pas de prendre part à ce qui se passera, — une sorte de fortune

---

(1) La paix naît de la guerre. — Tr.

du pot, monsieur, — et de se mesurer avec un pauvre soldat tel que moi, — afin que nous ne risquions pas de gagner un rhume en restant les bras croisés pendant que vous vous battrez.

— Je vous entends, monsieur ; et si l'affaire a des suites, soyez assuré que je tâcherai de vous fournir un adversaire convenable.

— Je vous serai fort obligé, monsieur ; et j'ajouterai que je ne regarderai pas de très-près à la qualité de mon antagoniste. Il est très-vrai que j'ai droit au titre d'écuyer et de gentilhomme, et que je me trouverais honoré de croiser mon épée avec celle de sir Henry ou maître Albert Lee ; mais si cela ne pouvait avoir lieu, je ne refuserais pas de faire face à tout homme qui aurait servi sous les bannières du roi, ce que je regarde en quelque sorte comme des lettres de noblesse ; et par conséquent j'accepterais, sans aucun scrupule, un duel avec une telle personne.

— Le roi vous est fort obligé, monsieur, de l'honneur que vous faites à ses fidèles sujets.

— Oh ! monsieur, je suis scrupuleux sur ce point, — très-scrupuleux. Quand il s'agit d'une Tête-Ronde, je consulte le nobiliaire pour voir si l'individu en question a droit de porter les armes, comme maître Markham Everard, sans quoi je vous promets que ce ne serait pas moi qui vous présenterais son cartel. Mais tout Cavalier est gentilhomme pour moi ; — quelque basse que puisse être sa naissance, sa loyauté l'ennoblit.

— Fort bien, monsieur. Ce billet m'invite à me rencontrer avec maître Everard, demain à six heures du matin, près de l'arbre nommé le chêne du roi : je n'ai d'objections à faire ni contre l'heure ni contre le lieu. — Il me propose l'épée, et ajoute que cette arme nous met sur une sorte d'égalité : je ne m'y refuse point. — Il me demande de me faire accompagner d'un second : je tâcherai de me procurer un compagnon, et je ferai en sorte qu'il puisse vous convenir, monsieur, si vous avez envie de prendre part à la danse.

— Je vous baise les mains, et suis tout à vous, monsieur ; je sens l'obligation que je vous ai.

— Je vous remercie, monsieur. — A l'heure dite, je me trouverai à l'endroit désigné, avec les armes convenues, et je ferai satisfaction à votre ami l'épée à la main, comme il le demande, ou je lui donnerai, pour n'en rien faire, des raisons dont il sera satisfait.

— Vous m'excuserez, monsieur, dit Wildrake, si j'ai l'esprit trop borné pour comprendre quelle alternative il peut rester à deux hommes d'honneur, en pareille circonstance, si ce n'est ça, ça ! — Et se mettant en garde, il fit une passe avec sa rapière, mais sans la tirer du fourreau, et sans la diriger du côté du roi à qui il parlait.

— Excusez-moi vous-même, monsieur, si je ne veux pas vous fatiguer l'esprit en vous donnant à réfléchir sur un cas qui peut ne pas arriver. — Mais, par exemple, je puis avoir à alléguer quelque affaire urgente et publique.

Charles prononça ces derniers mots en baissant la voix et d'un ton de mystère. Wildrake parut le comprendre parfaitement, car il appuya l'index sur sa lèvre supérieure, geste qu'il regardait comme très-expressif, et annonçant une grande perspicacité.

— Monsieur, dit-il, si vous êtes engagé dans quelque affaire pour le service du roi, il faudra bien que mon ami soit assez raisonnable pour prendre patience. Plutôt que de souffrir que vous soyez dérangé en ce cas, je me battrai moi-même contre lui, uniquement pour le tenir en haleine. — Et, monsieur, si vous pouviez trouver place dans votre entreprise pour un pauvre gentilhomme qui a servi sous Lunsford et Goring, indiquez-moi le jour, l'heure et l'endroit du rendez-vous, car je suis diablement ennuyé des cheveux tondus que je porte, ainsi que du grand vilain chapeau et du manteau d'entrepreneur de funérailles dont mon ami m'a affublé, et je serais enchanté de pouvoir m'escrimer encore une fois pour le roi, n'importe que je sois ensuite battu ou pendu.

— Je me rappellerai ce que vous me dites, si l'occasion se présente, monsieur, et je voudrais que Sa Majesté eût beaucoup de sujets comme vous. — Je présume que notre affaire est arrangée?

— Quand vous aurez eu la bonté, monsieur, de me donner un mot d'écrit pour preuve que j'ai rempli ma mission. — Vous savez que tel est l'usage. — Un cartel par écrit exige une réponse semblable.

— Je vais le faire à l'instant même; et cela ne sera pas long, car je vois ici tout ce qui est nécessaire pour écrire.

— Et, monsieur, si..... hem! hem! — Si vous avez assez de crédit dans la maison pour vous procurer un flacon de vin du Rhin. — Je suis généralement silencieux, et je me suis enroué à force de parler. — D'ailleurs, une affaire sérieuse de cette espèce altère toujours. Ensuite, monsieur, se séparer les lèvres sèches, c'est un signe de mésintelligence, et à Dieu ne plaise qu'il en existe entre nous dans une conjoncture si honorable.

— Je ne me flatte pas d'avoir ici beaucoup de crédit, monsieur, répondit le roi; mais, si vous voulez avoir la bonté d'accepter cette pièce d'or pour étancher votre soif à l'auberge de Saint-George.....

Les manières du temps permettaient ce genre étrange de politesse, et Wildrake d'ailleurs n'était pas doué d'une délicatesse assez recherchée pour faire beaucoup de cérémonie à cet égard.

— Monsieur, s'écria-t-il, je vous suis de nouveau obligé; mais je ne sais trop si mon honneur me permet d'accepter cette marque de libéralité, à moins qu'il ne vous plaise de m'accompagner.

— Pardon, monsieur, répliqua le roi, mais le soin de ma sûreté me défend de me montrer en public en ce moment.

— Suffit, dit Wildrake; de pauvres diables de Cavaliers ne doivent pas être à cheval sur la cérémonie. — Je vois, monsieur, que vous connaissez la loi des braves; tant qu'un camarade a de l'argent, l'autre ne doit pas en manquer. — Je vous souhaite, monsieur, une continuation de bonheur et de santé jusqu'à demain à six heures du matin, sous le chêne du roi.

— Adieu, monsieur, dit le roi; et, tandis que Wildrake descendait l'escalier en sifflant l'air : *Braves Cavaliers*, auquel le bruit de sa rapière battant contre les marches formait une sorte d'accompagnement assez convenable, il ajouta : — Adieu, trop juste emblème de l'état auquel la guerre, les revers et le désespoir ont réduit plus d'un brave royaliste.

Pendant le reste de cette journée, il ne se passa rien qui mérite une mention particulière. Alice évita avec soin de montrer à l'égard du prince déguisé une froideur et une retenue dont son père ou quelque autre auraient pu s'apercevoir; et, d'après les apparences, les deux jeunes gens continuaient, sous tous les rapports, à être ensemble sur le même pied qu'auparavant. Elle eut pourtant soin en même temps de se conduire de telle sorte que Charles pût voir que cette intimité prétendue n'était affectée que pour sauver les apparences, et n'avait pas pour but de démentir en rien le refus sévère et décidé qu'elle avait opposé à ses propositions. Le roi ne put en douter, et cette circonstance, jointe à son amour-propre blessé et à l'envie qu'il portait à un rival heureux, le détermina à quitter la compagnie de bonne heure pour aller faire une promenade dans l'espèce de labyrinthe qui précédait le parc, et qu'on appelait le Désert, comme nous l'avons déjà dit. Là, comme Hercule dans l'emblème de Cébès, il hésitait entre la vertu et le plaisir, écoutant tour à tour la voix de la prudence et les conseils passionnés d'une folle témérité.

La prudence lui faisait sentir l'importance de sa vie pour exécuter par la suite les grands projets qui venaient d'échouer en ce moment; — rétablir la monarchie en Angleterre; — relever le trône; — reprendre la couronne de son père; — venger sa mort; — rendre leur fortune et leur patrie aux royalistes nombreux qui souffraient l'exil et la pauvreté par suite de leur attachement à sa cause. L'orgueil, ou plutôt un juste sentiment de dignité naturelle, lui remontrait combien il était indigne d'un prince de descendre à un combat singulier avec un de ses sujets, quel que pût être son rang, et quelle tache ce serait pour sa mémoire s'il perdait la vie par la main d'un particulier, par suite d'une intrigue obscure. Que diraient d'un tel acte d'indiscrétion et de folie ses sages conseillers Hyde et Nicolas, et son bon et prudent gouverneur, le marquis d'Hertford? N'était-ce pas le moyen d'ébranler la fidélité des partisans graves et réfléchis qui lui restaient? Pourquoi exposeraient-ils leur vie et leurs biens pour élever au gouvernement d'un royaume un jeune homme incapable de maîtriser ses passions?

A ces raisons il fallait ajouter encore la considération que le succès qu'il pourrait obtenir dans le combat dont il s'agissait ne ferait qu'ajouter de nouvelles difficultés à sa sortie du royaume, qui semblait déjà suffisamment hérissée d'obstacles. S'il ne faisait que vaincre son adversaire sans lui donner la mort, comment pouvait-il savoir si le colonel républicain ne chercherait pas à se venger en livrant au gouvernement le malveillant Louis Kerneguy, dont le rang véritable ne pouvait manquer en ce cas d'être reconnu?

Toutes ces réflexions se réunissaient pour engager fortement le roi à terminer cette affaire sans en venir à un duel; et la réserve qu'il avait faite en l'acceptant lui en facilitait les moyens.

Mais, d'un autre côté, la passion avait aussi ses argumens, et elle les adressait à un caractère rendu irritable par des revers récens et par une mortification cruelle. D'abord, s'il était prince, il était aussi gentilhomme; il devait en avoir les sentimens, et il était obligé de donner ou d'exiger satisfaction, comme le faisaient dans leurs querelles les hommes jouissant de ce titre. Jamais il ne perdrait rien dans l'estime des Anglais, parce qu'au lieu de se mettre à l'abri de sa naissance royale et de ses prétentions au trône, il se serait montré bravement prêt à payer de sa personne, et à soutenir, l'épée à la main, ce qu'il aurait dit ou aurait fait. Une conduite qu'on ne pourrait attribuer qu'à l'honneur et à la générosité, bien loin de le faire déchoir dans l'opinion publique, ne devait, chez un peuple libre, que lui donner plus de droits au respect. Ensuite une réputation de courage lui était plus nécessaire à l'appui de ses prétentions que tout autre genre de renommée, et recevoir un défi sans y répondre pouvait faire douter de sa bravoure. Enfin que diraient Wilmot et Villiers d'une intrigue dans laquelle il se serait laissé honteusement bafouer par une jeune fille élevée à la campagne, sans qu'il eût cherché à se venger de son rival?

Les pasquinades qu'ils composeraient à cette occasion, les sarcasmes spirituels qu'ils feraient circuler, seraient bien plus difficiles à supporter que les graves mercuriales d'Hyde, de Nicolas et d'Hertford. Cette réflexion, qui flattait et sa jeunesse et son courage, fixa enfin son irrésolution, et il retourna à la Loge bien décidé à se trouver le lendemain au rendez-vous, quoi qu'il pût en arriver.

Peut-être se mêlait-il à cette détermination une idée secrète, une sorte de pressentiment que cette rencontre ne lui serait pas fatale. Il était dans la fleur de la jeunesse, adroit dans tous ses exercices, et, à en juger par l'épreuve qu'il en avait faite dans la matinée, il n'était nullement inférieur au colonel Everard dans l'art de l'escrime. Du moins toutes ces pensées pouvaient se présenter à l'imagination du roi tandis qu'il fredonnait le commencement d'une chanson qu'il avait apprise pendant son séjour en Ecosse :

>On peut boire sans être gris,
>Se battre sans qu'on vous étrille,
>Caresser fillette gentille,
>Et la quitter sans être pris.

Pendant ce temps, le docteur Rochecliffe, toujours affairé, voulant toujours tout diriger, avait trouvé le moyen de dire en secret à Alice qu'il avait besoin d'avoir avec elle un entretien particulier, et il lui donna rendez-vous dans ce qu'on appelait la bibliothèque, appartement autrefois rempli de vieux bouquins qui, ayant servi depuis long-temps à faire des cartouches, avaient fait plus de bruit dans le monde à l'instant où ils en étaient sortis que pendant tout le temps qui s'était écoulé depuis qu'ils y étaient entrés jusqu'au moment de leur apparition.

Lorsqu'elle y arriva, elle trouva le docteur assis dans un grand fauteuil couvert en cuir, et il lui fit signe de prendre un tabouret et de s'asseoir près de lui.

—Alice, lui dit le vieillard, vous êtes une bonne fille, prudente, une fille vertueuse, une de ces filles dont le prix est au-dessus des rubis,—non que *rubis* soit la traduction convenable de ce passage, mais vous me ferez penser à vous l'expliquer dans un autre moment. — Alice, vous savez qui est ce Louis Kerneguy. — N'hésitez pas à être franche avec moi; je sais tout, —tout, vous dis-je.—Vous savez que cette maison a l'honneur de contenir la fortune de l'Angleterre. Alice allait lui répondre.—Ne dites rien encore!— Ecoutez-moi.—Comment se comporte-t-il avec vous, Alice?

Les joues d'Alice se couvrirent du cramoisi le plus vif. — J'ai été élevée à la campagne, dit-elle, et ses manières sentent trop le courtisan pour moi.

—Suffit!—Je sais tout. — Hé bien! Alice, il est exposé à un grand danger demain matin, et c'est vous qui devez être l'heureux moyen de l'en préserver.

— Un grand danger! répéta Alice avec surprise;—et moi l'en préserver!— Comment?— De quelle manière?—C'est mon devoir, comme sujette, de tout faire. — Tout ce qui peut être convenable à la fille de mon père, pour.....

Elle s'arrêta, fort embarrassée.

— Oui! continua le docteur; il a demain un rendez-vous, — un rendez-vous avec Markham Everard.—Tout est arrangé. — Le moment, six heures du matin. — Le lieu, près du chêne du roi. — S'ils s'y rencontrent, l'un des deux périra probablement.

— A Dieu ne plaise qu'ils s'y rencontrent! s'écria Alice, l'incarnat de ses joues faisant place à une pâleur mortelle. —Mais il ne peut en résulter aucun accident; —jamais Everard ne lèvera son épée contre le roi.

—C'est ce dont je ne voudrais pas répondre. Mais en supposant même que ce malheureux jeune homme ait encore conservé un reste de cette loyauté que toute sa conduite dément, nous ne pourrions en profiter, car il ne connaît pas le roi, et il ne le regarde que comme un Cavalier de qui il a reçu une insulte.

— Qu'il sache donc la vérité, docteur Rochecliffe, qu'il la sache à l'instant même!—Lui, lever la main contre le roi! — contre un roi fugitif et sans défense!— Il en est incapable! Je réponds sur ma vie que personne ne déploiera plus d'activité pour protéger ses jours.

— C'est ainsi que pense une jeune fille, Alice; et, comme

je le crains, une jeune fille dont la prudence est égarée par son cœur. Ce serait plus qu'une trahison que de confier un secret si important à un officier rebelle, à un ami de l'architraître Cromwell. Je n'ose me rendre responsable d'une telle témérité. Le père du roi se fia à Hammond, et vous savez ce qu'il en résulta.

—Hé bien! que mon père le sache. Il ira trouver Markham, il le fera venir; il lui fera sentir que ce serait lui manquer à lui-même que d'attaquer celui à qui il donne l'hospitalité.

—Nous n'osons pas faire connaître ce secret à votre père. Je n'ai fait que lui faire entrevoir la possibilité que Charles cherchât un refuge à Woodstock; et le transport avec lequel sir Henry se mit à parler des préparatifs à faire pour le recevoir dignement et mettre le château en état de défense, m'a prouvé clairement que l'enthousiasme de sa loyauté nous ferait courir le risque d'une découverte. — C'est vous, Alice, qui devez sauver l'unique espoir de tout vrai royaliste.

—Moi! — Impossible! — Mais pourquoi ne pas engager mon père à intervenir en faveur de son hôte, de son ami, quoiqu'il ne le connaisse que comme Louis Kerneguy?

—Vous oubliez le caractère de votre père, ma chère amie; c'est un excellent homme, le meilleur des chrétiens; mais qu'il entende le cliquetis des armes, et il devient tout martial; il n'écoute plus la raison; il ne songe pas plus à la paix qu'un coq qui en combat un autre.

—Vous oubliez vous-même, docteur, que ce matin même, si j'ai été bien informée, mon père les a empêchés de se battre.

—Sans doute; mais pourquoi? Parce qu'il croyait de son devoir de maintenir la paix dans l'enceinte d'un parc royal; et encore l'a-t-il fait avec un tel regret, Alice, que s'il les trouvait de nouveau aux prises, je n'hésite pas à prédire qu'il ne retarderait le combat qu'autant qu'il le faudrait pour conduire les combattans sur quelque terrain non privilégié; et là il leur dirait de s'en donner à cœur joie, et réjouirait ses regards d'une scène si agréable. — Non, Alice, c'est vous, vous seule qui pouvez nous secourir en cette extrémité.

— Je ne vois pas, dit-elle en rougissant de nouveau, comment je puis être de la moindre utilité dans une pareille affaire.

—Il faut que vous écriviez au roi. —Il n'y a pas de femme qui ne sache mieux qu'aucun homme ne peut le lui apprendre, comment écrire un pareil billet. — Il faut que vous lui demandiez une entrevue précisément à l'heure qui a été fixée pour le rendez-vous. — Il ne manquera pas de donner la préférence au vôtre, car je connais son malheureux faible.

—Docteur Rochecliffe, dit Alice d'un ton grave, vous m'avez connue dès l'enfance; — qu'avez-vous remarqué en moi qui ait pu vous porter à croire que je consentirais à suivre un semblable conseil?

— Et si vous m'avez connu dès votre enfance, reprit le docteur, qu'avez-vous remarqué en moi qui puisse vous faire soupçonner que je donnerais à la fille de mon ami un conseil qu'il ne lui conviendrait pas de suivre? Vous ne pouvez être assez folle, je crois, pour supposer que j'aie dessein que vous portiez la complaisance plus loin que de l'entretenir une heure ou deux pour me donner le temps de faire tous les préparatifs nécessaires pour son départ d'ici, — démarche à laquelle je le déciderai aisément en lui faisant craindre de prétendues perquisitions. — Ainsi Charles Stuart monte à cheval, s'éloigne, et miss Alice Lee a l'honneur de l'avoir sauvé.

—Oui! aux dépens de sa réputation, et au risque d'imprimer une tache éternelle sur sa famille. — Vous dites que vous savez tout; hé bien! après ce qui s'est passé, que voulez-vous que le roi pense, si je lui donne un rendez-vous? Comment sera-t-il possible de le désabuser, de lui faire rendre justice à mes intentions?

—Ce sera moi qui le détromperai, Alice, je lui expliquerai toute votre conduite.

— Ce que vous me proposez est impossible, docteur Rochecliffe. Votre génie fertile, votre sagesse consommée peuvent faire bien des choses; mais quand la neige qui vient de tomber est une fois souillée, tout votre art ne saurait lui rendre sa première blancheur, et il en est de même de la réputation d'une femme.

—Alice, ma chère enfant, songez donc que si je vous propose ce moyen de sauver la vie du roi, ou du moins de la préserver d'un péril imminent; si je vous engage à vous donner, même pour un moment, l'apparence d'un tort, ce n'est qu'à l'extrémité et dans une circonstance qui ne peut se représenter. — Je prendrai les moyens les plus sûrs pour prévenir les bruits injurieux auxquels ce que je vous demande pourrait donner naissance.

—Impossible, docteur. Autant vaudrait entreprendre de détourner le cours de l'Isis que d'arrêter celui de la calomnie. Le roi se vantera à sa cour licencieuse de la facilité avec laquelle il aurait décidé Alice Lee à devenir sa maîtresse si une alarme subite ne l'en eût empêché. — La bouche, qui est pour les autres la source de l'honneur, serait pour moi celle de l'ignominie. — Adoptez un plan plus noble; suivez une marche plus convenable à votre caractère et à votre profession. Ne l'engagez pas à manquer à un rendez-vous d'honneur, dans l'attente d'un autre rendez-vous qui, véritable ou supposé, n'aurait rien d'honorable. Allez vous-même trouver le roi, parlez-lui comme les serviteurs de Dieu ont le droit de parler même aux souverains de la terre. Montrez-lui la folie et l'illégitimité de la démarche qu'il va faire; — faites-lui sentir qu'il doit craindre le glaive, puisque la colère attire le châtiment du glaive. — Dites-lui que les amis qui sont morts pour lui sur le champ de bataille de Worcester, — ceux qui ont péri sur l'échafaud depuis cette sanglante journée, — les autres qui sont en prison, en fuite, dispersés, ruinés, à cause de lui, n'ont pas fait de tels sacrifices pour lui et pour la race de son père pour qu'il les en récompense en hasardant sa vie dans une querelle insensée. —Déclarez-lui que ses jours ne lui appartiennent pas, et que par conséquent il n'a pas le droit de les risquer; et qu'il se déshonorerait en trahissant la confiance que tant de gens accordent à son courage et à sa vertu.

Le docteur Rochecliffe la regarda avec un sourire mélancolique, et lui répondit les yeux humides : — Hélas! Alice, moi-même je ne pourrais plaider cette juste cause devant lui avec autant de force et d'éloquence que vous. Mais Charles ne nous écouterait sur ce sujet ni l'un ni l'autre. Il répondrait que ce n'est ni des prêtres ni des femmes que les hommes doivent prendre conseil dans les affaires d'honneur.

— En ce cas, docteur, écoutez-moi. — J'irai au lieu du rendez-vous, et j'empêcherai le combat d'avoir lieu. — Ne craignez pas que je ne puisse y réussir ; — il m'en coûtera un sacrifice, mais ce ne sera pas celui de ma réputation. Mon cœur pourra en être brisé, — et elle fit ici un effort pénible pour retenir ses larmes, — mais nulle idée de déshonneur ne s'associera au souvenir d'Alice Lee dans l'imagination d'un homme, et cet homme, son souverain.....
— A ces mots elle se couvrit le visage de son mouchoir, et se mit à sangloter.

— Que signifient ces pleurs? demanda le docteur surpris, et même un peu alarmé de la violence de son affliction. — Jeune fille, il ne faut rien me cacher ; — il faut que je sache tout.

— Exercez donc votre imagination, répondit Alice mécontente un instant du ton d'importance de l'opiniâtre docteur. — Devinez mon projet, vous qui avez le talent de tout deviner. C'est bien assez pour moi d'avoir à exécuter une tâche si pénible, sans me condamner encore à la détresse d'en détailler le plan à un homme, — pardon, mon cher docteur, — qui croit que l'agitation que j'éprouve en cette occasion n'est pas suffisamment motivée.

— En ce cas, jeune fille, dit Rochecliffe, il faut déployer sur vous l'autorité ; et si je ne puis vous forcer à vous expliquer, je vais voir si votre père aura plus de crédit sur votre esprit.

A ces mots il se leva d'un air mécontent, et s'avança vers la porte.

— Vous oubliez, docteur, ce que vous venez de me dire vous-même du risque qu'il y aurait à communiquer ce secret important à mon père.

— Il n'est que trop vrai! répondit Rochecliffe en s'arrêtant et en se retournant vers elle. — Je crois, Alice, que vous êtes trop habile pour moi ; et c'est ce que je n'ai encore dit de personne. — Mais vous êtes une bonne fille, et vous me direz de votre plein gré ce que vous avez intention de faire. Il importe à ma réputation et à mon influence sur le roi que je sois informé de tout ce qui est *actum atque tractatum*, c'est-à-dire fait et traité dans cette affaire.

— Fiez-vous à moi du soin de votre réputation, mon bon docteur, dit Alice en faisant un effort pour sourire ; elle est plus difficile à détruire que celle d'une femme, et elle courra moins de risques sous ma garde que la mienne n'en aurait couru sous la vôtre. — Je vous dirai seulement que vous serez témoin de tout. — Vous m'accompagnerez au rendez-vous, et votre présence m'inspirera de la confiance et du courage.

— C'est quelque chose, dit le docteur, quoiqu'il ne fût pas complètement satisfait de cette demi-confiance. — Vous avez toujours été une fille adroite, Alice ; et je me fierai à vous. — Dans le fait, je vois qu'il faut bien que je m'y fie, que je le veuille ou non.

— En ce cas, attendez-moi demain matin dans le Désert.

— Mais dites-moi d'abord si vous êtes bien sûr du lieu et de l'heure, — la moindre méprise pourrait être fatale.

— Soyez assurée que mes informations sont parfaitement exactes, répondit le docteur en reprenant son air d'importance, qui avait souffert quelque déchet pendant la dernière partie de cette conférence.

— Puis-je vous demander par quels moyens vous avez obtenu des renseignemens si importans?

— Sans contredit, vous pouvez le demander, dit le docteur, qui avait alors recouvré tout son air de supériorité ; mais vous répondrai-je ou non, c'est une question toute différente. Je ne vois pas que votre réputation ou la mienne soient intéressées à ce que vous sortiez d'ignorance à ce sujet. Ainsi, miss Lee, comme vous avez vos secrets, j'ai aussi les miens, et j'ose croire que parmi ceux-ci il en est qui seraient plus curieux à connaître.

— Soit ! dit Alice fort tranquillement. Si vous voulez vous trouver demain matin bien exactement à cinq heures et demie près du cadran solaire, nous partirons ensemble, et nous les verrons arriver au rendez-vous. Chemin faisant, je surmonterai ma timidité actuelle, et je vous expliquerai les moyens que je compte employer pour prévenir tout accident. — Peut-être croirez-vous aussi devoir faire quelques efforts qui rendraient inutile mon intervention, et elle me sera aussi pénible qu'elle est peu convenable.

— Hé bien! ma chère enfant, si vous vous placez entre mes mains, vous seriez la première qui aurait à se plaindre de ne pas avoir été bien conduite, et vous devez croire que vous êtes la dernière, — un seul individu excepté, — que je voudrais voir s'égarer, faute de bons conseils. — A cinq heures et demie donc, près du cadran solaire, — et puisse Dieu bénir notre entreprise.

En ce moment, leur conversation fut interrompue par la voix sonore de sir Henry qui retentissait dans les corridors et dans les galeries, et qui les appelait à grands cris.

— Alice! — Ma fille! — Docteur Rochecliffe!

— Que faites-vous ici, s'écria-t-il en entrant, comme deux corbeaux au milieu d'un brouillard, quand vous pourriez vous amuser là-bas comme moi? cet écervelé de page, ce Louis Kerneguy, tantôt me fait rire à me forcer de me tenir les côtés, tantôt pince de la guitare de manière à faire descendre une alouette du haut du ciel pour l'écouter. — Allons, venez, venez! il est pénible de rire tout seul.

CHAPITRE XXVIII.

« C'est bien ici l'endroit, le centre des bosquets;
« Voici le chêne altier, monarque des forêts. »
JOHN HOME.

LE soleil dorait le dôme impénétrable de verdure formé par les arbres du parc et de la forêt; à chaque feuille étaient suspendues les gouttes de la rosée, et quelques arbres commençaient à montrer les teintes variées de l'automne; car c'était cette époque de l'année où la nature, comme un prodigue dont les ressources commencent à s'épuiser, semblent vouloir, par la profusion et la variété des couleurs, se dédommager de la courte durée de sa magnificence. Les oiseaux étaient silencieux. — Le rouge-gorge lui-même, dont le guilleri se faisait entendre sur les buissons voisins de la Loge, enhardi dans sa familiarité par les largesses du vieux chevalier, ne se hasardait pas dans les profondeurs du bois. Alarmé par le voisinage de l'épervier et de ses autres ennemis, il préférait les environs des habitations humaines, près desquelles, presque seul parmi toutes les tribus ailées, il a les privilèges d'une protection désintéressée.

Il y avait un véritable charme dans le silence et les divers aspects de la forêt quand le bon docteur Rochecliffe, enveloppé d'une grande roquelaure écarlate, qui avait vu du service et dont il se cachait le visage par habitude plutôt que par nécessité, se dirigea vers le théâtre du duel projeté : Alice, appuyée sur le bras du docteur, était couverte aussi d'une mante pour se garantir du froid humide d'une matinée d'automne. La consultation qui les occupait semblait les rendre insensibles aux inconvéniens et aux désagrémens de leur marche, quoiqu'ils fussent souvent obligés de se frayer un chemin dans le taillis à travers les broussailles, dont les perles liquides venaient imprégner leurs manteaux et en doubler le poids. Ils s'arrêtèrent derrière un buisson qui pouvait les cacher, et d'où ils pouvaient voir toute la petite esplanade sur laquelle dominait l'arbre nommé le chêne du roi. Son tronc énorme, ses branches monstrueuses et sa couronne à demi desséchée, le faisaient paraître comme un ancien champion que la guerre n'avait pas épargné, et très-propre à figurer comme juge d'un combat singulier.

Le premier individu qui arriva au rendez-vous fut le joyeux Cavalier Roger Wildrake. Il était aussi enveloppé d'un grand manteau; mais il avait réformé son feutre puritain, pour y substituer un chapeau à l'espagnole, entouré d'un galon d'or et orné d'une plume qui paraissait avoir été long-temps exposée aux injures de tous les élémens. Mais pour faire oublier cette apparence de pauvreté par un air de prétention, ce castor était enfoncé sur son oreille d'une manière *diablement* déterminée, selon l'expression profane des Cavaliers, et précisément comme le portaient les plus diables d'entre eux.

Il arriva à grands pas et s'écria tout haut : — Le premier en campagne, de par Jupiter! et cependant je croyais qu'Everard me préviendrait pendant que je prenais mon coup du matin. Il m'a fait grand bien, ajouta-t-il en passant la langue sur ses lèvres. Hé bien, je suppose que je ferai sagement de faire l'inspection du terrain en attendant l'arrivée de celui dont je ne suis que le second, et dont il paraît que la montre presbytérienne va aussi lentement que son pas presbytérien.

A ces mots il prit sa rapière sous son manteau, et parut s'occuper à examiner tous les buissons.

— Je le préviendrai, dit le docteur à Alice à voix basse; je vous tiendrai parole, vous ne paraîtrez pas sur la scène, *nisi dignus vindice nodus* [1]. — Je vous expliquerai cela une autre fois; *vindex* est féminin aussi bien que masculin, ainsi la citation est applicable. — Tenez-vous bien cachée.

A ces mots il s'avança dans la clairière et salua Wildrake.

— Maître Louis Kerneguy, dit Wildrake en ôtant son chapeau; mais reconnaissant sur-le-champ sa méprise, il ajouta : — Mais non, non, — je vous demande pardon, monsieur, — plus gros, plus petit, plus vieux. — Je suppose que j'ai l'honneur de parler à l'ami de M. Kerneguy, à qui j'espère avoir affaire dans quelques instants. — Et pourquoi non sur-le-champ, monsieur, — avant l'arrivée des parties principales? — un morceau pour clore l'orifice de l'estomac en attendant qu'on serve le dîner. — Qu'en dites-vous, monsieur?

— Vous voulez plutôt dire pour ouvrir l'orifice de l'estomac, ou pour y en pratiquer un autre, dit le docteur.

— Vous avez raison, monsieur, dit Wildrake qui semblait alors dans son élément; — vous parlez fort bien; c'est ce qui peut arriver. Mais pourquoi vous cacher ainsi le visage, monsieur? Je conviens que c'est l'usage des honnêtes gens

---

(1) Si le dénouement n'est pas digne d'un *personnage important.* — É.D.

dans ce malheureux temps, et cela n'en est que plus fâcheux.

— Mais nous pouvons agir ici à découvert, nous n'avons pas de traîtres parmi nous. — Je vais vous donner l'exemple pour vous encourager et vous prouver que vous avez affaire à un gentilhomme qui honore le roi, et qui est digne de se mesurer avec quiconque a porté les armes pour lui comme vous l'avez fait sans doute, monsieur, puisque vous êtes l'ami de maître Louis Kerneguy.

Pendant ce temps Wildrake s'occupait à détacher les agrafes de son grand manteau. — A bas, à bas, vêtement d'emprunt! dit-il, — ou, comme je devrais plutôt vous appeler,

Rideau qui couvres Borgia.

A ces mots, il jeta son manteau par terre, et parut *in cuerpo*, en vrai costume de Cavalier, portant un pourpoint de taffetas cramoisi plus que fané, dont les taillades étaient en taffetas jadis blanc. Il avait des culottes de même étoffe avec des bas raccommodés en plusieurs endroits, et qui, comme ceux de Poins [1], avaient été autrefois couleur de pêche; des souliers dont la semelle mince n'était guère propre à marcher dans la rosée, et une écharpe couverte d'une large broderie flétrie par le temps, complétaient son équipement.

— Allons, monsieur, s'écria-t-il, — dépêchez-vous, point de paresse! — je suis à votre service; et vous voyez un Cavalier aussi loyal que quiconque ait jamais passé une rapière au travers du corps d'une Tête-Ronde. — Allons, monsieur, à nos outils! Nous pourrons nous pousser une demi-douzaine de bottes avant qu'ils arrivent, et leur faire honte de leur lenteur. — Oh, oh! s'écria-t-il d'un ton déconcerté quand le docteur, entr'ouvrant son manteau, laissa voir un costume ecclésiastique, ce n'est qu'un ministre après tout!

Cependant le respect de Wildrake pour l'Eglise, et le désir qu'il avait d'écarter un homme dont la présence pouvait interrompre une scène qu'il voyait en perspective avec une satisfaction toute particulière, lui firent bientôt prendre un autre ton.

---

(1) Un des héros comiques des *Chroniques* de Shakspeare. — Ed.

— Pardon, mon cher docteur, dit-il, je baise le bas de vos vêtemens. — De par Jupiter foudroyant! pardon une seconde fois. Mais je suis charmé de vous avoir rencontré. On vous demande à grands cris à la Loge, pour marier, pour baptiser, pour enterrer, pour confesser je ne sais pourquoi, mais pour quelque chose de très-urgent. — Pour l'amour du ciel, ne perdez pas un instant à vous y rendre.

— A la Loge! dit le docteur, comment! Je viens à peine d'en sortir. — J'en suis parti plus tard que vous n'avez pu y passer, puisque je vous ai vu arriver par la route de Woodstock.

— Mais c'est à Woodstock qu'on a besoin de vous. — Diable! vous ai-je parlé de la Loge? — Non, non, c'est à Woodstock. — Mon hôte ne peut être pendu, — sa fille mariée, — son bâtard baptisé, — sa femme enterrée, — sans l'assistance d'un véritable ministre. — Vos Holdenough ne sont rien pour eux. — Mon hôte est un homme qui a de bons principes; ainsi, si vous faites cas de vos fonctions, dépêchez-vous.

— Vous m'excuserez, maître Wildrake, j'attends ici maître Louis Kerneguy.

— Du diable! s'écria Wildrake, je savais que les Ecossais ne pouvaient jamais rien faire sans leur ministre; mais ventrebleu! je n'aurais pas cru qu'ils les employassent en pareil cas. — J'ai pourtant trouvé de bonnes pratiques dans les saints ordres, des gens qui savaient manier l'épée aussi bien que leurs livres de prières. — Vous savez quel est le but de notre rendez-vous, docteur; — venez-vous ici comme consolateur spirituel, — comme chirurgien, ou mettez-vous jamais l'épée à la main? — ça! ça!

Et en prononçant ces derniers mots, il fit une passe avec sa rapière, sans la tirer du fourreau.

— Je l'ai fait quelquefois en cas de nécessité, monsieur, répondit le docteur Rochecliffe.

— Hé bien, mon cher monsieur, regardez le cas présent comme un cas de nécessité. — Vous connaissez mon dévouement à l'Eglise. Si un docteur doué de votre mérite voulait me faire l'honneur d'échanger seulement trois passes avec moi, je me croirais heureux à jamais.

— Monsieur, dit Rochecliffe en souriant, quand je n'aurais pas d'autre objection à faire à votre proposition, il me serait impossible de l'accepter, — je suis sans armes.

— Sans armes! — Morbleu! c'est jouer de guignon. — mais vous avez une bonne canne à la main; — qui vous empêche d'essayer une passe, — ma rapière dans le fourreau bien entendu, — en attendant l'arrivée des parties principalement intéressées? — Mes escarpins sont remplis de cette maudite rosée, et je crains qu'il ne m'en coûte quelques doigts des pieds, si je reste si long-temps sans leur donner de l'exercice, pendant que les autres s'escrimeraient; car je m'imagine que vous pensez comme moi, docteur, que ce ne sera pas ici un combat de moineaux.

— L'affaire qui m'amène ici est d'empêcher, s'il est possible, qu'il y ait aucun combat.

— Morbleu! docteur, cela passe la plaisanterie; et sans mon respect pour l'Eglise, je me ferais presbytérien pour me venger.

— Reculez un peu, monsieur, n'avancez pas de ce côté, dit le docteur; car Wildrake dans l'agitation de ses mouvemens, causée par son désappointement, s'approchait de l'endroit où Alice était toujours cachée.

— Et pourquoi non, docteur, s'il vous plaît?

Mais ayant avancé un peu plus, il s'écria avec un juron de surprise : — Par tout ce qui est révérend! un cotillon dans ce buisson! et à une pareille heure du matin! ta! ta! ta! — Il exprima son étonnement par un sifflement prolongé en guise d'interjection; et se tournant vers le docteur en appuyant un doigt le long de son nez, il lui dit : — Vous êtes malin, docteur, diablement malin! — Mais pourquoi ne m'avoir pas donné à entendre que vous aviez là votre magasin de marchandises de contrebande? — Morbleu! monsieur, je ne suis pas homme à dévoiler les petites escapades de l'Eglise.

— Monsieur, s'écria le docteur, Rochecliffe, vous êtes un

impertinent; et si le temps le permettait et que vous en valussiez la peine, je vous châtierais de cette insolence.

Et le docteur, qui avait vu la guerre assez long-temps pour joindre aux qualités d'un théologien quelques-unes de celles d'un capitaine de cavalerie, leva sa canne d'un air menaçant, à la grande satisfaction du Cavalier, dont le respect pour l'Eglise ne pouvait l'emporter sur le désir qu'il avait de s'amuser aux dépens d'un autre.

— Prenez garde, docteur, dit-il; si vous tenez votre canne de cette manière comme si c'était un sabre, et que vous la leviez au niveau de votre tête, en un clin d'œil ma rapière vous aura touché. Et en même temps il fit une passe avec sa rapière couverte de son fourreau, comme s'il avait voulu lui porter une botte, quoique sans chercher à le toucher. Mais au même instant Rochecliffe, donnant à sa canne la position de l'épée au lieu de celle du sabre, fit sauter à dix pas la rapière du Cavalier, avec toute la dextérité de mon ami Francalanza [1].

En ce moment Charles et le colonel Everard arrivèrent sur le champ de bataille.

— Quoi! s'écria Everard en jetant sur Wildrake un regard de colère; est-ce là la conduite d'un ami? — Au nom du ciel, que signifient ces vêtemens qui ne conviennent qu'à un fou, et pourquoi jouez-vous ici les tours d'un baladin?

Le digne second baissa la tête sans lui répondre, comme un écolier surpris dans une espiéglerie, et alla ramasser sa rapière, jetant un coup d'œil en passant vers le buisson pour tâcher d'entrevoir une seconde fois l'objet caché qui excitait sa curiosité.

Pendant ce temps, Charles, encore plus surpris de ce qu'il voyait, s'écriait de son côté : — Quoi! le docteur Rochecliffe devenu littéralement membre de l'église militante et faisant des armes avec mon ami le Cavalier Wildrake! — Puis-je prendre la liberté de le prier de se retirer, attendu que le colonel Everard et moi nous avons une affaire particulière à discuter ensemble?

(1) Fameux maître d'escrime italien. — Ed.

L'intention du docteur Rochecliffe, en cette occasion importante, était de s'armer de toute l'autorité de ses fonctions sacrées et de mettre dans son intervention un ton qui aurait pu imposer même à un monarque, et lui faire sentir que celui qui lui donnait des avis avait une vocation encore plus haute que la sienne. Mais la carrière qu'il venait indiscrètement d'accorder à ses propres passions, et l'acte de légèreté dans lequel il venait de se laisser surprendre, ne lui permettaient guère de prendre ce ton de supériorité, et encore moins d'espérer de soumettre un esprit aussi indomptable que celui de Charles, volontaire comme un prince et capricieux comme un bel esprit. Le docteur chercha pourtant à rappeler sa dignité; puis, du ton le plus grave et le plus respectueux qu'il put prendre, il répondit qu'il avait aussi en cet endroit l'affaire la plus urgente, et qu'elle l'empêchait de céder au désir de maître Kerneguy et de se retirer.

— Excusez une interruption qui vient si mal à propos, dit Charles à Everard en ôtant son chapeau et en le saluant; je vais y mettre ordre en un instant.

Everard lui rendit son salut d'un air grave, et garda le silence.

— Etes-vous fou, docteur Rochecliffe? dit Charles, — êtes-vous sourd? — avez-vous oublié votre langue naturelle? — je vous ai prié de vous retirer.

— Je ne suis pas fou, répondit le docteur s'armant de toute sa résolution et rendant à sa voix son ton de fermeté ordinaire; je voudrais empêcher les autres de l'être. — Je ne suis pas sourd; je désire prier les autres d'écouter la voix de la raison et de la religion. — Je n'ai pas oublié ma langue naturelle; je viens ici pour parler le langage du maître des rois et des princes.

— Pour faire des armes avec un manche à balai, voulez-vous dire, répondit le roi. — Allons, docteur Rochecliffe, cet air d'importance dont l'accès vous prend si subitement ne vous va pas mieux que la passe d'armes que vous venez de faire. Il me semble que vous n'êtes ni un prêtre catholique, ni un Mass-John écossais [1], pour exiger de vos

(1) Prêtre presbytérien. — Ed.

ouailles une obéissance passive. Vous êtes un ministre de l'Eglise anglicane, et en cette qualité vous devez être soumis aux règles de cette communion et à celui qui en est le chef.

En prononçant ces derniers mots, le roi baissa la voix, mais prit un ton expressif. Everard, s'en étant aperçu, recula de quelques pas, sa générosité naturelle ne lui permettant pas d'écouter un entretien particulier qui pouvait intéresser la sûreté personnelle des interlocuteurs. Ils continuèrent pourtant à parler avec beaucoup de précaution.

— Maître Kerneguy, dit le docteur, ce n'est pas moi qui prétends contrôler ou réprimer vos désirs. — A Dieu ne plaise! — Je ne fais que vous dire ce que la raison, l'Ecriture, la religion et la morale vous prescrivent comme règle de conduite.

— Et moi, dit le roi en souriant et en étendant le bras vers la malheureuse canne du docteur, je suivrai votre exemple plutôt que votre précepte. Si un révérend docteur vide ses querelles le bâton à la main, quel droit a-t-il d'intervenir dans celles des autres? — Allons, monsieur, retirez-vous, et ne me faites pas oublier par votre obstination actuelle toutes les obligations que je vous ai.

— Songez que je n'ai qu'un mot à prononcer pour empêcher ce duel.

— Prononcez-le, et en le prononçant démentez toute la teneur et toutes les actions d'une vie honorable; renoncez aux principes de votre Eglise; — devenez parjure, traître et apostat, pour empêcher quelqu'un de remplir son devoir comme gentilhomme. Ce serait tuer votre ami pour l'empêcher de courir un danger. Que l'obéissance passive que vous avez si souvent à la bouche, et qui est sans doute aussi dans votre esprit, mette une fois vos jambes en mouvement, et tenez-vous à l'écart une dizaine de minutes. — Avant qu'elles soient écoulées, vos secours pourront être nécessaires comme médecin de l'ame et du corps.

— En ce cas, dit Rochecliffe, il ne me reste plus qu'un argument à employer.

Pendant que cette conversation avait lieu en aparté, Everard employait presque la force pour retenir près de lui son ami Wildrake, qui, plus curieux et moins délicat, ne se serait pas fait scrupule de s'approcher des interlocuteurs, et de se mettre en tiers dans leurs secrets. Mais quand il vit le docteur s'avancer vers le buisson, il dit tout bas à Everard avec vivacité : — Je parie un bon carolus d'or contre un farthing [1] républicain, que le docteur est venu ici non-seulement pour prêcher la paix, mais qu'il va même en présenter les principales conditions.

Everard ne lui répondit rien; il avait déjà tiré son épée du fourreau, et dès que Charles vit que Rochecliffe avait le dos tourné, il ne perdit pas un instant pour suivre l'exemple de son antagoniste. Mais à peine avaient-ils eu le temps de se faire le salut d'armes de politesse et d'usage que le docteur était de retour entre les deux combattans, donnant la main à Alice, dont tous les vêtemens étaient trempés par la rosée, et dont les longs cheveux humides tombaient débouclés autour de sa tête. Son visage était pâle, mais c'était la pâleur d'une résolution inspirée par le désespoir, et non celle de la crainte. La surprise occasiona un instant de silence et d'immobilité. Les deux combattans appuyèrent à terre la pointe de leur épée. — Wildrake lui-même, malgré son assurance, ne put que s'adresser à lui-même à demi-voix les exclamations suivantes : Bravo, docteur ! — cela vaut le curé dans la botte de pois [2]. — Rien de moins que la fille de votre patron! — et miss Alice Lee que je croyais une boule de neige, — c'est un genêt des champs après tout, — une vraie Lindabrides [3], de par le ciel! — une des nôtres en un mot.

Ces mots indistinctement prononcés n'attirèrent l'attention de personne, et Alice fut la première à parler.

— Maître Everard, maître Kerneguy, dit-elle, vous êtes surpris de me voir ici, — et pourquoi hésiterais-je à en dire la raison? — Convaincue que je suis, quoique innocemment,

---

(1) La plus petite des monnaies de cuivre d'Angleterre, valant environ trois centimes.
— Ed.

(2) Allusion à l'anecdote d'un curé qui s'introduisit chez des dames *emballé* dans une botte de pois secs. — Ed.

(3) Courtisane. — Ed.

la malheureuse cause de votre mésintelligence, je suis trop intéressée à empêcher qu'elle n'ait des suites fatales pour craindre de faire aucune démarche qui puisse y mettre fin.
— Maître Kerneguy, mes désirs, mes prières, mes supplications, vos nobles pensées, le souvenir des devoirs importans que vous avez à remplir, tout cela n'a-t-il donc aucun poids pour vous dans cette affaire? Permettez-moi de vous conjurer d'écouter la raison, la religion et le bon sens, et de remettre votre épée dans le fourreau.

— Je suis obéissant comme un esclave de l'Orient, miss Lee, répondit Charles en rengaînant son épée; mais je vous assure que l'affaire qui vous cause tant de trouble n'est qu'une bagatelle qu'en cinq minutes le colonel Everard et moi nous arrangerons beaucoup mieux que ne pourrait le faire tout un concile de ministres dont les délibérations prudentes seraient assistées de la sagesse d'un parlement de femmes. — M. Everard, me ferez-vous le plaisir de faire un tour de promenade un peu plus loin? — Il paraît qu'il faut que nous changions de terrain.

— Je suis prêt à vous accompagner, monsieur, répondit Everard, qui avait imité son antagoniste en remettant son épée dans le fourreau.

— Je n'ai donc nul crédit sur vous, monsieur? dit Alice en continuant à s'adresser au roi; — ne craignez-vous pas que je ne fasse usage du secret qui est en mon pouvoir pour empêcher cette affaire d'aller plus loin? Pensez-vous que Markham Everard lèverait la main contre vous s'il savait....

— Que je suis lord Wilmot? dit le roi. Le hasard lui a déjà donné sur ce point des preuves qui lui paraissent suffisantes; et je crois qu'il vous serait fort difficile de le faire changer d'opinion.

Alice garda le silence un instant, et regarda le roi avec un air d'indignation. Ensuite les mots suivans sortirent de sa bouche à quelque distance les uns des autres, comme s'ils lui eussent été arrachés par une force irrésistible, en dépit des sentimens qui auraient voulu les retenir : — Froid, — égoïste, — dur, — ingrat; malheur au pays qui.... — Elle fit une pause qui avait une emphase bien marquée, et ajouta :

— malheur au pays qui le comptera, lui où des hommes tels que lui, parmi ses nobles et ses grands.

— Belle Alice, dit Charles qui, malgré sa bonne humeur habituelle, ne pouvait s'empêcher de sentir la sévérité de ces reproches, quoique trop légèrement pour qu'ils fissent sur lui toute l'impression que miss Lee désirait produire, vous êtes injuste à mon égard, et trop partiale pour un plus heureux mortel. — Ne m'appelez ni dur, ni ingrat; je ne suis venu ici que pour répondre au cartel de M. Everard. Je ne pouvais refuser de me trouver à ce rendez-vous; maintenant que j'y suis, je ne puis me retirer sans perdre mon honneur, et la perte de mon honneur serait une tache qui s'étendrait loin. — Je ne puis fuir M. Everard. Ce serait trop de honte. S'il persiste dans son cartel, c'est une affaire qui doit se décider d'après l'usage établi. S'il s'en désiste et qu'il le révoque, je consens, par égard pour vous, à ne pas me montrer trop pointilleux. Je n'exigerai pas même qu'il me fasse ses excuses du dérangement qu'il m'a causé; je veux bien que toute cette affaire passe pour une méprise, un malheureux malentendu, dont, quant à moi, je ne chercherai jamais à approfondir la cause. — Je ferai tout cela pour vous; c'est assez de condescendance pour un homme d'honneur, et *vous savez*, miss Lee, que, venant *de moi*, cette condescendance est grande. — Ne m'accusez donc ni de dureté, ni d'ingratitude, ni de manque de générosité, puisque je suis disposé à faire tout ce qu'un homme peut faire, et peut-être plus que ne devrait faire un homme d'honneur.

— Entendez-vous cela, Markham Everard, s'écria Alice; l'entendez-vous? — La terrible alternative est laissée entièrement à votre disposition. — Vous aviez coutume d'être modéré, calme, religieux, conciliant; — voudrez-vous pour une vétille pousser cette querelle privée jusqu'à l'extrémité impie du meurtre? Croyez-moi, si, contre les principes que vous avez professés toute votre vie, vous lâchez en ce moment les rênes à vos passions, les conséquences peuvent en être telles, que vous vous en repentirez cruellement pendant tout le reste de vos jours, et même, si le ciel n'a pitié de vous, après qu'ils seront terminés.

Markham resta un moment dans un sombre silence, ses regards fixés sur la terre. Enfin il leva les yeux, et répondit :
— Alice, vous êtes fille d'un soldat, — sœur d'un soldat ; — tous vos parens, en y comprenant même un d'entre eux pour qui vous aviez alors quelque affection, sont devenus soldats par suite de nos malheureuses dissensions ; cependant vous les avez vus prendre les armes, et même se ranger sous des bannières opposées pour remplir les devoirs que leur imposaient leurs principes respectifs, sans montrer un si vif intérêt. Répondez-moi ; — votre réponse décidera ma conduite. — Ce jeune homme que vous connaissez depuis si peu de temps a-t-il déjà plus de prix à vos yeux que tous ceux qui vous touchaient de si près, un père, un frère, des parens dont vous avez vu le départ pour la guerre avec ce que je puis appeler par comparaison de l'indifférence ? — Répondez-moi affirmativement, et je m'éloigne d'ici pour ne vous revoir jamais, pour ne plus revoir mon pays.

— Restez, Markham, restez ! croyez-moi quand je vous dis que si je réponds affirmativement à votre question, c'est parce que la sûreté de maître Kerneguy est plus importante, — bien plus importante que celle d'aucun des individus dont vous venez de parler.

— Vraiment ! je ne savais pas qu'une couronne de comte avait une valeur si supérieure au cimier d'un gentilhomme ; et cependant j'ai entendu dire que bien des femmes pensent ainsi.

— Vous me comprenez mal, dit Alice fort embarrassée entre la difficulté de s'exprimer de manière à prévenir tout accident fatal et le désir de combattre la jalousie et de désarmer le ressentiment qu'elle voyait s'élever dans le sein de son amant. Mais elle ne put trouver d'expressions assez bien choisies pour tracer cette distinction sans conduire à la découverte de la véritable qualité du roi, et peut-être par là occasioner sa perte. — Markham, lui dit-elle, ayez pitié de moi. — Ne me pressez pas en ce moment. — Croyez-moi, — l'honneur et le bonheur de mon père, de mon frère, de toute ma famille, sont intéressés à la sûreté de maître Kerneguy, — essentiellement intéressés à ce que cette affaire n'aille pas plus loin.

— Oh! je n'en doute nullement. — La maison de Lee a toujours aspiré à un titre, et dans toutes ses liaisons elle a toujours fait plus de cas de la loyauté capricieuse d'un courtisan que du franc et honnête patriotisme d'un simple gentilhomme de campagne. De ce côté rien ne m'étonne. — Mais vous, Alice, — oh! vous que j'ai si tendrement chérie, — vous qui m'avez laissé croire que mon affection était payée de quelque retour, est-il possible que l'attrait d'un vain titre, les complimens frivoles d'un courtisan que vous n'avez vu que quelques heures, vous fassent préférer un lord libertin à un cœur tel que le mien?

— Non, non, oh non! croyez-moi, s'écria Alice dans une agitation que rien ne saurait peindre.

— Faites-moi la réponse qui paraît vous être si pénible, et faites-la en un seul mot. — Quel est celui dont la sûreté vous intéresse si vivement?

— Je m'intéresse à celle de tous deux, dit Alice.

— Cette réponse ne peut me suffire, Alice. L'égalité ne peut avoir lieu ici. Il faut que je sache sur quoi je dois compter, et je le saurai. Je n'entends rien aux tergiversations d'une jeune fille qui hésite à se prononcer entre deux amans, et je ne voudrais pas avoir à vous accuser de cette coquetterie qui ne peut se contenter d'en conserver un seul.

La véhémence d'Everard et cette supposition que la galanterie d'un courtisan débauché avait pu lui faire oublier si légèrement son sincère attachement éveillèrent enfin la fierté d'Alice; comme nous l'avons déjà dit, il y avait en elle quelque chose de cette fierté léonine qui caractérisait sa famille.

— Si mes paroles sont si mal interprétées, dit-elle, si je ne suis pas jugée digne de la moindre confiance, si je ne puis obtenir un jugement impartial, écoutez ma déclaration, et, quelque étrange que puisse vous paraître mon langage, soyez assuré, Markham, que, lorsque vous pourrez bien l'interpréter, vous n'y trouverez rien qui puisse vous faire injure. — Je vous dis donc, — je dis à tous ceux qui sont présens, — je dis à maître Kerneguy lui-même, et il sait parfaitement dans quel sens je parle ainsi, — que sa vie et sa sûreté sont et doivent être plus précieuses à mes yeux que la vie et la sûreté de quelque autre homme que ce soit dans ce royaume et même dans le monde entier.

Elle prononça ces mots d'un ton si ferme et si décidé qu'ils coupaient court à toute discussion. Charles la salua d'un air grave et en silence. Everard, agité par des émotions que sa fierté lui donnait à peine la force de supporter, s'avança vers son antagoniste, et lui dit d'un ton qu'il cherchait en vain à rendre ferme : — Vous venez d'entendre la déclaration de miss Lee, monsieur, et sans doute avec les sentimens de reconnaissance qu'elle doit exciter si éminemment ; comme son pauvre parent, comme indigne aspirant à ses bonnes graces, je vous cède les prétentions que j'avais osé concevoir, et, comme je ne lui causerai jamais volontairement la moindre affliction, je me flatte que vous ne croirez pas que j'agis d'une manière indigne d'un homme d'honneur en vous disant, comme je le fais, que je rétracte la lettre qui vous a donné la peine de vous rendre ici à une pareille heure. — Alice, ajouta-t-il en tournant la tête vers elle, adieu Alice ! adieu pour toujours !

La pauvre jeune fille, que son courage factice avait presque abandonnée, essaya de répéter le mot Adieu ! mais elle ne put y réussir ; elle ne fit entendre qu'un son vague et inarticulé : elle serait tombée si le docteur Rochecliffe ne l'eût soutenue. Roger Wildrake se hâta d'aider le docteur ; ému autant que lui de la douleur d'Alice, quoiqu'il n'en pût comprendre la cause mystérieuse, il s'était deux ou trois fois essuyé les yeux avec les restes d'un mouchoir.

Le prince déguisé avait vu toute cette scène en silence, mais avec une agitation qui ne lui était pas ordinaire, et que ses traits basanés et surtout ses gestes commencèrent à trahir. D'abord, il était resté complètement immobile, les bras croisés sur la poitrine, en homme qui veut se laisser guider par le cours des événemens. Bientôt il changea d'attitude ; il avançait un pied et le reculait, il fermait une main et il l'ouvrait; enfin tout annonçait qu'il luttait entre des sentimens opposés, au moment de prendre une résolution soudaine.

Mais quand il vit Markham, après avoir jeté sur Alice un regard d'angoisse inexprimable, se détourner pour s'en aller, son exclamation familière lui échappa : — Corbleu! s'écria-t-il, cela ne peut finir ainsi. En trois enjambées il se trouva près d'Everard, qui s'éloignait à pas lents, lui frappa sur l'épaule, et celui-ci s'étant retourné, — Monsieur, lui dit le roi avec cet air d'autorité qu'il savait parfaitement prendre à volonté, un mot, s'il vous plaît.

— Comme il vous plaira, monsieur, répondit Everard; et, supposant quelques projets hostiles à son antagoniste, il saisit de la main gauche le fourreau de sa rapière, et porta la droite sur la poignée, n'étant pas très-fâché de ce renouvellement supposé de querelle; car la colère est aussi voisine du désappointement que la pitié, dit-on, l'est de l'amour.

— Non, non, dit le roi; cela ne se peut plus *à présent*. — Colonel Everard, je suis CHARLES STUART.

Everard recula de surprise. Impossible! s'écria-t-il; — cela ne peut être! — Le roi d'Ecosse s'est embarqué à Bristol. — Milord Wilmot, vos talens en intrigue sont connus. — Vous ne m'en imposerez pas.

— Le roi d'Ecosse, maître Everard, répliqua Charles, — puisqu'il vous plaît de limiter ainsi sa souveraineté, — dans tous les cas, le fils aîné du feu roi de la Grande-Bretagne est maintenant devant vos yeux, et par conséquent il est impossible qu'il se soit embarqué à Bristol. Le docteur Rochecliffe vous le certifiera. Il vous dira en outre que Wilmot a le teint blanc, les cheveux blonds; et vous voyez que j'ai la peau basanée, et la chevelure noire comme le plumage d'un corbeau.

Le docteur Rochecliffe, voyant ce qui se passait, abandonna Alice aux soins de Wildrake, dont la délicatesse et la retenue dans les tentatives qu'il faisait pour la rappeler à la vie offraient un contraste avec son insouciance et sa pétulance habituelles. Il en était tellement occupé qu'il resta, pour le moment, dans l'ignorance d'une découverte à laquelle il aurait pris tant d'intérêt. Quant au docteur Rochecliffe, il avança en se tordant les mains, en donnant tous les signes d'une inquiétude portée à l'extrême, et en faisant de ces exclamations qui échappent involontairement quand on a l'esprit en désordre.

— Paix, docteur Rochecliffe! dit le roi avec tout le calme qui convenait à un prince. — Je suis convaincu que nous avons affaire à un homme d'honneur. Maître Everard ne doit pas être fâché de ne trouver qu'un prince fugitif dans celui en qui il avait cru reconnaître un rival heureux. Il doit rendre justice aux sentimens qui m'ont décidé à lever le voile dont la loyauté sans égale de cette jeune personne continuait à me couvrir, au risque de son propre bonheur. C'est lui qui doit profiter de ma franchise; et j'ai certainement le droit d'espérer que ma situation, déjà assez fâcheuse, ne le deviendra pas encore davantage parce qu'il en a été instruit dans de pareilles circonstances. Dans tous les cas, l'aveu est fait, et c'est au colonel Everard à voir de quelle manière il doit se conduire.

— O Sire! Votre Majesté, — mon prince, mon maître, mon roi! s'écria Wildrake, qui avait enfin découvert ce qui se passait, et qui, s'avançant vers lui en rampant sur ses genoux, lui saisit la main et la baisa plutôt comme un amant que comme un sujet qui donne à son souverain cette marque de respect. — Si mon cher ami Markham Everard se conduisait en chien dans cette circonstance, je lui couperais la gorge à l'instant, dussé-je après me la couper à moi-même!

— Paix, paix! mon bon ami, mon sujet loyal, dit le roi; calmez-vous; car quoique je sois obligé de reprendre un instant mon rôle de prince, nous ne sommes pas assez en sûreté, ni en particulier, pour recevoir nos sujets à la manière du roi Cambyse [1].

Everard, qui était resté tout ce temps immobile et confondu, s'éveilla enfin comme un homme qui sort d'un rêve.

---

(1) C'est-à-dire avec toute la pompe d'usage. Allusion à une ancienne tragédie ampoulée du roi Cambyse, où tous les personnages agissent et parlent en héros épiques.
— ED.

—Sire, dit-il en saluant Charles avec un profond respect, si mon genou et mon épée ne vous rendent pas l'hommage qu'un sujet doit à son prince, c'est parce que Dieu, par qui les rois règnent, vous a refusé, quant à présent, les moyens de monter sur votre trône sans exciter une guerre civile. Que votre imagination ne se livre pas un seul instant à l'idée que je puisse compromettre votre sûreté. Quand je n'aurais pas déjà respecté votre personne; quand je ne vous serais pas si redevable par la candeur avec laquelle votre noble aveu a prévenu le malheur de toute ma vie, vos infortunes auraient rendu votre personne aussi sacrée pour moi qu'elle peut l'être pour le royaliste du royaume qui vous est le plus dévoué. Si vos plans sont bien réfléchis, et qu'ils soient sûrs, considérez tout ce qui vient de se passer comme un songe, et s'ils sont tels que je puisse les favoriser sans manquer à mes devoirs envers la république, qui ne me permettent de prendre part à aucun projet de violence effective, Votre Majesté peut disposer de mes services.

— Il peut arriver que je vous donne quelque embarras à cet égard, monsieur, répondit le roi, car ma situation est de nature à ne pas me permettre de refuser une offre d'assistance, même faite avec une pareille réserve. Mais, si je le puis, je me dispenserai de m'adresser à vous, car je n'aime pas à mettre la compassion d'un homme aux prises avec ce qu'il regarde comme son devoir. — Docteur, je crois qu'il ne sera plus question aujourd'hui de s'escrimer de la canne ou de l'épée; ainsi nous pouvons retourner à la Loge, et nous laisserons ici, — ajouta-t-il en jetant un coup d'œil sur Alice et Everard, — ceux qui peuvent avoir besoin de quelque explication ultérieure.

— Non, non! s'écria Alice, qui avait complètement repris l'usage de ses sens, mon cousin Everard et moi nous n'avons besoin d'aucune explication. Il me pardonnera de lui avoir parlé en énigmes quand je n'osais m'expliquer plus clairement, et je lui pardonnerai de n'avoir pu les deviner.
— Mais mon père a ma promesse; nous ne devons avoir ni correspondance ni conversation quant à présent. — Nous retournons à l'instant, moi à la Loge, lui à Woodstock, — à

moins, ajouta-t-elle en saluant le roi, que Votre Majesté n'ait d'autres ordres à lui donner. — Partez, cousin Markham, retournez à la ville, et si quelque danger nous menaçait, donnez-nous-en avis.

Everard aurait voulu retarder son départ, s'excuser de ses injustes soupçons, lui dire mille choses; mais elle ne voulut pas l'écouter, et lui dit pour toute réponse: — Adieu, Markham, adieu jusqu'à ce que le ciel nous envoie un temps plus heureux.

— C'est un ange de vérité et de beauté! s'écria Wildrake. — Et moi qui, comme un hérétique blasphémateur, l'appelais une Lindabrides! — Mais, pardon, Sire, Votre Majesté n'aurait-elle pas quelques ordres à donner au pauvre Roger Wildrake, qui ferait sauter la cervelle de qui que ce soit en Angleterre, et même la sienne, pour exécuter le bon plaisir de Votre Grace?

— Nous prions notre bon ami Wildrake de ne rien faire à la hâte, dit Charles en souriant; une cervelle comme la sienne est rare, et si on la faisait sauter, on pourrait avoir de la peine à en trouver une semblable. Nous lui recommandons d'être discret et silencieux, — de ne plus jouter contre de loyaux ministres de l'Eglise anglicane, — et de se faire faire, aussi promptement que possible, un pourpoint neuf, aux frais duquel nous lui demanderons la permission de contribuer. — Quand le temps en sera arrivé, nous espérons l'occuper différemment.

A ces mots il glissa dix pièces d'or dans la main du pauvre Wildrake, qui, confondu par l'excès de sa gratitude loyale, pleura comme un enfant. Il aurait suivi le roi si le docteur Rochecliffe, en peu de mots, mais prononcés d'un ton péremptoire, n'eût insisté pour qu'il suivît son patron, en lui promettant qu'il serait certainement employé pour faciliter la fuite du roi si l'occasion se présentait de recourir à ses services.

— Soyez assez généreux pour cela, révérend docteur, dit le Cavalier, et vous m'enchaînerez à vous pour la vie. Et je vous conjure de ne pas conserver de rancune contre moi à cause de la folie que vous savez.

— Je n'en ai aucun motif, capitaine Wildrake. — Il me semble que ce n'est pas moi qui ai eu le désavantage.

— Hé bien, docteur, quant à moi, je vous pardonne, et je vous supplie, au nom de la charité chrétienne, de faire en sorte que je mette la main au service du roi; car je ne vis que dans cet espoir, et vous pouvez compter que le désappointement serait cause de ma mort.

Pendant que le docteur et le Cavalier s'entretenaient ainsi, Charles prenait congé d'Everard, qui restait tête nue tandis que le roi lui parlait avec sa grace ordinaire.

— Je n'ai pas besoin de vous dire de ne plus être jaloux, lui dit le roi, car je présume que vous sentez qu'il ne peut être question de mariage entre miss Lee et moi; et quel libertin serait assez dépravé pour concevoir d'autres projets à l'égard d'une créature dont l'ame est si noble et si élevée? Croyez que j'avais rendu justice à son mérite avant d'en avoir reçu cette preuve pénible de sa fidélité et de sa loyauté. Ses réponses à quelques vains propos de galanterie m'ont fait assez connaître la dignité de son caractère. Je vois que son bonheur dépend de vous, M. Everard, et j'espère que vous en serez le gardien fidèle. Si nous pouvons faire disparaître quelqu'un des obstacles qui s'opposent à votre félicité mutuelle, soyez assuré que nous y emploierons notre influence. Adieu, monsieur; si nous ne pouvons être meilleurs amis, ne nous regardons pas du moins de plus mauvais œil que nous ne le faisons à présent.

Il y avait dans les manières de Charles quelque chose de touchant, et sa situation, comme fugitif dans un royaume qui lui appartenait par droit de naissance, parlait au cœur d'Everard, quoique la sympathie qu'il éprouva tout à coup fût directement contraire aux inspirations de la politique d'après laquelle il croyait devoir se conduire dans les circonstances malheureuses où se trouvait l'Angleterre. Il restait la tête découverte, comme nous l'avons dit, et tout son extérieur annonçait le respect le plus profond qu'on peut montrer à un monarque sans se reconnaître son sujet. Il courba la tête si bas en le saluant que ses lèvres touchèrent presque la main du roi; mais il ne la baisa point. — Si je pouvais contribuer à votre sûreté, prince, dit-il, je le ferais aux dépens de ma vie. — C'est tout...... Il s'interrompit, et le roi se chargea de finir sa phrase.

— C'est tout ce que vous pouvez faire, dit-il, pour rester honorablement d'accord avec vous-même. — Ce que vous avez dit me suffit. — Vous ne pouvez rendre hommage à la main que je vous tends comme à celle d'un souverain ; mais vous ne m'empêcherez pas de prendre la vôtre comme mon ami, si vous trouvez bon que je me donne ce titre. — Du moins comme un homme qui vous veut du bien.

L'ame généreuse d'Everard fut vivement émue. Il prit la main du roi, et y posa respectueusement ses lèvres.

— Oh ! s'il pouvait arriver un temps plus heureux ! s'écria-t-il.

— Ne vous engagez à rien, mon cher Everard, dit le bon prince partageant son émotion ; on raisonne mal quand on est ému. Je ne veux ni que personne s'attache à ma cause contre son opinion, ni que ma fortune déchue entraîne la ruine de ceux qui ont assez d'humanité pour avoir compassion de ma situation présente. Si un temps plus heureux arrive, hé bien, nous nous reverrons, et j'espère que ce sera à notre satisfaction mutuelle; sinon, comme le dirait votre futur beau-père, ajouta-t-il avec un sourire de bienveillance parfaitement d'accord avec ses yeux humides, — sinon, nous aurons eu raison de nous séparer.

Everard se retira en le saluant profondément, le cœur déchiré par des sentimens opposés et dont le plus dominant était la reconnaissance de la générosité avec laquelle Charles, bravant son propre péril, l'avait éclairé sur un mystère qui menaçait de troubler le bonheur de toute sa vie. Il reprit le chemin de Woodstock, suivi de son fidèle compagnon Wildrake, qui tournait si souvent la tête en levant vers le ciel ses yeux humides et ses mains jointes, qu'Everard fut obligé de l'avertir que de telles démonstrations pourraient être remarquées et faire naître quelques soupçons.

La conduite généreuse du roi pendant toute la fin de cette scène n'avait pas échappé à miss Lee. Elle bannit sur-le-champ de son cœur tout son ressentiment contre lui et tous les soupçons auxquels elle s'était livrée. Elle rendit justice à la bonté naturelle du cœur du monarque, rendit à sa personne comme à son rang ce respect qu'on lui avait appris dès l'enfance à regarder comme faisant partie de ses devoirs religieux. Elle se sentit convaincue que les vertus du roi lui appartenaient, et que ses défauts étaient la suite de son éducation, ou plutôt de son manque d'éducation et des conseils de ses flatteurs corrompus ; enchantée de cette conviction, elle ne savait pas, — ou peut-être elle ne s'arrêta pas à y réfléchir en ce moment, — que l'ivraie, quand on ne songe pas à l'extirper, devient maîtresse du sol, et étouffe les plantes utiles. Car, comme le docteur Rochecliffe le lui dit ensuite pour son édification, en lui promettant, suivant son usage, de lui expliquer ce passage quand elle l'y ferait penser dans un autre moment, — *virtus rectorem ducemque desiderat ; vitia sine magistro discuntur* [1].

Ce n'était pas alors le momemt de se livrer à de pareilles réflexions. Comptant sur leur sincérité mutuelle, par cette sorte de communication intellectuelle qui fait souvent que deux individus placés dans des circonstances délicates s'entendent mieux l'un l'autre de cette manière que par le secours de la parole, le roi et Alice semblaient avoir renoncé à toute réserve, à toute dissimulation. Avec la confiance d'un homme bien né, et en même temps avec la condescendance d'un prince, Charles pria miss Lee d'accepter son bras pour retourner chez elle, au lieu de celui du docteur Rochecliffe, et Alice y consentit avec une humble modestie, mais sans le moindre mélange de crainte et de méfiance. Il semblait que la dernière demi-heure leur avait fait connaître parfaitement à tous deux le caractère l'un de l'autre, et les avait convaincus de la pureté de leurs intentions mutuelles.

---

(1) Les citations du savant docteur et antiquaire restaient souvent sans explication, quoiqu'il aimât à en faire, attendu son mépris pour ceux qui n'entendaient pas les langues mortes, et parce qu'il ne se souciait pas de se donner la peine de les traduire, pour les mettre à la portée des dames et des gentilshommes campagnards. Mais pour que ces dames et ces gentilshommes campagnards ne crèvent pas de dépit de leur ignorance, nous leur donnons ici la traduction de ce passage. — *La vertu a besoin d'un guide et d'un directeur ; mais les vices s'apprennent sans maître.*

(*Note de l'auteur écossais.*)

Cependant le docteur Rochecliffe était en arrière de quelques pas ; car étant moins léger et moins actif qu'Alice, qui avait en outre le secours du bras du roi, il fallait qu'il fît des efforts pour suivre Charles, qui était alors, comme nous l'avons dit ailleurs, un des meilleurs piétons d'Angleterre ; et qui, suivant l'usage des grands, oubliait souvent que les autres n'étaient pas doués de la même activité.

— Ma chère Alice, dit le roi, mais d'un ton qui prouvait que cette épithète était purement fraternelle, votre Everard me plaît beaucoup ; — plût à Dieu qu'il fût des nôtres ! mais puisque cela ne peut être, je suis sûr que je trouverai en lui un ennemi généreux.

— Sire, répondit Alice avec modestie, mais non sans fermeté, mon cousin ne sera jamais ennemi personnel de Votre Majesté, et il est de ce petit nombre d'hommes sur la parole desquels on peut compter plus sûrement que sur les sermens de ceux qui font des protestations plus formelles. Il est incapable d'abuser de la confiance généreuse de Votre Majesté.

— Sur mon honneur, je le crois comme vous, Alice, dit le roi. Mais, corbleu ! ma chère enfant, laissez dormir ma Majesté quant à présent. — Il y va de ma sûreté, comme je le disais à votre frère il n'y a pas long-temps. — Appelez-moi monsieur ; ce nom convient également au roi, au pair, au gentilhomme, et au particulier, ou plutôt que je redevienne ce fou de Louis Kerneguy.

— S'il plaît à Votre Majesté, répliqua Alice en baissant les yeux et en secouant la tête, cela est impossible.

— Ah, ah ! reprit le roi, j'entends. — Louis était de mauvaise compagnie, — un jeune présomptueux ; — vous ne pouvez le souffrir. — Vous avez peut-être raison. — Mais attendons le docteur Rochecliffe, ajouta-t-il, une délicatesse qui prenait sa source dans la bonté de son cœur lui faisant désirer de prouver à Alice qu'il n'avait nul dessein de l'engager dans une conversation qui pourrait lui rappeler des idées pénibles. Ils s'arrêtèrent un instant, et Alice put se livrer au seul sentiment de sa reconnaissance.

— Je ne puis convaincre notre belle amie miss Lee, docteur, dit Charles, qu'elle doit par prudence s'abstenir de me donner les titres qui appartiennent à mon rang quand j'ai si peu de moyens de le soutenir.

— C'est un reproche à faire à la terre et à la fortune, Sire, répondit le docteur dès qu'il eut repris haleine, que la situation actuelle de Votre Majesté très-sacrée ne permette pas qu'on lui rende les honneurs dus à sa naissance, et dans lesquels, si Dieu bénit les efforts de vos fidèles sujets, j'espère que nous vous verrons bientôt rétabli, comme dans un droit héréditaire, par le vœu unanime des trois royaumes.

— Fort bien, docteur; mais, en attendant, pouvez-vous expliquer à miss Lee deux vers d'Horace que j'ai portés plusieurs années dans ma tête jusqu'à ce qu'ils trouvassent une bonne occasion pour en sortir? Comme le disent mes prudens sujets d'Ecosse, si l'on garde quelque chose pendant sept ans, on finit par trouver le moyen de s'en servir. — Voyons. — *Telephus*. — oui, c'est cela,

Telephus et Peleus, quum pauper et exul uterque,
Projicit ampullas et sesquipedalia verba.

— J'expliquerai ces vers à miss Alice quand elle m'y fera penser, — ou plutôt, dit le docteur réfléchissant que sa réponse dilatoire ordinaire n'était pas de saison quand l'ordre émanait de son souverain, je lui citerai deux vers de ma traduction d'Horace :

Pauvre prince exilé bien loin de ses banlieues,
Abandonne l'emphase et les mots de sept lieues.

— Admirable version, docteur, dit Charles, j'en sens toute la force; et surtout la beauté de la traduction de *sesquipedalia verba* par bottes de sept lieues, — mots de sept lieues, je veux dire. — Cela me rappelle, comme la moitié des choses que je vois en ce monde, les contes de ma mère l'Oie.

Tout en causant ainsi, ils arrivèrent à la Loge, et le roi remonta dans sa chambre pour y attendre l'heure du déjeuner, qui commençait à approcher. Wilmot, Villiers et Killigrew riraient bien à mes dépens, pensa-t-il en y montant, s'ils entendaient parler d'une campagne dans laquelle je n'ai pu vaincre ni homme ni femme. Mais, corbleu! qu'ils rient tant qu'ils le voudront; il y a quelque chose dans mon cœur qui me dit que, pour cette fois du moins, j'ai bien agi.

Cette journée et la suivante se passèrent tranquillement, le roi attendant avec impatience la nouvelle qui devait lui annoncer qu'un navire était prêt à le recevoir; mais tout ce qu'il put savoir, c'était que l'infatigable Albert Lee parcourait, en s'exposant à de grands dangers, toutes les villes et tous les villages de la côte, pour s'y assurer d'un navire à l'aide des amis de la cause royale et des correspondans du docteur Rochecliffe.

CHAPITRE XXIX.

« Pas de semblables jeux de main, drôle! »
SHAKSPEARE.

Il faut maintenant que nous disions quelque chose des autres personnages de notre drame, ceux qui y jouent les premiers rôles ayant exclusivement occupé notre attention depuis quelque temps.

Nous informerons donc nos lecteurs que les regrets des commissaires qui avaient été bannis du paradis qu'ils espéraient trouver à Woodstock, non par un chérubin comme Adam et Eve à la vérité, mais, à ce qu'ils croyaient, par des esprits d'une autre espèce, les retenaient encore dans les environs. Ils avaient pourtant quitté Woodstock sous prétexte qu'ils y étaient mal logés; mais la véritable raison en était qu'ils avaient conçu du ressentiment contre Everard, qu'ils regardaient comme la cause de leur désappointement, et qu'ils ne voulaient pas rester dans un endroit où il pouvait surveiller leurs démarches. Cependant ils le quittèrent avec tous les signes de la meilleure intelligence; mais ils n'allèrent pas plus loin qu'Oxford où ils se fixèrent, comme des corbeaux accoutumés à voir une chasse, qui se perchent sur un arbre ou une montagne à peu de distance, et qui y attendent que le cerf soit aux abois, pour avoir enfin leur part des restes de la victime. Là l'université et la ville, mais surtout l'université, leur fournissaient quelques moyens d'employer avantageusement leurs talens divers, jusqu'au moment désiré où, comme ils l'espéraient, ils seraient appelés à Windsor, ou du moins réintégrés dans leur mission à la Loge de Woodstock, qui serait de nouveau abandonnée à leur discrétion.

Bletson, pour passer le temps, cherchait à s'insinuer dans la société des savans et pieux docteurs, qui ne pouvaient le souffrir, et il leur arrachait l'ame par son athéisme, ses sophismes et ses propositions impies auxquelles il les défiait de répondre. Desborough, un des hommes les plus grossièrement ignorans de cette époque, s'était fait nommer chef d'un collège, et il ne perdait pas de temps pour faire abattre les arbres des domaines de cet établissement, et s'en approprier la vaisselle d'argent. Quant à Harrison, il prêchait, en grand uniforme, dans l'église de Sainte-Marie, portant son justaucorps de buffle, ses bottes et ses éperons, comme s'il était sur le point de se mettre en campagne pour la bataille d'Armageddon. Et il serait difficile de dire si Oxford, ce siège illustre de la science, de la religion et de la loyauté, comme l'appelle Clarendon, était plus tourmenté par le froid scepticisme de Bletson et la rapine insatiable de Desborough, que par l'enthousiasme frénétique du champion de la cinquième monarchie.

De temps en temps, des soldats, soit pour relever la garde, soit pour d'autres prétextes, allaient et venaient entre Woodstock et Oxford, et entretenaient, comme on peut le supposer, une correspondance suivie avec Tomkins le Fidèle, qui, quoique résidant principalement dans la ville de Woodstock, faisait d'assez fréquentes visites à la

Loge, et sur qui les commissaires comptaient sans doute pour être instruits de ce qui s'y passait.

Dans le fait, ce Tomkins semblait avoir trouvé quelque secret moyen pour gagner la confiance partielle, sinon entière, de presque tous ceux qui jouaient un rôle dans les intrigues du temps. Tous s'emparaient de lui; tous avaient avec lui des conversations particulières. Ceux qui en avaient le moyen se le rendaient favorable par des présens; ceux qui étaient moins riches étaient prodigues de promesses. Quand il arrivait à la Loge, ce qui avait toujours l'air d'être l'effet du hasard, s'il traversait le vestibule, et que sir Henry le rencontrât, le chevalier ne manquait jamais de lui proposer de prendre les fleurets, et il était également certain, après avoir éprouvé plus ou moins de résistance, de remporter les honneurs du triomphe; de sorte qu'en considération de tant de victoires, le bon royaliste lui pardonnait presque le double péché de rébellion et de puritanisme : si ensuite son pas lent et méthodique se faisait entendre dans les corridors voisins de la galerie, le docteur Rochecliffe, sans jamais l'introduire dans le boudoir dont nous avons fait la description, emmenait maître Tomkins dans quelque appartement neutre, et avait avec lui de longs entretiens qui paraissaient aussi intéressans pour l'un que pour l'autre.

La réception de l'indépendant dans les régions inférieures de la maison n'était pas moins gracieuse qu'au rez-de-chaussée. Jocelin ne manquait pas de l'accueillir avec la franchise la plus cordiale; quelque pâté et quelque flacon étaient mis sur-le-champ en réquisition, et bonne chère était le mot d'ordre. Il est juste de faire remarquer ici que les moyens de faire bonne chère étaient plus abondans à Woodstock depuis l'arrivée du docteur Rochecliffe, qui, en qualité d'agent de beaucoup de royalistes, avait à sa disposition des sommes assez considérables, et il est à présumer que Tomkins le Fidèle y trouvait aussi son compte.

Lorsqu'il se livrait à ce qu'il appelait la fragilité de la chair, privilège dont il prétendait avoir reçu le droit de jouir, et qui était dans le fait un goût pour les liqueurs fortes, goût qu'il portait au-delà de la modération, les discours de

Tomkins, en toute occasion décens et réservés, devenaient licencieux et animés. Il parlait avec toute l'onction d'un vieux débauché des exploits de sa première jeunesse, consistant en faits de braconnage, de pillage, d'ivrognerie et de querelles de toute espèce; il chantait des chansons bachiques et amoureuses; et racontait quelquefois certaines aventures qui forçaient Phœbé à quitter la compagnie, et qui, parvenant même aux oreilles de dame Jellicot, malgré sa surdité, rendaient les offices un séjour peu convenable, même pour la vieille femme.

Au milieu de ces orgies, il arrivait quelquefois que Tomkins tombait sur quelque sujet religieux, et parlait mystérieusement, mais du ton le plus animé, et avec une éloquence inspirée, des heureux saints qui, comme il le disait, étaient bien véritablement saints,—des hommes éminens qui avaient pris d'assaut le trésor intérieur du ciel, et s'étaient mis en possession de ses joyaux les plus précieux. Il traitait avec le mépris le plus souverain toutes les sectes autres que la sienne, les comparant à des pourceaux qui se querellaient autour d'une auge pour des glands et des cosses de pois. Il parlait en termes non moins injurieux des rites et des cérémonies publiques de dévotion, des formes extérieures de religion des diverses Eglises chrétiennes, et des devoirs et des privations qu'elles imposent à toutes les classes de chrétiens.

L'écoutant à peine, et ne le comprenant nullement, Jocelin, qui semblait être son plus fréquent compagnon en de telles occasions, le ramenait ordinairement sur quelque sujet plus joyeux, ou sur les souvenirs de ses anciennes folies avant les guerres civiles, sans s'inquiéter, sans même s'efforcer d'analyser les opinions de ce saint de nouvelle fabrique, et ne songeant qu'à la protection que sa présence pouvait procurer à Woodstock. D'ailleurs comment n'aurait-il pas cru aux bonnes intentions d'un gaillard pour qui l'ale et l'eau-de-vie, — quand il ne trouvait pas de vin, — semblaient les principaux objets de la vie, et qui buvait à la santé du roi et de qui on voulait, pourvu que la coupe qui devait servir à la libation fût remplie jusqu'au bord?

Ces doctrines particulières, entretenues par une secte

quelquefois nommée la Famille de l'Amour, mais plus communément Ranters [1], avaient fait quelques progrès dans un temps où il régnait une telle diversité d'opinions religieuses que ces hérésies étaient poussées jusqu'à la démence et presque jusqu'à l'impiété. Le secret était enjoint à ces sectateurs frénétiques d'une doctrine blasphématoire, de crainte des conséquences qui auraient pu en résulter pour les croyans si elles avaient été publiquement avouées. Maître Tomkins avait donc grand soin de cacher la liberté spirituelle qu'il prétendait avoir acquise à tous ceux dont il aurait excité le ressentiment s'il en avait fait profession à découvert. Ce voile n'était pas difficile à conserver, car la croyance des Familistes leur permettait et même leur enjoignait de se conformer, au besoin, quant à l'extérieur, aux pratiques de toute secte qui pouvait avoir de l'ascendant.

En conséquence Tomkins avait l'art de se faire passer dans l'esprit du docteur Rochecliffe pour un membre toujours zélé de l'Eglise d'Angleterre, et qui ne servait dans les rangs ennemis que pour y jouer le rôle d'espion, et comme il en avait plusieurs fois reçu des avis véritables et importans, l'intrigant docteur n'en croyait que plus aisément à ses protestations.

Cependant, de crainte que la présence accidentelle de cet homme singulier à la Loge, dont on ne pouvait guère lui défendre la porte sans éveiller des soupçons, ne pût mettre en danger la personne du roi, Rochecliffe, quelque confiance qu'il lui accordât d'ailleurs, avait recommandé à Charles de tâcher de ne pas se montrer à lui, et si par hasard il en

---

(1) Les Familistes eurent pour premier fondateur David-George de Delft, enthousiaste qui se croyait le Messie. Ils se divisèrent en différentes sectes connues sous les noms de Grindletoniens, Familistes des montagnes, des vallées, de l'ordre du collet, du troupeau épars, etc. Parmi leurs doctrines trop absurdes et trop impures pour être citées, ils soutenaient qu'il était permis de se conformer, au besoin et quand cela leur convenait, aux pratiques de toute secte dominante, et d'obéir aux ordres des magistrats et des autorités supérieures, quelque péché qu'ils crussent commettre en s'y soumettant. Ils désavouaient les principales doctrines du christianisme, et disaient que la loi chrétienne avait été annulée par l'avénement de David-George. Ils satisfaisaient sans scrupule les passions les plus grossières et les plus desordonnées, et se livraient entre eux à tous les excès du libertinage. Voyez la *Gangrène* d'Edouard, l'*Hérésiographie* de Pagitt, et un ouvrage très-curieux écrit par Ludovic Claxton, un de leurs chefs, intitulé *La brebis perdue et retrouvée*, Londres, 1660. (*Note de l'auteur écossais.*)

était aperçu, de bien jouer le rôle de Louis Kerneguy. Joseph Tomkins était bien, à ce qu'il croyait, Joseph l'Honnête; mais l'honnêteté était, selon lui, un cheval qu'il ne fallait pas trop charger, et il était inutile d'induire son prochain en tentation.

Il semblait que Tomkins lui-même consentait à se renfermer dans les bornes qu'on mettait à la confiance qu'on avait en lui, ou qu'il voulait paraître fermer les yeux plus qu'il ne le faisait réellement sur la présence de cet étranger dans la famille. Jocelin, qui était un gaillard avisé, remarqua une ou deux fois que, lorsqu'un hasard inévitable voulait que Tomkins rencontrât le page, il y faisait moins d'attention qu'il ne l'aurait attendu d'un homme de son caractère, naturellement curieux et questionneur. — Il ne m'a rien demandé sur cet étranger pensa Joliffe : à Dieu ne plaise qu'il en sache trop, ou qu'il ait seulement des soupçons! — Mais ses craintes à cet égard se dissipèrent quand, dans une conversation qu'il eut depuis avec lui, Tomkins parla de la fuite du roi hors d'Angleterre comme d'une chose certaine, et alla même jusqu'à citer le nom du navire sur lequel il prétendait qu'il s'était embarqué à Bristol, et celui du capitaine qui le commandait; il paraissait si convaincu de la vérité de ce fait, que Jocelin regarda comme impossible qu'il eût le moindre soupçon de la réalité.

Cependant, malgré cette conviction, et en dépit de l'espèce de commerce familier qui s'était établi entre eux, le fidèle garde forestier résolut de n'en pas moins surveiller exactement son compère Tomkins, et d'être toujours prêt à donner l'alarme. Il était vrai, pensait-il, qu'il avait tout lieu de croire que son camarade, malgré ses excès d'ivrognerie et de fanatisme, méritait autant de confiance que lui en montrait le docteur Rochecliffe; mais pourtant ce n'était qu'un aventurier dont le vêtement et sa doublure étaient de couleurs différentes, et pouvait-on dire qu'une grande récompense et le pardon de quelques hauts faits de sa vie ne pourraient pas le tenter de retourner son habit? D'après ces motifs, Jocelin exerçait une surveillance rigoureuse sur tous les mouvemens de Tomkins le Fidèle.

Nous avons dit que le discret indépendant était uniformément bien accueilli, soit dans la ville de Woodstock, soit à la Loge. Il y avait pourtant deux individus qui, pour des raisons très-différentes, avaient conçu un éloignement insurmontable pour un homme si bien reçu partout.

L'un était Nehemiah Holdenough, qui se rappelait avec amertume la manière dont l'indépendant l'avait expulsé de vive force de sa chaire. Il ne parlait jamais de lui, dans ses conversations particulières, que comme d'un missionnaire de l'esprit de mensonge, que Satan avait doué du don d'imposture. Il avait même prêché un sermon solennel sur le sujet du faux prophète de la bouche duquel sortaient des grenouilles. Ce discours fit le plus grand effet sur le maire et sur la partie la plus distinguée de l'auditoire, qui trouvèrent que leur ministre avait porté un coup terrible à la racine même de l'*Indépendantisme*. D'une autre part, ceux du parti contraire soutenaient que Joseph Tomkins avait riposté avec succès, et avait remporté les honneurs du triomphe dans une exhortation qu'il avait prononcée le soir du même jour, et dans laquelle il avait prouvé, à la satisfaction d'une congrégation nombreuse d'ouvriers et d'artisans, que ce passage de Jérémie : — Les prophètes prophétisent faussement, et les prêtres gouvernent par leur moyen, — était directement applicable au système presbytérien du gouvernement de l'Eglise. Le ministre envoya au révérend maître Edouard une relation de la conduite de son adversaire, pour qu'il le désignât dans la prochaine édition de sa Gangrène comme un hérétique pestilentiel ; et Tomkins recommanda le ministre presbytérien à Desborough comme un excellent sujet propre à supporter une bonne amende pour avoir blessé l'esprit des fidèles clairvoyans, l'assurant en même temps que, quelque pauvre que pût paraître le ministre, si l'on plaçait quelques soldats à discrétion chez lui jusqu'à ce que l'amende fût payée, les femmes de toutes les riches boutiques de la ville pilleraient le comptoir de leurs maris plutôt que d'épargner le Mammon d'iniquité pour tirer de souffrances leur apôtre, pensant comme Laban, disait-il : — Vous m'avez dérobé mes dieux; que me reste-t-il? On juge bien qu'il régnait peu de cordialité entre ces deux argumentateurs polémiques.

Mais Joseph Tomkins voyait avec beaucoup plus de déplaisir la mauvaise opinion que semblait avoir conçue de lui une personne dont les bonnes graces lui paraissaient infiniment plus désirables que celles de Nehemiah Holdenough. Ce n'était rien moins que la gentille Phœbé, pour la conversation de laquelle il s'était senti une forte vocation, depuis sa déclamation contre Shakspeare, la première fois qu'il l'avait vue à la Loge. Il semblait pourtant désirer, concerter et exécuter secrètement cette grande entreprise, et surtout dérober ses travaux apostoliques à la connaissance de son ami Jocelin Joliffe, de crainte qu'il ne fût porté à la jalousie. Mais c'était en vain qu'il débitait à Phœbé tantôt des versets du Cantique des Cantiques, ou des citations de l'Arcadie de Green [1]; tantôt des passages de Vénus et Adonis [2], ou des doctrines d'une nature plus abstraite, puisées dans un ouvrage alors fort en vogue, intitulé *le Chef-d'OEuvre d'Aristote* : il avait beau faire la cour d'une manière sacrée ou profane, classique ou métaphysique, Phœbé ne paraissait nullement disposée à l'écouter sérieusement.

D'une part, Phœbé aimait Jocelin Joliffe; de l'autre, si Joseph Tomkins lui avait déplu, comme puritain rebelle, dès la première fois qu'elle l'avait vu, elle n'avait trouvé aucun motif pour le goûter davantage depuis qu'elle avait reconnu en lui un libertin hypocrite. Elle le haïssait donc sous ces deux rapports; elle ne souffrait sa conversation que lorsqu'elle ne pouvait y échapper, et quand elle était obligée de rester en sa compagnie, elle ne l'écoutait que parce qu'elle savait que la confiance qu'on avait eue en lui faisait qu'en l'offensant elle pourrait compromettre la sûreté de ses maîtres, d'une famille qui l'avait vue naître, qui l'avait fait élever, et pour laquelle elle avait un attachement sans bornes.

Par des raisons à peu près semblables, elle ne manifestait

---

(1) Auteur du temps. — ED.
(2) Un des premiers poëmes de Shakspeare. — ED.

pas l'aversion qu'elle avait conçue contre l'indépendant, en présence de Jocelin ; l'humeur belliqueuse de celui-ci, comme soldat et comme garde forestier, aurait pu amener les choses à une explication dans laquelle le couteau de chasse et le bâton à deux bouts n'auraient pas été des armes égales contre la longue rapière et les pistolets dont son dangereux rival était toujours armé. Mais il est difficile d'aveugler la jalousie quand elle trouve quelque cause de doute ; et peut-être la surveillance exacte de Jocelin sur son camarade avait-elle pour motif non-seulement son zèle pour la sûreté du roi, mais aussi quelque soupçon vague que Joseph l'honnête pouvait avoir quelque envie de braconner sur ses terres.

Phœbé, en fille prudente, se tenait, autant que possible, à couvert sous la présence de dame Jellicot. Il était vrai que l'indépendant, ou quel qu'il fût, ne l'en persécutait pas moins alors de ses discours érotiques ou de sa morale, mais sans en retirer aucun fruit, car elle semblait aussi sourde parce qu'elle le voulait bien, que la vieille femme l'était elle-même par suite d'une infirmité naturelle. Cette indifférence était un sujet de dépit pour son nouvel amant, et ce fut ce qui le porta à chercher un temps et un lieu où il pût faire valoir son amour avec une énergie qui forçât l'attention. La Fortune, cette maligne déesse qui cause si souvent notre perte en nous accordant ce qui est l'objet de nos désirs, lui procura enfin l'occasion qu'il avait long-temps désirée.

Un soir, vers le coucher du soleil, ou immédiatement après, Phœbé, sur l'activité de laquelle roulait le gouvernement domestique de la Loge, se rendit à la fontaine de Rosemonde, afin d'y puiser de l'eau pour le repas du soir, et de se conformer aux préjugés du vieux chevalier, qui croyait que, dans aucun lieu du monde, cet élément ne se trouvait aussi pur que dans cette célèbre source. Or tel était le respect que toute la maison de sir Henry Lee avait pour lui, que négliger un seul de ses désirs qui pût être satisfait, quelque peine qu'il dût en coûter, eût été regardé comme un aussi grand crime que l'oubli d'un devoir religieux.

Depuis quelque temps, comme nous en avons vu un exemple, il n'était pas très-facile d'emplir une cruche à cette fontaine ; mais l'adresse de Jocelin avait tout récemment remédié à cet inconvénient en réparant grossièrement une partie de la façade, et en y plaçant un tuyau en bois dans lequel l'eau un peu plus abondante formait un filet qui tombait d'une hauteur d'environ deux pieds. On n'avait donc plus besoin que de placer la cruche par-dessous, et d'attendre, sans autre embarras, qu'elle se remplît presque goutte à goutte.

Phœbé, dans la soirée dont nous parlons, voyait pour la première fois ce petit changement avantageux, et en faisant honneur avec raison à la galanterie du Sylvain, son amant, qui avait voulu lui rendre plus facile sa tâche journalière, sa reconnaissance la porta à employer le temps qui s'écoulait pendant que sa cruche s'emplissait lentement, à réfléchir sur la prévenance et l'adresse de l'obligeant ingénieur, et peut-être à penser qu'il aurait aussi bien fait de l'attendre sur le bord de la fontaine, pour recevoir ses remerciemens de la peine qu'il avait prise. Mais elle savait qu'il était resté à l'office avec cet odieux Tomkins ; et, plutôt que de le voir avec cet hypocrite indépendant, elle aimait mieux renoncer au plaisir de rencontrer Jocelin en ce lieu.

Tandis qu'elle faisait ces réflexions, la Fortune eut assez de malice pour envoyer Tomkins à la fontaine, et pour l'y envoyer sans Jocelin. Dès que Phœbé l'aperçut dans le sentier qui y conduisait, une inquiétude soudaine agita le cœur de la pauvre fille. — Elle était seule, — dans l'enceinte de la forêt. — Elle n'avait de secours à espérer de personne, car il était défendu d'y entrer après le coucher du soleil, pour ne pas troubler le repos des cerfs et des daims, qui en faisaient alors leur retraite nocturne. Elle chercha pourtant à s'armer de courage, et résolut de ne montrer aucune apparence de crainte, quoique, à mesure que l'indépendant approchait, elle vît dans son air et dans ses yeux quelque chose qui n'était pas fait pour calmer ses appréhensions.

— Que les bénédictions du soir tombent sur vous, la jolie fille, lui dit-il. Je vous rencontre ici précisément comme le plus ancien des serviteurs d'Abraham rencontra Rébecca, fille de Béthuel, fils de Milca, près du puits de la ville de

Nacor en Mésopotamie. Ne dois-je donc pas vous dire : Baisse ta cruche, afin que je boive ?

— La cruche est à votre service, maître Tomkins, lui répondit-elle, et vous pouvez boire tant qu'il vous plaira, mais je réponds que vous avez bu de meilleures liqueurs ; et il n'y a pas long-temps.

Dans le fait, il était évident que l'indépendant venait de faire une orgie, car il avait le visage enflammé, quoiqu'il ne fût nullement ivre. Mais l'alarme que Phœbé avait éprouvée en le voyant paraître s'accrut encore quand elle vit ces signes extérieurs de la manière dont il venait de passer le temps.

— Je ne fais qu'user de mes privilèges, ma jolie Rébecca. La terre est accordée aux saints avec tout ce qui s'y trouve. Ils doivent être maîtres des richesses des mines et des trésors de la vigne ; et ils se réjouiront, et leurs cœurs se dilateront. — Tu as encore à apprendre quels sont les privilèges des saints, ma jolie Rébecca.

— Mon nom est Phœbé, dit la jeune fille pour tâcher de calmer un transport d'enthousiasme réel ou affecté.

— Phœbé suivant la chair, mais Rébecca suivant l'esprit. — Car n'es-tu pas une brebis égarée ? — Ne suis-je pas celui qui est envoyé pour te faire rentrer dans le bercail ? — Sans cela, pourquoi serait-il dit : Tu la trouveras assise dans le bois, près de la source qui porte le nom de l'ancienne prostituée Rosemonde.

— Il n'est pas douteux que vous ne m'ayez trouvée assise ici, M. Tomkins ; mais, si vous voulez me tenir compagnie, il faut que vous retourniez au château avec moi, et vous porterez ma cruche, si vous êtes assez bon pour cela. Chemin faisant, j'écouterai toutes les belles choses que vous avez à me dire ; mais il faut que je parte, car sir Henry demande toujours son verre d'eau avant les prières.

— Quoi ! le vieillard au cœur pervers et à la main ensanglantée t'a-t-il envoyée ici pour faire l'ouvrage d'une esclave ? — Véritablement tu t'en retourneras affranchie ; et, quant à l'eau que tu as puisée, elle sera répandue comme l'eau du puits de Bethléem.

A ces mots, il vida la cruche en dépit des prières et des exclamations de Phœbé; et, l'ayant replacée sous le petit tuyau qui conduisait l'eau, il continua :

— Sache que ceci va être pour toi un signe. — L'eau qui tombe dans cette cruche sera comme le sable qui passe par le sablier. — Si, pendant le temps qui s'écoulera avant qu'elle soit remplie, tu écoutes les paroles que je vais t'adresser, tu t'en trouveras bien, et tu seras placée en haut rang parmi ceux qui oubliant l'instruction qu'ils ont reçue, et qui est comme le lait pour les enfans à la mamelle, s'alimentent de la nourriture des forts. — Mais, si l'eau dépasse les bords de la cruche avant que ton oreille m'ait entendu et que ton esprit m'ait compris, tu seras abandonnée en proie et en esclavage à ceux qui possèdent les biens de la terre.

— Vous m'effrayez, M. Tomkins; je suis pourtant sûre que ce n'est pas votre intention. Je suis surprise que vous osiez prononcer des paroles qui ressemblent tant à celles de la Bible, quand vous savez combien vous avez ri aux dépens de votre maître et de tous les autres lorsque vous avez aidé à faire paraître des esprits à la Loge.

— Es-tu donc assez simple pour croire qu'en me jouant ainsi d'Harrison et des autres j'ai excédé mes privilèges ? Non, véritablement. — Ecoute-moi, jeune insensée. — Lorsque j'étais autrefois le plus grand vaurien du comté d'Oxford, fréquentant les veillées et les foires, dansant autour du mai, montrant ma vigueur au ballon et au bâton à deux bouts, — Oui, quand on me nommait, dans le langage des incirconcis, Philippe Hazeldin; que j'étais chantre au chœur et sonneur de cloches, et que je servais le prêtre qui est là-bas, nommé Rochecliffe, je n'étais pas plus étonné de la route droite que lorsque, après avoir bien étudié, je n'ai trouvé pour guides que des aveugles se succédant les uns aux autres. Mais je les ai abandonnés tour à tour, — ce pauvre fou d'Harrison le dernier; — et, par ma propre force, sans aide de personne, je me suis frayé un passage jusqu'à cette vive et heureuse lumière, que je veux aussi faire briller à tes yeux, Phœbé.

— Je vous remercie, M. Tomkins, répondit la suivante,

cachant quelque crainte sous un air d'indifférence ; mais j'aurai assez de lumière pour retourner au logis avec ma cruche, si vous voulez bien me la laisser prendre. Je n'ai pas besoin d'autres lumières ce soir.

A ces mots, elle se baissa pour prendre sa cruche ; mais l'indépendant la saisit par le bras, et l'empêcha d'exécuter son dessein. Phœbé en conçut aussitôt un autre, qui lui fut inspiré tout à coup par le désir de se défendre et par le courage dont elle avait hérité de son père, qui avait aussi été garde forestier ; quoiqu'elle n'eût pu avancer jusqu'à sa cruche, elle eut le temps de ramasser un assez gros caillou qu'elle tint caché dans sa main droite.

— Relève-toi, jeune folle, et écoute-moi, dit Tomkins. Apprends, en un mot, que le péché pour lequel l'ame de l'homme est punie par le courroux du ciel, n'existe pas dans l'acte du corps, mais dans celui de la pensée du pécheur. Crois, aimable Phœbé, que tout est pur pour celui qui est pur, et que le péché se trouve dans nos pensées, et non dans nos actions ; de même que le plus vif éclat du jour n'offre que ténèbres à l'aveugle, tandis que celui qui a de bons yeux le voit et en jouit. Beaucoup est enjoint, beaucoup est défendu à celui qui n'est que novice dans les choses de l'esprit, et il est nourri de lait comme l'enfant au berceau. — C'est pour lui que sont les défenses et les prohibitions, les ordres et les commandemens. — Mais le saint est élevé au-dessus de ces restrictions et de ces injonctions. C'est à lui, comme à l'enfant chéri de la maison, qu'est donné le passe-partout pour ouvrir toutes les serrures qui s'opposent aux jouissances des désirs de son cœur. — Je te conduirai, aimable Phœbé, par d'agréables sentiers qui nous mèneront à la joie, à une liberté innocente, et à des plaisirs qui sont défendus et criminels pour ceux qui ne sont pas privilégiés.

— Je voudrais réellement, M. Tomkins, que vous me permissiez de m'en aller, dit Phœbé, qui ne comprenait pas très-bien la nature de sa doctrine, mais à qui ni ses discours ni ses manières ne plaisaient. Tomkins continua pourtant à lui débiter des principes impies et blasphématoires qu'il avait adoptés comme d'autres soi-disant saints de cette époque, après avoir erré de secte en secte, et s'être enfin fixé dans la croyance abominable que le péché, étant d'une nature exclusivement spirituelle, n'existait que dans la pensée, et que les plus mauvaises actions étaient permises à ceux qui avaient élevé leurs pensées au point de se croire au-dessus du péché.

— Tu vois, ma Phœbé, continua-t-il en cherchant à l'attirer vers lui, que je puis t'offrir plus qu'on n'offrit jamais à une femme depuis qu'Adam prit son épouse par la main. Que d'autres gardent leurs lèvres sèches, et fassent pénitence par l'abstinence, comme les papistes quand la coupe du plaisir verse ses délices. — Aimes-tu l'argent? j'en ai et je puis en avoir davantage, car je suis privilégié pour m'en procurer de toutes mains et par tous les moyens. — Veux-tu des domaines? duquel de ces pauvres sots de commissaires désires-tu les biens? Je saurai les lui ravir pour toi; car mon esprit est plus fort que le leur, et ce n'est pas sans raison que j'ai aidé le malveillant Rochecliffe et le manant Jocelin à les tromper et à les épouvanter. — Demande-moi ce que tu voudras, Phœbé; je puis te le donner ou te le procurer.

— Commence donc avec moi une vie de délices en ce monde; ce ne sera pour nous qu'une anticipation des joies du paradis.

Le débauché fanatique s'efforça de nouveau d'attirer à lui la pauvre fille, qui, sérieusement alarmée, mais ne perdant pas sa présence d'esprit, chercha à force de prières à le déterminer à la lâcher. Mais ses traits, naguère si froids, avaient pris une expression effrayante, et il s'écria : — Non, Phœbé, non, ne crois pas m'échapper, — tu m'es livrée comme captive, tu as négligé l'heure de grace, et elle s'est écoulée. Regarde! l'eau dépasse les bords de la cruche, ce qui devait être un signe entre nous. — Je ne chercherai donc plus à t'éclairer par des discours dont tu n'es pas digne; mais je te traiterai comme t'étant détournée de la grace, qui s'offrait à toi.

— Maître Tomkins, dit Phœbé d'un ton suppliant, songez, pour l'amour de Dieu, que je suis une pauvre orpheline, ne me faites pas d'injure; ce serait une honte pour votre sexe et pour votre force. — Je n'entends rien à vos belles paroles. — J'y réfléchirai demain. Enfin, son ressentiment montant à son comble, elle s'écria avec plus de force : — Je ne prétends pas être si indignement traitée! — Laissez-moi ou il vous arrivera malheur! — Hé bien, ajouta-t-elle tandis qu'il la pressait avec une violence dont l'objet n'était pas douteux, et qu'il cherchait à s'emparer de sa main droite, recevez cela et soyez maudit. Et en parlant ainsi elle lui porta de toutes ses forces, au milieu du front, un coup avec le caillou qu'elle gardait pour la dernière extrémité.

Le fanatique, à demi étourdi, chancela, et lâcha le bras de la pauvre fille, qui profita de ce moment pour s'enfuir en criant au secours, et conservant toujours le caillou victorieux. Courroucé jusqu'à la rage du coup qu'il avait reçu, Tomkins la poursuivit agité par les plus noires passions, et par la crainte que sa brutalité ne fût découverte. Il cria à Phœbé de s'arrêter, et eut même l'infamie de la menacer de lui tirer un coup de pistolet si elle continuait à fuir. Elle n'en fit pourtant que courir plus vite, et il fallait qu'il exécutât ses menaces, ou qu'il la vît lui échapper et porter à la Loge l'histoire de sa scélératesse, si Phœbé, se heurtant le pied contre une grosse racine de sapin, ne fût malheureusement tombée. Mais tandis qu'il se précipitait sur sa proie, un secours inespéré arriva en la personne de Jocelin, son gourdin sur l'épaule.

— Comment! que veut dire ceci? s'écria Joliffe en se jetant entre Phœbé et celui qui la poursuivait.

Tomkins, dans un accès de fureur, ne lui répondit qu'en faisant feu contre lui du pistolet qu'il tenait à la main. La balle effleura la joue du garde forestier, qui, courroucé à son tour de cet attentat contre sa vie, s'écria : — Oui-dà! hé bien, le bois contre le plomb! et levant en même temps son gourdin, il le fit tomber avec une telle force sur la tête de l'indépendant, qu'il le frappa à la tempe d'un coup mortel.

Tomkins roula par terre avec quelques mouvemens convulsifs accompagnés de mots entrecoupés. — Jocelin, — je suis mort; — je te pardonne, — le docteur Rochecliffe, —

oh ! — le ministre, — le service funéraire. — Ces mots indiquaient peut-être son retour à une croyance qu'il n'avait probablement jamais abjurée aussi complètement qu'il se l'était persuadé à lui-même; mais la voix lui manqua, et le râle de la mort annonçait seul qu'il vivait encore. — Ses mains serrées se relâchèrent, ses yeux fermés se rouvrirent, se fixèrent sur le ciel, mais ils étaient éteints ; — ses membres s'étendirent et se raidirent ; — l'ame chassée de sa demeure terrestre dans un moment si terrible était déjà devant le trône du jugement.

— Qu'avez-vous fait, Jocelin ! qu'avez-vous fait ! s'écria Phœbé ; vous l'avez tué !

— Cela vaut mieux que s'il m'avait tué, répondit Jocelin, — car ce n'était pas un de ces maladroits qui manquent leur coup deux fois de suite. — Et pourtant j'en suis fâché pour lui. — Nous avons fait ensemble plus d'une partie joyeuse quand il se nommait Philippe Hazeldin, et alors il ne valait pas déjà grand'chose ; mais depuis qu'il a couvert ses vices d'un masque d'hypocrisie, il paraît qu'il est devenu plus mauvais diable que jamais.

— Allons, Jocelin, allons-nous-en, dit la pauvre Phœbé, ne restez pas à le regarder ainsi ; car le garde forestier, appuyé sur son bâton, regardait le cadavre avec l'air d'un homme à demi étourdi par cet événement.

— Cela vient de la cruche d'ale, dit-elle dans le véritable style de consolation d'une femme, — comme je vous l'ai dit. — Mais, pour l'amour du ciel, retournons à la Loge, et voyons ce qu'il y a à faire.

— Un moment, Phœbé ; laissez-moi d'abord le tirer du chemin ; il ne faut pas qu'il reste ici à la vue de tout le monde. — Hé bien, ne me donnerez-vous pas un coup de main ?

— Moi, Jocelin ! oh, non ! je ne toucherais pas un de ses cheveux pour tout Woodstock.

— Il faut donc que je fasse la besogne tout seul, dit Jocelin, qui, quoique soldat et garde forestier, éprouvait une grande répugnance à se charger de cette tâche nécessaire. Il y avait dans le dernier regard et les dernières paroles du mourant quelque chose qui avait produit une impression de terreur sur les nerfs d'ailleurs peu sensibles de Jocelin. Il eut cependant la force de traîner le corps du défunt secrétaire hors du chemin battu, et le cacha sous un buisson de ronces et d'épines. Il retourna ensuite près de Phœbé, qui, encore toute tremblante, s'était assise sous l'arbre dont une racine l'avait fait tomber.

— Allons, dit-il, retournons à la Loge, et voyons ce que tout cela va devenir. — Un pareil accident ne diminuera pas nos dangers. — Mais que te voulait-il donc, Phœbé ? — Pourquoi courais-tu devant lui comme une folle ? — Je crois que je puis le deviner ; — il a toujours été un vrai diable avec les femmes, et je crois, comme le dit le docteur Rochecliffe, que, depuis qu'il était devenu saint, sept diables pires que lui-même avaient pris possession de son corps. — C'est précisément ici l'endroit où je l'ai vu lever la main contre le vieux chevalier, — et lui, en enfant de la paroisse ! — c'était tout au moins un crime de haute trahison. Mais sur ma foi, il l'a bien payé.

— Mais comment avez-vous pu confier vos secrets à un si méchant homme, Jocelin ? comment avez-vous pu entrer dans ses complots pour effrayer les commissaires Têtes-Rondes ?

— Dès le premier instant que je le vis, il me sembla que je le reconnaissais, surtout quand je vis que Bevis, qu'on élevait ici quand il était piqueur, ne lui sautait pas à la gorge tout d'un coup. Et quand nous eûmes renoué connaissance à la Loge, j'appris qu'il était en correspondance secrète avec le docteur Rochecliffe, qui était persuadé que c'était un royaliste, et qui par conséquent vivait en bonne intelligence avec lui. — Le docteur se vante d'avoir appris de lui bien des choses ; mais je prie le ciel qu'il ne lui en ait pas trop appris lui-même à son tour.

— Vous n'auriez jamais dû le laisser entrer à la Loge, Jocelin.

— Et il n'y aurait jamais mis le pied si j'eusse su comment l'en empêcher. Mais au bout du compte, Phœbé, que pouvais-je penser en le voyant prendre part si franchement à tous nos projets, — quand il me dit comment je devais m'habiller pour ressembler au comédien Robinson, dont l'esprit tourmente Harrison, — j'espère que l'esprit de personne ne me tourmentera ; — et quand il m'apprit ce que j'avais à faire pour effrayer son maître? — J'espère seulement que le docteur lui a caché le plus grand secret de tous. — Mais nous voici à la Loge. Montez dans votre chambre, Phœbé, et tâchez de vous calmer. Il faut que je cherche le docteur Rochecliffe ; il parle toujours de son esprit riche et fertile en inventions : voilà, je crois, le moment d'en faire usage.

Phœbé monta dans sa chambre ; mais dès qu'elle y fut arrivée, les forces que lui avait données l'urgence du danger s'évanouirent tout à coup, et elle eut une suite d'attaques de nerfs qui exigèrent toute l'attention de dame Jellicot et les soins moins inquiets mais plus judicieux d'Alice.

Pendant ce temps le garde forestier alla porter sa nouvelle au politique docteur, qui en fut extrêmement déconcerté et alarmé, et qui reprocha même sérieusement à Jocelin d'avoir tué un homme sur les rapports duquel il s'était accoutumé à compter. Cependant son air annonçait qu'il ne savait s'il ne lui avait pas accordé sa confiance trop légèrement, et ce doute le tourmentait d'autant plus qu'il ne voulait pas le laisser apercevoir, de crainte de perdre quelque chose de la réputation d'adresse dont il se piquait.

La confiance du docteur Rochecliffe en la fidélité de Tomkins semblait pourtant reposer sur d'assez bons fondemens. Avant les guerres civiles, comme on peut l'avoir déjà entrevu d'après ce qui précède, Tomkins, sous son vrai nom d'Hazeldin, avait été sous la protection du recteur de Woodstock, lui avait quelquefois servi de clerc, avait été un des membres distingués de son chœur ; et ne manquant ni d'esprit ni d'adresse, il avait même souvent aidé le docteur dans ses recherches au milieu des ruines de Woodstock. En s'engageant sous les drapeaux de la république, il n'en avait pas moins conservé ses relations avec Rochecliffe, à qui il avait donné de temps en temps des renseignemens qui paraissaient précieux. Tout récemment il s'était rendu extrêmement utile au docteur en l'aidant, avec le secours de Jocelin et de Phœbé, à imaginer et à exécuter les différentes ruses qui avaient servi à expulser de Woodstock les commissaires du parlement. Il est vrai que son zèle à cet égard avait été stimulé par la promesse d'un présent, et ce n'était rien moins que la vaisselle d'argent qui restait encore à la Loge. Le docteur, tout en admettant qu'il pouvait être un homme corrompu, le regrettait donc comme un homme utile, et dont la mort, si elle donnait lieu à quelque enquête, pouvait attirer de nouveaux dangers sur une maison déjà environnée de périls, et qui renfermait un dépôt si précieux.

CHAPITRE XXX.

CASSIO. « Mon habit est meilleur que tu ne le croyais;
« S'il eût été moins bon, de ce coup je tombais. »
SHAKSPEARE. *Othello.*

Dans la soirée obscure d'octobre qui succéda au jour qui avait vu la mort de Tomkins, le colonel Everard, indépendamment de son inséparable compagnon Roger Wildrake, avait à souper le révérend Nehemiah Holdenough. Après les prières du soir, faites suivant les formes presbytériennes, une légère collation et deux bouteilles de vin de Bordeaux furent placées devant les trois amis à neuf heures, ce qui était fort tard à l'époque dont nous parlons. Maître Holdenough s'engagea bientôt dans un discours polémique contre les indépendans et autres sectaires, sans s'apercevoir que son éloquence n'intéressait nullement celui pour qui il en faisait principalement les frais. Le colonel songeait à la Loge de Woodstock et à tout ce qui s'y trouvait, — au prince qui y était caché, à son oncle, — et surtout à sa chère Alice. Quant à Wildrake, après avoir tacitement maudit de tout son cœur et les Presbytériens et les Indépendans, comme n'étant que deux harengs tirés de la même caque, et ne valant pas mieux l'un que l'autre, il étendit ses jambes, et il se serait probablement endormi si, comme son patron, il n'avait eu quelques pensées qui tuaient le sommeil.

La compagnie était servie par un jeune homme ayant l'air d'un Egyptien, revêtu d'un pourpoint de couleur orange montrant la corde, et garni de galons de laine bleue. La taille du drôle semblait comme avortée, mais son air annonçait de l'intelligence, et ses membres toute l'activité que promettait la vivacité de ses yeux. C'était un serviteur du choix de Wildrake, qui lui avait donné le *nom de guerre* de Spitfire [1], et qui lui avait promis de l'avancement dès que son jeune *protégé*, Déjeuner, serait en état de le remplacer dans ses fonctions actuelles. Il est presque inutile de dire ici que les frais du *ménage* étaient à la charge exclusive du colonel Everard, qui laissait à Wildrake le soin de régler tous les détails du service comme bon lui semblait. L'échanson, en offrant de temps en temps du vin aux convives, avait soin de fournir au Cavalier deux occasions de se rafraîchir pour une, qu'il croyait suffisante au colonel et au ministre.

Pendant qu'ils étaient ainsi occupés, le bon ministre s'égarant dans ses argumens, et ses auditeurs dans leurs réflexions, l'attention de tous trois fut éveillée soudainement par un coup frappé à la porte de la maison. Une bagatelle est un sujet d'alarme pour ceux dont l'inquiétude agite le cœur.

Le bruit entendu ne provenait pas d'un de ces coups pacifiques ou modérés qui annoncent la visite modeste de quelqu'un qui ose à peine se présenter, ni un de ces coups redoublés qui précèdent un personnage tout gonflé d'une vaine importance. On ne pouvait y reconnaître l'annonce formelle de l'arrivée d'un homme d'affaires, ni celle plus agréable de la présence d'un ami joyeux et sûr d'être le bienvenu. C'était un seul coup, dont le son était ferme et solennel, si même il n'avait pas quelque chose de menaçant. La porte fut ouverte par quelqu'un de la maison. Un pas grave et pesant se fit entendre sur l'escalier. — Un homme robuste entra dans

---

[1] Crache-feu. — Éd.

l'appartement, et dit en écartant le manteau qui lui couvrait la figure :

— Markham Everard, je te salue au nom de Dieu!

C'était le général Cromwell.

Everard, étonné et pris à l'improviste, chercha en vain des termes pour exprimer sa surprise. Il montra pourtant le plus grand empressement à recevoir le général, l'aida à se débarrasser de son manteau, et lui témoigna sans parler toute la civilité d'un bon accueil. Cromwell jeta ses yeux perçans autour de l'appartement, et les fixa d'abord sur le ministre.

— Je vois avec toi un révérend personnage, dit-il à Everard; tu n'es pas un de ces hommes qui laissent passer le temps sans y faire attention et sans le mettre à profit. — Mettre de côté les choses de ce monde, s'occuper principalement de celles du monde à venir, c'est en employant ainsi nos instans dans ce séjour terrestre de péché et de soucis qu'on peut espérer..... Mais que veut dire ceci? ajouta-t-il en changeant de ton tout à coup pour en prendre un plus vif, plus aigre, et qui annonçait une sorte d'inquiétude; quelqu'un a quitté cet appartement depuis que j'y suis entré.

Wildrake en était effectivement sorti pendant une ou deux minutes; mais il était déjà de retour, et il se montra sur un balcon comme s'il eût été seulement hors de vue, et non hors de l'appartement.

— Non, monsieur! répondit-il, je me tenais seulement en arrière par respect. — Noble général, j'espère que tout va bien dans l'Etat, quoique Votre Excellence vienne nous rendre visite à une pareille heure? — Votre Excellence ne désire-t-elle pas quelque.....

— Ah! dit Olivier en le regardant d'un œil fixe et sévère, c'est notre fidèle intermédiaire, — notre digne confident. — Non, monsieur, je ne désire rien quant à présent, si ce n'est un bon accueil, et il me paraît que mon ami Markham Everard n'est pas très-empressé à me l'accorder.

— Un bon accueil vous suit partout, mylord, répondit le colonel faisant un effort pour parler. Je me flatte que ce n'est pas quelque mauvaise nouvelle qui a obligé Votre

Excellence à voyager si tard; et je prendrai la liberté de vous demander, comme mon clerc, quels rafraîchissemens je dois vous faire servir.

— L'Etat est sain et vigoureux, colonel Everard, répondit le général; et pourtant il le serait davantage si plusieurs de ses membres qui ont mis jusqu'ici la main à l'œuvre, qui ont proposé de bons avis, et qui ont travaillé au bien public, ne s'étaient refroidis dans leur amour et leur attachement pour la bonne cause, pour laquelle nous devons être prêts, chacun en nos conditions différentes, à agir et à nous comporter, dès que nous sommes appelés à faire ce qui est l'objet de notre mission, non avec paresse et tiédeur, non avec violence, mais avec de telles dispositions, que le zèle et la charité puissent en quelque sorte se rencontrer et s'embrasser dans nos vues. Et cependant parce que nous regardons en arrière après avoir mis la main à la charrue, notre force nous est retirée.

— Pardon, monsieur, dit Nehemiah Holdenough, qui, l'écoutant avec quelque impatience, commençait à deviner en compagnie de qui il se trouvait; pardon, car ce sont des choses sur lesquelles j'ai mission pour parler.

— Ah! ah! dit Cromwell; oui, nous affligeons certainement l'esprit quand nous arrêtons ces effusions qui, comme l'eau jaillissante d'un rocher.....

— En cela je diffère de vous, monsieur; car, de même qu'il y a la bouche pour transmettre les alimens au corps, et l'estomac pour digérer ce que le ciel a envoyé, ainsi il y a le prédicateur pour enseigner, et le peuple pour écouter, —le berger pour faire entrer le troupeau dans le bercail, et les brebis pour profiter des soins du pasteur.

— Ah! mon digne monsieur, il me semble que vous êtes bien voisin de cette grande erreur qui suppose que les Eglises sont de vastes maisons bâties par des maçons; et les fidèles, des hommes,— des hommes riches, — qui paient les dîmes plus ou moins; et que les prêtres,—hommes en robes noires ou en manteaux gris., — qui les reçoivent, sont en retour les seuls distributeurs des bénédictions du ciel.—Au lieu que, suivant mon opinion, il y a plus de liberté chrétienne à laisser l'ame qui a faim de la parole divine libre de chercher son édification où bon lui semble, soit qu'elle la trouve dans la bouche d'un instructeur laïque, qui ne tient sa mission que du ciel, soit qu'elle la cherche dans les prédications de ceux qui ont reçu leurs degrés et leur ordination dans les universités et les synodes, lesquelles universités et lesquels synodes ne sont après tout que des réunions de pauvres pécheurs comme eux.

—Vous parlez de ce que vous ne connaissez pas, monsieur. —La lumière peut-elle sortir des ténèbres,—le bon sens de l'ignorance; la connaissance des mystères de la religion, de charlatans qui donnent des poisons au lieu de médicamens salutaires, et qui remplissent d'ordures l'estomac des fidèles?

Le ministre presbytérien s'exprima ainsi avec un ton de chaleur et d'impatience; et le général au contraire lui répondit avec la plus grande douceur.

—Hélas! hélas! un homme savant, mais emporté, dévoré par un excès de zèle.—Hé bien! monsieur, vous pouvez dire ce qu'il vous plaira de vos repas réguliers évangéliques, mais un mot dit à propos par un homme dont le cœur est selon le vôtre, peut-être à l'instant où vous allez rencontrer l'ennemi ou monter sur la brèche, est pour l'ame comme une grillade toute prête que celui qui a faim préfère à un grand banquet, quand l'esprit rassasié dédaignerait un rayon de miel. Néanmoins, quoique je parle ainsi suivant mon pauvre jugement, je ne voudrais forcer la conscience de personne, laissant le savant suivre le savant, le sage s'instruire près du sage, pourvu qu'on ne refuse pas à de pauvres ames simples une gorgée de l'eau du ruisseau qui coule le long du chemin. — Oui, ce sera véritablement un beau spectacle en Angleterre quand nous y marcherons tous comme dans un meilleur monde, supportant les infirmités les uns des autres, et partageant mutuellement nos consolations. — Oui, sans doute, le riche se sert, pour boire, de coupes et de flacons d'argent : qu'il continue à le faire.

En ce moment un officier ouvrit la porte, et Cromwell,

quittant le ton traînant qu'il semblait pouvoir continuer éternellement, lui adressa la parole avec vivacité.

—Hé bien, Pearson, est-il arrivé?

—Non, général; nous l'avons cherché inutilement à l'endroit que vous avez indiqué et dans plusieurs autres qu'on sait qu'il fréquente dans la ville.

—Le drôle!—serait-il possible qu'il fût traître? Non, non, il a trop d'intérêt à être fidèle, il se trouvera dans un instant. —Ecoute-moi ici!

Pendant toute cette conversation le lecteur peut se figurer quelles étaient les alarmes d'Everard. L'arrivée inattendue de Cromwell devait avoir quelque motif très-important, et il ne pouvait s'empêcher de soupçonner que le général avait reçu quelque avis sur le lieu où Charles se tenait caché. Si l'on s'emparait de la personne du prince, il était à craindre de voir un renouvellement de la tragédie du 30 janvier, dont la perte de toute la maison de Lee et probablement la sienne seraient la suite nécessaire.

Il cherchait quelque consolation dans les yeux de Wildrake, dont la physionomie exprimait l'inquiétude, quoiqu'il s'efforçât de maintenir son air habituel d'insouciance. Mais le poids qui l'oppressait était trop lourd. Ses pieds changeaient de position à chaque instant, ses yeux roulaient de côté et d'autre, et il se tordait les mains comme un témoin qui craint l'approche de l'interrogatoire.

Cependant Olivier ne laissait pas aux deux amis un instant de loisir pour se concerter. Même pendant que le cours de son éloquence verbeuse s'égarait dans tant de détours qu'il était impossible de voir où il voulait en venir, son œil actif et vigilant déjouait tous les efforts que faisait Everard pour avoir quelque communication avec Wildrake, même par signes. Une fois, à la vérité, il fixa les yeux un instant sur la croisée, et les porta ensuite sur son ami, comme pour lui faire sentir qu'il pourrait peut-être s'échapper par cette voie; mais le Cavalier lui répliqua en secouant tristement la tête, par un mouvement si léger qu'il était presque imperceptible. Everard perdit donc tout espoir, et tout ce qui pouvait le distraire du pressentiment fâcheux d'un malheur prochain et inévitable, c'était l'inquiétude qu'il éprouvait sur la manière dont ce malheur arriverait, et sur la forme sous laquelle il se montrerait.

Il restait pourtant à Wildrake un rayon d'espérance. A l'instant même où Cromwell était entré, il était sorti de l'appartement et avait couru à la porte de la maison. Les mots : — on ne passe pas ! — prononcés en même temps par deux sentinelles, le convainquirent que le général, comme il l'avait craint, n'était pas arrivé sans être bien accompagné et sans avoir pris ses précautions. Il tourna sur ses talons, remonta l'escalier, et ayant trouvé sur le palier le jeune homme qu'il appelait Spitfire, il l'emmena à la hâte dans la petite chambre qu'il occupait.

Wildrake avait passé la matinée à chasser, et il y avait sur sa table quelques pièces de gibier. Il arracha une plume de l'aile d'une bécasse, et dit précipitamment : — Spitfire, écoute mes ordres comme s'il y allait de ta vie. — Je vais te descendre dans la basse-cour par cette fenêtre. — Le mur de la cour n'est pas bien haut, et il n'est probablement pas gardé par des sentinelles. — Cours à la Loge, comme tu courrais pour gagner le ciel, et remets cette plume à miss Alice Lee, s'il est possible, sinon à Jocelin Joliffe. — Tu diras que j'ai gagné la gageure de la jeune dame. — M'as-tu bien compris ?

Le jeune homme intelligent frappa de sa main dans celle de son maître, et lui répondit seulement : — Fait.

Wildrake ouvrit la fenêtre, fit descendre Spitfire en le tenant par le collet de son habit ; et quoiqu'il y eût un intervalle assez considérable de la fenêtre au sol, un tas de paille adoucit sa chute, et Wildrake le vit se relever et escalader le mur de la basse-cour qui donnait sur une rue de derrière. Tout cela se passa si rapidement que Wildrake eut le temps de rentrer dans l'appartement où il avait laissé Cromwell, avant que l'empressement que l'on témoignait au général dans le premier moment de son arrivée eût permis de remarquer son absence.

Pendant la dissertation de Cromwell sur la vanité des diverses croyances, Wildrake réfléchissait s'il n'aurait pas mieux fait d'envoyer un message verbal plus explicite, puisqu'il n'avait pas le temps d'écrire; mais le jeune homme pouvait être arrêté, questionné; la connaissance de la mission pressée et importante dont il était chargé pouvait le troubler; et, tout bien considéré, Wildrake se sut bon gré d'avoir adopté une manière plus énigmatique d'envoyer sa nouvelle. Il avait donc sur son patron l'avantage de conserver encore quelque reste d'espérance.

Pearson avait à peine fermé la porte qu'Holdenough, aussi disposé à prendre les armes contre le futur dictateur qu'il l'avait été à faire face aux prétendus esprits et fantômes de la Loge de Woodstock, recommença son attaque contre les schismatiques, qu'il traita de faux messagers, de faux frères et de tueurs d'ames; et il allait citer des textes à l'appui de cette proposition quand Cromwell, ennuyé probablement de cette discussion, et désirant faire tomber l'entretien sur un sujet qui lui convînt mieux, l'interrompit, quoique fort civilement, et se chargea de faire les frais de la conversation.

— Hélas! le brave homme dit la vérité, suivant ses connaissances et ses lumières. — Oui, une vérité amère et pénible à digérer, car nous voyons avec les yeux des hommes, et non avec ceux des anges. — De faux messagers, dit le révérend ministre; — il a raison; le monde en est plein. — Vous les verrez porter votre secret message à la maison de votre ennemi mortel, et ils lui diront : Voyez! mon maître sort avec une suite peu nombreuse; il doit passer par tels et tels endroits écartés et isolés; dépêchez-vous, afin de lui dresser des embûches et de le tuer. — Et un autre qui sait où est caché l'ennemi de votre maison et de votre personne, au lieu d'en avertir son maître, ira porter des nouvelles à l'ennemi de celui-ci dans sa retraite, et lui dira : Voyez! mon maître connaît votre demeure secrète; levez-vous et fuyez, de peur qu'il ne tombe sur vous comme un lion sur sa proie. — Mais cela se passera-t-il sans punition? ajouta-t-il en jetant sur Wildrake un regard qui le fit frémir; non, sur la vie de mon ame, et sur celui qui m'a donné l'autorité dans Israël,

— ces faux messagers seront attachés à des gibets sur le bord de la route, et leur main droite sera étendue pour montrer aux autres le chemin dont ils se sont écartés.

— Certainement, dit maître Holdenough, c'est justice de punir de pareils coupables.

— Grand merci, Mass-John, pensa Wildrake; mais quand un Presbytérien a-t-il manqué de donner un coup de main au diable?

— Mais j'ajoute, continua Holdenough, que ceci est étranger à ce que je disais; car les faux frères dont je vous parle sont...

— C'est cela même, dit Cromwell, sont de notre propre maison. Le brave homme a encore une fois raison. — Oui, de qui pouvons-nous dire aujourd'hui qu'il est un véritable frère, quoiqu'il soit le fruit des mêmes entrailles? — Quoique nous ayons uni nos efforts pour la même cause, mangé à la même table, combattu côte à côte, adoré le même trône de merci, nous ne trouverons pas de vérité en lui. — Ah, Markham Everard, Markham Everard!

Il se tut après cette exclamation, et Everard, désirant savoir sur-le-champ jusqu'à quel point il était compromis, répliqua : — Votre Excellence semble avoir dans l'esprit quelque chose qui me concerne. Puis-je la prier de s'expliquer, afin que je puisse savoir de quoi je suis accusé?

— Ah, Markham, Markham! répondit le général; l'accusateur n'a pas besoin de parler quand la conscience élève la voix en nous. — Ne vois-je pas la sueur sur ton front, Markham Everard? — N'y a-t-il pas du trouble dans tes yeux? — Tous tes membres ne sont-ils pas agités? — Et qui a jamais vu de pareilles choses dans le noble et brave colonel Everard, dont le front était à peine humide après avoir porté le casque pendant une longue journée d'été, — lui dont la main tremblait à peine après avoir manié une épée pesante pendant plusieurs heures. — Mais allons, Everard, tu ne mets pas assez de confiance en moi. N'as-tu pas été pour moi comme un frère? — Ne te pardonnerais-je pas même la soixante-dix-septième fois? — Le drôle qui devrait nous avoir déjà rendu à présent un service de haute importance s'amuse je ne sais où. Profite de son absence, Markham; c'est une grace que Dieu t'accorde contre ton attente. — Je ne te dis pas, tombe à mes pieds; je te dis, parle-moi comme un ami à son ami.

— Je n'ai jamais dit à Votre Excellence rien qui fût indigne du titre qu'elle a bien voulu me donner, répondit Everard avec fierté.

— Je ne dis pas cela, Markham, répliqua Cromwell; mais... mais vous auriez dû, colonel, vous souvenir du message que je vous ai envoyé par cet homme. — Et en même temps il montra Wildrake. — Et comment votre conscience a-t-elle pu vous permettre, après avoir reçu un message fondé sur de si puissantes raisons, d'expulser mes amis de Woodstock, déterminé, comme vous l'étiez, à me traverser dans mes vues? Comment avez-vous pu profiter d'une grace, sans remplir les conditions auxquelles je vous l'avais accordée?

Everard allait répondre, quand, à sa grande surprise, Wildrake s'avança avec un air et un regard qui n'avaient plus rien de sa nonchalance ordinaire, et qui semblaient même armés de dignité. — Vous vous trompez, maître Cromwell, dit-il avec autant de calme que de hardiesse: vous n'adressez pas vos reproches à celui qui les mérite.

Ce discours inattendu fut prononcé d'un ton si intrépide que Cromwell fit un pas en arrière, et, par un mouvement involontaire, avança la main vers la garde de son épée, comme s'il eût cru qu'un propos si audacieux devait être suivi de quelque acte de violence. Cependant il reprit sur-le-champ une attitude d'indifférence; mais, courroucé d'un sourire qu'il aperçut sur les lèvres de Wildrake, il lui dit avec la dignité d'un homme accoutumé depuis long-temps à voir tout trembler devant lui.

— Est-ce à moi que ce discours s'adresse, camarade? Sais-tu à qui tu parles?

— Camarade! répéta Wildrake, dont l'humeur insouciante avait complètement repris le dessus; je ne suis pas votre camarade, maître Olivier. J'ai vu le temps où Roger Wildrake de Squattlesea-Mere, comté de Lincoln, jeune, bien fait, et propriétaire d'un beau domaine, n'aurait pas voulu passer pour compagnon du brasseur banqueroutier d'Huntingdon.

— Silence, Wildrake! dit Everard; silence, si tu tiens à la vie!

— Je ne tiens pas plus à la vie qu'à un maravédis, répliqua Wildrake. D'ailleurs, ventrebleu! si ce que je dis lui déplaît, qu'il dégaîne. — Je sais, après tout, qu'il a de bon sang dans les veines, et je suis prêt à en détacher avec lui dans la cour, quand il aurait été dix fois brasseur.

— Je traite ces propos grossiers avec le mépris qu'ils méritent, dit Olivier. Mais si tu as quelque chose à dire sur l'objet dont il s'agit, explique-toi en homme, quoique tu aies plutôt l'air d'une brute.

— Tout ce que j'ai à dire, répondit Wildrake, c'est que, quoique vous reprochiez à Everard d'avoir profité de la grace que vous lui aviez accordée, pour me servir de vos termes, il ne savait pas un mot des infames conditions que vous y aviez attachées. — J'ai eu grand soin de ne pas l'en instruire : c'est donc sur moi que vous devez exercer votre vengeance, si cela peut vous plaire.

— Est-ce à moi que tu oses parler ainsi, esclave? s'écria Cromwell réprimant pourtant encore avec soin une colère qu'il allait faire tomber sur un objet qu'il en jugeait indigne.

— Oui, vous ferez de chaque Anglais un esclave, si vous réussissez dans vous projets, dit Wildrake sans être le moins du monde intimidé, car l'espèce de crainte dont il avait été saisi quand il s'était trouvé tête à tête avec cet homme remarquable s'était complètement évanouie maintenant qu'il lui parlait en présence de témoins. Mais faites ce qu'il vous plaira, maître Olivier; je vous en avertis d'avance, l'oiseau est envolé.

— Tu n'oserais me le dire en face! s'écria Cromwell. — Il serait échappé! — holà! Pearson! qu'on monte à cheval sur-le-champ! — Echappé! — c'est un mensonge! — d'où? — pour aller où?

— Où? — c'est là la question, dit Wildrake, car voyez-vous, monsieur, qu'on s'en aille de quelque part, c'est un fait certain, mais où va-t-on.....

Il fit une pause d'un instant, et Cromwell était tout attention, espérant que l'impétuosité de l'insouciant Cavalier lui donnerait, sans le vouloir, quelque renseignement utile sur la route que Charles pouvait avoir prise.

— Mais où va-t-on? répéta Wildrake; c'est ce qu'il faut que maître Olivier tâche de découvrir lui-même.

En prononçant ces derniers mots, il tira sa rapière, et en porta un coup furieux à Cromwell. Si la lame n'eût trouvé d'autre obstacle qu'un justaucorps de buffle, il est probable que la carrière du général se serait terminée à Woodstock. Mais la crainte de pareilles entreprises contre sa vie faisait que Cromwell portait sous ses vêtemens une cotte de mailles faite d'anneaux de l'acier le mieux trempé, mais si légère et si flexible qu'elle se prêtait à tous les mouvemens de son corps. Cette précaution lui sauva la vie en ce moment, car la rapière se brisa en morceaux, et Wildrake, retenu alors par Everard et Holdenough, en jeta la poignée par terre avec dépit en s'écriant : — Maudite soit la main qui t'a forgée! — M'avoir servi si long-temps, et me trahir au moment où tu pouvais nous faire honneur à tous deux! — Mais que pouvait-on attendre de toi, depuis que tu avais été dirigée, même en plaisantant, contre un docte ministre de l'Eglise anglicane?

Dans le premier moment d'alarme, et craignant peut-être que Wildrake n'eût quelque complice, Cromwell tira à demi de son sein un pistolet qui y était caché; mais il l'y remit sur-le-champ en voyant qu'Everard et le ministre tenaient chacun un bras du Cavalier.

Pearson accourut au bruit avec deux soldats.—Arrêtez ce drôle! dit le général avec le ton d'indifférence d'un homme à qui les dangers étaient trop familiers pour exciter sa colère; — garottez-le, mais pas si serré, Pearson; — car les soldats, pour montrer leur zèle, serraient de toute leur force autour des membres de Wildrake leurs ceinturons dont ils se servaient, à défaut de cordes, pour le lier. — Il a voulu m'assassiner, continua Cromwell, — mais je veux le réserver pour le sort qu'il mérite.

— Assassiné! répéta Wildrake; — je méprise vos paroles,

maître Olivier; je vous ai offert le combat corps à corps.

— Le fusillerons-nous dans la rue pour l'exemple? — demanda Pearson pendant qu'Everard cherchait à empêcher Wildrake d'aggraver encore le courroux du général.

— Sur votre vie, respectez la sienne, dit Cromwell, — contentez-vous de le placer en lieu de sûreté, et sous bonne garde.

Pendant ce temps, le prisonnier s'écriait en s'adressant à Everard : — Ne me tourmente pas davantage! je ne suis plus à ton service ni à celui de personne, et je suis aussi prêt à mourir que je l'ai toujours été à boire un verre de vin. — Et en parlant de cela, maître Olivier, vous qui avez été autrefois un joyeux gaillard, ordonnez donc à une de vos écrevisses[1] d'approcher de mes lèvres ce pot d'ale, et Votre Excellence aura une santé, une chanson, et..... et un secret.

— Déliez-lui un bras, dit Cromwell, et donnez-lui ce qu'il demande. — Tant qu'il existera, ce serait une honte de lui refuser l'élément qui le fait vivre.

— Pour cette fois, que la bénédiction du ciel tombe sur votre tête! dit Wildrake dont l'unique but, en prolongeant cette conversation étrange, était de gagner du temps, car chaque instant était précieux; — vous avez brassé autrefois de bonne bière, et cela doit vous valoir une bénédiction. — Maintenant voici la santé et la chanson, car elles marchent ensemble :

> Fils d'une sorcière infidèle,
> Puisses-tu quelque jour crever dans un bourbier,
> Et pourrir sur un vil fumier
> Aussi bien que quiconque épouse ta querelle!
> Tandis que tout Anglais boira
> A la santé du roi, quand Charles reviendra.

A présent il faut que je vous apprenne mon secret, pour que vous ne m'accusiez pas d'être parti sans payer mon écot, car je doute que vous preniez pour argent comptant ma chanson et ma santé. Hé bien! maître Cromwell, mon secret.....

(1) Désignant ainsi les soldats en uniforme rouge. — Éd.

c'est que..... l'oiseau est envolé, et que votre nez rouge sera aussi blanc que le linceul qui vous servira un jour, avant que vous puissiez flairer de quel côté il a pris son vol.

— Drôle! dit Cromwell d'un ton méprisant, garde tes plaisanteries pour le gibet.

— Je regarderai le gibet avec plus de hardiesse, répondit Wildrake, que vous n'en avez montré quand je vous ai vu regarder le portrait du roi martyr.

Ce reproche piqua Cromwell au vif. — Misérable! s'écria-t-il. — Pearson, emmenez-le; faites sortir un piquet, et..... mais non, non; pas à présent. — Qu'il soit bien enfermé, bien surveillé, et qu'on le bâillonne, s'il tente de parler aux sentinelles, — ou plutôt qu'on mette près de lui une bouteille d'eau-de-vie, et je réponds qu'il se bâillonnera lui-même à sa manière. — Quand le jour sera venu, il sera bâillonné à la mienne, afin qu'il serve d'exemple.

Pendant les diverses pauses que le général mettait entre ses ordres, il était évident qu'il parvenait à maîtriser son courroux; et quoi qu'il fût en fureur en commençant à parler, il finit son discours avec le ton méprisant d'un homme qui se regarde comme bien au-dessus des propos insultans d'un inférieur. Cependant un nuage semblait encore planer sur son esprit, car il restait debout et immobile, comme s'il eût pris racine au lieu où il était, les yeux fixés sur le plancher, et sa main droite pressée sur ses lèvres, en homme qui réfléchit profondément. Pearson, qui avait à lui parler, se retira en arrière, et fit un signe pour indiquer qu'on gardât le silence.

Maître Holdenough ne vit pas ce signe, ou ne crut pas devoir y obéir. S'approchant du général, il lui dit d'un ton respectueux mais ferme : — Ai-je bien compris que l'intention de Votre Excellence est que ce pauvre homme périsse demain matin?

— Comment? s'écria Cromwell sortant de sa rêverie, que dis-tu?

— Je prends la liberté, répondit le ministre, de vous demander si votre volonté est que ce malheureux meure demain.

— De qui parles-tu? demanda Cromwell. — De Markham Everard? — Ne dis-tu pas qu'il doit mourir demain?

— A Dieu ne plaise ! s'écria Holdenough en faisant un pas en arrière. Je vous demandais si cet homme égaré, ce Wildrake, devait être si soudainement retranché du nombre des vivans.

— Oui, oui ! répondit Cromwell, quand l'assemblée générale du chapitre de Westminster et tout le sanhédrin des Presbytériens m'offriraient de lui servir de caution.

— Si vous ne revenez pas là-dessus, monsieur, reprit Holdenough, du moins ne donnez pas à ce pauvre homme les moyens d'abrutir sa raison. Permettez-moi de le suivre, de veiller avec lui, et de tâcher de le faire admettre dans la vigne, quoique à la dernière heure du jour. — Oui, de le ramener dans le bercail (quoiqu'il ait négligé d'écouter la voix du pasteur), jusqu'à ce que le temps soit fermé pour lui.

— Pour l'amour du ciel, général, dit Everard, qui avait gardé le silence jusqu'alors, parce qu'il connaissait mieux l'humeur de Cromwell en pareilles occasions, réfléchissez mieux à ce que vous faites.

— Est-ce à toi à me donner des leçons? dit Cromwell ; pense à tes propres affaires, et crois-moi, elles auront besoin de tout l'esprit que tu peux avoir. — Quant à vous, monsieur, ajouta-t-il en s'adressant à Holdenough, je n'ai pas besoin de pères confesseurs auprès de mes prisonniers ; — je ne veux point de rapporteurs de ce qui se passe dans l'école. Si le drôle a soif de consolations spirituelles, — et je crois qu'il aura plutôt soif de deux pintes d'eau-de-vie, le caporal Humgudgeon, qui commande le corps-de-garde, prêchera et priera aussi bien que le plus savant de vous tous.

— Mais ce délai est insupportable, Pearson! ce drôle n'est-il pas encore venu?

— Non, général, répondit Pearson. Ne ferions-nous pas mieux de nous rendre à la Loge sans l'attendre? La nouvelle que nous sommes ici peut y arriver avant nous.

— C'est la vérité, dit Cromwell parlant à part à l'officier ; mais tu sais que Tomkins nous a recommandé de n'en rien faire, attendu qu'il y a dans cette vieille maison tant de poternes, tant d'entrées et d'issues secrètes, qu'elle ressemble à un clapier de lapins, et qu'on pourrait en sortir en dépit de toutes nos précautions, à moins qu'il ne soit avec nous pour nous montrer toutes les portes qu'il faut garder. Il nous a dit aussi qu'il pourrait être en retard de quelques minutes pour venir nous joindre; mais voilà une demi-heure que nous l'attendons.

— Votre Excellence croit-elle pouvoir compter entièrement sur Tomkins? demanda Pearson.

— Autant que son intérêt l'exige, très-certainement, répondit Cromwell. Il a toujours été l'instrument dont je me suis servi pour connaître le secret des complots, et particulièrement de ceux de Rochecliffe, qui est assez oison pour s'imaginer qu'un drôle comme Tomkins n'est pas à vendre au plus offrant. — Cependant il commence à être tard; je crains que nous ne soyons obligés d'aller à la Loge sans lui; mais, tout bien considéré, j'attendrai ici jusqu'à minuit. — Ah! Everard, si tu le voulais, tu pourrais nous tirer d'embarras; quelques principes ridicules, quelque préjugés fantasques ont plus de pouvoir sur ton esprit que le désir de la pacification et du bonheur de l'Angleterre, et que la foi que tu dois à ton ami, à ton bienfaiteur, qui veut toujours l'être, et qui assurera la fortune et la sécurité de tous tes parens. Tout cela est-il pour toi plus léger dans la balance que la cause d'un indigne jeune homme qui, avec son père et la maison de son père, trouble Israël depuis cinquante ans?

— Je ne comprends pas Votre Excellence, je ne conçois pas quel est le service dont elle veut parler, et que je puisse lui rendre honorablement; car je regretterais de l'entendre me demander quelque chose qui ne serait pas d'accord avec mon honneur.

— Ce que j'ai à te demander peut s'accorder avec ton honneur ou ton humeur scrupuleuse, n'importe le nom que tu veuilles lui donner. — Tu connais sans doute toutes les secrètes issues de ce palais de Jézabel qui est là-bas, il ne s'agit que de montrer les points qu'il est nécessaire de garder, pour empêcher que personne n'en sorte.

— Je ne puis vous aider en cela, général. Je ne connais pas toutes les sorties secrètes de Woodstock, et quand je les connaîtrais, ma conscience ne me permettrait pas de vous les indiquer.

— Nous les trouverons sans vous, monsieur, dit Cromwell avec hauteur, et s'il se découvre dans la Loge quelque chose contre vous, souvenez-vous que vous avez perdu tout droit à ma protection.

— Je serais fâché de perdre votre amitié, général, mais je crois que ma qualité d'Anglais me dispense d'avoir besoin de la protection de qui que ce soit. Je ne connais aucune loi qui m'oblige à jouer le rôle d'espion ou de délateur, quand même je serais en état de remplir l'une ou l'autre de ces fonctions honorables.

— Hé bien, monsieur, répondit Cromwell, avec toutes vos qualités et vos privilèges, je prendrai la liberté de vous emmener cette nuit à la Loge de Woodstock, où je vais faire une enquête sur des affaires qui intéressent l'Etat. — Approche, Pearson. Il prit dans sa poche un papier sur lequel était grossièrement tracé le plan de la Loge de Woodstock et des diverses avenues qui y conduisaient. — Regarde bien cela, lui dit-il; il faut que nous marchions à pied, en deux détachemens séparés et dans le plus grand silence. — Tu avanceras vers les derrières de cette vieille demeure d'iniquité avec quarante hommes, et tu les posteras tout autour aussi bien que tu le pourras. Prends avec toi ce révérend presbytérien; dans tous les cas, il faut s'assurer de sa personne, et d'ailleurs, il peut te servir de guide. — Moi, j'occuperai le devant de la Loge; et quand tous les terriers seront fermés de cette manière, tu viendras prendre mes ordres. — Silence et promptitude! — Quant à ce chien de Tomkins, qui m'a manqué de parole, il faudra qu'il m'en donne de bonnes raisons, ou malheur au fils de son père! — Révérend, ayez la bonté d'accompagner cet officier. — Colonel Everard, suivez-moi; mais d'abord remettez votre épée au capitaine Pearson, et regardez-vous comme aux arrêts.

Everard remit son épée à Pearson sans prononcer un seul mot, et, avec le pénible pressentiment de quelque grand malheur, suivit le général républicain, se soumettant à des ordres auxquels il aurait été inutile de vouloir résister.

CHAPITRE XXXI.

> « Ah ! mon fils, s'il était ici,
> « Saurait ce que cela veut dire ! »
> Mais tandis qu'il parlait ainsi,
> Un page arrive et vient l'instruire :
> « — J'ai vu, dit-il, plusieurs soldats
> « Là-bas, près de la Grosse-Epine ;
> « Vers ces lieux ils portent leurs pas,
> « En conjurant votre ruine. »
> HENRY MACKENZIE.

La petite compagnie qui se trouvait à la Loge était réunie pour le souper le même jour, à huit heures de soir. Sir Henry Lee, oubliant les alimens qui étaient placés sur la table, était debout près de la cheminée, et lisait une lettre à la clarté d'une lampe avec une attention mélancolique.

— Mon fils vous donne-t-il plus de détail qu'à moi, docteur Rochecliffe? demanda le chevalier. Il dit seulement ici qu'il arrivera probablement cette nuit, et que maître Kerneguy doit être prêt à partir avec lui sur-le-champ. Que peut signifier une telle hâte? avez-vous entendu dire qu'on cherche à tourmenter de nouveau les pauvres royalistes? Je voudrais qu'il me fût permis, ne fût-ce que pour un jour, de jouir tranquillement de la société de mon fils.

— La tranquillité qui dépend de la tolérance des méchans, répondit Rochecliffe, doit se compter, non par jours, non par heures, mais par minutes. Le sang dont ils se sont gorgés à Worcester les a rassasiés un moment ; mais je crois que la soif leur est déjà revenue.

— Vous avez donc reçu des nouvelles qui vous l'apprennent?

— Votre fils m'a écrit par le même courier. Il manque

rarement de le faire, sachant de quelle importance il est que j'apprenne tout ce qui se passe. Il a trouvé sur la côte des moyens pour quitter le royaume, et maître Kerneguy doit se trouver prêt à partir avec lui à l'instant même de son arrivée.

— Cela est fort étrange. Pendant quarante ans, dans ma jeunesse et dans mon âge mûr, le seul embarras qu'on eût ici était de savoir comment on passerait le temps; et si je n'avais pas imaginé quelque chasse au tir ou au vol, ou quelque autre amusement semblable, je serais resté ici sur mon fauteuil aussi tranquille qu'une marmotte endormie d'un bout de l'année à l'autre; maintenant je suis comme un lièvre en son gîte, n'osant dormir que les yeux ouverts, et fuyant au moindre souffle qui agite la fougère.

— Il est singulier, docteur Rochecliffe, dit Alice, que le secrétaire Tête-Ronde ne vous en ait rien dit. Il est assez communicatif sur tout ce qui se passe dans son parti, et je vous ai vu ce matin lui parler de très-près.

— Je le verrai encore de plus près ce soir, répondit le docteur d'un air sombre; mais il ne jasera pas.

— Je vous engage à ne pas lui accorder trop de confiance, ajouta Alice. Quant à moi, la figure de cet homme, malgré toute sa finesse, me paraît avoir une expression tellement sinistre que je crois lire le mot trahison sur son front.

— Soyez tranquille; — on y a mis bon ordre, répondit le docteur avec le même ton lugubre et solennel. Personne ne lui répondit. On aurait dit qu'un froid glacial causé par l'inquiétude et la crainte avait saisi tout à coup toute la compagnie; comme on voit des hommes que leur tempérament rend plus susceptibles de l'influence électrique éprouver des sensations particulières à l'approche d'un orage.

Le monarque déguisé, qui venait d'apprendre qu'il fallait qu'il fût prêt à quitter son asile au premier avis, avait sa part de la mélancolie de cette société. Mais il fut aussi le premier à la bannir, comme ne convenant ni à son caractère ni à sa situation. La gaieté lui était naturelle, et sa position exigeait de la présence d'esprit.

— Nous ralentissons le cours du temps, dit-il, en le passant si sérieusement. —Miss Alice, ne feriez-vous pas mieux de chanter avec moi les joyeux adieux de Patrick Carey [1]? Quoi! vous ne connaissez point Patrick Carey, — le frère cadet de lord Falkland.

— Un frère de l'immortel lord Falkland [2] composer des chansons! s'écria le docteur.

— O docteur! répondit Charles, les muses prélèvent leur dîme aussi bien que l'Eglise, et elles ont leur part dans toutes les familles de distinction. — Vous ne savez pas les paroles, miss Alice; mais vous pourrez du moins répéter le refrain que voici:

> Allons, il faut s'expatrier!
> Adieu, séjour que je regrette;
> Mais encore une chansonnette,
> Et puis le coup de l'étrier.

La chanson commença, mais sans gaieté. Il est tel effort pour rire qui, au lieu d'exprimer l'enjouement, n'en indique que l'absence. Charles s'interrompit au milieu de la chanson, et fit des reproches à ceux qui en répétaient le refrain.

— Ma chère miss Alice, dit-il, on dirait que vous chantez les sept psaumes de la pénitence; — et vous, docteur, vous avez l'air de réciter le service funèbre.

Le docteur se leva précipitamment de table, et s'avança vers une croisée; car cette expression avait un rapport singulier avec la tâche dont il devait s'acquitter ce soir. Charles le regarda avec surprise; ses périls continuels lui faisaient épier les moindres mouvemens de tous ceux qui l'entouraient. Se tournant ensuite vers sir Henry, il lui dit: — Mon honorable hôte, pouvez-vous assigner une raison à cet accès de mélancolie qui s'est emparé de nous si étrangement?

— Non, mon cher Louis, répondit le chevalier, je n'entends rien aux fines subtilités de la philosophie. Il me serait tout aussi facile de vous dire pourquoi Bevis tourne trois fois avant de se coucher par terre. Tout ce que je puis dire, quant à moi, c'est que, si l'âge, le chagrin et l'inquiétude

---

(1) Poète du temps dont sir Walter Scott a *édité* les poésies en un volume. — ED.
(2) Un des plus honorables caractères du royalisme anglais. — ED.

suffisent pour abattre un esprit naturellemnet jovial, ou du moins pour le faire plier de temps en temps, j'ai ma bonne part de tout cela; de sorte que je ne puis que dire que si je suis triste c'est uniquement parce que je ne suis pas gai. Je n'ai que trop de sujets de tristesse. — Je voudrais voir mon fils, ne fût-ce que pour une minute.

La fortune, pour cette fois, parut disposée à satisfaire les désirs du vieillard; car Albert Lee entra précisément en ce moment. Il était en habit de voyage, et paraissait avoir fait beaucoup de chemin en peu de temps. Il jeta les yeux à la hâte autour de lui en entrant, les fixa un instant sur ceux du prince déguisé, et, satisfait du regard qui répondit au sien, il s'avança vers son père, et, suivant l'usage du bon vieux temps, fléchit un genou devant lui en lui demandant sa bénédiction.

— Elle t'est due, mon fils, dit le vieillard; et une larme brilla dans ses yeux pendant qu'il appuyait la main sur les longs cheveux qui annonçaient le rang et les principes du jeune Cavalier, et qui, ordinairement peignés et frisés avec soin, tombaient alors en désordre sur ses épaules. Le père et le fils restèrent un instant dans cette attitude; mais le vieillard se leva tout à coup comme s'il avait honte de l'émotion qu'il venait de laisser paraître devant tant de témoins, et passant la main sur ses yeux à la hâte, il dit à Albert de se relever et de songer à souper : — Car j'ose dire, ajouta-t-il, que tu es venu bon train, et qu'il s'est passé du temps depuis ta dernière halte. Nous allons donc boire un coup à sa santé, si le docteur et toute la compagnie le trouvent bon. — Jocelin! — Allons, drôle, verse-nous à boire. On dirait que tu as vu un esprit !

— Jocelin est malade par sympathie, dit Alice. Un cerf a attaqué Phœbé ce soir dans le parc, et elle a été fort heureuse que Jocelin se soit trouvé là pour le faire fuir. — Elle a eu des attaques de nerfs toute la soirée.

— La sotte! dit le vieux chevalier. Elle, fille d'un garde forestier! — Mais, Jocelin, si ce cerf est dangereux, il faut lui envoyer une flèche au travers du corps.

— Cela ne sera pas nécessaire, sir Henry, répondit Jocelin en balbutiant. — Il est bien tranquille à présent; il n'en fera plus autant.

— A la bonne heure, dit le chevalier, mais prends-y garde; songe que miss Alice se promène souvent dans le parc. Maintenant, verse à la ronde, et emplis aussi un verre pour toi, afin de calmer tes craintes. — Va, va, Phœbé n'en sera pas bien malade; — elle a crié pour te donner le plaisir de courir à son secours. — Prends donc garde à ce que tu fais! ne renverse pas ainsi le vin par terre! — Allons, à la santé de notre voyageur, qui est enfin de retour parmi nous!

— Personne n'y boira plus volontiers que moi, dit le prince déguisé, prenant sans y faire attention un air de dignité qui n'était pas trop d'accord avec le rôle qu'il jouait. Mais sir Henry, qui avait conçu de l'affection pour le page supposé, malgré les singularités qu'il avait remarquées en lui, se contenta de lui faire une légère réprimande sur la liberté qu'il se permettait.

— Tu es un jeune homme jovial et de bonne humeur, Louis, lui dit-il; mais c'est merveille de voir comme la génération actuelle transgresse les bornes du grave respect qu'on montrait si régulièrement, dans ma jeunesse, pour les personnes plus élevées en rang et en dignité. A ton âge je n'aurais pas plus osé lâcher la bride à ma langue devant un docteur en théologie, que parler dans une église pendant le service divin.

— Vous avez raison, mon père, dit Albert, se hâtant de prendre la parole; mais maître Kerneguy a d'autant plus le droit de parler en ce moment, qu'il sait que j'ai été occupé de ses affaires comme des miennes. J'ai vu plusieurs de ses amis, et je lui apporte des nouvelles importantes.

Charles était sur le point de se lever et de prendre Albert à part pour savoir quelles nouvelles il s'était procurées, et quels arrangemens il avait pris pour assurer sa fuite du royaume; mais le docteur Rochecliffe le tira par l'habit pour l'avertir de rester à la table, et de ne pas montrer une impatience extraordinaire, parce qu'en cas de découverte subite de sa qualité véritable, l'exaltation de sir Henry aurait pu exciter trop d'attention.

Charles se contenta donc de répondre au reproche du chevalier, qu'il avait un droit tout particulier pour faire à la hâte et sans cérémonie ses remerciemens au colonel Lee, — que la reconnaissance s'exprimait sans façon, qu'il était fort obligé à sir Henry de ses bons avis; enfin que, n'importe quand il quitterait Woodstock, il serait sûr d'en partir meilleur qu'il n'y était arrivé.

Ce discours semblait n'être adressé qu'au vieux chevalier, comme on le juge bien; mais un regard jeté sur Alice l'assura qu'elle avait sa bonne part du compliment.

— Je crains, ajouta le roi en se tournant vers Albert, que vous ne soyez arrivé pour me dire que notre séjour ici doit être bien court.

— Seulement de quelques heures, répondit Albert, le temps strictement nécessaire pour prendre un peu de repos et en donner à nos chevaux. Je m'en suis procuré deux qui sont excellens et à l'épreuve. — Mais le docteur Rochecliffe m'a manqué de parole. Il devait m'envoyer quelqu'un à la hutte de Jocelin où j'ai laissé les chevaux; et n'y trouvant personne, j'ai perdu une heure à en prendre soin moi-même, afin qu'ils soient en bon état demain matin, — car il faut que nous partions avant le jour.

— Je..... je..... je comptais y envoyer Tomkins, balbutia le docteur; mais...... je.....

— Vous ne l'avez pas trouvé, ou le coquin de Tête-Ronde était ivre, je présume, dit Albert. J'en suis bien aise; — je crains que vous n'ayez trop de confiance en lui.

— Il m'a montré de la fidélité jusqu'ici, dit le docteur, et....., et je ne crois pas qu'il puisse m'en manquer à l'avenir.

— Mais Jocelin ira chez lui, et aura soin que les chevaux soient prêts de grand matin.

Jocelin montrait toujours le plus grand empressement dans tous les cas extraordinaires; mais en cette occasion il sembla hésiter.

— Ne m'accompagnerez-vous pas un petit bout de chemin, docteur? demanda-t-il à Rochecliffe en se collant en quelque sorte contre lui.

— Comment, drôle, fou, insensé! s'écria le chevalier;

oses-tu bien demander au docteur Rochecliffe de t'accompagner à une pareille heure! — Dehors, chien! cours à ton chenil à l'instant, si tu ne veux que je te brise le crâne.

Jocelin jeta sur le docteur un coup d'œil d'angoisse, comme pour le supplier d'intervenir en sa faveur; mais comme celui-ci allait parler, on entendit un hurlement mélancolique à la porte du vestibule, et un chien y gratta, comme pour demander à entrer.

— Et qu'a donc Bevis à son tour? dit le vieux chevalier; je crois que c'est aujourd'hui la fête des fous, et que tout ce qui m'entoure perd l'esprit.

Charles et Albert interrompirent une conférence particulière qu'ils avaient ensemble, et le colonel courut à la porte du vestibule pour s'assurer par lui-même de la cause qui faisait aboyer Bevis.

— Ce n'est point une alarme, maître Kerneguy, dit sir Henry, car, en pareil cas, l'aboiement du chien est court, vif et furieux. On dit que ces hurlemens prolongés sont de mauvais augure. Ce fut ainsi qu'aboya le grand-père de Bevis pendant toute la nuit qui précéda la mort de mon pauvre père. Si c'est un présage, Dieu veuille que ce présage regarde ceux que leur âge rend inutiles au monde, et non ceux qui peuvent encore servir leur roi et leur patrie.

Tandis que le colonel Lee s'arrêtait à la porte du vestibule, pour écouter s'il n'entendrait aucun bruit au dehors, Bevis entra dans l'appartement où la compagnie était assemblée, portant quelque chose dans sa gueule, en faisant paraître, à un degré extraordinaire, ce sentiment de devoir et d'intérêt que montre souvent un chien quand il se croit chargé de quelque soin important. Il arriva donc, la queue, la tête et les oreilles basses, et marchant avec la dignité imposante et mélancolique du cheval de bataille qui suit le convoi de son maître. Il traversa la chambre de cette manière, alla droit à Jocelin, qui le regardait avec étonnement, et déposa à ses pieds ce qu'il tenait dans sa gueule, en faisant entendre un nouveau hurlement plaintif.

Jocelin se baissa, et ramassa un gant d'homme, tel que ceux que portent les soldats de la cavalerie, c'est-à-dire remontant jusqu'à la moitié de l'avant-bras pour défendre d'un coup de sabre. Mais il n'eut pas plus tôt jeté les yeux sur un objet qui n'avait rien d'extraordinaire en lui-même, qu'il le laissa retomber, fit un pas en arrière, poussa un gémissement, et manqua lui-même de se laisser choir.

— Maudit lâche! sot imbécile! s'écria le chevalier, qui avait ramassé le gant et qui l'examinait; tu mériterais d'être renvoyé à l'école, et d'être fustigé jusqu'à ce qu'on t'ait tiré du corps tout le sang poltron qui s'y trouve. — Ne vois-tu pas que ce n'est qu'un gant, idiot, et un gant diablement sale? — Un moment, j'y vois quelque chose d'écrit, — Joseph Tomkins. — Quoi! c'est ce coquin de Tête-Ronde! — J'espère qu'il ne lui est point arrivé malheur; car ce n'est pas la boue qui a sali ce gant, c'est du sang. — Bevis a peut-être mordu ce drôle, et cependant il semblait vivre en bonne intelligence avec lui. — Le cerf peut l'avoir blessé. — Allons, Jocelin, sors à l'instant, vois où il peut être, et donne du cor pour lui apprendre que tu le cherches.

— Je ne le puis, murmura Jocelin, à moins que..... et il jeta de nouveau un regard suppliant sur le docteur Rochecliffe, qui vit qu'il n'avait pas de temps à perdre pour apaiser la terreur du garde forestier, dont le ministère était très-nécessaire dans la circonstance présente. — Prépare une bêche, une pioche et une lanterne sourde, lui dit-il, et viens me joindre dans le Désert.

Jocelin se retira, et le docteur, avant de le suivre, eut quelques mots d'explication à ce sujet avec le colonel Lee : car, bien loin d'avoir l'esprit abattu par cet événement, il n'en était que plus animé, en homme dont l'élément naturel était le danger et l'intrigue.

— Il s'est passé d'étranges choses depuis votre départ, lui dit-il : ce Tomkins s'est comporté grossièrement à l'égard de Phœbé ; Jocelin et lui se sont querellés, et Tomkins est étendu mort sous les broussailles, entre le château et la fontaine de Rosemonde. — Il faut que Jocelin et moi nous allions l'enterrer sur-le-champ, de crainte qu'on ne le découvre, et que cela ne cause une alarme. D'ailleurs ce Jocelin ne sera bon à rien jusqu'à ce que le corps soit sous terre.

Quoique brave comme un lion, le garde forestier a son côté faible, et il craint un mort beaucoup plus qu'un vivant. — A quelle heure comptez-vous partir demain matin?

— Au point du jour, et même auparavant; mais nous nous reverrons avant notre départ. — On s'est assuré d'un navire, — j'ai des relais placés en plusieurs endroits; nous allons gagner les côtes du comté de Sussex, et je dois trouver à — une lettre qui nous informera de l'endroit précis où le bâtiment nous attend.

— Et pourquoi ne partez-vous pas sur-le-champ?

— Nos chevaux ont besoin de repos; ils ont fait aujourd'hui beaucoup de chemin.

— Adieu, colonel Albert; il faut que j'aille accomplir ma tâche; que la vôtre soit de prendre un peu de repos. — Cacher un mort et tirer un roi de danger et de captivité dans la même nuit, c'est, je crois, ce qui n'est jamais arrivé qu'à moi. Mais quand je ne fais qu'endosser le harnais, il ne faut pas que je me vante comme si la victoire était déjà remportée.

A ces mots, il sortit de l'appartement, s'enveloppa d'un grand manteau, et se rendit dans ce qu'on appelait le Désert.

La nuit était froide; un brouillard était suspendu sur tous les endroits bas; mais quoique ces vapeurs couvrissent en partie les corps célestes, l'obscurité n'était pas profonde. Le docteur ne put cependant distinguer Jocelin; mais ayant toussé deux ou trois fois, le garde forestier répondit à ce signal en laissant échapper un rayon de lumière de la lanterne qu'il portait. Guidé par la clarté qui lui annonçait la présence de son compagnon, Rochecliffe le trouva appuyé contre un arc-boutant qui avait servi autrefois à soutenir une terrasse, alors tombée en ruines. Il avait une pioche, une bêche, et portait sur son épaule une peau de daim.

— Que veux-tu faire de cette peau? lui demanda le docteur; qu'en as-tu besoin pour la besogne que nous avons à faire?

— Ecoutez, docteur, répondit Jocelin; — mais autant vaut vous conter toute l'affaire. — Lui et moi, — vous savez de qui je veux parler, — nous eûmes une querelle relativement à ce daim il y a bien des années. — Quoique nous fussions grands amis, et que Philippe, avec la permission de mon maître, m'aidât de temps en temps dans mes fonctions, je savais pourtant que ce Philippe se permettait quelquefois de braconner. Les braconniers étaient hardis à cette époque, car c'était juste avant le commencement des guerres civiles, et les lois n'étaient guère respectées. — Il arriva donc, un beau jour, que je rencontrai dans le parc deux gaillards qui, s'étant noirci le visage, et portant une chemise par-dessus leurs habits, enlevaient un daim qu'ils avaient tué, — un des plus beaux daims qui fussent dans le parc. Je tombai sur eux à l'instant; l'un s'échappa, mais je saisis l'autre, et qui reconnus-je en lui? — Philippe Hazeldin. — Je ne prétends pas dire si je fis bien ou mal; mais nous étions amis, compagnons de bouteille, et je me contentai de la parole qu'il me donna de ne plus recommencer. Il m'aida à suspendre le daim à un arbre, et j'allai chercher un cheval pour le transporter à la Loge. Mais les drôles avaient été trop adroits pour moi; pendant mon absence, ils avaient écorché et dépecé le daim, et je n'en trouvai que la peau, avec un morceau de papier sur lequel était écrit:

La hanche pour toi,
La poitrine pour moi,
La peau et les cornes pour les gages du garde.

J'étais bien sûr que c'était un de ces tours que Philippe aurait joués alors à tous les garçons du pays; mais j'étais tellement en colère que je fis tanner la peau du daim, et que je jurai qu'elle servirait de linceul pour lui ou pour moi. Et quoique je me sois bien souvent repenti de ce serment téméraire, docteur, vous voyez ce qui en est arrivé; — je l'avais oublié, mais le diable s'en est souvenu.

— Tu as eu tort de faire un pareil serment, dit Rochecliffe; mais tu aurais encore plus mal fait en cherchant à l'accomplir. Console-toi donc, car, dans cette malheureuse circonstance, je ne puis, d'après ce que j'ai appris de Phœbé et de toi, te blâmer d'avoir levé la main contre lui, quoique je regrette que le coup ait été fatal. Néanmoins tu n'as fait que ce que fit le grand législateur inspiré quand il vit un Egyptien maltraiter un Hébreu, si ce n'est que, dans le cas présent, il s'agissait d'une femme; car, comme le disent les Septante, *Percussum Ægyptium abscondit sabulo* [1], ce que je t'expliquerai une autre fois. C'est pourquoi je t'exhorte à ne pas t'affliger outre mesure, parce que, quoique cet événement soit malheureux sous le rapport du temps et du lieu, cependant, d'après ce que m'a dit Phœbé des opinions de ce misérable, il aurait mieux valu qu'il eût le crâne fracassé dans son berceau que de vivre pour devenir un de ces Grindlestoniens et Muggletoniens en qui la perfection de toutes les hérésies les plus infames et les plus blasphématoires s'unit à une pratique habituelle d'hypocrisie mensongère, capable de tromper leur maître; oui, leur maître Satan lui-même.

— Quoi qu'il en soit, monsieur, j'espère que vous réciterez le service de l'Eglise sur ce pauvre homme. Ce fut son dernier désir, et il prononça votre nom en même temps, monsieur; sans cela, je n'oserai, de toute ma vie, sortir dans l'obscurité.

— Sot imbécile! — Mais cependant, s'il m'a nommé en mourant, s'il a désiré le service de l'Eglise, il peut s'être détourné du mal et avoir cherché le bien dans ses derniers instans, et si le ciel lui a accordé la grace de former une prière si convenable, de quel droit l'homme serait-il inexorable? — Je crains seulement que le temps ne soit bien court.

— Votre Révérence peut abréger un peu le service : à coup sûr, il ne le mérite pas tout entier; mais si vous n'en récitez pas quelque chose, je crois qu'il faudra que je quitte le pays. — Ses dernières paroles furent pour le demander, et je crois qu'il m'a envoyé son gant par Bevis pour m'en faire souvenir.

— Idiot! crois-tu que les morts envoient leurs gants aux vivans comme les chevaliers, dans les romans, pour les ap-

---

[1] Il cacha sous le sable l'Egyptien mort. — Tr.

peler en duel? Je te dis que la chose est toute naturelle. Bevis, en furetant dans le bois, aura trouvé le cadavre, et il t'a apporté son gant pour t'avertir d'aller le secourir et te conduire près de lui. — Tel est l'instinct admirable de ces animaux quand ils voient quelqu'un en danger.

— Si vous le croyez ainsi, docteur, — et dans le fait Bevis prenait quelque intérêt à lui, — pourvu que ce ne soit pas quelque chose de pire qui ait pris la forme de Bevis ; car il me semblait que ses yeux étaient fiers et sauvages, comme s'il eût voulu parler.

Tout en parlant ainsi, Jocelin se tenait en arrière, ce qui déplut au docteur.

— Avance donc, misérable poltron ! s'écria-t-il ; as-tu été soldat, brave soldat, pour avoir ainsi peur d'un homme mort ? — Je réponds que tu en as tué plus d'un à la guerre, et peut-être même quelque braconnier dans la forêt.

— Oui, répondit Jocelin ; mais ils me tournaient le dos. Je n'en ai jamais vu un tourner la tête et me regarder comme a fait celui-ci, avec une expression de haine, de terreur et de reproche, jusqu'au moment où il devint froid comme glace. Si vous n'étiez pas avec moi, et qu'il n'y allât pas de l'intérêt de mon maître, et de quelque autre encore, je ne voudrais pas jeter un regard sur lui pour tout le domaine de Woodstock.

— Il le faut pourtant, dit le docteur en s'arrêtant tout à coup. — Voici l'endroit où il est. — Avance davantage dans le taillis, — prends garde de tomber ; — voici un endroit qui convient, et nous rapprocherons les ronces ensuite par-dessus la fosse.

Le docteur ne se contenta pas de donner ces ordres, il veilla à ce qu'ils fussent exécutés ; et, tandis que Jocelin creusait une fosse étroite et grossière, tâche que l'état du sol, durci par la gelée et encombré de racines, rendait fort difficile, il récita quelques passages du service funéraire, autant pour apaiser la terreur superstitieuse de Jocelin que parce qu'il se croyait tenu de ne pas refuser les rites de la religion à un homme qui les avait réclamés dans ses derniers instants.

CHAPITRE XXXII.

« Habillez-vous, habillez-vous, mettez vos masques. »
SHAKSPEARE. *Henry IV.*

La compagnie que nous avons laissée dans l'appartement de Victor Lee allait se séparer pour la nuit, et venait de se lever pour se souhaiter réciproquement le bonsoir, quand on entendit frapper à la porte du vestibule. Albert, remplissant les fonctions de vedette, sortit pour aller voir qui pouvait frapper à une pareille heure, et invita ses compagnons à attendre sans bruit son retour.

— Qui est là? — Que voulez-vous? demanda-t-il en arrivant à la porte.

— C'est seulement moi, répondit une voix grêle.

— Et quel est votre nom, mon petit ami?

— Spitfire, monsieur.

— Spitfire?

— Oui, monsieur, Spitfire. Tout le monde m'appelle ainsi, et même le colonel Everard, et cependant mon véritable nom est Spittal.

— Le colonel Everard! — Venez-vous de sa part?

— Non, monsieur, je viens de la part de maître Roger Wildrake de Squattlesea-Mere, comté de Lincoln, et j'apporte à miss Lee quelque chose que je dois lui remettre en mains propres, si vous voulez bien m'ouvrir la porte et me laisser entrer, monsieur; car je ne puis rien faire avec une planche de trois pouces entre nous.

— C'est quelque frasque de cet ivrogne enragé, dit Albert à voix basse à sa sœur, qui l'avait suivi sur la pointe des pieds.

— Ne tirons pas si vite cette conclusion, mon frère, dit Alice. La moindre bagatelle peut avoir de l'importance en ce moment. — Et qu'est-ce que m'envoie maître Wildrake, jeune homme?

— Pas grand'chose; mais il désirait tant vous l'envoyer, qu'il m'a fait descendre par la fenêtre, comme si j'eusse été un chat, pour que les soldats ne m'arrêtassent pas.

— L'entendez-vous? dit Alice à son frère; pour l'amour du ciel! ouvrez-lui la porte.

Albert, dont les soupçons étaient alors suffisamment éveillés, se hâta d'ouvrir la porte, et fit entrer le jeune homme, dont l'extérieur, semblable à celui d'un lapin vidé dans une écurie, ou d'un singe dans une foire, aurait pu fournir quelque amusement en toute autre circonstance. Le jeune messager entra dans le vestibule, et, après maintes salutations grotesques, il remit la plume de bécasse à miss Lee, avec beaucoup de cérémonie, en lui disant que c'était le prix de la gageure qu'elle avait gagnée.

— Dis-moi, mon petit homme, dit le colonel Lee, ton maître était-il gris ou dans son bon sens quand il t'a chargé d'apporter une plume à ma sœur à une pareille heure de la nuit?

— Sauf votre respect, monsieur, il était ce qu'il appelle dans son bon sens, et ce que j'appellerais un peu gris en parlant de tout autre.

— Le maudit fat! s'écria Albert. — Tiens, prends ce teston, et dis à ton maître de mieux choisir le temps et les personnes pour ses plaisanteries.

— Un moment! dit Alice; n'allons pas si vite : ceci mérite quelque attention.

— Une plume! dit Albert; que voulez-vous faire de cette plume? Le docteur Rochecliffe lui-même, qui tire la quintessence de tout, comme une pie qui tirerait le jaune d'un œuf, ne pourrait rien tirer de cela.

— Voyons donc ce que nous pourrons en tirer sans lui, répliqua Alice. Et s'adressant au jeune messager, elle ajouta : — Il y a donc des étrangers chez votre maître?

— Chez le colonel Everard, madame, ce qui est la même chose.

— Et quelle espèce d'étrangers? Des amis sans doute?

—Oui, madame, une sorte d'amis qui savent se faire bien recevoir quand l'hôte ne leur fait pas bon accueil. — Des soldats, madame.

— Sans doute ceux qui sont depuis quelque temps à Woodstock, dit Albert.

— Non, monsieur, ce sont de nouveaux venus, avec de beaux justaucorps de buffle et des plaques d'acier sur la poitrine. Et leur commandant! ni Votre Honneur ni madame n'ont jamais vu un homme semblable. Spitfire n'en avait jamais vu, du moins.

— Est-il grand ou petit? demanda Albert sérieusement alarmé.

— Ni l'un ni l'autre, monsieur, mais c'est un homme vigoureux, ayant les épaules larges, le nez gros et rouge, une figure à laquelle on ne se soucierait pas de dire non. Il a plusieurs officiers avec lui. — Je ne l'ai vu qu'un instant, mais je ne l'oublierai de ma vie.

—Vous aviez raison, dit le colonel à sa sœur en la tirant à part, tout-à-fait raison : l'archidiable est arrivé.

— Et la plume annonce la nécessité de la fuite, dit Alice à qui ses craintes facilitaient l'interprétation de cet emblème; la bécasse est un oiseau de passage.

— Vous l'avez deviné, s'écria son frère; mais le temps nous presse cruellement. — Donnez à ce garçon quelque chose de plus, — une bagatelle, afin de ne pas exciter de soupçons, et renvoyez-le. — Il faut que je voie à l'instant Rochecliffe et Jocelin.

Il les chercha partout, et, ne les trouvant nulle part, il retourna promptement dans l'appartement de Victor Lee, où le page supposé, jouant toujours le rôle de Louis Kerneguy, cherchait à amuser le vieux chevalier, qui, tout en riant de ses saillies, avait grande envie de savoir ce qui se passait dans le vestibule.

— Qu'y a-t-il donc, Albert? demanda le vieillard. Qui est venu à la Loge à une heure si indue? Pourquoi en a-t-on ouvert la porte? Je n'entends pas que mes arrangemens domestiques et les réglemens que j'ai établis pour la tenue de cette maison soient enfreints parce que je suis vieux et pauvre.

— Pourquoi ne me répondez-vous pas ? — Qu'avez-vous à causer tout bas avec maître Kerneguy, sans que ni l'un ni l'autre vous fassiez attention à mes paroles ?—Ma fille Alice, aurez-vous assez de jugement et de civilité pour me dire qui a été reçu ici à une pareille heure contre la teneur générale de mes ordres ?

— Personne, mon père, répondit Alice; c'est un enfant qui a apporté un message, — un message qui paraît alarmant.

— La seule crainte, mon père, ajouta Albert en s'avançant vers lui, c'est qu'au lieu de rester avec vous jusqu'à demain, comme nous nous le proposions, nous ne soyons obligés de vous faire nos adieux à l'instant même.

— Non, mon frère, dit Alice; il faut que vous restiez et que vous aidiez à défendre le château.—Si vous disparaissez tous deux, la poursuite commencera sur-le-champ, et réussira probablement; mais, si vous restez, Albert, la recherche dans tous les endroits secrets de cette maison prendra quelque temps.—Et vous pouvez aussi changer d'habits avec maître Kerneguy.

— Bien dit, ma noble sœur, s'écria Albert; — excellente idée. — Oui, Louis, je reste ici comme Louis Kerneguy, et vous allez partir comme maître Albert Lee.

— Je ne trouve pas que cela soit juste, dit Charles.

— Ni moi, dit le vieux chevalier. — On va, on vient, on fait des projets, on les change, tout cela dans ma propre maison et sans me consulter !—Qui est ce maître Kerneguy, et qu'est-il pour moi pour que mon fils reste ici et coure le risque de tout ce qui pourra lui arriver, tandis que ce jeune page écossais s'échappera sous les vêtemens d'Albert? — Je ne souffrirai pas qu'un tel projet s'exécute, quand ce serait un fil de la toile d'araignée la plus déliée qui ait jamais été tissée dans le cerveau du docteur Rochecliffe.— Je ne vous veux pas de mal, Louis; vous êtes un aimable garçon; mais en tout ceci j'ai été traité un peu trop légèrement.

— Je pense tout-à-fait comme vous, sir Henry, répondit Charles; vous avez été payé de votre hospitalité par un manque de confiance, tandis qu'il aurait été impossible de mieux la placer. Mais le moment est venu où je dois vous dire, en un mot, que je suis cet infortuné Charles Stuart dont le destin fut de causer la ruine de ses meilleurs amis, et dont le séjour actuel dans votre famille menace d'y attirer la désolation et la destruction.

— Maître Louis Kerneguy, s'écria le vieux chevalier avec colère, je vous apprendrai à savoir distinguer à qui vous pouvez adresser des plaisanteries si déplacées. Il ne me faudrait pas une bien forte provocation pour me faire désirer de tirer une palette de sang à un malappris comme vous.

— Modérez-vous, mon père, pour l'amour du ciel, dit Albert; c'est bien véritablement LE ROI qui est devant vous; et sa personne est dans un tel danger que chaque instant que nous perdons peut amener une catastrophe fatale.

— Juste ciel! s'écria sir Henry en joignant les mains et en se levant pour se jeter aux pieds du roi: mes désirs les plus ardens sont-ils donc accomplis, et le sont-ils de manière à me faire regretter qu'ils l'aient jamais été!

Il essaya de fléchir le genou devant le roi, lui baisa la main, pendant que de grosses larmes coulaient de ses yeux, et lui dit : — Pardon, mylord, — Votre Majesté, je veux dire, — permettez-moi de m'asseoir un instant en votre présence, jusqu'à ce que mon sang coule plus librement dans mes veines, et alors.....

Charles releva son vieux et fidèle sujet, et même en ce moment d'inquiétude, de crainte et de danger, il voulut le reconduire lui-même à son fauteuil, sur lequel il se laissa tomber dans un état d'épuisement complet, sa tête penchée sur sa longue barbe blanche, qui se mêlait avec ses cheveux argentés. Pendant ce temps Albert et Alice continuaient de presser le roi de partir à l'instant même.

— Vous trouverez les chevaux, dit Albert, à la chaumière du garde forestier; les premiers relais ne sont qu'à dix-huit ou vingt milles, et si les chevaux peuvent vous conduire jusque-là....

— Mais après tout, dit Alice, ne vaudrait-il pas mieux se fier aux appartemens secrets du château, qui sont si nombreux, si bien cachés; — l'appartement du docteur Rochecliffe, par exemple, et d'autres encore plus difficiles à trouver?

—Hélas! répondit Albert, tout ce que j'en sais, c'est qu'ils existent. Mon père avait prêté serment de ne les faire connaître qu'à une seule personne, et il avait choisi Rochecliffe.

— Je préfère la liberté des champs à la meilleure cachette de toute l'Angleterre, dit le roi; si je pouvais trouver le chemin de la chaumière où sont les chevaux, je verrais quels argumens le fouet et l'éperon pourraient employer pour les faire arriver promptement au rendez-vous où je dois rencontrer sir John Acland et des montures fraîches. — Partez avec moi, colonel Lee, et courons ventre à terre. — Les Têtes-Rondes nous ont battus en bataille rangée; mais s'il s'agit d'une course à pied ou à cheval, je crois pouvoir les battre à mon tour.

—Mais en ce cas, dit Albert, nous perdons tout le temps qu'on pourrait gagner en défendant le château. Personne n'y restera que mon pauvre père; et, d'après l'état où vous le voyez, il est incapable de rien faire. Nous serons poursuivis à l'instant par des chevaux frais, et les nôtres sont fatigués. — Ah! où est ce misérable Jocelin?

— Et le docteur Rochecliffe, s'écria Alice, où peut-il être, lui qui est toujours si disposé à donner des avis? où peuvent-ils être allés tous deux? — Ah! si mon père pouvait sortir de cette stupeur?

—Votre père n'est point en stupeur, miss Lee, dit sir Henry en se levant et en s'avançant vers eux, comme s'il eût recouvré toute l'énergie de la maturité de l'âge; je ne faisais que recueillir mes pensées; la présence d'esprit manquera-t-elle à un Lee quand son roi a besoin d'aide ou de conseils? Il commença alors à parler avec la précision et la fermeté d'un général qui est à la tête d'une armée et qui ordonne tous les mouvemens d'attaque et de défense, plein de calme lui-même, mais avec cette énergie qui force l'obéissance, et l'obéissance empressée, de tout ce qui l'entoure. —Ma fille, dit-il, éveillez dame Jellicot; — que Phœbé se lève, fût-elle à la mort, et qu'on ferme avec soin toutes les portes et toutes les fenêtres.

— C'est une précaution qu'on a prise régulièrement depuis que Sa Majesté a honoré cette maison de sa présence, répondit Alice; mais je vais faire faire une nouvelle visite partout.

Elle sortit pour donner les ordres nécessaires, et revint presque au même instant.

Sir Henry continua avec le même ton de vivacité et de résolution : — Où sont placés vos premiers relais, Albert?

— A Rothebury, par Henley, chez Gray, répondit Albert. Sir John Acland et le jeune Knolles doivent y tenir des chevaux prêts; mais comment y arriver avec les nôtres, qui sont épuisés?...

— Fiez-vous à moi pour cela, répondit le chevalier, et il continua avec le même ton d'autorité : — Il faut que Votre Majesté se rende sur-le-champ à la cabane de Jocelin, où elle trouvera des chevaux et par conséquent des moyens de fuite. En nous servant avec adresse des passages et appartemens secrets de ce château, nous pouvons tenir en haleine ces chiens de rebelles deux ou trois bonnes heures. — Je crains bien que Rochecliffe ne soit entre leurs mains; il aura été trahi par son indépendant. — Plût au ciel que j'eusse mieux jugé le misérable! j'aurais employé contre lui le fer émoulu, comme dit Will. — Quant à un guide, lorsque vous serez à cheval, vous trouverez la cabane de Martin le verdier [1] à un demi-trait de flèche de celle de Jocelin. Il a une vingtaine d'années de plus que moi, mais il est vert comme un vieux chêne; rendez-vous chez lui, et qu'il coure avec vous comme pour la vie ou la mort. Il vous conduira à vos relais, car il n'y a pas un renard qui se soit jamais terré dans le bois qui connaisse si bien le pays à sept lieues à la ronde.

— Excellent! mon père, excellent! s'écria Albert. J'avais oublié le verdier Martin.

— Oui, dit le vieux chevalier, la jeunesse oublie. — Pourquoi faut-il que les membres manquent quand la tête, qui peut les diriger, arrive peut-être à son point de perfection?

— Mais, dit le roi, des chevaux fatigués! Ne pourrions-nous nous en procurer d'autres?

---

(1) Le chef des gardes forestiers.— ÉD.

— Impossible à cette heure de la nuit, répondit sir Henry. Mais des chevaux fatigués peuvent rendre de bons services en sachant s'y prendre. Il courut au secrétaire qui était dans l'embrasure d'une croisée, et chercha à la hâte quelque chose dans les tiroirs qu'il ouvrit les uns après les autres.

— Nous perdons du temps, mon père, dit Albert craignant que l'intelligence et l'énergie que le vieillard venait de montrer ne fussent que l'éclat passager d'une lampe prête à s'éteindre.

— Silence, jeune homme! lui répondit son père d'un ton sévère; devez-vous me parler ainsi en présence de Sa Majesté? — Sachez que, quand toutes les Têtes-Rondes qui ne sont pas encore dans l'enfer seraient autour de Woodstock, j'en pourrais faire sortir l'espoir de l'Angleterre d'une manière dont le plus fin d'entre eux ne pourrait se douter. — Alice, ma chère enfant, ne me faites pas de questions; — courez à la cuisine, et rapportez-moi une couple de tranches de bœuf ou plutôt de venaison : — coupez-les longues et minces. — Me comprenez-vous?

— C'est de l'égarement d'esprit, dit Albert à part au roi; nous lui faisons injustice, et nous risquons de nuire à la sûreté de Votre Majesté en l'écoutant.

— Je pense autrement, dit Alice, et je connais mon père mieux que vous.

Et à ces mots elle sortit pour aller exécuter ses ordres.

— Je pense comme votre sœur, dit Charles. En Ecosse, les ministres presbytériens, quand ils tonnaient dans leurs chaires contre mes péchés et ceux de ma maison, prenaient la liberté de m'appeler en face Jéroboam, Roboam ou quelque nom semblable, parce que je suivais les avis de jeunes conseillers. — Corbleu! pour cette fois je suivrai celui de la barbe grise, car jamais je n'ai vu plus d'intelligence et moins d'indécision que sur les traits de ce noble vieillard.

Sir Henry avait alors trouvé ce qu'il cherchait. — Dans cette boîte d'étain, dit-il, sont six petites boules composées d'épices et de médicamens choisis, d'une vertu fortifiante. En lui en donnant une d'heure en heure, enveloppée dans une tranche de bon bœuf ou de venaison, un cheval qui a quelque feu courra cinq heures de suite, à raison de quinze milles par heure, et s'il plaît à Dieu, le quart de ce temps suffira pour mettre Votre Majêsté en sûreté. — Le reste pourra vous servir en quelque autre occasion. — Martin sait comment les administrer. Les chevaux fatigués d'Albert, si vous les ménagez pendant dix minutes, seront en état de dévorer le chemin, comme le dit le vieux Will. — Ne perdez pas de temps en discours, Sire; Votre Majesté me fait trop d'honneur en acceptant ce qui lui appartient. — Maintenant, Albert, voyez si la côte est sûre; et en ce cas, que Sa Majesté parte sur-le-champ. — Nous jouerons mal nos rôles si quelque corsaire lui donne la chasse pendant ces deux heures qui restent de la nuit au jour. — Passez dans ma chambre à coucher pour changer d'habits, comme vous vous le proposiez; cela peut aussi avoir son utilité.

— Mais, mon bon sir Henry, dit Charles, votre zèle oublie un point principal. Il est bien vrai que je suis venu de la cabane du garde forestier dont vous parlez en ce château; mais c'était en plein jour, et j'avais un guide. Jamais je n'en trouverai le chemin, seul et dans l'obscurité. — Je crois qu'il faut que vous permettiez au colonel de m'accompagner, — et je vous prie, je vous commande de ne vous exposer à aucun risque en cherchant à défendre cette maison. Mettez seulement tout le délai que vous pourrez à en montrer les endroits secrets.

— Comptez sur moi, Sire, répondit sir Henry. Mais il faut qu'Albert reste ici. Alice conduira Votre Majesté, en place de son frère, à la hutte de Jocelin.

— Alice! répéta Charles en reculant de surprise. Quoi! par une nuit si obscure, — et, — et..... Il jeta un coup d'œil sur Alice qui était alors de retour dans l'appartement, et vit dans ses regards du doute et de l'appréhension, — symptôme qui lui faisait connaître que la réserve à laquelle il avait soumis ses dispositions à la galanterie, depuis la matinée du duel projeté, n'avait pas tout-à-fait effacé le souvenir de sa conduite précédente. Voyant l'embarras que semblait lui causer cette offre, il se hâta de la refuser positivement.

— Il m'est impossible d'accepter les services de miss Lee,

sir Henry, dit-il; il faut que je coure comme si j'avais sur les talons une meute de lévriers.

— Il n'y a pas une jeune fille dans tout le comté d'Oxford à qui Alice ne soit en état de disputer le prix de la course, dit le chevalier. — A quoi servirait à Votre Majesté de courir si vous ne saviez par où aller?

— Non, non! sir Henry, dit le roi, la nuit est trop obscure; nous tardons trop long-temps. — Je trouverai le chemin.

— Ne perdez pas de temps, changez promptement d'habits avec Albert, Sire, dit le chevalier, et laissez-moi le soin du reste.

Charles voulait encore argumenter; cependant il suivit le jeune Lee dans l'appartement où ils devaient changer de vêtemens. Pendant ce temps sir Henry dit à sa fille : — Prends une mante, Alice, et mets de bons souliers. — Tu aurais pu monter Pixie; mais il est un peu vif, et tu n'as jamais été très-brave à cheval; — c'est la seule faiblesse que je te connaisse.

— Mais, mon père, dit Alice en fixant ses yeux sur ceux du vieillard, faut-il réellement que j'aille seule avec le roi? Ne puis-je me faire accompagner par Phœbé ou dame Jellicot?

— Non, non, non! s'écria le chevalier. Phœbé, comme tu le sais, a eu des attaques de nerfs toute la nuit, et une promenade comme celle que tu vas faire n'est pas propre à les faire passer. — Dame Jellicot marche comme une vieille jument poussive, et d'ailleurs sa surdité, si tu avais besoin de lui parler.... Non, non; il faut que tu ailles seule, et que tu acquières le droit de faire inscrire sur ta tombe : Ci-gît celle qui a sauvé le roi. — Et écoute-moi, ne songe pas à revenir cette nuit; tu resteras chez le verdier avec sa nièce. — Le parc et tous les environs du château vont être occupés par nos ennemis; tu apprendras demain assez tôt ce qui se sera passé ici.

— Et qu'apprendrai-je demain? dit Alice. Hélas! qui pourrait me le dire! O mon père, permettez-moi de rester et de partager votre sort! Vous ne trouverez plus en moi une jeune fille timide; — je combattrai pour le roi s'il est nécessaire; mais je ne puis penser à le suivre seule, par une nuit si obscure, et sur une route si isolée.

—Comment! s'écria le chevalier en élevant la voix et en passant la main sur sa barbe grise, mettrez-vous en avant les sots scrupules d'une fausse délicatesse quand il s'agit de la sûreté du roi, peut-être de sa vie? Si je pouvais croire que vous n'êtes pas ce que doit être une fille de la maison de Lee, je.....

Le roi et le colonel l'interrompirent en rentrant dans l'appartement après avoir changé d'habits, et à la taille on pouvait les prendre l'un pour l'autre, quoique Albert fût un beau jeune homme, et que les traits de Charles ne méritassent pas la même épithète. Leur teint et leurs cheveux ne se ressemblaient pas; mais on ne pouvait remarquer sur-le-champ cette différence, Albert ayant pris une perruque noire, et s'étant noirci les sourcils.

Albert Lee sortit de la maison, et fit le tour de la Loge pour voir si les ennemis n'approchaient pas et vérifier de quel côté le roi pouvait en sortir sans danger. Cependant Charles, qui était entré le premier dans l'appartement, avait entendu le ton courroucé avec lequel le vieux chevalier parlait à sa fille, et il n'avait pas été embarrassé pour en deviner le motif. Il s'avança vers lui avec l'air de dignité qu'il savait parfaitement prendre quand il le voulait.

—Sir Henry, lui dit-il, notre bon plaisir, notre volonté, est que vous vous absteniez de tout exercice de l'autorité paternelle en cette occasion. Je suis certain que miss Lee doit avoir de bonnes et fortes raisons pour tout ce qu'elle désire, et je ne me pardonnerais jamais si elle se trouvait placée dans une situation désagréable à cause de moi. Je connais trop bien ces bois pour craindre de m'égarer au milieu des chênes de Woodstock qui m'ont vu naître.

—Votre Majesté, dit Alice, qui n'hésita plus en entendant la manière calme et franche dont Charles venait de prononcer ces mots, ne courra aucun danger, pas le moindre risque qu'il soit en mon pouvoir de prévenir; et les circonstances du temps où j'ai vécu m'ont rendue en état de trouver mon chemin dans la forêt aussi facilement la nuit que le jour. Si donc Votre Majesté ne dédaigne pas ma compagnie, partons à l'instant.

— Si vous m'accordez votre compagnie volontairement, répondit Charles, je l'accepte avec reconnaissance.

— Volontairement, dit Alice; très-volontairement. Qu'il me soit permis d'être la première à vous prouver ce zèle et cette confiance que j'espère que tous les Anglais, à l'envi l'un de l'autre, montreront un jour à Votre Majesté.

Elle s'expliqua avec tant de vivacité, et fit son changement de costume avec une telle promptitude, qu'il était facile de voir que toutes ses craintes étaient dissipées, et qu'elle entreprenait de tout cœur la mission dont son père l'avait chargée.

— Tout est tranquille dans les environs, dit Albert en rentrant. Votre Majesté peut partir par où bon lui semblera. Cependant la sortie la plus secrète sera la meilleure.

Charles, avant de partir, s'avança avec grace vers sir Henry Lee. Lui prenant la main, — Je suis trop fier, dit-il, pour faire des promesses que je ne serai peut-être jamais en état de remplir; mais tant que Charles Stuart vivra, il sera le débiteur reconnaissant de sir Henry Lee.

— Que Votre Majesté ne parle pas ainsi! s'écria le vieillard luttant contre des sanglots qui voulaient lui couper la parole; celui qui a droit à tout ne peut devenir débiteur en acceptant une faible partie de ce qui lui est dû.

— Adieu, mon digne ami, adieu, dit le roi; pensez à moi comme à un fils, comme à un frère d'Albert et d'Alice, qui, à ce que je vois, sont impatiens de me voir partir. Donnez-moi la bénédiction d'un père, et je pars.

— Que le Dieu qui fait régner les rois bénisse Votre Majesté! dit sir Henry en s'agenouillant et en levant vers le ciel son visage vénérable et ses mains jointes. Que le Dieu des armées vous bénisse, garantisse Votre Majesté des dangers auxquels elle est exposée, et la remette, au temps qu'il a fixé, en possession de la couronne qui vous appartient!

Charles reçut sa bénédiction comme si c'eût été celle d'un père, et sortit de l'appartement avec Alice et Albert.

En finissant cette prière fervente, le vieux chevalier laissa retomber ses mains, et baissa la tête sur sa poitrine. Son fils le trouva encore dans cette attitude quand il revint près de lui. D'abord il n'osa troubler ses méditations; mais, craignant que la violence de ses sensations ne fût au-dessus des forces de sa constitution, et qu'il ne finît par perdre connaissance, il se hasarda enfin à s'approcher de lui, et même à le toucher. Le vieux chevalier se releva sur-le-champ, et montra la même activité, la même présence d'esprit et la même prévoyance dont il venait déjà de faire preuve.

— Vous avez raison, mon fils, lui dit-il; il faut que nous agissions, et sans délai. — Ils en ont menti, les chiens de Têtes-Rondes qui l'appellent dissolu et impie. Il a des sentimens dignes du fils du bienheureux martyr. Vous avez vu que, même dans ce moment de danger extrême, il aurait mis sa sûreté en péril plutôt que d'accepter Alice pour guide quand la sotte semblait hésiter à lui en servir. Le libertinage est essentiellement égoïste, et ne s'inquiète pas de ce que sentent les autres. — Mais dis-moi, Albert, as-tu eu soin de tirer les verrous, de baisser les barres de fer après eux? Sur ma foi, je les ai à peine vus quitter cet appartement.

— Je les ai fait sortir par la petite poterne, et en rentrant ici je craignais que vous ne fussiez indisposé.

— C'était de la joie, Albert : — de la joie, rien que de la joie; — je ne puis permettre à un doute d'entrer dans mon esprit. — Dieu n'abandonnera pas le descendant de cent rois. — Il n'abandonnera pas aux brigands l'héritier légitime du trône. — Il y avait une larme dans ses yeux quand il a pris congé de moi. — Ne mourrais-tu pas volontiers pour lui, mon fils?

— Si je perds la vie pour lui cette nuit, je ne la regretterai que parce que je ne pourrai apprendre demain qu'il est en sûreté.

— Hé bien! mettons-nous en besogne. — Crois-tu, à présent que tu portes les habits du roi, que tu puisses assez bien imiter ses manières pour faire croire à nos femmes que tu sois le page Kerneguy?

— Hélas! il n'est pas très-facile de jouer le rôle du roi

quand il est question de femmes; au surplus, il y a peu de lumières en bas, et je puis essayer.

— Essaie sur-le-champ, car les misérables arriveront dans un instant.

Albert sortit de l'appartement, et son père continua ses réflexions en se parlant à lui-même : — Si nos femmes sont bien convaincues que Louis Kerneguy est encore ici, cela donnera une nouvelle force à mon projet. — Les coquins de bassets suivront une fausse piste, et le cerf royal aura gagné son couvert avant qu'ils en aient retrouvé les traces. — Et les faire courir de cachette en cachette! — Quoi! le soleil sera levé avant qu'ils en aient vu la moitié. — Oui, je jouerai à cache-cache avec eux, et je leur mettrai sous le nez l'appât, auquel ils ne toucheront jamais. Je les mènerai par un labyrinthe dont il leur faudra quelque temps pour se tirer. — Mais à quel prix ferai-je tout cela? continua le vieux chevalier interrompant le cours de ses idées. — O Absalon! mon fils! mon fils! — N'importe, il ne peut que mourir comme ses pères sont morts, et pour la cause pour laquelle ils ont vécu. — Mais le voici, chut! — Hé bien Albert, as-tu réussi? la royauté a-t-elle passé en toi pour monnaie courante?

— Oui, mon père, répondit Albert. Nos femmes jureront que Louis Kerneguy était au château à l'instant même.

— Fort bien. — Ce sont de bonnes et fidèles créatures, qui, dans tous les cas, feraient tous les sermens qu'il faudrait pour la sûreté du roi; mais elles le feront avec plus de naturel et d'efficacité si elles croient dire la vérité. Comment as-tu réussi à les tromper?

— En imitant les manières du roi dans une bagatelle qui ne vaut pas la peine qu'on en parle.

— Ah! drôle, je crains que la réputation du roi ne souffre de ton imitation.

— Hum! pensa Albert, car il n'osait faire cette réflexion tout haut devant son père; si je l'imitais trop fidèlement, je sais qui courrait des risques pour sa réputation.

— Hé bien, il faut à présent que nous arrangions entre nous la défense des postes avancés, que nous convenions de nos signaux, et que nous cherchions les meilleurs moyens pour déjouer l'ennemi le plus long-temps possible.

Il ouvrit de nouveau les tiroirs du secrétaire, et y prit un parchemin sur lequel était tracé un plan. — Voici, dit-il, le plan de la citadelle qui peut tenir encore assez long-temps après que tu auras été forcé d'évacuer les lieux de retraite que tu connais déjà. Le grand-maître de la capitainerie de Woodstock prêtait toujours serment de ne faire connaître ce secret qu'à une seule personne en cas de mort subite. — Asseyons-nous, et étudions-le bien ensemble.

La manière dont ils concertèrent leurs mesures se développera mieux d'après ce qui arriva ensuite que si nous rapportions ici les divers projets qu'ils formèrent et les précautions qu'ils prirent contre des événemens qui n'eurent pas lieu.

Enfin le jeune Lee prit congé de son père, et, s'étant pourvu de quelques approvisionnemens solides et liquides, il alla s'enfermer dans l'appartement de Victor Lee, d'où une issue secrète conduisait dans le labyrinthe de chambres et de passages cachés dont on s'était si bien servi pour jouer différens tours aux commissaires du parlement.

— J'espère, dit sir Henry en s'asseyant devant son bureau après avoir fait à son fils les plus tendres adieux, que Rochecliffe n'aura pas été assez bavard pour initier dans les mystères du château ce misérable Tomkins, qui était homme à divulguer les secrets de l'école. — Mais me voilà ici, peut-être pour la dernière fois. — Ma Bible à droite, mon Shakspeare à gauche, et prêt, grace à Dieu, à mourir comme j'ai vécu. — Je suis surpris qu'ils n'arrivent pas, ajouta-t-il après un certain intervalle; — je croyais que le diable avait de meilleurs éperons pour faire marcher les agens occupés de son service spécial.

CHAPITRE XXXIII.

> « Voyez, sa face est noire ; elle est pleine de sang;
> « Ses yeux fiers, quoique éteints, lui sortent de la tête;
> « Serrée avec effort, sa main semble encor prête
> « A lutter bravement pour défendre ses jours;
> « De tous ses traits la mort efface les contours,
> « Et ses cheveux épars sur son front se hérissent. »
>
> SHAKSPEARE. *Henry VI*, partie 1.

Si ceux dont sir Henry attendait la visite désagréable avaient marché droit à la Loge, au lieu de s'arrêter trois heures à Woodstock, il est de fait qu'ils auraient saisi leur proie. Mais Tomkins le Fidèle, tant pour mettre obstacle à la fuite du roi que pour se rendre plus important dans cette affaire, avait représenté à Cromwell la famille Lee comme étant toujours sur le qui-vive, et lui avait souvent recommandé de ne rien entreprendre avant qu'il fût venu l'avertir que toute la maison était ensevelie dans le repos. Si le général voulait suivre cet avis, il se chargeait non-seulement de lui faire connaître la chambre à coucher de l'infortuné Charles, peut-être même trouverait-il le moyen d'en fermer la porte en dehors; de manière à lui rendre la fuite impossible. Il avait aussi promis de s'emparer de la clef d'une poterne par où les soldats pourraient s'introduire dans le château sans donner la moindre alarme. Par le moyen de ses connaissances locales, disait-il, les choses pouvaient être arrangées de telle sorte qu'il conduirait Son Excellence ou quiconque il lui plairait de charger de ce service, au pied du lit de Charles Stuart avant qu'il eût cuvé son vin de la veille. Il n'avait surtout pas manqué d'ajouter que, d'après la construction de cet ancien édifice, il y avait un grand nombre de poternes et d'issues secrètes qu'il fallait garder avec soin avant de causer la moindre alarme dans l'intérieur, sans quoi toute l'entreprise pouvait avorter. Il avait donc fortement engagé Cromwell à l'attendre à l'auberge de Woodstock s'il ne l'y trouvait pas lors de son arrivée, l'assurant que les marches et les contre-marches des troupes étaient alors une chose si commune que, quand même on apprendrait à la Loge qu'un nouveau détachement de soldats était arrivé dans la ville, une circonstance si ordinaire n'y donnerait aucune inquiétude. Il lui avait encore recommandé de choisir pour ce service des soldats sur qui l'on pût compter, — non des faibles d'esprit, — des hommes disposés à tourner le dos de crainte des Amalécites, — mais des hommes de guerre, accoutumés à frapper avec l'épée, et à n'avoir pas besoin d'un second coup. Enfin il avait représenté qu'il serait bon de mettre à la tête du détachement Pearson, ou tout autre officier en qui Son Excellence eût pleine confiance, et, si le général jugeait à propos de paraître en personne à cette expédition, d'en faire un secret même à ses soldats.

Cromwell avait ponctuellement suivi tous les conseils de l'indépendant. Il avait marché à quelque distance en avant d'un détachement de cent hommes d'élite, soldats d'une bravoure éprouvée, qui avaient affronté mille dangers, endurcis contre tout accès de pitié par le sombre fanatisme, principal mobile de leurs actions, enfin pour qui les ordres d'Olivier, comme leur général, et surtout comme le chef des élus, semblaient être autant de commandemens émanés de la Divinité.

Le général éprouva une grande et profonde mortification par suite de l'absence inattendue du personnage sur la coopération efficace duquel il comptait avec tant de confiance, et il forma bien des conjectures sur la cause de cette conduite mystérieuse. Quelquefois il pensait que Tomkins s'était enivré, faiblesse à laquelle il savait qu'il était sujet; et quand cette idée se présentait à son esprit, il déchargeait sa colère en malédictions, qui, quoique d'un autre genre que les sermens et les juremens des Cavaliers, n'étaient pas moins blasphématoires. En d'autres instans il s'imaginait que quelque alarme inattendue, ou quelque orgie comme en faisaient les Cavaliers, avait été cause qu'on s'était couché à la Loge plus tard que de coutume. Cette conjecture, qui lui semblait la plus probable de toutes, se représentait souvent à son esprit; et c'était l'espoir que Tomkins arriverait enfin au rendez-vous qui l'avait déterminé à rester si long-temps dans la ville, attendant avec impatience des nouvelles de son émissaire, et craignant de risquer la réussite de son entreprise en voulant l'exécuter trop tôt.

En attendant il disposa tout de manière à ce qu'on fût prêt à se mettre en marche au premier avis. Il fit descendre de cheval la moitié de ses soldats, fit mettre leurs chevaux au piquet, et donna ordre aux autres de tenir les leurs sellés et bridés pour être prêts à se mettre en selle au premier signal.

Ce fut ainsi que Cromwell laissait écouler le temps, plongé dans une cruelle incertitude, et jetant de temps en temps un coup d'œil inquiet sur le colonel Everard, qu'il soupçonnait d'être en état, s'il en avait la bonne volonté, de suppléer à l'absence de son confident. Everard supportait avec calme les regards du général, sans changer de physionomie, sans paraître ni mécontent ni abattu.

Minuit sonna, et il devint nécessaire de prendre un parti décisif. Tomkins pouvait avoir trahi le général; ou, ce qui s'approchait davantage de la réalité, son intrigue pouvait avoir été découverte, et les royalistes pouvaient l'avoir assassiné, ou du moins arrêté. En un mot, si Cromwell voulait profiter de l'occasion que la fortune lui offrait de s'assurer du prince qui avait les droits les plus dangereux au pouvoir suprême, auquel son ambition aspirait déjà, il n'avait plus un moment à perdre. Enfin il donna ordre à Pearson de faire mettre les soldats sous les armes, lui indiqua l'ordre de leur marche, et lui recommanda de les faire avancer dans le plus profond silence, ou, pour rapporter les propres termes dont il se servit, — Marchez, dit-il, avec ce silence qu'observa Gédéon quand il marcha contre le camp des Madianites, accompagné seulement de son serviteur Purah. — Peut-être apprendrons-nous de quoi ont rêvé ces Madianites.

Une patrouille, composée d'un sergent et de cinq soldats braves et expérimentés, formait l'avant-garde; le corps principal du détachement marchait ensuite, et une arrière-garde de dix hommes escortait Everard et le ministre presbytérien. Cromwell s'était fait accompagner du premier, parce qu'il pouvait avoir besoin de l'interroger, ou de le confronter avec d'autres; et il amenait maître Holdenough avec lui, de crainte que, s'il le laissait en arrière, il n'excitât quelque tumulte dans la ville; car il savait fort bien que les presbytériens, quoiqu'ils eussent pris part à la guerre civile, et qu'ils eussent même été les premiers à l'exciter, avaient fini par être mécontens de l'ascendant que les sectaires militaires avaient pris, et qu'il ne devait pas les regarder comme des gens bien disposés toutes les fois qu'il s'agissait de leur intérêt.

L'infanterie, disposée comme nous venons de le dire, se mit enfin en marche, Cromwell et Pearson, tous deux à pied, marchant en tête du centre ou du corps principal du détachement. Chaque soldat était armé d'un pétrinal, fusil court ressemblant à la carabine plus moderne, et qui, comme elle, servait à la cavalerie. Ils marchèrent dans le plus profond silence et avec la plus grande régularité, toute la troupe semblant ne former qu'un seul homme.

A environ deux cents pas de l'arrière-garde suivait la cavalerie, et l'on aurait dit que même les animaux dépourvus de raison voulaient se conformer aux ordres de Cromwell, car les chevaux ne hennissaient point, et ils paraissaient poser le pied sur la terre avec plus de précaution et moins de bruit que de coutume.

Leur chef, livré à ses pensées inquiètes, ne parlait que pour renouveler à voix basse l'ordre de garder le silence, et les soldats, surpris et enchantés de se trouver sous les ordres de leur illustre général, et d'être sans doute destinés à quelque service secret de haute importance, prenaient les plus grandes précautions pour ne faire aucun bruit.

Ils traversèrent la rue principale de la petite ville dans l'ordre que nous venons de décrire. Elle était déserte à une pareille heure de la nuit; et deux bons vivans qui avaient prolongé leur orgie du soir plus tard que de coutume, loin de suivre avec curiosité cette expédition nocturne, se trouvèrent trop heureux d'échapper à l'attention d'une troupe de soldats qui remplissaient souvent les fonctions d'officiers de police.

Dès l'instant de l'arrivée du détachement à Woodstock, une garde de six hommes avait été placée à la porte extérieure du parc pour couper toute communication entre la Loge et la ville. Spitfire, l'émissaire de Wildrake, qui y avait fait plus d'une excursion pour dénicher des oiseaux, ou pour d'autres hauts faits de même importance, avait échappé à leur vigilance en passant par une brèche qu'il connaissait, et qui en était à quelque distance.

Le mot d'ordre fut échangé à voix basse entre cette garde et la troupe qui arrivait, suivant les règles de la discipline. L'infanterie entra dans le parc, et elle y fut suivie de la cavalerie, qui reçut ordre de ne pas marcher sur la chaussée, mais de se tenir, autant que possible, sur la terre qui la bordait. Là on prit une nouvelle précaution, qui fut de faire battre le bois des deux côtés par quelques soldats à pied, avec ordre de faire prisonniers et même de mettre à mort, en cas de résistance, tous ceux qu'ils pourraient rencontrer, pour quelque cause qu'ils y fussent.

Cependant le temps commençait à se montrer aussi favorable à Cromwell que l'avaient été la plupart des incidens d'une carrière marquée par tant de succès. Le brouillard, qui avait jusqu'alors répandu l'obscurité et rendu embarrassante et difficile la marche à travers les bois, céda enfin aux rayons de la lune, qui frayant un passage à sa pâle lumière à travers les vapeurs, montrait son croissant dans les cieux, qu'elle éclairait comme la lampe mourante d'un anachorète éclaire la cellule où il dort.

Le détachement arrivait en face de la Loge quand Holdenough, qui marchait à côté d'Everard, lui dit à voix basse :
— Ne voyez-vous pas? — voilà encore cette lumière mystérieuse de la tour de l'abandonnée Rosemonde! — Cette nuit va prouver lequel est le plus fort, du démon des sectaires ou du démon des malveillans. — Oh! chantez le *Jubilate*, car le royaume de Satan est divisé contre lui-même.

Le révérend ministre fut interrompu par un sous-officier qui, arrivant à la hâte, mais sans bruit, lui dit d'une voix basse, mais sévère : — Silence, prisonnier à l'arrière; silence, sous peine de mort.

Un moment après tout le détachement s'arrêta, le mot halte! ayant passé avec précaution de rang en rang, ordre auquel on obéit sur-le-champ.

La cause de cette interruption de la marche était le retour précipité d'un des éclaireurs qui voltigeaient sur les flancs. Il venait annoncer à Cromwell qu'ils avaient aperçu une lumière dans la forêt à quelque distance sur la gauche.

— Que signifie cela? dit le général; on distinguait l'accent impératif de la question quoiqu'il parlât à demi-voix; change-t-elle de place ou est-elle stationnaire?

— Autant que nous avons pu en juger, elle ne remue pas, répondit le soldat. Cela est bien étrange, car il n'y a pas une seule chaumière de ce côté.

— Si Votre Excellence me permet cette observation, dit d'un ton nasillard le caporal Humgudgeon, c'est peut-être un piège de Satan. Il a beaucoup de pouvoir dans ces environs depuis quelque temps.

— Si ton idiotisme me permet cette observation, tu es un âne, dit Cromwell; mais se rappelant aussitôt que le caporal était au nombre des prédicateurs ou tribuns des soldats, et que par conséquent il devait être traité avec un respect convenable, il ajouta : — Et cependant, si c'est un piège de Satan, nous lui résisterons avec le secours du Seigneur, et l'infame fuira loin de nous. — Pearson, ajouta-t-il en reprenant le ton de commandement militaire, choisis huit soldats, et vas voir ce qui se passe là bas. Mais non, non, les coquins pourraient s'échapper. — Marche droit à la Loge, et investis-la comme nous en sommes convenus, de sorte qu'un oiseau même ne puisse en sortir. — Forme tout autour une double ligne de sentinelles; mais ne cause aucune alarme jusqu'à ce que je sois arrivé. Si quelqu'un tente de s'échapper, qu'il soit TUÉ; — et en donnant cet ordre, il appuya sur ce dernier mot avec une expression terrible. — Qu'il soit tué sur la place, répéta-t-il, qui que ce soit ou que ce puisse être. Cela vaut mieux que d'embarrasser la république de prisonniers.

Pearson fit un salut d'obéissance, et partit pour aller exécuter les ordres de son commandant.

Après son départ, le futur Protecteur disposa le peu de soldats qu'il avait gardés, de manière à ce qu'ils avançassent de différens côtés en même temps vers la lumière qui lui paraissait suspecte, leur recommandant. d'en approcher sans bruit, en se tenant à portée de se secourir l'un l'autre et d'être prêts à accourir à lui dès qu'il leur en donnerait le signal en sifflant. Voulant reconnaître la vérité par ses propres yeux, Cromwell, qui avait par instinct toutes les habitudes de prévoyance militaire qui sont chez les autres le résultat d'études sérieuses ou d'une longue expérience, marcha directement vers l'objet qui excitait sa curiosité. Il s'avança d'arbre en arbre avec le pas léger et la sagacité prudente d'un Indien qui cherche l'ennemi dans les bois; et avant qu'aucun de ses soldats fût encore arrivé, il vit, à la clarté d'une lanterne placée par terre, deux hommes qui venaient de s'occuper à creuser une espèce de fosse. Près d'eux on voyait, enveloppé dans une peau de daim, quelque chose qui ressemblait à un cadavre. Ils parlaient à voix basse, mais assez haut pour que le dangereux témoin de leur conversation pût les entendre.

— Voilà qui est enfin terminé, dit l'un d'eux, et c'est bien le plus rude travail que j'aie fait de ma vie; ma foi, je crois que rien ne me portera plus bonheur. Mes bras sont si engourdis qu'on dirait qu'ils ne sont plus à moi, et, ce qui est bien étrange, j'ai eu beau travailler, il m'a été impossible de me réchauffer.

— Quant à moi, j'ai suffisamment chaud, dit le docteur Rochecliffe respirant à peine de fatigue.

— C'est dans mon cœur qu'est le froid, continua Jocelin, et je ne sais pas s'il se réchauffera jamais. Cela est bien singulier : on dirait qu'on a jeté un sort sur nous. Nous avons passé ici près de deux heures à faire ce que Diggen, le fossoyeur, aurait fait beaucoup mieux en une demi-heure.

— C'est que nous sommes d'assez mauvais piocheurs, répondit le docteur Rochecliffe. Chacun son métier, dit-on; — toi ton cor de chasse, moi mes écritures en chiffres. —

Mais ne te décourage pas, ce sont les racines des arbres et la gelée qui ont rendu notre tâche difficile. — Et maintenant que nous avons rendu tous les devoirs funèbres à ce malheureux et que nous avons récité le service de l'Eglise *quantùm valeat*, plaçons-le décemment dans sa dernière place de repos; son absence ne fera pas un grand vide sur la terre. — Allons, relève la tête, et songe que tu as été soldat. Nous avons récité le service de l'Eglise sur son corps, et, si les circonstances le permettent, nous le ferons placer en terre consacrée, quoiqu'il n'en soit guère digne. — Viens, aide-moi à le descendre dans la fosse, et quand nous aurons jeté poussière sur poussière, nous rapprocherons les épines et les ronces par-dessus. Reprends courage, montre-toi homme, et ne songe plus à cet événement; tu es seul maître de ton secret.

— Je n'en réponds pas, dit Jocelin; il me semble que le vent de la nuit qui souffle à travers ces feuilles, racontera ce que nous venons de faire. — Il me semble que les arbres mêmes s'écrieront : — Il y a un cadavre parmi nos racines. Le sang a été répandu; les témoins se trouvent aisément.

— Ils sont trouvés, et d'assez bonne heure, s'écria Cromwell sortant des broussailles, saisissant Jocelin et lui appuyant un pistolet sur la tête. A toute autre époque de sa vie, le garde forestier, malgré l'inégalité du nombre, aurait fait une résistance désespérée; mais l'horreur que lui avait fait éprouver la mort d'un ancien compagnon, quoiqu'il ne l'eût tué que pour défendre sa propre vie, jointe à la fatigue et à la surprise, lui avait ôté toutes ses forces, et on l'arrêta aussi facilement qu'un boucher s'empare d'un mouton. Le docteur Rochecliffe résista un instant; mais les soldats qui arrivaient s'en assurèrent bientôt.

— Examinez le corps de celui que ces enfans de Bélial ont assassiné, vous autres, dit Cromwell aux soldats. — Caporal Grace-soit-ici Humgudgeon, voyez si vous en reconnaissez les traits.

— Aussi bien que je reconnaîtrais les miens dans un miroir, je le proteste, répondit le caporal en nasillant, après avoir examiné le cadavre à l'aide de la lanterne. C'est véritablement notre fidèle frère en la foi Joseph Tomkins.

— Tomkins! s'écria Cromwell en s'élançant pour s'assurer de la vérité par ses propres yeux; Tomkins! et assassiné, comme le prouve cette fracture à la tempe! — Parlez, chiens que vous êtes, et avouez la vérité. — Vous l'avez assassiné parce que vous avez découvert sa trahison; — je veux dire sa fidélité à la république d'Angleterre et sa détestation des complots dans lesquels vous vouliez entraîner son honnête simplicité.

— Oui, dit le caporal Grace-soit-ici Humgudgeon, et insulter son cadavre par vos doctrines papistes, comme si vous lui entassiez de la soupe froide dans la bouche! — Je vous en prie, général, ordonnez que les liens de ces hommes soient forts.

— Silence, caporal, dit Cromwell; le temps nous presse.
— L'ami, vous que je crois être le docteur Rochecliffe, par nom et surnom, je vous donne le choix d'être pendu à la pointe du jour, ou d'expier le meurtre d'un des élus du Seigneur en nous faisant connaître tout ce que vous pouvez savoir des secrets de cette maison.

— Monsieur, répondit Rochecliffe, vous m'avez trouvé remplissant mes devoirs comme ministre de l'Eglise anglicane, en donnant la sépulture à un mort. — Quant à répondre à vos questions, ma détermination est prise, et je conseille à mon compagnon de souffrance.....

— Qu'on l'emmène! dit Cromwell; je sais depuis longtemps comme il a le cou raide, quoique je lui aie souvent fait tracer mon sillon quand il croyait conduire sa charrue. — Conduisez-le à l'arrière-garde, et faites approcher cet autre drôle. — Approche, — ici, — plus près. Caporal Grace-soit-ici, tenez en main le bout du ceinturon dont il est lié. Nous devons veiller à notre vie par intérêt pour ce malheureux pays; car pour la valeur intrinsèque que cette vie peut avoir à nos propres yeux, hélas! nous pourrions la risquer pour la pointe d'une épingle. — Ecoute-moi, drôle: choisis entre racheter ta vie par un aveu complet et entier, ou être accroché sur-le-champ à un de ces vieux chênes. — Comment trouverais-tu cela ?

— Vraiment, monsieur l'officier, répondit le garde forestier affectant plus de rusticité qu'il n'en avait véritablement, car ses relations fréquentes avec sir Henry avaient adouci et poli ses manières, le chêne porterait un gland un peu lourd. — Voilà tout.

— Ne plaisante pas avec moi, l'ami, car je te proteste avec vérité que je ne suis nullement plaisant. Quels sont les hôtes que tu as vus dans cette maison qu'on appelle la Loge ?

— Vraiment, monsieur, j'en ai vu beaucoup de mon temps, et de fameux. — Ah ! si vous aviez vu la fumée sortir de la cheminée de la cuisine il y a douze ans ! — Rien que l'odeur aurait suffi à un pauvre homme pour faire un bon dîner.

— Comment, drôle ! oses-tu plaisanter encore ? Dis-moi sur-le-champ quels étrangers sont venus récemment à la Loge. — Et fais-y bien attention, l'ami ; sois bien sûr qu'en me donnant satisfaction sur ce point, non-seulement tu sauveras ton cou de la corde, mais tu rendras à l'Etat un service important qui sera convenablement récompensé ; car véritablement je ne suis pas un de ces gens qui voudraient que la rosée ne tombât que sur les plantes élevées et orgueilleuses ; au contraire, autant qu'il dépend de mes souhaits et de mes pauvres prières, je voudrais qu'elle arrosât aussi l'herbe des champs et le blé naissant, afin que le cœur du laboureur puisse se réjouir, et que, de même que le cèdre du Liban est fier de sa hauteur, de ses branches et de ses racines, ainsi l'humble et faible hysope qui croît sur les murs puisse fleurir, et..... et..... M'entends-tu, drôle.

— Pas tout-à-fait, Votre Honneur ; mais on dirait que vous prêchez un sermon, et j'y trouve un merveilleux arrière-goût de doctrine.

— Hé bien, en un mot, tu sais qu'un certain Louis Kerneguy ou Carnego, ou quelque nom semblable, est maintenant caché à la Loge ?

— Sur ma foi, monsieur, il y a eu tant d'allées et de venues à la Loge, depuis la bataille de Worcester ! — comment saurais-je qui y est ou qui n'y est pas ? — D'ailleurs mon service n'est pas dans l'intérieur de la maison.

— Je te fais payer sur-le-champ mille livres sterling si tu peux livrer ce jeune homme entre mes mains.

— Mille livres sterling sont une jolie somme, monsieur. — Mais j'ai déjà sur les mains plus de sang que je ne le voudrais, et je ne sais pas trop comment le prix du sang peut profiter. Au surplus, pendu ou non, je n'en ferai pas l'essai.

— Qu'on l'emmène à l'arrière-garde, dit Cromwell, et qu'il n'ait aucune communication avec le prisonnier que nous venons d'arrêter. — Fou que je suis de perdre ainsi mon temps à vouloir tirer du lait d'une mule ! — En avant, marche.

La petite troupe partit aussi silencieusement qu'auparavant, malgré les difficultés qu'elle éprouvait dans sa marche, attendu que personne ne connaissait la route et les détours du parc. Enfin le premier rang fut arrêté par la demande du mot d'ordre que fit à voix basse un des soldats du détachement dont une double ligne entourait la Loge, et qui étaient placés si près les uns des autres qu'il était impossible que personne s'échappât. La ligne extérieure était formée par la cavalerie sur les routes et les terrains découverts, et par des soldats à pied dans les endroits fourrés. La ligne voisine du château n'était composée que d'infanterie. Tous étaient alertes et attentifs, présumant bien que l'expédition extraordinaire dont ils étaient occupés aurait quelque résultat important.

— Quelles nouvelles, Pearson ? demanda Cromwell à son aide-de-camp, qui se hâta d'avancer vers lui.

— Aucune, général, répondit le capitaine.

Cromwell conduisit l'officier en face de la porte de la Loge, et s'arrêta entre les deux lignes de soldats, à une distance suffisante de chacune pour qu'on ne pût entendre leur conversation.

Il continua alors ses questions, et lui demanda s'il avait

vu des lumières dans l'intérieur, — s'il y avait entendu quelques mouvemens, — si l'on paraissait y faire quelques préparatifs pour se défendre ou pour tenter une sortie.

— Tout est silencieux comme la vallée des ombres de la mort, — comme la vallée de Josaphat, répondit l'officier.

— Ne me parle pas de la vallée de Josaphat, Pearson; ces mots peuvent convenir à d'autres bouches, mais ils vont mal dans la tienne. Parle-moi franchement en bon soldat comme tu l'es. Chacun a sa manière particulière de parler, et la tienne, Pearson, est la franchise et non la sainteté.

— Hé bien donc, rien n'a remué. — Mais quant à la manière de parler, je puis bien par hasard.....

— Ne me parle pas de hasard, Pearson, si tu ne veux m'induire en tentation de te briser la mâchoire. — Je me défie toujours d'un homme qui parle un langage qui ne lui est pas naturel.

— Morbleu ! écoutez-moi jusqu'au bout, et je parlerai tel langage qu'il plaira à Votre Excellence.

— Ton morbleu annonce peu de grace divine, Pearson, mais beaucoup de sincérité. — Continue; tu sais que je t'aime et que j'ai confiance en toi. — As-tu bien surveillé le château? il convient que nous en soyons informés avant de donner l'alarme.

— Sur mon ame, je l'ai surveillé comme un chat guette le trou d'une souris, et j'ai fait ma ronde aussi souvent qu'un tournebroche. Il est absolument impossible que personne ait échappé à notre vigilance, et si l'on avait fait quelques mouvemens dans l'intérieur, nous l'aurions entendu.

— C'est bien, Pearson ; tes services ne seront pas oubliés. Tu ne sais ni prêcher, ni prier; mais tu sais obéir à tes ordres, Gilbert Pearson, et cela fait compensation.

— Je remercie Votre Excellence, mais je demande la permission de chanter sur le même ton que les autres ; un pauvre diable n'a pas le moyen de se singulariser.

Il se tut, attendant les ordres qu'il supposait que Cromwell allait lui donner, et assez surpris que l'esprit actif et décidé du général lui permît en un moment si critique de donner un instant d'attention à une circonstance aussi triviale que les expressions dont se servait un de ses officiers. Son étonnement redoubla quand il vit, à la faveur d'un rayon de la lune qui brillait de plus d'éclat qu'elle ne l'avait fait de toute la nuit, que Cromwell restait immobile, les mains appuyées sur son épée qu'il avait détachée de sa ceinture, fronçant le sourcil, et les yeux fixés sur la terre. Il attendit quelque temps, non sans impatience, mais sans oser interrompre les méditations du général, de peur de changer en mécontentement et en courroux cet accès extraordinaire de sombre mélancolie, qui venait si mal à propos. Il écoutait les sons inarticulés qui lui échappaient de la bouche de temps en temps, et les mots — dure nécessité, — plusieurs fois répétés, furent tout ce qu'il put entendre.

— Milord, dit-il enfin, le temps s'écoule.

— Paix, démon de la précipitation, répondit Cromwell ; — ne me presse pas ainsi. Penses-tu, comme certains fous, que j'ai fait un pacte avec le diable pour être sûr du succès, et que je sois tenu de faire ma besogne à une heure fixe, de peur que le talisman ne perde de sa force ?

— Je pense seulement, général, répliqua l'officier, que la fortune vous a mis entre les mains ce que vous avez si long-temps désiré, et que vous hésitez.

— Ah! Pearson, répondit Cromwell en poussant un profond soupir, dans ce monde de troubles un homme qui, comme moi, est appelé à opérer de grandes choses dans Israël, a besoin d'être, suivant la fiction des poètes, un être formé de métal durci, inaccessible au sentiment de la charité humaine, impassible, immuable. — Pearson, le monde un jour me regardera comme un être de la nature de celui que je viens de décrire, — un homme de fer, fondu dans un moule de fer. On commettra pourtant une injustice envers ma mémoire. — Mon cœur est de chair, et mon sang est aussi doux que celui des autres. Quand j'étais chasseur, j'ai versé des larmes sur le brave héron que mon faucon perçait de ses serres, et j'ai pleuré sur le lièvre qui gémissait sous les dents de mon lévrier. Peux-tu donc penser que ce ne soit rien pour moi qu'après avoir sur ma tête le sang du père de ce jeune homme j'aille encore mettre en danger la vie du fils? ils sont d'une race de bons souverains anglais, et, sans aucun doute, adorés comme des demi-dieux par leurs partisans. On m'appelle déjà parricide et usurpateur sanguinaire, pour avoir fait couler le sang d'un homme, afin de détourner le fléau de la peste, ou comme Acham fut tué pour qu'Israël pût ensuite faire face à ses ennemis. Qui a bien parlé de moi depuis cette grande action? — Ceux qui y ont coopéré avec moi ne sont pas fâchés de me désigner comme le bouc d'expiation. — Ceux qui nous ont regardés agir, sans nous aider, se comportent maintenant comme si la violence les avait forcés à l'inaction. — Quand je croyais qu'on allait me couvrir d'applaudissemens à cause de la victoire de Worcester dont le Seigneur m'avait fait le noble instrument, je vis qu'on se détournait pour se dire : Ha! ha! le tueur de roi! le parricide! son séjour sera bientôt un séjour de désolation. Véritablement, Gilbert Pearson, c'est beaucoup que d'être élevé au-dessus de la multitude; mais quand on sent que cette élévation est une cause de haine et de mépris plutôt que d'amour et de respect, c'est une chose bien dure à supporter pour un esprit faible, et pour une conscience tendre et délicate, — et je prends Dieu à témoin que, plutôt que de faire ce que je vais encore faire, j'aimerais mieux verser vingt fois tout mon sang sur le champ de bataille.

Ici Cromwell fut interrompu par un torrent de larmes; ce qui n'était pas très-ordinaire en lui, et cet accès avait un caractère singulier. Ce n'était pas le résultat du repentir, encore moins celui d'une hypocrisie absolue; c'était la suite du tempérament de cet homme extraordinaire dont la politique profonde et l'enthousiasme ardent étaient soumis à des attaques hypocondriaques qui le portaient quelquefois à donner un semblable spectacle au moment d'exécuter quelque grande entreprise.

Pearson connaissait parfaitement le caractère de son général; mais il fut surpris et confondu de cet accès d'hésitation et de contrition qui semblait paralyser si subitement son esprit entreprenant. Après un instant de silence, il lui dit d'un ton presque sec : — S'il en est ainsi, c'est dommage que Votre Excellence soit venue ici. Le caporal Humgudgeon et moi, le plus grand saint et le plus grand pécheur de votre armée, nous aurions fait l'affaire, et nous aurions partagé le péché et l'honneur.

— Ah! s'écria Cromwell comme piqué au vif;—voudrais-tu arracher au lion sa proie?

— Si le lion se comporte en chien de basse-cour, qui tantôt aboie comme s'il voulait tout déchirer, tantôt s'enfuit devant une pierre et un bâton levé, répondit Pearson avec hardiesse, — je ne sais pas pourquoi il me ferait peur.

— Si Lambert avait été ici, on aurait moins parlé, et agi davantage.

— Lambert? Que dis-tu de Lambert? s'écria Cromwell avec vivacité.

— Je dis seulement, répliqua Pearson, que j'ai long-temps hésité si je m'attacherais à lui ou à Votre Excellence, — et je commence à douter que j'aie pris le meilleur parti. Voilà tout.

— Lambert! s'écria Cromwell impatiemment; mais il baissa la voix sur-le-champ, de peur que quelque autre ne l'entendît parler en termes méprisans de son rival.—Qu'est-ce que Lambert? un fou de tulipes, dont la nature avait dessein de faire un jardinier hollandais à Delft ou à Rotterdam. Ingrat que tu es! qu'aurait pu faire Lambert pour toi?

— Il ne serait pas resté à hésiter devant une porte fermée, dit Pearson, si le sort lui avait présenté l'occasion d'assurer, en frappant un seul coup, sa fortune et celle de tous ceux qui lui sont attachés.

— Tu as raison, Gilbert Pearson, dit Cromwell en saisissant la main de l'officier et en la pressant fortement; mais que la moitié de ce grand compte tombe à ta charge, soit qu'il faille le rendre en ce monde ou dans l'autre.

— Mettez-en la totalité à ma charge en ce qui concerne l'autre monde, répondit Pearson, et vous en recueillerez tout l'avantage dans celui-ci.—Que Votre Excellence veuille bien se retirer à l'arrière-garde jusqu'à ce que j'aie forcé la porte. Il peut y avoir du danger si le désespoir détermine ces rebelles à hasarder une sortie.

— Et quand ils feraient une sortie, dit le général, y a-t-il un de mes Bras de fer qui craigne le feu et l'acier moins que moi? — Fais avancer dix de tes hommes les plus déterminés, deux armés de hallebardes, deux de fusils, et les autres de pistolets. — Que toutes les armes soient chargées, et qu'on fasse feu sans hésiter, en cas de résistance ou de sortie. — — Que le caporal Humgudgeon les accompagne; et toi, reste ici ; et veille à ce que personne ne s'échappe, comme tu veillerais pour ton propre salut.

Cromwell frappa alors à la porte avec le pommeau de son épée, d'abord deux ou trois fois à quelque intervalle, puis à coups répétés qui retentirent dans tout le vieux bâtiment, mais qui ne furent suivis d'aucune réponse.

— Que veut dire ceci? dit Cromwell; ils ne peuvent être partis et avoir laissé la maison vide!

— Non, non, dit Pearson, je vous en suis garant. Mais Votre Excellence frappe coup sur coup, et ne leur laisse pas le temps de répondre. — Ecoutez! j'entends un chien aboyer, et un homme qui cherche à l'apaiser. — Forcerons-nous la porte, ou entrerons-nous en pourparler?

— Un pourparler d'abord, répondit le général. — Holà ! y a-t-il là quelqu'un pour me répondre ?

— Qui parle ainsi? demanda sir Henry Lee de l'intérieur; que voulez-vous ici à une pareille heure de la nuit?

— Nous venons en vertu d'un ordre de la république d'Angleterre, répondit Cromwell.

— Il faut que je voie cet ordre avant que j'ouvre un seul verrou, répondit le chevalier. Nous sommes en assez grand nombre pour défendre le château ; mes compagnons et moi nous ne le rendrons que sur bonne composition, et nous ne traiterons des conditions qu'en face du grand jour.

— Puisque vous ne voulez pas reconnaître notre droit, nous essaierons notre force, dit Cromwell. Prenez garde à vous dans l'intérieur; avant cinq minutes, la porte tombera au milieu de vous.

— Prenez garde à vous à l'extérieur, répliqua sir Henry; si vous commettez le moindre acte de violence, nous ferons pleuvoir sur vous la mitraille.

Mais, hélas! tandis qu'il menaçait avec tant d'audace, toute sa garnison ne consistait qu'en deux femmes épouvantées; car son fils, conformément au plan qu'ils avaient formé, s'était retiré dans les appartemens secrets du château.

— Que peuvent-ils faire à présent, monsieur? demanda Phœbé, entendant un bruit semblable à celui d'une vrille de charpentier, mêlé à un bourdonnement de voix d'hommes.

— Ils attachent un pétard à la porte, dit le chevalier avec le plus grand sang-froid. J'ai remarqué de l'intelligence en toi, Phœbé, et je vais t'expliquer ce que c'est. — C'est une espèce de pot de métal, à peu près de même forme qu'un des chapeaux en pain de sucre de ces coquins, si les bords en étaient plus étroits: on l'emplit de quelques livres de poudre à canon; ensuite...

— Juste ciel! nous allons tous sauter en l'air! s'écria Phœbé, les mots poudre à canon étant les seuls qu'elle eût compris dans la description du chevalier

— Point du tout, folle que tu es, reprit sir Henry; conduis la vieille dame Jellicot dans l'embrasure de cette croisée, et reviens te placer près de moi dans celle-ci, et j'aurai tout le temps de finir mon explication, car il paraît que leurs ingénieurs ne sont pas expéditifs. Nous avions un Français à Newark qui aurait fait l'affaire en aussi peu de temps qu'il en faut pour tirer un coup de pistolet.

Dès que les deux femmes furent placées comme le chevalier venait de l'indiquer, il continua son explication. — Le pétard étant formé comme je viens de te le dire, on l'attache à un morceau de planche forte et épaisse, qu'on nomme le madrier; et le tout étant suspendu, ou, pour mieux dire, solidement fixé à la porte qu'on veut forcer... Mais tu ne m'écoutes pas?

— Et comment puis-je vous écouter, sir Henry, quand nous sommes si près d'une machine si terrible? — O Seigneur! — je perdrai la tête de frayeur! nous serons écrasés; — nous sauterons en l'air dans quelques minutes.

— Nous n'avons rien à craindre de l'explosion, dit sir Henry d'un ton grave; elle produira principalement son effet en ligne directe, c'est-à-dire, dans la partie du milieu du vestibule, et le renfoncement de cette embrasure de croisée est assez considérable pour nous mettre à l'abri des fragmens de la porte qui pourront prendre une direction latérale.

— Mais, quand ils entreront, ils nous tueront.

— Ils te feront quartier, Phœbé. Quant à moi, si je n'envoie pas une couple de balles à ce coquin d'ingénieur, c'est parce que je ne voudrais pas encourir la peine infligée par la loi martiale, qui condamne au tranchant du glaive toute personne ayant essayé de défendre un poste quand il n'est pas tenable. Non que je croie que la rigueur de la loi pût s'appliquer à dame Jellicot ou à toi, Phœbé, attendu que vous ne portez pas les armes. — Si Alice eût été ici, elle aurait pu faire quelque chose, car elle sait manier un fusil de chasse.

Phœbé aurait pu alléguer ses propres exploits de la soirée précédente, comme ayant plus de rapport aux combats et aux batailles qu'aucune des actions de sa jeune maîtresse; mais elle était dans une angoisse de terreur inexprimable, s'attendant, d'après le compte que son maître venait de rendre du pétard, à quelque catastrophe terrible, quoique, malgré les explications libérales du vieux chevalier, elle ne comprît pas très-bien quelle en serait la nature.

— Ils s'y prennent bien maladroitement, dit sir Henry; le petit Boutirlin aurait déjà fait sauter toute la maison. — Ah! c'est un drôle qui se creuserait un terrier comme un lapin; — s'il était ici, je veux mourir s'il ne les aurait pas déjà contreminés.

> Et c'est un vrai plaisir de voir l'ingénieur
> Périr par le pétard dont lui-même est l'auteur.

Comme le dit notre immortel Shakspeare.

— O Seigneur! le pauvre homme a perdu la tête! pensa Phœbé. Hélas! monsieur, ajouta-t-elle tout haut dans son trouble et sa terreur, ne feriez-vous pas mieux de penser à votre fin, au lieu de songer à des livres de comédie?

— Si je n'avais pas prévu ce moment il y a long-temps,

répondit le chevalier, je ne le verrais pas approcher avec tant de tranquillité.

> Je marche vers la mort comme vers le repos ;
> Car la paix doit régner dans tous les cœurs loyaux.

Comme il achevait ces mots, un grand éclat de lumière se répandit dans le vestibule à travers les croisées et entre les grosses barres de fer qui les défendaient. C'était une forte clarté qui jetait une lumière d'un rouge sombre sur les armes et les vieilles armures qui y étaient suspendues, comme si c'eût été la réflexion d'un incendie. Phœbé poussa un grand cri ; et oubliant dans ce moment de terreur son respect habituel pour son maître, elle le saisit par le bras, et s'accrocha à ses habits ; tandis que dame Jellicot, seule dans sa niche, jouissant de la vue, quoique privée de l'ouïe, criait comme un hibou quand la lune brille tout à coup.

— Prenez garde, Phœbé, dit le chevalier, vous m'empêcherez de me servir de mes armes, si vous me tenez ainsi.
— Les maladroits ne peuvent attacher leur pétard sans être éclairés par des torches, — j'ai envie de profiter de cette belle clarté pour... Souvenez-vous de ce que je vous ai dit de faire pour gagner du temps.

— O Seigneur ! oui, monsieur, dit Phœbé, je dirai tout ce que vous voudrez, ha ! ha ! — Elle poussa deux nouveaux cris de terreur. — J'entends quelque chose qui siffle comme un serpent.

— C'est la fusée, comme nous autres gens de guerre nous l'appelons, dit le chevalier ; c'est-à-dire la mèche qui met le feu au pétard, et qui est plus courte ou plus longue, suivant la distance que....

Le discours de sir Henry fut interrompu par une explosion terrible qui, comme il l'avait prédit, mit la porte en pièces, et brisa toutes les vitres des croisées avec les héros et les héroïnes qu'on avait peints plusieurs siècles auparavant sur ce frêle monument de leur mémoire. Les femmes poussèrent de nouveaux cris d'effroi, auxquels répondirent les aboiemens de Bevis, quoiqu'il fût enfermé à quelque distance de la scène de l'action. Le chevalier, se débarrassant de Phœbé, non sans peine, s'avança alors au milieu du vestibule pour se présenter devant ceux qui se précipitaient portant des torches allumées et les armes à la main.

—Mort à quiconque résiste!— Quartier à qui se rendra! s'écria Cromwell en frappant du pied: Qui commande la garnison?

— Sir Henry de Ditchley, répondit le chevalier en s'avançant vers lui; et, comme sa garnison ne consiste qu'en deux femmes timides, il est obligé de se soumettre, au lieu de résister comme il l'aurait désiré.

—Qu'on désarme ce rebelle, ce malveillant invétéré! s'écria Olivier. — N'êtes-vous pas honteux, monsieur, de m'avoir retenu devant la porte d'un château que vous êtes hors d'état de défendre? Avez-vous une barbe si blanche sans savoir que les lois de la guerre punissent du gibet quiconque refuse de rendre un poste qui n'est pas tenable?

—Ma barbe et moi, répondit sir Henry, nous avons pris notre parti à cet égard, et nous sommes parfaitement d'accord ensemble. Il vaut mieux courir le risque d'être pendu en honnête homme que d'abandonner son poste en traître et en lâche.

— Ah! est-ce ainsi que tu parles? dit Cromwell; tu as sans doute de puissans motifs pour placer ainsi ta tête dans un nœud coulant. Mais je te parlerai dans un instant. — Holà! Pearson! Gilbert Pearson! — prends ce papier; emmène cette vieille femme avec toi, et qu'elle te conduise dans les divers endroits qui y sont désignés. — Fais une perquisition dans tous les appartemens mentionnés; arrête tous ceux que tu y trouveras, et tue-les en cas de la moindre résistance. Fais attention aux endroits qui sont indiqués comme pouvant couper la communication entre différentes parties de la maison, les paliers du grand escalier, la grande galerie, etc. — Ne maltraite pas cette femme : le plan joint à ce papier t'apprendra, quand même elle se montrerait réfractaire, quels sont les points qu'il faut garder. — Le caporal m'amènera ce vieillard et cette jeune fille dans quelque appartement, — celui qui porte le nom de Victor Lee, par exemple; — nous n'y respirerons plus cette odeur étouffante de poudre.

A ces mots, sans avoir besoin qu'on le guidât, et sans demander l'assistance de personne, il prit le chemin qui conduisait à l'appartement dont il venait de parler. Sir Henry ne put revenir de sa surprise quand il vit le général marcher sans hésiter à la tête des autres, ce qui semblait indiquer qu'il connaissait mieux les localités de Woodstock qu'il n'eût été à désirer pour la réussite complète du projet que le chevalier avait formé d'occuper long-temps les républicains à une recherche infructueuse dans le labyrinthe d'appartemens qu'offrait la Loge.

— Je vous ferai maintenant quelques questions, vieillard, dit Olivier quand ils furent arrivés dans la chambre de Victor Lee, et je vous avertis que vous ne pouvez mériter et espérer le pardon des efforts réitérés et persévérans que vous avez faits contre la prospérité de la république qu'en répondant très-directement à ce que je vais vous demander.

Sir Henry salua. Il aurait voulu parler; mais il sentit son courroux s'enflammer, et il craignit d'épuiser ses forces avant d'avoir terminé tout ce qu'il avait résolu de faire pour donner au roi le temps de s'éloigner.

— Qui avez-vous eu ici depuis quelques jours, sir Henry Lee? demanda Cromwell; qui s'est trouvé dans votre maison? Quelles visites y avez-vous reçues? nous savons que vos moyens hospitaliers sont plus bornés qu'autrefois, et par conséquent la liste de vos hôtes ne doit pas vous fatiguer la mémoire.

— Non certainement, répondit le chevalier avec un ton calme qui ne lui était pas ordinaire. J'avais avec moi ma fille, et tout récemment mon fils. Ces deux femmes et un nommé Jocelin Joliffe sont mes seuls domestiques.

— Je ne vous parle pas des personnes qui composent votre famille; je vous demande quels sont les étrangers qui sont venus ici depuis quelques jours, — les malveillans fugitifs qui ont pu y chercher un asile.

— Il y en a eu des uns et des autres, et plus que je ne saurais m'en souvenir. — Mon neveu Everard est venu ici un matin ; et je crois un jeune homme qui est à son service, nommé Wildrake.

— N'y avez-vous pas reçu aussi un jeune cavalier nommé Louis Garnegey?

— Quand il s'agirait de ma vie, je ne puis me rappeler un pareil nom.

— Carnego, — Kerneguy, — quelque nom semblable ; — nous ne nous querellerons pas pour la manière de le prononcer.

— Un jeune Ecossais, nommé Louis Kerneguy, a passé ici quelques jours, et il en est parti ce matin pour le comté de Dorset.

— Parti! s'écria Cromwell en frappant du pied! — Comme la fortune nous joue, même quand elle paraît le plus favorable! — quel chemin a-t-il pris, vieillard? — quelle espèce de cheval montait-il? — de qui était-il accompagné?

Mon fils est parti avec lui. — Il l'avait amené ici comme fils d'un lord écossais. — Mais je vous prie, monsieur, de mettre fin à toutes vos questions, car, quoique je doive, comme le dit Will Shakspeare,

> Respect à votre rang, et que le diable même
> Voie adorer parfois son brûlant diadème,

je sens que ma patience commence à s'épuiser.

Cromwell dit un mot au caporal, et celui-ci donna à son tour des ordres à deux soldats, qui sortirent de l'appartement.

— Humgudgeon, dit le général, conduisez ce vieillard à l'autre bout de l'appartement, et nous interrogerons cette jeune fille. — Connais-tu, demanda-t-il alors à Phœbé, un nommé Louis Kerneguy, se disant page écossais, qui est venu ici il y a quelque temps?

— Sûrement, monsieur, répondit-elle ; je ne l'oublierai pas aisément ; et je réponds qu'aucune fille de bonne mine qui se trouvera sur son chemin ne l'oubliera pas davantage.

— Ah! ah! parles-tu ainsi? — je crois véritablement que cette jeune fille rendra le témoignage le plus véridique. — Quand a-t-il quitté cette maison?

— Je ne connais rien à ses mouvemens, monsieur; je suis assez contente quand je puis me trouver hors de son chemin. Mais s'il est véritablement parti, je suis sûre qu'il n'y a pas plus de deux heures, car je l'ai rencontré dans le passage qui conduit du vestibule à la cuisine.

— Comment êtes-vous certaine que c'était lui?

— Il m'en a donné une bonne preuve, répondit Phœbé, en prenant la liberté de... Là, monsieur, ajouta-t-elle, — comment pouvez-vous me faire de pareilles questions?

Humgudgeon, avec la liberté d'un coadjuteur, prit la parole en ce moment. — Véritablement, dit-il, si ce que la jeune fille doit dire a quelque chose qui puisse blesser la décence, je demande à Votre Excellence la permission de me retirer, ne me souciant pas que mes méditations nocturnes soient troublées par le souvenir de pareils discours.

— Il n'est question ni de décence ni d'indécence, Votre Honneur, dit Phœbé; et je méprise les propos de ce vieux soldat. Maître Louis Kerneguy n'a fait que m'embrasser en passant : — voilà la vérité, s'il faut la dire.

Humgudgeon fit entendre un profond gémissement, et Cromwell eut quelque peine à s'empêcher de rire.

— Tu nous as donné d'excellentes preuves, Phœbé, dit-il, et si tu m'as dit la vérité, comme je le crois, tu ne manqueras pas de récompense. — Mais voici notre messager qui revient de l'écurie.

— Il n'y a pas le moindre signe que des chevaux aient habité cette écurie depuis plus d'un mois, dit un des soldats. Il n'y a point de litière sur le pavé, — pas de foin dans les râteliers, — point d'avoine dans le coffre, et les mangeoires sont tapissées de toiles d'araignée.

— Oui, oui! dit le vieux chevalier, j'ai vu le temps où j'avais vingt bons chevaux dans mes écuries avec des palefreniers et des garçons d'écurie en nombre proportionné pour en prendre soin.

— Mais en attendant, dit Cromwell, l'état de l'écurie actuel ne dépose pas en faveur de la vérité de votre histoire. Vous m'avez dit qu'il s'y trouvait aujourd'hui des chevaux dont votre fils et Kerneguy se sont servis pour échapper à la justice.

— Je n'ai pas dit que les chevaux fussent là. J'ai des chevaux et des écuries ailleurs.

— Fi! fi! C'est une honte! Je le dis encore une fois, un homme à barbe blanche peut-il rendre un faux témoignage?

— Sur ma foi, monsieur, c'est un métier à s'enrichir, et je ne suis pas surpris que vous autres qui en vivez vous soyez si sévères contre ceux qui en font un commerce interlope. Mais ce sont les temps, et ceux qui gouvernent les temps, qui changent en trompeurs les barbes grises.

— Tu es aussi facétieux, l'ami, qu'audacieux dans ta malveillance; mais, crois-moi, nous serons quittes avant de nous séparer. — Où conduisent ces portes?

— Aux chambres à coucher.

— Aux chambres à coucher! Rien qu'aux chambres à coucher? dit le général d'une voix qui indiquait tant de préoccupation d'esprit qu'il avait à peine compris cette réponse.

— Qu'y a-t-il donc là de si étrange, monsieur? Je dis que ces portes conduisent aux chambres à coucher, — aux chambres où les gens honnêtes dorment paisiblement, et où les coquins ne peuvent fermer l'œil.

— Vous chargez encore davantage votre compte avec moi, sir Henry; mais nous en ferons la balance une fois pour toutes.

Pendant toute cette scène, Cromwell, quelle que pût être l'incertitude intérieure de son esprit, conserva la plus scrupuleuse modération dans son langage et ses manières, comme s'il n'avait pas pris plus d'intérêt à ce qui se passait qu'un soldat occupé à s'acquitter d'un devoir qui lui a été imposé par ses supérieurs. Mais la contrainte à laquelle il soumettait son ressentiment n'était que

Le calme d'un torrent au bord du précipice.

Sa résolution devint d'autant plus rapide que nulle violence d'expression n'en suivait ni n'en annonçait le courant. Il se jeta sur une chaise. Son air n'avait rien d'irrésolu, mais indiquait une détermination qui n'attendait que le signal pour agir. Le chevalier, comme s'il eût voulu ne rien perdre des privilèges de son rang et de sa place, s'assit sur une autre chaise, mit sur sa tête son chapeau, qui était sur une table ; et regarda le général avec un air d'indifférence calme et intrépide. Les soldats étaient rangés autour de l'appartement, les uns tenant en main des torches qui y jetaient une clarté sombre et rougeâtre, les autres appuyés sur leurs armes. Phœbé, pâle, les bras croisés, les yeux levés vers le plafond, était debout, semblable à un criminel qui attend sa sentence et l'ordre de la mettre à exécution.

On entendit enfin un bruit de pas qui s'approchait, et Pearson rentra avec quelques soldats. Il paraît que c'était ce que Cromwell attendait. Il se leva à la hâte, et demanda : —Quelles nouvelles, Pearson?—As-tu fait quelques prisonniers?—As-tu été obligé de tuer quelques malveillans pour te défendre?

— Non, général, répondit Pearson.

— Et tes sentinelles sont-elles placées conformément aux instructions de Tomkins?—ont-elles reçu les ordres convenables?

— Toutes les précautions ont été prises.

— Es-tu bien sûr que rien n'ait été oublié? dit Cromwell en le tirant à l'écart. Songe bien que, lorsque nous serons une fois engagés dans les communications secrètes, tout serait perdu si celui que nous cherchons trouvait le moyen de nous déjouer en gagnant quelque appartement d'où il pourrait peut-être s'échapper dans la forêt.

— Mylord, répondit Pearson, il suffit d'avoir placé des sentinelles dans tous les endroits désignés dans cet écrit, avec l'ordre le plus strict d'arrêter tous ceux qui s'y présenteront, et de les tuer en cas de résistance ; ces ordres ont été donnés à des hommes qui ne manqueront pas de les exécuter. S'il faut faire quelque chose de plus, Votre Excellence n'a qu'à parler.

— Non, non, Pearson, répondit Olivier ; tu as fait tout ce qu'il fallait. — Cette nuit passée, et si elle se finit comme nous l'espérons, ta récompense ne te manquera pas.—Maintenant occupons-nous d'affaires. — Sir Henry Lee, faites jouer le ressort secret de ce portrait d'un de vos ancêtres.— Epargnez-vous la peine et le péché du mensonge et du subterfuge ; je vous le répète, faites jouer ce ressort à l'instant.

— Quand je vous reconnaîtrai pour mon maître, et que je porterai votre livrée, je pourrai obéir à vos ordres ; mais, même en ce cas, j'aurais besoin d'abord de les comprendre.

— Voyons, toi, la fille, dit Cromwell à Phœbé, fais jouer ce ressort.—Tu as bien su en venir à bout quand tu as joué ton rôle dans la farce des lutins à Woodstock, et effrayer Markham Everard lui-même, à qui je croyais plus de bon sens.

— O Seigneur ! Que faire, monsieur ? dit Phœbé à son maître. Ils savent tout ! Que ferai-je ?

—Tiens bon, quand il s'agirait de ta vie ; chaque minute vaut un million.

— L'entends-tu, Pearson ? dit Cromwell. Et frappant du pied :—Fais jouer ce ressort, répéta-t-il, ou j'emploierai le levier et la hache. — Ah ! un second pétard fera l'affaire. — Appelle l'ingénieur, Pearson.

— Seigneur Dieu ! monsieur, s'écria Phœbé ; je ne survivrai pas à un autre pétard ! — Permettez-moi d'ouvrir le ressort.

— Comme tu voudras, dit sir Henry ; ils n'en tireront pas grand profit.

Soit agitation véritable, soit désir de gagner du temps, Phœbé fut quelques minutes avant de pouvoir faire jouer le ressort. Il était fabriqué avec beaucoup d'art, et caché dans la bordure du portrait, qui paraissait fermement attaché à la boiserie, comme il avait paru au colonel Everard. Nulle marque extérieure n'annonçait la moindre possibilité qu'il changeât de place ou de position. Le portrait disparut pourtant, et laissa voir un escalier étroit dont les marches montaient d'un côté dans l'épaisseur du mur.

Cromwell était alors comme un lévrier dont on vient de détacher la laisse, et qui a sa proie en vue. — En avant, Pearson, s'écria-t-il ; tu es plus agile que moi. En avant, caporal. — En avant ceux qui ont des torches. Enfin, avec plus d'agilité qu'on n'aurait pu en attendre d'un homme de sa taille et de son âge, car il avait passé le midi de la vie, il suivit les soldats comme un piqueur suit les chiens pour les encourager et les diriger, et il entra avec eux dans le labyrinthe dont la description se trouve dans les Merveilles de Woodstock du docteur Rochecliffe.

CHAPITRE XXXIV.

> « Pour mettre Rosemonde à l'abri de la haine
> « Que lui portait la reine,
> « Le roi fit construire un palais
> « Tel qu'on n'en avait vu jamais.
>
> « Les murs en étaient hauts, les tours en étaient fortes,
> « Et cent cinquante portes
> « Conduisaient à tant de détours
> « Qu'on n'en pouvait suivre le cours.
>
> « Ce labyrinthe était non moins inextricable
> « Que celui de la fable.
> « De même il eût fallu tenir
> « Un fil pour entrer, pour sortir. »
>
> *Ballade de la belle Rosemonde.*

Les traditions du pays, de même que quelques preuves historiques, confirment l'opinion que le labyrinthe composé d'une multitude de passages souterrains qui existait dans la Loge de Woodstock avait été construit par Henry II principalement dans la vue de mettre sa maîtresse Rosemonde Clifford à l'abri de la jalousie de la reine, la célèbre Eléonore. A la vérité le docteur Rochecliffe, dans un de ces accès de contradiction auxquels les antiquaires sont quelquefois sujets, était assez hardi pour contester le motif du dédale de corridors et de chambres secrètes qu'on avait pratiqués dans l'épaisseur des murs de cet ancien château; mais un fait incontestable, c'était que l'architecte normand qui avait élevé cet édifice avait porté au plus haut point de perfection l'art compliqué, dont on a vu ailleurs des échantillons, de créer des passages secrets, et de pratiquer des lieux de refuge ou de retraite. On y trouvait des escaliers qui montaient sans autre but apparent que de descendre ensuite, des corridors qui, après bien des détours, ramenaient au même endroit d'où l'on était parti, — des trappes et des bascules, des panneaux mouvans et des portes déguisées de toute manière.

Quoique Olivier ne fût aidé que par un plan imparfait, qui lui avait été envoyé par Joseph Tomkins, que le docteur Rochecliffe avait employé autrefois dans ses recherches, il croyait connaître parfaitement toutes les localités : cependant les républicains rencontraient à chaque pas des obstacles sérieux sous la forme de portes épaisses et solides, de murailles formidables, et de fortes grilles de fer. Ils marchaient donc presque au hasard sans trop savoir s'ils s'éloignaient ou s'ils approchaient de l'extrémité de ce labyrinthe. Ils furent obligés d'envoyer chercher des ouvriers avec des marteaux d'enclume et d'autres instrumens, pour forcer quelques-unes de ces portes qui résistaient à tous leurs efforts. Épuisés de fatigue dans ces passages ténébreux, où ils étaient de temps en temps suffoqués par la poussière qu'excitaient ici une porte brisée, là un mur démoli, les soldats eurent besoin d'être relevés plus d'une fois, et le gros caporal Grace-soit-ici lui-même haletait et soufflait comme une baleine échouée.

Cromwell seul continuait ses recherches avec un zèle que rien ne pouvait refroidir ; il encourageait les soldats dans le langage mystique propre à faire impression sur eux, les exhortait à ne pas se laisser abattre faute de foi ; et en plaçant des sentinelles dans tous les endroits qu'il jugeait convenables, il s'assurait la possession des passages déjà visités. Son œil actif et vigilant découvrit, avec un sourire de dérision, les poulies et les cordes dont on s'était servi pour renverser le lit du pauvre Desborough, les restes de divers déguisemens qu'on avait employés pour l'effrayer ainsi que Bletson et Harrison, et les voies secrètes par lesquelles on s'était introduit dans leurs appartemens. Il en fit faire la remarque à Pearson sans y ajouter d'autre commentaire que l'exclamation : — Les imbéciles !

Mais ceux qui accompagnaient le général commençaient à se lasser, et il fallut tout son enthousiasme pour exciter le leur. Il leur fit écouter des voix qui semblaient se faire entendre devant eux, et en tira la preuve qu'ils étaient sur les traces de quelque ennemi de la république, qui, pour exécuter des complots de malveillance, s'était retiré dans cette forteresse extraordinaire.

Cependant, malgré tous ces encouragemens, le zèle des soldats se ralentissait. Ils se parlaient à voix basse les uns aux autres des diables de Woodstock, qui les conduisaient peut-être vers une chambre qu'on disait exister dans le palais, et dont le plancher, faisant bascule, précipitait dans un abîme sans fond ceux qui y entraient. Humgudgeon donna à entendre qu'il avait consulté le matin même les saintes Ecritures par le moyen du sort, et qu'il était tombé sur le passage : — *Eutiche tomba du troisième étage.* L'énergie et l'autorité de Cromwell, avec des rafraîchissemens et quelques verres d'eau-de-vie qu'on distribua aux soldats, les déterminèrent à continuer leur tâche.

Néanmoins, malgré leurs efforts infatigables, l'aurore parut avant qu'ils fussent arrivés à l'appartement du docteur Rochecliffe, dont nous avons déjà fait la description, et ils n'y arrivèrent que par un chemin beaucoup plus difficile que celui que prenait le docteur pour s'y rendre. Mais là toute leur habileté se trouva long-temps en défaut. D'après les nombreux objets de diverse nature qui s'y trouvaient rassemblés, les apprêts d'un souper froid, et un lit tout préparé, il semblait qu'ils étaient arrivés au quartier-général du labyrinthe ; mais les divers passages qui y aboutissaient conduisaient à des endroits qu'ils connaissaient déjà, ou communiquaient avec les parties de la maison où avaient été placées des sentinelles, qui les assurèrent que personne n'y avait passé. Cromwell resta long-temps dans l'incertitude de ce qu'il devait faire. Avant d'avoir pris son parti il donna ordre à Pearson de s'emparer des écritures en chiffres, et des papiers les plus importans qui étaient sur la table. — Cependant, ajouta-t-il, je crois qu'il s'y trouvera peu de chose que je ne sache déjà, grace à Tomkins le Fidèle. — O Joseph l'Honnête, il ne reste pas dans toute l'Angleterre un agent aussi actif et aussi rusé que toi !

Après un intervalle assez considérable, pendant lequel il sonda avec le pommeau de son épée presque toutes les pierres des murailles et toutes les planches du parquet, le général donna ordre qu'on lui amenât sir Henry Lee et le docteur Rochecliffe, espérant pouvoir tirer d'eux quelque explication des secrets de cet appartement.

— Si Votre Excellence veut me laisser le soin de les interroger, dit Pearson, qui était un soldat de fortune sans éducation, et qui avait été boucanier dans les Indes occidentales, je crois que par le moyen d'une ficelle serrée autour de leur front, et tournée avec la baguette d'un pistolet, je ferai sortir la vérité de leur bouche ou les yeux de leur tête.

— Fi, Pearson ! dit Cromwell avec horreur ; ni comme Anglais, ni comme chrétiens, nous ne devons nous porter à de tels actes de cruauté. Nous pouvons tuer les malveillans, comme on écrase les insectes nuisibles ; mais les torturer, c'est un péché mortel ; car il est écrit : — Il les fit torturer pour exciter la pitié même de ceux qui les emmenaient captifs. — Je révoque même l'ordre que j'avais donné de les amener ici, espérant que le ciel nous accordera assez de sagesse pour découvrir leurs ruses les plus secrètes.

Il y eut encore une pause pendant laquelle une nouvelle idée se présenta à l'imagination de Cromwell. — Apportez-moi ce tabouret, dit-il ; et le plaçant devant une des deux fenêtres qui étaient à une telle hauteur qu'un homme debout sur le plancher ne pouvait y atteindre, il parvint à monter sur ce que nous appellerons la plate-forme de la croisée, qui avait la même largeur que l'épaisseur de la muraille, c'est-à-dire six à sept pieds. — Viens ici, Pearson, dit-il ; — mais auparavant donne ordre qu'on double la garde auprès de la tour nommée l'Echelle de l'Amour, et qu'on y porte un second pétard. — Allons, viens maintenant.

Pearson, quoique plein de bravoure sur le champ de bataille, était un de ces hommes qui éprouvent des vertiges quand ils se trouvent à une grande élévation. Il recula en voyant le précipice sur le bord duquel Cromwell se tenait avec une tranquillité parfaite, et il fallut que le général le tirât par la main pour le faire avancer.

— Je crois, dit Olivier, que j'ai enfin trouvé le fil ; mais, par le jour qui nous éclaire, il n'est pas facile à suivre. Regarde, nous sommes presque au haut de la tour de Rosemonde, et cette autre tour qui s'élève en face de nous est celle de l'Echelle de l'Amour, qui se joignait à celle-ci par le moyen d'un pont-levis dont le tyran débauché se servait pour gagner l'appartement de sa maîtresse.

— Précisément, mylord ; mais le pont-levis n'existe plus.

— Non, Pearson ; mais de l'endroit où nous sommes un homme agile pourrait sauter sur la plate-forme de cette autre tour.

— Je ne le crois pas, mylord.

— Pas même si le vengeur du sang était derrière vous, l'arme exterminatrice à la main ?

— La crainte de la mort est une grande puissance, mylord ; mais quand je considère cette terrible profondeur qui est sous nos pieds, et que j'envisage la distance qui nous sépare de cette autre tour, qui me paraît à une douzaine de pieds, j'avoue qu'il faudrait le danger le plus imminent pour me déterminer à tenter un pareil saut. — Hum ! cette seule idée me fait tourner la tête. — Je tremble en voyant Votre Altesse si près du bord du précipice, et se balançant comme si elle songeait à risquer ce saut périlleux. — Je le répète, quand il s'agirait de ma vie, j'oserais à peine m'approcher du bord autant que Votre Altesse !

— Ah ! esprit vil et dégénéré, ame de boue et d'argile, ne le ferais-tu pas, et bien davantage encore, pour la possession d'un empire ? — c'est-à-dire, continua Cromwell en changeant de ton, comme s'il eût craint d'en avoir trop dit, si tu étais appelé à une pareille épreuve, afin que, devenant un grand homme parmi les tribus d'Israël, tu pusses racheter la captivité de Jérusalem, et peut-être faire quelque grande œuvre pour le peuple affligé de ce pays.

— Votre Altesse peut avoir une telle vocation ; mais il ne peut en être de même du pauvre Gilbert Pearson, son fidèle serviteur. Vous avez ri à mes dépens hier quand j'ai voulu essayer de parler votre langage, et je ne suis pas plus en état d'accomplir vos grands desseins que d'imiter votre manière de parler.

— Mais, Pearson, tu m'as donné deux fois, — oui, trois fois le titre d'Altesse.

— En êtes-vous sûr, mylord? je n'y ai pas fait attention. Je vous en demande pardon.

— Il n'y a pas d'offense, Pearson; il est bien vrai que je suis déjà à une grande élévation, et il est possible que je sois élevé encore plus haut. — Et cependant, hélas! il conviendrait mieux à une ame simple comme moi de retourner à la charrue et au labourage. Néanmoins je ne lutterai pas contre la volonté suprême si je suis appelé à faire encore plus dans cette juste cause; car sûrement celui qui a été pour Israël comme un bouclier de protection et un glaive de victoire, et qui a forcé ses ennemis à se courber sous le joug, n'abandonnera pas le troupeau à ces pasteurs insensés de Westminster, qui tondent leurs brebis et ne les nourrissent pas, et qui sont dans le fait des mercenaires, et non des bergers.

— J'espère voir Votre Excellence les jeter tous par la croisée. — Mais puis-je vous demander pourquoi nous avons une telle conversation avant de nous être assurés de l'ennemi commun?

— Je n'ai pas envie de perdre un instant, Pearson. — Fais bien bloquer cette Echelle de l'Amour, comme on appelle cette tour; car je regarde comme presque certain que celui que nous avons chassé de cachette en cachette pendant toute la nuit a fini par sauter de l'endroit où nous sommes sur la plate-forme qui est en face. La tour étant bien gardée en bas, la place de refuge qu'il a choisie sera pour lui une ratière dont il lui sera impossible de sortir.

— Il y a un baril de poudre dans cette chambre, général. S'il ne veut pas se rendre, le mieux ne serait-il pas de miner la tour, et de l'envoyer à cent pieds dans l'air avec tout ce qu'elle contient?

— Ah! étourdi, dit Cromwell en lui frappant familièrement sur l'épaule, si tu avais fait cela sans m'en parler, c'eût

été me rendre un bon service. — Mais nous ferons d'abord une sommation à la tour, et ensuite nous réfléchirons si le pétard peut nous suffire, — sauf à en venir enfin à la mine.
— Fais sonner les trompettes là-bas.

Pearson donna l'ordre, et les trompettes sonnèrent de manière à faire retentir les parties les plus éloignées du vieux bâtiment. Cromwell, comme s'il n'eût pas voulu voir l'individu qu'il supposait devoir paraître, recula comme un nécromancien qui craint d'apercevoir le spectre qu'il a évoqué.

— Le voilà sur la plate-forme de la tour, dit Pearson.

— Comment est-il vêtu? demanda Cromwell, qui était rentré dans l'appartement.

— Habit gris galonné en argent, répondit Pearson; des bottes sans éperons, chapeau gris surmonté d'un panache, cheveux noirs.

— C'est lui, c'est lui ! dit Cromwell. C'est encore une merci du ciel pour couronner l'œuvre.

Pearson et Albert Lee échangèrent alors quelques mots de leurs postes respectifs.

— Rendez-vous, dit le premier; ou nous vous ferons sauter en l'air, vous et la tour où vous êtes.

— Je descends de trop haute race pour me rendre à des rebelles, répondit Albert avec le ton de dignité qu'un roi aurait pu prendre en pareille circonstance.

— Je vous prends tous à témoin qu'il a refusé quartier, s'écria Cromwell avec un accent de triomphe. C'est sur sa tête que son sang doit tomber. — Qu'un de vous descende le baril de poudre. Comme il aime à s'élever bien haut, nous y ajouterons la hauteur que pourront fournir les bandoulières de nos soldats. — Viens avec moi, Pearson, tu entends ce genre d'affaires. — Caporal Grace-soit-ici, monte sur la plate-forme de la fenêtre d'où le capitaine Pearson et moi nous venons de descendre, et fais sentir la pointe de ta pertuisane à quiconque essaierait d'y passer. — Tu es fort comme un taureau, et je parierais pour toi contre le désespoir même.

— Mais, répondit le caporal en montant à contre-cœur

au poste qui lui était assigné, cet endroit est comme le pinacle du temple, et il est écrit qu'Eutiche tomba du troisième étage, et fut ramassé mort.

— Parce qu'il s'endormit à son poste, répondit Cromwell avec vivacité; sois vigilant, et tes pieds ne trébucheront pas. Que quatre soldats restent ici pour soutenir le caporal, s'il est nécessaire; et dès que vous entendrez les trompettes sonner la retraite, retirez-vous tous cinq dans ce passage voûté; il est fort comme une casemate, et vous y serez en sûreté contre les effets de la mine. — Zorobabel Robins, tu seras leur lance-prisade [1].

Robins salua, et le général sortit pour rejoindre ceux qui étaient en avant.

Dès qu'il arriva à la porte du vestibule, il entendit l'explosion du pétard, et il vit que l'entreprise avait réussi. La porte de la tour était brisée, et les soldats, brandissant leurs épées d'une main et le pistolet de l'autre, se précipitaient pour y entrer. Un frissonnement de satisfaction qui n'était pas sans mélange de quelque horreur, agita un instant les nerfs de l'ambitieux républicain.

— Les y voilà! s'écria-t-il, les y voilà! il va avoir affaire à eux!

Son attente fut trompée. Pearson et les soldats revinrent sans avoir réussi. Le capitaine annonça à Cromwell qu'ils avaient été arrêtés par une grille formée d'énormes barres de fer, placée au bas de l'escalier, et qu'à environ dix pieds plus haut ils avaient aperçu un autre obstacle de même nature. Vouloir abattre ou forcer ces barrières tandis qu'un homme désespéré et bien armé avait sur eux l'avantage de la situation, c'était risquer la vie de plusieurs soldats.

— Et c'est un devoir pour nous d'être avares de leur sang, dit le général. — Que me conseilles-tu, Gilbert Pearson?

— Il faut employer la poudre, mylord, répondit Pearson, qui vit que son maître était déterminé à lui laisser tout le mérite de cette affaire; on peut aisément établir une chambre

---

[1] Lance-prisade ou lance-brisade, espèce de chef de poste ou de caporal provisoire. (*Note de l'auteur écossais.*)
Nous disons en français *Anspessade*. — Ed.

convenable sous le pied de l'escalier; nous avons heureusement une saucisse pour faire une traînée, et ainsi.....

— Ah! dit Olivier, je sais que tu es expert en pareille besogne. — Mais, Gilbert, je vais visiter les postes, et donner ordre qu'on se tienne à distance convenable quand les trompettes sonneront la retraite. — Tu donneras à nos hommes cinq minutes pour se retirer.

— Trois sont bien assez. Il faudrait que les drôles fussent boiteux s'il leur en fallait davantage en pareille occasion.— Je n'en demanderais qu'une, quand je mettrais moi-même le feu à la traînée.

— Aie bien soin, si cet infortuné demande quartier, qu'on ne se bouche pas les oreilles. Il peut arriver qu'il se repente de sa dureté de cœur, et qu'il sollicite notre merci.

— Et il l'obtiendra, pourvu qu'il crie assez haut pour que je l'entende; car l'explosion de ce damné pétard m'a rendu sourd comme la femme du diable.

— Paix, Gilbert, paix! De pareils termes offensent le ciel.

— Morbleu, monsieur, il faut que je parle à votre manière ou à la mienne, à moins que je ne devienne muet aussi bien que sourd. — Allez faire la visite des postes, général, et vous m'entendrez bientôt faire quelque bruit dans le monde.

Cromwell sourit de la vivacité de son aide-de-camp, lui frappa doucement sur l'épaule, l'appela écervelé, s'éloigna pour s'en aller, revint sur ses pas, et lui dit à voix basse : — Quoi que tu fasses, fais-le promptement. Il s'avança alors vers la seconde ligne des sentinelles, tournant la tête de temps en temps, comme pour s'assurer si le caporal qu'il avait mis en faction était fidèle à sa consigne. Il le vit, la pertuisane en avant, sur le bord du gouffre qui séparait la tour de Rosemonde de celle de l'Echelle de l'Amour, et il murmura sous ses moustaches : — Le drôle a la force et le courage d'un ours, et il est plus facile à un seul homme de se défendre qu'à cent d'attaquer. Il jeta un dernier regard sur cette figure gigantesque, debout dans cette position aérienne, comme une statue gothique, son arme dirigée contre la tour qu'il avait en face, et appuyée contre son pied droit, son casque d'acier et sa cuirasse bien polie réfléchissant les rayons du soleil levant.

Cromwell continua sa marche pour donner aux sentinelles qui étaient en faction sur des points où l'effet de l'explosion pouvait être dangereux l'ordre de se retirer dans des endroits qu'il leur indiqua dès qu'ils entendraient le son de la trompette. Jamais, dans aucun autre instant de sa vie, il ne montra plus de calme et de présence d'esprit. Il parlait avec bonté aux soldats, qui l'adoraient; il plaisantait même avec eux, et cependant il ressemblait à un volcan un moment avant l'éruption. — Il avait l'extérieur calme et tranquille, tandis que cent passions contradictoires fermentaient dans son sein.

Cependant le caporal Humgudgeon restait ferme à son poste; mais, quoiqu'il fût aussi déterminé qu'aucun soldat qui eût jamais combattu dans le redoutable régiment des Côtes-de-Fer, et qu'il eût sa bonne part de ce fanatisme exalté qui doublait le courage naturel de ces austères religionnaires, le vétéran ne trouvait nullement agréable sa situation actuelle. A la distance de lui de la longueur d'une pique s'élevait une tour dont les fragmens massifs allaient être lancés dans les airs, et il n'avait pas une entière confiance en l'espace de temps qui lui serait donné pour s'éloigner de ce dangereux voisinage. Il était donc distrait en partie de sa vigilance par ce sentiment naturel qui le portait de temps en temps à baisser les yeux sur les mineurs qui étaient à l'ouvrage, au lieu de les tenir constamment fixés sur la tour qu'il avait en face.

Enfin l'intérêt de cette scène fut porté au plus haut point. Après avoir entré dans la tour, en être sorti et y être rentré plusieurs fois pendant le cours d'environ vingt minutes, Pearson en sortit, comme on pouvait le supposer, pour la dernière fois, portant en main et déroulant en même temps la saucisse, espèce de sac de toile fortement cousu, portant ce nom à cause de sa forme, et rempli de poudre, qui devait servir de traînée entre la mine qu'il s'agissait de faire jouer, et le point occupé par l'ingénieur chargé d'y mettre le feu.

Pendant qu'il terminait ces préparatifs pour l'explosion, le caporal les suivait des yeux avec une attention qui ne lui permettait plus de songer à autre chose. Mais tandis qu'il regardait l'aide-de-camp tenant en main le pistolet dont il allait se servir pour allumer la traînée, et le trompette, son instrument levé, n'attendant que le signal pour sonner une retraite, le destin le frappa du coup qu'il attendait le moins.

Jeune, agile, hardi, et possédant toute sa présence d'esprit, Albert Lee, qui, par les meurtrières, avait suivi des yeux avec soin toutes les opérations des assiégeans, avait résolu de faire un effort désespéré pour sauver sa vie. Tandis que la tête de la sentinelle placée sur la petite plateforme en face de lui, et qui était à peine assez grande pour contenir deux personnes, était courbée vers la terre, il franchit l'espace qui l'en séparait, renversa le caporal en tombant sur lui, et sauta sur-le-champ dans l'appartement du docteur. La violence du choc jeta le malheureux Humgudgeon contre la muraille; il tomba à la renverse, et fut précipité avec une telle violence que sa tête en touchant le sol y creusa une excavation de six pouces de profondeur, et fut brisée comme une coquille d'œuf.

Ne sachant encore ce qui venait d'arriver, mais surpris et confondu par la chute d'un corps pesant qui venait de tomber assez près de lui, Pearson lâcha son coup de pistolet, sans songer au signal convenu. La poudre prit, et l'explosion eut lieu. Si la mine eût été chargée d'une plus grande quantité de poudre, le résultat en eût été fatal à plusieurs sentinelles qui étaient à peu de distance; mais il ne s'en trouva que suffisamment pour faire sauter, dans une direction latérale, une partie du mur précisément au-dessus des fondations, ce qui détruisit pourtant l'équilibre et le contrepoids du bâtiment. Alors, au milieu d'un nuage de fumée qui commençait à s'élever en entourant la tour comme un linceul, et qui montait lentement de la base au sommet, ceux qui eurent le courage de contempler ce spectacle effrayant le virent trembler et chanceler. Elle pencha d'abord lentement, et, s'écroulant ensuite avec violence, couvrit la terre d'énormes débris, la résistance qu'elle avait faite prouvant l'excellence de sa construction.

Dès qu'il eut tiré son coup de pistolet, Pearson, alarmé pour sa sûreté, s'enfuit avec tant de précipitation qu'il pensa heurter le général, qui s'avançait vers lui, tandis qu'une grosse pierre, détachée du haut de la tour et partie avant les autres, tombait à trois pieds d'eux.

— Tu as été trop précipité, Pearson, dit Cromwell avec le plus grand calme possible ; quelqu'un n'est-il pas tombé de cette tour de Siloé?

— Quelqu'un est certainement tombé, répondit Pearson encore fort agité, et son corps est là-bas à demi couvert de décombres.

Cromwell s'en approcha d'un pas résolu et accéléré, et s'écria : — Tu m'as perdu, Pearson! — le Jeune Homme est échappé; — ce corps est celui de notre sentinelle. — Maudit soit l'idiot! qu'il pourrisse sous les débris qui l'ont écrasé!

En ce moment un cri partit de la petite plate-forme de la tour de Rosemonde, qui semblait encore plus élevée depuis la chute de celle qui rivalisait sa hauteur, quoiqu'elle ne l'atteignît pas. — Un prisonnier, noble général! — un prisonnier! — Le renard que nous avons chassé toute la nuit est pris au piège. — Le Seigneur l'a livré entre les mains de ses serviteurs.

— Qu'on le tienne sous bonne garde! s'écria Cromwell, et qu'on me l'amène dans l'appartement où se trouve la principale entrée de ces passages secrets.

— Votre Excellence sera obéie.

Les suites de la hardiesse d'Albert Lee, qui était le sujet de ces exclamations, n'avaient pas été heureuses. Comme nous l'avons déjà dit, il avait renversé, en sautant sur la plate-forme, le soldat vigoureux et gigantesque qui y était en faction, et il avait descendu à l'instant dans la chambre de Rochecliffe. Mais les soldats qui y avaient été laissés se jetèrent sur lui, et, après une lutte que le désespoir lui fit soutenir malgré l'inégalité du nombre, ils le renversèrent; deux d'entre eux entraînés dans sa chute tombèrent en travers sur son corps. Au même instant un grand bruit, semblable à celui du tonnerre, éclatant avec violence sur leurs têtes, ébranla tout autour d'eux, au point que la tour bien solide dans laquelle ils étaient trembla comme le mât d'un vaisseau prêt à céder à un ouragan. Ce bruit fut suivi quelques secondes après d'un autre bruit d'abord sourd, mais augmentant comme les mugissemens d'une cataracte qui semble menacer d'assourdir les habitans du ciel et de la terre. Le bruit produit par la tour qui s'écroulait était si imposant, si épouvantable, que, pendant une minute ou deux, les combattans restèrent inactifs, sans songer ni à l'attaque ni à la défense.

Albert fut le premier qui sortit de cet état de stupeur et qui recouvra son activité. Il parvint à se débarrasser des deux soldats qui étaient tombés sur lui, chercha à se relever, et y réussit presque. Mais il avait affaire à des hommes habitués à toute espèce de dangers, et dont l'énergie se ranima presque aussi promptement que la sienne; quelques instans suffirent pour le subjuguer, et deux soldats lui tinrent les bras. Toujours loyal et fidèle, et résolu de soutenir jusqu'au bout le rôle dont il s'était chargé, il s'écria, quand il se vit hors d'état de résister : — Sujets rebelles, voulez-vous donc assassiner votre roi?

— Ah! entendez-vous cela? dit un des soldats au lance-prisade qui commandait les trois autres. Ne frapperai-je pas sous la cinquième côte ce fils d'un père corrompu, comme Aod frappa le tyran Moab avec un poignard d'une coudée de longueur.

— Gardons-nous bien, Strickalthrow-le-Miséricordieux, de tuer de sang-froid le captif de notre arc et de notre javeline, répondit Robins. Il me semble que nous avons versé assez de sang depuis le sac de Fredagh [1]. Ne lui faites donc aucun mal, sur votre vie, mais retirez-lui ses armes, et conduisons-le devant l'instrument choisi, notre général, afin qu'il décide de son sort comme il le jugera convenable.

Le soldat que sa joie avait porté à monter sur la plate-

---

[1] Fredagh ou Drogheda fut pris d'assaut par Cromwell en 1640, et toute la garnison en fut passée au fil de l'épée. (*Note de l'auteur écossais.*)

forme de la fenêtre pour être le premier à annoncer cette nouvelle à Cromwell rentra alors dans la chambre, et fit part à ses compagnons des ordres que le général venait de transmettre, et qui étaient conformes à l'avis qu'avait donné le lance-prisade. Albert Lee, désarmé et garotté, fut donc conduit, comme prisonnier, dans l'appartement qui tirait son nom des victoires d'un de ses ancêtres, pour y être introduit devant Olivier Cromwell.

Calculant le temps qui s'était écoulé depuis le départ de Charles jusqu'à l'instant où le siège du château, si on peut l'appeler ainsi, s'était terminé par sa captivité, Albert avait tout lieu d'espérer que le roi se trouvait alors hors de la portée de ses ennemis. Cependant il résolut d'entretenir le plus long-temps possible une illusion qui pouvait contribuer à la sûreté de son maître. Il ne croyait pas qu'on pût reconnaître sur-le-champ la différence qui existait entre eux, son visage étant noirci de fumée, couvert de poussière et teint du sang qui coulait de quelques égratignures qu'il avait reçues pendant sa lutte avec les soldats.

Ce fut sous cet extérieur peu prévenant, mais armé de l'air de dignité qui convenait à un roi, qu'Albert entra dans l'appartement de Victor Lee, où il trouva, assis dans le fauteuil de son père, l'heureux ennemi d'une cause pour laquelle la maison de Lee avait conservé une fidélité héréditaire.

CHAPITRE XXXV.

« C'est payer un vain titre un peu cher, sur ma foi.
« Mais pourquoi me tromper en te donnant pour roi ? »
SHAKSPEARE. *Henry IV*, part. I.

OLIVIER CROMWELL se leva lorsque les deux vétérans Zorobabel Robins et Strickalthrow-le-Miséricordieux amenèrent devant lui le prisonnier, qu'ils tenaient chacun par un bras;

et il fixa son œil sévère sur Albert long-temps avant d'exprimer par la parole les idées qui l'agitaient. La joie du triomphe était le sentiment qui dominait en lui.

— N'es-tu pas, dit-il enfin, cet Egyptien qui, avant ces jours-ci, as occasioné un tumulte et conduit dans le désert des milliers d'hommes qui étaient des meurtriers? — Ah! jeune homme! je t'ai poursuivi depuis Stirling jusqu'à Worcester; mais je t'ai rencontré à la fin.

— J'aurais voulu te rencontrer, répondit Albert prenant le ton convenable à celui dont il jouait le rôle, dans un lieu où j'aurais pu t'apprendre la différence qui existe entre un roi légitime et un usurpateur ambitieux.

— Va, va, jeune homme, dit Cromwell, dis plutôt la différence qu'il y a entre un juge suscité pour la rédemption de l'Angleterre et le fils de ces rois à qui Dieu, dans sa colère, avait permis de régner sur elle. — Mais nous ne perdrons pas notre temps en paroles inutiles. — Dieu sait que ce n'est point par l'effet de notre propre volonté que nous avons été appelé à de si hautes fonctions, nos pensées étant aussi humbles que nous le sommes nous-même; notre nature, sans assistance, étant faible et fragile, et incapable de rendre raison de rien, si ce n'était par l'esprit qui est en nous, et qui ne vient pas de nous. — Tu es fatigué, jeune homme, et tu as besoin de repos et d'alimens, ayant sans doute été élevé dans la mollesse, habitué à te nourrir de ce que la terre produit de plus rare et de plus délicieux; à être revêtu de pourpre et de linge fin.

Ici Olivier s'interrompit tout à coup, et s'écria brusquement: — Mais que veut dire ceci? — Qui avons-nous sous les yeux? ce n'est point là le basané Charles Stuart! — C'est un imposteur, — un imposteur.

Albert jeta un coup d'œil à la hâte sur une glace qui était dans l'appartement, et s'aperçut que la perruque noire qu'il avait prise dans le magasin de déguisemens du docteur Rochecliffe s'était dérangée pendant qu'il luttait contre les soldats, et que ses cheveux, d'un châtain clair, s'étaient échappés par-dessous.

— Qui est cet homme? s'écria Cromwell en frappant du

pied avec fureur; qu'on lui arrache son déguisement!

Les soldats obéirent, approchèrent leur prisonnier de la croisée, et Albert sentit qu'il ne pouvait entretenir l'illusion un instant de plus avec la moindre apparence de succès. Cromwell, ému outre mesure, avança vers lui en grinçant des dents, les points fermés, et il lui parla d'une voix creuse, sourde et amère, telle que celle qui aurait pu précéder un coup de poignard.

— Ton nom, jeune homme?

Albert lui répondit avec autant de calme que de fermeté, prenant une expression de triomphe et même de mépris :

— Albert Lee de Ditchley, fidèle sujet du roi Charles.

— J'aurais pu le deviner, dit Cromwell. — Hé bien, tu iras rejoindre le roi Charles dès que le soleil marquera midi sur le cadran. — Pearson, qu'on l'enferme avec les autres prisonniers, et qu'ils soient tous exécutés à midi précis.

— Tous, général! dit Pearson avec surprise; car quoique Cromwell fît de temps en temps de formidables exemples, il n'était nullement sanguinaire.

— Tous! répéta Olivier en fixant les yeux sur le jeune Lee. — Oui, jeune homme, ta conduite a dévoué à la mort ton père, ton parent et l'étranger qui se trouvait dans ta maison. — Tel est le fléau que tu as appelé sur la demeure paternelle.

— Mon père aussi! mon vieux père! s'écria Albert en levant les yeux vers le ciel et en faisant un effort inutile pour donner la même direction à ses bras; que la volonté de Dieu s'accomplisse!

— Tous ces malheurs peuvent s'éviter, ajouta le général, si tu veux répondre à une question. — Où est le jeune Charles Stuart qu'on appelait roi d'Ecosse?

— Sous la protection du ciel, et hors de ton pouvoir, répondit sans hésiter le jeune royaliste.

— Qu'on l'emmène en prison! s'écria Cromwell, et qu'il soit exécuté avec les autres comme malveillant pris en flagrant délit. Qu'une cour martiale s'assemble sur-le-champ.

— Un seul mot, dit le jeune Lee comme on l'entraînait hors de l'appartement.

— Arrêtez ! arrêtez ! s'écria Cromwell avec une agitation produite par un renouvellement d'espérance, laissez-le parler.

— Vous aimez les textes de l'Ecriture, dit Albert ; en voici un qui pourra servir pour votre prochaine homélie : — Zimry vécut-il en paix après avoir tué son maître ?

— Qu'on l'emmène, dit le général, — qu'il soit mis à mort ! Je l'ai prononcé.

Tandis qu'il parlait ainsi, son aide-de-camp remarqua qu'il était excessivement pâle.

— Les affaires publiques ont trop fatigué Votre Excellence, dit-il ; une chasse au cerf dans la soirée pourrait vous distraire. Le vieux chevalier a ici un noble lévrier ; si nous pouvons le décider à chasser sans son maître, ce qui est peut-être difficile, car il est fidèle, et...

— Qu'on le pende !

— Quoi ? qui ? — Le beau lévrier ! Votre Excellence avait coutume d'aimer un bon chien de chasse.

— Peu importe ! Qu'il soit tué ! N'est-il pas écrit qu'on tua dans la vallée d'Achor, non-seulement le maudit Acham avec ses fils et ses filles, mais encore ses bœufs, ses ânes, ses moutons, et toute créature vivante qui lui appartenait ? Et nous agirons de même à l'égard de la famille malveillante de Lee, qui a aidé Sisara dans sa fuite, tandis qu'Israël aurait pu en être délivré pour toujours. — Mais Pearson, fais partir des courriers et des patrouilles. — Fais-le-suivre, poursuivre et surveiller de tous côtés. — Que mon cheval soit prêt dans cinq minutes, ou plutôt qu'on m'amène sur-le-champ le premier qui se trouvera.

Pearson crut remarquer que le général, en parlant ainsi, semblait avoir ses idées en désordre, et il vit que son front était couvert d'une sueur froide. Il lui représenta donc une seconde fois qu'il était nécessaire qu'il prît quelque repos, et il est probable que la nature secondait fortement ses instances. Cromwell fit deux pas vers la porte, chancela, s'arrêta, et se reposa sur une chaise.

— Véritablement, ami Pearson, dit-il, ce misérable corps est pour nous un obstacle perpétuel, même dans nos affaires les plus urgentes ; je me trouve en ce moment plus disposé à dormir qu'à veiller, ce qui n'est pas mon usage. Place donc des gardes, et nous prendrons une heure ou deux de repos. — Cependant fais partir des courriers dans toutes les directions, et qu'on ne ménage pas les chevaux. — Eveille-moi si la cour martiale a besoin d'instructions; mais n'oublie pas de faire exécuter la sentence contre Henry et Albert Lee, et contre tous ceux qui ont été arrêtés avec eux.

A ces mots Cromwell se leva, et entr'ouvrit la porte d'une chambre à coucher.

— Pardon, dit Pearson; mais ai-je bien compris Votre Excellence? — Tous les prisonniers doivent-ils être exécutés?

— Ne te l'ai-je pas dit? répondit Cromwell d'un ton mécontent; est-ce parce que tu es et que tu as toujours été un homme de sang, que tu affectes des scrupules pour montrer de l'humanité à mes dépens? Je te dis que s'il en manque un seul dans le compte que tu me rendras de l'exécution, ta propre vie m'en répondra.

Après avoir ainsi parlé, Cromwell entra dans la chambre à coucher, suivi de son valet de chambre que Pearson venait de faire appeler à l'instant.

Quand son général se fut retiré, Pearson resta dans une grande perplexité pour savoir ce qu'il devait faire; non par scrupule de conscience, mais parce qu'il craignait également de déplaire à Cromwell, soit en retardant l'exécution de ses ordres, soit en s'y conformant trop littéralement et à la rigueur.

Cependant, Robins et Strickalthrow, après avoir conduit Albert en prison, étaient revenus, pour rendre compte de leur mission, dans l'appartement où Pearson était encore à réfléchir sur les ordres du général. Ces deux hommes étaient de braves soldats, des vétérans que Cromwell avait coutume de traiter avec beaucoup de familiarité, de sorte que Robins demanda sans hésiter au capitaine Pearson s'il avait dessein d'exécuter à la lettre les ordres qu'il avait reçus du général.

Pearson secoua la tête d'un air de doute, mais dit qu'il n'avait pas d'autre alternative.

— Sois assuré, répondit le vétéran, que, si tu fais cette folie, tu feras entrer le péché dans Israël, et que le général ne sera pas content de ton exactitude. Tu sais, et personne ne sait mieux que toi, que, quoique Olivier soit semblable à David en foi, en sagesse et en courage, il y a pourtant des momens où le mauvais esprit s'empare de lui, comme il s'emparait de Saül; et les ordres qu'il donne alors, il ne remercie personne de les avoir exécutés.

Pearson était trop bon politique pour donner son assentiment direct à une proposition qu'il ne pouvait contredire. Il se borna à secouer la tête une seconde fois., et dit que ceux qui n'étaient pas responsables pouvaient parler bien aisément, mais que le devoir du soldat était d'obéir aux ordres qu'il avait reçus, et non de les juger.

— Et c'est la vérité, dit Strickalthrow-le-Miséricordieux, vieil Ecossais rigide; je ne sais où notre frère Zorobabel a pris cette faiblesse de cœur.

— Tout ce que je désire, répliqua Robins, c'est que quatre ou cinq créatures humaines respirent l'air de Dieu quatre ou cinq heures de plus. Il ne peut y avoir grand mal à retarder l'exécution, et notre général aura le temps de la réflexion.

— Sans doute, dit Pearson; mais dans la place que j'occupe près de lui, je dois lui obéir plus ponctuellement que tu n'y es obligé, mon franc ami Zorobabel.

— Hé bien, la casaque grossière de drap de Frise du simple soldat sera exposée à l'ouragan comme l'habit brodé du capitaine, reprit Robins. Je pourrais vous citer des textes pour vous prouver que nous devons nous aider les uns les autres dans nos souffrances, et nous rendre mutuellement service, vu que le meilleur de nous n'est qu'un pauvre pécheur qui pourrait se trouver dans l'embarras si on lui demandait son compte trop vite.

— Véritablement, tu me surprends, frère Zorobabel, dit Strickalthrow. Toi qui es un vieux soldat expérimenté, dont la tête a blanchi pendant tes campagnes, tu donnes de tels avis à un jeune officier! Le général n'a-t-il pas été appelé à purger le payss de méchans, — à en extirper les Amalécites, les Jébuséens, les Pérusites, les Hittites, les Amorrhéens?— Les hommes dont tu parles ne doivent-ils pas être justement comparés aux cinq rois qui se réfugièrent dans la caverne de

Macéda, et qui furent livrés entre les mains de Josué, fils de Nun? Et n'en fit-il pas approcher ses capitaines et ses soldats pour leur mettre le pied sur le cou? Et il les frappa, les tua, et les fit suspendre à cinq arbres jusqu'au soir. — Et toi, Gilbert Pearson, ne recule pas devant le devoir dont tu as été chargé, mais accomplis ce qui t'a été ordonné par celui qui a été élevé pour juger et délivrer Israël; car il est écrit: Maudit celui dont le glaive ne prend point part au carnage.

Ainsi discutaient les deux théologiens militaires, et Pearson, beaucoup plus inquiet de satisfaire les désirs de Cromwell que de connaître la volonté du ciel, restait, en les écoutant, dans l'indécision et la perplexité.

CHAPITRE XXXVI.

« En braves sentinelles,
« Couvrons-nous maintenant d'armes spirituelles;
« Car tout ce qu'un soldat doit pouvoir endurer,
« A savoir le souffrir il faut nous préparer. »

JOANNA BAILLIE.

Le lecteur se rappellera que, lorsque Rochecliffe et Jocelin furent faits prisonniers, le détachement qui les escortait avait déjà sous sa garde deux autres captifs, le colonel Everard et le révérend Nehemiah Holdenough. Quand Cromwell fut entré dans la Loge, et qu'on eut commencé les perquisitions pour chercher le prince fugitif, les quatre prisonniers furent conduits dans une salle qui avait autrefois servi de corps-de-garde, et qui était assez forte pour servir de prison; Pearson plaça un piquet à la porte pour la garder. Les prisonniers, qui n'y avaient d'autre lumière que la clarté du feu, formaient deux groupes séparés, le colonel s'entretenant avec le ministre presbytérien, à quelque distance de sir Henry Lee, près duquel étaient le docteur Rochecliffe et Jocelin Joliffe. La compagnie ne tarda pas à être augmentée par Wildrake, qu'on amena de Woodstock à la Loge, et qu'on jeta dans la chambre avec si peu de cérémonie que, ses bras étant liés, il pensa tomber sur le nez au milieu de la prison.

— Grand merci, mes bons amis, dit-il en se retournant vers la porte que ceux qui l'avaient fait entrer si brusquement s'occupaient alors à fermer, *point de cérémonie* ni d'excuses ; on se console de tomber quand on se relève en bonne compagnie.—Bonjour, messieurs, bonjour à vous tous.—Quoi ! *à la mort*, et rien pour nous maintenir en belle humeur ? — pour nous faire passer gaiement une nuit qui sera notre dernière je suppose, car je gage un farthing contre un million que nous figurerons demain matin entre le ciel et la terre.— Mon patron, mon noble patron, comment vous trouvez-vous ? — C'est un chien de tour de ce vieux Noll en ce qui vous concerne ; quant à moi, j'avoue que je pouvais mériter de sa part quelque chose de semblable.

— Je t'en prie, Wildrake, dit Everard, assieds-toi et ne nous trouble pas ;—tu es ivre.

— Ivre ! s'écria Wildrake ; moi ivre ! — je n'ai fait que dévider un écheveau de fil en trois, comme dit Jack à Wapping, —goûté l'eau-de-vie de Noll,—bu un coup à la santé du roi, —un autre à la confusion de Son Excellence,—un troisième à la damnation du parlement, et peut-être deux ou trois autres, mais tous toasts diablement bien choisis.—Ne dis pas que je suis ivre.

— Silence, l'ami ; ne tenez pas de discours profanes, dit Nehemiah Holdenough.

— Ah ! dit Wildrake, c'est mon petit ministre presbytérien ; mon grêle Mass John. Hé bien, tu diras *Amen* à ce monde dans quelques instans. — Pour moi, il ne m'a pas trop bien traité. — Ah ! noble sir Henry, je vous baise les mains. — Je vous apprendrai, chevalier, que la pointe de mon épée a été cette nuit aussi près du cœur de Cromwell qu'aucun des boutons de son pourpoint. Mais, le diable l'enlève ! il porte une armure cachée. — Lui un soldat ! — Sans sa maudite chemise d'acier, je l'aurais embroché comme une alouette. Ah ! docteur Rochecliffe !— vous savez comme je manie mon arme.

— Oui, répondit le docteur, et vous savez comme je me sers de la mienne.

— Je vous en prie, maître Wildrake, un peu de tranquillité! dit sir Henry.

— Et vous, bon chevalier, répliqua le Cavalier, un peu plus de cordialité avec un compagnon d'infortune. Nous ne sommes pas en ce moment à l'attaque de Brentford. La fortune m'a traité en marâtre.—Je vais vous chanter une chanson que j'ai faite sur tous mes désastres.

— Capitaine Wildrake, dit sir Henry avec une politesse grave, le moment n'est pas convenable pour chanter.

—Ma chanson aidera votre dévotion, répondit Wildrake. Ventrebleu! elle a l'air d'un psaume de la pénitence.

> Lorsque j'étais jeune garçon
> Je n'eus jamais que du guignon;
> Et ce sera, ma foi, merveille,
> Si le bonheur pour moi s'éveille.
> Je partageais tout mon argent
> Entre les joueurs et les filles;
> Et j'entrai dans un régiment
> Pour fourrager quelques broutilles.
>
> J'ai des bas, à la vérité,
> Mais les souliers sont de côté;
> Et des bottes sont la chaussure
> Qui, par tout temps, fait ma parure.
> Et quoique le cuir en soit bon,
> J'en maudit la semelle épaisse,
> J'en donne au diable l'éperon,
> Et le vernis dont on la graisse.

La porte s'ouvrit, comme Wildrake finissait ce couplet, qu'il chantait à tue-tête, et une sentinelle, le traitant de blasphémateur et de taureau mugissant de Bassan, appliqua un bon coup de baguette de fusil sur les épaules du chanteur, à qui ses liens ne permettaient pas de lui rendre la pareille.

— Grand merci encore une fois, dit Wildrake, fâché de ne pouvoir vous témoigner ma reconnaissance; mais vous voyez que c'est le cas de dire que j'ai les mains liées. — Hé bien, chevalier, avez-vous entendu le bruit de la percussion de mes os? Le coup était bien appliqué. — Le drôle serait en état d'infliger la bastonnade même en présence du grand-seigneur.—Ha... a! —il n'a pas de goût pour la musique, il n'est pas ému par de doux accords,—ha... a!—je crois, ma foi, que je bâille. — Hé bien, je dormirai cette nuit sur un banc, comme cela m'est arrivé plus d'une fois, et demain matin je me trouverai en état décent pour être pendu, ce qui ne m'est pas encore arrivé.

> Lorsque j'étais jeune garçon,
> Je n'eus jamais que du guignon. —

Eh non, ce n'est pas l'air.—En le cherchant, il s'endormit, et, les uns plus tôt, les autres plus tard, ses compagnons d'infortune suivirent son exemple.

Les bancs qui avaient été préparés pour servir de lits de repos aux soldats, quand cette chambre était un corps-de-garde, offrirent aux prisonniers les moyens de chercher le sommeil, quoiqu'on puisse bien s'imaginer que ce sommeil ne fut ni profond ni sans interruption. Mais lorsque le jour commença à paraître, l'explosion qui eut lieu, et la chute de la tour sous laquelle on avait creusé une mine, auraient éveillé les Sept Dormans et Morphée lui-même. La fumée qui pénétrait à travers les croisées ne leur laissa aucun doute sur la cause de ce bruit.

—Voilà ma poudre qui part, dit Rochecliffe. — J'espère qu'elle a fait sauter autant de ces coquins de rebelles qu'elle aurait pu en faire périr autrement sur un champ de bataille. Il faut qu'elle ait pris feu par quelque hasard.

— Par quelque hasard! répéta sir Henry, — non, non; soyez-en bien sûr, c'est mon brave Albert qui y a mis le feu, et je me flatte qu'il a fait voler Cromwell jusqu'à la porte du firmament, par laquelle il ne passera jamais. — Hélas! mon pauvre enfant, tu t'es peut-être sacrifié toi-même, comme un jeune Samson au milieu des Philistins!—Mais je ne tarderai pas à te rejoindre, Albert.

Everard courut à la porte, espérant obtenir de la sentinelle, à qui son nom et son rang pouvaient être connus, l'explication d'un bruit qui semblait annoncer quelque catastrophe terrible.

Mais Nehemiah Holdenough, dont le sommeil avait été troublé par la trompette qui avait donné le signal à l'explosion, éprouva les transes les plus terribles. C'est la trompette de l'archange! s'écria-t-il. — C'est le bruit de la dissolution des élémens de ce monde!—c'est le mandat de comparution devant le trône du jugement! — les morts obéissent à cet ordre. — Ils sont avec nous, — parmi nous; — ils ont repris leurs corps terrestres; — ils viennent nous sommer de les suivre.

En parlant ainsi il avait les yeux fixés sur Rochecliffe, qui était en face de lui. En se levant à la hâte, le bonnet que portait ordinairement le docteur suivant un usage également adopté alors par les membres du clergé et par tous ceux qui n'étaient pas militaires, était tombé, et avait entraîné avec lui la grande mouche de soie noire qu'il portait sans doute pour se déguiser; car l'œil qu'elle couvrait était aussi sain que l'autre, et la joue qu'elle cachait en partie n'offrait à la vue rien qui exigeât une pareille précaution.

Le colonel Everard, revenant de la porte, chercha en vain à faire comprendre à Holdenough qu'il avait appris de la sentinelle que l'explosion qu'on venait d'entendre n'avait coûté la vie qu'à un soldat de Cromwell; le ministre presbytérien continuait à fixer des yeux égarés sur le docteur de l'Eglise anglicane.

Mais Rochecliffe avait entendu et compris les nouvelles que le colonel Everard venait d'annoncer, et, soulagé de la crainte et de l'inquiétude qui l'avaient comme frappé d'immobilité, il s'avança vers le calviniste en lui prenant la main de la manière la plus amicale.

— Retire-toi! s'écria Holdenough, retire-toi! les vivans ne peuvent donner la main aux morts.

— Mais je suis aussi vivant que toi, répondit Rochecliffe.

— Toi vivant! — Toi, Joseph Albany! Toi que mes propres yeux ont vu précipiter du haut de la tour du château de Clidesthrow!

— Oui, mais tu ne m'as pas vu me sauver à la nage, et me cacher dans un marais couvert de roseaux, — *et fugit ad salices*, — d'une manière que je t'expliquerai une autre fois.

Holdenough lui toucha la main avec un air de doute et d'inquiétude. — Ta main est chaude, dit-il, et tu parais vivant.—Et cependant après tous les coups que je t'ai vu porter, après une chute si terrible, tu ne peux être mon Joseph Albany.

— Je suis Joseph Albany Rochecliffe; et ce dernier nom m'appartient en vertu d'un petit domaine de ma mère, que les amendes et les confiscations ont fait envoler.

— Est-il bien vrai?—Ai-je donc retrouvé mon ancien camarade?

— Oui, le même que tu as déjà vu il y a quelques jours dans le miroir de ta chambre. Tu avais tant de hardiesse, Nehemiah, que tu aurais déconcerté tous nos projets si je ne t'avais laissé croire que tu voyais l'ombre de ton défunt ami.

—Et cependant mon cœur me reprochait de te tromper ainsi.

— Il avait raison! il avait raison! s'écria Holdenough en se jetant dans les bras de Rochecliffe et en le serrant sur son cœur. — Tu as toujours été un malin espiègle. — Comment as-tu pu me jouer un pareil tour?—Ah, Albany, te souviens-tu du docteur Purefoy et du collège de Caius?

—Oui vraiment, répondit le docteur en passant son bras sous celui du presbytérien, et en le conduisant vers un banc placé à quelque distance des autres prisonniers, qui regardaient cette scène avec surprise.—Si je me souviens du collège de Caius! Oui, oui, et de la bonne ale que nous y avons bue, et de nos parties chez la mère Huf-Cap.

— Vanité des vanités! dit Holdenough, qui soupirait et souriait en même temps, et en pressant toujours sous son bras celui de l'ami qu'il venait de retrouver.

— Et toi, dit Rochecliffe, te souviens-tu du pillage du verger du principal? C'est le premier complot que j'aie tramé, et comme il fut bien exécuté! mais j'eus bien de la peine à te déterminer à y prendre part.

—Ne me rappelle pas cet acte d'iniquité, Albany. Je puis dire comme le pieux maître Baxter que ces fautes de jeunesse trouvent un châtiment dans un âge plus avancé; car c'est à cet appétit désordonné pour le fruit que je suis redevable des maux d'estomac dont je souffre encore à présent.

— C'est vrai, mon cher Nehemiah, c'est vrai; mais ne t'en inquiète pas; — un verre d'eau-de-vie est le correctif. Maître Baxter était,—le docteur Rochecliffe était sur le point d'ajouter un âne; mais il changea la fin de la phrase, et ajouta, — un brave homme, j'ose le dire, mais un peu scrupuleux.

Ils passèrent ainsi une demi-heure les meilleurs amis du monde, à se rappeler mutuellement d'anciennes histoires de collège. Peu à peu ils en vinrent aux sujets politiques du jour. Alors leurs mains se désunirent, et l'on entendit les expressions : — Je suis ferme sur ceci, mon cher frère; — sur cela mon opinion doit différer de la vôtre ;—je demande sur ce point la permission de croire que... Mais quelques mots ayant été lâchés contre les sectaires et les Indépendans, ils voguèrent de nouveau de conserve et à pleines voiles, et ce fut à qui leur prodiguerait le plus d'invectives.

— Malheureusement, dans le cours de cette conversation amicale, on vint à parler de l'épiscopat de Titus, ce qui les conduisit à la question délicate du gouvernement de l'Eglise. Aussitôt ils firent tomber l'un sur l'autre un torrent de citations en grec et en hébreu; leurs yeux devinrent étincelans, leurs joues enflammées; leurs poings se serrèrent, et ils ressemblaient à des ennemis courroucés prêts à s'arracher les yeux, plutôt qu'à des membres du clergé chrétien.

Roger Wildrake, en se rendant auditeur de cette discussion, réussit à en augmenter la violence. Il est inutile de dire qu'il prit un parti prononcé dans une contestation à laquelle il ne comprenait rien. L'éloquence verbeuse et l'érudition d'Holdenough lui en imposèrent d'abord, et il examinait avec inquiétude la contenance de Rochecliffe : mais quand il vit l'œil fier et l'attitude ferme du champion de l'Eglise épiscopale, et qu'il l'entendit répondre au grec par du grec, et à l'hébreu par de l'hébreu, il appuya tous ses argumens en frappant à coups redoublés sur le banc, et en riant au nez de son antagoniste. Ce ne fut pas sans difficulté que sir Henry Lee et le colonel Everard, qui crurent enfin, quoiqu'à regret, devoir intervenir dans cette querelle, réussirent à déterminer les deux amis divisés à ajourner cette discussion. Ils s'éloignèrent à quelque distance l'un de l'autre, se lançant des regards qui indiquaient que la vieille amitié avait cédé à une cause d'inimitié toute récente.

Mais tandis qu'ils étaient assis, chacun de son côté, avec un air boudeur, ne désirant rien tant que de pouvoir reprendre une contestation dans laquelle l'un et l'autre se croyait sûr des honneurs de la victoire, Pearson entra dans la prison, et, d'une voix basse et troublée, invita tous ceux qui s'y trouvaient à se préparer sans délai à la mort.

Sir Henry Lee entendit cet arrêt avec le calme tranquille qu'il avait montré jusqu'alors. Le colonel Everard dit avec force qu'il en appelait au parlement du jugement de la cour martiale et du général; mais Pearson déclara qu'il ne pouvait ni recevoir ni transmettre un tel appel; d'un air mélancolique, il leur renouvela à tous son exhortation de se préparer à la mort pour midi précis, et sortit de la prison.

Cette nouvelle produisit un effet remarquable sur les deux membres du clergé qui venaient de se disputer. Ils se regardèrent un instant avec des yeux où brillaient l'amitié, le repentir et un sentiment de honte généreuse, et dans lesquels la dernière étincelle de ressentiment était éteinte, puis ils s'écrièrent en même temps : — Mon frère! mon frère! — j'ai péché! je t'ai offensé! Ils se jetèrent dans les bras l'un de l'autre, et se demandèrent mutuellement pardon en versant des larmes. Enfin, comme deux guerriers qui oublient leur querelle personnelle pour unir leurs efforts contre un ennemi commun, ils se livrèrent à des idées plus dignes de leur caractère sacré, et remplissant des fonctions qui leur convenaient mieux dans une si triste occasion, ils commencèrent à exhorter leurs compagnons d'infortune à subir le sort qui venait de leur être annoncé, avec le courage et la dignité que le christianisme seul peut inspirer.

CHAPITRE XXXVII.

> « Laissez à Dieu le soin de la vengeance,
> « Dit le bon vieux Cannyng au roi ;
> « Que l'olivier, symbole de clémence,
> « Succède au glaive de l'effroi. »
> *Ballade de sir Charles Bawdin.*

L'heure fixée pour l'exécution était passée depuis long-temps, et il était environ cinq heures du soir quand le lord Protecteur de l'Angleterre fit donner ordre à Pearson de se rendre près de lui. Le capitaine obéit avec crainte et inquiétude, ne sachant trop quel accueil il en recevrait. Après être resté environ un quart d'heure dans la chambre où Cromwell s'était couché, il rentra dans l'appartement de Victor Lee, et y trouva le vétéran Zorobabel Robins qui l'attendait.

— Comment se trouve le général? demanda le vieux indépendant d'un air inquiet.

— Bien, répondit Pearson. Il ne m'a pas fait une seule question relativement à l'exécution, mais il m'en a adressé une foule sur la fuite du Jeune Homme, pour savoir si nous avions réussi à en obtenir quelques nouvelles, et il semble fort ému en pensant qu'il doit être à présent à l'abri de toute poursuite. — Je lui ai remis certains papiers appartenans à ce malveillant, le docteur Rochecliffe.

— En ce cas, je me hasarderai à paraître devant lui, dit Zorobabel. Donnez-moi une serviette, afin que j'aie l'air d'un maître d'hôtel, et je lui porterai le repas que je lui ai fait préparer.

Deux soldats apportèrent tout ce qui composait ce repas. C'était une ration de bœuf semblable à celle qu'on distribuait aux simples soldats, et apprêtée de la même manière, un pot d'étain contenant de l'ale, du sel, du poivre, un morceau de pain de munition, et une assiette de bois.

— Viens avec moi, dit Robins à Pearson, et ne crains rien ; Noll n'est pas encore ennemi d'une plaisanterie innocente.

Il entra dans la chambre du général, et dit à voix haute.
— Lève-toi! toi qui es appelé à être un juge dans Israël ; — qu'il ne s'agisse plus de croiser les bras pour dormir;—vois! je viens à toi comme un signe ;—lève-toi donc, mange, bois, et que ton cœur se réjouisse en toi, car tu mangeras avec plaisir les mêmes alimens que celui qui travaille dans les tranchées, vu que tu étais le commandant de l'armée dont les soldats ont reçu les mêmes rafraîchissemens que ceux que je viens placer devant toi.

— Véritablement, frère Zorobabel, répondit Cromwell, habitué à trouver de pareils élans d'enthousiasme parmi ses partisans, nous souhaitons que cela soit ainsi. Notre désir n'est pas de nous reposer sur le duvet et de nous nourrir plus somptueusement que le dernier de ceux qui combattent sous notre bannière. Tu as choisi avec sagesse mes rafraîchissemens, et l'odeur de cette viande est savoureuse pour mes narines.

Il quitta le lit sur lequel il s'était jeté à demi habillé, et, s'enveloppant d'un manteau, il s'assit sur le bord du lit, et mangea avec appétit les alimens simples qui lui avaient été préparés. Tout en faisant ce repas, il dit à Pearson de terminer le rapport qu'il avait à lui faire. — Ne vous inquiétez pas, ajouta-t-il, de la présence d'un vieux soldat dont l'esprit est comme mon esprit.

— Mais il est bon que vous sachiez, dit Robins se hâtant de prendre la parole, que le capitaine Pearson n'a pas pleinement exécuté vos ordres à l'égard de l'exécution d'une partie de ces malveillans, qui devaient mourir à midi.

— Quelle exécution ? quels malveillans ? demanda Cromwell en replaçant sur son assiette son couteau et sa fourchette.

— Ceux qui sont prisonniers ici, à Woodstock, répondit Zorobabel; Votre Excellence a ordonné qu'ils fussent exécutés à midi, comme coupables de rébellion envers la république et pris en flagrant délit.

—Misérable! s'écria Cromwell en se levant et en s'adressant à Pearson, j'espère que tu as épargné Markham Everard, qui n'a commis aucun crime, car il a été trompé par celui qui a servi d'intermédiaire entre nous, et que tu n'as pas porté la main sur ce ministre presbytérien, pour faire crier au sacrilège par toute sa secte, et l'aliéner de nous pour toujours.

— Si Votre Excellence désire qu'ils vivent, répondit Pearson, ils sont vivans. Leur vie et leur mort dépendent de votre volonté.

— Qu'ils soient mis en liberté. Il faut que je me concilie les Presbytériens, s'il est possible.

— Quant à l'archi-comploteur Rochecliffe, je comptais le faire exécuter, mais...

— Homme barbare, et aussi ingrat qu'impolitique! aurais-tu voulu nous priver du canard qui nous sert d'appeau pour en prendre d'autres? — Le docteur est un puits,—un puits sans profondeur, mais pourtant un peu plus profond que les ruisseaux qui viennent lui apporter le tribut de leurs secrets, et je suis la pompe qui les aspire et qui les met au grand jour. — Qu'il soit libre; et donne-lui de l'argent, s'il en a besoin. Je connais ses cachettes; il ne peut aller nulle part que mon œil ne le suive. — Mais vous vous regardez l'un l'autre d'un air sombre, comme si vous aviez à me dire quelque chose que vous n'osez prononcer. — J'espère que vous n'avez pas mis à mort sir Henry Lee?

— Non, général, répondit Pearson; et cependant c'est un malveillant invétéré, et...

— Mais c'est aussi un noble reste des anciens gentilshommes anglais, et je voudrais bien savoir comment gagner la bienveillance de cette race. Nous dont le manteau royal est l'armure que nous portons sur le corps; nous dont le sceptre est notre bâton de commandement, nous jetons un éclat trop récent pour obtenir le respect de ces fiers malveillans, qui ne peuvent se soumettre à rien de moins qu'un lignage royal. Cependant que peuvent-ils voir dans la plus ancienne race des rois de l'Europe, si ce n'est qu'elle remonte à un soldat heureux? Je regrette qu'on honore et qu'on respecte l'homme qui n'a d'autre avantage que de descendre d'un guerrier victorieux, tandis qu'on rend moins d'honneur et de respect à celui dont les succès et les qualités personnelles peuvent le disputer au fondateur de la dynastie de son rival. — Mais sir Henry Lee est vivant, et ce n'est pas moi qui l'empêcherai de vivre. — Quant à son fils, il a bien mérité la mort, qu'il a sans doute subie.

— Milord, dit Pearson en hésitant, puisque Votre Excellence ne m'a point blâmé d'avoir sursis à l'exécution de ses ordres à l'égard de plusieurs prisonniers, j'espère que vous aurez la même indulgence en cette occasion. — J'ai cru devoir attendre des ordres plus spéciaux.

— Tu es aujourd'hui dans une humeur étonnamment miséricordieuse, Pearson, dit Cromwell paraissant un peu contrarié.

— Si c'est le bon plaisir de Votre Excellence, la corde est préparée, et le grand prévôt n'attend qu'un mot.

— Non ; il ne convient pas à Cromwell d'ordonner la mort de celui qu'un soldat sanguinaire comme toi a épargné. — Cependant je vois dans ces papiers de Rochecliffe l'engagement pris par vingt désespérés de nous assassiner. Ce serait justice de faire un exemple.

— Mylord, dit Zorobabel, songez combien de fois ce jeune homme, cet Albert Lee, a été probablement cette nuit bien près de Votre Excellence, dans ces passages sombres et souterrains qu'il connaissait et que nous ne connaissions pas. Si c'eût été un assassin, il ne lui en aurait coûté qu'un coup de pistolet, et la lumière d'Israël était éteinte. Et dans la confusion inévitable qui en aurait résulté, les sentinelles quittant leurs postes, il aurait même eu une chance assez probable de s'échapper.

— Suffit, Zorobabel; il vivra. — Il restera quelque temps en prison, et sera ensuite banni d'Angleterre. — Je conclus que les deux autres sont vivans, car vous ne pouvez avoir considéré de pareils misérables comme des victimes dignes de ma vengeance.

— L'un d'entre eux, le garde forestier, nommé Jocelin

Joliffe, mérite pourtant la mort, dit Pearson; car il a franchement avoué avoir tué Joseph l'Honnête, Tomkins.

—Il mérite récompense pour nous avoir épargné une corde. Ce Tomkins était un homme à double visage. J'ai trouvé dans ces papiers la preuve que, si nous avions perdu la bataille de Worcester, nous aurions eu fort à regretter d'avoir jamais accordé notre confiance à maître Tomkins. Ce n'est que la victoire qui a prévenu sa trahison. —Inscris-nous sur ton livre de compte comme débiteur et non comme créancier de Jocelin, ainsi que tu l'appelles, et de son gourdin.

—Il ne reste plus que le Cavalier sacrilège qui a attenté la nuit dernière à la vie de Votre Excellence.

—Ce serait chercher ma vengeance trop bas. Son épée n'avait pas plus de force que si c'eût été une pipe à fumer. L'aigle ne fond pas sur le canard sauvage.

—Il devrait du moins être puni comme libelliste, général. Nous avons trouvé dans ses poches des écrits contenant tant d'inventions pestilentielles, que je regretterais qu'il s'en tirât à si bon marché. — Que Votre Excellence ait la bonté d'y jeter les yeux.

— L'écriture est exécrable, dit Cromwell en jetant un coup d'œil sur quelques feuilles de papier contenant les mélanges poétiques de notre ami Wildrake; les caractères en semblent tracés par l'ivresse, et la poésie s'en ressent. — Voyons.

> Lorsque j'étais jeune garçon,
> Je n'eus jamais que du guignon.

Quelle rapsodie! — Et ceci :

> On maudira, comme moi,
> Le vieux Noll et sa mémoire;
> En attendant il faut boire
> Jusques au retour du roi.

Véritablement, si c'était le moyen de le ramener, ce poète serait un redoutable champion. — Donne à ce fou cinq pièces d'or, Pearson, et dis-lui d'aller vendre ses ballades, — en l'avertissant que, si on le trouve à vingt milles de notre personne, je le ferai fustiger jusqu'au sang.

— Il y a encore un individu sous sentence de mort, dit Pearson ; un noble chien dont Votre Excellence n'a pas vu l'égal même en Irlande, et qui appartient à sir Henry Lee. Vous devriez le conserver pour votre service. Me permettrez-vous de l'emmener?

— Non, Pearson. Ce vieillard, si fidèle lui-même, ne sera pas privé de son chien fidèle. — Plût au ciel que j'eusse quelque créature, ne fût-ce qu'un chien, qui s'attachât à moi par affection, et non par intérêt!

— Votre Excellence est injuste envers ses fidèles soldats, dit Zorobabel avec hardiesse. Ils vous suivent comme des chiens, se battent pour vous comme des chiens, et restent comme des chiens à l'endroit où il leur arrive de tomber.

— Comment, vieux grognard! que signifie ce changement de note?

— Les restes du caporal Humgudgeon sont laissés sous les débris de la tour écroulée, et le corps de Tomkins est dans un trou dans les bois, comme si c'était celui d'une brute.

— Tu as raison. — On les portera dans le cimetière, et tous les soldats suivront le convoi avec une cocarde verte et un ruban bleu. — Les sous-officiers et les lances-prisades auront un crêpe ; nous conduirons nous-même le cortège, et il y aura une distribution de vin, d'eau-de-vie brûlée et de romarin. — Veille à ce que mes ordres soient exécutés, Pearson. — Après les funérailles, la Loge de Woodstock sera démantelée et détruite, afin que les rebelles et les malveillans ne puissent plus y trouver un asile.

Les ordres du général furent ponctuellement exécutés, et quand les autres prisonniers eurent été mis en liberté, Albert Lee resta encore quelque temps en prison. Après sa libération, il passa sur le continent, entra dans les gardes du roi Charles ; mais le destin, comme nous le verrons ci-après, ne lui accorda qu'une carrière bien courte, quoique brillante.

Revenons-en aux autres prisonniers qui venaient de recouvrer leur liberté. Les deux membres du clergé, alors complètement réconciliés, se rendirent, en se tenant par le bras, au presbytère, jadis la résidence du docteur Rochecliffe, et où celui-ci entra alors comme hôte de son successeur, Nehemiah Holdenough. Dès que le presbytérien y eut installé son ami, il le pressa de partager avec lui, non-seulement sa demeure, mais même les émolumens de ses fonctions. Rochecliffe fut touché de cette offre généreuse, mais il fut assez sage pour ne pas l'accepter, attendu la différence de leurs principes sur le gouvernement de l'Eglise, auxquels chacun d'eux tenait aussi religieusement qu'au point le plus fondamental de sa croyance. Une seconde discussion, quoique moins vive que la première, au sujet des évêques de l'Eglise primitive, le confirma dans sa résolution. Ils se séparèrent le lendemain, mais ils conservèrent des relations d'amitié que l'esprit de controverse ne troubla plus, jusqu'à la mort de M. Holdenough, qui arriva en 1668 ; cette harmonie fut peut-être due à ce que ces relations restèrent uniquement épistolaires, car ils ne se revirent jamais après leur emprisonnement. Le docteur Rochecliffe fut rétabli dans ses anciennes fonctions à Woodstock après la restauration, et obtint ensuite un avancement considérable dans l'Eglise.

Les personnages inférieurs rendus à la liberté trouvèrent aisément à se loger momentanément dans la ville de Woodstock chez quelqu'une de leurs anciennes connaissances ; mais personne n'osa se hasarder à héberger le vieux chevalier, qu'on regardait comme vu particulièrement de mauvais œil par l'autorité dominante. A peine le maître de l'auberge de Saint-George, qui avait été son locataire, put-il se décider à lui accorder le privilège d'un voyageur, qui trouve logement et nourriture pour son argent. Everard le suivit sans que sir Henry le lui eût demandé ou permis, mais sans qu'il le lui défendît. Le cœur du vieillard s'était adouci à l'égard de son neveu en apprenant la manière dont il s'était conduit lors de la mémorable rencontre près du chêne du roi, et quand il avait vu qu'il était l'objet de l'inimitié de Cromwell plutôt que de ses bonnes graces. Mais un autre sentiment tendait aussi à le rapprocher d'Everard, — la certitude que celui-ci partageait avec lui l'inquiétude qu'il éprouvait relativement à sa fille, qui n'était pas encore de retour de son expédition nocturne et périlleuse. Il se sentait peut-être hors d'état de chercher lui-même à découvrir où Alice avait pu se cacher pendant les événemens qui venaient d'arriver, ou d'obtenir sa mise en liberté, si elle avait été arrêtée. Il désirait qu'Everard lui offrît ses services pour la chercher, mais une espèce de honte l'empêchait de lui en faire la demande; et Everard, ignorant l'heureux changement qui s'était opéré dans les dispositions de son oncle à son égard, n'osait lui proposer son secours, ni même prononcer le nom d'Alice.

Le soleil était déjà couché; ils étaient assis en face l'un de l'autre, et se regardaient en silence, quand des chevaux s'arrêtèrent devant l'auberge. — On frappa à la porte. — Un pas léger fut entendu dans l'escalier, et Alice, l'objet de leur inquiétude commune, parut devant eux. Elle se précipita avec joie dans les bras de son père, et le vieillard, jetant un regard de précaution autour de la chambre, lui demanda à voix basse :

— Tout va-t-il bien?

— Bien, répondit Alice, et sans laisser un motif de crainte, à ce que j'espère. — J'ai une lettre pour vous. — Ses yeux tombèrent sur Everard; — elle rougit, montra de l'embarras, et garda le silence.

— Vous n'avez pas besoin de craindre votre cousin presbytérien, dit le chevalier en souriant avec un air de bonne humeur; — il a été aujourd'hui un des confesseurs de la loyauté, et il a couru le risque d'être martyr.

Elle tira de sa poche la lettre du roi, écrite sur un mauvais morceau de papier, et entourée d'un fil de laine pour tenir lieu de cachet. Sir Henry posa ce petit billet sur ses lèvres, sur son cœur et sur son front, avec une vénération orientale, et ce ne fut qu'après y avoir laissé tomber une larme qu'il trouva assez de courage pour l'ouvrir et en faire la lecture. Il contenait ce qui suit :

Notre loyal et estimable ami, et notre fidèle sujet.

— Etant instruit qu'il a existé un projet de mariage entre miss Alice Lee, votre fille unique, et maître Markham Everard, son parent et votre neveu, et sachant aussi que cette alliance vous aurait été fort agréable si certains égards pour notre service ne vous eussent porté à y refuser votre consentement, nous vous informons que, bien loin que nos affaires puissent souffrir d'une telle union, nous la regardons au contraire comme devant y être utile, et nous vous prions, nous vous requérons même, autant que nous le pouvons, d'y consentir, si vous voulez nous faire plaisir; vous laissant pourtant, comme il convient à un roi chrétien, le plein exercice de votre propre discrétion, quant aux autres obstacles que vous pourriez trouver à ce mariage, indépendamment de nos intérêts. En foi de quoi, nous avons signé les présentes, auxquelles nous ajoutons nos remerciemens des bons services que vous avez rendus au feu roi notre père, ainsi qu'à nous-même.   C. R.

Sir Henry tint si long-temps les yeux attachés sur cette lettre qu'on aurait dit qu'il voulait l'apprendre par cœur. Il la mit alors avec soin dans son porte-feuille, et dit à Alice de lui rendre compte de ses aventures de la nuit précédente : le récit n'en fut pas long. Sa course nocturne dans le parc avec le roi s'était terminée en peu de temps et sans aucun danger. Après avoir vu partir Charles, accompagné du vieux Martin, elle avait appris qu'un nombreux détachement de soldats s'était emparé de la Loge de Woodstock, et qu'y retourner serait s'exposer à des dangers, à des soupçons et à des questions. Alice ne voulut pas courir ces risques, et elle se rendit chez une dame demeurant dans le voisinage, dont la loyauté lui était bien connue, et dont le mari, major dans le régiment de sir Henry Lee, avait péri à la bataille de Nazeby. Mistress Aylmer était une femme de bon sens, et d'ailleurs la nécessité, dans ce temps singulier, semblait avoir donné à chacun un esprit d'intrigue et de stratagème. Elle chargea un serviteur fidèle d'aller épier avec précaution ce qui se passait à la Loge. Dès que celui-ci en eut vu sortir les prisonniers, et qu'il se fut assuré de l'endroit où le vieux chevalier comptait passer la nuit, il retourna en rendre compte à sa maîtresse, qui le fit monter à cheval pour reconduire Alice près de son père.

Jamais peut-être trois personnes ne soupèrent dans un silence si complet, chacune étant occupée de ses propres pensées, et ne sachant comment pénétrer celle des autres. Enfin arriva l'heure où Alice crut pouvoir se retirer pour goûter le repos dont elle avait besoin après vingt-quatre heures de fatigues. Everard lui donna la main jusqu'à la porte de l'appartement, et il allait lui-même prendre congé de son oncle quand, à sa grande surprise, sir Henry le pria d'attendre un instant, de se rasseoir, et lui mettant en main la lettre du roi, il l'invita à la lire.

Pendant qu'Everard la lisait, le vieux chevalier eut constamment les yeux fixés sur lui, déterminé, s'il découvrait en lui autre chose qu'un transport de joie, à désobéir même aux ordres du roi plutôt que de sacrifier Alice à un homme qui ne recevrait pas sa main comme le trésor le plus précieux qu'il pût obtenir sur la terre. Mais les traits d'Everard indiquaient encore plus de joie et d'espérance que sir Henry ne s'y serait attendu, quoique avec quelque mélange de surprise, et quand le colonel leva les yeux sur son oncle avec un air d'inquiétude et de timidité, celui-ci lui dit en souriant :

— S'il ne restait plus au roi d'autres sujets en Angleterre, il pourrait disposer de tout ce qui porte le nom de Lee. Mais il me semble que depuis quelque temps la famille Everard n'a pas été assez dévouée à la couronne pour se soumettre à un ordre qui invite son héritier à épouser la fille d'un mendiant.

— La fille de sir Henry Lee, répondit Everard en fléchissant un genou devant son oncle, et employant une sorte de violence pour lui baiser la main, ferait honneur à la famille d'un duc.

— Elle n'est pas mal, j'en conviens ; et quant à moi, jamais ma pauvreté ne fera honte ni ne sera à charge à aucun de mes amis. J'ai quelques pièces d'or que je dois à l'amitié du docteur Rochecliffe, et, à l'aide de Jocelin, je saurai me procurer le nécessaire.

— Mais, mon cher oncle, vous êtes plus riche que vous ne le pensez. La partie de vos domaines que mon père a achetée pour une bagatelle, lors de la confiscation, est toujours à vous. Elle est administrée en votre nom par des fidéicommissaires dont je fais partie moi-même. Vous n'êtes notre débiteur que d'une avance d'argent, et s'il faut cela pour vous satisfaire, nous ferons notre compte avec vous en vrais usuriers. Mon père est incapable de profiter de la détresse d'un parent pour s'enrichir à ses dépens. Vous sauriez tout cela depuis long-temps si vous aviez voulu..... c'est-à-dire si les circonstances avaient permis..... je veux dire.....

— Tu veux dire que j'avais la tête trop chaude pour entendre raison, maître Markham; et je pense que tu n'as pas tort. Mais je crois que nous nous entendons l'un l'autre à présent. Demain je vais avec ma famille à Kingston, où j'ai encore une vieille maison que je puis dire être à moi. — Viens-y à ton loisir, Markham; — ou en toute diligence, si tu le veux; mais viens avec le consentement de ton père.

— Avec mon père lui-même, si vous le permettez.

— Soit! comme lui et toi vous le voudrez.— Je ne crois pas que Jocelin vous ferme la porte au nez, ni que Bevis aboie comme le soir de l'arrivée du pauvre Louis Kerneguy. —Allons, allons, plus de transports!—Bonsoir, Markham, bonne nuit. — Si tu n'es pas trop fatigué, et que tu veuilles passer ici demain matin à sept heures, nous pourrons faire ensemble une partie de la route de Kingston.

Everard serra encore une fois la main de son oncle, caressa Bevis, qui reçut gracieusement ses marques d'affection, et alla faire des rêves de bonheur qui, quelques mois après, se réalisèrent autant qu'on peut l'espérer en ce monde.

CHAPITRE XXXVIII.

« J'ai vécu pour vous plaire, et je meurs à vos pieds.
Don Sébastien.

Le cours des années est rapide comme les flots que chasse la tempête. Nous ne pouvons reconnaître ni d'où vient le courant ni où il tend. Nous semblons même voir le temps s'écouler sans nous apercevoir des changemens qui s'opèrent en nous, et cependant le temps prive l'homme de sa force, comme le vent dépouille les forêts de leur feuillage.

Après le mariage d'Alice et de Markham Everard, le vieux chevalier demeura près d'eux dans une ancienne maison dépendant de la partie de ses domaines qui avait été rachetée. Jocelin et Phœbé, alors mariés, conduisaient ses affaires intérieures, à l'aide de deux autres domestiques. Quand il était fatigué de lire Shakspeare, ou de rester dans la solitude, il allait chez son gendre, où il était sûr d'être toujours bien reçu ; et il le faisait d'autant plus volontiers et plus fréquemment que Markham s'était entièrement retiré des affaires publiques, désapprouvant le renvoi du parlement, et se soumettant à la domination de Cromwell plutôt comme à un mal inévitable que comme à un gouvernement légal. Cromwell semblait toujours disposé à se montrer son ami ; mais Everard, conservant un profond ressentiment de la proposition que le général avait chargé Wildrake de lui faire de livrer le roi, ce qu'il regardait comme une insulte à son honneur, ne répondit jamais à ses avances, et adopta au contraire peu à peu l'opinion, qui commençait alors à se propager généralement, qu'on n'obtiendrait jamais un gouvernement stable qu'en rappelant la famille royale exilée. On ne peut guère douter que la marque personnelle de bonté qu'il avait reçue de Charles n'eût contribué à lui faire envisager plus favorablement une pareille mesure. Cependant il refusa de s'engager à rien tant qu'Olivier vécut, regardant son autorité comme trop solidement établie pour pouvoir être ébranlée par les complots qu'on pourrait former contre elle.

Pendant tout ce temps, Wildrake continua à être le protégé d'Everard, quoique cette liaison ne fût pas toujours sans inconvénient pour celui-ci. Ce respectable personnage, pendant son séjour dans la maison de son ami, ou dans celle du vieux chevalier, trouvait, pourtant moyen de se rendre utile par une foule de petits services; et il gagna entièrement le cœur d'Alice par le soin qu'il prit d'apprendre à ses trois fils aînés à monter à cheval, à tirer des armes, à faire l'exercice, et surtout par l'attention qu'il avait de remplir un grand vide dans l'existence de son père en jouant avec lui aux échecs et au trictrac et en lui lisant Shakspeare. Il remplissait aussi les fonctions de clerc, quand quelque ministre persécuté de l'Eglise anglicane se hasardait à venir lire chez lui le service de l'Eglise. Tant que sir Henry put continuer à chasser, Wildrake lui rabattait le gibier; mais surtout il avait avec lui de longues conversations, relativement à l'attaque de Brentford et aux batailles d'Edgehill, de Banbury, de Roundway-down, et autres sujets d'entretiens favoris, dont le vieux Cavalier ne pouvait causer avec autant de satisfaction avec son gendre, le colonel Everard, qui avait cueilli tous ses lauriers sous les drapeaux du parlement.

Les ressources qu'il trouvait dans la société de Wildrake lui devinrent encore plus nécessaires quand il fut privé de son fils unique, qui fut tué dans la fatale bataille de Dunkerque, où malheureusement les drapeaux anglais furent déployés des deux côtés, les Français étant alors alliés de Cromwell, qui leur avait envoyé un corps auxiliaire, et les troupes du roi banni combattant pour les Espagnols. Sir Henry reçut cette triste nouvelle en vieillard, c'est-à-dire avec plus de calme extérieur qu'on n'aurait pu s'y attendre. Pendant des semaines et des mois, il eut presque toujours sous les yeux quelques lignes que lui fit passer l'infatigable docteur Rochecliffe, et qui étaient signées en petits caractères c. r., et plus bas, en grosses lettres, Louis Kerneguy. Celui qui les lui écrivait l'engageait à supporter cette perte irréparable avec d'autant plus de courage qu'il lui restait encore un autre fils (se désignant ainsi lui-même), qui le regarderait toujours comme un père.

Mais en dépit de ce baume de consolation, le chagrin, par son action imperceptible, épuisant le sang comme un vampire, semblait dessécher en lui les sources de la vie; sans aucune maladie déclarée, sans qu'il éprouvât aucune souffrance corporelle, les forces du vieillard diminuaient chaque jour, et la société de Wildrake lui en devenait plus nécessaire.

Il ne faut pourtant pas croire qu'il l'eût sans cesse sous la main. Le Cavalier était un de ces heureux mortels qu'une forte constitution, un esprit irréfléchi et une gaieté extravagante mettent en état de jouer toute leur vie le rôle de l'écolier, et rendent heureux pour le moment, et insoucians du lendemain.

Une ou deux fois par an, quand il avait réuni quelques pièces d'or, il allait faire une excursion à Londres, où il menait une vie désordonnée, et, pour nous servir de ses expressions, faisait des siennes avec quelques Cavaliers aussi extravagans que lui, jusqu'à ce que quelque folie trop forte ou quelques propos inconsidérés le fissent mettre en prison, d'où il ne sortait qu'à force de crédit et d'argent, et quelquefois même un peu aux dépens de sa réputation.

Enfin Cromwell mourut, son fils renonça au gouvernement, et les divers changemens politiques de l'époque portèrent Everard ainsi que bien d'autres à prendre des mesures plus actives en faveur du roi. Everard fit même passer des sommes considérables pour son service, mais avec la plus grande précaution, sans employer aucun intermédiaire, et en correspondant directement avec le chancelier, qu'il informait de tout ce qu'il lui importait de connaître des affaires publiques. Malgré toute sa prudence il fut sur le point d'être engagé dans la malheureuse insurrection de Rooth et de Middleton dans l'ouest, et ce ne fut qu'avec beaucoup de difficulté qu'il échappa aux conséquences fatales de cette tentative malavisée. Le royaume se trouva ensuite dans un état de désordre complet, et cependant nul symptôme ne se montra favorable à la cause royale jusqu'au mouvement du général Monk, qui partit d'Ecosse. Ce fut même alors, et à la veille d'un succès complet, que la fortune de Charles parut vouloir le placer au rayon le plus bas de sa roue, quand on apprit à la petite cour qu'il tenait à Bruxelles que Monk, en arrivant à Londres, s'était mis sous les ordres du parlement.

Ce fut à cette époque, un soir que le roi était à table avec Buckingham, Rochester et quelques joyeux courtisans de sa cour errante, que le chancelier Clarendon demanda audience tout à coup, et, entrant avec moins de cérémonie qu'il ne l'aurait fait en toute autre occasion, annonça des nouvelles extraordinaires. — Quant au messager qui les apportait, ajouta-t-il, il n'en pouvait rien dire, si ce n'était qu'il paraissait avoir beaucoup bu et peu dormi ; mais il lui avait donné des preuves qu'on pouvait le croire, de la part d'un homme dont il garantirait la fidélité sur sa vie. — Le roi voulut voir ce messager lui-même.

On le fit entrer. Sa tournure avait quelque chose qui annonçait un homme bien né, mais encore plus un débauché insouciant ; — les yeux rouges et gonflés, — les vêtemens en désordre, — le pas chancelant, tant par suite du défaut de sommeil qu'à cause des moyens qu'il avait pris pour supporter la fatigue. Il s'avança en zig-zag et sans cérémonie vers le haut bout de la table, saisit la main du roi, et la porta à ses lèvres sans trop de façon. Charles, au souvenir duquel ce mode de salutation contribua à le rappeler, ne fut pas très-charmé que cette entrevue eût lieu devant un si grand nombre de témoins.

— J'apporte de bonnes nouvelles, dit cet étrange messager ; — de glorieuses nouvelles : — le roi recouvrera ce qui lui appartient. — Mes pieds sont beaux sur les montagnes. — Morbleu ! j'ai si long-temps vécu avec des Presbytériens que je me suis infecté de leur langage ; — mais à présent nous sommes tous les enfans du même père, — tous les pauvres enfans de Votre Majesté. — Le Croupion est ruiné,

— des feux de joie sont allumés partout, — Londres semble en feu depuis le Strand jusqu'à Rotherhithe; — la musique joue des fanfares; toutes les broches tournent; — on porte des santés; on entend partout le cliquetis des verres.

— C'est ce que nous pouvons conjecturer, dit Buckingham.

— Mon ami Markham Everard m'a chargé de vous annoncer cette nouvelle, Sire, continua le messager, et je veux être pendu si j'ai dormi depuis que je l'ai quitté. — Votre Majesté me reconnaît sans doute? Votre Majesté se rappelle, — ça, ça, — sous le chêne du roi, à Woodstock.

> Quel jour joyeux! comme nous chanterons,
> Nous danserons et surtout nous boirons,
> Lorsque le roi reprendra sa couronne.

— Je vous reconnais parfaitement, maître Wildrake, dit le roi. J'espère que cette bonne nouvelle est certaine?

— Certaine, Sire! — N'ai-je pas entendu le son des cloches? — N'ai-je pas vu le feu de joie? — N'ai-je pas bu si souvent à votre santé que mes jambes pouvaient à peine me conduire jusqu'au quai? — Elle est aussi certaine qu'il est sûr que je suis le pauvre Roger Wildrake, de Squattlesea-Mere, comté de Lincoln.

Buckingham dit alors à l'oreille du roi : — J'ai toujours soupçonné Votre Majesté d'avoir vu étrange compagnie après l'affaire de Worcester, et il faut convenir qu'en voici un rare échantillon.

— Un échantillon qui vous ressemble beaucoup, répondit le roi, ainsi qu'à toute la compagnie que j'ai vue ici pendant tant d'années, — le cœur aussi brave et la tête aussi vide; — autant de galons, quoique un peu ternis, — un front d'airain, et presque autant de cuivre dans la poche.

— Je voudrais que Votre Majesté me chargeât de tirer la vérité de ce messager de bonnes nouvelles, dit Buckingham.

— Grand merci, répondit le roi; mais il est aussi volontaire que vous, et de pareils gens s'accordent rarement. Notre chancelier est prudent, et nous lui devons notre confiance. — Maître Wildrake, vous allez suivre notre chancelier, qui nous fera le rapport de vos nouvelles. En attendant, je vous assure que vous ne perdrez rien à avoir été le premier à nous les annoncer.

A ces mots il fit signe à Clarendon d'emmener Wildrake, jugeant que, dans l'humeur où il le voyait, il pourrait bien faire allusion à quelques événemens passés à Woodstock, qui serviraient à l'amusement des beaux esprits de la cour plutôt qu'à leur édification.

On ne tarda pas à recevoir la confirmation de cette bonne nouvelle, et Wildrake reçut une gratification et le brevet d'une pension, à laquelle, d'après le désir spécial du roi, aucun service ne fut attaché.

Peu de temps à près, toute l'Angleterre répétait en chœur son refrain favori :

> Quand reprend-il sa couronne ?
> Ce sera le vingt-neuf mai.

En ce jour mémorable le roi partit de Rochester pour se rendre à Londres, et il reçut partout un accueil si unanimement cordial de la part de ses sujets, qu'il dit gaiement que ce devait être sa faute s'il avait été si long-temps absent d'un pays où son retour répandait tant de joie. A cheval entre ses deux frères les ducs d'York et de Glocester, le monarque parcourait lentement tantôt des routes jonchées de fleurs, tantôt des rues ornées de tapisseries. Ici il trouvait une fontaine d'où le vin coulait à grands flots.—Là il passait sous un arc de triomphe.—Tous les principaux citoyens accouraient à sa rencontre, les uns en habit de velours noir, et avec une chaîne d'or; les autres en costume militaire de drap d'or ou d'argent; et ils étaient suivis d'une foule d'artisans, qui, après avoir vociféré contre le père, poussaient des acclamations en faveur du fils qui allait reprendre possession du palais de ses ancêtres. En traversant Blackheath, il y trouva cette armée qui, si long-temps formidable à l'Angleterre comme à l'Europe, avait pourtant fini par relever le trône qu'elle avait elle-même renversé. Comme il venait de passer au travers des dernières lignes de soldats, il arriva dans une plaine découverte où plusieurs personnes de distinction, et d'autres de qualité inférieure, s'étaient rendues pour féliciter le monarque prêt à entrer dans sa capitale.

Parmi les différens groupes, un surtout excitait une attention particulière, à cause du respect que lui montraient les soldats qui formaient la ligne, soit Cavaliers, soit Têtes-Rondes, et qui s'arrangeaient de manière à lui faciliter la vue du prince; car deux hommes qui en faisaient partie avaient servi dans la guerre civile, et s'y étaient distingués.

C'était un groupe de famille, dont la principale figure était un vieillard assis sur une chaise, ayant sur les lèvres un sourire de satisfaction, et dont les yeux devinrent humides quand ils virent flotter une suite interminable de bannières, et qu'il entendit la foule pousser l'acclamation si long-temps oubliée, —Vive le roi Charles! Ses joues étaient pâles comme la cendre, et sa longue barbe était blanche comme le duvet du chardon. Il restait encore quelque vivacité à ses yeux bleus; mais il était évident que la vue commençait à lui manquer. Tous ses mouvemens indiquaient une grande faiblesse, et il ne parlait guère que pour répondre au babil de ses petits-enfans, ou pour faire une question, soit à sa fille assise à côté de lui, et d'une beauté dans tout son éclat, soit au colonel Everard, qui était debout derrière eux. On voyait aussi le robuste Jocelin Joliffe, portant encore son costume de forestier, et appuyé sur le gourdin qui avait rendu dans son temps plus d'un service à la cause du roi. Près de lui était sa femme, matrone d'aussi bonne mine qu'elle avait été jolie fille : elle souriait de l'importance qu'elle avait acquise, et joignait quelquefois ses accens féminins à la voix mâle avec laquelle son mari faisait retentir l'acclamation qu'on répétait de toutes parts.

Trois beaux garçons et deux jolies petites filles entouraient leur aïeul, et l'assaillaient de questions auxquelles il faisait les réponses qui convenaient à leur âge en passant une main flétrie sur les beaux cheveux de ses petits favoris. Alice, secondée par Wildrake, splendidement vêtu, et dont les yeux n'étaient animés que par un seul verre de vin des Canaries, détournait de temps en temps l'attention des enfans, de peur qu'ils ne fatiguassent leur aïeul.

Nous ne devons pas oublier un autre personnage remarquable de ce groupe, — un chien d'une taille gigantesque, qui portait toutes les marques de la décrépitude canine, ayant peut-être alors quinze à seize ans. Mais quoiqu'il n'offrît plus à l'œil que les restes de ce qu'il avait été, que ses yeux fussent ternes, ses membres raides, sa tête courbée, et qu'une marche lente et pénible eût succédé à ses mouvemens vifs et gracieux, le noble chien n'avait rien perdu de son attachement pour son maître, et Bevis ne semblait plus vivre que pour se coucher aux pieds de sir Henry, au soleil pendant l'été, près du feu en hiver; lever la tête pour le regarder, et lécher de temps en temps sa main desséchée et ses joues ridées.

Trois ou quatre domestiques en livrée complétaient ce groupe : ils avaient suivi leurs maîtres, afin d'empêcher qu'ils ne fussent trop serrés dans la foule; mais ceux-ci n'eurent aucun besoin de leurs secours. Leur air respectable, quoique simple et sans prétention, leur prêtait, même aux yeux de la populace la plus grossière, une sorte de dignité patriarcale qui en imposait généralement, et ils étaient, sur la petite éminence qu'ils avaient choisie sur le bord du chemin, aussi tranquilles que s'ils eussent été dans leur jardin.

Bientôt le son des clairons annonça l'arrivée du roi ; on vit passer d'abord les poursuivans d'armes et les trompettes, — des costumes magnifiques, des panaches, des étendards, des armes de toute espèce, réfléchissant les rayons du soleil. Enfin parut un groupe composé de la première noblesse d'Angleterre, en tête duquel marchait le roi entre ses deux frères; il avait déjà fait plus d'une halte, pour adresser quelques mots à différentes personnes qu'il avait reconnues parmi les spectateurs, et les applaudissemens de la multitude avaient suivi une courtoisie montrée si à propos. Mais dès qu'il eut jeté un coup d'œil sur le groupe que nous venons de décrire, quand même Alice eût été changée au point d'être méconnaissable à ses yeux, il eût été impossible qu'il ne reconnût pas Bevis et son vénérable maître. Le monarque sauta à bas de cheval, et marcha sur-le-champ droit au vieux Chevalier, au milieu d'acclamations bruyantes comme le tonnerre, qui éclatèrent de toutes parts quand on vit Charles étendre le bras pour s'opposer aux faibles efforts que faisait le vieillard pour lui rendre hommage. Employant une douce violence pour l'empêcher de se lever,—Mon père, lui dit-il, bénissez-votre fils qui revient en sûreté, comme vous l'avez béni quand il vous a quitté au milieu des dangers.

— Que Dieu le bénisse? — Qu'il le conserve! dit le vieillard d'une voix faible, agité par de si vives sensations qu'il en était accablé. Et le roi, pour lui laisser un instant de repos, se tourna vers Alice.

— Et vous, ma belle conductrice, lui demanda-t-il, à quoi vous êtes-vous occupée depuis notre dangereuse promenade nocturne? — Mais je n'ai pas besoin de vous faire cette question, ajouta-t-il en jetant un coup d'œil sur les enfans; — au service du roi et du royaume, à élever des enfans aussi loyaux que leurs ancêtres. — Un beau lignage sur ma foi; c'est un spectacle agréable pour les yeux d'un roi d'Angleterre. — Colonel Everard, j'espère que nous nous verrons à Whitehall? — Il fit un signe de tête à Wildrake. — Et toi, Jocelin, je suppose que tu peux tenir ton gourdin d'une seule main! Avance l'autre. — Baissant la tête avec une timidité gauche, Jocelin, comme un taureau qui montre ses cornes étendit le bras par-dessus l'épaule de sa femme, et présenta au roi une main aussi large et aussi dure qu'une assiette de bois, que Charles emplit de pièces d'or. Tu en emploieras quelques-unes, lui dit-il, à acheter une coiffure pour mon amie Phœbé. Elle aussi, elle a rempli ses devoirs envers la vieille Angleterre.

Le roi se retourna alors vers le chevalier qui semblait faire un effort pour parler. Il lui prit la main dans les deux siennes, et baissa la tête pour mieux entendre ses faibles accens, tandis que le vieillard, le tenant de l'autre main, balbutiait quelques mots entrecoupés, dont tout ce que Charles put saisir fut la citation :

> De la rébellion extirpez la racine;
> Qu'en ces lieux désormais la loyauté domine [1].

(1) Shakspeare. — Ed.

Voulant mettre fin à une scène qui commençait à devenir pénible et embarrassante, le bon roi dit au vieillard, en parlant plus distinctement que de coutume, afin d'être plus sûr de s'en faire entendre : — Nous sommes dans un lieu un peu trop public pour tout ce que nous avons à nous dire ; mais, si vous ne venez pas bientôt voir le roi Charles à Whitehall, Louis Kerneguy ira vous rendre visite pour vous faire voir combien ses voyages l'ont rendu raisonnable.

A ces mots, il serra encore affectueusement la main du vieillard, salua Alice et tout ce qui l'entourait, et se retira. Sir Henry Lee, après l'avoir écouté avec un sourire qui prouvait qu'il entendait les paroles gracieuses qui lui étaient adressées, tourna le dos, et murmura le *Nunc dimittis*.

— Excusez-moi de vous avoir fait attendre, mylords, dit le roi en remontant à cheval ; — sans les bonnes gens à qui je viens de parler, vous auriez pu m'attendre assez long-temps. — En avant, messieurs.

On se remit en marche ; le son des trompettes et des tambours se mêla de nouveau au bruit des acclamations, car on avait gardé le silence pendant tout le temps que le roi s'était arrêté. Le cortège, en s'avançant, produisait un effet si brillant qu'il suspendit même un instant les inquiétudes perpétuelles d'Alice pour la santé de son père, tandis qu'elle suivait des yeux la longue ligne qui s'étendait dans la plaine. Quand elle jeta les yeux sur sir Henry, elle tressaillit en voyant que ses joues, qui avaient repris une faible couleur pendant sa conversation avec le roi, s'étaient couvertes d'une pâleur mortelle ; que ses yeux étaient fermés et ne se rouvraient pas, et que ses traits, quoique tranquilles, avaient une raideur qui n'appartenait pas au sommeil. On s'empressa de lui donner du secours ; mais il était trop tard. Le flambeau de sa vie affaiblie depuis long-temps venait de s'éteindre en jetant un éclat momentané.

Le lecteur peut se figurer le reste. Nous ajouterons seulement que le chien fidèle du vieux royaliste ne lui survécut que de quelques jours, et que l'image de Bevis est sculptée aux pieds de son maître sur le monument qui fut élevé à la mémoire de sir Henry Lee de Ditchley.

FIN.

www.ingramcontent.com/pod-product-compliance
Lightning Source LLC
Chambersburg PA
CBHW070413230426
43665CB00012B/1347